U0775110

周蓓 主編

專題史叢書

（日）山川均 石濱知行 河野密 著

熊得山 施復亮 錢鐵如 譯

河南人民出版社

唯物史觀經濟史

（下册）

本書系從唯物史觀的角度來叙述經濟史，是一部經濟學的重要著作，分爲上、中、下三册。

序

這一部稿子，是在實際運動的漩渦中極忙的時候草成的。

我的腹稿，原想在第一篇指示資本主義和社會主義的輪廓，第二篇敍述社會主義經濟的孕育期，第三篇敍述資本主義到社會主義的轉形期，最後一篇則敍述蘇俄的經濟之發展，而打算最詳晰敍述的，自然就是最後一篇了。然而從九月到十月，從十月到十一月，在我下筆的當中，身邊却有無數的喧擾事情來糾纏，使這想離開一切外界，專門編述這部稿子的我，不能單身在書房裏繼續工作。十月末，交了三百五十頁原稿，隨後又花了一個月工夫，纔寫完一百頁，要算勉强把這部稿子的工作完成了。最後的一篇，沒有依原來的計畫十分詳盡，實在由於一些外界事情的糾纏。

這是我著書的處女作，對於材料的取捨選擇上，自有許多不適宜的地方，加以時機不容許我覆閱一遍，從事修改，這是我對於讀者很抱歉的。不十分統一的區處，深望讀者諸君的諒解。

在實際運動中，要寫一篇研究學術的論文是很難的，由於這一次的工作，使我得了一個經驗。不過在運動中的我，私念這篇拙著，能夠觸動讀者的心胸，確是我的大光榮。

河野密識

在一九二八年五黨合同協議會的那一天。

社會主義經濟之發展目次

序……………………………………一

(一)資本主義經濟與社會主義經濟

第一章　相反的資本主義經濟與社會主義經濟……………二

第二章　資本主義經濟之表徵……………六

A　生產手段之私有……………三五

B　生產上的無政府狀態……………三八

C　自由競爭……………四一

D　營利的生產……………四四

E　勞動力之商品化……………四五

第三章　社會主義經濟之表徵……………四八

A 生產手段之公有……五一
B 生產的統制……五二
C 自由競爭之排除……五三
D 自足的生產……五三
E 强制的義務勞動……五五

(二)社會主義經濟的孕育期

第四章 資本主義經濟到社會主義經濟的發展……五七
第一節 資本主義經濟內的社會主義的要素之發展……五九
一 大規模生產……五九
二 生產集中及獨占……七一
三 金融資本主義與自由競爭之排除……八二
第二節 最近資本主義之發展……一〇二

一　加迭爾及托辣斯……一〇二
二　銀行集中……一一〇
三　世界經濟之發展……一一六
第五章　資本主義經濟內部的矛盾之發展……一三五
第一節　『資本的蓄積』與其矛盾……一三六
第二節　資本的蓄積與恐慌……一五八
一　部分的恐慌……一六二
二　一般的恐慌……一六四
三　企業的集中與恐慌……一七〇
第三節　過剩人口……一七四
一　產業預備軍的必然性……一七四
二　後期資本主義與過剩人口……一八〇
三　過剩的人口所含的矛盾之激化——失業與勞動階級的窮困化……一八五

第六章　資本主義的最後的發展階段——帝國主義……一九六
第一節　帝國主義的經濟基礎……二〇二
一　金融寡頭政治之確立……二〇三
二　植民地之分割……二三五
第二節　帝國主義和矛盾之展開……二四九
一　獨占上呈現出來的矛盾……二四九
二　植民地鬥爭上表現出來的矛盾……二五五
第三節　帝國主義論與超帝國主義論……二五九

(三)轉形期

第七章　反資本主義運動……二六五
第八章　反資本主義運動的主體……二七一
第一節　勞動組合……二七一

第二節　無產政黨……二七八
第九章　反資本主義運動的客體……二八九
第十章　轉形期的具體過程……三〇〇
第一節　普羅列達利亞專政……三〇二
第二節　帝國主義沒落的國際過程……三一一
(四)蘇俄經濟之發展
第十一章　經濟設施……三一九
第一節　歷史的概觀……三一九
一　戰時共產主義……三二〇
二　新經濟政策之實施……三二三
三　新經濟政策實施後的經濟狀態……三二六
1農業……三二一

2 工業……………………………………三三五
第二節　經濟設施的理論根據……………三三五
一　俄國經濟秩序的現階段………………三三五
二　新經濟政策的理論根據………………三三八

社會主義經濟之發展

一　資本主義經濟與社會主義經濟

第一章　相反的資本主義經濟與社會主義經濟

所謂資本主義經濟與社會主義經濟，在經濟織組的原則上，是兩個極端相反的東西。

然則用什麼做標準，把資本主義經濟與社會主義經濟判別出來呢？

資本主義乃至社會主義這兩個名詞，被人極不確當的在使用，同樣，關於資本主義經濟與社會主義經濟的區別，也沒有一個統一的見解，純依各人自己的主觀而下論斷。舉幾個例說罷：婆列 Pohle 以爲個人主義的經濟秩序，營利經濟的生產方法，企業，這三個組成要素統一了的東西，就是資本主義經濟；和牠相反的，尤其那『由國家所保證的全國民的經濟生活』，就是社會主義經濟秩序的根本表徵。他認定一切的經濟秩序，都可分爲資本主義經濟秩序與社會主義經濟秩序。他從這一見解出發，遂論斷個人主義的經濟秩序，必然的蹈入資本主義，而社會主義的經濟秩序，則蹈入那『最純粹而最徹底』的共產主義（見婆列『資本主義與社會主義』，三五頁）。和這一說相反的奧邊海瑪 Oppenheimer 他以爲資本主義與社會主義，不是單純的經濟秩序上的兩原則，乃是基於一定的經濟秩序而形成的全社會組織的區別。他認定在『政治上——社會上爲階級國家，在經濟上爲大規模的剩餘價之榨取』，這就是資本主義的表徵；在這兩點上『和資本主義相反的社會秩序』，那就是社會主義。他在單是指稱經濟秩序的時候，迴避社會主義的用語而使用『集產主義』的名詞（見奧邊海碼『資本主義，共產主義，科學社會主義』，二頁，七頁）。又，笛爾 Diehl，他雖認爲資本主義與社會主義的概念，專是經濟組織的區別，但他却反對那把資本主義經濟與社會主義經濟，看做相反的一種見解。據他說來，資本主義，是個人主義發展到一定階段的形相，是以『生產手段的私有』爲基礎的東西；而社會主義，則是以『廢棄生產手段的私有』爲基礎，是立足於集團的經濟原則之上的東西。然而他因爲把資本主義和社會主義，純粹當做經濟上的概念來解釋，所以認定那容許個人消費的社會主義，是比共產主義較容易的階段（因爲他認定社會主義的實現不可能，所以寧說他是『不徹底』的講話），因而反對把資本主義與社會主義看做相反的事情。於是，他把社會主義經濟的特徵列舉如下：（一）集合的生產——基於生產手段之集合的所有的生產；（二）一般的義務勞動及強制勞動之實施；（三）生產物之平等的分配；（四）消費的個別性（見笛爾『無政府主義．社會主義，共產主義』，第一章及第三章）。

以上固然是隨便舉出的幾個例證，但那一類的人滔滔皆是，這不僅只是空論的經濟學者的問題，就是社會主義的陣營內，也有種種不同的見解。上面的那些表徵，固然把資本主義經濟與社會主義經濟的區別，顯示了各種重要之點，但還不能站決定的地位。所以，有人為避免『資本主義』或『資本主義的』這名詞中所含的誤解起見，主張禁止使用這種名詞（見粕梭Passan『資本主義』，一——三頁註五）。另一方面，則有人以為企圖『對於凡冠有社會主義這個形容詞的社會思想，規定一個統一的概念』，是一個謬忘的提案（見休達木勒Stammler『經濟與法律』六頁）。

總之結論的混亂，在於接近問題的方法不完備。本來，把資本主義經濟與社會主義經濟為平面的對比，那實在是很勉強的事情。若把一切從牠的發展形相上觀察，則『理想型的資本主義經濟是不會有的。並且，就是單純的說到資本主義，也要知道有商業資本主義，工業資本主義，金融資本主義，其發展階段既不相同，則資本主義的形相卽生顯著變化的這件事。究竟那種資本主義經濟的發展期間，牠的存立條件是怎樣轉變的？換言之，資本主義經濟之發展的那自身，是否準備着轉變到和牠相反的社會主義經濟那邊去？最重要的事情，就是要把這一點指摘出來。我在下面的敍述上，將首先以闡明這一點爲任務。

然而那些把資本主義經濟與社會主義經濟爲平面的對比，對於那在經濟組織上表現極端對立的兩原則，摘出重要表徵的人們，不但所謂空論派的資產階級經濟學者如是，空想的社會主義者也是一樣，不但空想的社會主義者如是，就是科學的社會主義陣營內，也早已有這個表現。這是專從啟蒙的見地上顯現着的，這或許是專門站在啟蒙的見地之上的。凡研究着這一問題的著作，都施行的那種推測。例如：柏柏爾的『婦人與社會主義』，考茨基的『社會民主綱領解說』便是的。不過我爲保持便利起見，也想先從以下的工作開始：把資本主義經濟與社會主義經濟，就平面的區分出種種特徵來，一一列舉於下，以便作出關於兩者的輪廓之一般的概念。

區別資本主義經濟與社會主義經濟的標準，固然可以從各種觀點上去探求，而其主要的特徵，或許可說歸結在下列的各點上：

(一)關於生產手段之占有而成爲兩極端的資本主義和社會主義——生產手段的私有和公有；

(二)以關於生產的統制之有無爲標準的資本主義和社會主義——生產上的無政府狀態和計劃的集合的生產；

(三)貫串生產及消費的原則之差異——自由競爭和統制；

(四)因生產手段占有上的差異，必然發生的生產目標之區別——營利的生產(商品生產)和自足的生產：

(五)勞動力的商品化和社會的勞動(一般的義務勞動——強制勞動)。

自然，上列各點，不是可以個別的觀察，而是要互相連繫起來觀察的東西。所以，要就這些點上一一加以何種說明，那就必須對於資本主義經濟和社會主義經濟，具有整個的理解。並且只有在那種用意之下，依據這個方法，纔能明瞭兩者的差異與其牽連關係。我就是準備站在那種觀點上，拿以上的用意，對於這些特徵爲具體的說明而進行論述的。

第二章　資本主義經濟的表徵

和前章說明的一樣，人們對於資本主義經濟的表徵，也有種種的見解：有的是把牠解做『資本與其利益』所支配的社會秩序，從這一觀點上去接近牠：有的是想列舉資本主義經濟秩序的各種特徵，把這些特徵當做資本主義經濟的表徵；有的則想在闡明現代資本主義經濟最特殊的事象——產業組織上的有產者與無產者的對立之中，去發見資本主義經濟的本質。婆列的見解，不待言是最平俗的了。他的研究方法，是想列舉眼前的資本主義經濟秩序所具有的各種特徵，因而把資本主義經濟的本質表徵出來的。我只是在便利的意義上採取這個方法，已於前章說過。然我却不是僅於列舉現存的經濟秩序所具有的各種特徵而已，是想從闡明『資本』的本質，分析其內在的法則出發，去抓住問題的核心的。

什麼是資本主義經濟的特質？一句話答出來，那就是『商品生產』。在資本主義經濟秩序之下，一切生產物，不是爲直接消費而生產，乃是把牠作爲商品提供於市場以覓購買者而生產，換言之，是爲『賣而獲利』生產的。馬克斯在『資本論』的起首，便說破『資本制的生產方法，使社會的富呈現爲『龐大的商品集積』，『各個商品呈現爲爲富的原基形態』，正是這個意義。

然則商品生產，爲什麼是產生利得——利潤的東西呢。

要了解這意義，必須先把商品分析一下。剔破纏繞商品的物神崇拜性，闡明利潤所從出的勞動力的性質，結果，遂發見了利潤的根源就是無給的勞動——剩餘勞動，這是馬克斯的功績。

『我的著作的終極目的，在於發見現代社會——資本家社會的經濟的運動法則』，這是馬克斯在資本論的序言上說的。眞的，他的經濟學說的內容，全部都是在於貫通資本家社會的發生，發展，衰亡而發見經濟的運動法則這一點。所以，他從分析商品開始，因爲商品是在資本家社會內盡重要任務的東西。

所謂商品，第一，是滿足人類某種需要的東西；第二，是可以和其他的某種物品相交換的東西。前者卽是物的有用性，叫做使用價值；後者卽是某種使用價值的一定數量，和他種使用價值的一定數量相交換的比例，叫做交換價值。元來，使用價值是物的有用性，是不能直接比較的東西，然而牠偏被人現實的交換着，這是什麼緣故？照馬克斯的例示，爲成立20碼亞麻布＝1件外套的方程式，則兩者中必含有相等的東西。然則在這些社會關係的一定的組織內，不絕的相互比較着的各種各樣的物品，其中所共通的一個東西，牠是什麼呢？那就是同係勞動的生產物這件事。因之，今日具體的顯現着的無數使用價值的交換，換言之，就是所有勞動種類的交換。並且，此時成爲問題的，不是勞動的種類——品質，而是勞動的分量；不是具體的勞動，而是抽象的勞動——一般的人類勞動。各個商品，就是以那種抽象的——一般的人類勞動之體現者資格相交換的。因之，惟有這抽象的——一般的人類勞動，正是那相互行着交換的各個商品在交換之際的一個比準的基礎。這就是說，價值（交換價值）的大小，必然由那生產使用價值所消耗的社會的必要勞動時間所決定，（見『資本論』一卷）。

馬克斯從分析商品化的勞動二重性移到貨幣的分析，他的研究，就着眼這樣的過程：從某種商品與他種商品爲偶然的——個別的交換而成立的偶然交換行爲，進而至於各種商品與某種一定的商品行交換的普遍的價值形式，更進而至於這一定的商品成爲貨幣的價值形式。這種過程，根據馬克斯所例示的表明出來如次。

（一）單純價值形態　這是依據 20碼亞麻布＝1件外套 的方程式，表現出來的最單純的價值關係，是在商品交換之最初步的階段上，發見出來的偶然的——個別的價值形態（見『資本論』一卷）。

（二）總體的擴大了的價值形態　這是依據

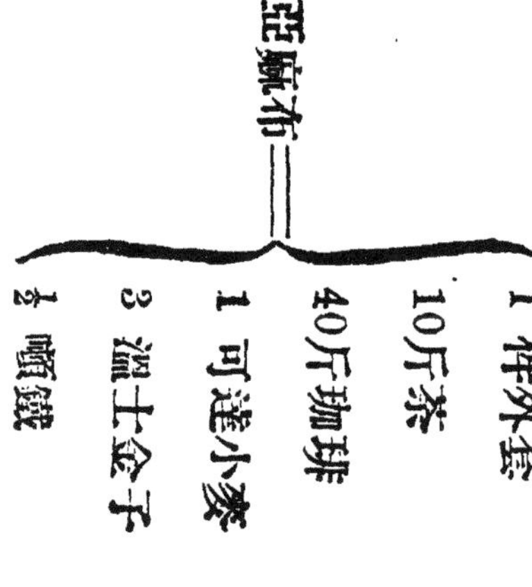

的方程式表現出來的價値關係。據此，則一個商品亞麻布，早已不僅能够對其他個別的商品種類行交換，牠並是對於商品界全體、立在同一關係之上的東西。於是亞麻布的價値，開始成爲眞實無差別的人類勞動的凝結而表現。形成這種價値的勞動，是和其他的一切勞動同成爲價値而表現的（見「資本論」一卷）。

（三）一般的價値形態　這是依據

1 件外套 ＝
10斤茶 ＝
40斤珈琲 ＝
1 可達小麥 ＝
2 溫士金子 ＝
½ 噸鐵 ＝
} 20碼亞麻布

X量的 A商品 ＝
其他的商品

的表式，表現出來的價值關係。

第一第二的形態，都不過表明着一個商品的價值，是從那商品自身的使用價值區別出來的東西；反之，第三的一般的價值形態，是一個商品——比如亞麻布——成爲等價的作用，把種種商品的價值統一的表現出來。由於這一點，不僅更完全的把商品的價值，從牠的使用價值區別出來，並且現實的使各商品以價值的資格而相互發生關係，相互呈現爲交換價值。這時候，商品的價值關係，不是單純的商品的私事，可說是商品界的共同事業，即是所謂『其他的一切商品，同時以同一的等價表明其價值，而新出現的商品種類都非模倣牠不行』的事情。於是成了一般的價值表現的一個商品——比如亞麻布，遂成爲看得見的一切人類勞動力的體化，一般的社會的蛹化而通用了（見『資本論』一卷）。

（四）貨幣形態　一個商品——亞麻布，所以能夠成爲其他一切商品的價值表現的，只因除了這一個商品之外，屬於商品界的一切商品，都被一般的等價形態所除外，牠在這個限界內，纔成了一切商品的價值表現。同一件事，倒過來說，成爲一般的等價作用的商品，是因牠成了等價而被其他的一切商品所除外，所以牠在這個限界內，纔取得了一般的等價形態的他位。成爲這一般的等價形態的東西，不過是價值全體的一個形態，自然任何商品都能適用。可是那個商品，不能不以等價的資格，被其他的一切商品所除外。而且這個除外，終究從限於一個特殊的商品種類那一瞬間起，這特殊的商品種類便成爲貨幣。

究竟歷史上，是什麼商品占住那種地位，那是由種種的事情規定的。不過最後取得這優先地位的還是金子，所以，在第三的形態上，若拿商品金子來替代商品亞麻布，則得到如次的結果：

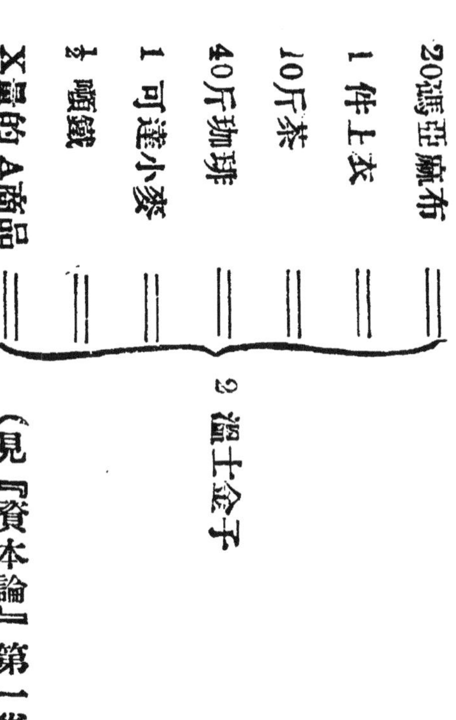

（見『資本論』第1卷）

以上是略述馬克斯說明的：關於交換及生產之發展的最高產物的貨幣，牠所由產生的歷史的過程。馬克斯不單是想用這些表式，抽象的把那種歷史的過程叙述出來而已，實在是想站在那關於交換與商品生產之發達的具體的材料集積之上，把這些東西發展的各種過程爲適當的說明的。比如他說：『擴大了的價值形態，若用一個勞動生產物來例證，就如家畜這東西，已不是例外的事情，可說是在習慣上要與其他種種商品相交換的時候，事實上纔出現的』（『資本論』第一卷）；又說：『貨幣，預想着商品交換的發達到一定高度的貨幣之各種形式（單純的商品等價、流通手段、支付手段、財寶及國際的貨幣），視其應用的對象、範圍、並活動性質之如何，顯出形形色色的生產的社會過程之楷梯』（見列寧『馬克思傳』引用語）。就是那個意義。

隨着貨幣形態之發展，一切的交換都通過貨幣而顯現。這就是說，商品的交換過程那東西，是以商品——貨幣——商品（W—G—W）的這種形態變化而顯現的。這個運動，若從物材的內容觀察，則W—W即是商品和商品的交換，是社會的勞動之代謝機能。然而若觀察那習見的一個商品亞麻布的總轉形，就可知道此等轉形，原是由那相互對立、相互補充的兩個運動W—G及G—W成立的。然而，這相反的商品轉形的兩個運動階段，是相合起來而構成一個循環的東西。構成一個商品循環的兩個轉形，同時又是構成其他兩商品的相反的部分轉形的。這麽一來，由各種商品的轉形列劃出來的循環，是與其他各商品難以分解而密接着的。所以，依據 W—G—W 的表式所表現出來的商品的流通，在形式上，在本質上，都和直接的生產物交換（物物交換）不同。

商品流通的形式，是那樣『爲買而賣』的東西，這正是資本的起點。而商品生產和發達了的商品流通——卽商業，就造成資本所由成立的歷史的前提。

在商品流通的一定階段上，貨幣轉變爲資本（見『資本論』一卷）。

資本的一般的公式，和商品交換的形式不同，牠是貨幣——商品——貨幣（G—W—G）。後者爲買而賣，反之，前者爲賣而買。然而在商品流通的形式（W—G—W）上，形成這全行程的兩端的商品，不能是同一的東西。最初的商品，成爲剩餘的使用價值，卽是成爲單純的價值而供所有者之用，反之，後者的商品，是成爲使用價值而發生效用的。換言之，就是賣去剩餘的使用價值，買來較必要的使用價值這種事情，是商品交換的一般形式所具有的整個意義。和這相反的 G—W—G ，結果，購買者手中不殘留商品，而把那曾經投入流通之內的貨幣，再行收回自己的手中來。而且他收回的貨幣量，和最初投入的不同，他獲得比前更多的貨幣——卽是獲得了已經成長的貨幣。那種貨幣的成長，馬克斯呼爲剩餘價值。意識的把貨幣投入流通之內，想因此抓取剩餘價值的貨幣所有者，就是資本家（見『資本論』一卷）。

所以，正確的說明資本的一般公式，便成爲 G—W—G (G+g)，這g就是剩餘價值。究竟這g是從什麼地方出來的？確是一個問題。

剩餘價值，不是從商品交換發生。何故？因爲就純粹的形相說，成爲商品交換的東西，只是等價與等價的交換，什麼價值增殖的手段都是沒有的。並且這剩餘價值，又不是從價格的增大發生。何故？因爲縱然假定販賣者，被賦與了增加 10% 的價格去販賣的特權，但他成爲販賣者之後，馬上還要變成購買者，則販賣者與購買者相互的損益，結果是平均的。把問題倒過來說能，如果購買者被賦與在價值以下購買商品的特權，其結果也是一樣。要之剩餘價值的形成，因而貨幣成爲資本化的這種現象，並不是在商品交換上，能夠說明，也不是依據販賣者把商品在價值以上出賣的事實，或購買者把商品在價值以下買進的事實能夠說明的。

然則從什麼地方去探求剩餘價值呢？

要想獲得剩餘價值，則貨幣所有者，就不得不到市場去覓得那自身的使用價值，具着價值泉源的一種獨特性質的商品，即是不能不覓得那現實的消費，就是他自有勞動的體化，價值的造成這樣的一個商品（見『資本論』一卷）。果然有這種商品麽？有的，那就是一類的勞動能力——勞動力。

這裏，必須深入的觀察這特殊商品的勞動力。

勞動力也是一商品，所以和其他的商品一樣具有價值。然而這個價值，也是由於生產及再生產上所必要的勞動時間來決定。勞動力這東西，在成爲價值的限界內，也不外是代表着牠自身中所體現的社會的平均勞動之一定量的東西。貨幣所有者，用這價值購買勞動力，和購買其他的一切商品一樣。然而勞動力這商品，不是憑空存在的，牠只有成爲各個活人的能力纔存在。所以，所謂生產及再生產上所需要的社會的必要勞動時間，終不外是維持勞動者及其家族所必要的一定量的生活資料的價值。那種生活資料的一定量中所含的社會的勞動量，就是勞動力的價值。因之，假定勞動力的生產上平均一日所必要的商品量中，含着社會的勞動六小時，則一日的勞動力中，就把六小時的社會的平均勞動體現出來。

貨幣所有者，用這價值購買勞動力，一經買得勞動力的貨幣所有者，則取得了從心所欲來使用勞動力的權利。比如他把勞動力爲十二小時的活動，這中間已由最初的六小時（必要勞動時間），造成了和生活資料相當程度的生產物，而殘餘的六小時，就造出資本所要求的無給的剩餘生產品，換言之，就是造出剩餘價值。這就是顯示着雖然同是商品，但只有那在消費過程上（勞動過程），具着特殊性質——即造出價值以上的東西勞動力，纔是剩餘價值的泉源（見『資本論』一卷）。

我們從分析過商品之後，便明瞭商品的生產，必然產生貨幣，貨幣又必然轉變爲資本的這一途徑；並因發見無給勞動的生產品，就是剩餘價值的泉源，遂能說『商品之貨幣式資本化』，雖是發生於等價對等價的商品交換的內部，却不是從交換本身發生出來的事情。這是把探得資本主義經濟之秘密的一把鑰匙，提供出來的那種發達過程的闡明。

然而我們爲求得資本主義經濟的整個的表徵，必須再分析一個途徑，檢討一個途徑，以下關於勞動行程的分析和檢討就是的。

勞動，首先就是人類與自然間的一行程，換言之，就是人類對自然而動作，以對自然的動作爲基礎而相互協作的行程。這時候，人類是僅以一個自然力去和自然材料那東西相對立的。

成爲勞動行程的單純要素的，是人類的目的活動，換言之，就是勞動的自身與勞動的對象及勞動的工具。所謂勞動對象，是一切因勞動而脫離與地球體的直接結合的東西及原料；所謂勞動工具，是勞動者傳達他自己的活動於勞動對象的東西，又是物的複合體。

應勞動行程之發展的必需，已加工的勞動工具必然的產生出來。因之，認識勞動工具的遺物這件事，在判斷經濟的社會形態上，成了重要的線索。『把經濟上各時代區別出來的東西，不是在於造出什麼東西的事情，乃是在於怎樣的造出來　，用什麼勞動工具造出來的事情』（見『資本論』一卷）。

成爲人類與自然間一行程的勞動行程（那最單純的東西，是以一個自然力而與自然材料相對立的事情），總而言之，是造出使用價值，爲人類的欲望而占有自然物的目的活動，是人類生活永久的自然條件。所以，牠又是離開這生活的一切形態而獨立的東西，可說是一切社會形態所共通的東西。

貨幣所有者——正生成着的資本家——雖然在商品市場購買勞動力之後，採取的是使牠消費的那種形式的勞動行程。那與勞動行程的一般條件，原沒什麼矛盾。不過那種勞動行程，有兩個表徵。一個是勞動者在成了勞動所有主的資本家管理之下而勞動的事情；另一個，就是勞動行程的生產物，直接歸屬於資本家之手的事情。因此，資本家便能生產剩餘價值（見『資本論』一卷）。

資本家，元來不是愛慕使用價值的自身而生產牠的，只因使用價值是交換價值的物質的基礎，是扮交換價值的角色，所以在這個限界內纔生產牠。因之有兩件事情，是資本家方面的問題（見『資本論』第一卷）。

第一、資本家生產的東西，是要具有交換價值的使用價值的；第二、資本家生產的東西，是要具有比他在生產上所消耗的各種商品（卽是他在商品市場，支出寶貴的貨幣所得到的生產機關及勞動力）的價值總額更大的價值的，資本家不但要生產使用價值，並且要生產價值，更要生產剩餘價值。

所以，一經考察成爲這種問題的商品生產，則商品生產行程，和商品自身爲使用價值與價值的合成一樣，也必然是勞動行程與價值形成行程的合成。

勞動行程，是把勞動的運動爲質的考量的，是立足於生產使用價值的有用勞動之上的。然在價值形成的行程，則勞動的運動問題，是勞動運轉上非質的而專是量的所必要的時間，換言之，只有勞動力之有用的支出所繼續的時間，纔成勞動的運動問題。

然而商品生產的行程，同時必然是價值增殖的行程。

如前所述，勞動力之每日的保存費與每日的支出，是兩個大小完全不同的東西，前者決定勞動力的交換價值；後者則決定勞動力的使用價值。爲使勞動者在二十四小時內活着起見，半日分的勞動是必要的這句話，絕不妨碍那使勞動者整天的動作的事情。所以，成爲價值增殖行程的那東西，除開延長到一定限度以上的價值形成過程之外，什麽東西都不是的。價值形成行程，當其持續到由新的等價所補償的限度以上的時候，那就變做了價值增殖行程（見『資本論』一卷）。

勞動行程和價值形成行程合成起來，價值形成行程更變做價值增殖行程的這件事情，是表徵商品生產的重要特質，且是提供我們剔破資本主義經濟之祕密的另一把鑰匙。因爲就勞動行程和價值形成行程的合成觀察，固是商品的生產行程，而就勞動行程和價值增殖行程的合成觀察，則是資本制的生產行程，是商品生產的資本制的形態。

既然在剩餘價值的生產上，我們看見了生產機關的價值，如實的再現於生產物上面的事情。所以從生產過程的見地觀察，則必須把資本分爲不變資本與可變資本。投在生產手段（機械、勞動工具、其他）中的是不變資本，因爲牠的價值是不變化而移於生產物的。支付於勞動力上面的是可變資本，因爲牠的價值是變動的，牠於生產剩餘價值之中，在勞動行程上增殖起來。所以，爲要表現資本所施行的勞動力榨取的程度起見，不須把剩餘價值與資本總額相比較，只須把剩餘價值與可變資本相比較。這比較出來的成分，就叫做剩餘價值率。剩餘價值率，就是榨取率。牠的公式就是：

以上我們爲觸到資本主義經濟的核心，首先注目牠表徵出來的現象——商品生產，由商品的分析而追求牠與勞動行程的交錯，就向上到勞動行程與價值增殖行程的合成物——即商品的資本制生產。由是我們便能確切的抓住資本主義經濟所由成立的前提條件了。

$$剩餘價值率=\frac{剩餘價值}{可變資本}=\frac{剩餘勞動}{必要勞動}$$（見『資本論』一卷）

資本主義經濟成立的歷史的前提，第一，是在商品生產的較高水準上，各個人的手中蓄積一定額的貨幣；第二，是所謂『自由』勞動者——一方是從一切封建的束縛中解放出來的自由；同時又是被土地及其他的生產手段放逐出來，除賣自己的勞動力以外，別無生存之道的勞動者。自由勞動者，就是在這兩重意義上存在的。所謂資本的原始的蓄積，一方是是由於勞動者被強制的離開生產手段，農民從土地上被放逐出來，共同所有物被占有的一些事情；他方則由於殖民地制度，國債組織，保護貿易，及其他的一些事情，造出『自由』的無產者和蓄積一定額的貨幣的資本家，由是造成了資本主義經濟所由成立的前提條件。

所以，變成了資本的貨幣，據他自身所體現的內在法則看來，就是不能不向着資本主義的路上馳騾的。

資本的目的，是剩餘價值的增殖，而剩餘價值的增殖，又必須靠兩個根本方法纔有可能。這根本方法的一個，是勞動時間的延長；另一個，就是社會的必要勞動時間的減少。上面曾經說過，勞動力的價值——那爲維持一日的勞動力所需要的支出，和勞動力的使用價值的大小，是完全各別的。所謂維持一日的勞動力，只需六小時的社會的必要勞動這句話，和那使勞動力在六小時以上動作的事情，並不發生矛盾，因而所謂社會的必要勞動時間爲六小時的這句話，絕不是決定全勞動時間的長短的。

假定 a|1|2|3|4|5|6|b 的線，代表必要勞動時間繼續（長度）的六小時，則勞動延長到ab以上的時候，就可變成如次的線。

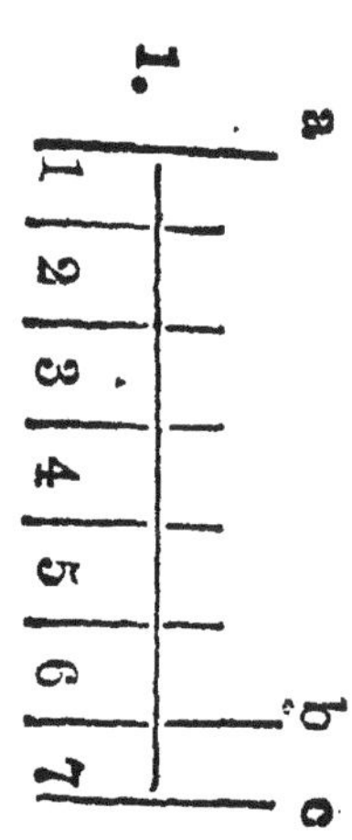

2. a——b——c（1 2 3 4 5 6 7 8 9）

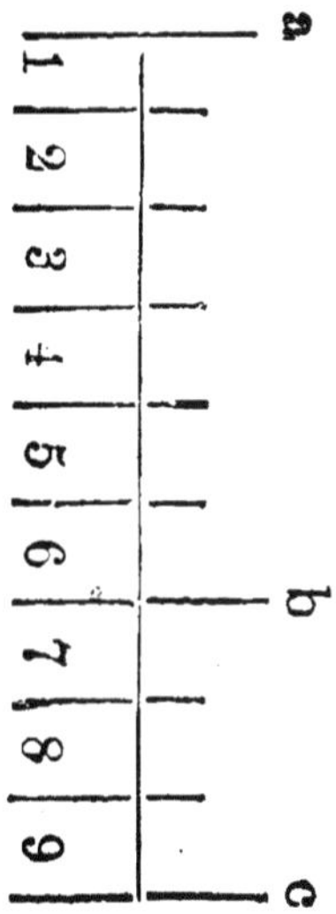

3. a——b——c（1 2 3 4 5 6 7 8 9 10 11 12）

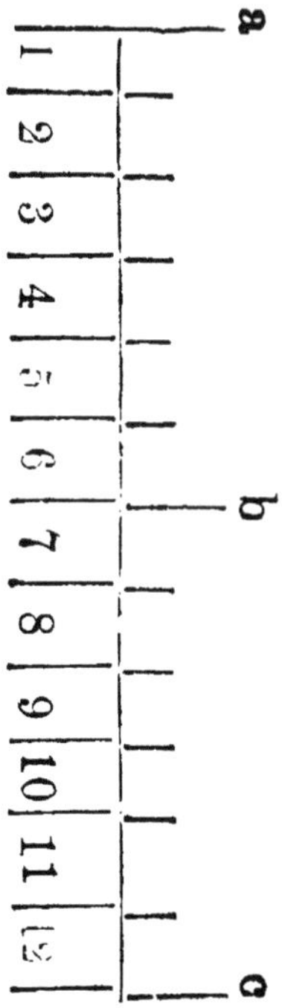

這些線，是表示七小時，九小時，十二小時的勞動時間的，所謂不能因必要勞動時間ab的長度而決定全勞動時間的事情，就是這個式樣。這時候，ab的剩餘勞動時間的長度愈長，則剩餘價值率愈加增大，所以，剩餘勞動時間的延長，不待言，是價值增殖的最容易看見的途徑。所以，不管是概念上或歷史上，資本家與勞動者的利害鬥爭，總是沿着勞動時間的延長而展開的。想把勞動時間無限制的延長起來的資本家的欲求，逐漸使勞動時間及休息時間為法律所限制，所調節，而一切社會的取締產生出來，所謂確立標準勞動時間就是的。就是這標準勞動時間的確立，也是資本家階級與勞動者階級巷戰的產物（見『資本論』一卷）。因爲延長勞動時間的前途被梗塞了，資本家方面追求剩餘價值的問題，又須另覓途徑。必要勞動時間的長度，不是決定全勞動時間的長度的東西，同樣，剩餘價值率的大小，也不是決定全勞動時間的長度的東西，因爲必要勞動時間並不是固定的。

以剩餘價值的量爲M，以各個勞動者一日所供給的平均剩餘價值爲m，以購買各個勞動力一日分所預支的可變資本爲v，以可變資本的總額爲V，以一個勞動力的平均價值爲K，以榨取程度爲 a'—a $\frac{\text{剩餘勞動}}{\text{必要勞動}}$，以充用勞動者數爲n，則得公式如左：

$$M=\begin{cases}\frac{m}{v}\times V\\ K\times\frac{a'}{a}\times n\end{cases}$$

試考察一定量的M，則一個因子的減少，復由其他的因子增大而獲得補償。比如用於勞動力購買上的可變資本雖然減少，同時，只要剩餘價值率上昇，則一定量的M可以保持；反過來說，縱然剩餘價值率減少，只要用於勞動力購買上的可變資本增大，換言之，只要充用勞動者數增加，則一定量的M也能保持。

然而已經說過，因爲勞動時間的延長引起剩餘價值的增進、勞動者數的減少——可變資本量的減少得以補充的程度上，有不可踰越的限制。所以，資本家必須研究脫離這個限制的方法。

第一，產出的剩餘價值量，要是基於剩餘價值率及預支的可變資本量這兩個因子所決定的一種事實而來的東西，而剩餘價值率又是同一的，則因預支的可變資本量增大，也能使剩餘價值的產出增大（這是一個含有矛盾的法則，俟後段述之）。（見『資本論』一卷）

第二，減少從來當做不變的東西來考察的這種必要勞動時間而使剩餘價值率上昇，那也可以保持住一定量的M。比如以ac線

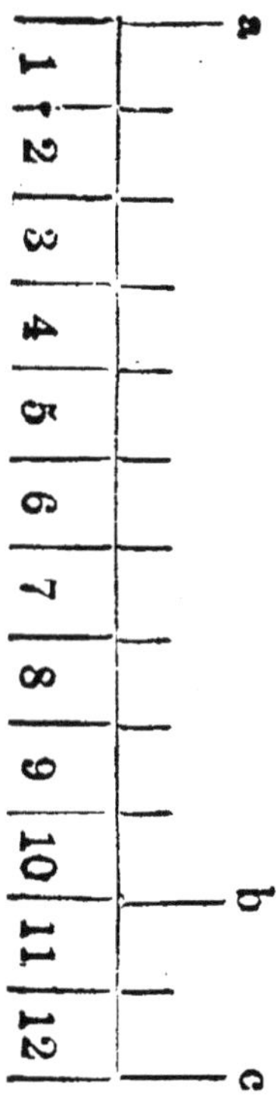

a　b　c
1 2 3 4 5 6 7 8 9 10 11 12

代表十二小時的勞動時間，以ab部分代表十小時的必要勞動，以bc部分代表二小時的剩餘勞動。這時候，縱然不能把表示ac勞動時間的線延長起來，而延長bc線的事情總有可能。那就是b點往a的方向移動，使bc線因之延長。把b點移到b'點，卽是把剩餘勞動時間延長一小時，其線式如次。

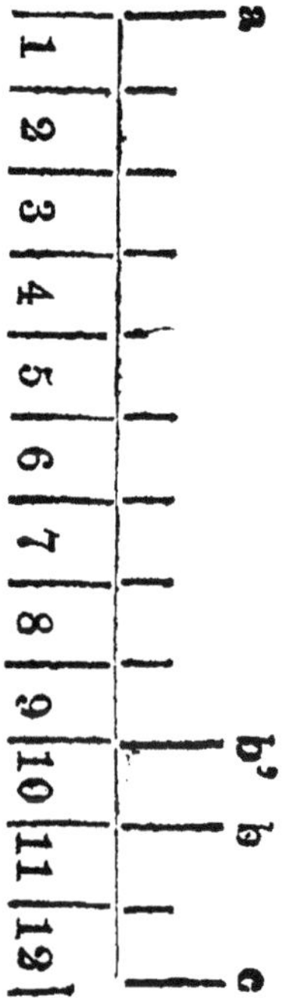

a　　　　　　　　　　　　　　b'　b　　c

|1|2|3|4|5|6|7|8|9|10|11|12|

這是表示什麽呢？

把b點延長到b'點，是表示剩餘勞動增大了二分之一，二小時變成了三小時。同時，必要勞動時間，由ab退到ab'，這就是從十小時減少至九小時。不待言，這就是剩餘價値率，因減少必要勞動時間而增進，所以剩餘價値的產出也增大起來。然而所謂必要勞動時間減少一小時的話，那不是驟然發生的事情，那是因爲維持勞動力所必要的生活資料的一定量，向來需要十小時去生產，現在只要九小時便可生產出來，那非一般的生產力增大是不可能的。但勞動的生產力增大，一方使剩餘價值的產出增大，同時，他方則使商品的交換價值減低。這就是說，剩餘價值和勞動生產力的增進爲正比例；而商品的交換價值，則和勞動生產力的增進爲反比例。所以，若就從來只把交換價值的生產放在眼中的資本家說，那是不斷的含着使商品的交換價值低減的矛盾的。要如何纔能達到克服這一矛盾，避免低廉商品價格的目的呢？展開這一前途的，就是從單純協業轉變到勞動分業、工場手工業、以至於機械及大工業這一聯串的發展過程。

幾個勞動者的協業，是各個勞動者的生產力之總和以上的東西。牠所表現出來的一個強大的力，只看一種單純例證就可知道。比如十二個建築石工，他們排成一列，以便把建築用的石頭，由開架下面遞相傳至架頂，這時候，雖然他們誰也是做的同一的勞動，但總勞動者的二十四隻手，總比一個勞動者，逕自一人上下往返的那兩隻手所成功的十二倍，敏捷迅速得多。至於要問單純協業，有怎樣偉大的結果，那古代的亞細亞人、埃及人、愛特魯士(Etruski)人等的建築物，已經顯示出來了。

然而那種單純的協業，是常與大規模的生產相伴隨的。因爲勞動者若不聚在一起，則直接的共同作業便辦不到。那使勞動者在一定的場所集合的事情，就是協業的條件。所以，若沒有許多勞動者，同時在同一的資本同一的資本家之下充用的事情，決不能協業。協業，必然的決定資本的大小，對於可變資本可以這樣說，對於不變資本也可以這樣說。使用三百個勞動者的一個資本家，對於原料的支出，抵得那各使用十個勞動者的三十個資本家每人所支出的三十倍。固然，共同所利用的勞動工具與材料量，事實上，不是和使用勞動者的數目，以同一的比例增大的。但雖是那樣，而各個資本家的手中，集積多量的生產機關的事情，已是促使工錢勞動者的協業成立的物質條件。

協業的利益，可以從兩方面觀察出來。一方面，就是生產機關的節省。比如使二十個織工，用二十臺織機工作的作業室，不待言，是要比一個機織業者，使用兩個工人作業所需用的房子廣大些的。但實際上，用二十個織工工作的作業室，那生產上的必要勞動，却比用兩個工人的十個作業室所需要的小些。所以，像那樣共同使用的生產機關，從生產物所移轉的價值部分觀察，則和生產機關之較廉價的生產，是同一的結果。因爲生產機關的節省，致使商品的價值減低，而勞動力的價值也低減下去（這是和資本的有機構成相關聯的，後段論之）。另一方面，就是勞動的生產力，因協業的結果而增加一種強度，成爲一種強大的力而作用。協業，不僅增進個別的生產力，並且在牠的自身，造成一個新集合力的生產力，所以牠能增大相對的剩餘價值的絕對量（見『資本論』一卷）。

單純的協業，在以上的意義上，雖是資本主義的生產方法的前提，資本主義的生產方法的根本形態，然究非構成資本主義生產方法的一個發展時代的東西，可說是表徵資本主義生產方法的一個史的形態。資本主義生產方法的發展過程上所顯現的各種形態——工場手工業機械的生產等等，是協業的一個形態，所以，能夠把牠看做協業所具有的內在法則的尖銳化。

注目相對的剩餘價值的生產，由是發展起來的資本主義的生產，一方迫於必須減低勞動力的價值；他方則因資本構成上的可變資本部分之減少而爲必然的補償，不得不更加發展大規模的生產。機械，固然也是以造出相對的剩餘價值的資格，跑進生產行程的。但機械產生相對的剩餘價值，牠不僅由於使用機械，直接使勞動力的價值喪失；或低廉勞動力的再生產上所必要的商品價格，間接使勞動力的價值減少的這兩件事。機械，還因下面的事實，產生相對的剩餘價值，這就是採用牠的資本家，利用牠把充用的勞働，轉變爲强度更大的勞動，使機械的生產物的社會價值，在個別的價值以上，於是只須拿一天的生產物中所含的較小的價值部分，就可收回他在一天的勞動力上所支出的資本價值，像這樣也可造出相對的剩餘價值來。

然機械，若在一個生產部門內普遍化，則那種『獨占』形象的剩餘價值，以後多少要消失，於是以勞動力結果爲法則的事情，乃再實現。這法則，就是所謂剩餘價值的量，基於可變資本部分的法則。就和前面說的一樣，剩餘價值的量和剩餘價值的率，同爲充用勞動者數所決定。可是這兩個因子，不是正比例的關係，而是反比例的關係。何故？因爲剩餘價值率，是必要勞動與剩餘勞働的比率，所以勞動時間的長度若被限制，則除開提高勞動的生產力以外，別無增進剩餘價值率的方法。而勞動的生產力之增大，在一定的資本之下，若不減少勞動者的數目是辦不到的。機械經營，正是包含着那種相反的兩個因子，在生產過程上表現出來的。這內在的矛盾，在一個產業部門內的機械普遍化的時候，每現到表面上來。脫離這個矛盾的企圖，屢屢驅使資本家馳赴於增大絕對的剩餘勞動——延長勞動時間的道上。要是那個途經一被梗塞，便使他馳赴於採用更精巧的機械，藉以增進勞動能率而從事更擴大的生產（見『資本論』一卷）。

追溯這相對的剩餘價值的生產而分析其發展過程，是探得資本主義經濟之主要特徵的第三把鑰匙。

我着眼那表徵資本主義經濟之特質的『商品生產』，根據馬克斯的方法，下向到單純商品的分析，因追求牠與勞動力的交錯，遂上向而達於機械的生產了。並且在這中間，發見了抓住資本主義經濟核心的三把鑰匙。這三把鑰匙：第一，就是商品生產必然的產生貨幣，而貨幣這東西，則是由蓄積於個人手中的一定量的貨幣轉變爲資本的一種途徑所表明的『資本』性質。牠對於『剩餘價值的增殖』這種資本，指示着必然的運命。而且因爲曝露了『剩餘價值的增殖』不是由於交換而是在交換中實現出來的那個秘密，明白了向後發展的途徑；第二，就是人類與自然間的代謝機能——『勞動行程』，牠和價值形成行程合成起來，變做商品的生產行程、更和價值增殖行程合成起來，變做資本主義的商品生產行程，在這種途徑上表現出來的『資本主義的商品生產行程』的特徵，這個特徵，就是勞動對於資本的從屬性，以及牠自身成爲人類與自然間的一行程的勞動行程、和資本家占有生產物之間的矛盾；第三，是追求相對剩餘價值的生產而發展的過程上，呈現出來的『資本主義生產方法』的秘密。那就是因爲生產規模的擴大，不絕的向前發展，致使勞動者階級和資本家階級之間，更加尖銳化起來的鬥爭。

以上的三把鑰匙，不僅是爲了探求資本主義經濟的眞相，分析的研究出來的結果，而且是和現實的歷史發展相對應的東西。

貨幣變成資本，是極早的事實，古代非利基，希臘，迦太基、羅馬等，稍後如威力士。葡萄芽，荷蘭等，已經擁過絕大的商業資本。他們中介於非資本主義的商品生產所表現的社會與社會之間，主持那些非資本主義的商品的買賣。可是無論商業資本繁榮到什麼地步，在資本還沒有侵入生產部門的時候，資本主義的經濟秩序是不能實現的。必須資本不僅存在於流通界，還進而支配生產界的時候，資本主義的經濟秩序纔能出現。資本一經支配生產界，就叫做產業資本。

馬克斯把產業資本一般的表示出來，定爲：

$$G-W\begin{cases}Pm\\A\end{cases}\cdots\cdots P\cdots\cdots W'-G'$$

的公式。G 當然是表示貨幣，W 當然是表示商品。以貨幣購買商品——生產手段（Pm）與勞動力（A）而從事生產，便獲得更多的商品（W'），更因把 W' 賣出而獲得更多的貨幣 $\left(\begin{matrix}G'\\G+g\end{matrix}\right)$，這不能不說是資本主義生產的表徵。然而

$$G-W\begin{cases}Pm\\A\end{cases}\cdots\cdots P\cdots\cdots W'-G$$

這東西，不是忽然出現的，是經過曾經說過的

1. W—W'

2. W—G—W'

3. G—W—G'（G+g）

三階段而發展起來的東西。含在這些東西中的特質與矛盾，是更加尖銳化的在內中包藏着的。我既根據馬克斯的方法，分析了商品，從此開始所謂『旅退到後方去』，自信暗示了產

業資本主義時代的特質——卽資本主義經濟秩序開始實現出來的時代的特質。然爲便於和後段的社會主義經濟秩序比較起見，還想把主要的標識，重行列舉出來，加上許多說明。

A　生產手段的私有

資本主義的生產所表現的前提條件，已經說過，就是確立這兩者的社會的分業，卽，一方是蓄積着一定的資本的資本家；他方是僅依勞動力爲生的自由勞動者，而自由勞動者，又是成於（一）從封建的束縛中解放出來，（二）從一切的生產手段中脫離出來的這兩重意義之上的。

商品的生產必然產生貨幣，而貨幣又轉變爲資本的這種過程，勞動行程和價值形成行程合成起來，更和價值增殖行程合成起來的這種的過程；同時，就是資本被蓄積於一定人的手中——卽所謂資本的『原始蓄積』的過程；同時，又是產生自由的工錢勞動者——卽所謂勞動力的『原始蓄積』的過程。資本之原始的蓄積，是從貨幣轉變爲資本以至於資本侵入生產界，經過數世紀的長期、因種種的方法，或因與未開地的貿易（實係掠奪），或因在美洲發見金銀鑛，和平的詐欺的表現出來的。要表象那種原始蓄積的具體形相，只追想那與發見新大陸同時，爲掠奪美洲，非洲，亞洲一些『未開』國，西歐各國所設立的龐大的商業公司，就中尤其是荷蘭的東印度公司，英國的東印度公司就夠了；只追想因發見了美洲的金銀鑛，金銀源源的運往西歐，因大規模的黑奴買賣，吸收了巨大的財富就夠了。所以馬克思說：

『在美洲發見金銀產地，勦滅土著人，把土人奴隸化並驅往鑛山內去埋沒，對東印度開始征服及劫掠，把非洲變做商業的黑人狩獵場——這些事實，正是顯示着資本主義時代的曙光的。那種牧歌的各種行程，正是成就本來蓄積的主要原因』（資本論）。

此外，植民地制度，國債組織，保護關稅等等，多少是要列在生產這本來的（原始的）蓄積的次要原因之內的。

和資本的原始蓄積並進，這勞動力的『原始蓄積』（並且可說是前者的原因，可說是前者的結果）在發展中了。

首先形成勞動力的原始蓄積的事情，就是中世紀末葉及近世紀初頭，農奴大規模的從封建制度並土地中解放出來。農民脫離土地，固然老早就是表演的集團的逃走。但因法律賦與了形式的解放，更加助長這一傾向，於是開闢了大量的產生工錢勞動者的園地。

驅逐農民離開土地最有效的方法，就是共有地變成私有化，就是地主基於形式的權利，用呑併的手段，把農民從共有地上驅逐出去而占有其土地的事情。這種呑併所演的重大任務，就是促使農民的家產崩壞，促使農民轉變爲工錢勞動者。

形成工錢勞動後備軍的第三原因，就是因爲教會及同業組合的土地與財產被沒收，封建制度被破壞之後，遂造出了成羣結隊的失業者，和破產的手工業者。

這麼一來，一方便是因購買他人的勞動力以圖增殖自身的價值量的貨幣、生產機關、生產資料等所有者；他方則是販賣自身的勞動力的自由勞動者，這兩種不同的商品所有者，遂至對立起來，接觸起來。商品市場那種對峙的分化開始之後，資本主義生產的基礎條件和前提條件就確定了。所以，生產手段的私有，不能不說是資本主義經濟之根本的成立條件，不可避免的存續條件。工錢勞動者出賣他的勞動力，而使他的勞動力發生作用的原料、機械、設施，則屬於資本家的私有，由那種生產所得的生產物，則歸到生產手段所有者的資本家手中，這就是資本主義生產的意義。所以，那表徵資本主義經濟的生產手段之私有，就是：

（一）擁有生產手段的資本家，和離開了生產手段的自由工錢勞動者對立、接觸、鬥爭；

（二）由生產所得的生產物歸資本家占有。

這兩個事實，就是資本主義經濟的槓桿。惟其是槓桿，所以又是含着矛盾的兩事實。資本主義經濟，是正在大規模的把這關係再生產的樣子。

B　生產上的無政府狀態

資本主義經濟下的生產，全是盲動法的生產。所謂盲動法的意義，並不是說牠沒有貫串生產的法則，是說牠的法則是無意識的法則，因而牠只是以生產的結果爲作用的。

任何經濟社會，那一社會的成員，爲物質的生活而互相連絡，爲能夠經營美滿的物質生活，每不得不有支配那一社會的法則。換言之，對於那一社會的物質生活的基礎生產，不得不有支配牠的一定法則。試取原始共產社會爲例而觀察之。

原始共產社會的社會組織，是血緣關係，即是氏族。他們對自然的激烈鬥爭，是把一定的勞動分配於氏族成員，絕不容許各人有選擇勞動的自由的。他們爲避免浪費勞動，保持勞動者活動的調和，不能不依據社會的一般意志，把勞動編成起來，組織起來。對應這一生產關係，勞動生產物的分配，也是依據一個集團的意思而行，當做集團全體的工作而行的。總之原始共產社會是這樣的，對於生產，由一般的意思發出來的一個『意識的統制』去做，根據意識的法則，去支配經濟社會的全體活動。

這不過是其一例而已，實在任何濟經社會，只要牠已經叫做經濟社會，總有一個法則顯現出來。不過那種法則，若成爲意識的法則而發生作用，那並非任何經濟社會都是共通的現象。可說原始共產制度社會的崩壞，就是準備着那種意識的法則轉變到無意識的法則的。

在資本主義的生產，及由資本主義生產所決定的資本主義經濟社會上面，也有一個貫串的法則顯現着，但那是無意識的法則。牠被意識做一個法則，並不是社會的一般意思所直接而且意識的去决定的，牠不過是基於各個私人的意思產生的無意識的結果，因而發生出來的一個法則。

資本主義經濟之下的生產，對於什麼東西應該需要多少的情形，完全不明暸，可說牠是糊糊塗塗做出來的生產。資本家要在賣掉自已的生產物之後，纔知道他自已的生產，已否適應社會的需要。需要和供給的投合不投合，是僅由那以價值增殖爲目標的資本家，苦思焦慮一番之後，生產就被統制起來的。換言之，支配資本主義經濟之下的生產的法則，不過是那以價值增殖爲目標的各個資本家的私人意思所產生的無意識的結果。有了這種結果，而後被意識做法則的。

所以，表徵資本主義經濟的第二特徵——『生產上的無政府狀態』，

(一)是隨着生產手段的私有而來之必然的歸結，是注目價值增殖的資本主義生產不可避免的公準；

(二)同時，因『生產的無政府』無意識的實現出來的一種『自然法則』。而內包着準備走到『生產上的統制』去的必然途徑之各種要素；

(三)那種無意識的自然法則的體現者，成爲貨幣而表現。

『生產的無政府狀態』，在於這樣的社會——即是以那自身是社會的生產之商品生產爲基礎，而且在社會的方面，又是必要勞動時間的生產物，由於交換其商品而發見自己的法則的那種商品生產社會——必然要發生那成爲生產統制者的貨幣。這一社會上面的生產統制，

是以那對於社會的方面，成爲必要勞動時間的體現者的貨幣爲中心，於導入所謂價格法則之中，保持其地位的（見席爾法丁格『金融資本論』）。

資本主義的社會，自然也是以那種貨幣的統制作用爲基地。然而貨幣基於牠自身的發展，更不得不成爲反社會的東西。第一，貨幣資本化，離開社會的需給關係之代表機能而進行，這因資本的蓄積而愈加劇烈；第二，隨着生產的無政府所發生的浪費、混亂、破壞，不但不能加以阻止，可說反把牠更加大規模化起來，成爲一種必然的週期恐慌。

所以，雖然靠完成了生產的無意識的統制機能之貨幣，去不絕的調節生產的無政府狀態，而放任於無意識的統制機能的事情，却更加發展。於是那通過這進行反社會化的貨幣機能，反而成了社會機能的體現者的一種矛盾過程，遂以成熟。

C　自由競爭

既然生產手段私有化，生產表現出無統制，則自由競爭乃是不可避免的產物。何故？因爲自由競爭，不但是隨着營利生產而起的必然現象，且是促使那貫通無政府生產的一種『法則』去發生作用的社會機能。

近世紀的門前，豎着一面『自由』的大旗。這『自由』的大旗，正是資本主義生產的內在法則，意識的在那裏表現。牠既是顯示着從一切封建束縛中的解放，又是顯示着各人能力的自由發展，顯示着經濟上的自由競爭。

自由，首先就是以從一切封建的束縛中解放出來爲意義的。於是廢止了中世紀的一切貴族特權，破壞了基爾特的限制，解放了土地上的農奴。這一方面確定了貨殖的自由，同時，另一方面也建立了貧窮的自由。

自由，又是以『所有權及契約的自由』爲意義的。這是財產私有之彰明的神聖化，是對於個人行爲完全採取放任主義的表現。資本主義的生產，就在這『所有權及契約的自由』的大旗之下，登了歷史的舞臺。

自由，更是以『自由競爭』爲意義的，卽是生產的自由，勞動的自由。各人可以自由的竭盡能力相角逐，資本家能以自己的生產品肆無忌憚的互相競爭。

在分析價值增殖行程的時候已經說過，企圖增大相對的剩餘價值的資本家的本能，必然促進勞動的生產力之增大。勞動行程的新編成——新生產機關的移入，必然的轉變爲大規模生產。不過雖是那樣，却不可忘掉那企圖增大相對的剩餘的價值的資本家的欲求中，已有看不見的一條『自由競爭』的鞭子在後面鞭策着。那因新生機關之移入，想把生產物的價值，保持到社會的生產物價值以上的水準之欲求，如果是自由競爭的賜物，則移入於一個生產部門內的機械，忽然普遍化於全產業部門的事情，也是自由競爭的賜物。所以，自由競爭，是使勞動者的生產力不絕的昂進的一根看不見的槓桿，是推進資本主義生產最有力的車手。

自由競爭，是發展資本主義生產的推動力，在這個意義上，牠是資本主義經濟成立的根本條件，自不用說。並且，就是在前述的通過『生產的無政府』，實現出一個客觀法則的意義上，牠也是不可缺的條件。不過後者的意義上的自由競爭的任務，雖和前者的任務有不可分開的關係，牠却內藏着對牠自身制動的要素，並含着馬上就要否定自己的契機。

所以，表徵資本主義經濟的第三特徵的自由競爭，具着這些形相：

(一)生產自由、勞動自由等項，是立脚於徹底的個人主義的原則上的，是基於無限制的自由放任之要求的東西；

(二)由於那和生產手段的私有相結合的營利精神，而成爲資本主義發展的槓桿，可說是資本主義的拍車；

(三)使生產的無政府中間實現一個『法則』，使資本主義生產的社會機能成爲可能。

這是自由競爭的積極方面，但同時在消極的方面，牠又含着以下的歸結：

(一)由於把貧富的懸隔，擺在歷史的前面，遂暴露出資本主義經濟的黑幕；

(二)由於尖銳化了的營利精神，遂以『現金計算』爲連繫社會成員的紐帶。

在資本主義經濟的發展時代，自由競爭的消極方面，被牠的積極方面所穩蔽，多不注意及之。然而一到資本主義經濟的沒落時代，則自由競爭的積極方面姿態消沉，擺在社會前面的只有消極方面了。那麼一來，自由競爭就奔馳於否定自己的道上。

D 營利的生產

資本主義經濟之下所演現的生產，不是爲使用價值的自身而演現的，因爲使用價值是扮交換價值的角色，所以纔注意牠的身上，這前面已經說過了。商品生產不是自足的生產，終究是爲『賣而獲利』的生產，卽不外是營利的生產。資本主義經濟之下的生產，除掉大規模的擴大了的營利生產之外，是什麼東西都沒有的。

然則這獲利的根源，是來自何處呢？

那不同俗流經濟學者說的一樣，是從『交換』或『流通』過程發生的，就是前面說的，從那成爲商品的勞動力的性質發生的。所以，那把使用價值，生產到自己的價值以上的勞動力之密秘，必然就是被迫從事營利的生產，漸使生產大規模的進行。何故？因爲企圖增大相對的剩餘價值的那種欲求，是具有想使勞動生產力增進的必然性的。換言之，就是自由競爭與營利的生產，和相對剩餘價值的性質相結合，把生產導入於大規模的大量的發展中。

E　勞動力的商品化

前面說過，資本主義經濟之成立，以勞動力商品化爲前提條件。就如所謂『所有權及契約自由』的原則所標識的一樣，一方是生產手段占有的神聖化，他方則是依存於勞動力的必然化，這些事情，便是宣告資本主義成立的信號。

勞動力商品化的意義，不但是離開一切生產手段的工錢勞動者之誕生，並且是環繞勞動力這商品而發生的工錢勞動者和資本家的利害關係之衝突。這利害關係的衝突，必然的促進工錢勞動者的團結，招致他們的階級構成。這一團結，早經表現於機械生產的初期，嗣因一資本之下，一定場所的工錢勞動者之集合而更加發展。馬克斯在他的『資本論』中，到處列舉那爲縮減勞動時間的勞動階級之鬥爭、及以延長勞動時間爲目的之政府的干涉（十四世紀至十七世紀），並以縮減勞動時間爲目的之政府的干涉（十九世紀的工場法）這些史實，暗示着工錢勞動者的團結之發展，與其階級的構成之進化。

工錢勞動者階級間的團結之進展，是對那隨着勞動力商品化而起的『自由』勞動者的『契約自由』，發生的一個反抗運動。何故？因爲所謂自由勞動者——締結勞動力買賣自由契約的勞動者，當其交易成立以後，不得不意識他自己並非『自由勞動者』。他們豈僅不是自由勞動者，且是被强制的出賣自己的勞動，他們一經出賣勞動之後，則『最後一滴』的血汗，都要被强迫的榨取淨盡。

還有一層，勞動的商品化，比其他的什麼東西都能强制勞動。試想餓死的威脅，就是驅策工錢勞動者異常奮勉的一條無情的鞭子。不過資本主義生產之下的那種『勞動强制』，恐怕馬上就是轉變到『强制的勞動』的一個過程罷了。

以上所說的雖極簡略，但從資本侵入生產界，即產業資本主義確立起來——並是嚴格的資本主義經濟成立——以後，所有表徵資本主義經濟的各種特徵與其內在的法則，都分析出來觀察了一下。這個分析，在概念上或歷史上，都是要追究單純的商品生產的。我雖然闡發得不很完全，但確信對於資本制生產的內在法則，怎樣在牠的外部運動上表現出來？這外部運動的眞意義，要怎樣了解牠內在的法則去說明？總發揮了一個大概。而且，由於那種內在法則與外部運動之關聯的說明，便能暗示資本主義經濟之內藏的矛盾及其矛盾的再生產，還要走上否定自己的道上的事情。關於最後的一點，且把牠放在後段去詳細說明。以下把和資本主義經濟相反的社會主義經濟的要綱說說。

德意志的國會，在一八九三年的一月三十一日到二月七日，舉行了關於『社會主義未來國』的爭議。我們對於距今三十五年前已有這個討論，認爲是極有趣味的事實。然而比這個事實更有趣味的，就是當時李卜克內西(·M Liebknecht)，答復巴黑姆要求指示『社會民主國家的概要與略圖』的一段話。他說：

『未來國，在某點上是理想，科學是和牠沒什麽關係的。我們社會民主黨，並沒有把未來國的烏託邦採入綱領中，我們有我們自己的一個綱領，只有我們是具有明瞭而且廣汎的綱領的惟一黨派。不過我們的黨，並不隨便對勞動者提及未來國的話，我們除掉說未來國是烏託邦的時候，是不提及牠的』(參照笛爾『無政府主義，社會主義，共產主義』，第三章)。

考茨基在他的『社會民主黨綱領解說』中，也是同樣的說法。他說：

『我們的敵人這樣說：社會主義的組合，要先有一個完備的設計，經人研究的結果，承認牠是有益而且能實行的時候，纔能成爲一般具着理性的人們去努力的目的。……所以，社會主義者，必須預先指示所謂社會主義組合或叫做社會的未來國家，是什麼東西。如果社會主義者隱諱這一點，那他們便眞的不懂自己的欲求是什麼，便是對於自己的主張，沒有確切信仰的證據。』

這是常常聽見的話。結果。不但我們的反對論者這樣說，就是社會主義的中間，也有許多人主張設計的必要。的確，這些人是不懂社會進化的法則，以爲社會形態同房屋一樣可以隨意造成。難怪他們認爲那種設計，是努力新社會的重要前提條件的。

預立未來國家應該如何建設的設計，不但毫無利益，並與今日的科學立場相矛盾。看了今日資本家的生產方法很顯明的事實，還不覺悟社會主義社會的必然性的人們，那完全是聽不見讚歌未來社會狀態的聾子』（見考茨基『社會民主黨綱領解說』）。我們關於社會主義經濟可以說的話，除此以外也無旁的什麼。我們不是用烏託邦的觀念，用未來國家設計圖的觀念，來想像社會主義經濟秩序的，我們是用『正生成着的東西』，來推論社會主義經濟的。在這個意義上，我們關於社會主義經濟的說明，不是對於社會主義經濟的組織及其建設，有什麽積極的提案，我們只是根據現存的經濟秩序被科學分析出來的顯著事實，成立科學的豫見。不根據事實的提案是空想，眞正的科學分析，實使那種『基於事實的豫見』成爲可能。所以，在這意義上的豫見，不但不違反科學的精神，且是現存的經濟秩序被科學的分析所命令的『自已批判』。

因此，社會主義經濟秩序的形相，不是一蹴而就的可以描寫出來的，是要遵循資本主義經濟秩序之一定的發展傾向，看做牠的必然的歸結，纔能得到觀念的。沒有資本主義經濟的自已批判，描寫社會主義經濟不可能，超越了資本主義經濟傾向的認識，預見社會主義經濟的形態也不可能。以下要說的社會主義經濟的表徵，就是基於資本主義經濟的『自已批判』，在牠發展傾向的延長線上得到的歸結。

已在第一章說過，社會主義經濟，是和資本主義經濟相反的一個經濟組織上的原則。所以，表徵社會主義經濟的那經濟原理，是資本主義經濟的否定。向來許多論者，對於社會主義經濟的表徵，都是想效顰愚笨的德國議員去形容的。然而我們因爲認定社會主義經濟是資本主義經濟的反對物，認定社會主義經濟是資本主義經濟的否定，所以從資本主義經濟的存立條件的否定上、獲得社會主義經濟的輪廓　那樣獲得的社會主義經濟的輪廓，約言之如次。至於牠和『正生成着的東西』的要素，是怎樣一致的，等到後段去說明。

A　生產手段的公有

社會主義經濟，是以社會主義的生產爲基礎的經濟秩序。社會主義的生產，是基於生產手段的公有——社會有的生產。凡在資本主義經濟之下，基於各個企業家個人利益的一切農業及工業，在社會主義經濟之下，則基於共同團體的利益，以共同團體的費用去施行，換言之，在負擔共同團體的危險上去施行。所以，在達到那種目的所必要的限度上的社會生產之生產手段，最當先的就是要公有化。

自然，在社會主義經濟秩序之下，也是不能把一切的生產手段，一舉而公有化的。問題的焦點，就是那促使資本主義經濟轉變爲社會主義經濟的『大經營』——現在爲資本家階級所獨占的生產手段公有化。那時候，小經營的存在與小農民的存在、換言之，一定限度內的私生產手段之存在，並不見得妨害社會主義經濟的前途。這因社會主義的大企業的牽引力，很迅速的吸收小企業的原故。

B　生產的統制

社會主義經濟之下的生產，是基於一定的計畫，一定的計算的生產。總括一句話，是被統制了的生產。

所謂有統制的生產，牠含有兩方面的統制。

其一，是生產手段，分配於各生產部門的事情。一方把現存生產手段的量，即勞動手段、工場、土地等，因其種類及供給能力而加以詳細計算；一方把什麼生產物應該需要多少的事情，也詳細計算，基於這種計算而分配生產手段於各生產部門。那樣，便能消滅某生產部門的過剩生產、某生產部門的過少生產的情形，便能節省生產的浪費。

其二，是勞動力的分配。基於一定的生產部門的生產手段之分配，一定數量的需要之計算，以之施行勞動力的分配，規畫每一人的勞動時間。

那種生產手段及勞動力之可動的分配，因爲社會主義經濟的生產體系，全體都是同質的組織，牠的要素，牠的要素的配置，一旦都成爲可動的東西，就實現那發達到了高度的勞動者的平等性。這生產體系全體的同質組織，勞動者的平等性，雖是在資本主義經濟的發展線上發見的傾向，然却是比牠更高度發展的社會主義經濟之顯著的特徵。

總之這麽一來，以前表徵資本主義經濟的生產的無政府就被排斥，計畫經濟乃代之而與。

C　自由競爭的排除

社會主義經濟，在兩重意義上，可以排斥自由競爭。

其一，因爲伴着生產手段之公有而來的，是有計畫有統制的生產，便無各個資本家間所釀成的競爭之必要；其二，因爲統制的機能，不是個人主義基礎之上的東西，乃是團體主義的東西，換言之，是從社會福利的見地出發的東西。既沒有像資本家基於『營利的精神』，以浪費的競爭爲前提條件的事情，而工錢勞動者也可從『餓死的自由』中解放出來。

D　自足的生產

社會主義之下的生產，當然是自足的生產。牠已經不是爲『賣而獲利』的生產，牠乃是爲滿足社會成員的欲望的生產。所以，這裏的問題，便是生產物的分配。

因爲社會主義經濟，是基於一種生產手段公有的自足的生產，許多人們的疑慮，一定要向『社會主義經濟之下的生產物的分配？』這一問題集中，而分配就彷彿成了社會主義經濟之下的最重要的問題。但馬克斯却不以爲然，他在『哥達綱領批評』中說：

『把分配看得很重大而以爲力點在那上面的，那是一般的誤解。各時代消費財的分配，不過是生產條件那東西的分配之一結果』。

所以，十分認定分配爲重點的是錯誤。分配，牠是爲生產條件所決定的。然而說分配是爲生產條件所決定的這句話，仍難解決問題。因爲公有化了的生產手段之下生產出來的生產物，當然又是公有，那末，那種生產物，怎樣再分配於社會成員，還是一個問題。

馬克斯在『哥達綱領批評』中，對於這一點，不過給了人們一個很簡單的暗示。他把社會主義（共產主義的第一階級段）和共產主義下一個區別，說前者是基於『平等的原則』而分配；後者則『因各人的欲望』而分配。據他說來，在第一階段的時候，勞動者擊取和他的勞動時間相當的勞動劵，持往社會的消費貯蓄場去交換和他的勞動時間相當的物品。

我們對於社會主義經濟之生產物的分配，也沒有超過那種限度去推論的必要。我們只要指摘出來社會主義經濟之下的生產，不是營利的生產，乃是直接以滿足社會成員的欲望為目的的一種自足的生產就夠了。

E　強制的義務勞動

勞動力，不是作為商品性質提供於市場，是對於社會成員全體課以一般的勞動義務的。這是統制的生產之必然的伙伴。有許多論者，認為一般的義務勞動，有侵害『自由』之嫌，很容易的觸動恐懼的情緒。

然認為這是自由的侵害者，實屬不正確的理解。因勞動力商品化而發生的那些『各目的』的自由，那時誠然不免要被排斥。但那隨勞動力商品化而來的『生活的威脅』這種壓迫性既被排斥了，又可參加意識的統制機關，基於這事實，更高度的自由，此當準備起來。還有一層，就是因為勞動的交代制度，因生產組織的統一性而確立，伴着生產力社會化而來的生產力之增加，或許引起勞動時間很顯著的減少。所以恩格斯說：

『以現在的生產力之發展來說，則將來因生產力社會化而產生的：生產力之增加、資本主義的生產方法下面的障害之排除、生產物的浪費及生產手段的浪費之遏止，只要一般的從事的勞動，則今日所謂成功勞動時間的減少這句話，恐怕辦得到罷』（見恩格斯『反杜林格論』）。

這彷彿有點兒像踏進了烏託邦的樣子，但實際確不是的。總之一般的強制的義務勞動，是社會主義經濟的一個表徵，只要把牠和勞動的商品化相對照，定可理會得到。

二 社會主義經濟的孕育期

第四章 資本主義經濟向着社會主義經濟的發展

已在前面說過，資本主義經濟和社會主義經濟，是經濟組織上兩個極端相反的東西。然而這兩者斷乎不是完全無關係的相對立，也不是到了某日某時，資本主義經濟忽然轉變爲社會主義經濟的，牠們並不是水與油一般的關係。資本主義經濟和社會主義經濟，在其發展的形相上，是可以看出來的。在某種意義上，資本主義經濟，是正向社會主義經濟發展着。資本主義經濟之保持自身的要求，必然促進社會主義的要素在牠的內部發展，而資本主義經濟蛻化爲社會主義經濟的事情，便很迅速的顯現出來，可以說。

不過資本主義經濟之發展爲社會主義經濟，絕不是忽爾出現的。

第一，因爲資本主義經濟和社會主義經濟，是經濟組織上相反的兩原則，所以資本主義經濟內的社會主義經濟之發展，必然表現爲資本主義經濟的矛盾。這就是『個人占有生產手段』與『社會的生產』的矛盾，在資本主義經濟的發端，卽已內在牠的中間。資本主義經濟的發展，是在這一矛盾的克服及其發展了的再生產之上演現的。

第二，基於以上的事實，孕在資本主義經濟內部的社會主義經濟的胎兒，終必呈現爲資本主義經濟的絕境，所謂轉形期的經濟所具有的絕境——痞癖——焦燥——混亂，就是表徵牠的現象。

第三，資本主義經濟向着社會主義經濟的轉變，形成一個極大的社會變革。沿着政治的權力，那支持資本主義經濟的資本家階級，和擔負社會主義經濟的勞動階級相鬥爭，由是招致資本主義經濟的滅亡。若沒有這一過程，社會主義經濟就不能顯現出來。那『表現爲經濟集中的政治』，是具有一定的力量的。

那麼，資本主義經濟向着社會主義經濟的轉變，具着下面的幾個意義，卽：（一）資本主義經濟的發展，必然的要促成牠自身的內部孕着社會主義經濟的胎兒；（二）那種胎兒的孕育足月，資本主義經濟就陷於絕境；（三）這一轉變是衝破絕境別開生面的蛻化過程。我在前章已經指出資本主義經濟與社會主義經濟彼此的表徵，以兩者的差異爲眼目而明白了牠們的內容。本章則專就以上的觀點，把資本主義經濟向着社會主義經濟的發展叙述出來。

第一節　資本主義經濟內在的社會主義的要素之發展

資本主義的經濟秩序，內包着的社會主義要素的胎兒，前面說過，是附在資本主義經濟秩序的條件上發展的。那一方，雖是表現資本主義經濟的內在的矛盾之擴張的再生產；同時，也是資本主義經濟之生長的發展。我們先就那一面是資本主義經濟之生長的發展，同時又是孕育着社會主義要素的胎兒那種表徵現象，進行我們的考察。

（一）　大規模的生產

資本主義經濟所憑依的根據，是商品的生產，是基於商品的營利生產，是生產的無政府狀態。那種生產，必然的促進自由競爭，以勞動力的商品化（工錢勞動者之發生）爲牠成立的前提。這些表徵，是從資本主義經濟派生出來的種種徵候，牠們是互相關聯的東西，決不是切斷了所能觀察的。

我在第一章說過，營利生產的商品生產，就是因爲存留在資本家手中的剩餘價值，來自成了商品的勞動力，由是明白成了商品的勞動力的價值，和勞動力所生產的價值之間的差異，就是剩餘價值。卽是說，資本家仍和規定其他一切商品的價值同樣，依據生產上所需要的社會的必要勞動時間，去規定勞動力的價值，用這個價值購買勞動力。資本家一旦買得勞動力，便有隨自己的欲望去使用的權力。比如資本家使勞動者工作十二小時，則勞動者在最初六小時，已經作成了與勞動力的價值（自己及家族的生活費）相當的生產物，殘餘的六小時，便是替資本家作出的無給的生產物——換言之，便是造出『剩餘價值』的根源。資本家的生產，既是營利的生產，當然屬目這個剩餘價值的占有去進行。他最先的表示，是要求延長勞動時間的外延。但這外延的延長，不幸爲勞動者的生理所限制，且因勞動者之組織的反抗而受拘束。於是乃以勞動時間之內包的延長，來替代勞動時間之外延的延長，而要求相對的剩餘價值之增大。然這相對的剩餘價值之增大，沒有勞動的生產力之增大，是不能實現的。所以，生產便在增大勞動生產力的途逕上向前發展。

分業，是增大勞動生產力的一個方法。近代勞動生產力之可驚的發展，所賴於分業者甚大。

分業，不單是把各人的事務專門化的意義，同時還有合作的意義。換言之，分業，是以一定的多數人的協同爲前提的。因而分業和基於分業的協業，惟與工場手工業相關聯，纔能成爲意識的機構；並且是已經成了意識的機構的。分業自身，雖是自然發生的東西，而在工場手工業之下，則成爲資本家的生產機構而意識化了。

工場手工業，以兩重形式從手工業發生出來。一由於相互獨立的手工業之結合；一由屬於同一種類的種種手工業者之協業。總之，都是把分業導進一個生產行程內，結合從前被區分了的各種手工業，因而在同一資本之下，把多數的手工業者結合起來，造成一個生產機構的。所以，在同一資本的命令之下，使多數勞動者就業的那個事實，是一面形成工場手工業自然發生的起點，一面是使充用勞動者的增殖，成爲技術上必然的條件的。

分業的發展，以及和牠相輔而行的工場手工業的發展，所形成的勞動經濟——勞動生產力之增大的利益，在兩個方面表現出來。卽，一方面是內部的經濟——由於在事務內部分業的經濟；一方面是外部的經濟——因大規模的原料之買進而能獲得的利益，因大量的市場交易而可以期待的利益。然而要想把那種勞動力更加增進，則必須把充用勞動者數更加增大起來。不過如果可變資本部分增大，則不變資本部分，也不能不增大，因此，那可使生產的規模增大的各個資本家手中的資本最低量，也不能不增大。簡單點說，就是生產越發非大規模化不可。

增大勞動生產力的途徑上第二個轉變，便是『機械的使用』。機械的使用，是建立於工場手工業所完成的分業之上的。機械生產上的分業，本質上也和工場手工業的分業，沒有什麼差異。

機械的使用，也不外是剩餘價值的生產手段。機械的任務所着眼的區處，也和勞動生產力之其他的一切發達同樣，在於使商品的價值低廉，減少勞動者自身所需要的勞動時間部分，延長資本家無給的勞動時間部分。機械的使用，所以能使商品低廉者，固由於機械可以節約勞動——由機械自身所代替的勞動，比生產機械所需要的勞動量更大——但這個事實，已經暗示資本構成中的可變資本部分之相對的遞減。所以，機械的使用那自身，雖是以減少勞動時間爲中心、然決非排除勞動時間之外延的延長的。在機械的移入所導進的混沌時代，斷念於勞動時間的延長，可說是歷史的事實的教訓（註一）。然而勞動時間之外延的延長，一爲勞動立法及勞動者之組織的反抗所阻止，則資本家階級那種增大相對的剩餘價值的要求，只有不斷的轉變到更新的機械之移入所行的資本的高度有機構成，遷移於更大規模的機械之移入所行的更擴大的生產。於是因轉變爲機械的生產而生產愈加大規模化，各個資本家手中的資本集積量，就加速度的增大起來（註二）。

（註一）馬克斯『資本論』中，詳述以勞動時間爲中心的勞資鬥爭；同時又列舉爲減少勞動時間而起的勞動階級之鬥爭，及以延長勞動時間爲目的而發生的政府之干涉的史實，及以減少勞動時間爲目的而發生的政府之干涉的史實，說明那是怎樣消滅勞資間的『市民戰爭』的。

（註二）因爲勞動力的榨取成了集約的形式，工場主的富究竟怎樣的增大？馬克斯曾舉出英國木綿工場的例證來論評；他又舉出英國一八六一年——八年的木綿工場的統計，以論評關於各個資本家手中的資本之集積，及其大規模生產化的事情。

生產雖是那樣大規模化的進展的，然關於這一點，我們還有注意之必要的區處，即是牠和那橫在發展的前提之上的社會的分業關係。

已經說過，成爲商品生產的前提條件的，是社會內部的分業、及各個人隨着這分業而隸屬於各職業部門的分配（詳言之，即由於性別而分業，由於年齡別而分業的最原始的分業，是通過種族共同團體的接觸所發生的生產物交換而被促進，隨各生產物之成爲商品化，而確立了社會的分業的）。這種社會的分業，不僅造成各生產部門的差異和對立，並把原來相異相對立的生產部門，通過『商品的交換』而造出相互連繫的必然性。因之，『商品的生產』那自身，是社會的分業之必然的歸結，在這一意義上，就是社會的生產。

工場手工業的分業，以及機械生產的分業，雖也是那樣，然在於把商品生產及商品流通來做條件的意義上，又以社會的分業爲前提條件。並且，工場手工業及機械生產的大規模生產，和市場的擴大及植民制度一經結伴，就越發促使社會的分業發達，在那生產物上，更加蓋上社會的印信。那樣，生產機構的內部分業之發展，是與社會的分業相表裏，更擴大的充實那一社會的機能的。還有一層，就是因爲那種分業，生產機構這東西，添上了『社會的』性質。部分勞動者的生產物，僅於那樣，是決難構成何種商品的，那成爲綜合了的全體開始變成商品的一種全機構，統制化了的生產的全機制，不能不是社會的生產之表徵。

然而說到工場手工業以及工場手工業更發展而爲機械生產的全機構，就是社會的生產，並不是和社會的分業無統制的話，有什麼背馳的。可說內部的社會生產機構的發展和社會分業的無政府相對立，正是顯示資本主義的生產之內在的矛盾尖銳化的。

到這裏止，我說明了企圖增大相對的剩餘價值的資本主義生產的欲求，必然就是促進生產大規模化，由工場手工業到機械的生產，更到機械生產上的高度發展的一種槓杆。然而僅於指出那種主觀的要素，對於『活着』的資本主義經濟的發展過程之分析，還不免是偏於一面的事情。於是不能不進而觀察其他的一面，即是要觀察貫串資本主義生產方法的客觀法則。不用說，這客觀的法則就是『資本的蓄積』。

我們對於表徵產業資本主義時代之生產的東西，得到如次的表式；

$$G(\text{貨幣})—W(\text{商品})<\begin{matrix}Pm(\text{生產手段})\\A(\text{勞動力})\end{matrix}\cdots\cdots P(\text{生產資本})\cdots W'(\text{商品})—G'(\text{貨幣})$$

這表式，含着好幾個運動行程。第一，是貨幣轉變爲生產機關及勞動力，這是貨幣作用爲資本的第一段運動；第二，是生產機關把牠的價值移轉於商品，即所謂生產行程，這是生產機關的組成分子所含的價值以上的價值，生產出來的時候結束了的東西。換言之，是含着預支出去的價值以上的價值——剩餘價值的商品，於生產出來的時候結束了的東西，就是第二段運動，第三，是含着剩餘價值的商品，投入於流通中而再轉變爲貨幣，把剩餘價值實現出來的所謂流通行程，這是第三段運動。於是貨幣再資本化，不斷的循環反復於同一的行程之上。資本主義的生產，爲要實現出來起見，無論如何，是不斷的循環反復於這一行程之上的（即，從社會的生產行程之不斷的聯絡與更新間的流動例證去觀察，同時不外是再生產行程）。所以，資本主義的生產，必然要不斷的把這些東西再生產出來。這些東西是什麼呢？就是成爲生產條件的生產物之一部，因而又是再生產條件的生產物之一部，再轉變爲生產機關及勞動力，以及勞動生產物與勞動自身之連結，客觀的勞動條件與主觀的勞動之分離，一方的資本與他方的工錢勞動者之階級的對立。現在便是這樣的。

但是我們的分析，不能就在這裏中止下去，因爲資本主義的生產行程，不是單純的再生產行程，而是正在擴大的再生產行程，試看就是剩餘價值的一部，也不斷的轉變爲資本哩！

屢次說過，剩餘價值之所從出，便是無給的勞動。然這不過僅於明白了剩餘價值的本質，其實，放在資本家手中的貨幣，牠不因爲體現剩餘價值部分而變異其顏色和氣味的。所以，這剩餘價值部分，不僅以收入的資格爲各個資本家所消費，並且還有一部轉變爲資本而跑進再生產行程。這剩餘價值之向着資本方面的轉變，正是『資本的蓄積』。

那種轉變成了資本的剩餘價值，當然不是和亞丹斯密士以來的資產階級經濟學者所主張的一樣，由於『生產的勞動者』所消費的，牠還要被用於購買生產機關及勞動力——即還要被所謂不變資本與可變資本瓜分的。換言之，剩餘價值的資本化，因爲追加資本與原資本的合體（不問是追加資本編入原資本，抑原資本與追加資本併存）而完成。所以，更具體的說，所謂資本的蓄積，終不外就是資本的擴大生產。

把以上所說的，在表式上表示出來，則獲得如次的理解。

（一）單純的再生產

這裏，如果生產出來的生產物（W'）被作爲商品販賣掉，而生產物所含的價值，全部實現爲貨幣，則此貨幣（G'）所含的剩餘價值部分（g），投入於個人的消費，僅是原資本（G）

再進了生產行程。所以那是看不出生產的規模上有什麼變化的。

$$W'\begin{cases} W - G - W\begin{matrix} \diagup Pm \\ \diagdown A \end{matrix}\cdots\cdots\text{生產} \\ + \quad G' \quad + \\ w - g - w_2\cdots\cdots\quad\text{消費} \end{cases}$$

更以生產爲中心而表示資本的循環，則其公式如次：

$$P\cdots W'\begin{cases} W - G - W\begin{matrix} \diagup Pm \\ \diagdown A \end{matrix}\cdots\cdots P\cdots\cdots W'\begin{cases} W - G - W\begin{matrix} \diagup Pm \\ \diagdown A \end{matrix}\cdots\cdots P \\ + \quad G' \quad + \\ w - g - w_2 \end{cases} \\ + \quad G' \quad + \\ w \quad g - w_2 \end{cases}$$

(二)擴張了的再生產

這裏，剩餘價值僅一部分是消費的，其他的一部分則轉變爲資本。卽，由第一回生產所得的生產物（W'），被作爲商品販賣掉，而生產物所含的價值全部實現爲貨幣以後，則此貨幣所含的剩餘價值部分(g)，一部分（g－x）遂轉變爲資本，其放在消費中的，不過幾部

$(g-\frac{g}{x})$而已。於是生產（P）乃成爲更擴大了的生產（P'）。

茲以貨幣爲中心而表示這一行程，則其公式如次：

$$G-W<{}^{Pm}_{A}\cdots\cdots P\cdots\cdots W'\left\{\begin{matrix}W \\ + \\ w\end{matrix}\right\}-G'\left\{\begin{matrix}G-W \\ G\left\{\begin{matrix}(\frac{g}{x})-w' \\ (g-\frac{g}{x})-w_2\end{matrix}\right.\end{matrix}\right\}<{}^{Pm}_{A}\cdots\cdots P'(P+F)$$

（註三）

（註三）此表式係從資本論第二卷中引出來的。本來原書是因還有別種的事情需要立證，纔列爲此表，這裏却不能不引用一下。

第一項的單純再生產，全是論理的假定，在現實上，是沒有單純再生產的，總是擴張的再生產顯現着。即是剩餘價值，不斷的轉變爲資本，而資本則不斷的增殖起來向前進展。並且不是和亞丹斯密士這種初期的古典學派主張的一樣，轉變成了資本的剩餘價值部分，完全投入於可變資本之中，乃是依然投入於不變資本及可變資本的。剩餘價值轉變爲資本，並轉變爲可變資本及不變資本的這一發見，正不能不說是馬克斯的功績。

我們既已看出勞動的社會生產力的發展，是怎樣的以大規模協業爲前提的；在這一前提之下的生產機關，能否大規模的集積起來；她是否引起走向機械組織方面去的轉變；是否引起機械組織上的那種不斷的更新。現在我們再看她和剩餘價值的資本化相表裏的事情。以上所說的，能够促使勞動的社會生產力增加的各種方法，同時又是資本的蓄積方法，資本的蓄積，又是能够促使生產擴大的基礎，這因爲勞動的生產力之增進，資本蓄積的速度更加迅速。這就是說『資本的蓄積』，在原始蓄積的意義上，雖是增進勞動生產力的一種大規模生產的出發點，然他却又爲大規模的生產所促進。在這種交互作用之間，生產的規模，遂不斷的擴大起來。

然而資本的蓄積，不僅表現爲生產機關的集積和個別資本的增大，並表現爲資本家數的增殖和個別資本的相互排斥，同時，分割爲個別資本與其相互的排斥，却又產生資本相互牽引的一種完全正反對的現象。卽是說，資本蓄積所促致的分割爲個別資本的這一方，表現出大資本家併吞小資本家，多數的小資本轉變爲大資本。而貫串這種矛盾現象的東西就是競爭。通過商品的廉價提供而表現的資本競爭，牠促成小資本的滅亡，大資本併吞小資本，於是資本的集中遂以形成。資本集中，是必然的要發展爲獨占的。

這裏，我們明白那追求更多的剩餘價值的資本主義經濟的主觀要素，是通過資本的蓄積這現象，成爲客觀的法則開始作用的。第一，牠是相對的剩餘價值之增大的要求上，表現出來的勞動生產力之增進的這方向的法則。第二，牠是資本蓄積所招致的『資本集中』的傾向上表現出來的法則。第三，這些法則，可說是必然的引起『生產集中』的法則。固然這三者是有交互關係的，但『生產集中』，一旦成爲決定的要素，則資本集中，勢必急速的發展起來。

所以，我們的研究，也必須向着生產集中進行。但這是繞着利潤率遞減的法則而展開的，因之我們對於利潤率的問題，要在下面考察一下。

(二) 生產集中及獨占

我們已經指出相對的剩餘價值之增大的要求，必然的促致『勞動的社會生產力之增進』——『分業及協業』——『工場手工業』——『機械的生產』那一聯過程所表現的社會的生產之發展，牠和『剩餘價值的資本化』——『生產機關的集積』——『生產機構的大規模化』的這一聯過程，立於交互關係之上，走上資本主義內在的其他一聯過程所表現的資本集中的傾向，就是資本主義經濟發展之內的社會主義要素的展開。但是這樣的分析，猶不免撇開外部的影響，只考察了牠自身的過程。所以，我們對於資本主義經濟之發展，必然促致社會主義的要素之展開的事情，還只直接考察過。不過這一問題，不僅要直接的考察，還要通過社會表面上所顯現的資本相互間的作用與競爭，從事更具體的考察。

我們先從自由競爭來考察問題罷。

資本主義經濟之下的生產，是剩餘價值的生產，這件事我們已經明白了；並且明白了這種剩餘價值的根源，就是無給的勞動。那屬目剩餘價值——相對的剩餘價值之增大的資本家的努力，其努力所致的必然的歸結，可說完全由於這裏。但，屬目相對的剩餘價值之增大的資本家的努力，在產生那種歸結的必然之中，仍以『自由競爭』爲前提。如果沒有資本家相互排斥的作用，沒有提供廉價商品所起的市場競爭，則資本蓄積這種螺旋運動，或許還要緩漫，大資本併吞小資本及其他原因所形成的資本集中，或許還呈現不同的形相。就這個意義說，自由競爭，當然是資本集積的一大槓杆。並且自由競爭，因實現利潤率遞減的法則而作用爲客觀法則。

我們一直說到這裏，都是把剩餘價值看做剩餘價值的；可是剩餘價值，具體上卻表現爲利潤。

我們在屢次引用的表式上，明白了資本主義的生產，表現爲 G—W—G' 更詳細的說，表現爲 $G—W<_{A}^{Pm}$……P'……W'—G,（G＋g）的事情。就是說，一切資本在最初的出發點上，都表現爲貨幣。貨幣轉變爲一定的商品(W)——卽生產手段（Pm）與勞動力（A），由是經過生產過程。在生產過程上，價值形態雖無變化，然因勞動力的作用，價值卻增加起來。那種商品，遂成爲：僅於增加了剩餘價值方面的價值的商品（W'），離開生產場所，接受第二的形態變化而再變爲貨幣(G')。

現在不是把這表式作爲資本的循環行程的，乃是把價值增殖行程那些東西分析出來，以便看出投入生產手段的資本，毫不變動牠的價值而如實的移轉於商品；投入購買勞動的資本，不僅把牠的價值再生產，並且增加一定的剩餘價值。換言之，新生產的商品（W'），含有勞動所移轉的生產手段的價值，和勞動力的價值以及剩餘價值。再換一句話，新生產的商品(W'_1)，是由生產上所需要的資本價值與剩餘價值成立的。所以，若把投入生產手段的資本部分作爲不變資本(c)，購買勞動力的資本部分作爲可變資本(V)的這個資本構成，用以上的表式表明出來，則得如次的表式：

$$G—W<\begin{matrix}Pm=C\\A=V\end{matrix}\cdots\cdots P\cdots\cdots W'=C+V+m—G'(G+g)$$

就是說，我們由這一般的表式，知道以資本主義的方法生產的商品的價值，可用C+V+m（不變資本與可變資本及剩餘價值的和）表明出來。就是說，資本主義的方法所生產的各種商品的價值，一般的可由——

$$W=C+V+m$$

的表式表明出來。例如生產一定物品的資本支出爲五〇〇磅，其中二〇磅填補勞動工具的損耗，三八〇磅用於購買生產材料，一〇〇磅用於購買勞動力，而剩餘價值額爲一〇〇磅，則生產物的價值，就成爲$400c+100v+100m=600$，即六〇〇磅。

現在若就這個例證，把一〇〇磅的剩餘價值扣除，則殘留五〇〇磅的商品價值。這不過補償了已經支出的商品，在資本家的眼中看來，不外是商品的費用價格，若把牠用 k 來表明，則前列之 $W=c+v+m$ 的公式，轉變爲 $W=k+m$ 的式子。然而把 $W=c+v+m$ 的公式，轉變爲 $W=k+m$ 的式子，不是單純的公式的改寫，乃是資本主義生產的特殊性質的表明。何故？因爲那不是表示勞動的現實支出所秤量的商品現實費用價格，乃是表示資本支出所秤量的商品費用價格的。因爲既是 $W=k+m$，必然的又是 $k=W-m$。

在資本家的見地上，是忽視那種不變資本與可資本的區別，一樣的看做資本價值，必須作爲商品的費用價格而補償的。同樣，她對於剩餘價值，也看做是對於商品的費用價格之商品價值的超過。這因資本家方面的問題，不是剩餘價值之所由產生的本質，而是那種價值增加量。所以，就資本家的觀念說，不是在剩餘價值和可變資本的關係上面觀察，而是把剩餘價值看做資本總量所產生的價值增加量的。即是剩餘價值成爲利潤而表現。剩餘價值，在對總資本的關係上面被觀察的時候，就叫做利潤。因而利潤率，就是剩餘價值對支出總資本的比率。所以，現在若把這個利潤用 k 來表明，則前列之 $W=c+v+m=k+m$ 的公式，更轉變爲 $W=k+p$。

資本主義生產的目標在利潤。盡可能的獲得大利潤，這是各個資本家的動機，是他們的經濟行爲的金科玉律。並且，資本家在其資本主義的競爭戰上，必然的迫得追求利潤率。何故？因爲只有把利潤提高到平均以上的時候，資本家纔能成爲這個競爭戰的優勝者。

然則利潤怎樣能夠增大呢？

第一，由於增大剩餘價值而利潤增大。正如剩餘價值的增大有兩個途徑一樣，利潤的增大也有兩個途徑。其一，是由於剩餘價值率增大而利潤增大，例如以一〇〇的資本，使二十個勞動者每日十小時勞動，以總計20的週放工錢支付他們，使他們生產20的剩餘價值，則得公式如次（m'爲剩餘價值率，p'爲利潤率）：

$$80c + 20v + 20m \quad m' = 100\% \quad p' = 20\%$$

現在若把勞動時間延長至十五小時，則此二十人的生產物的價值總額，由10增大爲60。

假使支付勞動者的工錢無變化，則剩餘價值由20增大爲40，其公式如次：

$$80c + 20v + 40m \quad m' = 200\% \quad p' = 10\%$$

這就是利潤率隨剩餘價值率之增大而增大的原故，假使其他的條件不變化，資本的有機構成不變化，則可說勞動的生產力之增大所產生的相對的剩餘價值之增大，也是一樣的事情。

然而勞動生產力之增大所產生的相對的剩餘價值之增大，必然把資本的有機構成，導入於高度，因之促使利潤率低減。利潤率雖然低減了，但爲增大利潤的絕對量起見，又把生產更加大規模化。關於這種歸結，已在說明相對的剩餘價值中說過了的，那就是分析的暗示。

第二，由於不變資本及可變資本費用的節省而提高利潤率。

這個場合，可以區分爲消極的節省與積極的節省。所謂消極的節省，就是指的浪費勞動者的生命及健康而減削其生存條件——資本主義生產沿着最不合理的方面行動的節省——的。例如把勞動力在社會的價值以下購買，以及工場，作坊等的一切設備之節省是。然而那種節省，只在勞動者還無組織的反抗期間纔可能。於是節省的事情，乃由消極的方面移轉到積極的方面。

所謂積極的節省，第一，是由於大規模生產的節省，由於勞動者的集中和大規模的協業所成就的不變資本的節省。前述的協業之利得，正適合這一點。第二，由於機械不斷的改善的節省。那因機械耐久性的節省，因機械的生產費之低減的節省等等，就是這項的節省。要之促使利潤率增進的——那種費用於不變資本及可變資本上面的節省，牠自身是以生產的大規模化爲前提的，且不能不說他是必然的促使生產更加大規模化的。

所以，那努力追求利潤，追求更多利潤的資本主義的生產，無論牠走那條道路，却不能不招致利潤率的遞減。爲打破這種利潤率遞減的法則起見，多少都是要完成生產集中，樹立獨占的特殊利潤的。這裏，就是準備走上生產集中及獨占的道途去的緣故。

然而單純利潤率的遞減，是準備生產大規模化，馴至於走上集中道途的，那與已經說過的：相對的剩餘價值量之增大的欲求所必然引起的歸結，沒有什麼差異之點，並且不要借利潤來說明也不可知。固然這個利潤率遞減的傾向，是表明資本主義生產的必然的傾向，而成爲導生產於集中及獨占的發展之核心的；但是不可忘掉自由競爭所引起的利潤率平均化的傾向，就介在這中間。

利潤率這東西，已如前述，是剩餘價值對總資本的比率。所以剩餘價值率，儘管是同一的，但因總資本額中所含的不變資本與可變資本的成分不同，而利潤率不能不發生差異。總資本額中所含的可變資本部分大，利潤率也就大；所含的可變資本部分小，利潤率也就小。然而事實上，各產業部門的可變資本與不變資本的成分，有顯著的差異。例如在織物工業火柴工作業，則可變資本部分比較的多，反之，在電力，製鐵，造船等重工業部門，不變資本部分就特別的大。

現在假定有五個生產部門，而投入各該部門中的資本，其互相不同的有機構成如左：

資本	剩餘價值率	剩餘價值	生產物價值	利潤率
I 80c+20v	一〇〇%	二〇	一二〇	二〇%
II 70c+30v	一〇〇%	三〇	一三〇	三〇%
III 60c+40v	一〇〇%	四〇	一四〇	四〇%
IV 85c+15v	一〇〇%	一五	一一五	一五%
V 95c+5v	一〇〇%	五	一〇五	五%
計390c+110v	一〇〇%	一一〇	六一〇	二二%

投在這五個生產部門中的資本總額爲五〇〇，剩餘價值總額爲一一〇，生產的商品價值爲

六一〇，若把牠看做單一資本，則牠的構成爲 390c＋110v ，剩餘價值爲一一〇，利潤率爲二二%。

資本的有機構成不同的結果，商品縱然照價值賣出去了，而利潤率則不能不有以上的那種差異。不過那種利潤率的差異，決不會永續。爲追求較高利潤而競爭的資本主義生產方法，每把資本從利潤率低的部門，導入於利潤率高的部門，遂使利潤率歸着到平均率的二二%的上面。試以表示之於下：

資本	剩餘價值率	剩餘價值	利潤率	被浪費的	商品的價值	費用價格
I 80c＋20v	一〇〇%	二〇	二〇%	五〇	九〇	七〇
II 70c＋30v	一〇〇	三〇	三〇	五一	一一一	八一
III 60c＋40v	一〇〇	四〇	四〇	五一	一二一	九一
IV 85c＋15v	一〇〇	一五	一五	四〇	七〇	五五
V 95c＋5v	一〇〇	五	五	一〇	二〇	一五
合計 390c＋110v	—	一一〇	一一〇	—	—	
平均 78c＋22v	—	二二	二二%	—	—	

這裏，若把利潤率作爲平均率的二二%，把剩餘價值以構成不同的資本來均分，則如次表：

資本	剩餘價值	商品的價值	商品的費用價格	商品價格	利潤率	價格與價值相比之過不足
I 80c+0v	二〇	九〇	七〇	九二	二二%	十二
II 70c+0v	三〇	一一一	八一	一〇三	二二	一八
III 60c+10v	四〇	一三一	九	一一三	二二	(一)一八
IV 85c+15v	一五	七〇	五五	七七	二二	(十)七
V 95c+5v	五	二〇	一五	三七	二二	(十)一七

像那樣把資本的有機構成變異的結果，當然發生的利潤之差異，因競爭而平均化了。利潤率的平均化，因而排除那基於資本的有機構成之差異的利潤率之差異，把那追求較多利潤的競爭，轉變於生產規模的大小之上。追求『較高利潤』的資本家之主觀的努力，其競

爭的結果，却促致對於所有資本的平均利潤，並使資本的有機構成發展到更高度，而招來利潤率的平均遞減的傾向。

不單是那樣。資本向着更高度的有機構成的發展，其結果，則資本的固定部分增大，阻害那使平均利潤率成爲可能的資本之流通。於是資本家，在防止利潤率低下的意義上，必然迫得把資本流動的那種自然的統制作用，代以意識的統制。那因企業集中、企業聯合、企業合同——加迭爾、托拉斯——之發展而起的利潤獨占的要求，正是基於那種必然。

然而生產一旦達到這一階段，則表徵資本主義經濟的自由競爭便被排除，自由競爭的促進力便被否定。企業的集中及合同，在生產統制化的意義上，雖然正在朝着社會主義生產的發展上走，但從自由競爭所實現出來的社會機能之阻害一點上觀察，則正是矛盾的尖銳化。

（三）　金融資本主義與自由競爭之排除

以前我們把那以剩餘價值爲中心，以剩餘價值爲目標的資本主義經濟，是怎樣在牠自身內孕育着社會機能的事情，分析出來了。因之，我們理解了這種種的事情——即，（1）在資主義的生產之下，剩餘價值必然採取利潤的形式；（2）利潤的追求，必然誘引資本家相互從事競爭；（3）注目較高利潤而相爭的資本家主觀的努力，其客觀的結果，必然反而生出利潤率的平均化；（4）因利潤率的平均而資本的有機構成，必然更加高度化；（5）因資本的有機構成高度化，招致了利潤率之平均水準的低下，這必然要使克服政策發生；（6）資本的有機構成，發達到高度而固定資本部分多的時候，則資本的流動便被阻害，並排除利潤率平均化的前提——自由競爭，準備企業的集中與獨占。現在我們再說這個集中及獨占的傾向，牠和貨幣的特殊機能相集合，使形成金融資本主義的東西出現，正是社會主義經濟的胎兒，達於成熟的時候。

商品的生產，恰如商品具有使用價值與價值的兩重性一樣，也具有社會的生產與營利生產的兩重性。從什麼都是社會必要物的生產上一點說，這是社會的生產；從生產者自身以營利爲目的的意義上說，這是營利的生產。社會上成立了一定的分業，則生產不得不成爲商品的生產。

然而商品的生產，沒具着何種意義的統制，牠是無政府的生產。牠自身爲社會的必要物的貨物，是被當做商品被當做某個人的私事而生產的。所以，被生產出來的這種商品，在完成社會的機能上，不能不先經過交換，緊要的，是適合社會需要的合理的交換。惟其這樣，正是商品生產中所含的很充實的社會的意義。但是剛纔說過了，商品的生產，是無政府的生產，所以沒有使那樣合理的交換成爲可能的何種意識的統制機關。可是那樣的統制，是絕對必要的。於是不能不有一種代替牠的東西出來，貨幣乃應運而生。

貨幣，自然是使各個商品成爲交換價值而對立的東西，不是使牠們成爲使用價值而對立的東西。但貨幣，對於交換價值而供價值尺度之用，媒介等價與等價的交換這種事實，正是以營利爲目的而生產的生產上，發生一定的統制的根源。何故？因爲一切和貨幣相交換的其他商品，都把牠當做交換價值的量的表現，由於這件事情，牠就表示着那些商品的價格，把這種變化所導進的需給關係統制起來。

茲更進而探求那通過競爭與貨幣而展開的——商品生產社會之無意識的統制作用。

我們爲及早接觸問題的要點，一躍而入產業資本的世界，再遇着那顯示習見的產業資本

的循環行程之表式

$$G—W\begin{cases}Pm\\A\end{cases}\cdots\cdots P\cdots\cdots W'—G'(G+g)$$

這個資本的循環行程，分爲屬於流通界的 G—W 與 W—G' 的兩個階段，和屬於生產界的另一個階段。這個行程終結之後，產業資本纔能達牠的目的。但資本在完成這個循環行程上，需要一定的時間 —— 資本的回轉期間。循環行程，分爲流通行程與生產行程，一樣，資本的回轉期間，也分爲預付於購買生產手段與勞動力的資本，至生出剩餘價值爲止的生產期間，和賣出生產物而實現剩餘價值爲止的流通期間。

『通過生產領域與流通領域的資本運動，在一個時間的順序上表現出來。資本之留在生產領域的期間，那就是牠的生產期間，其留在流通領域的期間，那就是牠的流通期間。所以牠循環的全期間，等於生產期間與流通期間的總和』（見『資本論』，第二卷，九二頁）。

依據以上的表式所表示的，則完成 G—G' 的全行程所必要的時間，就是回轉期間；

$G—W <^{Pm}_{A}$ 及 $W'—G'$ 之交易的必要期間，就是流通期間；資本經過增殖行程的期間，就是生產期間。

現在假定把囘轉期間作爲九星期，其中生產期間六星期，流通期間三星期，生產的費用，每星期需要一千圓。在第六星期之終，卽生產期間終了之後，資本家爲使生產不在流通期間中斷起見，則於六千元之外，尙須預付三千圓。這就是說，流通期間，追加資本是必要的事情。

然而這種追加資本，是在第七星期的起首開始作用的，所以最初的六星期，不能不休息。並且像那種三千元的『資本的休息狀態』，還不絕的複演，何故？因爲第一囘的生產期間，預付於購買生產手段和勞動力的六千元資本，雖在第九星期之終，成爲貨幣而被收囘；然那時候，第二囘的生產期間，已經告終一半，完成這個期間，只要三千圓就夠了。和這相同的事態，在生產的繼續期間複演，常使資本的一部分遊離而入於休息狀態。

但是一社會的全資本中，採取休息狀態的資本，不僅那種追加資本爲然，其在生產期間預付的資本之一部分，也還採取休息狀態。茲就上例把直接生產所必要使用的六千元，假定三千元作勞動工錢，三千元作購入生產手段的支出來觀察，資本家每星期支付伍百元的工錢於勞動者，因之第一星期之終，有二千五百元之休息，每減去五百元所殘餘的部分，總是在休息狀態中的。這在充用於購入生產手段的部分，也是一樣。

貨幣資本休息的第三原因，和那怎樣從價值增殖行程中收回資本的方法相關聯而發生。產業資本這東西，若把牠從回轉的見地來觀察，則分爲流通資本與固定資本兩部分。流通資本——原料、燃料、勞動力等等——在一個回轉期內可以取償，反之，固定資本——機械、工場——在一個回轉期內，不過能夠收回每一回轉期間應攤的平均磨損部分。因之，假使這個作用期間是一百個月，則資本家把百個月後購入牠的貨幣額，不得不在各個回轉期間，一面收回，一面把牠保存貨幣的原形態。所以，固定資本的收回方法，是引起貨幣資本週期的貯藏，因而週期的休息的。

最後，資本的休息，還與資本主義的蓄積方法相關聯而發生。剩餘價值爲了以資本的資格發生作用，不問牠是向舊企業方面去擴張，或向新企業方面去創設，都是必須達到的一定的大度。然而剩餘價值，是每一循環都在貨幣形態上實現的，所以在那種貨幣形態上達到一定的大度之後，就不能不被貯藏起來。於是從剩餘價值的蓄積中，產生休息貨幣資本。

由於以上的四個理由，在資本的流通上，必然的不能不產生貨幣形態的休息資本。這種休息資本，牠自身旣不是正在造成剩餘價值的東西，也不是在自己的企業內能够發生作用的東西。並且第一第二的休息資本，雖因資本主義之發達而相對的減少，而第三第四的休息資本，則相對的絕對的均有愈加增大的傾向。故資本家對於這些休息資本，實有發見利殖之道的必要，於是資本家間的互相的信用授受，銀行的發展，中選爲利殖之道了。尤其這一階段上的銀行發展，是走上金融資本的大道。

各產業資本家，不是以休息形態的資本部分直接相互信用而授受的，乃是把牠存放於銀行，通過銀行而行信用授受的。於是銀行的特殊任務——信用媒介者發生出來。銀行，不僅接授各產業資本家作爲存款送來的休息形態的資本，並且把其他由銀行的特殊機能所發生的一切社會的『遊資』聚集起來，以資本的信用，貸付於需要資本的產業資本家，於是休息形態的資本，轉變爲作用形態的資本。銀行的那種機能所起的作用，就是把所謂休息形態的資本，減低到全循環行程上所能顯現出來的最低限度。

銀行貸付於產業資本家的貨幣資本，一部轉變爲流動資本，一部轉變爲固定資本。已經說過，流動資本與固定資本，收回的方法各異——一是在資本的一回轉期之終，完全可以收回，一則必須經過一系列的回轉期間，纔能收回——所以，要看資本的投下，是在乎流動資本，抑在乎固定資本，而貸方的銀行和借方的產業資本家之間的關係上，就有疏密之不同。投於固定資本的時候，關於收回上，銀行担負較多的危險，在這種範圍內，銀行和資本家的關係，不能不密切，尤其因生產大規模化，資本進展到高度的有機構成，投於固定資本的資本部分愈多，銀行的貸付，勢必也是大部分放在固定資本的上面。換言之，資本家和銀行的關係，更加不得不密切。

此外，還有一個使銀行和資本家的關係緊密的事由，那就是競爭。競爭的激烈，使各產業資本家，無論在增大產業利潤率的意義上，或增大企業的抵抗力的意義上，都絕對的有衣賴銀行給與信用之必要，於是從資本家的方面觀察，因對於利潤的努力，產生着對銀行信用的努力，就更加形成資本的集積，招致生產規模之擴大，勞動生產力之增大的結果。換言之，資本的構成一旦達於高度，就造成導企業於集中的動因。

然而資本家方面的這個傾向，不能不影響於銀行所給與的信用。銀行與產業資本家，立於密切的關係之上，隨着固定資本部分的貸付之增大，而銀行自身，必須具備堪以担負較大危險的力。即，銀行自身，已有集中的必要。這個必要，又爲銀行業務的技術上之變化——票據之增加，商品交易範圍之擴大所促致的——所促進，銀行遂逐漸的集中，逐漸的大規模化起來。

銀行的集中，却也給與產業以反作用。銀行集中，雖是產業集中的結果，但銀行一旦集中，則因其信用力而急速的促進產業集中；同時，就確立銀行對於產業資本的支配權。因爲集中於銀行手中的資本，是貨幣形態的資本，是最有流動性最有彈力性的資本，掌握牠的機關銀行，就逐漸優越於產業資本。於是銀行對於產業資本家，不但授予一定的信用，並進而參與產業資本家的生產，以確保其資本的信用。即是銀行從信用授予進而至於管理產業。和產業資本緊密的卸接着的銀行資本，正是金融資本，可說我們已在金融資本成立的門口了。

金融資本成立的另一個重要的要素，就是股份公司，我們把牠在下面說一說。

股份公司，是表徵後期資本主義的企業形態。因而由於分析這個企業形態，便能探究後期資本主義時代所內包的祕密；並能知道具有『獨占的支配』力的金融資本，是以什麼爲意義的。

第一，股份企業，解放了個人企業所具有的狹隘狀況。股份企業，沒有像個人資本那樣受限制的事情，牠能在一般的規模上，備辦所要的資本。就是說，股份企業，不僅能夠擴大出資者的範圍，凡是那在個人手中，不能作用爲資本的少數貨幣，股份企業也能够把牠和其他的貨幣結合爲產業資本。那樣，股份企業，不但在創立上與個人企業相比較，是大規模的：同時，並是有很大的膨脹力的。這已經給與了股份企業一個社會的性質(註)。

(註)(1)『在個人資本所不可能的生產及企業的規模之非常擴大。以前是政府企業的企業，同時也成了社會的企業。

(2)牠自身立脚於社會的生產方法之上，且以生產手段及勞動力之社會的集中爲前提的資本，在這裏，對於私的資本，直接的採取社會資本（直接被結合的各個人的資本）的形態，並且那種資本的企業，和私的企業相對立而呈現爲社會企業。這在資本主義生產方法的那個限界內，不外是廢除私有財產的資本的」（見「資本論」，第三卷，四二三頁）。

股份企業，像那樣比之個人企業，容易備辦資金的事情，是顯示股份企業有資本集積的可能性，也就是顯示從技術的經濟的見地上採用新機械，吸收同系統的生產部門，利用政府特許，進而利用銀行信用等等所形成的競爭能力之擴大的。

此外，股份企業，在自己的構成上，對於價格鬥爭，也能獲得優越地位。

股份所有者，具有放款資本家的性質，對於投下的資本，不過想得利息而已，反之，收益總是超過利息。所以，若以剩餘的收益來鞏固公司的基礎，遇着市況惡劣的時候，比之個人企業，還能保持很大的抵抗力。還有一層，公司遇着市況惡劣時候的競爭，牠能依據牠的特有性質，把商品的價格，從生產費加平均利潤，低落到和生產費加平均利息的價格相當的程度出賣。

然而股份企業像那樣對於個人企業的優越性，固然可以說明後期資本主義時代的股份企業之決定的勝利，但還不能把牠內在的意義，爲充分的說明。那就不能不舉出股份企業的第二特質了。

第二，股份企業，引起了產業資本的貨幣資本化。我們試先就那投資在產業股份公司的股份資本家——即股東的性質，考察一下。

股份資本家投下的資本，在他是賦與的純貨幣資本的職能。他應該是產業資本家而却不是產業資本家。他是從一切企業職能中解放出來，僅有受取一定收益的機能的。在這一點上，他首先具有貨幣資本家的性質。不但這樣，他投資的資本，從固定在一定的企業上面而和牠同時成長的那種產業資本所固有的固定性中解放出來，通過有價證券交易所，以取得能夠自由處分的流動性。於是他的資本，就純粹的貨幣資本化了。

然而這彷彿是一個矛盾。何故？因爲股東投下的資本，已成爲產業資本，在生產行程中，生產着剩餘價值。股票，不是對於那以產業資本——在事實上正作用的資本之一部分的證書，乃是對於牠所產生的收益之一部分的證書。換言之，就是一種擬制。股份資本這東西，不過是擬制資本。產業資本之貨幣資本化的過程，首先就是產業資本之擬制資本化的過程。這種擬制資本的循環如次：

$$A\,(股)\Big\langle\begin{matrix}G_1 \\ g_1\end{matrix}\;-W\Big\langle\begin{matrix}Pm \\ A\end{matrix}\cdots\cdots P\cdots\cdots W'-G'_1$$
$$\begin{matrix}| \\ G_2 \\ | \\ A\end{matrix}$$

這個 $A-G_2-A$ 的過程，是在股份交易所成就的。

隨着產業資本之擬制資本化的過程，利潤就成爲利子化。已經說過，由股東投下的資本，牠自身就是產業資本，那麽，關於產業資本的紅利，就應該是利潤。然而股東對於休息形態的資本，是講求利殖之道而投資於股本的，元來應該成爲利潤的紅利，遂利子化而不受平均利潤率的支配，致爲利息率所左右。這裏，是伏有股份公司何故能把牠的生產品，以費用價格加平均利息率而出賣這一問題的解答之鍵的。

在於因股份企業的關係，產業資本成爲貨幣資本化的一點上，現在還有一個問題，這就是『股份資本』——擬制資本——與產業資本的差額，並其助長股份企業獨占化的傾向的事情。

如前所述，由股份所代表的收益權之總和，和最初轉變爲產業資本的貨幣資本，全是兩個不同的東西，因之兩者的大小不須同一。股票的代表者，雖不外取得分紅的權利，然在於使一定的貨幣，常有產生利息之能力的資本主義社會，股票的收益，是被看做資本的利子，以代表產生利息的資本的貨幣額而買賣的。因之，股票價格的標準，就是以普通利率除該所得額的商，其方程式如次？

$$\frac{\text{所得}}{\text{普通利率}}=\frac{100\times\text{所得}}{\text{普通利息}}=\text{所得的價格}=\text{股份資本(註)}$$

（註）例如拿百萬圓的產業公司來說，以平均利潤率爲一五%，一般利息率爲五%。這個企業的利潤，年爲十五萬圓。但是把這十五萬圓，照資本主義社會的普通觀念，作爲資本的利息來觀察，按照一般利率五%而資本化，則

$$150,000\div\frac{5}{100}=\frac{150,000\times100}{5}=3,000,000$$

即成三百萬圓。股票就是被人以這三百萬圓爲標準而買賣的。固然，在現實上，伴着貨

幣資本的投資面危險要成爲附帶物，並且必須從企業利潤中，扣除那應該支出的管理費用，董事報酬等項，致使收益減少。

這擬制資本與產業資本的差額，是被叫做所謂『創業利得』的，是爲創業者所取得的。在前面表示擬制資本之流通的表式上的 g_1，正是表示牠的。這個創業利得 g_1 的大小，成爲次式——

$$g_1 = \frac{收益 \times 100}{紅息} - \frac{收益 \times 100}{平均利潤}$$

$$或 g_1 = \frac{收益}{普通利息率} - \frac{收益}{平均利潤率} \quad (註)$$

(註)若就前例再行指示，則把取得利潤的資本百萬圓，換算爲取得利息的資本三百萬圓，其差額二百萬圓，就是創業利得。

所以，當股份企業的時代，股份資本，是被人在擬制資本的形式上計算的，因而所謂現實作用的資本，很顯著的變異其大度，這就叫做公稱資本。公稱資本與作用資本的差異，於是逐漸的增大起來。

以上所述的，股份企業所引起的產業資本貨幣資本化，在許多點上都有問題。

第一，大多數的資本家，完全變成『息票剪』，完全為企業經營所除外。這就是：一方使正在作用於實際上面的資本家，對於牠人的資本，成為單純的經營管理者；一方使資本所有者，成為單純的貨幣資本家。這也不外是股份企業所促進的一個社會的機能(註)。

(註)『資本主義生產的最高發展所產生的那種結果，雖是資本再變為生產者所有的必然的通過點，然這所謂生產者所有的話，早已不是孤立的生產者的私有，乃是結合的生產者的所有，即是直接的社會所有。那在另一方面，資本所有與直到現在還連結着的再生產過程上的一切職能，是結合的生產者的單純職能，即是變為社會職能的通過點。』(『資本論』，第三卷，第二十七章)

第二，股份企業，是促使一羣大資本家的手中，確立企業支配權的有力機關。這裏兩種原因而發生：其一，是股份公司的支配力，由資本的半分而獲得的那種事情。因為這一

鐵道	電報	電話	Cable	運輸	汽船	土地	制造業	其他	總計
								1	8
3		1			1	6		1	21
8						1	9	—	36
10						1	7	2	38
7					1		1	2	17
26									28
53	1						2	2	67
1								2	12
6					1	1	23	1	34
23	8				1			2	39
25	1			1	3				37
6	1						2		27
21				1	2	1	1		30
22	2		1			1	2	2	33
9							11		28
31							3		39
11	6	1	1		1	1	2		26
5	1					5	22		28
12						1	6	4	48
8						2	1		35
50								3	54

所列的一九二〇年紐約董事人名錄，便能知道。

人的結合，如何助長企業的集中？人的結合，如何通過企業集中而錯綜起來？看了次表

股份公司的人的結合。這個人的結合，是多數企業爲少數大資本閥所獨占的前提條件。

種股份公司的約束，把成了遊資的半分資本投資於其他的股份公司，遂造成了能夠支配許多

上，就是對於和牠站在姊妹關係之上的股份公司，也能確立支配權：其二，是因爲以上的那

點，大資本家，不但能夠左右那超過自己投資額的大資本，並且在資本系統化的發展階段

		銀行	托辣斯	保險	安全儲金及擔保
亞列山大	Alexander	3	2	1	1
巴布可克	Babcock	2	4	3	
白加	Baker	6	7	3	2
白爾門特	Belmont	6	5	3	1
卡南	Cannan	1	2	1	2
科克士	Cox	1			1
笛比烏	Depew	1	4	1	3
非西	Fish	3	1	2	3
格里	Gary	2			
郭爾德	Gonld	1	1	1	2
哈里滿	Harriman	3	2	1	1
海德	Hyde	5	4	5	4
拉門特	Lamont	1	2	1	
摩爾根	Morgan	1		2	
洛克費拉	Rockefeller	6	1	1	
洛西達	Rossiter	2		1	2
塞季	Sage	2			1
休哇布	Schwab		1		
司帖爾滿	Stillman	10	6	6	2
托母布里	Twambly	1	2	1	
維安達比爾特	Vanderbilt	1			

（註）本表見霍布孫『近代資本主義發達史』

第三，股份企業，使資本急速的集積於少數資本家的手中。股份企業所特有的那種『創業利得』——不勞而獲的掠奪，已經證明了這件事實。

第四，股份企業，造成自己與銀行之間的密切關係。股份企業所需要的資本，不是從各個資本家的手中直接聚集的，乃是陸續向聚積這些資本的銀行手中間接領收的。事先預付股份公司的資本，因而分得股份，再賣出這股份以收回資本，這是銀行業務的一種。所以，銀行對於股份公司，比對於個人企業尤能放心給與牠更巨大的信用。並且，銀行能進而投資於股份公司，能在保證投資的安全上，確立對於股份公司的支配權。那麼一來，則全體企業的統制權，必至於通過企業集中並與企業集中相表裏的銀行集中這兩系統的過程，被少數銀行資本家掌握起來。到了少數銀行資本閥把全企業的統制權握在手中的階段，那就是所謂金融資本主義時代。

銀行資本對於產業企業的那種統制的支配權之確立，和對於股份企業一樣，都是以大銀行的董事出席各股份公司的監察委員會而顯現的。一九〇三年雅笛爾士 Joidels 所發表的德國各股份公司由各銀行所派的代表如次：

	德意志銀行	折息銀行	達姆休塔德銀行	德列斯鼎銀行	夏苺好貞銀行	柏林銀行
董事職	一〇一	三一	五一	五三	六八	四〇
自己的監察職	一二〇	六一	五〇	八〇	六二	三四
合計	二二一	九二	一〇一	一三三	一三〇	七四

（註）本表見席爾法丁『金融資本論』

貨幣所體現出來的統制機能，因貨幣之發展而有各種分化。成爲流通手段的貨幣，由於產生信用的事情而加倍增進牠的機能，牠適應商品市場的狀況而有時增加有時減退，很巧妙的統制着生產的無政府狀態。在這個意義上，貨幣的主要機能，可說專在於流通。然而貨幣一旦轉變爲資本，則貨幣成爲反社會的機能的第一步就開始。這追求利潤不厭的資本的必然性，經過各種資本形態，最後乃實現那具有意識的統制機能的金融資本之獨裁。於是生產的無政府狀態，就不知不覺的把坐位讓於有統制的意識的生產。那以商品生產者社會的自然法則而作用起來的貨幣職能，現在則爲意識的機關所代替。銀行票據交換所和財產信用調查所，已經顯示這個意識的機關的可能性而代表牠一部分了。

第二節　最近資本主義之發展

到這裏止，關於資本主義經濟之發展的自身，是怎樣以孕育社會主義的要素爲意義的，我們把牠觀察出來了。並且明白資本主義最近的發展，所以一方形成銀行集中，一方形成企業集中，而現出以這兩個集中爲主幹的金融資本主義時代的原故。雖說敍述得不很完全，總之金融資本主義，是以孕育社會主義的要素到最高度爲意義的這一點，由是當可明瞭。這裏，我們必須進而對於企業集中與銀行集中相結合而產生『獨占的資本主義』這一形態，簡單的說明其具體的經過。

資本主義的發展，一旦踏入這一階段，牠的形相就完全爲之一變。因爲這不僅是一國內的變化，並使國際政策上也發生一個大轉變。就歷史上說，那種變動的時代，可說開始於一九〇〇年（更正確的說，一八九八年）。如果把那以自由競爭爲中心的資本主義開始期叫做前期，則以『獨占』爲中心的這一時期，可稱後期資本主義。

（一）加迭爾及脫辣斯

象徵後期資本主義的企業集中及結合的形態，就是加迭爾和脫辣斯。最近資本主義的發展，就是和加迭爾及脫辣斯同時開幕的。

加迭爾是企業聯合。成立企業上一切可能的利益協定，盡力把競爭完全排除以圖提高利潤，這是加迭爾的任務。加迭爾就是一個獨占的利益協定。

脫辣斯是企業合同。和加迭爾同一目的，比加迭爾更進一步而成立合同，這是脫辣斯的任務。脫辣斯就是一個獨占的企業合同。

加迭爾及脫辣斯，是怎樣發生的？一句話管總，牠們就是反對自由競爭所造成的利潤率平均化，想成爲牠的反對物而發生的。已經說過，忙於追求利潤的各個資本家之主觀的努力，客觀上却實現了利潤率的平均化。尤其因爲資本的有機構成，向着高度方面前進的事情，而利潤的平均率，反有低減的傾向。因之，各個資本家，基於對抗這利潤低減的必要，或選擇新的技術，或擴大生產的規模，以圖保持利潤到平均利潤率以上，由是獲得特殊利潤。不過他們的這種努力，却越發提高了資本的有機構成，結局還是促成利潤率的低減，這是已經知道的事實。

儘管產業企業成爲股份企業，企業單位成爲股份公司，這個關係是不變化的。股份企業比較個人企業，固然具有優越性，固然能夠確保特殊利潤，但股份企業的相互之間，却顯示着利潤有平均化的傾向。因爲股份資本，具着一種貨幣資本的形態，由於所謂資本的動員而確定了可動性。因爲按照股票市場所表現出來的利潤之高低，不僅對於能夠從新投下資本的部門可以明瞭牠的狀況，並且股票自身，還成爲對於一定利潤的權利證而具有可動性。所以基於股份的分紅而股票的價値變動，是投資的指南針，牠把利潤率平均化了。

然而股份企業，在另一方面却含有妨礙利潤率平均化的要素，那就是資本移轉的困難。由於股份制度之發達，大資本的獲得固然容易，而其反面則因固定資本之增大，不容易把已經投下的資本，移轉於其他的方面。誠然，因爲資本的移入，利潤率的平均化可以表現出來，但因爲資本移出的困難，却使利潤率發生一種低減到平均以下的傾向。這個傾向，由於新投資那一生產部門的資本，起首就是大規模的事情，更加促進起來。

達到了這一階段，則競爭已不是大資本對小資本，大企業對小企業，乃是大資本對大資本，大企業對大企業，所以競爭更加劇烈，而且繼續不斷的競爭。這樣，競爭這東西，越發成了不生產的東西，利潤率就越發走向低下的方面去。

能夠阻止利潤率低下的惟一方法，就是排除競爭。這不但在相爭的大企業之間，有這樣的感覺，那對於相爭的兩企業，具有同一利害關係的銀行，更感覺競爭有廢除之必要，於是銀行爲這件事情大加努力起來。所以，那想排除競爭的銀行資本的傾向與產業資本的傾向，形成一致的時候，就樹立獨占的形態。

加迭爾及托辣斯，在達到限制自由競爭或廢除自由競爭以樹立獨占的目的上，是必然被選擇的形態，這已在上面說過了。加迭爾是基於獨立了的企業間的契約而成立的東西，托辣斯是兩個以上的企業解體後，從新組成的一個大企業。但這不過是組織上的不同，至於兩者的機能上，是沒有什麼不同之點可以看出來的。

加迭爾所採取的利益協定的方法，是設定最低價格，限制生產額，區分市場地域於所屬各成員，確定對於購買並信用的不等條件等等。但加迭爾的構成員，是各個獨立的企業者，所以屢有努力於迴避加迭爾的規約的表現。對抗那種迴避規約的方法，就是把生產物的販賣，由中央販賣部執行。加迭爾到了脫離單純的價格協定的境域而廢棄獨立商業的時候，這就叫做新迪加。

加迭爾及托辣斯，起首只是屬於同一產業部門的企業，漸漸逐及於不同種類的產業部門的企業，因而有以下的類別：

一，單業形態不完全協定或合同

二，聯合形態不完全協定或合同

三，單業形態獨占協定（加迭爾）或合同（托辣斯）

四，聯合形態加迭爾

五，聯合形態托辣斯

加迭爾及托辣斯，更發展起來就成爲康塞爾。康塞爾是在一個資本閥的統制之下，幾種企業垂直的結合起來的東西。世界大戰以後，那種巨大的康塞爾實有可驚的發展，容於後段述之（參照帝國主義論一項）。

加迭爾及托辣斯，最近怎樣的完成了迅速的發展？牠在資本主義經濟最近的發展上，怎樣的演了重大的仕務？這看了下面的兩個例證，就會知道。

加迭爾在德國尤爲發展。從一八九七年增加關稅之後，發展得非常迅速。在一八七五年的時候，還只八個加迭爾，到一八八五年就有了九十個，一八九〇年一躍而爲二一〇個，一八九五年更增至二六〇個，一九〇五年，則全國的組織數，已是三八五個了（見小島精一『社會經濟體係』三卷九五頁）。就中，最著名的萊因——威士特法廉石炭新迪加，在一九一三年一月一日以前，產額占魯爾炭九三%，占全德石炭五四%；愛省鐵新迪加，每年供給市場的鐵爲三四〇〇萬噸，占全德產額四三——四四%。此外，尙有砂糖新迪加，供給國內市場的砂糖額，占砂糖生產物七〇%，對於砂糖輸出額，則占八〇%（見蒲格達諾夫『經濟科學概論』）。

就托辣斯說，在典型國的北美合衆國，一八九九年連同聯合計算，已爲三五〇個。再看一九〇〇年的國務調查報告，也可知道牠的盛況之一斑（見霍布孫前書）。

		聯合數	資本
1.	鐵，鋼鐵及生產物	40	341,779,954 $
2.	食料及類似食料的生產物	22	247,944,675
3.	化學用品及類似的生產物	15	176,512,835
4.	鐵及鋼鐵以外的金屬	11	118,519,401
5.	飲料	28	1[illegible]8,455,158
6.	車輛	6	85,965,183
7.	烟草	4	16,191,818
8.	織物	8	92,468,606
9.	皮革，其他	5	62,737,011
10.	紙及刷印業	7	69,271,601
11.	玻璃，其他	15	46,878,9[illegible]8
12.	材木，其他	8	24,470,231
13.	雜項	16	45,908,869
	總計	185	1,436,625,910

固然，要指出產業部門的什麼東西，是排除競爭而移於獨占的，那靠托辣斯及聯合的數

字表，不能十分辦到，但至少在指出各產業部門內的資本主義的進展上，那種數字表，或許能够供作標準。根據一九〇〇年的國務調查，由那擁有資本額一千萬金圓以上的大公司所經營的生產部門，總計達於一百多個，究竟那些生產部門中，獨占化到達什麽程度，其詳還不知道（見霍布孫前書）。

不過根據一九〇三年的報告，煤油托辣斯的手中，占有全生產九〇%，其他如化學工業的八一%，金屬工業的七七%，鋼鐵業的六六%，製紙及印刷業的六〇%，鉛生產物的八五%，都在托辣斯的手中（見蒲格達諾夫『經濟科學概論』）。

托辣斯在美國，加迭爾在德國，發達得很迅速，反之，英國的獨占化，却發達得極遲緩。這或許因為英國是資本主義的先進國，牠的產業建立在鞏固的基礎之上，基於那種傳統的自由主義的精神，反對企業聯合或企業合同的傾向强盛之故。所以，英國在一八九〇年的時候，多少算得是大規模的托辣斯，還只數得出兩個來。然而從一九〇〇年起，托辣斯這類的組織，漸被重視起來，大戰後，就急速的跑進發展傾向的道上（關於這一點容後再論）。

此外對於法國及其他各國，不消舉述了，只要根據這個簡單說明，當能明白牠們的企業集中，是如何迅速的發展，如何演着重大的任務。這裏，我們試進而對於那種和企業集中相表裏的發展着的銀行集中，很短的素描一下。

(二)銀行集中

銀行集中和企業集中並企業合同相依隨的顯現出來，在後期資本主義時代，演了特殊的任務，這個過程已經說過了。這兒殘留在我們面前的問題，就是銀行的集中，是在什麽規模上顯現出來的，關於牠的具體經過，以下略說一說。

關於銀行集中，可以考察的觀點有兩個。其一，是以銀行的絕對數爲基礎而觀察的集中傾向，這除開最典型的英國，不能從簡單的數字上，把集中的迅速發展表徵出來。另一點，就是存款在少數大銀行的手中集中，這比之銀行的絕對數的增減，顯示很迅速的發展。這裏專從後者的觀點，指出銀行集中的傾向。

先就德國的例子舉述一下。

一九〇七——八年，德國擁有百萬萬馬克以上的資本的銀行，存款爲七十億馬克，到了一九一二——三年，存款就達於九十八億馬克，五年之間，增加了四〇%。並且增加的這二十八億馬克之中，就有二十七億五千萬馬克，是握在資本一千萬馬克以上的五十七個銀行的手中。茲爲更明白這些事實起見，把大銀行及小銀行的存款分布狀態，列表如次：

存欵分布表（見列寧『帝國主義論』）

	九個柏林大銀行	資本一千萬馬克以上的四八銀行	資本千萬以下百萬以上馬克的一一五銀行	百萬馬克以下的小銀行
一九〇七—八年	四七•〇%	三二•五%	一六•五%	四•〇%
一九一二—一三年	四九•〇%	三六•〇%	一二•〇%	三•〇%

和那種大銀行驅逐小銀行的事實同時，小銀行被大銀行所吸收的狀況，很快的進展起來，大銀行的支店綱遂籠罩了全國。再借德國的證例說，柏林的六大銀行，當一八九五年的時候，在國內尚不過置有十六個支店，十四個貯蓄所及滙兌交易所，四十二個設施，一個附屬的股份銀行，及至一九一一年則有一百零四個支店，二百七十六個交易所，四百五十個設施，附屬的股份銀行六十三個。因此，就可知道銀行集中，是如何急速的進展，大銀行吸收小銀行，是如何大規模的進行了。

柏林六大銀行的規模一覽表（見前書）

	支店數（國內）	貯蓄所及匯兌交易所數（國內）	附屬的股份銀行	設施
一八九五年	一六	一四	一	四二
一九〇〇年	二一	四〇	八	八〇
一九一一年	一〇四	二七六	六三	四五〇

和德國的發展傾向相同的，在銀行集中的典型國——英國，有很明顯的表現。拿歐洲大戰前後的英國銀行集中來說，以下的數字，許是大大的給我們一個教訓的東西。

英格蘭及威爾市的股份公司銀行（英蘭銀行除外）

年度	銀行數	支店數	資本的準備金（百萬磅）	外部資本（存款）
一九〇四年	六一	—	八一、七	六〇二、五
一九〇八年	五〇	—	八二、二	六七四、七
一九一一年	四四	—	七九、八	七四八、六
一九一三年	四三	五、七九七	八二、一	八〇九、四

一九一九年	三一	六、三九八	一〇六、三	一、八七四、二
一九二〇年	二〇	七、二五七	一二八、二	一、九六一、五

此外，雖有個人的銀行，但無可重視之處。何以？因爲一八九一年的三十七個個人銀行，至一九一八年就減少到只有六個了。

更就一九二〇年的銀行觀察，則爲五個大銀行所集中，如下表：

銀行名	支店數	資本及準備金	存款
(1)Barllay's	一、五一〇	二三、八	三二七、八
(2)Lloyds Bank	一、五三〇	二四、一	三四五、〇
(3)London County Westminster & Parr's Bank	八二八	一七、五	三〇五、四
(4)Londonjoint Aoity & Midland	一、四八九	二一、七	三七一、八
(5)Nationd Provriccial & Union Bank of E gland	六四八	一八、二	二七八、三

合計　六、〇〇五　一〇五、四一　一、六二八、四

這就是表示着大銀行占支店數的比率，計八二•七%，占資本及準備金的比率，計八二•二%，占存款的比率，計八三•〇%。由此可見五大銀行的勢力了，（表中數字見日本小島精一『英國產業論』）。

又法國的兩大銀行，支店綱布于全國，其狀況如次：

	支店數	在巴黎及巴母勉爾的貯蓄所	合計
一八七〇年	四七	一七	六四
一八九〇年	一九二	六六	二五八
一九〇九年	一〇三三	一九六	一二二九（見列寧前書）

以上所舉的寥寥的數字，不過是暗示銀行集中的傾向的程度，然因之或許可以推知銀行集中和大銀行的勢力。不過我們認爲重要的地方，不僅在那種銀行集中的傾向，還在於和銀行集中相伴而來的銀行機能之變化。銀行因大合同的促成，集中於少數大銀行之手。因爲存款達於巨額，銀行就捨棄那種單純的交易媒介者、信用授受者的任務，挾其龐大的存款

以君臨企業界。企業集中所演成的大規模生產，一天一天的需要龐大資本，這種資本，又不能不求之於銀行，這是不期然而然的招致銀行干與企業界的。銀行機能的那種變化，在牠因承受股份而享有的「發笷利潤」所占銀行總利潤的比率上，明白的表現着。

一八九五年	三八•六%
一八九六年	三六•一%
一八九七年	六六•七%
一八九八年	六七•七%
一八九九年	六六•九%
一九〇〇年	五五•二%

銀行既然干與企業，則牠爲確保自己的利益起見，不能不監視企業。這監視企業的方法，第一就是人的結合，曾經引用過的雅迭爾士的計算，正好如實的移在這裏來說明。同時並進的銀行集中與企業集中的兩大傾向，於是結合起來，現出末期資本主義的一種特殊現象——少數銀行所集中的銀行資本，獨占全企業的現象。一經達到這個階段，不但那曾充資

本主義經濟之特質的自由競爭，要爲獨占所代替，而且造成一種金利生活者的集團，資本主義從此就變爲一種停滯的——沉滯的資本主義。現在，資本主義完全失掉牠的本色，牠的存在條件，已是權力的支配替代自由，停滯替代發展了。

（三）　世界經濟之發展

資本主義經濟，不是單純的國民規模上的經濟，牠乃是世界經濟。資本主義經濟的整個意義，現在可以在世界經濟的規模上去觀察，資本主義經濟內包的社會主義經濟的胎兒，也可在世界經濟的舞台上豫測牠的降生。這一意義上的世界經濟，可說是照見資本主義經濟全身的一塊淨玻璃鏡。

然則世界經濟是什麼？

第一，世界經濟，也不外是以商品生產和商品交換的那種物質的生產爲基礎的一個社會關係。因自然條件而想變異自已的生產物的一個社會和其他社會所行的商品交換，是把那一社會和其他社會之間連繫起來的各種關係的基礎，同樣，由自然條件所規定的生產物交換，換言之，由自然條件所規定的國際分業，——這是形成世界經濟最初步的根基的東西。

但是這初步的國際分業，基於生產力之不均等，不得不把地位讓給更大的國際分業。生產技術的發達，在克服自然條件之中，引起這生產技術所促成的國際分業，——這個國際分業：一方是以輸入農業生產物輸出工業生產物爲主的工業國；一方是以輸入工業生產物輸出農業生產物爲主的農業國(註)。

然而無論那一方面，凡是通過商品交換，互相保持國民經濟的連繫的一個過程，都可說是世界經濟。在這一意義上的世界經濟，可說不是單純的國民經濟之總和或集合，乃是一種『統一』的東西。國民經濟依賴世界經濟的發展，世界經濟則爲國民經濟所誘導而發展。把世界經濟認爲是單純的國民經濟之集合的人們，他們不知道沒有世界經濟，國民經濟不會發展，猶如沒有俄國的穀物，沒有印度和埃及和美國的棉花，就沒有英德兩國的經濟發展一樣。

(註)『各共同體，是各在其自然環境之內，發見不同的生產機關，不同的生活資料的。所以，生產方法，生產形式，生產物，也和共同體之不同一樣，成爲各不相同的東西。那種固有的差異，正使各共同體接觸的時候，有交換生產物的可能，於是交換成

了逐漸使生產物商品化的原因。交換，不是造出各生產部門的差異的東西，可說是促致不同的各生產部門相互關聯起來，因而使牠轉變爲社會的總生產之多少互相獨立了的各部門的東西』（資本論）。

此外參照布哈林『世界經濟論』。

所以，在這一意義上的世界經濟，可說是世界規模上的生產關係和交換關係。這表現出來的，就是世界各國極密切的貿易關係。

世界貿易國別表（單位百萬金圓）

	輸入		
	一九一三年	一九二四年	一九二五年
各國總計（五十五國）	一九、四四六	二六、五三一	三〇、三〇七
美洲（十二國）	三、五二六	五、七五九	六、八三四
美國	一、七九三	三、六一〇	四、二二六
加拿大	六五九	八〇八	八九〇

中美（四國）	三八	七五	六一
南美（六國）	一、〇三六	一、二六六	一、六二四
歐洲（二十三國）	一三、八五三	一六、五五三	一八、六三八
法國	一、六二五	二、一〇三	二、〇九七
德國	二、五六五	二、一七〇	二、九五八
義大利	七〇三	八四五	一、〇四一
和蘭	一、〇四六	九〇三	九八六
英國	三、七四一	五、六四三	六、三八八
其他（十八國）	四、一七三	四、八三九	五、一七一
亞洲	一、四五四	二、五九九	二、九八四
印度	五八五	七七五	八二〇
日本	三六四	一、〇一〇	一、〇五六
其他（九國）	五一五	八一四	一、一〇八

其他洲	一、〇〇三	一、六二〇	一、八五一
澳洲（紐錫蘭在內）	四八五	八五五	四七〇
其他	五一八	七六五	八八一

輸出

	一九二三年	一九二四年	一九二五年
各國總計（五十五國）	一八、四四七	二五、〇六七	二八、一八〇
美洲（十二國）	四、〇九五	七、四二三	八、〇四七
美國	二、四八四	四、五九一	四、九一〇
加拿大	四六一	一、〇七一	一、二八三
中美（四國）	四〇	七三	八二
南美（六國）	一、一一〇	一、六八八	一、六九二
歐洲（二十三國）	一二、八六八	一三、二六〇	一四、五七四
法國	一、三二八	二、二一九	二、一六五

德國	二、四〇五	一、五六〇	二、〇九四
義大利	四八五	六二六	七二七
和蘭	八二二	六三五	七二六
英國	三、〇八九	四、一五六	四、四七九
其他（十八國）	三、七三九	四、〇六四	四、三五六
亞洲	一、五九四	二、八七三	三、八一四
印度	七九七	一、二一六	一、四七六
日本	三一五	七四四	九四六
其他（九國）	四八二	九一三	一、三九二
其他各洲	八九〇	一、五一一	一、七四五
澳洲（蘭錫蘭在內）	四六五	八四〇	一、〇一六
其他（七國）	四二五	六七一	七二九

以上兩表見丸岡重堯『世界資本主義之現勢』，外參照布哈林『世界經濟論』。

世界經濟，是怎樣以龐大的商品流通爲基礎而成就的，上面的那些數字，未必能夠把牠如實的說明，只是基於國際分業的商品交換，確是世界經濟的基本過程。

世界經濟，不是單純的國民經濟的集合，牠表現出來的是一個統一的經濟，那在世界經濟年表內，表現的世界生產額及消費額的增加上，如實的指示着。如果除開世界規模的經濟關係之外，那種龐大的生產額及消費額的增加，還能看見嗎？現在根據已經揭示過的世界生產及消費的數字，作爲一個線索，來探求那不是單純的國民經濟之集合的世界經濟的概念。

世界生產（見布哈林世界經濟論）

年次	石炭（百萬噸）	鐵鑛（千噸）	銑鐵（千噸）	銅（千噸）	金（百萬噸）
一八五〇	八二、六	一、一五〇〇、〇	四、七五〇	五二	一二
一八七五	二八三、〇	—	一四、一一九	—	—
一八八〇	三四四、二	四三、七四一、〇	—	一五六、五	二二
一八九〇	五一四、九	五九、五六〇、一	—	—	—
一九〇〇	七七一、一	九二、二〇一、二	四一、〇八六	五六一	五二

一九〇五	九四〇、四	一一七、〇九六、三	五四、八〇四	七五一	八七
一九一〇	一、一六五、五	一三九、五〇六、八	六四、八九八	八九一	九四
	(一九一一年)		(一九一一年)		

這是工業用的生產物，再看消費用的生產物。

世界生產(見前書)

年次	小麥(百萬噸)	棉花(千捆)	砂糖(千噸)	可可(千噸)
一八八一—一八九八	六〇	(一八八四—一九〇年)八、五九一	七、八三〇(一八九五年)	(一八九五—一九九年)八二
一九〇〇	六七	一〇、九九二	—	—
一九〇八	八七	一六、〇四九、六	一四、一二五	一九三、六
一九一二	一〇五、六	一九、一九七、九	一五、四〇四	二一六(一九一〇年)

然而世界經濟所具的意義，還不止此。

第二，世界經濟，是以『國民經濟』爲單位的無政府狀態的經濟關係。資本主義經濟，以無政府的生產爲基礎，把自由競爭作爲統制的唯一盲目的槓桿，同樣，世界經濟所顯示的，也是以『國民經濟』爲單位的一個無政府的經濟關係。並且，在世界經濟上的無政府的自由競爭，一方呈現爲導世界產業於危機的各國競爭；他方呈現爲爭原料產地及市場而爆發的殖民地和半殖民地的爭奪戰。

總之以世界爲對象的生產，一旦成了各先進國資本主義的決定的條件——這並是資本主義的內在條件卽利潤的追求，所必然帶來的歸結——則各國的資本主義，因世界經濟舞台上的自由競爭，自己不能不冒着很大的危險。而且基於自由競爭而占勝利的最大條件，不能不同國內的自由競爭的條件一樣——『價格低廉』。這麼一來，各國的資本主義，爲了以世界經濟做舞台而獲得對外的優越起見，必然要依靠這樣的力——在國內把生產統制起來，統一起來了的力——去抵當外敵。於是國內的生產統制——企業集中及合同，也由這一點所促進。

還有一層：

世界經濟舞台上的各『國民經濟』的自由競爭，不靠國家的保護干涉，而能確保着決定的勝利，那是沒有的事情。所謂保護貿易政策這東西，不過是在世界經濟舞台上施行國家保護的別名。『國民經濟』，必須借着國家這張虎皮，跑上世界經濟的舞台。但是國家所給的保護，必然的要求國內的產業企業之集中和統一。這也是企業集中及合同，何以在英國久不發達，在德國就發達的理由。那末，我們又不能不回到這個問題——由國內的企業集中及合同所統制的問題——上來了。

然而問題却不是這樣就完事的。

世界經濟上的自由競爭，馬上必然發展到殖民地半殖民地的權力支配和分割，這是爲原料產地及市場而起的。這並且是和國內的金融資本主義所確立的支配，同時前進的。牠們不但同時前進，而且還於交互作用之中，在國內則樹立金融資本的支配，在國際則樹立植民地及半植民的分割支配。所以，國內經濟的問題，可移於世界經濟，世界經濟的問題，可移於國內經濟。資本主義經濟內的社會主義的要素之發展，遂在世界經濟的範疇上，迅速地尖銳化起來。

前面說過，銀行資本的巨大發展，表明了後期資本主義時代的特質，國內的產業企業，就由這個巨大的發展，引起金融資本的支配。可是這個金融資本的支配，一旦確立起來，則牠表現出來的，必然是要求在世界經濟舞台上確立支配權。現在對於植民地及半殖民地的分割支配之要求，既不僅是當做市場去要求，也不僅是當做原料產地去要求，乃是當做資本的輸出地去要求的。因之，殖民地及半植民地的分割若不可能，則世界經濟上的平衡，必然要破壞。

所謂世界經濟，是由自然條件所規定的商品交換，結合起來的社會的——經濟的關係。這是世界經濟初步的過程，基本的過程。但是這種過程，馬上因爲技術的差異，就不能不把席次讓給國際的分業。所以，世界經濟，就走進了以『國民經濟』爲單位的無政府的商品流通的過程。然而『國民經濟』的眞正的確立，和世界經濟的確立，立於互相照應的關係之上，在互相依存的中間，把資本主義經濟送進最後的發達階段。初步的——基本的過程的世界經濟，就是通過那種依存關係，發展到以確立了的『國民經濟』爲單位的世界經濟的，把這一過程分析出來的工作，正是研究世界經濟的主要目的。只有那樣，纔是把資本主義發展過程的全部面目，用淨玻璃鏡照出來的辦法。那怕就國內方面說，資本主義經濟是『福利的』東西，如果用世界經濟的鏡子，照出牠是破壞的東西，那就隱伏着一個可怕的惡魔。

然而我們太走過了，這裏我們必須回頭再把這些過程，重行研究一番。

我們當分析資本主義經濟的自身之發展的時候，把牠發展爲大規模生產、及企業之集中、資本之蓄積、銀行之集中、金融資本之成立——所謂資本主義經濟的上向運動，追求到那裏而一時中斷了。現在必須從那裏起，把我們的分析補足起來。

首先就要把資本主義經濟，延長到世界經濟上去考察。把資本主義經濟向着大規模生產的發展，用世界經濟的觀點來觀察——牠自身，並是應該用世界經濟的觀點來觀察的東西——則牠是生產物向國外市場輸出的大規模的出動，是生產原料盼望國外產地供給的大量的需要。不消說，因爲資本主義經濟所注目的全是利潤，所以沒有較高的利潤，那種現象是不會發生的。可是恰好，那些勞動生產力發展到了較高度的國家（國際的比較），能够從商品交換中，獲得比世界市場的平均利潤更高的利潤——特別利潤。何故？因爲勞動生產力發達到了較高度的國家的勞動，被認做較高的比重勞動而評價，那無給的勞動量，就增加了那多。再說一句，就是因爲基於技術的差異所發生的國際分業，從某一『國民經濟』的見地上做出來的商品，若從『世界經濟』的見地去觀察，是表現爲優越的東西的。固然，這種優越性，被資本主義的世界化所排斥，特別利潤也就隨而平均化了。但是世界資本主義的發展，要經過很長的期間，在這種經過的期間，容許優越性的存在。英國的資本主義，所以長期的在世界經濟上占着優越地位，只有由這個見地去理解。

但是世界經濟的確立，同時又是資本主義世界化的過程。尤其從前世紀六十年代起，急速的資本主義化了的德美兩國，跑上『世界經濟』的舞台，做了那君臨世界市場很久的英國資本主義的強敵。而且這和先進資本主義國——英國的競爭，使那些後進資本主義國，最初就採取高度的發展形態的企業集中和統制——加迭爾及托辣斯——的形式，並以武裝爲保護貿易的工具。這些後進資本主義國，意識的武裝起來，在競爭場裏出現，使自然生長的英國資本主義對之，除開傳統的惰力以外，表現得非常無力。還有一層，因爲單純的注目於保護育成國內工業的保護貿易政策，依靠折價出賣商品以圖輸出增加的辦法，供給了競爭場裏最有效的手段，而市場競爭的面目爲之一新。

不消說，國內的大量生產，定使各國資本主義展開市場競爭。然而這個市場競爭，不僅是廉價商品所演現的市場競爭的限界，從事排斥市場的自由競爭的東西。在這個市場競爭的上面，那基於保護貿易的輸出增加，如果一旦成了最有效的手段，則市場競爭所表現的；必是爲兼併市場而起的鬥爭，爲獨占市場而興奮的努力。何以？因爲只有國內市場的廣狹，是給輸出增加所引起的鬥爭力以重大關係的，而關稅壁所隔圍的市場獨占——市場植民化，就是最有效的手段。

但是大規模的生產，不僅發生巨大的販賣市場的問題，就是關于原料和勞動市場，也要同時發生問題。因爲阻止利潤低下的方法，在於廉價原料之獲得，及以很長的勞動時間和低廉的工錢購買勞動力爲重要條件。而這兩者的解決之點，都在『植民政策』中找得出來。所以，資本主義的生產之最近的發展，從這一問題觀察，也是歸根在慘酷的殖民地競爭之上的。

先從原料市場的問題說吧！

近代工業之偉大的發展，越發提高原料方面的需要，這件事情是極自然的。不用說，有原料資格的，就是木材，棉花，亞麻等植物的生產物，或皮革，羊毛等動物的生產物。但這些原料的生產，終不能適應近代工業的發展（註）。於是原料的昂貴，就達於可驚的程度。據布哈林的計算，從一九〇三年到一九一三年，僅此十年之間，黃麻價格漲一二八%，棉花價格漲一三%，牛皮價格漲五五%（布哈林『世界經濟論』）。

（註）當然，農業，牧畜業等的生產物，不適應工業之發展的事情，牠受了追求利潤的資本主義生產的影響，這決不是絕對的意義。這是由於資本主義的生產部門不平衡的原故。

資本主義的無政府的經濟，使生產部門那樣不平衡，這件事情，影響一般農業生產物的市場，在各國工業需要的面前，現出顯著的狹隘。於是各國的資本主義，爲阻止自己的利潤低下，或保持特別利潤起見，不能不着想這些原料市場的獨占化。所以，要求獨占販賣市場的，對於原料市場，也同樣的要求獨占。並且這兩個過程，決不是偶然的東西，都是在『植民政策』之中，找得出歸結來的。

一樣的情形，在勞動市場裏也顯現出來。

資本主義之龐大的發展，依靠那成了商品的勞動力，這已說過了。固然，隨着資本主義的發展而資本高度化，因之造出相對的過剩人口，這是事實。但資本主義上昇的期間，還絕對的使勞動力的需要增大。於是到那裏去求那種勞動力的補充，這件事情成了問題。解決這一問題的方法，不用說，各國的資本主義，已在後進國植民地化的中間探出來了。

但是資本主義若多少走進了獨占期，則問題不在於勞動力的補充，而在於怎樣獲得更廉的勞動力。不過這個解決方法，在更強制的使植民地隸屬化的一點上，是沒有什麼變異之處的。所以，從這一方面觀察，也是不能不落在『植民政策』上面的。

這些事情，相依相隨，已在前世紀後半，使植民地的爭奪戰異常緊張了。而且和這些過程同時並進的各國的企業集中，又使這種競爭愈演愈激。不過競爭越激烈，國內的集中及獨占的傾向就越強盛，所以反轉來說，促使競爭趨於激烈的，是資本主義發展之必然的運命。我們對於這些事情的例證，可就一八七〇年代以降，英、德、法等國所演現的植民地的兼併看出來。這些植民地的兼併，和包着這些植民地的關稅壁的圍繞，只要想到這些國內的加迭爾，托辣斯等的發展，當容易窺見其中的奧祕。

可是問題的探討，仍不能就這樣停止。

如果企業的集中獨占和銀行資本相結合，所謂獨占的金融資本，在國內確立起來，則一方形成資本蓄積的過剩，他方保護關稅益臻完備，因之經濟領域上的鬭爭，必至呈現別樣的形相。第一，這個鬭爭，早已不在於依賴『更低廉』的商品去行市場鬭爭。商品的輸出，已爲資本的輸出所代替。資本的輸出，最初本是以收買商品爲條件的放欵資本的輸出，比如被委託負擔定貨義務的借款就是的。可是到了後來，就變成產業資本的形式而輸出，比如投資於敷設鐵道、採掘鑛山，擴張軍備、設立電氣工場等項就是的。這不需要保護關稅壁來保障，並且能够通過那對於資本的支配，以確立對於產業的支配，遂至籠罩更廣的範圍。那末，資本的輸出，就是構成近代資本主義之表徵的特質的。

歷年資本輸出表（單位十億弗郎）

	英國	法國	德國
一八六二年	三·六	—	—
一八七二年	一五	（一八六九）一〇	—
一八八二年	二二	（一八八〇）一五	?
一八九三年	四二	（一八九〇）二〇	?

一九〇二年	六二	二七—三七	一二五
一九一四年	七五—一〇〇	六〇	四四

輸出地別資本輸出表（一九一〇年單位十億弗郎）

	歐洲	美洲	亞洲、非洲、澳洲
英國	四	三七	二九
法國	二三	四	八
德國	一八	一〇	七
計	四五	五一	四四

第二，那不同商品市場的競爭一樣，只是單純的經濟鬬爭。牠多少是以國家權力爲背景，以外交的强硬談判爲武器的武裝競爭。這在德國、法國對於土耳其的借款，英國、德國、法國對於中國的借款，就是顯明的例證。

第三，因爲經濟的領域，業已分割完畢，於是極嚴酷的競爭，勢必要在武力的鬥爭——戰爭中去求解決方法。並且戰爭的危險性，因資本的輸出而愈加促進，所以世界經濟這東西的面目，常在帝國主義戰爭的危險中曝露出來。

我們既追尋世界經濟的發展而窮其究竟了。資本主義經濟，必然的是世界經濟，因之世界經濟，必然的反映資本主義經濟的發展，世界經濟的轉向，也必然的反映資本主義經濟的轉向。資本主義經濟的自由競爭與無政府生產，表現於世界經濟上的，就是以『國民經濟』爲單位的市場競爭，這使世界生產物的交換大規模化，使世界的距離一天接近一天，因而促進世界富源的開發。於是社會的生產，成熟於世界經濟之中，以『國民經濟』爲單位的國際分業確立起來。不過牠的發展，就是樹立那變自由競爭爲獨占的經濟領域罷了。於是自由競爭所演現的生產之發展被阻止，代之而與的，就是隨獨占而來的植民地對宗主國的隸屬化。而且隨着產業資本的輸出，植民地及半植民地，急速的顯示資本主義化的發展，這也不過委之本國的資本家階級去榨取就是。還有一層，經濟的領域既已樹立，爲再行區劃起見，必須訴之武力手段。看來，世界經濟這東西，就牠發展的必然性上觀察，是正在曝露資本主義經濟的矛盾與絕境啊！

第五章　資本主義經濟內部的矛盾之發展

資本主義經濟，在牠自身內在的法則之中，孕育着社會主義的要素。這從一方面說，固是資本主義經濟的發展，但從他方面說，也是資本主義經濟所具有的矛盾的擴大再生產。這也可以看出：惟其有矛盾纔有發展，惟其有發展，矛盾纔能擴大的再生產出來。

我們已經知道，資本主義經濟，是根本的建立於矛盾之上的。例如：商品生產也具有社會的意義——商品生產是社會的生產——和生產手段之私有的矛盾就是。這一矛盾，雖是促成資本主義的生產，如駭浪驚濤般的擴大，把社會的機能，發揮到極頂的一個槓桿，但同時，牠又是加大貧富的懸隔，使勞資兩階級的階級對立尖脫化，達於極點的根本要素。我們對於資本主義經濟轉變為社會主義經濟的必然性，可在這一點上看出許多來。

前章，我專在資本主義經濟成長的觀點上，展望了牠自身的發展和那孕在牠內部的社會主義經濟的胎兒。本章，則想從矛盾的觀點上，探求牠的擴大再生產，究竟是怎樣的必然轉變爲社會主義經濟秩序的。

第一節　資本的蓄積與其矛盾

馬克斯的偉大發見，就是唯物史觀和剩餘價值。近代的社會主義，所以冠上『科學的』字樣的，主要的就因爲牠担負了這一點，恩格斯這麽說過。但馬克斯的偉大發見，不是和通常的解釋一樣，僅於根據剩餘價値的發見，把勞動者階級對資本家階級的階級對立，合理的說明出來而已，尤其是在於這一點，卽是看破了剩餘値價的一部分，被當做資本來蓄積，而資本蓄積的本身，又必然的構成資本主義經濟的絕境。

我們試從分析資本蓄積的本身開始。

資本主義生產的目的，就是剩餘價値的生產。資本家不是把他們獲得的剩餘價值，全部都充作自己的消費的，乃是把剩餘價値的一部分，年年轉變爲資本的。就是說，不管他們把剩餘價値的一部分，是用以擴大向來的經營，抑用以創辦新經營，總之每年都把牠放進資本中去罷了。像那樣的把剩餘値價轉變爲資本的事情，就叫做資本的蓄積。

可是隨着資本主義的生產之發展，剩餘價值被蓄積的部分，越發加多起來。勞動的社會生產力之增大所帶來的資本有機構成高度化，把放進不變資本——尤其固定資本部分之中的資本增大，因而促使剩餘價值資本化的部分也增大，這是我們已經知道的事實。資本的蓄積越進展，資本主義的生產就越擴大化。

究竟這個結果怎樣呢？

如果我們不考察其他的要素，則『資本蓄積』，就是『資本蓄積』；『生產規模的擴大』，就是『生產規模的擴大』，此外，恐怕什麽東西都沒有罷！恐怕那不過是替偶然的『資本家的善意』，或『資本家的節慾』（這是正統派的題目）立證罷了。如果『資本的蓄積』和『生產規模的擴大』，就是那樣的東西，那現在縱然可以成爲倫理學的問題，究無可以成爲經濟學的問題的理由。但是無論幸不幸，問題總不是那麽一回事。資本主義經濟，是營利的經濟，是無政府的生產，是以自由競爭爲背景的經濟。『剩餘價值的資本化』——資本蓄積的自身，沒有這『營利的經濟』和『無政府的生產』和『自由競爭』，是不能理解的。

所以，如果資本蓄積無限制的進展，社會的生產很顯著的擴大，在那中間被生產出來的商品量，突飛猛進的成爲龐大的東西，則那商品爲了尋覓銷路，不能不碰着絕壁，這是極容易看見的道理。何故？因爲資本主義社會的消費力上，劃着極褊狹的限界。這第一。因爲基於勞動的社會生產力增大而相對的過剩人口一天加多一天，因而勞動者的購買力，縱然絕對的方面是增殖的，而相對的方面却不能不減少，第二，因爲剩餘價值的蓄積率如果增大，則資本家的消費部分因之減少，這也是不能不招致資本家的消費能力之相對的減退的。

那末，我們對於資本的蓄積，必然的非陷於絕境不可的事情，很容易觀察到了。不過僅是這樣的說明，實在極不充足，必須更深入的探究這一問題纔行。

我們的發問，不能首先這樣更改嗎？即是要問破壞生產和消費的平衡的資本蓄積，究竟是怎樣成就的？

我們先假定單純再生產吧！

在這上面，因爲全剩餘價值都被消費掉，僅是從前的資本在每次被更新的原故，所以每次生產出來的價值量就沒變化。現在把不變資本用 c 來表示，把可變資本用 v 來表示，把剩餘價值用 m 來表示，則每年生產出來的價值量，就是 c＋v＋m。這一生產，爲年年循環反復起見，只要把c＋v用一定的平衡再生產出來就夠了。

然而我們不是討論個別資本的問題的，乃是把社會的總資本的再生產過程作爲問題來討論的。所以，資本家販賣他的總生產物而換爲貨幣，更用這貨幣購買生產手段及勞動力，把牠再轉變爲資本的這種假定，是不能拿來滿足問題的。問題是在於生產上被消費的資本價值，怎樣的從再生產物中獲得補償，並且這種補償，是否和資本家對剩餘價值的消費，以及勞動者對工錢的消費相交錯的這些事情。

爲分析這問題起見，不能不把生產物分爲兩大部門，卽是把牠分爲生產手段和消費手段兩大部門。這樣，社會的總生產物，然後可用下面的表式表示出來。

（一）生產段的的生產 $c1+v1+m1$

（二）消費手段的生產 $c2+v2+m2$

這裏，若把價值增殖率 $\frac{m}{c}$ 作爲一〇〇%，用具體的數字，適當的表示出來，則——

（一）生產手段的生產

$4000c+1000v+1000m=6000$

這是作爲生產手段放在那裏的。

（二）消費手段的生產

$$2000c+500v+500m=3000$$

這兩者就是表示總價值量爲 9000 的。現在把牠作爲單純再生產的顯現，考察對牠的必要的交換，則以下三點是重要的。

（a） 屬於第二部門的勞動者的工錢 500v 和資本家的剩餘價值 500m，必須爲購買消費手段而支出。但那是補償屬於第二部門的資本家所預付的 500v，並代表 500m 而成爲具有1000的價值的消費手段存在着的。就是說，屬於第二部門的工錢及剩餘價值，在這一部門中，和這一部門的生產物相交換，從總生產物中消除 1000 的消費資料。

（b） 同樣，第一部門的 1000v+1000m，也必須在購買第二部門的生產物的消費手段上支出。就是說，牠必須和第二部門的生產物的殘餘部分相交換，卽是要和等額的不變資本部分的 2000c 相交換。這就是第二部門那方面，從第一部門的生產物中，獲得等額的生產手段的理由。

（c） 殘餘的第一部門的 4000c 是由那只能在第一部門內部消費的生產手段所成立，來補償這一部門的生產手段的消費的，所以 4000c，因第一部門的資本家相互交換而獲得解決。

這裏，把問題就前面一般的表式解釋起來，則第一部門，不能不從第二部門中購買 v＋m（給養勞動者的 v_1，資本家自身消費的 m_1）的這種消費手段，第二部門，又不能不從第一部門中購買 c_2（補償生產手段的消費所必要的額）這種東西。所以，就一般的說，如果 $c_2 = v_1 + m_1$，則單純的再生產，不至有被攪亂的現象。換言之，這是單純再生產上的平衡條件。但在擴張了的再生產上，問題就很復雜了。因爲擴張了的再生產上面，有一部分的剩餘價值轉變爲資本而開始施其作用。現在把 & 作爲表示供資本家個人消費之用的剩餘價值部分，把 B_1 作爲表示資本化的剩餘價值部分，因之成爲 $m_1 = \alpha_1 + B_1$ 並和牠相照應的 $m_2 = \alpha_2 + B_2$。更就資本化的剩餘價值之中，以轉變爲不變資本的東西作爲 B_1c、B_2c，轉變爲可變資本的東西作爲 B_1v、B_2v，則兩部門的總生產，可用以下的表式指示出來。

（1）生產手段的生產 $c_1 + v_1 + \alpha_1 + (B_1c + B_1v)$

(二)消費手段的生產 $\underline{c_2+v_2+a_2}+\overset{B^2}{(B_2c+B_2c)}$

在這表式的最初部分，即劃了線的部分，是含着單純再生產的問題的部分，牠的平衡條件，是$c_2 = v_1+a_2$，這是我們已經知道的事實。問題就在於後截的括弧所括的部分。

然而問題是什麼?

先從第一部門轉變爲資本的部分 B_1 說起。B_1 這個東西，就材料的形態說，牠是表示生產手段的。然而牠所參加的資本，不僅不變資本而已，必須因資本的構成而分爲不變資本與可變資本的兩部分。那不變資本的部分 B_1c，既是以不變資本的資格，在適當的形態上存在的，所以就如實的停留於第一部門，在第一部門內交換着。但那應該轉變爲可變資本的 B_1v，不能停留於第一部門之內，那就不能不與第二部門中和牠相照應的生產物相交換。

在第二部門，也發生同樣的事實。表示應該轉變爲資本的價值量的 B_2，是以消費手段的資格存在的，所以，B_2 的中間轉變爲可變資本部分的 B_2v，雖能如實的在同部門內行交換，但 B_2c，則不能不與第一部門內和牠相照應的生產物行交換。

因之，擴張再生產，爲了無障礙的顯現出來起見，$B_1v = B_2c$ 的表式是必要的。即是，第一部門中追加的可變資本，不能不等於第二部門中追加的不變資本。所以，此時若回顧前面的表式，則在

(一)生產手段　$c_1+v_1+\alpha_1+\overset{B_1}{(B_1c+B_1v)}$

(二)消費手段　$c_2+v_2+\alpha_2+\overset{B_2}{(B_2c+B_2v)}$

的表式上，是 $c_2 = v_1+\alpha_1$，在 $B_2c = B_1v$ 的時候，擴張再生產的平衡條件就充實起來。把這表式內的等量價值，彼此對調的觀察，則 $c_1+v_1+\alpha_1+B_1 = c_1+c_2+B_1c+B_2c$。

$$c_2+v_2+\alpha_2+B_2 = v_1+v_2+\alpha_1+\alpha_2+B_1v+B_2v$$

就是說，生產手段的生產部門中所生產的總價値量，須等於兩部門中的更新而且追加的總不變資本部分，消費手段的生產部門所生產的總價値量，須等於兩部門中資本家的消費及用以購買新舊勞動力的價値量的總和。

茲爲更容易理解問題起見，把馬克斯的數字，適切的演出來看看。

$$\left.\begin{array}{ll}（一）& 4000c+1000v+1000m=6000\\（二）& 1500c+750v+750m=3000\end{array}\right\}合計=9000$$

在這表式上，如果第一部門的剩餘價值部分，資本化起來，則1000v+500m=1500，不得不和第二部門的1500c相交換。又，如果假定第一部門的500m中400轉變爲不變資本，100轉變爲可變資本，則400m，就是這樣的和第一部門的c相合併的東西，在第一部門內發生如次的結果——

4400c+1000v+100m（應該轉變爲100v的東西）

但這100m.不得不和第二部門的資本蓄積中的不變資本部分相交換。所以，第一部門的可變資本部分，由100v變成1100v，；第二部門的不變資本部分，增加100而變爲1600c。爲運用這1600c的不變資本起見，不能不從剩餘價值中轉變50v爲新的可變資本。於是這兩部門，就成爲

4400c+1100v+500（消費基金）＝ } 合計＝9000
1600c+800v+600（消費基金）＝ }

如果現實的蓄積，在這基礎上表現出來，則到了第二年度，第三年度，就發生如次的結果
——

第二年度

（Ⅰ）4400c+1100v+1100m＝6600 } 合計＝9800
（Ⅱ）1600c+800v+800m＝3200 }

第三年度

（Ⅰ）4840c+1210v+1210m＝7260 } 合計＝10,780
（Ⅱ）1760c+880v+880m＝3520 }

這是擴張再生產無障礙的進行的條件。在這條件充實的限界內，擴張再生產保持平衡，資本的蓄積無障礙的顯現出來。

這『資本蓄積』的表式，是被人種種的解釋，問題最多的東西。茲就左列主要諸說略述之。

第一，是想從馬克斯的這表式中，試行抽出『資本蓄積』的自然性，預先避免資本主義經濟的絕境的。這一說的代表者，就是智剛•巴拉夫斯基。巴拉夫斯基以爲把生產部門，分爲生產手段的生產，勞動者消費料的生產，資本家消費料的生產這麼三個部門，縱然在資本構成的高度化之中，勞動者的消費減少，而資本家的消費却不至減少，所以生產的發展是可能的。因之，他說：『右表，牠自身雖是很簡單，然在於不十分理解社會的資本再生產過程的時候，牠證明了那動輒惹起非難的原理，卽是證明了資本主義的生產，爲自身的需要而造成一個市場的原理。只要擴張社會的生產是可能的事情，生產力對那是充分的，則社會的生產被保持比例而分割的時候，需要也就不能不和牠相適應而擴張。何故？因爲在這一條件之下，新生產的商品，是表現那爲獲得其他的一切商品而新出現的一個購買力的』。

據巴拉斯基的說法，資本主義的生產，是因爲自身的需要而製造一定的市場的東西，消費，則只是資本主義生產的一個要素而已。所以，生產被保持比例而分割的時候，無論消費如何減退，生產的擴張，總是無阻擋的繼續前進的（根據盧森堡『資本蓄積論』）。

和前說相對峙的說法，是從馬克斯的前揭表式中，發見『資本蓄積』的不可能性，由是論斷資本主義經濟的絕境是必然性的。盧森堡，就是這一說的代表者。

盧森堡說：在前面所揭的表式之中，在單純而無論如何都被看做自動的表式之中，一個困難隱伏在那裏。那就是：資本家自身所未消費的剩餘價值部分，究竟是何人在消費？向資本家階級買得剩餘價值資本化了的那一部分生產物的，究竟是何人？馬克斯的表式，對於這一問題是這麼答復的，——一部分，是資本家自身為擴充生產起見，把牠拿去製造生產手段；一部分，是使用新生產手段上所必要的新勞動者所領收。然而為了使新勞動者以新生產手段施行勞動起見——就資本主義方面說——必須預先具有擴充生產的目的。這就是說，必須具有對於製造生產物的新需要（見盧森堡『資本蓄積論』

若把盧森堡所說的簡約起來，則在下面

（一）生產手段 $C_1+V_1+a_1+\overset{B_1}{(B_1C+B_1V)}$

（二）消費手段 $C_2+V_2+a_2+\overset{B_2}{(B_2+C+B_2V)}$

的表式上，『B_1 及 B_2，是什麼人買的？假定就是由資本家互相買入的，那買入的貨幣又來有支付能力的需要為前提，但這種需要，是靠什麼增大起來的？』』，這是一點。再就是同一問題的一般化，『為要 B_1 及 B_2 資本化起見，固然以具自何處？』，這又是一點。

於是，盧森堡就探求資本主義社會內的各種『救星』，如所謂人口增加，如所謂第三者（完全不屬於資本家階級及勞動者階級的分子），如所謂對外貿易。她似乎認定這對外貿易，大概是能夠克服那種困難的。其實，那只是把甲國的困難移往乙國罷了。末了，她發見了惟一的道路，那就是所謂『領外的顧客』。她認為馬克斯把剩餘價值資本化的過程，斷定只在資本主義社會的內部，纔能實現出來的事情，是一種矛盾；她斷定構成資本主義社會環境的那種非資本主義社會的存在，就是資本主義經濟的生死條件的那種『資本蓄積』的前提條件。試看她自已說的一段話：

『我們直到今日，都只把擴張再生產，從一方面觀察了一下，就是只從剩餘價值，是怎樣實現出來的這一問題觀察了一下。……剩餘價值的實現，事實上，是資本主義的蓄積的生死問題。如果為要簡單起見，對於資本家的消費基金，全不加以考慮，則剩餘價值的實現，牠要求的第一個條件，就是資本主義社會以外的一個購買者的社會。

……最重要的事情，就是剩餘價值，並非靠勞動者或靠資本家所能實現的，是要靠那沒有施行資本主義生產的社會層或社會去實現的』（盧森堡前書）。

第三說、自然是構成前兩說的綜合(Synthese)的。他把馬克斯所確定的再生產的表式，只從平衡性的一方面去觀察，就和那忽略資本主義經濟內在的矛盾之一種見地，尖銳的相對立。可是他在另一方面，又和那承認表式的自身中具有矛盾，因而想否定資本主義經濟內部的『資本蓄積』的可能性之一種見地，一樣劇烈的對立着。據第三說的觀察，馬克斯所確定的表式，不外是資本主義經濟圖發展前進的一種純抽象的平衡條件。因之，第一，不是否定這平衡條件現實的充足的那種困難的，可說資本主義經濟的發展之道，惟有在可以充足這平衡條件的現實的困難——平衡條件的擾亂——之中，纔能準備起來。所以，這提示平衡條件的表式，絕不是排除資本主義經濟內在的矛盾的，也不是規定那浩蕩的前途的。因此，他就認定加上『生產的無政府』，『自由競爭』等要件的時候，平衡條件必被擾亂，矛盾的擴大再生產是必至的事實。然而第二，這個表式，雖是純抽象的平衡條件，但這不是把現實的充足的困難，看做絕對的困難，可說是認定惟有這個條件越充足，資本蓄積纔越可能，資本主義經濟的發展，總是可期而待的。然而發展，不但不是否定平衡條件之擾亂的，並且可說是向擾亂走去的一個步伐。何故？因為發展，不外就是矛盾的發展。

探取第三說的人們，可以舉出魯德路甫•席爾法丁，奧脫•堡埃兒，布哈林幾個姓名來。現在我們專門根據布哈林所說，把這第三說的見地，略加發揮看看。

第一，就純資本主義經濟內的資本蓄積的可能性說起。

前面介紹盧森堡的論斷的時候，曾說她斷定純資本主義經濟內的資本蓄積不可能。據她的觀察，非資本主義的存在，就是資本主義發展的前提條件。這裏的問題，就在於純資本主義經濟內的資本蓄積，究竟是否絕對的不可能？

她的論述第一點，就是轉變為資本的剩餘價值部分之消費者是誰？縱然假定是資本家相互的在充當，那貨幣又是從何處來的？對於這一點的反駁，可從兩點上建立起來。其一，即是仍從純抽象的表式去建立；其二，即是從那留心貨幣的擴張再生產過程之分析去建立。

我們首先從純抽象的表式考察一番。

盧森堡的根本謬誤之點，就在於把生產和消費，認做完全不相關係的對立着。其實，資本蓄積的結果所發生的消費之增進，要沒有和牠相照應的繼續不斷的蓄積，是絕不會發生的。所以，消費的增進，絕不是否定蓄積增進的，而蓄積的增進，反是不斷的誘致消費增進的。所以，如果蓄積率增大，資本遞次增加，則一回轉中新生產出來的剩餘價值的總量也增加，消費也增加。就是說，消費部分的增大，也是資本蓄積的一個作用。可是盧森堡把轉變爲資本的剩餘價值的『買手』看做問題，正不外假定生產的增大，縱然能夠顯現，而消費及勞動力的需要，總不會增大。但是事實告訴我們，如果沒有附加的勞動力的需要之增大，則資本的蓄積必有點滯碍，所謂資本的蓄積，就不能顯現出來。如果現實上有了資本的蓄積，則必因而增大附加的勞動力之需要，勞動者就把附加的需要增大起來。

現在根據前面的表式，稍微具體的把牠觀察一下。

在剩餘價值轉變爲資本的部分

I　$B_1c + B_1v$

II　$B_2c + B_2v$

上，平衡的條件，就是 $B_2C = B_1V$ 這是已經知道了的事實。那麼，這 $B_2C = B_1V$ 的意義在那裏？我們具體的把牠考祭一下。第一部門的資本家，爲了從剩餘價值部分中，把 B_1V 轉變爲資本起見，若不從第二部門的資本家，購買和 P_1V 相當程度的消費手段，就不能不雇用和 P_1V 相當程度的附加勞動者。這就是說，第一部門的資本家，把 P_1V 這多的貨幣額，預付於附加勞動者，附加勞動者，拿着那個貨幣，去向第二部門的資本家購買消費手段。和前面說過的一樣，因爲 $B_2C = B_1V$，所以第二部門的資本家，就拿着這個貨幣，去向第一部門的資本家購買生產手段，第一部門的資本家所預支出去的貨幣，又復回到他的手中來。所以，在 $B_2C = B_1V$ 這種條件充足的限界內，對於馬克斯所定的資本的蓄積，毫無障礙的顯現出來的表式，是什麼矛盾都不會有的。

但是盧森堡却說：第一部門的資本家、預先支給勞動者的貨幣，是從什麼地方來的？她以爲既不是從資本家來的，更不是從勞動者來的。在這一問題上，我們已在移轉到那投入了貨幣的再生產過程之分析的方面去。

對於這一問題的回答，並不什麼十分困難，因爲資本的具體構成，把牠明白的指示出來了。在資本的具體構成上，我們首先就要考察固定資本。固定資本這東西，絕不是一舉而可以補償的，那是要逐漸的補償纔能足額的。所以，資本家不能不把這充任補償固定資本的部分，從剩餘價值的中間，以貨幣形態去蓄積。這在追加勞動者的雇傭上盡了『預付』的功用，不是什麼奇怪事情。由是，可知盧森堡的第一點，全是建築在她的誤解上。

盧森堡的第二點，就是被擴充的生產物年年增加的部分，以第三者—不是資本家，也不是勞動者—具有支付能力的需要爲前提。據他說來，資本家蓄積的結果，必然變成更多的貨幣資本。然在前面的表式上可得而知的事情，就是：第一部門的資本家，製造更多的生產手段，是因第二部門的資本家，需要這些生產手段；第二部門的資本家，製造更多的消費手段，是因第一部門的資本家，要雇傭更多的勞動者。那樣的事情，從資本家的見地觀察，是毫無意義的。

然而盧森堡在這一點上，和前一點犯了同樣的錯誤。第一，她忽視了資本成爲種種形態而存在的事情。資本家的蓄積，歸結在更多的貨幣上，這是正當的觀測。可是貨幣又馬上轉變爲購買生產手段和勞動力的東西，不絕的繼續回轉着。所以，更多的生產手段，更多的勞動力，都不是資本蓄積外的東西。第二，她沒有把資本的現實活動放在念頭，她忘掉轉變爲資本的總剩餘價值，以種種的形態表現出來，不能單把那以貨幣形態表現出來的剩餘價值，叫做剩餘價值的事情。和我們曾經看見的一樣，在一定條件之下，資本家階級是能夠實現那種利潤的，所以，資本蓄積的成功，不須以第三者具有支付能力的需要爲前提。因此，盧森堡所以陷於那種誤謬的，是和她的第一點誤謬相關聯，遂對於離開貨幣形態的剩餘價值，認爲不能蓄積起來。這是毫無理由的事情。

那末，我們根據對於盧森堡的批評，當能明瞭純資本主義經濟內的資本蓄積的可能性了。

第二，就資本蓄積的矛盾及其必然的陷於絕境說。

巴拉夫斯基說，把資本主義經濟，當做社會的統一體觀察，則得到的結論，就是資本主義經濟上的市場規模，決不爲社會的消費規模所規定。社會的生產物，不僅成於消費手段，也成於生產手段。勞動者若和機械相調換，則對於消費手段之社會的需要，雖是當然減退，但對於生產手段的需要，却替代牠增大。同樣，資本家的收入，從個人的消費基金轉變爲資本的時候，對於消費手段的需要雖減退，而對於生產手段的需要，却替代牠增加。所以，『一般的在社會生產的比例分配上，無論消費者的需要有什麼種類的減退，决不會發生市場的生產物之一般的供給，超過對於牠的需要的結果』。

巴拉夫斯基的這種論調，進一步，就是資本主義經濟的無限發展論，是資本主義經濟的絕境否定論。所以，我們必須從他的立脚點去檢討。

巴拉夫斯基，在承認馬克斯的表式的平衡性上出發，那是正確的，但牠把馬克斯的表式中惟其是平衡性，所以含着矛盾的這一點，沒有注意到，却是無可辯飾的大錯。資本蓄積的平衡條件，因爲資本主義是有機體的性質，所以總是平衡條件，因之，又是含有擾亂平衡的可能性的。然而巴拉夫斯基，他把資本主義所具的有機體的性質，一刀截爲兩段，割成消費手段的生產和生產手段的生產，認定縱然對於消費手段的需要減退，還可拿對於生產手段的需要增加來補充，這是他矛盾的第一點。生產手段的生產增加，只有和消費手段的生產增加相依相隨，纔能保持一定的平衡。要不然，那種擴張了的生產手段的生產物怎樣？生產手段的市場，和消費手段的市場關係怎樣？這個很容易明瞭的問題，必然不能解答出來。

問題是這麼一回事：生產手段的增加，引起消費手段的增加，因爲那種增加，增進了附加的勞動者的需要，所以造成對於消費手段的新需要，因而生產手段的一定狀態上．常和消費手段生產的一定狀態相照應。這正是馬克斯的表式所具的意義。如果切開這個有機的性質，巴拉夫斯基所轉換的方向，就可無限制的前進，然而這滿是論理的展開，毫不是現實的展開。

不過就是巴拉夫斯基，他也不是那樣漫然的主張平衡的，牠還把『社會生產的比例分配』作爲前提。但是，他所認爲前提的『社會生產的比例分配』，究竟怎樣？那與生產手段的生產和消費手段的生產之間的關係如何？假使他的前提是對的，我們就回到剛纔提出的問題上來。恐怕這個比例性，或者不是那種全體的東西，而是以對於生產手段及消費手段的社會的成分爲意義的能？如果是這樣的，則資本主義經濟，就在缺乏那種比例性的一點上，具着牠的意義。因爲這個原故，成分的增大，就是引起生產和消費的不平衡的。不管怎樣，『社會生產的比例分配』，總是不合理的事情。這是他矛盾的第二點。

巴拉夫斯基所論的，不管就第一點說或第二點說，歸着都是『缺乏對資本主義的有機性的洞察』——例如：他說『社會生產的比例分配』上，生產手段的分配之增加，和社會的消費雖無關係都可發展。對於生產手段的社會的成分之增大，到某點爲止，犧牲社會的消費是可以的，這件事有資本主義發展的事實來證明。然而惟其那樣說，纔不能看見和社會的消費無關係，而生產手段的生產能夠增大的事情。那忽視了生產和消費的有機關係。惟有這有機關係，是社會的成分對於生產手段的一定的發展，引起牠自己和社會的消費不平衡的。

要之，前揭的關於馬克斯所定的擴張再生產的表式，可以那樣解決。那是純抽象的意義上的資本蓄積的平衡條件，所以在實現上，這個條件的充足，是有一定的困難跟着牠的。然而却不可把這困難，看做絕對的東西。雖有那種困難，只要牠一被克服，資本的蓄積就可形成。在這一意義上，不能不說盧森堡的資本蓄積不可能論，是誤解着表式的。然則那種表式的眞解，偏在巴拉諾夫斯基的方面嗎？也不然，生產的無政府，自由競爭等項，把資本蓄積的平衡條件，不絕的攪亂着。惟有這平衡，攪亂，再建的一種過程，正是資本蓄積的現實運動，也是資本蓄積所含的矛盾。

那末，我們只好回到最初提出的問題上去。——然則破壞生產和消費的平衡的資本蓄積，是怎樣成就的呢？

現在對於牠的答案確很明白。——因爲純資本主義經濟內的資本蓄積是可能的；因爲資本的蓄積，必然的攪亂蓄積的平衡條件。資本蓄積既有着平衡條件，所以能夠成就矛盾的擴張再生產；既有矛盾的擴張再生產，所以更高度的資本蓄積成爲可能。資本主義經濟的發展，正是在那種過程上成就的。

那末，這些過程，在現實上採取什麽形式表現出來呢？我們要在現實運動中去探求。

第二節　資本的蓄積與恐慌

資本蓄積的平衡條件，同時又含着攪亂平衡的條件。資本主義經濟的發展，就是在那種平衡條件的樹立和攪亂並再建的矛盾過程之上成就的。平衡條件的攪亂和對於再建的努力相結合的過程，就是恐慌。恐慌，是資本主義經濟發展的不可避免的條件，是週期的必然襲來的東西。

下表，就是那種週期發生的恐慌歷史

法	英	美
一八〇四	一八〇三	—
一八一〇	一八一〇	—
一八一三—四	一八一五	一八一四
一八一八	一八一八	一八一八
一八二五	一八二五	一八二六
一八三〇	一八三〇	—
一八三六—九	一八三六—九	一八三七—九
一八四七	一八四七	一八四八
一八五七	一八五七	一八五七
一八六四	一八六四—七	一八六四
一八七三	一八七三	一八七三
一八八二	一八八二	一八八四

一八八九—九〇	一八九〇—一	一八九〇—一
—	—	一八九三
一九〇七	一九〇七	一九〇七

本表係從 P.ebs 的 "Outline of Economics" 一〇四頁引用出來。

然則恐慌是怎樣發生的，牠具有什麽機能？

已經說過，資本蓄積的平衡條件的反面，就是資本蓄積的矛盾。這矛盾，雖爲資本主義經濟之存立的根本要素所導進，牠却走着平衡條件的攪亂——再建的凹凸過程。所以資本蓄積的平衡條件，其反面就是恐慌條件。恐慌的原因不在別處，就在資本主義經濟那東西的中間潛伏着。所以，若把資本蓄積的平衡條件，不能不受資本主義經濟的根本要件種種攪亂的事情分析出來，或許就能明白恐慌的來源。

我們首先對於資本主義經濟那東西的存立要件，必然的培育恐慌的初因探求一下。

一，從這一見地說，在單純商品的生產及流通之中，已能發見恐慌的原因。何故？因爲在 W—G—W' 的上面，如果貨幣不用於商品的流通而退藏下去，則 W—G 實現出來的貨者也幣，不去實現 G—W'，流通就要那樣的停滯。這貨幣退藏所引起的流通之攪亂，適應貨幣的機能之發展而一般化，遂成爲恐慌的一般原因（不消說，恐慌，不僅是貨幣的退藏所引起的，要沒有其他的資本主義生產之發展，恐慌不會發生；沒有貨幣的機能之發展及其退藏，恐慌也不會發生）。

二，貨幣退藏所引起的流通之攪亂，已經顯示着前資本主義時代的恐慌的可能性。不過那是可能性，決不是現實性。一到資本主義時代，所有生產物都被商品化。當生產一面使生產物隸屬於市場，一面無統制無計畫支配生產的時候，這種流通的攪亂，就不僅成爲一般化，還帶來了現實性。

三，流通的攪亂，更因表徵資本主義經濟的營利生產所促致的生產和消費的分離，成爲一種決定的東西。資本家的生產，不是爲充足欲望而生產，乃是爲利潤而生產，爲資本的增殖而生產。這個生產，儘管具有生產和消費的平衡，而其招致一定的不平衡的事情，總是當然的歸結。何故？因爲資本家的生產，每因無統制的生產，因對於一定利潤的必然的欲求，不能不把自己和工錢勞動者階級的消費之間的平衡，不絕的施行攪亂。這一事實，由於考量那和商品同時商品化的勞動力之流通，遂成爲決定的東西。

四，但是有人這樣說也不可知。生產和消費之間的不平衡，由於增大消費的事實，當能恢復平衡。說這話的人，他不懂在資本主義生產之下，消費的擴大，每引起利潤率低減，所以消費是決不能任意擴大的。還有一層，資本的蓄積，必然的把資本的構成導入於高度，引起消費相對的減少哩！

我們根據以上的簡略說明，知道恐慌，是資本主義經濟所特有的東西了。然而爲得到恐慌的整個表象起見，不能不把牠和資本的再生產過程關聯起來加以考察。這個問題，必然又要回到前面提出的資本蓄積的平衡條件上去。

這裏，我們也得先從單純再生產的平衡條件，開始施行分析。

（一）　部分的恐慌

已經說過，在單純的再生產上面，那種再生產無障礙的顯現出來的條件，是C_2——V_1+M_1，即是消費手段的生產部門中的不變資本，等於生產手段的生產部門中的可變資本及剩餘價值的和。在這一條件充實的限界內，單純的再生產很順利的循環反復着。但是，當問題一旦具體的移轉的時候，那種純抽象的平衡條件，就要不斷的被資本家的相互競爭，生產的無統制所攪亂，即是由於競爭和生產無統制的關係，c_2——v_1+m_2 就不斷的被攪亂。

第一，固定資本的更新，不是年年月月能夠做到的，因爲在一定的期間，要以貨幣狀態去退藏的原故，放在流通上的資本，在一定的比率上，也有多於定額的時候，也有少於定額的時候。所以，在兩生產部門之間，不但 c_2——v_1+m_1 的關係成立，就是兩部門的固定資本年年磨損的部分，也不能不相等。這就是容易看出那種平衡條件動輒被攪亂的道理。

第二，平衡條件的攪亂，使資本家有成立豫備的貨幣資本之必要。因爲沒有這一事實，則供給不時的需要或突發的需要之變動的事情，就不能辦到。爲了豫備的貨幣資本之成立，就不能不成爲一定量的過剩生產，而那種豫備貨幣資本的存在，就要成爲不斷的攪亂平衡的條件。雖說那種相對的過剩生產，是常存在於資本主義社會，以完成其塡補攪亂的機能的，但在恐慌之先的一定的繁榮期間，則因爲把這豫備貨幣資本轉變爲生產資本的事情，使牠失却保持平衡的機能，使平衡的攪亂成爲絕對的東西。

第三，追求較高利潤的投資，必然使一產業部門的生產過剩，他產業部門的生產過少。這雖不是引起社會全體的生產和消費之間不平衡的東西，總不免是一個恐慌。所以這叫做部分的恐慌。

單純再生產的平衡條件之攪亂，引起那種部分的恐慌。可是部分的恐慌，猶如單純再生產是一個假定一樣，只不過是朝着『一般的恐慌』走的一個關鍵。我們現在必須用這關鍵來探求一般的恐慌。

（二）　一般的恐慌

在上面說的各種要素之中，雖然已經指出一般的恐慌的必然性，但我們因爲想起那種擴張再生產的表式，要進一步爲具體的分析。

在擴張再生產的表式：

$$\text{I}\quad c_1+v_1+\alpha_1+\overset{B_1}{(B_1c+B_1v)}$$

$$\text{II}\quad c_2+v_2+\alpha_2+\overset{B_2}{(B_2c+B_2v)}$$

的上面，我們知道了c^2——v^1+a1 $B2c$——$B1v$，因而$c2+B2c$——$v1+a1+B1v$，是擴張再生產企圖無障礙的顯現出來的平衡條件。在這條件充實的限界內，並且只有在這限界內，擴張再生產纔能順利的進行。然而這平衡條件，往往不能不被攪亂，何故？那是由於資本的具體運動，由於資本主義生產的無政府，由於資本家的自由競爭等等——總括一句話，由於資本主義經濟的有機性質。

但是，已如上述，這平衡條件的攪亂，是不能樹立在有機性質的否定之上的，儘管具着有機的性質，還是不能不通過那種有機的性質，來考察平衡條件的被攪亂之點。然則這有機的性質是什麼？我們可以根據剛纔揭示出來的表式，就下述的各點上去認識牠。

(一)生產和消費，不能各別的分開去考察，因爲生產的增進，同時還以消費的增進爲意義，消費，又是形成資本蓄積的重要要素的東西。

(二)消費，在關於可變資本的限界內，牠繫於勞動力的購買。所以社會生產的正當行程，要求勞動者的消費手段，和全社會生產物的其他部分之間的正當比牽。

(三)勞動者的消費手段，不能不等於勞動力的總價值量——支付於勞動者（附加的勞動包含在內）的工錢之總和。

但是，這個平衡條件，簡直含着不能不被攪亂的契機，何故？就是因爲成了商品的勞動力，也是被當做商品放在流通行程的這種事實。

第一，生產手段的生產，不是直接和消費手段結合着的，乃是和勞動力結合着的東西。消費手段，只有成爲這勞動力的生產要素，纔能和生產手段結合着。並且，勞動者不是以生產出來的生產手段的買手，直接參與生產手段的，乃是以消費手段的買手，間接參與生產手段的。然而我們已經知道，所謂勞動力，是把那超過自己的價値以上的東西去生產出來的商品。所以，在藉那種商品作媒介手段而互相結合的生產手段的生產和消費手段的生產之間，要發生一定的不平衡的這事情，不能不說是必然的道理。

第二，追求剩餘價値的資本主義生產的必然性，朝着提高勞動生產力的那一方面進行。勞動的生產力之增大，因生產技術的發展而展開無限的可能性。就是說，勞動的生產力之增大所引起的增大剩餘價値的欲求，在生產技術改善的時候，纔能發見有力的分野。但是，生產技術的改善，必然把資本的有機構成高度化。向來固定資本的價値移轉於商品，靠幾個人纔能成功的，現在一個人便能成功。即是相對的過剩人口的出現。那種資本構成上的可變資本部分之相對的減少，不消說，是招致勞動者的購買力相對的減少，招致生產過剩的事情。

固然，關於勞動者購買力的直接方面，只是消費手段的生產，所以，因勞動者的購買力之減退而起的生產過剩，也只有關於消費手段的生產。但是，消費手段的生產過剩，早晚必然表現爲生產手段的生產過剩。因爲消費手段的生產和勞動力的生產之間的不平衡，不外就是全社會的生產和消費之間的不平衡性。

那麽，把資本主義經濟的全機構，作有機的觀察，把全體和部分關聯的關係，作全面的觀察，這時候，就可明瞭擴張再生產的平衡條件，不能不受資本主義經濟的根本特徵——自由競爭，以及生產的無統制所攪亂的由來。上面說的平衡條件的攪亂，固然也爲平衡條件的保持所抵消，究不能不因恐慌而攪亂平衡，不能不通過恐慌而再建平衡。所以，和資本主義經濟相伴隨的，有週期恐慌的意義，同時，就有恐慌把資本主義經濟的矛盾，如實的表明出來的原因。

恐慌，在具體上，由下面的經過表現出來。

產業的循環，先以繁榮期開始。成爲那種繁榮期的根據的東西——雖說在具體上，有種種的原因——或許可以說牠是由於市場的開拓，新生產部門的發生，新技術的採用，人口的增加等事，所引起的需要的增進。不管牠是基於這些原因的那一個，總之需要若增進，必促致各個生產部門的價格及利潤的高騰。那拚命追求較高利潤的資本主義的生產，引起資本朝着這些部門投入，促進生產的擴張。就如已經說過的一樣，各生產部門彼此都是在於依存關係之上的，所以這些生產的擴張，順次注目各生產部門的生產擴張而進行。

但是，產業繁榮這東西，在三個意義上，培育那從得意的絕頂跌到沈悶的海底的要素。第一個意義，就是資本家常把應該保持的豫備貨幣資本，轉變爲生產資本，因而喪失資本的彈力性的這事情；第二個意義，就是資本的蓄積，因利潤率的升騰，流通期間的短縮而急速增大的這事情；第三個意義，就是投資　的資本，因需要的增加，不能不保持那和最近的技術狀態相照應的較高度的有機構成，因之，結局就不能不現出資本增殖的惡化，招致利潤率低下的這事情。

然而這些要素，若沒有生產的無統制和自由競爭，也恐怕不會發生恐慌；無如資本主義的生產上面，生產的無統制和自由競爭，都是存在的。各個生產部門，各異其資本的構成，基於資本構成的異同，各資本家都拚命的向着獲得特別利潤的方面跑。如果資本的構成更高度化，固定資本部分成爲大的東西，則放在那一部門的資本，須經較長的年月。所以，特別利潤在這一部門是最大的，資本也就不能不流入於這一部門。然一旦由流入了的資本開始生產的時候：則這一部門內，必然很快的顯示生產過剩，就是破壞了平衡。

隨之而起的，那纏繞着資本的有機構成高度化的生產和消費的不平衡，就拿一種決定的力量表現出來。那無論在那一生產部門內發端，如果一旦發生了生產過剩，則全體上，不能不失掉生產和消費的不平衡。於是過剩的擴大了的生產物和生產手段被破壞，因新要求的替代而舊要求被取消。生產就在適應現實購買力的規模上面，開始再建起來。

像以上的情形，恐慌在這種——因自己的內在法則，不能不常常攪亂資本蓄積的平衡條件的——資本主義經濟之上，牠簡直是再建平衡的不可缺的要件。所以，牠是跟着產業的繁榮期，以一種週期的現象，演出那種平衡再建的任務的。因之，恐慌是在：某生產部門內的資本添加，達於强烈程度，資本的構成呈現高度化的那一瞬間內發生的東西。席爾法丁所謂：『所以，恐慌是在：剛纔說過的利潤率低下的傾向，戰勝需要增加所促致的物價及利潤昇騰的傾向那一瞬間內起來的』（『金融資本論』），就不外是這個意義。這資本添加和資本構成，因爲成功牠的生產部門不同，引起的恐慌狀態，就有幾分不同。然而那却不是對於恐慌的性質，恐慌的一般條件，規定何等變化的東西。

（三）　企業的集中與恐慌

在後期資本主義時代，雖然達到了企業的聯合或集中現象，但恐慌是決不能排除的東西，不過恐慌的現象上，發生變化就是了。我們和其他的一派論者相反，要從企業的聯合，斷乎不能排除恐慌的這一原因，開始進行說明。

最近資本主義經濟的發展，正向着促致企業的聯合及集中的方向進行。這是我們已經看出來了的事實。換言之，排除自由競爭而代以獨占的，多少是近代資本主義的發展傾向。這裏，有另成一派的論者說，加迭爾，完全可以排除恐慌，爲什麽呢？因爲加迭爾統制着生產，隨時都可使供給適合需要的原故。

果然是那樣麼？如果恐慌能因加迭爾而決定的排除，則資本主義經濟所含的矛盾就能排除，因而就是資本主義經濟所含的那種必然的絕境，能夠廢棄的理由。然而問題恐怕不是那樣的簡單。

我們已經反復中說過，在恐慌論上最要排除的見解，就是那種把生產和消費一刀切開，認爲商品的單純過剩生產就是恐慌的一種見解。那種見解，忽視了資本主義經濟所具有的性質，忘却生產的增大是以牠自身的消費增大爲意義的一種簡單事實，只在這一點上，也很容易知道牠不可採用的理由。我們站在資本主義經濟的有機性質之上，然後觀察恐慌現象的時候，便能知道恐慌就是資本蓄積過程那東西。換言之，資本蓄積的平衡條件之攪亂，和再建平衡的努力，都不外於恐慌。所以，恐慌能夠排除的話，其意義，就是說攪亂資本蓄積的平衡條件的那種要素能夠排除。但是，加迭爾，果能把攪亂平衡條件的要素排除麼？

加迭爾的効果，就是排除一產業部門內的競爭，阻止競爭所引起的利潤率低下，以及加迭爾所結合的部分，保持較高的利潤而與其他的部分競爭，這些事情，前面已經說過了的。

就是說，加迭爾，不是把自由競爭整個的排除的，所以牠不能制止攪亂平衡條件的可能性。

試就已經說過的恐慌之具體經過，分析出來看看。

第一，在恐慌的前驅——產業繁榮期，加迭爾是什麼機能？已經說過，產業繁榮期，資本的投資更新，是大規模成就的時期。現在假定加迭爾如果在產業繁榮期，持續低廉的價格，則利潤率不昇騰，加迭爾的資本，就因求得較高利潤率而投資加迭爾以外的產業部門，那恐怕加迭爾只有崩壞之一途了。這時候，加迭爾既對於產業繁榮期所引起的資本的投資更新，加以限制，則對那準備恐慌期的事象，就沒有什麼可以行使一定統制的力。牠僅僅把資本主義的機構上所發生的現象，如實的接受着，在適應那種現象以外，什麼機能都沒有。

第二，加迭爾對於恐慌之襲來，究竟能夠構成什麼作用？有一派論者，他說恐慌所成就的機能——生產減少，經營縮小所引起的物價提高，加迭爾能夠做到。加迭爾果能於恐慌襲來之際，發揮那種機能麼？不能，加迭爾也不是能夠避免恐慌作用的東西。並且，因爲激成加迭爾化的產業部門和非加迭爾化的產業部門之間的不平衡狀態，恐怕更使一般的資本蓄積的平衡條件，不容易回復。又，加迭爾，如果想由自己的結合去維持物價，則非加迭爾化的產業部門，因較低廉的商品而呈現爲加迭爾的競爭者，加迭爾所企圖的人爲政策，卽爲自然法則所打破。無論如何，加迭爾總沒有脫離恐慌作用的一種機能。

明白了這種情形，就知道加迭爾既不是能夠制止恐慌的東西，也不是能夠脫離恐慌作用的東西。加迭爾，不過是把恐慌的壓力，轉嫁於非加迭爾化的產業部門，在那種限界內，變更恐慌作用的東西。這恐慌的不可避性，和加迭爾所引起的恐慌作用之變形，就是形成那導產業於高度集中的重大契機的東西。還有一層，產業全體的統制，斷乎不是加迭爾所能達到；加迭爾，且因堅強恐慌時期的耐久性，把平衡條件的回復更加上一層困難。這兩件事情合併起來，就是把恐慌所引起的混亂大規模化，孕育那把混亂簸揚到政治上去的危機之可能性的。加迭爾之下的恐慌，在這一意義上，不能不是資本主義經濟內在的矛盾尖銳化。

第三節　過剩人口

資本主義經濟的目標，在於『剩餘價值』的生產，而這個剩餘價值，又在於成爲商品的勞動力的性質，這是我們在上面屢次反復說過的事情。然而以前我們把這問題，只作爲資本主義經濟之成長的因子考察了一下，現在必須把『這是展開什麼矛盾的』做中心來考察。何故？因爲所謂過剩人口，正在暴露資本主義經濟的尖銳的矛盾，製成牠『自己的懺悔』。

（一）產業豫備軍的必然性

這裏，把剩餘價值的問題，試再追想一下。

剩餘價值，是從那成爲商品的勞動力的價值和使用價值的增殖之中發生的。說起來，成爲商品的勞動力，是以生產出自己的價值以上的東西爲意義的。假定勞動力的價值，以社會的平均勞動六小時表現出來，勞動力就以那種價值出賣，換言之，作爲工錢支付於勞動者的東西，就是對於這社會的平均勞動六小時支付的。然而勞動者在生產行程內，不僅做六小時的勞動，還被迫爲十小時且至十二小時的勞動。這剩餘勞動的四小時乃至六小時，正是剩餘價值的根源，我們早已看透了。

這種事實，已經包藏着下述的矛盾。

（一）勞動者和資本家，雖說同以生產行程的必至物相連繫，却不能不立於相反的利害關係之上。從一切的生產手段中解放出來的自由勞動者，和具有一定的資本蓄積的資本家，雖是資本主義生產的前提條件，却於擁有各別的利害關係之中，進行着階級的對立。

(二)剩餘價值，不單是供資本家個人消費的，牠還有一部分不絕的轉變爲資本，所以，勞動者，雖因生產他自己的剩餘價值而生產着社會的富，仍不過是生產着那種從他自己的身上施行搾取的條件。『使資本關係無間斷的再生產和不絕的擴大再生產上，因此發生危殆的勞動搾取程度之低減或工錢的上昇，被資本主義蓄積那自身的性質所除外』。所以，隨着資本的蓄積之進展，勞動者的地位越發非惡化不可。

(三)資本主義生產那東西的前提，就是要這被一切的生產手段所解放——專靠自己的勞動力謀生的自由勞動者的一定數之存立。這產業豫備軍，雖是資本蓄積的要件，但同時又具有應資本蓄積的要求而增大的傾向。

這個矛盾，在相對的過剩人口上面達於頂點。何故？

注目剩餘價值之增大的資本家，他認爲勞動時間的延長，於自己有極大的利害關係，所以勞資的對立，首先以勞動時間的問題爲中心而衝突。勞動時間的延長——縱然自然的限制是另一事——若因勞動者階級之組織的反抗，以及關於勞動時間之縮短的立法而不可能，則剩餘價值增殖的要求，就向着必要勞動時間之縮短所引起的相對的剩餘價值之增大的方面集中。然而必要勞動時間之縮短所引起的相對的剩餘價值增殖的要求，必然的非提高勞動的生產力、把資本的有機構成高度化不可。

關於：以勞動時間的問題爲中心，怎樣的展開具體的運動？相對的剩餘價值增殖的欲求，怎樣的把生產大規模化，怎樣的把資本的有機構成高度化？我們已在第二章理解了。那時候，我們看見了資本主義生產的必然的主觀要件——剩餘價值的生產，就是造成那鞭策資本蓄積的『蓄積要件』的。但是，這蓄積要件的反面，就是產業豫備軍累進的生產出來的要件；所以又是矛盾的擴大再生產的要件，這是必須知道的事情。

先就資本的有機構成是同一的時候，資本蓄積和勞動力的需要關係看看。

這時候，增大勞動力的需要，是不消說的事情。然而勞動力的需要增大，既導勞動價格於上昇，恐怕馬上就要把資本蓄積的可能性抵消掉。若把這從資本蓄積的方面觀察，則勞動力的價格上昇，能夠持續到使剩餘價值資本化的部分減退的時候。但是，一旦超過那種程度。就發生一種反應作用，而資本的蓄積便不能不弛緩下去。再把這從勞動力的需要方面觀察，則勞動價格的上昇，恐怕只在資本蓄積有可能的限界內，纔能做到。然而如果資本蓄積，一旦發生弛緩的現象，則對於勞動力的需要，必至減退下去。

要之，不管是資本的蓄積，也不管是勞動力的需要，都是不能蔑視資本主義經濟的規定的。資本蓄積的增大，不能不以工錢勞動者數的增大爲意義，而常保持住一定的比例關係。那樣，兩者的不平衡，也許馬上就相抵除而消滅。因而就有人以爲資本蓄積不絕的增進，是增大勞動力的需要，引起勞動價格不絕的上昇的，這種議論，簡直可說牠全無理由。

然而資本的蓄積，達到一定的階段，就必然促使資本的有機構成發生變化。

已經說過，必要勞動時間之縮短所引起的相對的剩餘價值增殖的欲求，必然的促使勞動的生產力增大。所謂勞動生產力的增大，總不外於生產技術的發展。畢竟就是被運轉的生產機關的量比勞動的量加多，即是勞動行程的主觀的因子，比較客觀的因子減少。那種資本的技術構成之變化，當然又反映牠的價值構成，資本的不變資本部分，比較可變資本部分具有不絕的增大的傾向。例如：不變資本部分和可變資本部分的最初比率，如果是一：一，則加速度的變化爲 2:1, 3:1, 4:1, 5:1, 6:1, 7:1。因爲和資本蓄積的發展同時，由於從事擴大的大規模生產，由於企業的集中，資本的蓄積就越發加快前進，不能不有待於生產技術之不絕的改良，以計量剩餘價值的增殖。

然則可變資本部分之相對的減少、其意義是什麽？那不外就是轉變爲勞動力的資本部分之相對的減少罷了。就是說，隨着資本的有機構成高度的進展，資本轉變爲勞動力的部分，就不得不減少罷了。根據上例來解釋、資本轉變爲勞動力的部分，和資本的增大相比例，牠是 $\frac{1}{2}$，$\frac{1}{3}$，$\frac{1}{4}$，$\frac{1}{5}$，$\frac{1}{6}$，$\frac{1}{7}$ 的減退着的。即是，隨着資本主義的發展，相對的過剩人口——產業預備軍，不能不累進的產生出來。

固然，儘管可變資本部分相對的減少，而牠絕對的增加却非不可能，一樣，儘管勞動人口相對的過剩，而牠絕對的增加却非不可能。不過可變資本部分之增進的比率，既是不絕的縮減，那由於一定的技術階段上的生產擴大所成就的事情，就越發陷於困難，因而爲了吸收一定的追加勞動者起見，就不能不使資本構成上發生變化。例如：最初是不變資本五〇%、可變資本五〇%的東西，隨後就變成不變資本八〇%、可變資本二〇%。可變資本部分雖是相對的減少的東西，但資本總額，若從六千圓增加到一萬八千圓，則可變資本部分，可從三千圓增大到三千六百圓。不過爲使可變資本部分的上面，增加五分之一（二〇%）起見，就不能不把資本的總額，增加三倍起來。這既不是資本的有機構成上，可以不變化的東西，且是那種資本蓄積及集中的增進，促進可變資本部分相對的減少的一原因。

還有一層，資本的蓄積，使那種以同一可變資本，在較少的勞動者身上，施行較多的搾取有可能。這是由於把各個勞動力的搾取，使牠外延上和內包上都增大起來的事情，以及不熟練工驅逐熟練工、未成熟工驅逐成熟工、女工驅逐男工的事情所成就的。無論怎樣，隨着蓄積的進展，那以較大的可變資本，而不使用較多數的勞動者的事情，竟能實現較多的勞動，這事情就是促使相對的過剩人口之增大，加速度的發展起來的一原因。並且，那樣擴大了的相對的過剩人口，互相激烈的競爭，更使以上的原因尖銳化。

（二）後期資本主義與過剩人口

根據以上所說，我們當明白了這些事情：（一）相對的過剩人口——產業預備軍是隨資本主義的生產方法而來的必然的前提條件；（二）所謂就業的現役勞動人口，和拋棄在街頭巷口的產業預備軍的比率，應資本主義的生產方法之發展而絕對的增大。現在我們試更進而考察這過剩人口，在後期資本主義時代，採取的什麼形象？

人口過剩的呼聲，隨着資本主義生產邁進的發展，牠的深刻程度一天一天的增加，這是我們到處都看見的事情。我們把上面那些事情作原由，指出下面的一些情形來。

一，資本主義的生產之發展，必然的促使資本的有機構成達於高度，招致可變資本部分相對的減少；

二，儘管可變資本部分相對的減少，她絕對的增加還是可能。不過牠絕對的增加，更反映到資本構成上，把那較大比率上的過剩人口之相對的減少的根由培植起來；

三，勞動的生產力之發展，既沒有熟練和不熟練的區別，並廢除那種基於成年勞動與未成年勞動，和男女的性別的區分。這擴充了供給勞動力的分野，招致相對的過剩人口之增大。

四，勞動力之外延的榨取，那不消說得；且因勞動力內包的搾取之增大，雖無增加可變資本部分的事情，而榨取的程度仍增大起來。

從這相對的過剩人口——產業預備軍的見地上，來觀察人口過剩的現象的一種看法，對那把人口過剩看做絕對的馬爾薩斯以來，給了一個大旋轉，這不能不說是馬克斯的功績之一。固然，在這相對的過剩人口的底流上面，人口增加是前提。但人口增加的這事情，牠自身不是發出過剩人口的呼聲的東西，牠要和資本主義的生產相結合，纔成爲一種沈痛的不可撲滅的急須解决的哀號，這是很明顯的擺在面前的事實。所以，把那種絕對的人口過剩觀，轉變爲相對的人口過剩觀，正是觸到了問題的根本。

然而這還不過是問題的半截。相對的過剩人口，雖是隨資本主義的生產而來的必然的現象，但就牠成爲一個呼聲而急須解决上說，牠和資本主義經濟的一定發展階段，是不能不相連繫的東西。惟有那樣，人口過剩的呼聲，纔能表現爲資本主義經濟所內包的矛盾尖銳化。

我們知道現代所以發生人口過剩的呼聲，就是下述的原因在活動。

（1） 內部的原因

隨着資本蓄積的發展，企業的聯合集中顯現出來而演成獨占，這事情已於上面觀察過了。牠不但是剛纔說的，因資本的有機構成高度化，以及生產能率之增進，引起相對的過剩人口之增殖的，現在並因資本蓄積的停滯，還含着阻止勞動人口絕對的增大的一種事由。

正和十九世紀半的英國歷史所顯示的一樣，儘管勞動的過剩人口相對的增大起來，然因資本主義的生產規模之擴張，勞動的就業人口絕對的增大，却是可能的事情。所以，資本主義經濟的發展階段，雖說各有其『人口法則』，但也許有過剩人口不至成爲呼聲而表現的階段。不過資本的蓄積，一旦成爲必然引起集中及獨占的東西，則勞動的過剩人口，就不能不絕對的增大起來。這是過剩人口在後期資本主義的階段上，不能不成爲一種悲痛的社會呼聲而表現的原由。

還有一層，一旦達到這一階段，則勞動力的分野，就急速的擴大起來。前面說的熟練與不熟練的廢止，成年勞動與未成年勞動的平均化，男女勞動的無差別，都擴大了的勞動力的產源，那是不消說的事情；並且由於表徵這一階段的中產階級之沒落，而勞動力的市場，完成飛躍的發展。

(2)外部的原因

已經說過，資本集中，企業聯合集中，在於促使資本主義經濟的外延擴大。牠最初表現出來的，是廉價原料產地並本國製品市場的植民地競爭。但是，資本主義若更發展而入於金融資本主義時代，則資本的輸出，就演出重要的任務。資本的輸出，開始是以放款資本的形式進行的，資本輸出在這種形式上，是和商品的輸出結合着的，那雖可促致本國的產業一時繁榮，但那正是國內的資本蓄積減退的原因。這不消說，結局必然招致過剩人口的增大。可是資本的輸出，若更進而成為產業資本的形式，則招致過剩人口的增大，就完全成了決定的事情。何故？因為以產業資本的形式輸出的資本，其目標貫注在非資本主義國或半資本主義國極廉的勞動力，意義既在於擴大勞動市場，也就在於產生大量的過剩人口呵！

同一的情形，又因從植民地半植民地輸入廉價勞動力而發生出來。資本主義經濟的營利精神，如果看見國內的勞動市場，有於已不利的情形發生，就想在國際勞動市場的較廉的勞動力上面，尋覓避難所。植民及半植民地的資本主義生產之發展，越發增大那種自由勞動力的供給。於是過剩人口的生產，在國際方面，也累進化起來。

產業預備軍之存在——既是資本主義生產的前提條件，又是牠的必然的禍患——是解決過剩人口問題的一把鑰匙。資本主義生產的發展，一面因資本的有機構成高度化，相對的增大過剩人口；一面又描着就業勞動人口絕對數的上昇線。這首先表現出來的，就是國內勞動市場的擴大。農民轉變爲工業勞動者，中產階級的沒落，婦女以及未成年的勞動者之擴充，就是適應那種勞動市場之擴大的要求，必然的產生出來的現象。

然而資本主義生產之上昇傾向的一定階段，又必然的把過剩人口問題國際化。如果到了不僅把植民地及後進資本主義國，看做單純的原料供給地，並且把牠看做資本主義生產品的販賣市場，則那種想以資本主義化施於牠們的欲求，就提高起來。那首先表現的，就是放款資本形式的資本輸出。這一階段的資本輸出，因爲和國內生產品的販路擴大相伴隨，所以就業人口數，還描着上昇的弧線。

但是，一旦達到下述的階段，則資本主義生產的上昇傾向，首先就在國際上陷於絕境。植民地及半植民地的支配和分割，既切斷資本輸出和商品輸出的聯絡，放款資本形式的資本輸出，就轉變爲產業資本的輸出。所以，隨着產業資本的輸出，國內發生的資本蓄積之減退所引起的勞動人口之潛勢的過剩，此時則表現爲現實的東西。牠並且因爲一天激烈一天的中產階級之沒落，以及婦女未成年者之流爲勞動者，更加尖銳化起來。還有一層，移到國際市場上的勞動人口的過剩，和這一人口過剩相結合，而人口過剩問題，就成爲一種呼聲，如實的把資本主義經濟的矛盾表現出來，遂至呪咀資本主義經濟這東西。

（三） 過剩人口所含的矛盾之激化——失業和勞動階級的窮困化

前面，我們對於所謂過剩人口的呼聲，是什麽原因發生的，業已觀察出來了。據此，則現實的橫在我們面前的過剩人口的呼聲：

（一）不消說，是以人口的自然增加爲前提的東西。但是，人口的自然增加，不是如實的以那種形式表現出來的，牠是要和那隨資本主義經濟而來的必然歸結——產業預備軍的要求結合之後、纔發生出來的東西。就是說，所謂過剩人口，不是絕對的過剩人口，乃是勞動的過剩人口。在那一觀點上出發，就是我們的看法，和一般的常識不同的區處；

（二）隨資本蓄積而發生的資本的有機構成高度化，必然的招致可變資本部分相對的減少，產生相對的過剩人口。但這還不是把資本主義的生產所引起的現役勞動人口之絕對的增大，排擠出去的東西。就歷史上看，也有過那麽一個時代。至於現代的過剩人口，簡直是資本主義的生產停滯所惹起的呼聲；

㈢過剩人口，因資本的輸出而國際化了。並且，那種資本的輸出，不是在放款資本的形態上和商品輸出多少相結合了的資本輸出，乃是以植民地及半植民地的分割爲前提的產業資本形態上的資本輸出。所以，牠不但對於國內的過剩人口之增大，予以反作用，並且正在把那種過剩人口，從事國際的累進的再生產。

所以，在失業及勞動階級的窮困化上，必然發見過剩人口所含的矛盾之極點。

A，失業

失業的意義，有廣狹兩義，從廣義上說，就含着不具的廢疾，襤褸的無產者，罷工者等項；從狹義上說，則除開那些東西，單含着這一件事情——卽是雖然具有一定的勞動力，而覺不能覓得可以作用勞動力的工作。狹義上的失業，在我們此時所探究的問題上，有着主要的意義。

關於失業者數，用統計把狀態正確的表示出來，這是極困難的事情。所以，正確的科學統計那東西，任何國家都還沒完成。以下爲便於參考起見，把國際勞動局所發表的失業統計揭示出來。表內的數字，是每年度一月一日的失業者，對於勞動團體所屬員的比率。

	一九一〇年	一九一一年	一九一二年	一九一三年	一九一四年
德國	二•六%	二•一%	二•四%	二•八%	四•八%
美國	六•六	五•〇	三•一	二•三	*七•二
法國	七•三	六•七	五•五	四•五	—
比國	—	一•八	一•九	一•七	三•五
荷蘭國	—	一•六	四•九	八•〇	九•一
瑞典國	—	—	八•五	八•四	七•五
丁抹國	—	一七•一	一四•八	一三•八	一四•三
腦威國	六•一	三•九	三•三	二•四	三•七

	一九一五年	一九一六年	一九一七年	一九一八年	一九一九年
德國	七•二%	二•六%	一•三%	〇•九%	五•四%
英國	*五•八	*一•七	*〇•八	*二•二	*七•一

法國	—	—	—	—	—
比國	—	—	—	—	—
荷蘭國	二六•一	一九•九	七•〇	一一•〇	一三•八
瑞典國	一五•〇	七•七	五•四	五•八	七•三
丁抹國	一五•一	一一•八	六•〇	二四•〇	二五•八
腦威國	四•七	二•三	〇•六	二•五	二•〇
	一九二〇年%	一九二一年%	一九二二年%	一九二三年%	一九二四年%
德國	二•九	四•一	一•六	二•八	二八•二
英國	*九•八	*一一•九	*二二•七	*二六•二	*二〇•六
法國	—	—	—	—	—
比國	—	一七•四	六•六	一•七	一•七
荷蘭國	九•〇	一三•四	一六•六	一五•一	一五•九
瑞典國	七•二	一五•八	三三•二	二一•七	一四•一

丁抹國	一六•五	五•一	二五•二	二〇•三	一九•六
那威國	二•六	九•〇	二三•九	一五•一	一四•〇

	一九二五年 %
德　國	八•一
英　國	二〇•一
法　國	—
比　國	一•五
荷蘭國	一二•三
瑞典國	一五•五
丁抹國	一七•一
那威國	二二•五

本表係根據 Woytinsky: Welt in Zahlen, Bd. II, s. 335—6，表中的*，是含有對於失業保險登記人員的百分比的。

根據這些比率，僅能知道失業的一班，要想藉以展望無產者的『產業預備軍』，那是很困難的。不過藉此或許也能察知失業的趨勢，究竟達到什麼地步。就是說，我們因此可以這樣的推論：失業雖因產業的景況而有增減，但一——三％的失業，在資本主義上面，總是不可避免的事情，牠如果將近一〇％，人們就能豫知必有很大的混亂，更進而達到二〇％的時候，則階級鬥爭，也要達到白熱的境地。我們可以說，全世界資本主義國的現勢——以上雖然僅是歐洲方面的統計——正在趨使失業狀態，漸和那種數字接近哩！

B，勞動階級的窮困化

隨着過剩人口的增大，勞動階級的生活，更加窮困化的情況，不能不是自然的運數。

勞動力的價值——所謂工錢，和其他的一切商品同樣，也由生產及再生產上所需要的社會的必要勞時間所決定，這是已經說過了的事情。所以，工錢不能降低到勞動者生活的最低限度以下，自不用說。然而資本家對於把工錢減到這個最低限度以下的事情，是有着利害關係的。何故？因爲那麼做，就可把剩餘價值率——$\frac{\text{剩餘勞動時間}}{\text{必要勞動時間}}$，增加到最大限度。所以工錢，是要常繞着這最低限度的生活工錢而旋轉的。所以，馬克斯說：

『這點兒小教訓，是充分指示着兩件事情的。其一，近代產業發達那東西，逐漸決定資本家方面比勞動者占便宜的形勢；另一，那一形勢的結果，資本家生產的一般傾向，不提高工錢的平均標準反而減低牠，勞動的價值就多少被抑壓到最低限度』（工錢，價格及利潤）。

和這同樣的思想，更在他的『資本論』中，詳細的發揮出來——

『社會的富和作用資本和這資本的增殖範圍及精力，以及無產階級的絕對數並其勞動的生產力一些東西越大，則產業預備軍——相對的過剩人口也就越多。堪以利用的勞動力，被那促使資本的伸張力發展的同一原因所促使而發展。所以，那就是產業預備軍的相對量，隨着富的潛勢力之增加，越發增大起來的理由。然而和現役勞動軍相比較，這預備軍越大，則那被放在和勞動苦成反比例的窮困之下的一種常備過剩人口，也就越發增大起來。最後，勞動者階級中的貧苦部類和產業預備軍越大，則為官廳所承認應當救恤的窮困也就越大。以上的事實，是構成資本主義的蓄積之絕對的普遍法則的……

『於是生出下述的結論來。即是，和資本蓄積的進展爲比例，勞動者的位置——倒不問他受着什麼支給，不管是受着好支給，抑受着壞支給——不能不更加惡化起來。最後，那驅使產業預備軍——相對的過剩人口，和蓄積的範圍及精力相平衡的法則……就是促令窮困的蓄積和資本的蓄積相呼應而發生的東西。於是在這一極的富之蓄積，同時，又是構成其對極——以自身的生產物爲資本而造出階級的那一極的窮困、勞動苦、奴隸狀態、無智、野獸化、道德的墜落等等蓄積的』(『資本論』，二卷)。

那就是說，資本蓄積所引起的相對的過剩人口之增大，把一切有利的形勢，一天一天的引到資本家方面去，勞動的價值，就被抑壓到最低生活的上面，而勞動階級的方面，遂日甚一日的蓄積着窮困。固然，這種時候，工錢漲價的事情能夠顯現出來，但那僅是名義上的事情，實質上，勞動階級的命運，只有一條窮困的路走。

因爲工錢被抑壓到最低限度的生活費上去的一種傾向，是由相對的過剩人口數所支配，所以，工錢的高度，是因相對的過剩人口的大小而有伸縮是不待言的事。但是，前面說過，相對的過剩人口，雖照應資本的蓄積而常有增大的傾向，然在資本主義發展的一定階段上，却使牠的絕對數有減少的可能。所以，無論名義上實質上，那專爲相對的過剩人口之高度所支配的工錢的高度，都呈現提高的可能性。十八世紀中葉的英國勞動階級的狀態，就顯示了很好的例證（註）。但是一旦經過那一階段，所謂過剩人口，成爲國際的生產，無論相對的絕對的都增大起來的時候，則工錢的實質，只有向着遞減的路上走。於是隨資本蓄積而來的勞動階級的窮困化，不是理論上的事情，而是現實上，以可驚的壓力襲來的。過剩人口既被國際的累進化，則在這一呼聲的普遍高漲之中，現代勞動階級的窮困化，是正向着絕頂上走的。

（註）參照上田貞次郎『英國產業革命史論』；關於理論的根據，參照佛里次。斯顛白爾『帝國主義論』。

資本主義經濟之發展，就是牠內包的矛盾之擴大再生產。這一矛盾，一旦達於發展的一定階段，就呈現爲資本主義經濟的絕境。把那種絕境如實的標識出來的東西，一是衝開絕境所必採的手段——帝國主義戰爭，一是以勞動階級的窮困爲根源的階級對立尖銳化。資本主義經濟，不但因爲牠自身姙着那轉變到社會主義經濟的要素，碰上了絕境，且因打倒資本主義的武器——無產者階級大量的產生出來的事情，使那種轉變成爲必然。

『那種轉形行程(指原始的蓄積——著者)，一旦在深度上寬度上都把舊社會十分分解了，勞動者一旦轉變成了無產階級，他們的勞動條件一旦轉變成了資本，資本制的生產方法一旦自己立住了脚，則勞動之更進而社會化，以及土地和其他生產機關之更進而向着供社會利用的共同生產機關的轉變——卽是更進而對私有者的收奪，就要採取一個新的形態。同時，被收奪的方面，已經不是自家經營的勞動者，而是榨取許多勞動者的資本家。

這一收奪，由資本制生產那自身的內在法則——資本集中所完成，這就是一個資本家，每撲滅許多資本家的事實。這一集中，換句話說，就是勞動行程之更加成爲的大規模的協業形態，科學之意識的技術的應用，土地之計劃的利用，勞動工具之轉變爲只能共同利用的勞動工具，由於把一切生產機關作爲結合的社會的勞動生產機關去使用的節省，一切國民都被捲入世界市場那大綱中去的事實，和這事實同時的資本制度的國際性質等等——這一切事象，都和少數資本家收奪多數資本的事情，同時並進的發達起來。

那些把隨轉形行程而來的一切利益，橫奪獨占以去的大資本家數，一天減少一天；同時，窮困和壓迫和奴隸狀態和頹廢和榨取等項的量，就一天一天的增大起來。但是，和那些事情一道兒，那爲資本制生產行程的自身機構所訓練，所結合，所組織而正在一天一天膨脹的勞動者階級之反抗，也增大起來。資本獨占，就成了和牠自己同時而且在其下面開花茂盛過的生產方法的桎梏。於是生產機關的集中和勞動的社會化，達到不能和資本主義的外殼一致之點。於是資本主義的外殼破裂。於是資本主義壽終正寢的喪鐘就叮噹叮噹的敲着。

基於資本制生產方法的資本獨占的方法（也就是資本制的私有）、牠是那以生產者自身的勞動爲基礎的個人私有的第一否定。但是資本制生產，却以一個自然行程的必然性，把自己本身的否定造成。這就是否定的否定』（『資本論』）。

那末，我們也要敍述那打倒帝國主義（這是把資本主義經濟走不通的形相，如實的表現出來的東西）和資本主義的革命——勞動者階級的革命行程了。

第六章　資本主義的最後的發展階段——帝國主義

『帝國主義』這一名詞，是標識前世紀到現在的國際政局的名詞，大約盡人皆知。不過對於牠的意義，可說各是各的主張，都沒有一定確切的指出牠的內容。例如：小野塚博士下的定義是：『英國的帝國主義，主要的，就是把組織英帝國的各地方（即英本國和其他各地方並後者相互間）的連銷，更加鞏固起來，以圖維持英帝國全部爲一個統一的國家的主義』他把帝國主義，認爲是以維持並擴張對於土地及人民的支配權爲目的的一種政治的要求『歐洲現代政治及學說論集』，二二六——二二七頁。和這相反的大西猪之助，他說：『一句話管總，這就是那些想在國際經濟生的存競爭場裏稱霸，而一天一天激烈起來的列強，竭盡一切手段，以圖擴大本國政治經濟領域的一種精神』。他認爲這種時代精神的暴露，就是帝國主義（大西猪之助『帝國主義論』，四頁）。遽這些解釋，則『帝國主義』這一名詞，雖然各是各的用法，但大別之可分爲兩種；即，一是專門解做政治意義的；一是重視經濟意義的。

現在我們所視爲問題的，就是從前世紀迄於現在的國際政治過程，反映資本主義某發展階段的一種意義。這一意義上的『帝國主義』，如果沒有和前世紀末以來的資本主義發展相聯繫的情形，那就不能明瞭牠的整個意義。

然則帝國主義，是反映的資本主義的什麼發展呢？

關於這一點，也是彼此的看法不同。前述的大西猪之助，他指的人口增殖和資本充實。他說：『產業革命以後，日盛一日的資本之充實，一方面首先增進內地產業的發展，而發展的產業，又感受內地市場之狹隘，遂往海外去覓販路；同時，另一方面過剩的資本，不容易在內地爲有利的放資，遂轉而尋覓海外放資的道路』。牠認定成功資本輸出爲止，是發展了的資本主義所必然採取的政策（大西猪之助前書，九頁）。和這一說相反的考茨基，他的定義是：『所謂帝國主義，是發展到了高度的工業資本主義的產物。牠是各工業資本主義國，想一天一天的抑壓巨大的農業地域，併吞巨大的農業地域的衝動（不管什麼國民住在那地域）』（考茨基『帝國主義論』）。盧森堡在她的名著『資本蓄積論』上說：『帝國主義，是企圖獲得那還未被沒收的非資本主義的世界環境的殘存部分，因而從事競爭的一種資本蓄積過程的政治表現』。他認定由那些爲剩餘價值的蓄積而相爭的舊資本主義各國，所蓄積的鉅大資本額去測定的時候，那殘餘部分是很少的這種情形，既是帝國主義的必然性，也是資本主義沒落的可能性。佛里次・斯顛白爾在他的『帝國主義』上，也發揮和這大略相同的見解。

卽令在帝國主義反映資本主義的某種發展階段，或帝國主義是與資本主義的某發展階段相聯繫的這點上，意見致的人們，而對於帝國主義反映的究竟是資本主義的什麼發展階段的這一點，還是彼此見解不同。大西猪之助僅說人口的增殖和資本的充實，對於反映什麼階段的一層則有點兒漠視，這或許是略略代表那和考茨基的高度工業資本主義同一的見解的。蘆森堡和斯顛白爾，認爲沒有非資本主義的環境，資本主義的蓄積不可能，他們從這一觀點出發，所以一個就認爲帝國主義是發生於非資本主義的殘餘很少的時候，（蘆森堡）；一個認爲是已經到了資本主義國向資本主義國施行侵略時的事情（斯顛白爾）。前二者不認爲帝國主義是資本主義走不通的表明；反之，後着認爲是資本主義的如實的絕境。

反之，着眼一八九〇年代以後的資本主義的新形相，把帝國主義看做是一個發見的有奮布孫。他對於那種因一國內的生產及資本集中而起的獨占、以金融資本為基礎的金融寡頭政治之發生、資本輸出的重要化、資本主義強國間對於世界從事領土的分割，曾經認為是帝國主義的要素。他說：『攻擊的帝國主義這東西，主要的，既不是各國民的盲目的感情的產物，也不是政治家的愚昧和野心那種混合物的產物。牠比那用膚淺的眼光去觀察的東西，是遠為合理的。固然從國民全體的立場觀察，牠是不合理的，但從國民中某一階級的立場觀察，却是十分合理的東西。……在那有堅固組織的財團而力能抑壓別種弱小且無利害組織的國家的國家，無論如何，都非完成這財團所領導的政策不可』(霍布孫『帝國主義研究』，五三——四頁)。他極力申說國內強有力的財團組織，必至於發動國家權力，而採取攻擊的帝國主義政策。他又說：『比帝國主義的什麼東西尤為重大的經濟要素，就是投資關係的力。資本的國際化就是現代最大的經濟變化』(同前書，五〇頁)。他特別指出資本輸出的重要化，就是植民地爭奪戰的決定的要素，藉以表明海外投資的增大和帝國主義的強行政策之關聯的關係。

席爾法丁也把帝國主義認做最近資本主義的轉向——金融資本主義之必然的歸結，

很犀利的發表那一理論。他認爲帝國主義的經濟基礎，就是這幾件事情：（一）國內的生產及資本的集中，到達了獨占的階段；（二）產業資本和銀行資本相融合，因而發生了左右一國政治權力的少數財閥；（三）促進貿易政策轉向保護貿易主義，把經濟領域的意義更重要化了；（四）因資本輸出的發展，而對後進資本主義國的侵略政策更加狂暴化了。但就中最成爲決定的要素的，就是資本主義的發展所必然促致的資本輸出。這一資本輸出，首先在放款資本的形態上成就，以對債務國武力干涉的形式表現出來。他說：『就在這裏罷！凡對別國具有利害關係的資本家，每請求强大的國家權力，用權威保護他們的利益，雖世界最遠之一隅也要達到。這就是說，爲使商旗到處皆可以樹立起見，每希求戰旗到處皆可飄揚。輸出資本最感舒服的，自然就是新的領域完全被這一資本國的國家權力所支配的時候。因爲這時候，別國的資本輸出被排除，這一資本輸出就享有特權地位，既可覓獲利潤，又能得到國家的保證。這麼一來，資本的輸出，也助長了帝國主義政策』（席爾法丁『金融資本論』）。

然而資本的輸出，接着就在產業資本及金融資本的形態上成就。一旦達到這一階段，世界的資本主義化就急速的發展，所以各資本主義國追求投資場所的競爭，也就不得不更加激烈起來。在這一競爭上，能夠占據有利地位的，必須擁有龐大無比的經濟領域，在那裏從事獨占的努力。『金融資本的政策，於是追求三個目標：第一，盡可能的樹立龐大的經濟領域；第二，以保護關稅的障壁來隔斷外國對經濟領域的競爭；第三，因此，把這一經濟領域，作爲國民的、獨占的企業結合的榨取領域』（同前書，六七三頁）。但是，如果那種經濟領域是狹小的，那就越狹小而競爭越慘毒，終不得不在帝國主義的戰爭上求解決。這是驅使國家更加武裝，把侵略政策，成爲國民全體的意識的事情。

以上所述，關於『帝國主義』的種種見解，都是對立的。至於把資本主義最近的發展階段，命名帝國主義，把牠的特質『以眞正的馬克斯的眼光分剖出來的，那要首推馬克斯主義者列寧』（史達林的話）。列寧雖立脚於霍布孫所觀察的資本主義的轉向，以及席爾法丁所觀察的金融資本主義之分析的上面，他却更進一步，斷定『帝國主義』就是資本主義的『絕境』之表明。資本主義必然的傾向，引起金融資本主義，金融資本主義又發育帝國主義，在這一觀點上，固然霍布孫和席爾法丁，比考茨基是不消說，比盧森堡的見解也躍進一步，可是他們還沒認識牠的絕境，這是一點兒憾事。於展開前者的結論之中，明白的抓住『絕境』的意義的，正不能不說是列寧的功績。

這裏，我們試根據列寧的論述，考究這『絕境』是什麽東西。

第一節　帝國主義的經濟基礎

依列寧的說法，帝國主義是資本主義之特殊的歷史階段。這有三個顯著的特徵：（一）帝國主義是獨占的資本主義；（二）帝國主義是寄生的或停滯的資本主義；（三）帝國主義是瀕於死滅的資本主義。帝國主義的經濟要素，可由那達到獨占階段的資本主義的形相表徵出來，所以，簡單的說，帝國主義『是獨占的資本主義』（見列寧『帝國主義論』，七九頁）。

然則帝國主義經濟上的根本特徵——獨占，是什麽東西？

這就是：（一）加迭爾、托辣斯、新迪加。生產集中，達到了使資本家獨占的結合發生出來的階段；（二）大銀行的獨占地位——三個乃至五個大銀行，支配着美，法，德等國的全經濟生活；（三）原料產地爲托辣斯及金融寡頭政治所占有了；（四）在國際加迭爾之下，世界的經濟分割開始；（五）世界植民地的領土分割告終。

一　金融寡頭政治的確立

資本的蓄積，促進企業集中，企業的集中又加大資本蓄積的速度，於是促進加迭爾、托辣斯、新迪加等的發展，關於這一過程，已經說過了。資本蓄積的增大，以企業集中的形式表現出來的時候，就是近代資本主義的基礎石被安頓了的時候。

跟着企業集中來的銀行集中發展了，籌備企業資金的籌備者——銀行，遂在某期間獲得了主宰企業的主宰者地位。因爲企業集中，使各個資本家企業都要盡可能的利用『資本信用』，遂通過產業資本與銀行資本的融合，終給銀行資本一種優越於產業資本的地位。所以，企業集中又引起銀行集中，而銀行集中更促進企業集中，在那種交互作用之間，銀行資本的支配地位遂以確立，就是所謂的金融資本獨裁。

那麽一來，立脚自由競爭和營利主義之上的資本主義生產，雖在踏入牠內在的法則——利潤率遞減的法則之中，受着週期恐慌之襲來的刑罰，但牠——

一方面則由個人企業移到股份企業，發展爲股份企業——加迭爾——新迪加——托辣斯；

他方面則促進銀行的發展，招致銀行集中和獨占。

並且，在那一定的階段上，促致投資股份企業的產業資本和銀行資本相融合，遂至一國產業爲少數財閥的手中所獨占，所謂金融寡頭政治就是的。

爲指示牠的具體途徑起見，先把企業經營的大規模化，股份企業的發展，銀行集中等等各系列表示一下。

（第一表）（一）企業經營的大規模化

1. 德國＊

	經營實數			百分比		
	一—五	六—五〇	五〇以上	一—五	六—五〇	五〇以上
一八八二年	二、一七五、八五七	八五、〇〇一	九、四八一	九五．八%	三．七%	〇．五%
一八九五年	一、九八九、五七三	一三九、四五九	一七、九四一	九二．六	六．五	〇．九
一九〇七年	一、八八〇、二六一	一八七、〇七四	二九、〇三三	八九．六	八．九	一．五

	從業員數			百分比		
	一—五	六—五〇	五〇以上	一—五 %	六—五〇 %	五〇以上 %
一八八二年	三二七〇四〇四	一一〇九一六	一五五四一三一	五五・一	一八・七	二六・二
一八九五年	三一九一一二五	一九〇二〇四九	二九〇八三二九	三九・八	二四・七	三五・五
一九〇七年	三二〇〇八二	二七一四六六四	四九三七九二七	二九・四	二五・〇	四五・六

※此表係根據威靖斯基的Welt in Zaklen計算，這和列寧的『帝國主義論』一六頁微有不同。

2. 法國

	經營實數			各經營從業員百分比		
	一—一〇	一一—一〇〇	一〇〇以上	1—10	11—100	100以上
一八九六年	一一三四七〇三	八五三〇〇〇	一一二四〇〇〇	三六	二八	三六
一九〇一年	一一三〇八五一	九九九一五〇	一三九六八一五	三三	二八	四〇
一九〇六年。	一一八七六一九	一〇二六七二〇	一五四二八六三	三二	二七	四一

3　美國＊＊

	經營實數			百分比		
	一—五	六—一〇〇	一〇〇以上	一—五%	六—100%	100以上%
一九〇九年	一三六二八九	九一七〇六	一二七八四	五七・〇	三八・四	四・六
一九一七年	一四一七四二	九三九九二	一六四三七	五六・二	三七・二	六・六
一九二三年	七九一〇三	八八一六五	一六六〇五	四二・一	四六・九	一一・〇

	從業員數			百分比		
	一—五	六—一〇〇	一〇〇以上	一—五%	六—100%	100以上%
一九〇九年	三一一七〇四	二一八七四九九	四一一五八四三	四・八	三三・〇	六二・二
一九一七年	三一一五七六	二三四八九三六	六四三五八六一	三・四	二五・八	七〇・八
一九二三年	二一二九三八	二三一二八九二	六二五三一二〇	二・四	二六・三	七一・三

＊＊這也是根據威靖斯基的Welt in Zahlen Bt. IV計算的。

根據這些數字，當能理解企業經營，是如何大規模化的進行的趨勢。不過企業經營的大規模化，不僅靠勞動者數的集中能夠表徵出來，並且能因較多的勞力集中而表徵。假定以德國為例，則『全經營數的百分之一以下的東西，使用全蒸氣力及電氣力的四分之三，二百九十七萬的小經營（最多使用五個勞動者）——占全經營九一%——總計不過使用蒸氣力及電力的七%。僅僅幾萬大經營是完整的，以百萬計的小經營都歸消滅』（註）。

（註）列寧『帝國主義論』一六頁，這裏所引的列寧揭示的經營數字，牠的百分率，和前揭的威靖斯基的計算微有不同，前面已經說過。

企業經營的大規模化，再就生產額的大小所引起的經營數的傾向，也可觀察出來。在美國及坎拿大方面，若以生產的價值為標準來區分經營，藉以窺其大勢，就是下面的表式。

1　美國

	經營實數				
	5000美金以下	5000—20000美金	20000—100000美金	100000—1000000美金	1000000以上美金
一九〇四年	七一一四七	七二七九一	四八〇九六	二二二四六	一九〇〇
一九〇九年	九三三四九	八六九八八	五七二七〇	二七八二四	三〇六〇

一九一四年	九七〇六一	八七九三一	五六八一四	三〇一六六	三八一九
一九一九年	六五四八五	八七四四〇	七七九一一	四八八五六	一〇四一三
一九二三年	—	六一九八〇	七二三七二	五一六三一	一〇三二六

勞動者數

一九〇四年	一〇六三五三	四一九四六六	一〇二七〇四七	二五一五〇六四	一四〇〇四五三
一九〇九年	一四二四三〇	四七〇〇〇六	一〇九〇四四九	二八九六五三二	二〇一五六二九
一九一四年	一二九六二三	四二九〇五七	九九九五一〇	三〇〇二〇七一	二四七六〇〇六
一九一九年	四五八一三	二四九七二三	七九二五三六	二八三四七七六	五一七二五三三
一九二三年	—	一八九七三八	七一八七四六	二八五六一六三	五〇一四三〇三

百分比＊

經營			勞動者數		
100·000美金以下	100·000—1·000·000美金	1·000·000美金以上	100·000美金以下	100·000—1·000·000	1·000·000美金以上

年						
一九〇四年	八八•八%	一〇•三%	〇•九%	二八•五%	四五•九%	二五•六
一九〇九年	八八•六	一〇•三	一•一	二五•九	四三•七	三〇•四
一九一四年	八七•六	一〇•九	一•五	二二•七	四二•二	三五•一
一九一九年	七九•七	一六•八	三•五	一一•八	三一•一	五七•一
一九二三年	六八•六	二六•二	五•二	九•三	三二•五	五八•二

★這也是根據成靖斯基的前書計算的，和列寧的前書大略一致。

2　坎拿大（一九二二年）

	三五、〇〇〇美金千圓以下	三五、〇〇〇—一〇〇、〇〇〇美金千圓	一〇〇、〇〇〇—一、〇〇〇、〇〇〇美金千圓	一、〇〇〇、〇〇〇美金千圓以上
經營實數	一四七七五	四一〇六	二八九三	四一〇
生產額	一一一、〇五二	二一〇、〇九一	八六八、五〇八	一、二五〇、一九一

此係根據威靖斯基的前書。

那麼，企業經營很快的大規模化進行的過程，就是表示最近資本主義發展的這一個路線的東西。和這並行的，另外還有一個路線，這就是股份企業發展前進的過程。以表示之如次：

（第二表）　（二）　股份公司之發展

1　英國

	股份公司數	收集資本額（單位百萬鎊）
一八八五年	九三四四	四九四•九
一八九〇年	一三三二三	七七五•一
一八九五年	一九四三〇	一〇六二•七
一九〇〇年	二九七三〇	一六二二•六
一九〇五年	三九六一六	一九五四•三
一九一〇年	五一七八七	二一七八•六
一九一五年	六五九八六	二六五七•五
一九二〇年	七九五〇一	三五〇八•〇
一九二四年	九二二〇八	四四〇四•八

2 德國

		百萬馬元
一八八六—七年	二一四三	四八七六
一八九一—二年	三一二四	五七七一
一八九六年	三七一二	六八四六
一九〇二年	五一八六	一一九六八
一九〇六年	五〇六〇	一四八四九
一九〇九年	五二二二	一四七二三
一九一九年	五七一〇	二〇九八四
一九二〇年	五六五七	二九〇二七

3 美國

一九一六年	三四一二五三	—
一九一七年	三五一四二六	—
一九一八年	三一七九一九	—

一九一九年	三二〇一九八	—
一九二〇年	三四五五九五	—
一九二一年	三五六三九七	—
一九二二年	三八二八八三	—

企業形態別統計表

	實數			百分比		
	個人企業	公司	其他	個人企業	公司	其他
一九〇四年	一一三九四六	五一〇九七	五一一三七	五二•七%	二三•六%	二三•七%
一九〇九年	一四〇六〇五	六九五〇一	五八三八五	五二•四	二五•九	二一•七
一九一四年	一四二四三六	七八一五一	五五二〇四	五一•六	二八•三	二〇•〇
一九一九年	一三八一一二	九一五一七	六〇四七六	四七•六	三一•五	二〇•八
	個人企業	公司	其他	個人企業	公司	其他
	實數			百分比		

一九〇四年	從業員	七五五九二三	三八六二六九八	八四九七六二	一三・八%	七〇・六%	一五・五%
	生產額百萬美金	一七〇三	一〇九〇四	二一八七	一一・五	七三・七	一四・八
	剩餘額百萬美金	八二四	四五二六	九四三	一三・一	七一・九	一五・〇
一九〇九年	從業員	八〇四八八三	五〇〇二五九三	八〇七七七〇	一二・二	七五・六	一二・二
	生產額	二〇四二	一六三四一	二二八九	九・九	七九・〇	一一・一
	剩餘額	九六九	六五八二	九七八	一一・四	七七・二	一一・五
一九一四年	從業員	七〇七三六八	五六四九八九一	六七八七六八	一〇・一	八〇・三	九・七
	生產額	一九二六	二〇一七七	二二四四	七・九	八三・二	八・八
	剩餘額	九〇四	八〇八九	八八六	九・一	八一・九	九・〇
一九一九年	從業員	六二三四六八	七八七五一二三	五九七七一	六・九	八六・六	六・六
	生產額	三五三六	五四七四四	四一三七	五・七	八七・七	六・六
	剩餘額	一五五五	二一八一八	一六六九	六・二	八七・〇	六・七

本表根據威靖斯基前書。

股份公司無論在那一國，不僅在那種實數上發展，並且牠那盤據全企業中的重要性，也與年俱進的發展。據前揭的美國統計，股份公司數，在一九〇四年占全企業二三・六%，在一九〇九年則占二五・九%，至一九一九年遂增大爲三一・五%。這中間，股份公司的從業員數，從七〇・六%增加爲七五・六%以至八六・六%，生產額從七三・七%擴展爲七九・〇%以至八七・七%。現在，股份公司簡直有囊括全部從業員，席捲全生產額之勢。

和股份公司的發展爲比例，第三個路線開始，那就是銀行集中的趨勢。股份公司的發展，如何影響銀行任務的變化，雖是已經說過，但那種銀行任務的變化，是很快的促進銀行集中的。

（第三表）　銀行集中

1　德國

銀行實數	資本金（資本及公積金） 百萬馬克

一八九〇年	九二	一二四二•二
一九〇〇年	一一八	二三五〇•四
一九一〇年	一六五	三五〇三•三
一九一三年	一六〇	七七三九•一
一九一四年	一五〇	三七二二•八
一九一五年	一四八	三六五一•〇
一九一六年	一四一	三六五七•九
一九一七年	一二七	三六八四•四
一九一八年	一二〇	三六四四•三

2 英國

A 英格蘭及威爾市

股份銀行 實數	股份銀行 支店數	股份銀行 資本額	個人銀行 實數	個人銀行 資本額

一八九〇年	一〇四	二二〇三	六七·八	—	—
一八九五年	九九	二六九〇	六九·二	三八	一一·八
一九〇〇年	七七	三七五七	七八·八	一九	六·二
一九〇五年	五九	四五五八	八二·〇	一二	四·四
一九一〇年	四五	五二〇二	八〇·九	九	五·五
一九一五年	三七	六〇二七	八一·七	七	三·二
一九二〇年	二〇	七二五七	一二八·二	五	三·一
一九二五年	一八	八四六九	一三四·八	四	二·六
B　蘇格蘭					
一八九〇年	一〇	九七五	一四·八	—	—
一八九五年	一〇	一〇一三	一五·一	—	—
一九〇〇年	一〇	一〇七五	一六·二	—	—
一九〇五年	一一	一一五九	一七·二	—	—

一九一〇年	九	一二二一	一七・六	—	—
一九一五年	九	一二五一	一六・二	—	—
一九二〇年	八	一二八三	一七・九	—	—
一九二三年	八	一五六三	二三・九	—	—

C 愛爾蘭

一八九〇年	九	四五六	一〇・四	—	—
一八九五年	九	四九六	一〇・二	—	—
一九〇〇年	九	五四三	一〇・九	—	—
一九〇五年	九	六二七	一一・三	—	—
一九一〇年	九	六六三	一一・五	—	—
一九一五年	九	七〇三	一一・〇	—	—
一九二〇年	九	九一二	一二・九	—	—

3 美國

	實數	資本額
一九〇〇年	一〇三八二	一六七三
一九〇五年	一六四一〇	二五一七
一九一〇年	二三〇九五	三四二八
一九一五年	二七〇六二	三八九六
一九二〇年	三〇一三九	五一一三
一九二四年	二九三四八	六〇八二

本表見威靖斯基前書第五卷。

日本的銀行集中，也有同樣的傾向。

	銀行數	支店及派出所數	交到資本額 千圓
一九〇六年	二、二一〇	二、一九八	四〇一、一三五
一九一二年	二、一五一	二、八九七	五七〇、四八九
一九一八年	二、〇八八	四、一八一	八九九、〇四八

一九二四年	一、六二二九	六、〇六九	一、五一〇、七三一
一九二七年	一、二八三	——	一、四八二、六五八

銀行集中的傾向，固然可以在英國看出牠的典型狀態來，但無論在那一國，都可就以上引用的表式，了解那企業經營的大規模化，和股份企業的發展相呼應，而銀行的傾向就進展起來的事情（不消說，銀行集中的傾向，不單是外部表現着的，並且通過儲金的集中和交易的集中，而完成內部的重大集中，這是已經說過的事情）。為知道帝國主義的決定的經濟要素起見，不單探究這幾系列的發展傾向之同時並進的情形而已，必須還要考察這幾系列在發展的一定階段上互相交錯，樹立了所謂金融寡頭支配的事情。

企業經營的大規模化，股份企業的發展，必然的促致企業集中——所謂加迭爾、托辣斯、新迪加等的發展，這是已經說過的事情，並且還說了那些東西在經濟社會內的任務。現在假定以英國為例，截至一九〇〇年止，英國的企業結合體，雖然不過

英　　　　美

個數　百萬噸　　個數　百萬金圓

一八八七—一八九七年	八	三六	八六	一四〇〇
一八九八—一九〇〇年	二八	六七	一四九	三八〇〇

本表見小島精一『英國產業組織論』，第二頁。

但世界大戰以後，簡直把企業集中導入一切產業部門。據一九一九年官設托辣斯調查委員所發表的鋼鐵業加迭爾一覽表，就可看見鋼鐵業的所有部門內的加迭爾之成立，爲數達於四〇個（小島精一前書五五頁）。不單成立那種加迭爾而已，還貫串煤礦業，鐵工業，機械工業爲一個縱斷的大結合。現在，若舉出代表牠們的東西而指示其資本的規模，就是以下的一些數字（小島精一前書一四九頁）。

A　煤鐵結合公司	1914	1920	1924
1. Guest, Keen & Nettlepolds	6.476 (1913)	14.977	17.062
2. Dorman, Long & Co.	2.079 (1913)	7.519	12.619

3.	Beldvins	1.723	6.609 (1921)	10.095
4.	Ebbw Vale S. C. & L. Co.	1.572	9.914	2.479
B	機械鋼鐵集營公司	1913	1921	
1.	Vickers	9.489(20.044*)	30.917(53.384*)	
2.	Armstrong—Whitworth	9.952	18.961	
3.	General Electic Co.	1.239	10.042	

* 括弧內的數字，係指示該公司勢力圈內的總資本。

同樣的加迭爾，托辣斯之發展，不僅重工業而已，並及於木棉工業，化學工業，鐵道，電力等等。例如化學工業方面的肥皂工業，就爲 U. K. Soap Manufacturers' Ass 的加迭爾所獨占。這個加迭爾，把二百二十個公司中的九十個公司，包含在會員之內，占着全生產額八〇%。並且這九十個公司中的三十七個，他們的總生產額七〇——七五%，被列維托辣斯（Lever Cembine）所結合（小島精一前書一六八頁）。又，在化學工業中的Alholoid部門，則有布拉那•孟德與合同 Alhaloid 兩大結合體；在火藥部門，則有諾柏爾•代拉買托辣斯，樹立着完全的獨占（前書一六九頁以下）。

再看世界最早的加迭爾之發達。在這一點上，先就典型國的德國說。德國的加迭爾化，從一八九七年提高關稅後，顯示初步的急速進展，在一八七五年不過八個的東西，在一八八五年則成爲九十個，至一八九〇年一躍而爲二百一十個，一八九六年的時候，已是二百六十個，更進而到了一九〇五年，全國的組織，竟數得出三百八十五個來。（小島精一『社會經濟體系』第三卷九頁）。

同樣的發展，在日本也看得出來。據山村喬的調查，日本的企業聯合之發展，顯示着以下的數字。

	企業結合數	收集資本金（千元）
明治二十八年以前（一八九五年）	三	二〇、〇〇〇
明治二十九年—三十八年（一八九六—一九〇五年）	五	五〇、〇〇〇
明治三十九年—大正四年（一九〇五—一九一五年）	一三	二六〇、〇〇〇

大正五年—大正十四年（一九一六—一九二五年）	二〇	三、九三〇、〇〇〇
昭和三年五月現在（一九二八年）	二五	四、四七〇、〇〇〇

本表見山村喬『法政大學紀念論文集』。

並且，這些企業結合，各在其生產圈內所占的支配力程度，可根據左表指示出來。

加迭爾別		年度	加迭爾(%)	加迭爾外(%)
紡織	公司及戶數	(15)	〇	九九
	織機	(15)	一四	八五
製紙	公司數	(12)	一〇	九〇
	生產額	(15)	九〇	一〇
毛織 Muslin	生產額	(15)	七四	二六
	生產額	(15)	九二	八
製粉	公司數	(15)	六七	三三
	資本金	(15)	九〇	九

製糖生產額		（15）	九〇	一〇
酒精	生產能力	（13）	一〇〇	—
	生產額	（13）	一〇〇	—
士敏土	公司數	（15）	七一	二九
	生產能力	（15）	八四	一二
石炭出炭額		（15）	九五	五
過燐酸	公司數	（12）	八	九二
	資本金	（12）	四四	五六
晒粉生產額		（13）	一〇〇	—
製鋼生產額		（13）	五一	四九
銑鐵[illegible]生產額		（13）	二九	七〇

本表根據薄茂人的調查，見『社會科學』三卷二號。

更就主要的加迭爾舉述，則有石炭鑛業聯合會，銑鐵共同組合，關東鋼材販賣組合，水曜會（銅業者的團體），大日本紡績聯合會，絹紡工業會，日本羊毛工業會，蠶絲同業組合，中央會，日本製紙聯合會，共同洋紙股份公司，日本板紙同業會，日本士敏士聯合會，晒粉聯合會，過燐酸同業會，糖業聯合會等。

隨着那種企業的集中獨占，而銀行的集中顯現出來。那由於銀行的支店網，銀行儲金的集中，以及銀行與股份企業之人的結合，銀行利得上的股票利得之增大等等，遂促進向着少數銀行集中的發展，這前面已經說過了（參照本書第四章第二節）。於是以金融資本閥為首腦的縱斷的結合發生，竟至名實相符的獨占一國的生產。發展到這一地步，則經濟界的實權為少數資本閥手中所掌握，馴致政治上的權力都不得不由那些資本閥所左右。並且，因為資本的集積和企業的獨占，促起那種無饜的利潤欲，要向海外覓求投資之路而流出的原故，大資本閥和大資本閥之間的國際衝突遂成必然化。

我們現在對于少數資本閥的寡頭支配，如何在各國達到高潮的情形，略略敍述一下。但可惜缺乏材料，不能指示出牠的全形來。

A　德國

德國是加迭爾發展最早的，降至世界戰爭前後，演重要任務的已經成了托辣斯。大戰告終以來，不僅是單純的同種企業之水平的集中，更垂直的結合各種企業而出現康塞爾，牠似乎成了掌握決定的指導權的形相。牠的代表者，就是斯清列康塞爾和亞·埃·格。

斯清列康塞爾，遍及於原料和燃料，重工業，電氣業，汽船，印刷等一切產業而伸展其勢力，宛然呈現爲國家內的一個國家的形式。牠是跨有

德國·盧森堡鑛業鎔鑛公司
日耳鄭基衡鑛業股份公司
鄱基溫採鑛·銑鐵·鋼鐵工場聯合
西門子·哈爾斯克股份公司
西門子休克特工場
佛果·斯清列汽船·貿易股份公司
斯清列裝訂·印刷公司
斯清列·李伯克石油公司
萊茵·威士特法靡電力公司

西門子·萊茵·愛爾伯·休克特聯合

斯清列·康塞爾

這麼龐大的領域，各張着巨網的。據一九二三年的帳型企業家的名簿雖記載得不完全，而一九二三年的概算，也有了大工場三百八，煤礦二百六十，鑛礦六十五，運輸企業百九十，電氣工場二百八十五，銀行，商業公司及事務所百六十，各種工場百二十，總計達於一千三百八十八個企業。此外，斯淸列•康塞爾還支配大農業資本，擁有土地抵當銀行等等（盧賓休太『世界資本主義之現勢』）。

和斯淸列•康塞爾對抗的有亞•埃•格，這是亞爾格邁•埃列庫脫里季脫公司的略稱。在一九一二年，參加組織的公司已傳爲一七五—二〇〇，公稱資本達於十五億馬克了（列寧『帝國主義論』）。到了一九二三年，就支配工業，鑛業，運輸，銀行，商業，農業等各種企業，於是被牠支配的企業，達於一千八百三十八個，總資本額計爲一百五十億金馬克（參看盧賓休太前書及列甯前書）。

B 英國

英國企業集中的傾向，戰後很顯著的發展，已於前面說過。銀行集中的古典國——英國，遂把獨占化的傾向，導入一切產業部門。

威卡士，亞姆士脫倫·威士鄂士公司等企業，和葡爾多温股份公司，猊萊迭多鋼鐵股份公司等企業，因相爭而組織垂直的康塞爾，遂獲得許多種類的企業，這是值得注意的事情。『例如：強有力的托辣斯之一的蔔爾多温公司，以前雖只在威爾市的鋼鐵工場內演了重要任務，但戰後就非常膨脹，獲得了原料的泉源（石炭與鐵）和半精製品製造工場，以及其他精製品工業的大工場。牠並爲確保銷路起見，又獲得許多種類的商業企業和運輸企業。且因獲得了和牠的生產有關係的許多種類的企業（士敏士工場，燐酸工場，煉瓦工場，化學工場），竟在世界各處都擁有多數工場。

威卡士也是一樣，戰後獲得很大的機械工場，電氣工場，車輛工場等、努力建設那以電力和運輸爲基礎的巨大金屬康塞爾，並對於跨全世界的各種外國企業也有關係。亞姆士多倫也獲得了煤窿和鑛窿，航空機製造工場，造紙工場，電氣公司，磁器工場等企業』（靨賓休太前書）。

C　法國

法國最典型的獨占團體，就是休萊達·克爾佐康塞爾。

休萊達•克爾佐康塞爾，雖是金屬工業最舊的工場之一，但早已採取了參與的形式，和法國的大銀行及石油托辣斯『洛雅兒．達茨齊』結成財政關係，並把多數工場放在牠自己的支配之下。牠於是以金屬工業爲基礎，擁有主要的原料及燃料及半精製品工業，而伸手到主要的鐵道，汽船公司，發電所，銀行，農場等中去（盧資休太前書）。

D 美國

無論怎麼說，美國總是托辣斯的典型國，牠早已呈現金融資本閥的獨裁。據一九〇一年愛可諾米士的美國通信，則洛克費拉，哈里滿，莫爾甘，宛達畢爾托，戈爾德這五個金融資本家，已把那投資在鐵道、銀行、產業企業的總額十七億圓美金中的八億圓統制着。根據這個報告，就是下列的式子：

	鐵道公司	銀行	產業托辣斯	計
斯坦達多煤油，戈爾德，哈里滿	1,977	85	746	2,828
莫爾甘	1,691	122	1,677	3,4 0
宛達畢爾托	753	12	10	775

彭西爾巴利亞鐵道	870	—	30	900
	5,326	219	2,463	7,993

由是當能知其全豹（霍布孫前書）。

美國惟其是托辣斯的古典國，牠的托辣斯發展之勢正自可驚，無一個產業部門沒有托辣斯化。托辣斯造成五〇——九〇%的獨占，其中最典型的，就是洛克費拉統率的斯坦達多煤油托辣斯和莫爾甘統率的合家國剛鐵公司。前者殆使全體煤油公司隸屬於自己；後者殆占美國全鑛石產額三分之二以及鋼鐵生產額的全部。

然而美國的托辣斯，據前表看來，也知道牠不是構成單純的水平的集中的，乃是形成巨大的垂直的康塞爾的。

即是，莫爾甘統率的鋼鐵托辣斯——『合衆國鋼鐵公司』，在牠設立之年的一九〇〇年，已經把股份公司的主要原料及以鋼鐵爲材料的各種商品生產並關於販賣的一切產業部門，都收到自己的手中了。所以，構成合衆國鋼鐵股份公司的東西，就是把下面縱斷的產業部門連繫起來。

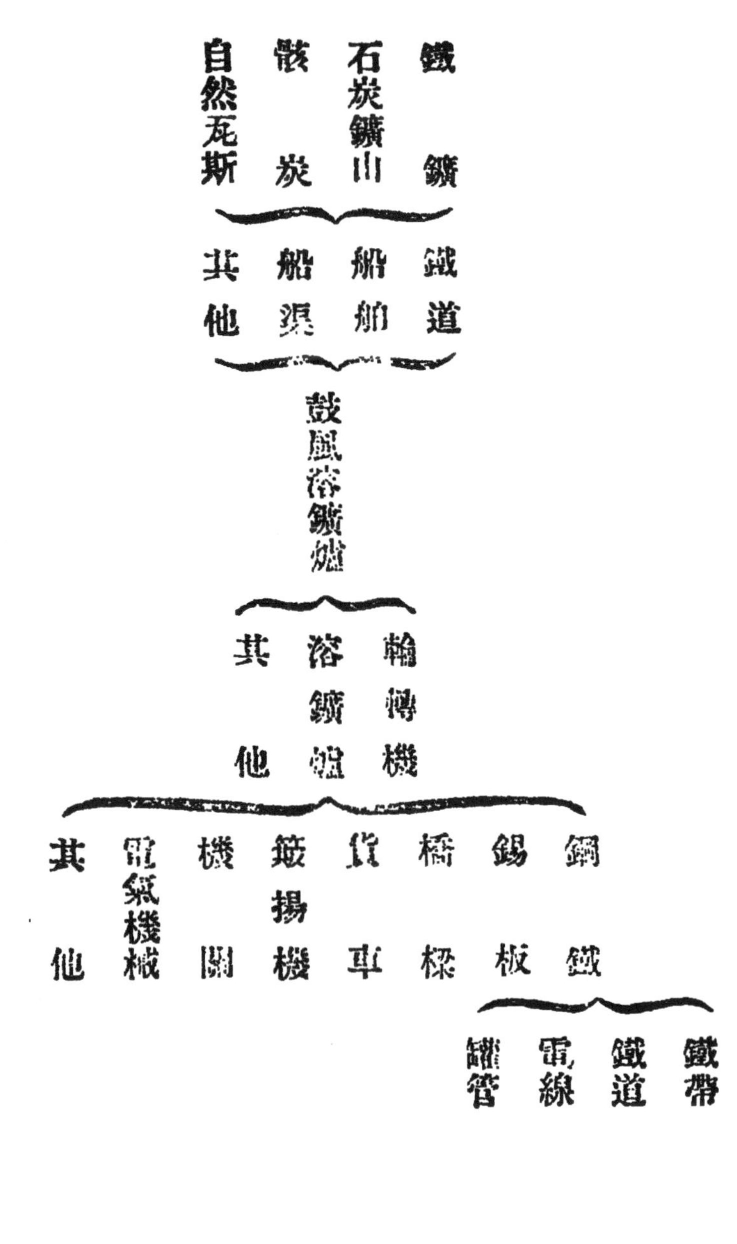

『擁有每年製造銑鐵六百五十萬噸以上的能力，或與一九〇〇年美國的半額相當的製造能力的鼓風溶鑛爐七八；包含每年能製已成材料約九百萬噸的鐵棒製造所，標準鋼鐵及鐵

板製造所——這種製鋼所一四九；完備機械裝置六；骸炭爐一萬八千；一千九〇〇年曾經產出一千二百七十二萬四千九百噸鐵鑛的休伯里窩湖地方的鐵鑛山約七〇%；石藏地七萬八千三百哀加；骸炭地帶的地面三萬哀加；湖港淺水輪百二十五艘；其他』（霍布孫前書）。

到了一九二〇年，就管有鋼鐵生產工場和精製品工場一百四十五，鎔鑛爐一百二十四，大士敏土公司五，鑛窿一百二十，鑛山約七十萬哀加，鐵道三千七百邁爾，牠並且和電氣托辣斯相結合而支配電氣工業；和鐵道公司訂立協同而占有美國鐵道八二%，至於煤窿的七五%和煤炭生產的全部，都差不多歸牠所有。牠又和食料品托辣斯同盟，殆以五百大企業生產各種食料品。這莫爾甘的巨大事業，又反映到牠所主宰的銀行，莫爾甘銀行在戰前已經擁有資本五十億圓美金（盧賓休太前書）。

E　日本

這裏，稍微把日本的情形說一下。

急速發展起來了的加迭爾之中，懷胎那以少數財閥爲中心的垂直的康塞爾，已是不可掩的事實。例如：煤炭鑛業聯合會加盟的四十四公司之中，屬於三井財閥的，就有北海煤鑛，三井鑛山，北海道鑛業，太平洋煤鑛，大日本煤鑛，松島煤鑛，姪濱鑛業，基恩煤鑛，臺灣煤鑛，臺陽鑛業等十公司，收集資本一億四千一百五十一萬一千圓，總生產額達於一千零零八萬六千一百五十五法噸；屬於三菱系的，則有三菱鑛業，中島鑛業，雄別煤鑛鐵道，九州煤鑛汽船等四公司，收集資本總額七千二百萬圓，總生產額達於五百二十一萬九百四十八法噸。

少數財閥，漸次注意到那種有力的加迭爾之中，而縱斷的康塞爾即將完成。玆就日本財閥的代表者三井、三菱的事業，把那龐大的康塞爾圖示如次，當可知其一斑。

三　井（三井合名）

三井銀行　三井信託　大正海上

三井物產　三　越

三井鑛山　北海道煤鑛以下十公司

芝浦製作　日本製鋼

王子製紙

電氣化學
橡皮樟腦化合物
小野田士敏土
熱帶產業
臺灣製糖
東神堆棧

三　菱（三菱合資）
三菱銀行　東京海上　三菱信託　三菱海上　明治火災
三菱商務
三菱商業　以下四公司
三菱造船　三菱電機　三菱內燃機
三菱製紙
旭玻璃

三菱製糖　明治製糖

日本窯業

日本窒素

麒麟啤酒

三菱堆棧

（二）植民地之分割

以上雖根據的是很少的材料，然對於企業集中產生了大資本閥獨占的康塞爾的這一過程，我們總可明瞭。可是企業集中一旦達到這一階段，則不僅確立國內的『獨占』，並且確立國際的『獨占』。同時，那種獨占所具的意義，也在國際上面尖銳化起來。

金融寡頭支配之國際的獨占，表現爲兩個方向。其一，是國際的企業結合所引起的原料產地之分割；另一，就是植民地之分割。

我們先從國際的企業結合考察一下。

國際的企業結合，也有採取托辣斯的形式和加迭爾的形式的。同是採取加迭爾的形式，又有以外國市場做主眼的——例如：跨英美二國的斯坦達多煤油公司和藥材產業的布洛斯與威爾加公司就是的；並由各國的公司合併而生的——例如：科次與克拉克·斯列脫托辣斯，諾柏爾·戴那邁脫托辣斯（在斯可脫蘭多，德意志，並其他各處有附屬公司），大西洋汽船公司就是的（霍布孫前書）。總之都可證明企業集中，超越國家限界而在國際場裏展開的這一事實。

隨着托辣斯的國際展開，那種巨大的托辣斯之間，關於世界原料產地及世界市場的協定，就成了具體的問題。這就是國際的加迭爾之成立。

玆先就國際加迭爾的先驅——國際軌條加迭爾說說。

在一八八四年的市況惡劣期，英，德，比三國的軌條公司，締結一個協定，藉以廢除各協定國的國內市場的競爭，把外國市場用英國六六%，德國二七%，比國七%的比率去分割。這協定雖於一八八六年破壞了，却在一九〇四年——即在德國舉行鋼鐵新迪加的組織之年——十一月以前，從新成立協定，以下面的比率，分配各協定國的生產成數。即是：英國五三·五〇%，德國二八·八三%，比國一七·六七%。其後，法國加入這一組織，就英，德，比三國總計的一〇〇單位上，第一年加了四・八%，第二年加了五・八%，第三年加了六・四%。一九〇五年，美國鋼鐵公司又參加進去，隨着奧國也加入了。

尤爲大規模的國際加迭爾，可就新興產業部門——電氣事業看出來。縱斷世界的電氣托辣斯，就是亞・埃・格（Allgemeine Elektrizitäts—Gesellschaft）和季・伊・西（General Electic Co.）。前者是德國的獨占的托辣斯，後者是美國的獨占的托辣斯。A・E・G，是由下面的合併而取得獨占地位的。

1900
費列頓　爵姆　拉邁爾　牛利翁　AEG　西門子・哈爾斯克　休克特・公司　白爾格蒲　庫美爾

費列頓・拉邁爾　AEG　西門子・哈爾斯克・休克特　1900破產

1912
A E G
（1908年以來更密切的協定）

即是，一九〇〇年有八個電氣事業公司團存在，到了一九一二年，則所有電氣事業，完全隸於AEG的支配之下了。要問這AEG，究竟具有何種龐大的勢力（由於參與制度），那只看牠『支配一七五——二〇〇個公司，擁有約十五億馬克的公稱資本；勢力達到十國以上，設有三四個海外直接代理店，其中一二個是股份公司；在一九〇四年，海外投資已達二億三千三百萬圓，其中六千二百萬圓是投在俄國的』，就可知其一班了（列寧，霍布孫前書）。

知這AEG的發展同時，美國的GEC也發展着，兩下遂在歐洲競爭起來。即是，GEC把在歐洲設有代理店的杜姆孫．華盛頓公司和譪季孫公司，以及在德國設有代理店的法蘭西．譪季孫公司合併後，必然的兩者不能不角逐起來。於是這兩電氣托辣斯，在一九〇七年結成分割世界的協定，GEC以美洲，坎拿大爲勢力圈；AEG以德，奧，俄，荷蘭，丁抹，瑞士，土耳其，巴耳幹等爲勢力圈（列寧前書）。

還有一個國際加迭爾的例證，就是『煤油』產業。『現在燃料起了變遷』，簡直成了煤油世界。因之，凡煤油生產豐富的國家，在經濟上是富國，在政治上就是強國；反之，煤油生產很少，或不能如意供給的國家，在經濟上追隨別國之後，所以在政治上就不能占有力地位。』只像這麼說，煤油的國際獨占問題，也要和國家勢力相結合而生出各種問題（內藤久寬『社會經濟體系』，二卷，八二頁）。

世界大戰前，世界煤油產額的八〇%，是靠美國產生出來的：這八〇%的大部分，又為洛克費拉統率的斯坦達多石油公司所獨占，和牠對抗的，僅有支配俄國巴庫油田的洛士卡爾和諾白爾。而且煤油這東西，不僅在產業上，交通上占有地位，像上述的那樣重大，對於軍事上也有極大的關係。所以任何國家，都為了獲得油田，開發煤油事業而發狂、各國財閥都不期而同的各以自己國家的勢力為背景，展開這『圍繞石油而起的分割世界的鬥爭』。

首先就是一九〇七年，以德意志銀行為盟主的德國財閥，注目羅馬利亞的油田，通計總投資不過一億八千五百萬金圓，德國方面乃占七千四百萬金圓，並建立過一種和俄國的巴庫油田相提攜，藉以對抗洛克費拉的計畫。雖說德國財團的這種計畫，因洛克費拉的反對而歸失敗，但其間，英國又樹立了對抗美國煤油獨占的『煤油政策』。這也是一九〇七年的事情，英國的辟爾運輸貿易股份公司，和荷蘭的洛亞爾達齊公司訂立合同，經營荷屬印度的煤油事業，並組織英波煤油公司，開掘波斯的油田。洛克費拉則為維持其獨占起見，在荷蘭組織附屬公司，希圖收買荷屬印度的油田，或高唱油田機會均等，大行其對抗運動。尤堪注目的，就是土耳其煤油公司的事件。這在煤油政策上積極的轉變了的英國，注目美索不達米亞的油田，設立土耳其煤油公司，因而惹起那以洛克費拉爲中心的美國煤油托辣斯的反對運動，遂變成了外交問題的事件。結果，土耳其煤油公司的股份，歸美國，法國，英波公司，洛亞爾·辟爾·達次齋公司均分，纔能告一結束（列寧前書，內藤前書七七頁以下）。

那麼一來，隨着國內的企業聯合及合同之發展，那國際的進出，愈加帶有重要性。這因達到了獨占階段的資本主義，必然的想把獨占國際化，把世界的原料產地及市場，放在獨占的支配之下。這就是獨占的金融資本閥對於『世界之分割支配』的要求。

然而所謂國際加迭爾，可把國際的戰爭廢除到某種程度的話，絕不是國際資本戰向平和政策轉換方向的意義；寧說牠是內藏着更多更酷的競爭的。以煤油爲中心的國際資本主義托辣斯之間，僅能保持現狀的協定，已在顯示那一眞理；和這一樣，那種『世界的分割支配』，是不離權力的東西，牠正是以權力作背景的。所以，國際加迭爾所進行的『世界分割』：

一，是金融資本閥獨占支配的產物，絕不是爲產業和平而行使的手段；

二，世界的分割支配，若無權力做背景是不能的，所以背後每不能不武裝；

三，牠不是單純的經濟政策，已和國家權力相表裏而轉化爲政治問題了。

那末，國際加迭爾所成立的協定，簡直是和經濟領域的問題相表裏的，反過來說，就是含着爭奪植民地的競爭的。所以，若把國際加迭爾的成立，認爲是緩和植民地爭奪戰到什麼地步的，那是淺薄的見解。可說國際加迭爾所抱的『分割』之要求，反在植民地爭奪戰上加上了一個拍車。

這裏，我想把視線移轉到國際獨占的另一形相——植民地爭奪戰上去。關於金融資本主義這東西，必然的構成植民地的兼倂之一些緣由，前面屢次說過。現在若再把這些緣由總括起來，大略可以舉出下面的幾項：

一、和轉變爲保護貿易主義同時，那以關稅壁爲中心的經濟領域的意義帶了重要性；

二、原料產地的獨占，在國際競爭上，成了必要不可缺的前提條件；

三、由於資本的輸出，向來在經濟上不值一顧的地域，也有了經濟的價值。

總之，『金融資本不是求自由的，乃是求支配的』，這一原則在植民政策之上，最露着鋒鋩就是了。

現在試就一八七六年卽自由主義的資本主義達到最高潮之年，和一九〇〇年卽標識出向着獨占的資本主義方面走去的轉換之年，表示一下植民地分割的狀態。

國別植民地分割表（斯頗白爾『帝國主義論』，四二九——三〇頁）

	一八七六年		一九〇〇年		增（＋）減（－）	
	面積	人口	面積	人口	面積	人口
	啓羅米突	千人	啓羅米突	千人	啓羅米突	千人
英國	二二、四七六、一〇〇	二五一、八六一	三二、七一三、〇〇〇	三六七、六〇六	＋一〇、二三六、九〇〇	＋一一五、七四四
亞洲	三、六五五、四〇〇	二四一、八三五	五、一一四、四〇〇	三〇一、四九五	＋一、四五九、〇〇〇	＋五九、六六〇
非洲	八〇六、九〇〇	三、三三一	九、三〇一、二〇〇	五三、〇九七	＋八、四九四、三〇〇	＋四九、七六六
澳洲	七、六九九、四〇〇	一、九七〇	七、六九九、四〇〇	三、九八三	—	＋二、〇一三
波里內西亞	二九一、九〇〇	五五四	五五八、七〇〇	一、四八六	＋二六六、八〇〇	＋九三二
美洲	八、七二一、四〇〇	五、一六〇	八、七三八、二〇〇	七、五三三	＋一六、八〇〇	＋二、三七三
極地	一、三〇一、一〇〇	—	一、三〇一、一〇〇	—	—	—

荷蘭	三、〇四四、九〇〇	一四、五三〇	三、〇四五、六〇〇	一七、八七四 +	七〇〇 +	一三、三五四
亞洲	一、五三〇、六〇〇	一四、一七〇	一、五三〇、六〇〇	三七、四九四	— +	一三、三二四
波里內西亞	三九四、一〇〇	一四〇	三九四、八〇〇	一四〇 +	七〇〇	—
美洲	一三〇、一〇〇	一一〇	一三〇、一〇〇	一四〇	— +	三〇
法國	九六四、三〇〇	五五、九九七	一〇、九八五、一〇〇	五〇、一〇七 +	一〇、〇二九、八〇〇 +	四四、一一〇
亞洲	一六〇、〇〇一	二、六八三	六六四、三〇〇	一八、〇七三 +	五〇四、三〇〇 +	一五、三九〇
非洲	七〇〇、〇〇〇	二、八七五	一〇、二二一、三〇〇	三、五二八 +	九、五二一、三〇〇 +	二八、六五三
波里內西亞	三三、三三〇	九三	二四、三〇〇	八八 +	九〇〇 —	[illegible]
美洲	八二、〇〇〇	二四六	八二、〇〇〇	四六	— +	八二
極地	—	—	三、五〇〇	— +	三、五〇〇	—
德國	—	—	二、五九六、五〇〇	二、九九八 +	二、五九六、五〇〇 +	二、九九八
亞洲	—	—	五〇〇	八四 +	五〇〇 +	八五
非洲	—	—	二、三五二、二〇〇	二、四六五 +	二、三五二、二〇〇 +	二、四六五

波里內西亞	—	—	三四三,八〇〇	四四九	+三四三,八〇〇	+四四九
俄國	一七,〇二〇,七〇〇	一五,九五八	一七,二八六,八〇〇	三五,〇四五	+二六六,一〇〇	+九,〇八七
亞洲	仝上	仝上	仝上	仝上	+仝上	仝上
美國	一,五五二,五〇〇	六〇	一,八七五,五〇〇	八,八一八	+三二三,〇〇〇	+八,七五八
亞洲	—	—	二九六,三〇〇	七,六三五	+二九六,三〇〇	+六,七三五
波里內西亞	—	—	一七,四〇〇	一六七	+一七,四〇〇	+一六七
美洲	一,五五二,五〇〇	六〇	一,五六二,八〇〇	一,〇一六	+九,三〇〇	+九五六
意大利	—	—	五一〇,〇〇〇	七三一	+五一〇,〇〇〇	+七三一
非洲	—	—	五一〇,〇〇〇	七三一	+五一〇,〇〇〇	+七三一

這就是指示一八七六年到一九〇〇的期間，各强國所施行的植民地之兼併，以急大的速度發展了的情形的。若把牠分爲各洲別來觀察植民地的比率，則此中的消息，恐怕更要瞭然。

洲別	一八七六年	一九〇〇年	增(十)減(一)

非洲	一〇・八%	九〇・四%	+	七九・六%
波里內西亞	五六・八	九八・九	+	四二・一
亞洲	五一・五	五六・六	+	五・一
澳洲	一〇〇・〇	一〇〇・〇		—
美洲	二七・五	二七・二	—	〇・三

這是表示歐洲各國及美國的植民地在各洲的比率的（根據列寧前書。以上兩表都是從Sup·n引用的）。要說這一期間，就是分割那向在經濟上不值一顧的非洲及波里內西亞的時代，實在不算過火的話。

所以，一八八〇年以來，狂熱化了的植民地爭奪戰，絕不是在和平的路上演現的。那以世界工業國而君臨世界經濟很久的英國，被那些新以競爭者而出現的對頭——德、美、俄等國，或宗保護貿易主義，或崇高度的企業形態，來爭奪他的既得利權，遂使『植民地的武力分割』，急速的增大起來。茲以一八七五年以後所起的植民地爭奪戰來表示，則有如左表（參看海士『近代歐洲政治社會史』Hryes: A political and social history of modern Europe第七章五四七頁以下）。

A　戰爭

一八七七—八年	俄土戰爭
一八九四—五年	中日戰爭
一八九八年	美西戰爭
一八九八—一九〇二年	南非戰爭
一九〇四—五年	日俄戰爭
一九一一—一二年	意土戰爭
一九一二—一三年	巴爾幹戰爭

B　國際爭議

一八七八年	柏林會議
	英德非洲協定
一八九〇年	英法非洲協定

一八九一年　英葡非洲協定
一八九九年　法雪達事件—英法協定
一九〇五年　摩洛哥問題
一九〇八年　同　上
一九一一年　同　上

這就是先進資本主義國對植民地的侵略政策，通過七個戰爭和屢次惹起國際危機的植民地爭議，纔稍稍保持住平衡。然而這類武力的分割政策，因美洲的分割告終，因波里內西亞的武力分配告終，就完全要採用別的形式。就是因為世界的分割此時業已完畢，無論什麼新分割，都非破壞勢力均等，訴之干戈不可，而世界戰爭的爆發，正是那種矛盾的尖銳化。世界戰爭爆發的當時，所有世界的領域，被這樣的分割了——

就是全面積的六〇•八%，為六大強國所占有，全人口的五八•〇%，住在那些領域之內。由是足徵世界是如何被分割殆盡了。

	植民地		本國		合計	
	面積	人口	面積	人口	面積	人口
英國	33.5	393.5	0.3	46.5	33.8	440.0
俄國	17.4	33.2	5.4	136.2	22.8	169.0
法國	10.6	55.5	0.5	39.6	11.1	95.1
德國	2.9	12.3	0.5	64.9	3.4	77.2
美國	0.3	9.7	9.4	97.0	9.7	106.7
日本	0.3	19.2	0.4	53.0	0.7	72.2
合計	65.0	523.4	16.5	437.2	81.5	960.2
其他各國	9.9	45.3	28.0	289.2	37.9	34.5
半植民地	14.5	361.0	—	—	14.5	361.0
總計					133.9	1655.9

本表見列寧『帝國主義論』。

然而此等植民地之分割，不是和許多論者所主張的一樣，僅是基於民族主義或愛國主義而動作的，這乃是隨獨占的資本主義而來的必然歸結，正是金融資本閥的國際的分割政策之表現。所以，那必然構成此等植民地之分割的資本主義，若仍舊存續一天，則牠的從新分割植民地的要求，也必然進行一天，這不由牠不常常包藏着世界戰爭的危機。

第二節　帝國主義和矛盾的展開

帝國主義，就是達到了獨占階段的資本主義，這從生長方面觀察，自然是資本主義的最高發展，但從矛盾方面觀察，却是極端的矛盾。而這矛盾，又在兩個方向上表現出來。一個方向是資本主義發展的內部窮塞；另一，則是資本主義發展的外部窮塞。資本主義，因達到獨占階段而內部陷於絕境，這是在獨占上呈現出來的矛盾之展開。可是資本主義，不僅內部陷於絕境而已，外部也陷於絕境了，這是在獨占的必然歸結——植民地爭奪上呈現出來的矛盾。

(一)　在獨占上呈現出來的矛盾

以上反復說過，資本主義的根本特徵，其一就是自由競爭。自由競爭，和同是構成資本主義基地的生產手段私有相伴隨，把自由的技術之進步，可驚的生產力之發展，因獲得市場的競爭而建立之世界經濟等等，在外延上內包上，都造成空前的經濟進步時代。可是一旦發生了托辣斯，加迭爾，新迪加，更至於發生金融寡頭支配的時候，則向來的自由競爭，一變而爲獨占的支配，而資本主義之活躍的發展遂停止，所謂『停滯的』狀態便呈現出來。這自由競爭轉變爲獨占所構成的『停滯』，正是獨占上呈現出來的矛盾第一。

最表徵『停滯』的東西，就是阻止新發明的應用。因爲新發明的移入所及於生產機關的變化，在生產大規模化了的時代，惹起極大的損失。所以，達到獨占境域的資本主義，每有收買新發明而阻止其利用，藉以保持歷來的利潤的事情。

然而獨占的矛盾，不僅在那種停滯的意義上呈現而已，在利息生活者——寄生階級的增大上也呈現出來。這一增大，就是所謂靠『剪息票』爲生的階級之增大。

那種寄生階級之增大，不管是國內的原因，抑國際的原因，都可以構成牠。就國內的原因說，則股份企業和銀行的發展，漸使資本所有者，不直接的參加企業，那以貨幣資本的利息爲生的放款者，不直接參加一切運用資本的事情。企業的集中，多少達到了獨占階段，這一傾向就更加極端化。於是全產業爲少數財閥所支配，生產的管理由技術家執行，大多數的資本所有者，都通過銀行而靠利息爲生。

但是，寄生階級的增大，不僅是由國內的原因產生的，牠好多是由國際的原因產生的。資本的集積——企業集中——大資本閥出現的這種過程，不僅是國內的過程，牠並是在國際上，構成那些少數國家集積大資本的過程。牠的結果是什麼？就是那靠『剪息票』爲生的寄生階級急速的增大。因爲少數國家所集積的巨大資本，仍以資本的原形輸出海外，於是那種往被投資國去的寄生，往植民地去的寄生倍加起來。

和資本主義向獨占階段的發展相呼應，資本的輸出是怎樣增大的？隨着那種資本輸出的增大，所謂『寄生』的又是怎樣增大的？根據以下的簡單數字，或許可以把牠指示出來。

柏恩哈多·哈姆士在其『國民經濟及國際經濟』中，說：

『要想知道英國的海外投資額，恐怕收益稅就是線索。那對於海外的投資，一八八〇——一八八一年是以六億馬克，一八九〇——一九一年是以十一億六千萬馬克，一九〇〇——一九〇一年是以十二億馬克，一九〇一——一九〇二年是以十二億五千二百萬馬克作收益——那固然含有投入植民地的投資——課稅的。假定把利率作五分計算，則海外投資額，一八八〇——一八一年當爲百二十億馬克，一九〇一年——二年當爲二百五十億馬克。可是這些數字雖大，而從旁的方面證明，却還算不得巨額，因爲在八十年代的時候，計算海外投資額，已約四百億馬克了。

最近，覺季•柏因在倫敦的 Royel Statistieal socity 會議席上，對於英國的海外投資，發表了一個精確的概觀。據他的報告，總額爲三十一億九千一百八十三萬六千磅，即約略達於六百五十億馬克，這與一九一一年伊•薛•雅（E. Sheyer）的計算（他計算投資海外的利息爲一億八千萬磅）是一致的……』（據斯顛白爾『帝國主義論』四一四——五頁的引用）。

哈姆士根據伯因的報告，把英國海外投資的洲別概觀，指示如次：

美洲	一、七〇〇、〇〇〇、〇〇〇磅	（五三%）
亞洲	五〇〇、〇〇〇、〇〇〇	（一六%）
非洲	四五五、〇〇〇、〇〇〇、〇〇〇	（一四%）

澳洲　三八七、〇〇〇、〇〇〇（一二%）

歐洲　一五五、〇〇〇、〇〇〇（五%）

計　三、一九二、〇〇〇、〇〇〇（一〇〇%）

（據前人同書四一六頁的引用。）

那種海外投資的增大，如何促進了寄生的狀態，不須多說當可明白。薛爾次·格巴利次說：

『英國由工業國漸次發展爲債權國。儘管工業生產絕對的增大，因而儘管工業生產物的輸出絕對的增大，而利息額和紅利額，發券利得，手續費利得，以及投機利得，在全國民經濟上，仍增進相對的重要性。據我的見解，帝國主義進展的經濟基礎，就是這種事實。債權者和債務者，比賣手和買手還保持長久的關聯』（據列寧前書的引用）。因海外投資的發展而寄生增大，這不僅是英國的現象，儘管資本主義國各因其特殊情形而有不同，多少總要踏入這種過程；並且世界資本主義國，現正踏着這一過程。

茲再就法國舉一例證。

法國到達到資本主義的獨占階段以前，早已因爲國內利潤率低減的原故，成了資本輸出國。不過無論資本輸出的原故在那裏，關於資本輸出這東西，漸漸獲得重要性，增大了國內的寄生狀態，總是一樣的。法國的資本輸出，以什麼形勢增進的，據以下的數字，或可知其一端。

	一九〇二年 十億佛郎	一九〇八年 十億佛郎	一九一四年 十億佛郎
全亞洲	二一、〇一	二〇、五—二、三〇	三〇、四
全非洲	三、六九	五—七	
全美洲	三、九七	三—四	一四、六
全歐洲	一、一二	一	
全澳洲	〇、〇六	—	—
計	二九、八五	二一四—二四一	四五、〇（斯顛白爾前書）

就是說，法國的海外投資額，在一九一四年度，達於四百五十億金佛郎。因爲輸入法國的僅七——八十億金佛郎，所以把年利率作五分計算，法國每年可從海外獲得約二十億的金

佛郎。法國就是那樣形成純粹金利國——債權國的。

靠被投資國吃飯，寄生於植民地的『寄生狀態』之發展，已有資本主義停滯的意義，那不能不是資本主義崩壞的意義。何故？因爲隨着那種寄生狀態的發展，國內則增長不勞而獲的遊食階級，那不僅招致頹廢與沈滯，而且在國際方面，表現出來的一種傾向，就是妨害被榨取國的發展，把植民地的榨取狀態長久化。那曾經活躍勇進的資本主義，在這一過程上，除開努力停滯的一種『退步力』以外，什麼東西都沒有了。這是在獨占上呈現出來的第二矛盾。

（二） 植民地鬥爭上表現出來的矛盾

資本主義達到了獨占階段，同時就以停滯呈現出矛盾來。資本主義今日在國內，已爲陷於絕境，牠這種國內的絕境，並是牠在國際的絕境之反映。換言之，資本主義因爲在國際上已經走不通，所以在國內也走不通了。

然而在資本主義的發展上，所謂停滯——卽『踏脚』的事情，沒有可能持久的理由。獨占，在某種限度上，却不得已而爲那種停滯狀態，恐怕這是人爲的一時的情形。既然站在資本主義的基地之上，是決難排除自由競爭的；並且，可說在這——一面雖然內藏着伸張自由競爭的要素，一面却有不能不阻止她的反對要素發生作用的——上面，達到了獨占階段的資本主義的矛盾，必然尖銳化起來。

這個矛盾，因爲有環繞着獨占的非資本主義的要素，所以又在培植大規模自由競爭的一點上表現出來。

據布哈林說來，競爭可分爲三個形態。第一，是水平的競爭，這是同種類企業間的競爭，這一競爭的方法，就是靠『較廉的商品』而獲得市場；第二，是垂直的競爭，這是基於社會分業的異種類企業間的競爭，這一競爭的手段和前者不同，這就是一種直接行動（最典型的東西，就是非賣同盟 Boycott）；第三，也可說是結合的競爭，這是包括幾種生產部門的資本主義的單位間的競爭，這一競爭手段，不僅是『靠廉價商品』獲得市場，並以資本投下的領域，生產行程的增大爲競爭手段（布哈林『轉形期經濟學』、八——一〇頁）。

這種競爭形態，能夠如實的適用於世界經濟之上。

發展到了獨占的資本主義，在國民經濟的境界內，能夠作出某種程度的合理組織。蓋由所謂國家資本主義托辣斯、或可看見生產的無政府被揚棄，自由競爭被排除。但雖是這樣，仍不能排除資本主義的矛盾；不過把同一的矛盾，送到國際經濟的領域內罷了。於是那以發展到了國家資本主義托辣斯的國民經濟爲單位，在國際經濟領域內發生的競爭遂展開。

在這國際經濟上，首先就展開那靠『較廉商品』獲得市場的競爭。然而在國民經濟上，達到了獨占之域的資本主義的生產物，所以作用爲商品的，是由於和國際經濟市場相連繫，因而獲得市場的競爭，也必須以國際的分業爲前提。就是說，這一階段的國際經濟間的競爭，既是水平的競爭，又是垂直的競爭，可說就是結合了的競爭。國民經濟上的獨占，越隨着金融資本主義的發展而前進，則含着市場競爭與獲得投資領域的競爭，這兩重競爭結合起來的競爭，必然加大激烈程度。

那末，資本集中之發展，隨資本集中而起的獨占之發展，不但不能排除自由競爭，反而促進更大規模的競爭之展開；並且國際經濟領域上的競爭，發展爲市場鬥爭——原料產地鬥爭——經濟領域之分割的鬥爭，這種情形，在植民地的分割支配上，可以看出牠的極點來。

布哈林說：

『資本集中，一方漸漸消滅競爭，而他方則在更擴大的基礎上，不絕的再生產着競爭。牠雖然排除小生產單位間的無政府，却使大生產部分間的無政府關係更尖銳化。一般的經濟體系上的競爭，在某種場所雖然消滅，而在另一場所，却於極大的範圍內再現出來。就是說，牠是在偉大的世界機構之根本部分的競爭上，變換形相的。

資本集中，從競爭發展的三個基礎上顯現出來，那就是吸收同種企業的水平的集中，結合種種企業而成的垂直的集中，因結合之結合或結合了的企業與單純的企業之結合而生的結合的集中。在世界經濟上，資本集中雖因三個基礎而有區別，定之都是表現爲帝國主義的併合的』（布哈林前書，一二一——一三頁）。

關於資本集中產生企業集中，企業集中又促進資本集中，遂達到獨占階段的這種過程；資本過剩產生資本輸出，促致國際加迭爾所施行的經濟領域之分割的這種過程，由這兩種過程相表裏而進行的資本主義之發展，已經反復說過了。可是不能不注意的，就是此等資本主義之發展，必然走上的過程——植民地之分割，已經告終的事情。儘管獨占，而更擴大的競爭之再生產，不能不是促進矛盾的要素。在植民地分割完畢的那種事實之上呈現出來的矛盾，牠在表明資本主義之國際的絕境這一意義上，是招致那種矛盾的極點的。這一矛盾，走進那種對植民地的熱烈要求和對植民地榨取絕緊之間，就越發非引起帝國主義的戰爭所促致的資本主義之破壞不可。

第三節　帝國主義論和超帝國主義論

關於帝國主義的意義，種種的看法對立着，這是本章的起首已經說過的事情。可是其中最要批評的，就是考茨基所主張的超帝國主義論。這裏，我們必須把牠的要旨介紹出來，加以簡單的批評。

考茨基對於帝國主義的見解，在『新時代』上發表的論文『帝國主義論』，及『可注意的兩書』之中發揮過。

考茨基不把帝國主義看做是一定的發展階段上的資本主義，他認爲是高度發展了的工業資本主義的產物——各工業資本主義國企圖更加抑壓大農業地域併吞大農業地域的衝動。據考茨基說來，從工業與農業的區別，及兩者的交互作用中發展起來的商品生產，進入了資本主義的商品生產時代，工業生產就跟着牠更加增大，這時候，農業就因農業人口之減少，對於工業生產物的需要減退下去，對於食料品及原料的龐大需求不能適應，遂釀成工業和農業的不平均。那企圖增大和牠有交易關係的農業地域，藉以克服這一不平均的資本主義工業國的特殊形式，就是帝國主義的形式。

因此，考茨基不把帝國主義看做資本主義的絕境，或絕境的表明。他把帝國主義的要素，區別爲經濟的和政治的，他以爲——

帝國主義有可由社會主義克服的一面。這就是說，那種企圖支配資本主義所依以存立的必須條件——農業國的要求，或爲該資本主義國的無產階級打破其桎梏，或爲這農業國的居民傾覆其勢力。在那種經濟的一面上，帝國主義必然的是顯示資本主義的絕境。

然而帝國主義的另一面——帝國主義戰爭，既不是資本主義存立的必須條件，也不是可與資本主義同時克服的東西。他關於這一點，把世界大戰及世界大戰後的經驗說明如次：

『世界戰爭後，沒有可以繼續武裝戰爭的經濟的必然性存在，這縱然從資本家階級的立場看來也是不存在的，至多不過從兩三個有軍備利害關係的立場看來是存在的。

『反之，資本主義的經濟，受着國家對立的極大威脅，現在凡有先見之明的資本家，對於他的同志都這樣高喊着「全世界的資本家喲！團結起來喲！」。

即是，據考茨基看來，帝國主義的政治的一面，可以喚起世界戰爭的一面，不是資本主義的必然的政策，是牠的許多政策中之一個，不過因牠助長資本主義的發展而採用的。然而現在她卻阻害了資本主義的發展。所以，許多資本家。或許要廢棄帝國主義，而加迭爾政策被推進到國際政策之中，或許就是資本主義走入一個新的階段，這就是『超帝國主義的』階段。

這就是考茨基的超帝國主義論。他的要旨就是：

一，帝國主義，是發展到了高度的工業資本主義，企圖併吞農業地域的努力。那不是資本主義這東西的本身，是資本主義的政策——可說是植民地政策；

二，帝國主義，就是一種植民政策。可是植民政策，不是具有歷史的必然性的東西，所以帝國主義也不是具有歷史的必然性的；

三，帝國主義的『絕境』，帝國主義的『破產』，決不就是資本主義的『絕境』和『破產』的意義。所以帝國主義的絕境，不是排除新的資本主義過程的東西，現在那種可能性的萌芽已在表現，這就是超帝國主義的國際資本主義之團結。

考茨基的超帝國主義論，從工業資本主義和農業的關聯出發，在這一點上，和盧森堡及其他的人們，把非資本主義的外域，認爲是資本主義發展的絕對必要的條件，是同樣的見解和出發點。可是他不把帝國主義認做資本主義的『絕境』，在這一點上又和她們尖銳的相對立。盧森堡等把資本主義的『絕境』，歸罪於非資本主義的外域狹隘化，所以她們的結論，就說必須非資本主義的外域還存在的那一瞬間，資本主義總不陷於『絕境』。根據她的這種見解，資本主義的盡頭，是延長到世界到處皆資本主義化了的瞬間爲止的。可是盧森堡等的結論，又說資本主義現已達到這一階段，帝國主義正把資本主義的絕境如實的在表明。反之，考茨基把帝國主義看做一個植民政策，認定資本主義之超帝國主義的發展是可能的，所以他得到的結論，是資本主義當其自身中所孕育的社會主義要素，還沒成熟以前，不至陷於絕境。這在某種意義上，是追尋資本主義的絕境於長遠道上的一種議論和膚淺的見解。

所以，考茨基的超帝國主義論的根本弱點，歸根就是對於達到獨占階段的資本主義認識不清楚。他不能理解達到獨占階段的資本主義，在政治方面，必然的成爲植民地的併合政策；他却把經濟的獨占和政治的併合政策，認爲可以分離的東西。就這一意義說，他的超帝國主義論，不過是一種謬妄之談。

然而資本主義，不單內部陷於絕境，可說內部陷於絕境以前，外部已陷於絕境，這事實，在由資本主義經濟到社會主義經濟的轉換上，是具有決定的重要性的事實。因爲惟其有這種絕境，帝國主義階段，總是給無產階級解放運動一個特殊意義的東西。所以這一絕境，究竟是基於資本主義發展的什麼要素而演現的，這在那政策論上，是問題的重大分歧之點而不可忽視的東西。這是我們一面特地批評考茨基的超帝國主義論，同時並不採取和他同一出發點的盧森堡的見解的理由。

我們所以特別把考茨基的超帝國主義論作爲問題討論的，固然是要指摘他的謬妄，可是還有其他的理由。因爲他對這以世界大戰爲契機而展開的資本主義之搖動，旋又入於安定狀態的問題，發出極大的暗示。那些把戰後資本主義的安定問題作爲一個要素，藉以說明資本主義的『方向轉換』的人們，多少總是立脚於考茨基的超帝國主義論之上的。所以，我們對於超帝國主義論，不僅在出發點上錯誤，並且結論上也錯誤的事實，要指摘出來的，就是教人不可忘掉那和資本主義經濟到社會主義經濟的轉形期問題有連繫的事情。在這一意義上，本節的短評，當然就是下章的伏筆。

三 轉形期

第七章 反資本主義運動

資本主義的發展，當前的必然是絕境，這不僅是發展的辯證法所詔示的當然的歸結，就是世界資本主義最近的趨勢，也有具象的證明。可是所謂資本主義經濟的絕境這東西，若從牠生長的要素看來，顯現的就是社會主義經濟的懷胎；若從牠的矛盾形相看來，顯現的就是恐慌——過剩人口——民衆的貧窮化——帝國主義的戰爭——生產力的破壞這一大串的破壞現象。反資本主義運動，就是從這社會主義經濟的懷胎，和那隨資本主義經濟而來的矛盾尖銳化的當中發生的。這就是所謂無產階級的運動。資本主義不單製造自己的對立，還鍛煉着打毁自己的武器(註一)。

資本主義存在的前提條件，必須自由的工錢勞動者——從封建的束縛中解放出來，並從一切生產手段中解放出來的自由工錢勞動者之存在。就是說，資本主義存在的要件，已是豫定着資本家和工錢勞動者的階級對立——利害鬥爭的。但是這階級間的利害鬥爭，最初是專爲經濟利害而起的鬥爭。一旦資本主義的發展、達到獨占的領域，則階級間的鬥爭，就不僅是爲經濟利害而起的鬥爭，並是爲揚棄資本主義經濟那東西的鬥爭——卽是不得不發展到所謂政治的鬥爭。這因爲資本主義的發展，如果基於集中——獨占的過程，遂至確立所謂金融寡頭的支配，則政治權力就成爲『經濟集中的表現』，被那些少數金融資本閥所掌握，以致那種企圖解放自己的無產階級運動，也不得不環繞着政治權力，轉變而爲政治的鬥爭。這不外就是階級鬥爭，從經濟的鬥爭一變而爲政治的鬥爭。所以、資本主義向着獨占去發展的過程，與無產階級運動向着政治鬥爭去發展的過程，恰是形影相隨的。

因爲那個原故，反資本主義的運動、就從經濟運動出發而到政治權力之獲得。但是無產階級的運動，不僅是把政治權力的獲得當做終極目的的，他們所期望的，乃是完成資本主義經濟秩序到社會主義的經濟秩序的轉變。不過資本主義經濟秩序到社會主義經濟秩序的轉變，沒有無產階級所要求的政治權力之獲得，那是不可能的。因之，經濟鬥爭與政治鬥爭的辯證法的關係，可以表示爲——

經濟鬥爭（這爲集中的表現）

政治鬥爭（無產階級集中於政治權力之獲得）

政治革命

經濟革命

的關係。從無產階級努力於政治權力之獲得，至實現社會主義經濟秩序的經濟革命之完成爲止，這一期間謂之『轉形期』。

所以，轉形期必須經過以下的過程：

一、由政治革命而達到無產階級的政治權力之獲得；

二、通過這一政治權力而實現各方面的社會化——土地、生產手段公有化；

三、實施社會主義的生產方法。

借馬克斯的『哥達綱領批判』中的話說，社會主義的第一階段，正是轉形期。

更把牠在世界經濟的規模上觀察，就是結成一大連鎖的世界經濟的機構上，那種連鎖的構成分子，一環一環朽落的過程。所以，世界經濟的全機構，不但牠本身是放在不絕的動搖之上的，而植民地半植民地民族運動之擡頭，也不絕的引起牠的平衡條件之擾亂。於是由於平衡條件之擾亂而起的帝國主義戰爭，就轉變爲資本主義國相結合，和以社會主義國爲盟主的全體被壓迫階級相結合的鬥爭。

所以，若把反資本主義運勞的發展形態概括起來，就是以下的一些過程。

資本主義運動	反資本主義運動
一、從資本主義成立到大規模生產的發展過程。——自由主義時代	一、自然生長的經濟鬥爭，在勞動組合運動上成形的過程。
二、通過資本集積，企業集中而金融資本主義遂至確立的過程。——帝國主義時代	二、離開經濟鬥爭而爲政治鬥爭的過程。無產政黨的發展過程。
三、帝國主義對於反帝國主義的勢力，尖銳的對立着的過程，由於無產階級努力政治權力之獲得，遂至各國革命起來的過程	三、政治鬥爭從事國際的展開，遂和反帝國主義的民族運動相提攜的過程。國際運動的過程。

程。——轉形期

即，反資本主義運動，隨資本主義的發展而發展到國際的政治運動。並且隨着這種反資本主義運動的發展，而運動的主體，也從勞動組合轉變爲政黨，從政黨又轉變到國際。同時，反資本主義運動的對象，也從各個資本家轉換到資本家的集團，從資本家的集團又轉換到國家權力。所以，轉形期中的重要研究題目，一方是充任反資本主義運動的主體的無產階級的組織問題，他方是充任反資本主義運動的客體——對象的國家權力的任務。

資本主義達到了帝國主義的階段，就越發顯露了牠的醜態。那個醜態，從反資本主義的運動方面看來，不外是『目的之建立』(註二)。本來，資本主義由其自身內在的矛盾，在誕生的瞬間，就已有了自己的敵人——那就是無產階級。不過無產階級的反資本主義運動，是由於到達了帝國主義階段的資本主義所顯示的醜態，纔意識自己的運動的全意義的，所以，到了這一階段，可說無產階級運動的一切組織，也全幅的顯露在白日之下。

以下，一方試就反資本主義運動的主體要素，一敍其概略，同時，關於那客體——對象的國家權力，也想加以批判。

（註一）馬克斯說：『無產階級與財富，是對立的。牠對立的形成一個全體。……私有財產，以私有財產的立場，以財富的立場，逼得非使牠自身，因而要牠的對立者無產階級存在不可。這在對立的積極方面，是滿足了自己的欲求的私有財產。反之，無產者階級，以無產者階級的立場，逼得要揚棄牠自身，揚棄那約束他們的對立者（以無產者階級爲無產者階級的對立者）——私有財產。這在對立的消極方面，牠是自身中潛伏了不安，已經解體或正在解體的私有財產。（『神聖家族』）。

恩格斯說：『資本主義的生產方法，由於把人口的大多數，一天一天的無產階級化，遂造出那不得不拼着自己破滅來完成這個變革的一種力（神聖家族）。

（註二）恩格斯說：『（資本主義的）生產方法，由於把已經社會化了的大規模的生產手段，更加國有化，指示着可以完成這個變革的途徑。無產階級獲得了國家的權力，首先就把生產手段國有化』（同前書）。

第八章　反資本主義運動的主體

因爲反資本主義運動，從經濟的鬥爭發展到政治的鬥爭，從日常的部分的利害鬥爭發展到變革的鬥爭，而反資本主義運動的主體，也完成了各種各樣的發展。在勞動組合，協同組合，無產階級政黨自身中的指導精神的發展，自不用說，就是那以運動的主流而從勞動組合到無產階級政黨的發展，也包含在這中間。

第一節　勞動組合

反資本主義運動最初步的而且最基礎的主體，就是勞動組合，所以我們不可不從勞動組合開始檢討。

勞動組合是什麼？首先就要這樣發問。

韋白在其名著『勞動組合運動史』的起頭，關於勞動組合的定義說：『勞動組合，是工錢勞動者爲維持他們的勞動生活的條件，或改善的目的而組織的常設的團體』（註）。這許是一般人所承認的勞動組合的概念。換言之，勞動組合，就是工錢勞動者爲維持或改善勞動條件所組織的團體，並是以社會的經濟關係的變革爲目的的團體。牠在工錢勞動者團體的意義上，是表示和資本主義經濟的成立及誕生同時的，在以變革社會的經濟關係爲目的的團體的意義上，是含有一定的歷史發展的意義的。

若把這徵之具體的歷史，勞動組合的起原，約略是十八世紀初頭，與產業革命發生期是一致的。可是勞動組合完成顯著的發展，還在經過產業革命，工場組織完備以後。最初的時候，不用說，是這些工場勞動者爲維持或改善自己的雇傭條件而組織的團體，但當時誘發他們要籌維持或改善雇傭條件之方的事由，計有兩個：其一，是迫於工場主、資本家的凌虐，藉以增進勞動者的利益的；另一，是阻止不熟練勞動者的雇傭，打算熟練勞動者常繼承那種特權的。勞動組合在那種時期，是以完成這兩個目的的機關而發生的。因之，牠就具備了一面對資抗本家，一面對抗不熟練勞動者的意義。可是機械的發展，已經撤廢勞動者技能上的熟練不熟練的差別，而產業的集中，又使勞動者深感階級組織的必要　於是那以熟練勞動者之團結爲目的的勞動組合、單以維持並改善目前的雇傭條件爲目的而團結的勞動組合，就不得不變爲以階級團結爲目的的勞動組合，以破壞現存社會組織爲目的而團結的勞動組合。

勞動組合的這種發展過程，是任何國家的勞動組合，多少都必經的過程。但是牠的最模範的例證，就是資本主義古典國——英國的勞動組合運動。英國的勞動組合運動，在那經過了誕生的混沌時代，遂至明白成形的一八五〇年，正是當做熟練勞動者的團結，當做追求日常的目前的利益的團體，確定了牠的基礎的。這種勞動組合運動，直經過三十年，繼續到一八八〇年的光景。至一八七九年，乃以船渠罷工爲契機，在勞動組合的運動上，開始了新的機運。那首先表現出來的，是向着不熟練勞動者的組織即階級組織去的轉變，其次則是革命的精神浸潤到組合精神。把這種發展最明確的記錄下來的，就是新新組合主義，少數派運動的抬頭。

目前表現於吾人眼底的勞動組合，是達到了這種發展階段的勞動組合。所以，只有在這種歷史的發展上，纔能闡明牠的全意義。即，勞動組合——

一，是反資本主義運動最初步的，因而是自然生長的形態。這是勞動組合的基礎，是勞動組合的出發點。

二，因反資本主義運動的進展，發展到以顚覆現存經濟秩序爲目標的團體。卽是從經濟的鬥爭，轉變到政治的鬥爭。而牠的基礎條件，第一就要完備這結合先驅勞動者與勞動大衆的紐帶。

如是，勞動組合，一面和無產階級的經濟利害相密接，一面就發展到以傾覆現存資本主義經濟秩序爲目標的團體了。牠在那種初步的自然生長的利害鬥爭方面，常是大衆的組織；在以參加傾覆現存組織爲目的的鬥爭一點上，常與先驅勞動者相結合。所以，勞動組合的本質，一面是抱擁着一般勞動大衆，同時，也可說是在於參與這種鬥爭的一點。

以上的勞動組合之機能，決定了牠在轉形期內的任務。因此，勞動組合的本質當中，下述的第三個機能也是加入在內的。

三、勞動組合，在轉形期內是經濟設施的礎石，可說是連繫經濟和政治的連繫機關。

所謂產業管理的任務，恰和這相當。

隨着這種勞動組合的本質並機能的發展，而勞動組合的組織、統制、指導精神上，也經過一定的發展。卽是從組織上的技能別組合，發展到產業別組合，從統制上的官僚主義，發展到民主的中央集權主義，從指導精神上的職業組合主義，發展到革命的組合主義。那末，若從各方面觀察勞動組合的發展——

第一，那是從技能別組合到業產別組合的發展。即是從服務於一產業部門的同一職業（技能）的勞動者的組織，逐漸發展到糾合全產業部門的勞動者的組合。這種組合，又從地方的組合發展爲全國組合，再從全國組合，發展爲國際組合。

其發展階段如次：

一，技能別組合
二，複合的技能別組合
三，技能別組合聯合
四，地方的組合
五，準產業別組合
六，產業別組合
七，產業別組合全國聯合

八，產業別組合國際聯合

第二，那是從官僚的組合組織到民主的組合組織的發展。依據『由下而上』的原則，以民主的中央集權主義，去代替那被少數幹部所統制的專制支配。

第三，那是從職業別組合主義到革命的組合主義的發展。卽是，從直接解決經濟條件的職業意識的組合，發展到以傾覆現存經濟秩序爲目標的階級意識的組合。換一句話，也可說是從經濟的鬥爭到政治鬥爭的發展。在這指導精神上的發展過程，又可概括之如次——

一，職業的組合主義

二，友愛的組合主義

三，戰鬥的組合主義

四，革命的組合主義

就以上所說的大要，若以圖表指示出來，則得到下列的勞動組合鳥瞰圖。

組織	統制	機能	指導精神
單位 全國的	官僚的 民主的	階級意識 政治行動	

技能別組合	職	一	十	一	一	一	職業的組合主義
複合的技能別組合	職	一	十	一	一	一	職業的組合主義
技能別聯合	職	一	十	一	一	一	職業的組合主義
地方的組合	混	一	十	一	十	一	戰鬥的組合主義
準產業別組合	產	十	一	十	十	十	革命的組合主義
產業別組合	產	十	一	十	十	十 一	革命的組合主義

（職——同一職業，產——同一產業，十是，一否）

勞動組合的本質，牠的組織及機能，各要素間的關連關係，大概由此可以明白了。現在如果不嫌麻煩，把牠的綱要重行舉述，則勞動組合，就是反資本主義運動最初步的、自然成長的、而且基底的運動主體。那是順應資本主義之發展，以完成其適應的發展，在勞動組合所具有的這根本條件上成就的，此其一。勞動組合的機能，組織，指導精神等的發展，都保持彼此的關聯而發展，都是在實現勞動組合的根本條件與其解放任務方向上成就的，此其二。勞動組合因反資本主義運動的尖銳化，必然的不得不逐漸從經濟鬥爭轉變為政治鬥爭，此其三。並且勞動組合，因爲牠的本質是反資本主義運動的基底，就有從事政治鬥爭的機關之必要，這就是政黨。

(註)參照韋白『勞動組合運動史』一頁。韋白最初把『勞動生活的條件』(Conditions of their working lives)改作『雇傭條件』(Conditions of their employment)。他所以要如此修改的，據說因爲是怕的有人解釋『勞動組合是承認資本主義組織，或是承認工錢制度永久性』的原故。由他這個修改的自身中看來，就可知道那正是指示英國的勞動組合運動之發展的。

第二節　無產政黨

『勞動組合，在以抗爭資本的蠶食爲中心上，從事悲壯的活動。他們因爲把力量無分別的使用，常有部分的失敗。然假使他們不企圖傾覆現存制度，假使他們組織了的力量，不用作謀勞動階級最後的解放——工錢制度之廢止的一個槓杆，而只局泥於對現存制度的結果施行小戰，那他們就完全失敗。』——馬克斯在其『工錢，價格及利潤』的最後，曾有這樣的說法。前節說過，勞動組合，牠是從追求勞動階級的經濟利害的自然生長的團體，逐漸發展到以顚覆現存經濟秩序爲目標的團體的。那不僅在抗爭資本的蠶食上發揮牠的機能，就是關於廢止工錢制度的鬥爭，在連繫勞動大衆和先驅勞動者的意義上，牠也是一個特殊的變革的槓杆。但是撤廢工錢制度的鬥爭，傾覆現存經濟秩序的鬥爭，非有一個特別的機關不可——那就是無產政黨。

這種意義上的無產政黨與勞動組合的關係，猶之在政治和經濟上的辯證法的關係一樣。政治，是經濟之集中的表現，同樣，無產政黨也是勞動組合之集中的表現。追求經濟解放的無產階級運動，有掌握政治權力之必要，同樣，勞動組合爲要達到他的希望，也非有無產政黨不可。

勞動組合的古典國是英國，反之，無產政黨的古典國是德國。德國的無產階級，是生長於一種特殊情形——卽是德國資本主義蒙國家權力掩護而成長——之下，老早就受馬克斯主義所謂『一切階級的鬥爭，就是政治的鬥爭』的影響，踏進了無產政黨的運動。德國的無產政黨運動，從一八七八年到一八九〇年，經過社會主義鎭壓法的歷練，隨鎭壓法的撤廢，而完成了長足的進步。茲試把德國無產政黨運動發展的經過，略述於次：

年度	代議士數	投票數（對於全投票的%）
一八七一年	二	一〇一、九二七（三・〇）
一八七四年	九	三五一、六七〇（六・八）
一八七七年	一二	四九三、四四七（九・一）
一八七八年	九	四三七、一五八（七・六）
一八八一年	一二	三一一、九六一（六・一）
一八八四年	二四	五四九、九九〇（九・七）
一八八七年	一一	七六三、一二八（一〇・一）
一八九〇年	三五	一、四二九、二九八（一九・七）
一八九三年	四四	一、七八六、七三八（二三・三）
一八九八年	五六	二、一〇七、〇七六（二七・二）
一九〇三年	八一	三、〇一〇、七七六（二四・〇）
一九〇七年	四三	三、二五九、〇二〇（二四・三）

一九一二年　一一〇　四、二五〇、三二九（三四・〇）

德國這種無產運動的成功，給與各國以影響，就是老守着勞動組合主義，勞動組合的代表者形成了自由黨左翼的英國，都由黑諦等大喊着『獨立代表』而得了勝利。如在一九〇〇年，有勞動者代表委員會出現，一九〇六年，有勞動黨的結成就是。同樣，在法國也因馬克斯主義的影響，成立了政黨的組織，即是法國勞動黨。牠的指導者，就是拉法格他們這一般人。以後，法國社會運動的主流，又從遵守馬克斯主義的拉法格一派的手中脫離出來，產生那標榜非政治主義的革命的『工團主義』，以致無產政黨的運動，不能像德國的社會民主黨，英國的勞動黨採取單一無產政黨的形式，竟在小黨分立的形勢之下，構成傍系的發展。雖然是這樣，而在脫離勞動組合運動的狹隘，另以撤廢工錢制度爲目標的這一點上，倒沒有什麼不同。在這個意義上，就說『革命的工團主義』，也是表徵那從日常的經濟鬥爭，轉變到一種變革的政治鬥爭的，却非過言。然而法國的無產政黨，稍後就整理成爲兩黨了，即一九〇一年，成立法國社會黨（Porti Socialiste de France），一九〇二年，成立法蘭西社會黨（Porti Socialiste Francais）。到了一九〇五年，更依國際的慫慂，兩黨合併起來而組織統一社會黨，這當然是政治核心結成的表現。

如上所述，雖然因彼此國情的差異，無產政黨成立的經過不能一致，總之從日常的經濟鬥爭，逐漸發展到政治鬥爭，因政治鬥爭的機關之必要，至有無產政黨的發展，這在任何國家，都是一樣。現在不憚其煩，盡可能的把各國的無產政黨發達的經過，表示出來：

1　英國

年度	議員數	得票數
一九〇〇年	二	六二、〇〇〇
一九〇六年	二九	三二三、〇〇〇
一九一〇年一月	四〇	五〇五、〇〇〇
一九一〇年十二月	四二	三七〇、〇〇〇
一九一八年	五七	二、二四四、〇〇〇
一九二二年	一四二	四、二三六、〇〇〇
一九二三年	一九三	四、三四八、〇〇〇

年份		議席	黨員數
一九二四年		一五一	五、五〇二、〇〇〇

2 法國

年份		議席	黨員數
一九〇二年	法國社會黨	一二	約四〇〇、〇〇〇
	法蘭西社會黨	三二	約四〇〇、〇〇〇
一九〇六年	統一社會黨	五二	八七八、〇〇〇
一九一〇年		七六	一、一〇六、〇〇〇
一九一四年		一〇三	一、三九八、〇〇〇

3 意大利

年份	議席	黨員數
一八八二—一八八六年	三	—
一八八六—一八九〇年	三	—
一八九〇—一九〇二年	五	一三一、〇〇〇
一八九二—九五年	一〇	—

一八九五—九七年	一二	二一、〇〇〇（一八九六年）
一八九七—一九〇〇年	一六	一九、一九四（一九〇〇年）
一九〇〇—一九〇四年	三二	—
一九〇四年—第二回	二八	四五、〇〇〇（一九〇四年）
一九〇九年	四〇	三〇、〇〇〇（一九一〇年）
一九一三年	五二	二五、〇〇〇（一九一二年）
一九一九年	一五六	—

無產階級的解放運動，必然會有無產政黨的樹立，這早已爲馬克斯所道破，且在各國無產階級運動的發展史上也可以證明。但是我們說起無產政黨來，決不可忘記無產政黨自身所有的發展。

無產政黨的發展，第一，就是從大衆的政黨，發展到前衛的政黨的意義，無論那一國的政黨，不管是勞動黨也好，社會黨也好，社會民主黨也好，或是公然的遵守馬克斯主義也好，反對馬克斯主義也好，總之在以傾覆現存經濟組織爲目標的一點上，都沒有什麽不同。

不過實現那個目標的手段或政策，那怕都是在同一無產階級的陣營內，竟各有各的觀察，以致屢屢引起很激烈的論爭。這一個危機，簡直影響於各國無產政黨在議會內的勢力，並且成爲現實的問題了。德國社會民主黨內所表現的修正派，就是最明顯的表徵，並且這在無論那一國的政黨中，多少都曾經驗過。但是把這種不同的意見暴露於白日之下的，就是勃發於一九一四年的世界大戰，與戰後的革命運動。當世界大戰開始的時候，各國無產政黨關於帝國主義的戰爭應該採取什麼態度的意見，顯然分做兩起。其一，是從正面反對帝國主義戰爭的；另一，是維持戰爭而轉變爲愛國主義的。這兩派的對立，因俄國革命成功、第三國際成立，在世界革命的運動潮流之間，就一天一天的尖銳化，各國的無產政黨，遂分爲社會民主主義的政黨和共產黨兩個大陣營。簡單的說來，就是第二國際與第三國際的對立，就是馬克斯陣營內的修正派與正統派分離的意義。這麼一來，在世界的無產政黨的運動中，遵奉尖銳的革命主義的共產黨的擡頭，戰後遂成爲表徵的傾向了。

無產政黨的發展，從單純批判的·反對的立場觀察，就是那以直接奪取政權爲問題的階段之發展。換一句話，無產政黨現已達到「奪取政權」是指的什麼這一問題的階段」這在一面，通過聯立內閣——社會化政策——妥協政策，而生出迎合戰後資產階級的資本穩定政策的傾向；同時，在他方，又明確的闡明了『無產階級專政』的意義，而否定德謨克拉西的一派抬頭。蓋戰後資本主義的動搖，在講求穩定政策而必然與無產政黨妥協的半面，便助長那對於企圖傾覆資本主義根據的一派施行高壓政策的傾向；而獨占資本主義之强暴專制的支配，使無產政黨的主流，漸在民主主義的否定上，建立奪取政權的方案。

所以，世界大戰以後，世界的無產政黨，都有了分裂的經過，今試舉出幾個主要的事實來：

1　德國

一九一七年四月　獨立社會民主黨成立

一九一九年一月　德國共產黨成立

分裂以後各派的消長，舉出於下：

年度	黨名	議員數	投票數

年份	黨派	議席	得票
一九一九年	多數社會民主黨	一六四	一一、五〇九、〇四八
	獨立社會民主黨	二四	二、三一七、二九〇
一九二〇年	多數社會民主黨	一一三	五、六一四、四五六
	獨立社會民主黨	八一	四、八九五、三一七
	共產黨	二	四四一、九九五
一九二四年四月	合同社會民主黨	一〇〇	五、九九一、〇〇〇
	共產黨	六二	三、七二八、〇〇〇
一九二四年十二月	合同社會民主黨	一三一	—
	共產黨	四五	—
一九二六年	合同社會民主黨	一五二	—
	共產黨	五四	—

2　法國

法國的統一社會黨，因戰爭勃發，黨內也發生了意見的對立，至爲那個爭執所困，一九二〇年，統一社會黨更因加入第二，第二半，第三的各國際的問題，遂分裂爲三了。各黨常是由此適彼，由彼適此，很不易知道明確的分野。但從第二和第二半合併以來，大體的分野，總不出乎社會黨和共產黨。茲記其勢力的消長如下：

	一九二四年	一九二八年
社會黨	一〇四	一〇四
共產黨	二七	一六

3　意大利

在意大利也是一樣，因戰後國際的問題與國內革命運動的失敗，而社會黨的勢力也被削弱了。即以妥協非妥協的問題爲中心，一九二一年十月，妥協派的慈納其一派則被除名，而另外成立了統一社會黨。旋因討論一九二三年，保留下來的意大利社會黨和共產黨的合同問題，又分爲合同派和非合同派，這樣，差不多完全是三派對立了。其間勢力的消長如次：

	一九二一年	一九二四年	
社會黨	一二〇名	統一社會黨	二五名
		多數派	二一

由是，各國的無產政黨，都分爲妥協派和非妥協派，修正派和正統派，議會主義派和反議會主義派，大別之，則爲第二國際和第三國際。由這種對立的陣營，我們看得出來：一方在代表資本主義勢力的既成政黨中，是保守的勢力，他方在無產政黨的陣營中，則是急進主義的勢力擡頭，這殆是一個趨勢。如在意大利，是共產黨對於法西斯蒂黨的專制支配的抬頭，在德國是共產黨對於國權黨的擡頭，在英國是勞動黨內的急進分子對於保守黨的擡頭，這都是最好的例證。尤其不可忘記的，是介於無產政黨和既成政黨之間的自由主義政黨，已爲沒落的的趨勢。

第九章　反資本主義運動的客體

反資本主義的運動達到了一定的階段，就不得不以奪取政治權力爲目標，現在正是那種時候，已於上章說過。那不是以各個資本家爲對象，而是以資本家的集團爲對象，却又不是以各個資本家集團的本身爲對象，而是以握在少數財閥手中的國家權力爲對象的。因此，到了帝國主義階段的反資本主義運動的客體，就是國家權力。

曾在帝國主義論的那一章內詳細說過，在帝國主義的階段上面，經濟的恐慌，是不得不採取戰爭的形態去解決的。因爲達到了獨占階段的資本主義，被牠自身內在矛盾所誘導，除了靠帝國主義的戰爭外，另無方法解脫經濟的危機。那末，到了獨占階段的資本主義，在那個影響之下，必然的要用國家權力去施帝國主義的侵略政策，而竭盡一切手段，使國家武裝的對待那種戰爭。由是，對於國家權力的鬥爭，當然也要採取反帝國主義戰爭的形態。

關於國家的本質，從來有種種見解。然而要明確的抓着國家的本質，須是到了帝國主義的階段，因爲那個時候，國家更表現牠的效能。

『國家，是階級支配的機關』，這本爲馬克斯主義所明快的開展的偉大特徵之一，然而詳細的論述出來的，還是恩格斯。牠於其『家族，私有財產，及國家的起源』中說：

『國家決不是從外部向社會施行強制的一個力，也不是如黑格爾所主張的，所謂道義的理念之實現、理性的形象及實現。那是一定發展階段上的社會的產物。那是社會自己陷於不可解決的矛盾，分裂爲不可融和的對立，而且另無制服的方法之時的一個表白。但是這種對立，具有相互抗爭的經濟利害的階級，爲使自己及社會不被無益的鬥爭所損耗，就應該緩和衝突而納入秩序範圍之內，於是必需有一個表面上站在社會之上的力。這個出自社會，『而站在社會之上，且與社會離開的力，就是國家』。

在這很短的幾句話中，馬克斯主義之國家觀的本質，可說是闡發無遺了，茲把牠的綱要略述於下：

第一，據馬克斯主義看來，所謂國家的，不是從人類的社會生活的原始時代就存在的東西，是社會完成了一定的發展，以致分裂爲相互對立的階級之後，纔發生的東西。所以曾有過無國家的社會，並且有過連國家及國家權力的豫想都不曾有的社會存在，以後還有無國家的社會來到。生產力的發展，使社會內發生階級，而國家遂成爲必要。但是，生產力一有更大的發展，那就不但階級對立不必要，並且階級對立反成爲生產力發展的障碍，則國家必不可避免的與階級一同消滅。

第二，國家不是和許多人所認定的一樣，爲調和階級間的利害而設的機關。反之，牠是某一階級希圖壓迫其他階級的機關。前面引用過的恩格斯所說的：『有相互抗爭的經濟利害的階級，爲使自已及社會不被無益的鬥爭所損耗……』的一段話，在觀察表面的那些人們看來，或許難得接受這句話。不過按照下面解釋，這疑團馬上就可冰消——當社會分裂爲有相對立的經濟利害的階級之時，若是放任這個對立及分裂的趨勢，那社會必然的要瓦解。所以，對於那個鬥爭，有加上一定的限制之必要。國家就是由此發生的。因此，國家也同一切的社會秩序一樣，牠的發生，就是社會生活上的一個發展。但是同時，國家既是發生於階級對立的當間，爲了把階級利害的鬥爭，在一定的範圍內抑壓下去的東西，所以牠就必然成爲支配階級壓制被支配階級的機關。本來，所謂社會秩序的，若不具有爲全社會利害的一個形態，當然是不能實現的。只有在那個範圍內，社會秩序才能顯示一定的發展。但是事實上，所認爲全社會代表者的，不過是支配階級的機能。這個機關，到了那一社會秩序爛熟的時候，換一句說，到了生產力的更高的發展，爲那一社會秩序所妨害；而社會秩序自身又要從事自己批判的時候，就明白的表現出來。這一點是屢次爭論的重要之點，所以再把恩格斯的話引用一節：

『國家，是從抑制階級對立的必要而發生的東西，同時，牠也是發生於階級鬥爭之間的東西，所以，國家總是在經濟上最有力的經濟的支配階級的國家。這一階級，又靠國家而成爲政治上的支配階級，由是鎭壓被虐待的階級，而獲得榨取的新手段。所以古代的國家，就是奴隸所有者抑制奴隸的國家，同樣，封建國家，就是貴族抑制隸屬的農民的機關，而近世的代議國家，就成了資本榨取工錢勞動的工具。』

由這段話看來，國家雖是想把階級鬥爭限制到一定的範圍內的，但因此也可明白那是怎樣，而且爲什麼成了支配階級抑壓被支配階級的機關。下面所引的恩格斯的話，就是指示國家是怎樣的受所謂『全社會利害』的一副假面的蔭庇的。

『國家是全社會的公然的代表者，是向着看得見的形體走去的集合。然而那只限於國家在某期間爲代表全社會的那一階級的國家，纔是那樣的。卽，在古代，是奴隸所有者的國家，在中世，是封建貴族的國家，在近代，是資產階級的國家』。

第三，國家是階級社會的產物，就是說，因爲是支配階級抑壓被支配階級的機關，故階級的對立一旦終止　可抑壓的階級一旦不存在的時候，國家就要死滅。這是馬克斯主義的國家觀的大特徵，旣與無政府主義者主張廢棄國家的不同，又與拉塞耳主義陷入到禮拜國家的根本異趣。所以，無政府主義者非難馬克斯主義，說馬克斯主義是國家的社會主義，是承認國家與權力的，而另一方面的拉塞耳主義者非難馬克斯主義，則說馬克斯主義的國家死滅說，是接受了無政府主義國家觀的。總之這些非難，都是不理解馬克斯主義的，馬克斯主義並不和他們說的一樣。他乃是基於國家的必然歸結而述的國家死滅過程，旣不僅是想以廢棄國家的口頭禪，很便宜的去收拾國家，也不是崇拜國家萬能而說國家不至死滅的。他說國家是階級對立的一定的條件之下所必然發生的東西，所以，如果他的前提條件的階級對立不存在，就必然歸於死滅。但是階級對立，只有通過階級鬥爭方能廢棄，必須經過被支配階級獲得國家權力，用這國家權力去行生產手段社會化的這個過程。因之國家的死滅，與階級對立的死滅是同時的過程。換一句說，階級對立廢棄的過程，就是國家死滅的過程。現在試再引恩格斯的一段話：

『國家因事實上已成爲全社會的代表者，遂使自己歸於無用。可抑壓的社會階級一不存在，階級支配和向來把基礎建在生產的無政府狀態上的個人生存鬥爭，以及由是發生的衝突與過剩一被排除，則可抑壓的東西，早已沒有什麼存在，因之特殊的抑壓力國家也成了不必要的東西。國家在實際上所負的全社會代表者的最初任務——以社會的名義，從事生產手段的攝取——同時也是國家最後的獨立行爲。國家權力對於社會關係的干涉，逐漸不需要，國家自身就要長眠下去。於是以對於物的管理和生產過程的指導，來代替對於人的支配。國家並不是能夠廢棄的，乃是自然死滅的』（恩格斯『由空想的社會主義到科學的社會主義』）。

那末，據馬克斯主義看來，國家，是階級支配的機關。並且國家成爲階級支配機關的由來，實由於近代國家，一方則露骨的表明了牠是資本家階級的機關之機能，他方則刺激着無產階級對於國家的利害關係，差不多就到了所謂命令牠自己批判的時代。馬克斯把歷史的社會，大體分爲古代的，亞細亞的，封建的及市民的四種，而歷史的國家，也隨着牠那特質，分爲神主國家及封建國家（宗教的國家），立憲君主國家及代議制的共和國家（政治的國家）（隨階級對立之如何，那些國家也生出各種類別來）。但是，試一看那隨階級社會之發展而國家發展起來的過程，則其顯著的特質，就隨着國家權力的發展而成爲階級抑壓機關的色彩，愈加明確起來。例如在神主國家，是以宗教的信條維繫社會成員的，因之那就是趨使奴隸從屬的國家權力的背景。在封建國家，宗教的背景雖然明白衰歇，然而國家的權力還要靠宗教來維持，這是不可爭的事實。反之，立憲君主國家，因爲一切宗教的色彩已由國家掃除，國家就以國家的資格而到主張自己的政治國家的第一步了。但是那在分裂了的階級上面，對於階級抑壓機關的意義，却還沒有完成。一到代議制的共和國家，國家的眞實姿態——階級抑壓的機關，就更加明白。因之在這個階段上，國家雖是在德謨克拉西的標語之下，扮演全社會利害的代表任務，其實，因爲牠代表的是資本家階級的——以後並是代表獨占資本家階級的——利害，遂暴露了國家的本質。

闡明國家的本質，爲經濟理論的主要問題，既在經濟理論上看到國家是階級支配的機關，那末，無產階級的運動，發展到以奪取國家權力爲當前的目標，乃是必然的歸結。就是說，在帝國主義的階段上，既是看到國家是發展資本主義經濟的主要槓杆，那末，就覺悟了實現社會主義經濟的必至的條件，即是國家的機能，於是兩者就不得不環繞着國家權力而相互抗爭。現在經濟問題，在國家上看到是一種集中的表現，可說全經濟的發展過程，都被集約在國家發展的過程之中了。所以在這一階段上，就把經濟問題，轉變爲政治問題，經濟鬥爭轉變爲政治鬥爭，資本主義的發展過程轉變爲國家的過程。

資本主義經濟的發展，引起自由競爭的廢棄，即是引起獨占，這已在上面說過。隨着這個發展，國家也從滿切斯特學派所謂『夜警的國家』，發展到尖銳的『強力的國家』。但是達到了獨占階段的資本主義，強力的武裝化了的國家，如實的反映出牠那種矛盾，猶之資本主義經濟表明牠內在的矛盾到極點一樣。即是用官僚及軍閥去二重三重的武裝了的國家，和正在那種國家中間姙育的行政的國家的矛盾。也就是內而壓迫本國無產者羣衆外而爭奪植民地的武裝組織，和從事公社化的行政組織的矛盾（註）。國家在其最強力化的帝國主義階段上，却又急忙的懷胎着否定自己的要素。

但是爲我們當面問題的國家，既不是國家的本身，也不是國家的概念，乃是現實的國家。並且那現實的國家，是以官僚及軍閥，以各種軍備，二重三重武裝化了的國家。一方面，國家是懷胎着到行政國家的轉變，同時那種武裝化的秘密，正是獨占的資本主義之秘密——帝國主義戰爭的秘密。

達到了獨占階段的資本主義，必引起牠賴以存立的要件——帝國主義的戰爭，這已屢次說過。這帝國主義戰爭的主要特徵，就是從事分割領土的那些強力的國家與國家的鬥爭。

國家雖是從一定的經濟過程派生出來的經濟外的組織，牠影響於經濟發展却有決定的力，一樣，那爲國家一機能的戰爭，影響於經濟的發展也有特殊的力。固然，戰爭是引起破壞作用的，其結果，對於經濟的發展有後退的影響，但因經濟領域的擴大，也屢屢引起生產力的偉大發展。和一切歷史的事實所證明的一樣，經濟領域的擴大，總是由戰爭取來的。不說古代奴隸所有者國家的侵略戰爭的話，就是近代商業資本主義時代的西班牙，荷蘭，英吉利等的植民地戰爭，工業資本主義時代的落後諸國的合併戰爭，最近的帝國主義戰爭，都沒有逃出這個例子。可是最近帝國主義戰爭的主要特徵，是站在世界領土的分割支配之上的強力的國家間的戰爭。因之帝國主義戰爭，促使少數殘留的幾個國家越發要武裝起來，同時，就不得不更擴大的從事生產力的破壞。這在一方，雖是含着那以國家機能的自治團體化，以權力國家到行政國家的轉變爲表徵的各種契機，而他方，則國家越發權力被裹上武裝，招致官僚和軍閥企圖專擅國家權力的形勢。

因此，官僚、軍閥、強力的武裝，是近代國家存立的要件，帝國主義的戰爭，也是不可避的機能。這種近代國家的要素，對於無產階級獲得政治權力，有怎樣的重要性？那是以下一定要闡明的問題。我們所解決的，首先就是提供以下的各種問題。

一、如何而後能夠獲得國家權力？所謂德謨克拉西和專政的問題就在這裏。

二、國家革命的過程，是什麼東西？這是拉薩耳主義者，並繼承那系統的修正派，和正統派之間在馬克斯主義陣營內爭論的問題。

三、一國實現社會主義是可能的嗎？這是關於俄國革命的本質問題，也是俄國共產黨內新反對派的問題。

這些問題，正是形成資本主義經濟到社會主義經濟的轉形期的大根本問題的。所以我們在下章把這些問題論及一下。

（註）恩格斯在所序『法國階級鬥爭』的序文上說：『普通選舉，是無產階級改放運動的

界標』，藉以指示行政的國家懷胎在國家之中的事情。可是恩格斯的那種見解，不是排除國家權力的武裝，却是看出了彼此對立中的矛盾尖銳化。

反之，庫諾在其『馬克斯歷史，社會及國家學說』一書內，縷述權力國家的行政國家之發展，可說那是痛陳階級國家說之錯誤的。然而他却看忽了權力國家內的行政國家之擡頭所引起的矛盾。關於這一點，容於後章論之。

第十章　轉形期的具體過程

資本主義的發展，必然的引起自身的否定——社會主義。資本主義和社會主義，雖是經濟組織上相反的兩原則，然兩者不是無關係的東西，在發展的形相上是可以看見的。資本主義發展到社會主義，不是突如其來的成就的，牠以一個轉換爲表徵。這從資本主義到社會主義的過渡，就是所謂的『轉形期』，這『轉形期』，又以經濟到政治的集中爲特徵，這是已經說過的事情。資本主義，通過資本之集積——企業之集中——金融資本之形成——金融寡頭支配之確立的途徑，以國家資本主義而成爲一切資本主義權力的集中者，這從國家上面看得出來；同樣，反資本主義運動，也不得不以一切資產階級的權力集中者——國家爲對象。所以，要說轉形期，是以環繞着國家權力的勞資鬥爭開始的，並不算過火的話。

布哈林把資本主義到社會主義的過程分爲四段：（一）意識革命（勞動者階級，爭取階級意識的過程）；（二）政治革命（爭取了階級意識的勞動者階級，藉政治的權力之獲得，把自己提高到政治的支配地位的過程）；（三）經濟革命（自己獲得了政治權力的勞動者階級，利用這權力以實現新經濟組織的過程）；（四）技術革命（在新經濟秩序之下，應用新技術以促致生產力異常發展的過程）（『轉形期經濟學』，七三—四頁）。

卽是，不管你是研究資本主義到社會主義的經濟發展的這一系也好，或研究那種經濟發展所引起的反資本主義運動的這一系也好，都必然落到國家權力的問題上來。要說轉形期的經濟發展的整個問題，轉變成了那一期的國家權力的任務問題，也不算過火的話。那末，國家權力這東西，就和已經說過的一樣，是一定發展階段上的社會的產物——代表生產力的一定發展階段的階級社會的產物。如果社會生產力的更高發展，使階級對立至於死滅，牠就是無可避免的要死滅的東西。然而資本主義經濟，被其發展的必然性所促進而尖銳化到國家資本主義的這種情形，在經濟上，就是表明生產力的發展，既經成熟到社會主義經濟了；在政治上，就是標識被支配階級想揚棄自己，由是揚棄階級一般的事實。所以，若把轉形期的各種過程，最確切的表現出來，就不外『國家權力的死滅過程』。以下將遵循『國家權力的死滅過程』，把轉形期的具體過程素描一下。

第一節　無產階級專政

無產階級，首先依靠政治革命，把自己提高到政治的支配地位，這是轉形期的第一過程，所謂無產階級之專政就是這個。

所謂無產階級專政，究竟指的什麼，這在馬克斯主義的陣營內，也有對立的意見。這些對立的意見，大別之可爲兩種：其一，認爲是在德謨克內西的過程上實現出來，不過德謨克納西的延長而已；另一，認爲那是德謨克內西的否定，要通過暴力革命纔能實現。前者認爲無產階級所企圖的政治的權力之獲得，不一定需要暴力的行動，在和平的道途上也是可能的。發這種議論的人們，不消說，是立脚於馬克斯在一八七二年海牙國際大會席上的一段演說的。其演說如次：

『勞動者，為建設新的勞動組織起見，在某種時候，必須獲得政治的權力。……然而達到這一目的的方法，我們不主張到處都要一樣。

關於這一點，不能不顧及各國相異的制度，風俗，習慣等等，這是我們所知道的。我們如果深知英美的制度設施，敢信可以附加一言，只要像貴國(荷蘭)的情形，自然沒有誰否認勞動者可用和平方法達到目的的國家』(庫諾『馬克斯，歷史，社會及國家學說』，)第二卷三一七頁)。

對於這段演辭，有人這麼說，把馬克斯發表那種話的一八七二年，來和進了帝國主義階段的一九一〇年代相混同，那是錯誤。一八七二年的時候，英美各國還沒帝國主義化，因而沒有軍閥和官僚的構成。在那時代，主張這些國家的和平的政治革命，決不是什麼不合理的事情。然而現在和當時，根本的條件不同，官僚軍閥都在這些國家和帝國主義化共同發展了。所以，那些主張政治革命在和平道程上有可能性的人們，簡直是癡人說夢。

然而對於無產階級所企圖的政治權力之獲得的見解，其不同之點，不止於爭論和平的過程上成功或強力的過程上成功而已，關於帝國主義階段的『革命過程』，還建立了根本不同的體系。即，一方是和平革命——德謨克內西——從官僚國家到行政國家的這麼一聯的體系；他方是暴力革命——無產階級專政——國家死滅的這麼一聯的體系。

試以考茨基爲例，牠認爲馬克斯和恩格斯屢次使用『無產階級專政』的名詞，到某種程度爲止是抱的那種觀念。可是他不承認馬克斯和恩格斯因爲使用這一名詞，就是顯示的如同布爾塞維克的人們所抱的思想一樣。據他的意見，所謂無產階級的專政，絕不是以無產階級的單獨支配爲意義的，那不過是德謨克內西的過程上，無產階級獲得政治權力的意義而已。所以，他說關於無產階級的政治革命的結論，可用下面的幾句話概括出來。他說：

『德謨克內西因無產階級而鞏固，所以無產階級獲得政治權力的通常過程，恐怕就是德謨克內西的過程。

民主的共和國，就是由於無產階級革命的國家形態。

民主的共和國家，就是由於社會主義革命的國家形態』（考茨基『無產階級革命』一四二頁）。

考茨基爲達到這一結論，他認爲馬克斯和恩格斯所說的『國家機關之破壞』，不過指的官僚的——軍國主義的國家機關而已——換言之，一切的國家形式，不一定都是適合於無產階級革命的國家形式。他想發揮這種旨趣，便說馬克斯和恩格斯不是說的無分別的破壞國家。他又舉出巴黎公社爲證，說巴黎公社是立脚於普遍選舉的，巴黎公社正是德謨克內西之高度的實現，並說一八七一年所謂必須破壞的軍國主義的——官僚的國家機關，已經被排除了。

以上所述，關於無產階級專政究以什麼爲意義的意見，雖有不同，但關於：(一)沒有無產階級的政治權力之獲得，資本主義經濟秩序轉變爲社會主義經濟秩序的事情不可能；(二)馬克斯和恩格斯把這轉換期名爲無產階級專政的這兩點，還沒看見什麼對立的意見。至於以無產階級專政來表徵這轉換期的思想，在帝國主義階段上，是否更加看出牠的適用性的這一點，確有很顯著的差異。關於這一點，第三國際的人們和考茨基一派的人們，出發點就根本不同。

我們現在對於這些爭論，殊無深入的探究之必要。何故？因爲根據我們對於帝國主義階段的解剖，自然會明白。我們只把形成資本主義經濟秩序走向社會主義經濟秩序之轉變的無產階級革命，是以什麽方法完成的事情，略述出來看看。

第一，獲得了政治權力的無產階級，不得不靠國家權力，把一切的生產機關，移於社會管理，廢止向來生產上顯現的無政府狀態，基於一定的計畫以規定生產和消費。例如恩格斯在『社會主義原則』內，預定無產階級獲得政治權力後，應即舉行下列的各種設施。

『一、舉辦財產繼承稅並發行強制公債及徵收地租，以供國庫歲出之用；

二、徵收極重的累進稅；

三、限制私有財產；

四、沒收一切移住民及叛徒的財產；

五、一面以國家資本設立銀行，一面限制私立銀行，以便集中信用於國家之手；

六、集中交通機關於國家之手；

七、擴充國有工場國有職場及其他一切生產機關；以國家的計畫開墾土地並改良土地；

八、對於一切人民，實施強制的平等勞動；組織產業軍（尤其在農業方面）；

九、聯絡農業及工業的經營，調節人口的分布，逐漸廢除都會及農村的區別；

一〇、公共免費教育一切兒童，廢止現時狀態下的童工，把敎育和物質的生產聯洛起來等等。

這些政策，固然不過是獲得政治權力後，當務之急的政策之一端，要之不能不是『對於所有權及資產階級的生產關係的一個變革』。總之，那種經濟秩序上的變革，基於那種變革的國家機能之變化，卽是給國家權力一個革命。於是資產階級的國家，遂轉變爲無產階級的國家。

然則無產階級國家和資產階級國家的重大差異，究竟是什麼？

第一，資產階級國家，不是大多數階級支配少數階級的機關，而是大多數的無產階級爲少數資產階級所支配的機關；第二，無產階級國家，不是爲支配而設立的機關，乃是對物施行管理的機關，牠自身是具有經濟機能的機關。

馬克斯曾以無產階級國家的形態，稱揚『巴黎公社』。他說：

『公社，是由巴黎各區，依普通選舉選出的委員構成的。牠是負責任的，隨時都可更動的。牠的大多數分子，當然是勞動者階級或勞動者階級所承認的代表者。公社，不是議會的團體，而是執行兼立法的勞動者團體。向來充國家政府之工具的警察，簡直喪失了牠政治的特性，一變而爲負責任隨時可以更動的公社的工具。其他行政部門的職員，也是一樣。那怕公社的成員所担任的公共事務，也要以勞動工錢去開支』（馬克斯『法國的內亂』，考茨基版九〇頁）。

無產階級國家，以階級支配爲內容，所以在牠是國家的這一點上，沒有什麼不同之處。然而牠的內容，却和資產階級國家（及這種國家以前的國家）有顯著的差異。牠是逐漸向着不必需要自己的路上走的國家。所以牠：

一、不能不順應經濟的變革，採取否定自己的組織形態；

二、那種經濟的變革，若沒有無產階級支配政治的事情，終是不可能的，所以必須是具有消滅資產階級的權力的政治支配；

三，在這一意義上，無產階級國家，不是單純的資產階級的國家之延長，乃是完全根據別種原則而樹立的東西。至少也必須是打破資產階級國家之官僚的——軍閥的精神的一種機關。

添加在那種無產階級國家的機能上的，那就是構成唯一組織形態的公社。何故？因爲公社是由普通選舉產生的委員會，是執行兼立法的機關；因爲公社的自身，不是以人對人的支配爲主眼，是以人對物的管理爲本旨的機關。關於這一點，下面所引的列寧的話，是極大的教訓。

『幾百年來，榨取民衆的機關——國家，把民衆對於一切國家事業的…………，當作遺產殘留下來。要克服這件事情，是很困難的工作。只有蘇維埃的權力，適宜這種工作，但同時也需要長期的絕大的忍耐。這種遺產，特別是在…………的將來，在登記及管理的問題上，很明顯的表現出來。如果不經過某一期間，則民衆不根據書面而根據自己的經驗，便不能理解，換言之，沒有國家負責計算各方面的生產和生產物的分配，以及管理這些事情，就不能確保勞動者的……，勞動的……，恐怕無可避免的又要回頭到資本主義的軌道上』（列寧『蘇維埃權力的各種問題』，一七——八頁）。

『牠意識的記錄生產和消費，經濟的使用勞動，盡可能的提高勞動的生產力，牠的目的就在於使勞動時間有減低到七小時六小時甚至六小時以下的可能』（同前書）。

那麽一來，無產階級的國家，就把一切生產手段社會化，由社會的計畫所建立的生產方法，把社會的生產力急激的增大起來。於是社會對於各人消費平等的一種束縛，總能漫漫的緩和下去，卽是無產階級國家的工作，漸漸縮小領域，因之牠的權力，也漸入於長眠狀態。

馬克斯把資本主義走向社會主義的轉變，分爲兩個期間，卽是社會主義的階段（共產主義的第一階段）和社會主義的高度階段，這已經說過了。表徵這種轉變的，就是國家權力的移轉過程。因無產階級獲得國家權力，所謂轉形期的第一步就走到，無產階級就利用這國家權力，把一切懷胎在資本主義經濟內部的社會化實現出來。這是轉形期的第一過程。生產力隨着這社會化的實現，很快的增大起來，而且隨着生產力的增大，國家變更牠的機能，由支配機關轉變爲管理機關。這是轉形期的第二過程。可是生產力的增大，是無止境的，遂使那因生產力的限制而發生的消費之規定，成了不必要的事情。那時，既無强制個人分業之必要，也不須拿『平等』的尺度來束縛個人的消費，馬克斯所謂『各盡所能，各取所需」的一種標準，於是完全達到。這是轉形期第三過程。

所以，轉形期的經濟發展，是在國家權力的移轉上，通過權力對於經濟的關係而發展的。因之，經濟轉變爲政治，政治轉變爲權力。把握這權力對於經濟的推進力，就是轉形期的中心問題。

第二節　資本主義沒落的國際過程

關於資本主義經濟之崩壞，以及資本主義經濟走向社會主義經濟的轉形期，具着什麼形相的問題，我們已在前節略略說了一下。資本主義的絕境，可在世界經濟的體系內觀察；同樣，資本主義的沒落過程——轉形期，也可在世界經濟的領域內觀察，這是不消說的事情。在世界經濟的領域內觀察轉形期的時候，就是那形成世界資本主義的連鎖，一環一環的脫落的過程。

在說明國際見地上的資本主義經濟的絕境，並其沒落過程的上面，提供決定的觀點的，不消說，就是資本主義發展之不平衡的一種法則。資本主義不能到處爲同一的發展，可說就是資本主義的發展不平衡。而且在這種不平衡的資本主義，集合而形成世界資本主義經濟的體系的時候，不能不說牠含有資本主義經濟的整個意義。

馬克斯在其『資本論』中，不能把『資本主義發展不平衡的法則』，爲純經濟的發揮。他以整個的資本主義爲出發點，當其發揮資本主義經濟的理論的時候，從一個統一的世界資本主義之存在的前提上出發。然而事實上，資本主義的發展是不平衡的，而這種不平衡，又不僅是單純的歷史的偶然，並是資本主義生產內在的必然的法則。在資本主義發展不平衡的法則中間，樹立『資本主義發展的特殊階段——帝國主義』的意義，認爲這是促使走向社會主義經濟的轉變有可能的重要要素，而展開這種法則的，則是列寧和列寧以後的馬克斯主義者。

列寧在其『帝國主義論』上，曾經指出那在世界經濟規模上的資本主義之發展，必至從事領土的分割，而且這領土的分割終了之後，又復引起從新再分割的世界戰爭的危機，並立證那種領土再分割是無可避免的事情，遂把資本主義經濟沒落的豫備圖素描出來了。在一九一四——八年的歐洲大戰，以及這大戰當間的俄國革命，確是證實了列寧的這一論斷。然而歐洲大戰後極端動搖的世界資本主義，偏能脫離那種危機而入於安定化，於是關於資本主義沒落的國際過程，提出了各種問題。比如：有的說這是一國之內的社會主義實現的可能性的問題；有的說這是國際社會運動上的新過程的問題等等就是。而且對於這些問題的議論，竟生出那種超帝國主義論的一派理論，這已經說過了。

我現在根據伐爾加的論斷來述世界資本主義的沒落過程。伐爾加把構成世界資本主義的構成要素，類別之如左：

第一羣、資本主義不十分發達的各國；

第二羣、資本主義完全發達而本質健全的各國；

第三羣、資本主義的沒落很明顯的各國；

第四羣、蘇維埃各國。

他說在這些羣的不平衡之中，可以看出世界資本主義的顯著的沒落來。因爲屬於第一羣的領域——伐爾加指的（1）未開土人所住的地方，英美法比意在非洲所壓服的植民地國；（2）英法西班牙在北美的植民地、西南亞洲的英國植民地及印度、日美的植民地等等的植民地國；（3）中國、波斯、阿富汗、墨西哥、南美各共和國等這些名義上保持獨立的半植民地國——之減少，並資本主義化的原故，世界資本主義經濟，首先就孕着必然沒落的要素；第四羣具有反資本主義的經濟機構的蘇維埃各國，既介在世界資本主義經濟的體系之中，就不能不促進世界資本主義經濟的矛盾深刻化；第三羣的資本主義之發展，那已入沒落期的各國即歐洲的各資本主義國，和第二羣的資本主義之發展即還在上昇的各國，尤其美國及日本，這些國家不可避免的戰爭之威脅，迫得世界資本主義經濟的沒落過程具體化。

即是說，世界資本主義體系上的資本主義沒落的過程，就是構成資本主義連鎖的環，通過那如實的把資本主義的外部絕境表明出來的國際戰爭而一個一個脫落的過程。懷胎在一國的資本主義經濟內的社會主義要素，終局與否，那不成問題，無論何處，所謂完整的資本主義經濟，都是要走脫落過程的。不過那種脫落，從連鎖中的最薄弱之一環開始罷了。這裏，就生出以下的結論來。

一，一國內的無產階級所企圖的政治權力之獲得成功。從資本主義經濟轉變到社會主義經濟的前提條件——無產階級革命化，是該國家的政治狀況促成的，絕不要等候資本主義成熟到社會主義。這就是前資本主義的要素還有許多殘餘的俄國，無產階級能夠獲得政治權力的由來。

二、可是一國的無產階級所成功的政治權力之獲得，不能把牠當做完全的社會主義之實現。要想實現完全的社會主義，必須有待於別國的無產階級的革命成功。本來，政治的權力之獲得，在實現無產階級國家的企圖上，不一定要候世界資本主義全部成熟爲社會主義經濟。那些期待全部爛熟的人們，恐怕是陷落在超帝國主義論的淤泥中了。但這仍不是說完全的社會主義，只要一國都可實現的話。

三、無產階級獲得了政治權力的國家，因爲自巳介在世界資本主義經濟體系之內，使世界資本主義的矛盾日見深刻，由是促進牠的崩潰。然而那不是僅於通過經濟的要素而成就的，可說多是依據帝國主義階段的一般原則，通過革命而成就的。於是無產階級爲獲得政治權力，以主體的資格，展開反資本主義的運動。

四、帝國主義階段的反資本主義運動，在國內，則因中產階級的沒落化，小農民階級的窮困化的一些階級事由，脫離狹隘的組合運動而轉入政治運動，在國際，則和那些被資本主義榨取的植民地半植民地的民族運動相提攜，因而形成了國際社會運動的一個新體系。

我已經說過，形成資本主義經濟到社會主義經濟的轉變的『轉形期』，就是在經濟上作用的權力消長的過程，並指出了就國內方面觀察，那是無產階級所成功的政治權力之獲得，用這政治權力施行生產機關社會化及消費的統制，生產力的發展和權力的死滅，這一串經過長年累月的過程：現在把牠移到國際方面，可說轉形期又是國際的權力消長過程。那就是形成世界資本主義體系的連鎖，一環一環的社會主義化起來的過程。這時候，只看世界資本主義體系，被那以民族國家爲單位的世界戰爭所攪亂的一事實，當能知道權力就是發展社會主義要素的惟一槓桿。所以，那些把世界資本主義的新發展形態——國際加迭爾這一問題爲淺薄的解決，而認定世界還在資本主義化的時候，往社會主義方面去的轉變就不成熟，因而認定資本主義經濟到社會主義經濟的轉變，不須暴力可以成功的看法，想是沒有撤底了解所謂『轉形期』的眞意義的。

所以，把轉形期放在世界的尺度上觀察，可以樹立如下的一時的原則。

一、世界經濟體系中的一環之脫落，這從世界體系的水準比較低下的地方開始。因爲無產階級在那種地方，比較的容易獲得政治權力。

二、無產階級爲獲得政治權力，以主體的資格，展開反資本主義的運動。這不僅促使無產階級從事暴力的武裝，並以國際權力攪亂世界資本主義體系的平衡，造出資本主義崩潰的要素，於是資本主義的連鎖的各環，就一個一個的朽落下來。

三、資本主義連鎖中之一環一環朽落下來的過程；同時就是社會主義經濟發展的過程。歐洲大戰後，極端動搖了的世界資本主義，一九二三年以來，入於所謂安定期，也就是世界資本主義體系入了再建期。把歐洲大戰以後的世界資本主義之趨勢，根據布哈林類所別的考察，可以分爲——

第一期　世界尤其歐洲的危機時期。這是俄國革命中掀開了火蓋的革命運動潮流彌漫全歐洲的時期。然而這一革命的氣運，因一九二二年九月在葡萄牙及一九二三年在德國的無產階級運動失敗而終結了。

第二期　資本主義部分的安定時期。這一期，爲了資本主義安定化起見，資本一致開始猛烈的攻勢。英國的總罷工及煤鑛罷工等等，就是想對抗這一攻勢的無產階級的主要防禦戰。

第三期　資本主義再建的目前時期。生產力略略回復了戰前的水準，已不是部分的安定，而是確立了全局的安定（布哈林『一九二〇年第六次國際大會報告』）。

可是目前的世界資本主義，儘管那麼安定化，而內含的矛盾却大得很。例如：蘇俄的經濟強力化，此其一；植民地半植民地的反資本主義運動之擡頭，此其二；美國和歐洲各國的經濟不平衡，此其三。資本主義經濟內在的那種矛盾之發展，牠不招致社會主義經濟之到來是不止的。

然而資本主義經濟的國際過程上的新形相，給與無產階級的反資本主義運動兩個相反的影響。其一，是以蘇俄為中心的國際反資本主義運動；另一，是拿重點放在資本主義的國際經濟之上，努力資本主義安定化的一種傾向，這麼一來，國際資本主義的矛盾，就日益尖銳化：反資本主義運動，就日益緊張起來。

四 蘇俄經濟之發展

第十一章 經濟設施

一九一七年十一月七日，布爾塞維克獲得了俄國的政治權力，發出『一切權力歸蘇維埃』等等的標語，宣示了他們的政治方針。

俄國的這一革命，是世界的無產階級獲得政治權力的最初一次，是公開的標出馬克斯主義的革命運動，牠具着極重大的意義。牠的成敗，在某種意義上，影響馬克斯主義者至爲重大。俄國的無產階級所執行的這一政治支配，業已經過十年的歲月，基礎日見鞏固，遂以國際反資本主義運動的樞軸而處於威脅『世界資本主義』的中心地位。要說蘇俄十年間的設施，完全是馬克斯主義的實行，總不算過火的話。

我們先就蘇俄的經濟發展之跡，簡單的說說。

第一節 歷史的概觀

俄國布爾塞維克執權後的經濟設施，大別之可爲二期，即戰時共產主義時代和採用新經濟政策以後的時代。

一　戰時共產主義

一九一七年十一月七日，布爾塞維克獲得政權後，隨即發表了社會主義的布告。新政府首先於十一月十四日發布命令一道，實行勞動者監督原料及精製品的生產，以及買賣並堆棧業等各種企業。至十一月二十六日，又布告立即無賠償的沒收大土地所有，把地主私有地，和皇室私有地，以及修道院並教會私有地，同時歸農業地方委員會及地方蘇維埃管理。這些命令，是根據的布爾塞維克未獲得政權以前（即是年八月），在『伊知維斯卡』刊上發表過的原則，是過渡到憲法會議去正式決定的方略。

然而那種業已舉步向前的產業及土地國有化的傾向，以後正因立法更得到確切的保障。即是，一九一八年六月二十八日，發布了一般的大企業國有化的命令，凡煤鑛，油田，橡皮工場，橡皮樟腦化合物工場，鐵軌工場，以及其他百萬乃至三百萬以上的大資本的經營，都要國有化。又於一九二〇年十一月二十九日發布命令，着使用機械雇用勞動者五人以上的企業，及未使用機械而雇用勞動者十人以上的企業，一律國有化。

其關於土地者，依據一九一八年二月十四日頒布的土地社會化的法律，廢止一切土地的私有，把地變爲國有，同時，並將這種國有地，貸與那些按照一定標準自行耕作的農民，嚴禁私人間的土地賃借及雇傭勞動的耕作。

然而儘管那麼嚴重的適用社會主義的原則，把大產業及土地國有化，卻不見得促進了生產力增大。這雖然有如布爾塞維克的代表者所說，並非基於原則的錯誤，實因不絕的外患和內亂，使勞動者和農民不得不放棄職場所致。但當時蘇維埃權力的基礎，尙未鞏固，自屬確切的事實；尤其致命的，就是農民的怠耕。在農民——特別是中農以下的貧農方面，因爲蘇維埃政府對於他們害了多年的土地飢渴病，忽然發一劑分配土地的妙藥來醫治，起首自然是感奮而擁護蘇維埃的權力，可是接着又因蘇維埃政府爲應付不絕的外患和內亂，盡量徵發這些農民的生產物，就惹起他們老大的不快，漸至於怠耕起來了。這些農民對於蘇維埃政府的心理，表現得最奇妙的，就是『擁護布爾塞維克，反對共產主義』的這種標語。這令人一看吃驚的標語，正是擁護分配土地的布爾塞維克，反對徵發全農產物的共產主義的農民，一種天眞的心理之表明。俄國是農業國，尤其革命後的俄國，正困處在資本主義各國的經濟封鎖之中，再加以食物及原料供給者的農民怠耕，那眞是致命傷了。

『在俄國，實現社會主義的前提條件，尙未具備，蘇維埃政府過去所採的戰時共產主義政策，是應付難關的非常手段，現在非退後一步先把實現社會主義的前提條件造出來不可』。隨這種宣言地而被採用的政策，就是新經濟政策。

二　新經濟政策之實施

一九二一年三月二十三日，蘇維埃政府發布一道命令，廢止以前的穀物徵發，改課收穫物一〇%的現物稅，其餘的農產物，則准由農民自由處分；對於工業方面，並准許以生產物的五—一〇%直接與食糧相交換。旋又於是年五月二十日發布關於自由交易之一般原則的命令，該命令曾經八月九日的人民委員評議會以訓令補充，其決定如次：

一、曾經完全繳納現物稅的農產物，准其交換、購買、販賣。

二、交換、購買及販賣，准私人及農民消費組合，並家內工業製造品協賣店等的共同組合團體，在市場、慈善廉賣所、售賣店、堆棧、並獨立商店等處行之。

三、由蘇維埃政府的經濟機關或是項機關監督之下，直接生產出來的生產物，得以交換的目的，按次送入蘇維埃俄羅斯共和國的基本商品交換之中，依第四條之規定，供給分配事宜。

四、蘇維埃俄羅斯共和國的基本商品交換，在食糧人民委員的監督之下，主要的是通過共同組合的組織，或於特別場合，通過那在委員會的基礎上行動的私人，得充商業的交換。但任何場合，都須依據全俄消費組合中央同盟和食糧人民委員會之協定，商同全俄消費組合中央同盟行之。

五，在市場、慈善廉賣所、售賣店、堆棧及其他場所並獨立商店所行的交易，由執行委員會發布命令及規則規定之，但是項命令及規則，須在食量人民委員會和內務人民委員會會同發布，且經人民委員評議會認可的一般訓令範圍以內。

接着一九二一年十二月十日的命令，就廢止工業上使同勞動者二十人以下的小企業國有，同時，凡以前在事實上未曾國有化的企業，無論如何巨大，一律許其私有。這就是所謂新經濟政策的要旨。然而滑進了『讓步』之途的新經濟政策，決不能就這樣停止。至一九二三年的命令，又規定無論何種大企業，得根據利權讓渡的手續，停止一定期間的國有；一九二五年一月，又復實施所謂新經濟政策，對於私經濟更加讓步，而自由交易遂更加擴大了。

蘇維埃政府所以停止戰時共產主義而採用新經濟政策的，不待言，是爲了救經濟上的窮困。布哈林回想着當時說：

『俄國在一九二〇年的經濟狀態，工業方面的總生產，減少到只和一九一七年的五分之一相當。並且一九一七年的年頭，決不是好年頭。一九一七年以後，煤炭的產額，由三千一百萬噸減少到八百萬噸，揮發油的產額，由八千七百一十八噸減少到三千八百三十三噸，鑄鐵及展性板的生產，一九二〇年簡直沒有看見。……〇一九二〇年的鑄鐵生產量，少到政府不須去統計……木棉的生產，在一九二〇年，由八百二十萬盧布減少到八十萬。織造物的生產與一九一三年的數字比較，減少得差不多只和牠的三十分之一相當，即是由二十九億盧布減少到一億一千萬盧布。若與一九一七年比較，則減少了十分之九』。

據這個簡單的引證，可知當時的生產力之破壞狀況，蘇俄經濟之窮乏，總算達於絕頂了。然則採用新經濟政策之後的狀況怎樣？同樣的引用布哈林的話來證明：

『一九二一—二年，工業生產的總收益以戰前的盧布計算爲十三億四千四百萬盧布，而在一九二二—三年，則爲二十一億五千六百萬盧布，一九二三—四年，則爲二十五億八千三百萬盧布，一九二五—六年，則爲五十七億三千一百萬盧布，一九二六—七年，已達於六十六億三千七百萬盧布』。

『板金的生產，一九二一—二年爲二十五萬噸，而在一九二二—三年，則爲四十七萬六千噸，一九二三—四年，則爲六十九萬噸，一九二四—二五年則爲百三十九萬噸，一九二五—六年，則爲二百二十五萬噸，一九二六—七年，已達於二百五十九萬二千噸』。

『一個勞動者的生產力（以戰前的盧布計算），一九二二—三年爲一千二百九十二盧布，而次年則爲一千五百七盧布，又次年則爲二千一十三盧布，又次年則爲二千二百七十九盧布，最近乃達於二千四百九十五盧布』。

根據以上引證布哈林所發表的一些數字，足見新經濟政策在蘇俄經濟上，有起死回生的効力。依賴這個新經濟政策，把一九二〇年陷在窮乏和飢餓之淵的俄國經濟狀態，慢慢極救出來而達於戰前的水準了。

如前所述，所謂新經濟政策的，是把共產主義的原則緩和到某程度，承認私經濟及個人資本有活動之餘地的政策。所以有人說，新經濟政策所得到的勝利，並非社會主義的勝利，却是資本主義的勝利。這眞是值得討論的問題，我們且緩一步等到第二節去說明。以下試就新經濟政策實施後的經濟狀態談談。

三　新經濟政策實施後的經濟狀態

新經濟政策實施後，蘇俄的生產力，一概順遂的發展，這根據前面引用布哈林所發表的數字，是可明白的。牠雖然經過了一九二二三年的恐慌——由於農業和工業的發展不平衡而來的恐慌——可是馬上就克服了。到一九二五年，居然工業達到了戰前的九五%，農業達到了戰前的九一%。

（一）農業

（1）一九二三年的狀態

A　耕作面積（以一九一三年爲一〇〇

全耕作面積　六四・二

出產

穀物　五八・五

亞麻　六二・五

大麻　七三・一

B　收畜(以一九一三年爲一〇〇%)

馬　六四・四

牛　六九・七

羊　六五・六

豬　四四・四

(2)　一九二二年以後的狀態

A　耕作面積(以一九二二年爲一〇〇%)

一九二二年	一九二三年	一九二四年	一九二五年

全耕作面積	一〇〇・〇	一一九・五	一三〇・二	一三九・二
出產				
穀物	一〇〇・〇	一二〇・六	一二九・六	一三六・四
亞麻	一〇〇・〇	一〇五・六	一二九・八	一六三・四
大麻	一〇〇・〇	一一七・六	一四三・三	一七〇・四
馬鈴薯	一〇〇・〇	一一二・八	一二六・九	一三七・八

右表尤可注意的，就是亞麻大麻等工業原料的耕作之增大。

B　牧畜（以一九二二年爲一〇〇%）

	一九二二年	一九二三年	一九二四年	一九二五年
馬	一〇〇・〇	九九・五	一〇八・七	一一四・九
牛	一〇〇・〇	一一〇・二	一三〇・二	一三七・九
羊	一〇〇・〇	一〇五・二	一二六・九	一四〇・六
豚	一〇〇・〇	一〇六・八	一九五・八	一八九・七

（3）農業及林業的總收益

A　總收益的歷年比較（單位百萬盧布）

	一九二四—五年	一九三二—三年	一九三三—四年	一九三四—五年	一九三五—六年
穀物	三五二三	二五一四	二三七六	二一六〇	三一七二
工業原料	一〇六三	五七七	六八二	九五九	一三六六
果蔬	七六四	四四四	五六五	六四七	六三六
家畜	二三八九	一三二〇	一五三七	一九六五	一九八四
飼料	一八二〇	一五六九	一六三五	一六〇四	一八〇八
其他	二六七	一六〇	一九〇	二〇五	二三〇
合計	九八三六	六五八四	六九八五	七五四〇	九一九六
林業	八四五	五〇〇	五八〇	六二〇	六八〇
總計	一〇六八一	七〇八四	七五六五	八一六〇	九八七六

B　歷年比率（以一九二四—五年爲一〇〇%）

	一九一四—五年	一九二二—三年	一九二三—四年	一九二四—五年	一九二五—六年
穀物	一〇〇•〇	七一•二	六七•三	六一•一	八九•八
工業原料	一〇〇•〇	五四•三	六四•一	九〇•二	一二八•五
果蔬	一〇〇•〇	五八•一	七四•〇	八四•七	八三•三
家畜	一〇〇•〇	五五•三	六四•三	八二•三	八三•〇
飼料	一〇〇•〇	八六•三	八九•八	八八•一	九九•三
其他	一〇〇•〇	五九•九	七一•二	七六•七	八六•一
合計	一〇〇•〇	六六•九	七一•〇	七六•七	九三•五
林業	一〇〇•〇	五九•二	六八•六	七三•四	八〇•五
總計	一〇〇•〇	六六•三	七〇•八	七六•四	九二•五

(二) 工業

新經濟政策實施後，工業也有急速的發展，舉其概況如次：

A　國家經營的大工業及勞動者數

	經營數	平均勞動者數	勞動者數的比率（以一九二一—二年爲一〇〇%）
一九二一—二年	—	一、〇三〇、九四四	一〇〇・〇
一九二二—三年	二、九四五	一、二四〇、四六二	一二〇・三
一九二三—四年	三、二五一	一、四三一、三三一	一三八・八
一九二四—五年	三、三九九	一、六七九、四七一	一六二・八
一九二六年一月	三、三一五	一、九七七、一一八	一九一・七

B　工業生產的調查（單位百萬盧布）

	生產物的價值	對於前年的比較	對于一九一三年的比率
一九一三年	五、二九七・五	—	一〇〇・〇〇
一九二一年	一、一六一・七	—	二一・九三
一九二二年	一、五二六・六	一三一・四一	二八・八二
一九二二—三年	一、九三九・一	一二七・〇二	三六・六〇

一九二三—四年	二、五〇五・一	一二九・一九	四七・三〇
一九二四—五年	三、八七九・七	一五四・八七	七三・三〇
一九二五—六年	五、二七五・〇	一三六・〇〇	九〇・〇〇

C　以人口計，一人應得的工業生產物

	戰前	一九二四—五年	一九二五—六年	一九二五—六年與戰前比較
銑鐵	七二普德	二三・四〇	四三・〇〇	六〇
棉布	二一米突	一三・七〇	一七・五〇	八四
皮	〇・三三吋	〇・二二	〇・二七	七八
火柴	二五箱	二一・三〇	二五・〇〇	一〇〇
玻璃	八磅	二・七〇	四・六〇	五七
煤油	一四磅	一〇・〇〇	一一・〇〇	八〇

(三)　國家企業與私人企業的比率

已爲上述，新經濟政策，既爲造成新社會經濟秩序的前提條件而向資本主義讓步，那末，國家企業對於私有企業究有什麽關係？其增大的比率怎樣。這是重要問題。

(1) 工業

新經濟政策實施後的工業，大概分爲（一）國有經營；（二）國有而在一定期間內租出的經營；（三）私有經營三種。究竟三者的關係怎樣？玆述於下。

A 私營生產與國營生產的比率

在一九二三年—四年，所有家庭工業，小工業，私有工業並租出工業的生產，共爲二三・七%。至一九二四—五年則減爲二〇・七%了。

利權轉讓的工業效率極微，僅占全體工業的〇・一七%，出產較著的如木材工業，亦不過占該部門全生產的四・六%。

又，據布哈林的報告，國營工業及協同組合工業的總生產額和私營工業的總生產額相比較，在一九二四—五年爲八一・三%對一八・七%，一九二五—六年爲八三・七%對一六・三%，一九三六—七年爲八七・三%對一二・七%。

B 商品買賣上表現出來的國家收入

商品交易，分爲國家、協同組合、私人三項，其比率如下：

	國家	協同組合	私人	合計
一九二三—四年	三〇•七	二七•七	四一•六	一〇〇
一九二四—五年	三九•五	三四•二	二六•三	一〇〇
一九二五—六年（前半期）	四〇•七	三五•三	二四•〇	一〇〇

據此，可知商品交易上，私人的比率正在漸漸減少了。

其次，把莫斯科的商品交易所及七十州的商品交易所的交易，就契約當事者區分出來觀察，其比率如次：

		一九二三—四年	一九二四—五年
國家機關	賣	八三•一	八六•八
	買	八五•四	五七•八
協同組合	賣	六•八	六•六
	買	二三•三	三〇•四

私人	賣	七•六	四•六
	買	一五•四	八•九
混合公司	賣	二•五	二•一
	買	二•九	二•九
合計	賣	一〇〇•〇	一〇〇•〇
	買	一〇〇•〇	一〇〇•〇

2 農業

農業上的社會主義原則之勝利，只看協同組合的發達就可知道。一九二三年，不過有二萬二千五百六十個協同組合，至一九二五年十月一日，已有三萬八千個了。

第二節　經濟設施的理論根據

蘇俄經濟設施的具體經過，及其設施下的生產力之發展，前節業已略爲述及。茲再進而探其經濟設施的理論根據。

一　俄國經濟秩序的現階段

——蘇俄經濟秩序的原則，建在社會主義之上，那是不待言的事情。若把牠具體的說出來，可概括爲——

一、一切基礎的生產力——例如土地，鑛山，鐵道，工場都社會化；

二、根據統一的——科學的計畫，施行生產力的組織及統制；

三、排除個人的利潤，一切經濟的剩餘歸社會利用；

四、一切健全的人，都有從事生產的或有用的勞動之義務（蘇維埃憲法第十八條，所謂『不勞動者不得食』）；

五、勞動者積極的參加經濟生活的統制；

六、對於從事生產的或有用的勞動的人們，盡可能的給與——

（a）食物，衣服，住所，保健

（b）教育，娛樂，教養的機會

七、『廢止人對人的搾取，廢止階級的區別，消滅搾取行爲，進行社會主義社會的建設及萬國的社會主義革命』（蘇維埃憲法第三條）。

自然，蘇俄對於這些原則，還不能完全實現出來。

已經說過，由資本主義到社會主義的轉形，絕不是單純的能夠成就的。所謂社會主義革命，必須經過——

一　精神的准備（主義宣傳）；

二　政治的權力之獲得（爲革命而鬥爭，鎭壓反動勢力）；

三　建立新經濟秩序（產業經營）

這三個時期，纔能達於完成。所以蘇俄的經濟秩序，當然還沒有實現眞實的社會主義。可是蘇俄的社會主義經營，已經達到第三階段，前途的消息很好，這也是不用多說的。

列寧說：

『從事研究俄國經濟的人們——我這麼想——恐怕不會有一個人否認牠的過渡性質。「社會主義蘇維埃共和國」這個名字，其意義，只是表示蘇維埃決心實現那向社會主義的推移，絕不是說現在的經濟秩序已是社會主義。這事情——我這麼想——恐怕共產主義者中沒有一人會否認』。

戰時共產主義時代的經濟設施，可說就是爲生存而起的鬥爭。

再把列寧的話寫在下面。

『凡在社會主義革命上，主要的工作，……就是把那跨着體系的生產及生產物的分配而從新組織起來的關係中，那非常複雜而徵妙的羅網，從事造成的一種極積的建設的工作。……對於被抑壓的勞動羣衆，務使他有積極的參加新社會的自由建設之機會，像這種新國家形態——蘇維埃的創成，我們還只解决了困難工作的一部分。主要的困難，就在經濟領域的上面。如提高勞動生產力，如嚴重的建立生產及分配的統一計算及統制，總之就是現實的把生產的社會主義化』。

所以，有些人們，因爲說蘇俄現在不能實現社會主義經濟秩序的一切要素，就說社會主義經濟秩序不能實現，那是錯誤。同時，又有些人們，把現在的蘇俄經濟秩序，就如實的當做社會主義經濟秩序，也是錯誤。蘇俄的現階段，在舉證無產階級執掌政權——一切生產手段國有化——實現社會主義的經濟秩序這一串過程上，是具着整個意義的東西。

同樣的事情，關於採用新經濟政策而表現出來的後退，也可以那樣說。所以，我們要把新經濟政策的意義再探討一下。

二　新經濟政策的理論根據

蘇俄在過去十年的社會主義經濟秩序的建設中，外受資本主義各國的包圍，內則有資產階級及地主的反動，小資產階級及農民持浮動的態度，與稍一鬆懈即乘間而起的社會民主革命黨，孟塞維克等，使政府必須不斷的提防，不斷的和他們鬥爭。因而要想知道蘇俄在此十年間的成績，單只看他採的什麼方策，做了些什麼事業，那是不能夠的，必須研究它的建設是從什麼理論出發，才有深刻的認識，這在理解新經濟政策上，尤其是重要。

那末，新經濟政策的理論根據，究竟是什麼？

把新經濟政策的意義與條件，最能闡發出來的，是列寧『關於現物稅』的論文。那是說明一九二一年四月廢止穀物徵發而新設現物稅的意義的。

據列寧說，現在俄國的經濟秩序，是過渡的階段，所謂過渡的意義，就是許多經濟形態都被包含於其中的。即包含着：

一、家長的，即大部分自然經濟的農民生產.

二、小規模的商品生產（其中包含有大多數賣穀物的農民）；

三、私經濟的資本主義；

四，國家資本主義；

五，社會主義

等的要素。所謂蘇維埃社會主義共和國，是表明意圖達到『社會主義』的經義秩序之實現的目標的，而俄國的經濟秩序，現在尚非社會主義的意義，這在前面已經說過。

究竟右列之五個要素中，防害社會主義實現者是誰？國家資本主義嗎？决不是，國家資本主義與社會主義，不過是從同一卵內孵化出來的兩個雛能了。防害社會主義實現的，就是小資產階級，國家資本主義，在俄國現在的經濟狀態，却是向社會主義走的一步前進。何以？因爲國家資本主義，是克服小資產階級的要素而造成社會主義的前提條件的。列寧說：

『沒有基於最新科學所構成的那種偉大的資本主義的技術，沒有使數百萬人嚴格的服從於生產及生產物分配的單一基準組織的國家統制，社會主義是不可能的』。

『我們仍然只喜歡說資本主義是罪惡，社會主義是福利。但是那種議論並不正當，何以？那沒有完全考察現存社會的經濟要素，僅把其中的兩個要素抽出了』。

『資本主義和社會主義相比較，牠是罪惡的，然而資本主義却比那委之封建主義、小規模工業，官僚主義所束縛的小生產者爲福利』。

然而新經濟政策的實施，不僅是依賴國家資本主義而造成走向社會主義經濟的前提條件的，牠還有一個大目的，卽是爲的要農民擁護蘇維埃權力而向其讓步。

列寧說：

『國家權力在無產階級的手中握着，是實現社會主義的惟一武器，爲使國家權力在無產階級的手中握著，在農業國的俄羅斯，必須農民起來擁護；在得農民的擁護上，對於還就農民的小資產階級的意識，一時尙不能停止』。——這就是新經濟政策的根本的立場。

『還有一層，國家沒有無產產階級專政，社會主義是不可能的。這只是ABC而已』。

新經濟政策更有第三面的意義，就是對外國資本暫行讓步。

戰時共產主義，在文字上看，是適應戰爭的政策。然戰後世界革命的潮流，受了一個頓插，則隨和平時代的推移，必然的要有應付和平時代的政策。新經濟政策，不僅是在國內對資本主義的原則爲某程度的讓步的意義，並且要對那些和牠密切的相關聯的外國資本暫行讓步。

列寧說：

『無產階級權力，因這個讓步，可以與先進諸國的資本家國家爲確實的結合。我們的工業的振興，就繫於這個結合，工業若不振興，則無由向著共產主義的秩序前進』。要之新經濟政策，在農業國的俄維斯，卽在這無產階級占少數而小資產階級占多數的國家，當無產階級的革命展開之始，是得到勝利的無產階級所必然採用的政策。第一，是關係社會主義經濟秩序的條件，怎樣造得出來；第二，是關係如何而後可以獲得小所有者——大多數農民的擁護，並且關係如何而後可以把小所有者指導爲社會的、集合的、共同的勞動；第三，關係如何而後可以使外國的資本投資，藉以實現國內工業的開發。在私經濟的容許上，自由交易的認可上，新經濟政策明是採用資本主義的原則。這個事實，雖布爾塞維克的代表者也不隱諱。在完全以實現社會主義經濟秩序爲前提，維持無產階級手中的國家權力爲主眼一點上，新經濟政策並不是攪亂社會主義的政策。國家企業的緊張，協作的助長，就是把新經濟政策勒到社會主義口中去勒索。

新經濟政策的性質旣如是，它至少也是在那種理論的根據之下建立的。然而對此政策的非難，却從各方面發了出來。說新經濟政策是向資本主義投降的是其一，這是從資產階級及其代辦者方面發出來的。關於這個非難，已有充分的囘答：沒有具備實現社會主義的經濟秩序的前提條件的俄國，社會主義的革命不可能。說新經濟政策是布爾塞維克的悔過書是其一，這是從社會民主主義者方面發出來的。關於這個非難，布爾塞維克的人們這樣囘答他：那種非難是不了解無產階級革命的意義，不外高聲的宣傳和平革命的可能性，以爲有了可賀的託詞。說新經濟政策是迴避社會主義，鬆懈世界革命的是其一，這與前二者不同，是從布爾維塞克的陣營內發出來的，卽所謂杜洛斯基派及新反對派的主張。關於這個非難，擁護新經濟政策的幹部派人們囘答說：國家企業及協作（Cooperation）企業比私企業遠爲發展；又說：一國實現社會主義有可能性；又說：無產階級獨裁下的國家資本主義的持殊性質等話。總之俄國實施新經濟政策後，生產力有非常增大之處，這是事實。而且形成蘇俄的頭腦的幹部派人們，視這生產力的增大為走向社會主義經濟秩序的一步前進，抱著極樂觀的態度，這也是事實。

敬啟

『專題史』叢書，乃民國時期出版的著名學者、專家在某一專題領域的學術成果。所收圖書絕大部分著作權已進入公有領域，但仍有極少圖書著作權還在保護期內，需按相關要求支付著作權人或繼承人報酬。因未能全部聯系到相關著作權人，請見到此説明者及時與河南人民出版社聯系。

聯系人　楊光
聯系電話　0371-65788063
2016年3月28日

周蓓 主編

專題史叢書

（日）山川均 石濱知行 河野密 著
熊得山 施復亮 錢鐵如 譯

河南人民出版社

唯物史觀經濟史（中册）

本書系從唯物史觀的角度來叙述經濟史，是一部經濟學的重要著作，分爲上、中、下三册。

譯者序言

歷史的研究，對於了解『現在』和預測『將來』，都是極重要的工作。研究社會科學，必須以歷史的研究做基礎，同時亦應當以歷史的研究為入手的第一步。經濟史的研究，在歷史的研究中更是占第一位的重要。因爲社會底基礎構造是經濟，必須先懂得經濟情形，然後才能明瞭社會情形，才能了解社會底發展——卽歷史。

本書是研究資本主義經濟底成立和發展的。這在兩個意義上，為我們所應當注意：第一，資本主義經濟是現在支配着全世界的經濟，我們生活在這個世界，實有澈底了解的必要；第二，我們中國現在正處於從封建社會到資本主義社會的過渡期，而世界底大勢又不許中國資本主義有充分發展的可能，這更逼得我們非求一個澈底了解不可。因此，本書底出版，是很適合於現實的迫切需要的。

本書底著者石濱知行氏，是一位唯物史觀派經濟史專家，他除本書外，還著有經濟史概論及德國經濟史等書，但以本書爲最好。本書至少在日本是一部空前的名著，在中國是更不消說得，連同類的書還沒有呢。

讀了本書的人，要明瞭資本主義以前的經濟情形，頂好去讀山川均氏底資本主義以前經濟史；要明瞭資本主義以後的經濟發展，頂好去讀河野密氏底社會主義經濟底發展（卽本店出版唯物史觀經濟史上冊及下冊）。至於理論方面，頂好參看波格達諾夫底經濟科學大綱（大江書舖出版）。

本書如有譯錯的地方，希望讀者加以指正。

一九二九、八、一、施復亮。

資本主義經濟發展史目次

譯者序言
第一章　序說……一——四
第二章　資本主義底概念……五——二四
第三章　資本主義底起源……二五——七二
第四章　產業革命……七三——一二六
第一節　產業革命底意義……七三
第二節　產業革命前底經濟狀態……八〇
第三節　英吉利產業革命底經過……八五
第四節　其它各國底產業革命……一〇三

第五章　產業革命底結果及其影響……一一二七——一二四六
第一節　總說……一一二七
第二節　在前述諸產業部門以外尤其在交通業中的變革……一一二九
第三節　工廠制度底確立……一一五六
第四節　資本主義制度底確立……一一六四
第五節　產業革命給予勞動階級的影響……一一六七
第六節　產業革命與意識形態底變革……一二一四
第七節　資產階級獲得政權……一二二二
第八節　資本主義侵入未開化國家……一二二七
第六章　資本主義底發展及其各種問題……一二四七——一三八〇
第一節　恐慌及失業……一二四七
第二節　企業結合、資本集中、獨占及企業家聯盟……一二九五
第三節　金融資本……一三二二

第四節　資本底輸出……三三九
第五節　產業底合理化……三五一
第七章　歐洲大戰後底資本主義各國……三八一——四一六
第八章　最近資本主義底狀態、結論……四一七——四二二

第二編　資本主義經濟發展史

第一章　序說

人類社會底發達，從原始氏族共產主義的社會，變化為奴隸制度的古代社會；從古代社會，變化為中世封建制度的社會；從封建制度，再變化為現階段的資本主義制度；而這資本主義社會，現在也已經達到那最高的階段了。社會底進步，一瞬間也不曾停止，繼續運行不已。從資本主義成立以來，迄於今日，還不過一個世紀。但在這短期間，經濟底發展，已經很值得驚異。我們試在下面舉一個例子來看。

『拿破崙第一，要把輪船底發明者福爾敦，禁閉於瘋狂病院。威塞爾河底船夫們，破壞了他底輪船——恰如織匠們破壞了工廠机器。一八三六年，英國物理學者拉德拿，明說「要想實行大洋航海的思想，在別人看來，等於月球底旅行。」一八一九年，當喬治•斯蒂芬孫，製成他底機關車『羅克脫號』的時候，英國柯塔里•雷褒，就這樣說道：

「我們不願做現今出現的那樣誇張的計畫底追隨者。我們對於製造鐵的道路，在它上面放着車輛，用蒸汽力如飛跑地運行，那樣愚昧而不可實行的觀念，只有嘲笑而已。人爲什麽不會想到從一個場所到別個場所，放射火箭，而與火箭一同旅行呢？」敎皇格雷哥爾十六世，宣言鐵路是應當唾棄的運輸手段。巴伐里底最高醫學敎授會，發表了下述有名的意見。就是「鐵路經營，爲公衆底健康起見，應當廢止。因爲急速的運動，顯然要使旅行者和遊覽者生出腦病。」………』

(W. Reimes, Ein Gang durch die Wirtschaftsgeschichte. 1924. S. 175–176)

根據一九二三年底統計，全世界中這種『應當唾棄的運輸手段，』表示着下列的數字：

美洲……………三七二、一二八•九哩
歐洲……………二三六、一一六•六哩
亞洲……………八〇、四七五•一哩
澳洲……………三九、六二八•七哩
非洲……………三七、〇八〇•三哩

合計…………七六五、四二九·六哩

換句話說，這種『要使乘客生腦病』的火車，現在正乘着許多文明人，以快於飛跑幾十倍的速力，疾走着七十六萬五千四百二十九哩道路。那種『使人旅行於月球』的輪船，在一千九百二十七年，總船數也達到了二萬八千九百六十七隻，總噸數則達到了六千三百二十六萬七千三百零二噸。單舉這樣一個可驚的例子，已經可以說明經濟上的可驚的進步，同時也可以說明其它一切方面底可驚的進步。

這種可驚的經濟上的進步，怎樣成爲可能的？我們只有對於資本主義經濟制度底成立及其發展過程，作一番經濟史的研究，纔能理解今日的可驚的發達。資本主義經濟制度，實在是今日支配我們的鐵一樣的制度。這個制度，『完成了比羅馬底水道，中世紀底寺院，埃及底金字塔，還更偉大的可驚的作物。』

資本主義，是一千七百七十年以來，約百年間，歐洲所行的產業革命底產物。然而那可視爲資本主義底發端的產業革命，實孕育於前階段的中世封建社會底胎內。『資產階級成長底基礎——生產及交換機關，已經在封建社會內作成了。』所以資本主義底史的研究，先須研究中世封建社會末期所發生的許多轉向資本主義的徵候，次須敘述產業革命中怎樣使機器和動力發明，由此怎樣使工廠制度發生，這樣一直敘述下來，直到資本主義底現階段為止。以後便照這樣順序來敘述資本主義經濟底發展史。

第二章　資本主義底概念

當我們研究資本主義底發展過程時，首先須明瞭資本主義底概念，換句話說，須先明瞭什麼叫作資本主義。

大概地說，要想對於複雜的社會現象，給予一定的觀念或概念，是很困難的事。這是因爲許多社會現象，常與別的社會現象處於複雜的相互關係，彼此連結不解，而且這些社會現象，都不是固定不動的，而是常在生成發展中的。因之一個名詞所含的意義，有非常歧異的情境。資本主義這一個名詞，也不能逃出此例。現在我且舉示幾個著名學者對於資本主義一名詞所給的概念，來做例子。

德國經濟史家馮倍洛（Georg von Bülow），把資本主義作如下的解釋：

『如果要把簡單的名詞底意義弄確實，而毫無成見地來比較事物，那麼資本主義就是指稱多量資本底使用。國民主義，建在國民思想底强烈利用上，軍國主義，建在兵役義務底極度緊張上；同樣，資本主義，建在資本底豐富的使用上。…………所以我敢斷言，資本主義，是多量資本底使用。要確定什麽經營有沒有充分大的規模，可以適用爲資本主義的經營，其標準在於從事那經營的勞動者，多數不能獨立這一點。」(Probleme der Wirtschaftsgeschichte. 1920. S. 400—401)

馮倍洛這一個見解，可以生出許多疑問。例如他所說的資本底概念，很不明瞭；又如他所謂多量資本（viel kapital）或資本底豐富的使用（reichliche verwendung），是拿什麽來比較，以什麽做標準而說；又如他所謂勞動者不能獨立（nicht zur Selbststandigkeit gelangen kann），或多數勞動者底繼續的隸屬（Die dauerunde Unselbststandigkeit der mehrzahl），是什麽意義，它與多量資本底使用，有什麽有機的關係；凡這一些，都很不明瞭。這個概念底不明瞭性，使克拿普（G. F. Knapp）對於馮倍洛底說明，發出如下的非難：這種使用多量資本而成的大企業，是經濟構造底骨骼；不僅在資本主義時代，就是在莊園經濟的階段，也得存在。現在，再舉一個別的例子來看。

柏林大學教授，社會民主黨員仲巴特（W. Sombart），對於資本主義，給予如下的定義：

『我們把資本主義，解作具有下述特徵的一定的經濟組織（Wirtschaftsystem）。即資本主義是一個交換經濟的體制；這個經濟體制，一般是有兩個不同的人民集團——一個是領有生產手段同時握有其指揮權的人民（經濟主體）底集團，一個是毫無所有的勞動者（經濟客體）底集團，兩者依市場而結合，而互生關聯，受營利主義和經濟的合理主義底支配。』（W. Sombart. Der moderne kapitalismus. 1922, 1.1. S. 319.）

這仲巴特所給予的概念中所表示的現象，如兩個對立階級底存在及其相互關連，營利主義和經濟的合理主義處于支配的地位等，很明瞭地是現代資本主義底諸現象中之重要的現象。然而要表示資本主義底特質或精髓，使資本主義從別的經濟階段中區別出來，還須把握或表現那使仲巴特所舉的諸現象發生的更根本的東西。僅僅在社會現象之現於表面的現象中，採取那比較重大的羅列起來，還不能說已經捉住了資本主義底精髓。爲什麼有兩個集團對立着而且關連着？營利主義及經濟的合理主義處於支配的地位，其根據何在？這個才是資本主義底精髓。

英國費賓派社會主義者霍布孫（Hobson），在他所著的近代資本主義底進化一書中，開頭就這樣說：

『資本主義，可以暫下如此的定義：它是那領有蓄積了的財富的雇主或雇主團體所行的大規模的企業組織；這些雇主或雇主團體，用那蓄積了的財富，購入原料和工具，雇用勞動，以生產將來形成利潤的財富底增加量。』（The Evolution of Modern Capitalism. P. 1.）

接着，他便舉出左列五個項目，爲資本主義底本質的條件。

『（一）生產那不用於滿足其所有者底日常欲望，因而用於貯藏的財富。

（二）有那被奪去營獨立生活的手段的無產階級——即勞動階級底存在；這些人，以前有營獨立生活的手段，可以把自己底生產的勞動力，應用於自己能夠自由利用，自由購買，自由租賃的物質上，以造出生產物，爲自己底利益而消費或售賣；現在這種手段已被剝奪了，所以形成無產階級。

（三）要間接的生產方法，對於那使用器具或機器的組織的集團勞動，能爲有利的雇傭

——即產業技術要有這種程度的發展。

(四)有廣大而能支配的市場底存在；這些市場，有喜歡消費資本主義企業底生產物，而且在經濟上也有這種能力的人口存在。

(五)資本家的精神——即應用蓄積的財富，去組織產業的企業，以獲得利潤，這種欲望和能力。

不消說，這些並不是完全獨立的條件底行列。恰恰相反，它們是有密切的相互關係。』

(原書第二頁)

霍布孫還進一步說：『資本家的企業所採取的形態，依照這些構成的勢力，即依照這些條件底相對的發達如何，而有很大的不同。』因此，他就說古代也有過資本主義形態的企業存在。

『如果我們不把那從古代到中世紀，給了非常的利潤的，以掠奪爲目的的陸海軍底遠征，看做資本家的企業，那麽古代資本主義底領域，事實上就只限於特定公共的或半公共的事業。例如宮殿，寺院，墳墓，城堡，與其它以裝飾或防禦爲目的的營造物；道路，水路底建設，與其它運輸事業底永久的開發；以取得貴金屬爲主的鑛山業；以及與遼遠地方實行多費用而有危險的通商等，都屬於這個領域。爲開拓土地而使用的奴隸或農奴底勞動，也可以說是古代資本主義底一種。』（原書第二——第三頁）

但是依照他底意見，直到中世紀底末年爲止，上述那種可以在資本主義底廣大全般的發展上，認爲本質的條件，都還沒有出現。至少有兩個條件，直到十八世紀，還沒有達到相當的範圍。這兩個條件，一個是大羣無產者底存在，另一個是大羣工廠，機器及其它高貴器具底存在。有了這兩個條件底發生，近代資本主義——與古代及中世資本主義不同的資本主義，纔能發達起來。依他所給予資本主義的定義乃至其本質的條件看來，他是承認『歷史底過程中，現出一定本質的經濟的及精神的勢力底接合的處所，常有一定形態，一定規模的資本家的產業存在』的。就是他所給的資本主義底概念，包容了很廣的範圍，可以按照其中本質的條件底相對的發達如何，區分爲古代的，中世的及近代的資本主義。因此，他所稱爲資本主義的東西，就好像不是指一定的經濟階段或經濟制度，只是指其中一部分的企業形態。

以上，已經紹介幾個代表的學者，對於資本主義這一名詞，所下的定義，所給的概念，並加以若干的批評了。現在，我想把資本主義，解作如下的社會制度：資本主義是一種達到最高的發展階段，使勞動力亦成爲商品的商品生產，取得一般的支配的地位的社會制度。分析開來說，就是下面這樣。

（甲）資本主義是商品生產。所謂商品，『就是一種不問是直接生產者，或是其關係者，不以供自己底使用爲目的，而以與其它生產物交換爲目的，這樣生產出來的生產物。』（考茨基底資本論解說）即商品是以與別人交換爲目的而生產了的東西。換句話說，商品是一種一方面有使用價值，別方面有交換價値的生產物。譬如在自給經濟時代，有人爲自己或自己團體底成員而織布，這樣織成的布，决不是商品。可是今日織布業者所生產的布，就不是爲自己或自己底團體而織造，他是爲販賣，換句話說，是爲別人底消費（這是以他底生產物可以與別人交換爲前提的）而織造的。所以這種布是商品。所謂商品生產，就是生產這種以與別人交換爲前提的商品。生產底目的，不在於自家底使用，而在於交換。因此，在原始共產社會底時代，生產及分配，既然由社會來統制，交換既然還沒有成立，自然不會有商品及商品生產。可是生產力一增加，某一共產團體發生了超過自己需要的剩餘生產物，並且進一步與別的具有異種剩餘生產物的團體相接觸，於是便發生了交換，剩餘生產物便成了商品。這種交換，起初是團體與團體底交換，担任交換工作的，是那團體底代表。但是生產力再行增加，共產社會便漸次解體，跟着便發生個人對個人的交換，以代替團體與團體底交換。『在共產制之下，使各種勞動互相關連，使各個生產者互相爲別人而勞動，直接參與別人底生產物的，就是社會自己。然而在商品生產之下，各生產者一見好像只爲自己而勞動的樣子。他們怎樣參與別人底生產物？這好像不是由他們底勞動底社會的性質來決定，而是完全由生產物自身底特質來決定。好像陶工和農夫，都已經不是互爲他們底同志而勞動了；製陶勞動和農耕勞動，也已經不是社會所必要的勞動了。他們只感着水瓶與農作物底內部，潛伏一種神秘的性質，使這兩個東西，以一定的比例交換起來。這樣，依勞動底社會的性質來決定的人類相互間底關係，在商品生產之下，所現出的情形，好像是物件相互間底關係，即生產物相互間底關係。』（考茨基底資本論解說）所以資本主義，第一是商品生產的社會。

（乙）在資本主義之下，商品生產發達到了最高度，使勞動力亦成了商品。以別人底消費爲目的的生產，自從原始共產體及其最後的形態村落共產體瓦解以後，即自從築在奴隸制度上面的古代社會（以希臘，羅馬爲代表）成立及繼此而起的中世封建制度社會成立以來，便開始發達起來，起先範圍與規模都非常之小，後來却漸漸大起來了。但是一直到中世封建制度社會底末期，卽向着資本主義社會轉變的解體期爲止，商品生產或商品經濟，都還不曾達到充分的最高的形態。在那些時候，第一，商品經濟，從量上說，還只限於極少數的商品，從質上說，還沒有在社會全體取得一般的而且支配的地位；第二，人類底勞動力，還沒有成了商品。關於第一的部分，到下一項去說；這里只就勞動力底商品化，來加以若干的說明。

勞動（這就是對自然行作用，把自然利用於人類底目的，並變更自然）是人類社會發達底基礎。悠長的人類文化底歷史，在其根本上，實爲勞動底賜物；沒有勞動的人類社會，令人無從設想。有一種學者，例如卡爾•褒赫爾，說原始時代，有非勞動（Nichtarbeit）的時代；但是這種意見底錯誤，已經被許多學者指出了。勞動底組織，在各種經濟階段，採取不同的形態。譬如古代社會底奴隸制度，中世封建社會底農奴制度，都是很顯著的例證。然在這些經濟階段，勞動力都還沒有商品化。在原始社會底共同勞動制度之下，勞動力自然不是商品；就是奴隸底勞動力，農奴和僕婢底勞動力，也決不是商品。

『勞動力並不是一向都是商品。勞動也不是一向都是工錢勞動，即自由勞動。奴隸不是把他底勞動力賣給奴隸所有者。這件事，恰與牛不是把它底勤勞賣給農夫一樣。奴隸是連同他底勞動力，一塊兒賣給他底所有者。他是一個可以從這個所有者手裏，讓渡到別個所有者手裏的商品。奴隸自身是一個商品；他底勞動力，不是他底商品。農奴也只售賣他自己底勞動力底一部分。（這里所謂售賣，並不是指勞動力底賣買，乃是說交給別人手裏。）他不是向土地底所有者領取工錢；土地底所有者，反向他徵收一定的貢物。農奴隸屬於土地；他向土地底領主，繳納其收穫物。』（工錢勞動與資本）

奴隸勞動，盛行於一般事業的，是希臘、羅馬底古代社會。當時的社會，實寄生於奴隸勞動之上。奴隸是到了原始共產社會崩壞，農業底生產力大形增加，需要多量的勞動力，而且這些勞動力，能夠有剩餘生產的時候，才發生起來的。獲得奴隸的原因，主要的是掠奪，賣買等。這個時候，奴隸自身是商品，他底勞動力決不是商品。在這個時代，勞動者自身與勞動力自身，還沒有分開。奴隸所有主所支給奴隸的最低限度的衣食資料，並不是對於他底勞動力的工錢，不過是因爲他這個商品，與牛馬一樣由交換得來，不能不給他一點糧草，這與豢養牛馬無異。牛馬不是把它底勤勞賣給農夫；同樣，奴隸也不是把他底勞動力賣給奴隸所有者。就是勞動力在這個時候，還沒有成爲商品。中世封建制度社會底農奴（Villein, Serf, Horige, Leibeigenschaft），也處於同樣的關係，不是把自己底勞動力賣給領主。農奴是那奴隸廢止（因爲奴隸底不自由，引起生產能力底減退，所以才廢止奴隸）以後所行的隸屬形態，所以他與奴隸相比，有較大的自由，但那也不過是程度之差罷了。農奴受那土地底束縛，與土地一同隸屬於大土地所有主——領主，負担許多義務，在這實質上，很少與奴隸不同。農奴對於領主，不能不做許多徭役勞動。所謂徭役勞動，就是在領主直屬的農場裏，一星期內替領主工作三四天的勞動。農奴還須以種種形態，向領主繳納種種貢物。此外，還須服從種種不規則的不時强制來的夫役。這些勞動，是農奴對於那束縛自己的土地底所有主，應盡的强制的義務。對於這些强制勞動，農奴不會領取對於勞動力的工錢。農奴底勞動力，還沒有成爲商品。反之，今日的勞動者，却不像奴隸或農奴那樣，把自己整個當作商品出賣；他是把他底勞動力分割出賣，依交換而獲得工錢。今日的自由勞動者，把自己底勞動力當作商品，出賣於勞動布場。

『反之，自由勞動者，却出賣自己，而且把自己零賣。他每天把自己底生命，八小時，十小時，或十五小時地，賣給那出價最高的人，卽領有原料，勞動要具，及生活資料的資本家。勞動者自身，不屬於任何所有者，也不隸屬於土地；但是他每天的生命之中，却有八小時，十小時，或十五小時，屬於那購買的人。勞動者如果不願意，隨時可以離開那雇用自己的資本家。資本家也只要自己認爲方便，隨時可以解雇勞動者（當資本家已不能從勞動者身上取得什麼利益，或不能取得豫期的利益時，總是這樣辦。）然而勞動者底唯一的收入源泉，在於賣出勞動力，所以只要他不肯拋棄自己底生存，總不能與那買主（勞動力底買主）底整個階級，卽資本家階級斷絕關係。』（工錢勞動與資本）

在今日的工錢勞動中，勞動力纔一般地商品化了。不消說，就是在古代社會——希臘、羅馬底時代，也有了爲取得工錢而售賣勞動力的所謂自由勞動者存在。然而那是極少的數目，其支配的形態是奴隸勞動，甚至這些很少的自由勞動者，也漸次奴隸化了。考茨基在他所著的基督教底起源（Der Ursprung des Christentums）一本書裏說：『我們一定很早可以發見工錢勞動底例子，但那些常是例外的而且一時的現象，例如收穫時底助手。』他這句話，確是正當的見解。我們還可以發見，通過中世封建制度的社會，有若干自由勞動者存在。例如莊園內的手工業者，農業自由勞動者便是。尤其到了中世紀底末期，都市發生，行會形成，以至行會將近解體時，發生了許多工錢勞動者。例如在蒲利仲所著的勞動及勞動者底歷史（Histoire du Travail et des Travailleurs）底第八章『往時底給料及勞動者生活』中，關於法國行會（Corporation）內的手工業者及其他勞動者底工錢，做了很詳細的記述。其它各國，也不乏同樣的例子。可以說，到了這個時代，工錢勞動已漸次發達起來了。中世紀末期勞動力商品化的現象，其傾向已比過去急速，它是資本主義以前的『先資本主義』（Vorkapitalismus）時代底社會現象，是資本主義過程底重要的原素，但這種傾向，還沒有像資本主義時代那樣成了一般的，支配的現象。

這種勞動力底商品化，其結果伴帶着什麼呢？資本家付出工錢（價格），購買勞動力。購買了的勞動力，資本家總想極有利於自己地去使用。例如資本家想延長勞動時間，或使勞動集約化。那結果是，產出具有很多價值的生產物，這種生產物底價值，要比資本家購買勞動力時所付的工錢——勞動力底價格，多得許多。即在實際上，資本家叫勞動者勞動的時間，超過勞動力這一商品底生產及再生產上所必要的時間。就是叫勞動者在必要勞動時間以外，還在那剩餘勞動時間勞動。那結果，資本家便獲得超過工錢的差額——剩餘價值。這種剩餘價值，表現於貨幣中，便是利潤。所以資本主義，是由勞動力底商品化而生產利潤或剩餘價值的社會制度。

『如果勞動者，爲生產等於他自己底生活手段，即等於他自己底生活手段底價值的商品，要耗費他一個整天，那麼此時便不能有什麼剩餘價值，因此，也不能有什麼資本主義的生產及工錢勞動。要資本主義的生產能夠存在，必須社會勞動底生產力非常發達，同時還須有那比工錢底再生產所需要的勞動時間還更大的總勞動日底何等剩餘——即若干剩餘勞動存在。』（馬克思底剩餘價值學說史）

『以這剩餘價值獲得制度爲基礎的經濟組織，就是資本主義的經濟組織。這個制度底前提，一方面要有離開勞動手段的工錢勞動者，別方面要有生產手段底資本主義的所有者。資本主義，沒有剩餘價值獲得制度，便不能存在。』（Wittfcgel, Geschichte de

Bürgerlichen Gesellschaft. S. 37—38)

所以資本主義，第二是勞動力也成了商品，因而生產剩餘價值的那種商品生產底最高度的發展形態。

（丙）在資本主義時代，這種達到最高發展階段的商品生產，取得一般的支配的地位。各經濟階段，並不是只有各經濟階段底特質，以純粹的形態而顯現。通常，在某一定的經濟階段，有該經濟階段底特異的本質現象，同時又有先行諸階段底遺物及後來諸階段底特質底萌芽，以一種什麼形態，相竝而存在着。試舉例子來說，在原始共產社會裏，有這社會底特質存在，同時也有了次經濟階段的古代社會底土地私有，奴隸等現象，以發芽的狀態而存在。又在古代社會，一方面遺存了那先行原始共產社會底特質——村落共產體，共同勞動等現象（例如在希臘，羅馬底初期，氏族共產主義底遺物），同時在其末期，又發生了次經濟階段的中世封建社會底大土地所有，農奴等現象（例如稱爲『Latifundium』的大土地所有，稱爲「Colonus」的農奴）。在中世封建制度的社會，一方面還遺存有原始共產社會底遺物——村落共產體，在有些地方，又遺存有屬於奴隸形態的隸屬制度，同時在中世底末期，則已發生了後來資本主義社會諸現象底萌芽，例如工錢勞動者，大規模的商業等。依據同樣的理由，在現代資本主義社會裏，也有先行諸階段底遺物，並已發生了將來新社會底諸萌芽。因此，在一個經濟階段裏，不是僅有該階段底特質純粹單獨存在着的，而是有其它諸階段底要素相混在一起的。不過只有該階段底特質，在該社會內部，比其它諸階段底要素，占着一般的而且支配的地位。所以雖與其它諸階段底要素混在一起，那一定經濟階段底本質的要素，依舊是明白地顯現出來，例如在原始共產社會，以共同勞動與共同所有，在古代社會，以奴隸制度，在中世封建社會，以農奴制度和封建制度，占着一般的而且支配的地位。在資本主義社會裏，也需要那在其它諸要素中發展到了最高度的商品生產，占着一般的而且支配的地位。我們依據歷史，可以知道希臘，羅馬底盛時，中世紀底中期及末期，有了大規模的企業或事業，貨幣經濟也有了相當的流行，商品生產也有了相當的發展。有些學者，把這種情形，叫作古代資本主義。考茨基在他所著的基督教底起源裏，說了下面這樣的話：

「樸爾曼以為這是「一般極端資本主義底」諸傾向底特性描寫。然而這個進化與近代資本主義及其資本集中底相似，僅僅是表面上的事；把這兩者來比較，完全是迷妄的。研究這個題目的人，將會發見這兩個發達之間，有顯著的相反的情形。第一，集中的傾向，即大企業欲取小企業而代之的努力，與那小企業欲依賴於巨大富力底所有者的傾向，在現今都以行於工業裏爲主，在農業裏行得很少；然在古代，恰正相反。這是第一件事實。其次，大企業征服小企業，在今日是以競爭的形式來進行；其競爭方法是，握有强大的機器和資本的企業，極有效地去利用那較大的生產力。在古代，這個征服，是依於受軍役服務壓迫的自由農民底衰微，依於勞動力底非常的廉價（這是因爲奴隸有大量的供給，使大資本所有者能夠隨心所欲地得到勞動力之故），最後依於重利而完成的。……在古代，還缺乏機械力底發達及利用上所要的各種條件。那時，自由手工業者階級，還沒有發達到充分的程度，即還不能供給多數願意取得工錢，永久替別人工作，爲無限自由卓越的勞動，機器底生產及其操作所要求的勞動者。……』（考茨基底基督教底起源）

考茨基還在別的處所，說了如下的話：

『自由而健全的手工業者階級，遇着這奴隸勞動所生的競爭而不能發達，那是沒有什麼不可思議的。在古代，尤其在羅馬社會，手工業者還處於不大有用的狀態；他們還沒有學徒，通常大抵以一個人在顧客底家裏，用顧客所給的材料以從事工作。所以到了中世紀而發達了的那樣健全的手工業者階級，還全然不曾存在。同業團體，還很微弱；手工業者，大部分常受地主——卽他底顧客——底自由支配，做了地主底被護民……實在過着寄生蟲的生活。』（考茨基底基督教底起源）在這樣的社會裏，那種使勞動力也成了商品的發達到了最高階段的商品生產，當然不能取得一般的而且支配的地位。那種商品生產，只有在經過了產業革命過程的資本主義社會裏，纔能取得一般的而且支配的地位。

『資本主義的生產，事實上就是商品生產成爲生產底普遍的形態。不過資本主義的生產之所以是這樣的商品生產，這個事實在資本主義的生產底發達中之所以日益顯著起來，那是因爲在資本制度之下，勞動力自身成了商品而顯現，勞動者把他底勞動力，照前面所假定的那樣，依再生產費所決定的價值來販賣的緣故。勞動一變成工錢勞動，生產者便變成產業資本家。隨後農業中的直接生產者，也變成工錢勞動，於是資本主義的

生產，才擴張到整個生產範圍。』（資本論第一卷）

（丁）最後，資本主義，是一個發展到這種最高度的商品生產取得普遍的而且支配的地位的社會制度。因而資本主義，是一個經濟階段，不是給予個個企業形態或經營事業的名稱；它是在原始共產社會，古代社會，中世封建制度社會以後而現出的社會制度。所以古代資本主義，中世資本主義那一類名稱，不過是一種比喻或類推。資本主義只有一個，它是爲解除中世末期底矛盾及因產業革命而顯現出來的社會制度。

第三章　資本主義底起源

具有上述那樣概念的資本主義，是怎樣發生的呢？資本主義成立底起源，應當求之於什麽處所呢？現在要發生的，就是這個問題。我們且先聽一聽幾個重要的學者關於這個問題的意見。

近代資本主義底起源（Die Anfange des modernen Kapitalismus. 最初與其它三篇論文一同發刊，作爲一千九百十六年學術院〔K. Academie der wissenschaften〕底開院祝賀講演集，後來則收錄於一千九百二十三年發行的『Der wirtschaftende mensch in der Geschichte』底第六章裏）底著者蒲列塔諾（Lujo Brentano），說明資本主義底起源如左：

『近代資本主義，可以在商業（Handel）貨幣借貸（Geldleihe）及戰爭組織（Kiegswesen）中，求得它底起源。那組織於資本主義的基礎之上的十字軍士底遠征，其反作用，侵入了具有資本主義的經濟組織，並具有繁盛的都市制度的意大利及其它諸國底商工業及農業之中。於十三、十四及十五世紀，資本主義的組織，在意大利底一切營利部門，都占了支配的地位；商人底思維方法，也浸透了一切別的生活關係。』（Der wirtschaftende Mensch in der Geschichte. S. 258—259）

就是他認那『在財貨交換時，按照各時底狀況，受取可能獲得的多量利益，以此爲目的的努力』——『商業爲最初的資本主義的經營』；其次，他又認那『以放債的形式作具有貨幣價值的給付，以利息或別的形式作那反面給付，訂定這樣的契約來利用財貨，因而生出利益』，以此爲目的的高利貸，及『向着營利的』戰爭，爲資本主義底起源。

對於這蒲列塔諾底起源說，有很多反對論。例如馮倍洛，就是其中之一人。對於以商業爲最初的資本主義經營這一種主張，馮倍洛作了如下的駁論：『如果蒲列塔諾認『商業』爲最初的資本主義的經濟經營，誠然不錯，在商業中，營利的努力，比在其它任何職業中，都要强烈些。商人直接地在他底職業底一切活動裏，努力去獲得利益。一切行爲，手工業者及農民要想從自己底勞動中取得利益的一切行爲，簡直是商人底行爲。然而商人的營利，並非資本主義的營利，而且很有從事這種商人的營利至百年千年之久的商人。』（Von Below, Probleme der Wirtschaftsgeschichte. S. 490——410）實在，蒲列塔諾給予資本主義的概念，是很模糊不淸的。例如他在上揭的論文裏，到處散佈着如下的文句：如什麼『羅馬底財富，是那用資本主義的方法組織起來的戰爭底結果，』什麼『第三世紀開始了的向着自然經濟的退化，雖還繼續到第五世紀之初，但一切的人，都充滿了資本主義的精神，』什麼『當時（羅馬）資本主義的經營底種類，卽大地主，「Latifundium」底財政的管理，』什麼『在坡尼戰役後的羅馬時代，資本主義已經用自己底手實行軍需品底供給及軍路底建設了』等等都是。依這樣廣寬的鬆緩的用語法來說，中世初期底商業和高利貸業，也許它自身是資本主義的，是資本主義底始源的形態。可是如果不把資本主義作這樣廣寬的解釋，那麼蒲列塔諾底起源說，便很難承認它是正當的。因此，馮倍洛下述的非難，就擊中蒲列塔諾說底一個要點。

『蒲列塔諾把貨幣經濟和營利的努力，都看做與資本主義同樣的東西。………在這里，蒲列塔諾如果再把貨幣經濟看做與自然經濟一般相對立的東西，而與資本主義同樣的東西，那麼在他看來，資本主義，並不是像封建經濟組織中那樣對於土地的，而是對於貨幣的『無限的努力』。不消說，『無限的努力』底自身，已經存在於自然經濟的時代，所以在資本主義時代成為問題的，僅僅是高度發達的『無限的努力』。因此，如果要問這樣的努力有否形成資本主義，那麼初期的中世紀，可以提供必要的反證。從中世紀裏，能夠引出極明瞭的關於『營利的努力』的表現。……又在中世紀底手工業中，也不乏過剩生產。我們不能在『營利的努力』的熱心之中，發見資本主義底決定的特質。(下略)』(V. Below. a. a. O. S. 408)

其次是霍布孫底資本主義起源說，且依他所著的近代資本主義底進化一書來介紹一下。資本主義底歷史的基礎，第一是中世紀底帝王，封建諸侯，地主等所收奪的地租(Rent)——土地底剩餘勞動生產物(the product of labour)。第二，除了這些農業中的剩餘生產物之外，還要加上都會中的地租。然而『鄉村中或都會中對於土地以物品形態而支付的地租，決不能造成資本主義底基礎。貴金屬底發見及其利用，是達到這個目的所不可缺少的東西。收取地租的本源的力，須先行貨幣化。當『金銀財寶』(treasure)還沒有被西歐諸國獲得，保有以前，近代資本主義，決不能有眞正顯著的出發』。然而有了這樣大量的剩餘財富，如果僅僅消耗於奢侈生活，或當作財富而貯藏起來，也還不能引起資本主義的發達。要達到這個目的，『那根本的必要的條件，必須把這些剩餘財富移歸於企業家（business man）底手裏，他會極力設法使它成爲有利潤的用途底基礎。』這種企業家階級，第一是意大利諸都市，法蘭達斯地方，以及奧格斯堡，努連堡，巴塞爾，凱隆等德意志諸都市那些握有商業力的商人；那些商人，起源於土地所有貴族，本來的市邑民家族（小都會地所有者），以及那『在封建制度之下，處理國家底有利官署底公共資源，或受委辦理租稅，通行稅底徵集或包收的官吏。』還有一種企業家，那就是從事高利貸業或放債業（usury or money lending）的人；他們能夠把蓄積的財富，『能夠把這『資本』投於最有利益的用途』，爲『幼年資本主義底最重要的部門』。『然而資本從地主底所有移轉於企業家底所有這一切的形態，還不足以說明西歐財富底急激增加。如果那當作集中的蓄積手段的『貨幣的財寶』，沒有更大的增加，如果爲產業技術底進步而採集種種物質的資源，沒有更大的機會，那麼近代資本主義，在其現存的範圍裏，決不可能』。即『通過軍事的掠奪，不平等貿易及強制的勞動，以榨取世界底其它部分，是歐洲資本主義底發達上一大必須的條件』。

此外，近代資本主義發達上必要的原素，還有西歐諸國底龐大無產者羣底發生。這龐大無產者羣發生底理由，簡單說是『包含着土地底較生產的利用及經營方法底改良的農業上的改革』。即因了圈地（enclosure）及採用新耕作法，如科學的輪作法，深耕法，人造肥料，機器使用底增加等，使大羣農村人口失了土地底所有或租地權底安定，並流入於都市。

然而『僅有蓄積的財富存在，有藉賣自己底勞動力來生活的巨大人口存在，如果產業技術沒有達到高度的發達，則近代產業資本主義制度也還不能發達。』即還須有產業革命。

復次，我們且來介紹一下德國柏林大學教授仲巴特底資本主義發生史論。下面所介紹的，是他底大著近代資本主義（Werner Sombart, Der Modern Kapitalismus）底第一卷第二章『資本主義底生成』（Das Werden des Kapitalismus）底大意。

『寫作歷史，是要表示國民精神經了怎樣的路程而走近他底目的，在他底努力中，有什麼東西在促進他，有什麼東西在妨害他，這一種證據。換句話說，是要表示一國民或國民羣底根本的觀念，在怎樣的範圍，依怎樣的方法而實現。寫作經濟史，以我們底特別目的來說，寫作近代資本主義底歷史，是要表示資本主義的經濟組織底觀念，如何在幾世紀之間實現，歐洲民族底經濟在活，如何在一切部門，從新的精神裏發達出來。』(a. a. O. Bd. I. S. 330)

從他對於歷史的這一個敍述中，可以推知：他是重視人類底精神，把它當作歷史底推進力。因此，他以爲資本主義，是由一個精神，一個新的精神造出來的。

據他所說，資本主義，是從歐洲精神底深厚的根基裏發生的。產生了新的國家，新的宗敎，新的科學，新的技術的這個同一的精神(Geist)，又創造了新的經濟生活。這個精神，是一個具有破壞舊的關係，同時又再建新的生活形態的强大的精神。這個精神，使人類離開了中世紀以來平靜組織地發達了來的愛的關係及共同關係，轉向那不斷的自利追求，自己決定的道路而前進。

這個精神，不是平靜的，和平的精神，乃是不息的，不斷的，不安的精神。因而這個精神，是『永久努力』，是『權力努力』，是『企業力』。

這個精神，在國家中，成了掠奪與支配；在宗敎中，成了解放；在科學中是『打開謎戶』；在技術中是發明；在地球上是發見。

這個精神，侵入經濟生活中，就出現了資本主義。可是資本主義，並不是單單從這個精神——卽『永久努力』，『權力意思』，『企業心』裏發生的。此外，還要加上一個必要的精神。那就是市民精神（Bürgergeist）。企業精神，努力於掠奪和營利；而這市民精神，就整頓並維持秩序。

『由企業精神及市民精神，達到一個統一的全體的心的氣分（Seelenstimmung），我們就稱它爲資本主義的精神（Der kapitalistische Geist）。這個資本主義的精神，就創造了資本主義。』

仲巴特還舉出資本主義的意思爲這新資本主義的精神底一個要素，以國家，技術及貴金屬生產爲資本主義的發展底根本條件。

國家特別以其軍隊，替資本主義造出大市場，而以秩序和訓練的精神，完成經濟生活。國家又以其教會政策，造成資本主義底建設上兩個不可缺少的要素——異教徒與外國人。國家掠奪殖瓦地，借力於奴隸制度，由此纔能實行資本主義的大經營。國家以自覺的法律，培養資本主義的利益，促進資本主義的利益。

技術使大規模的生產及運輸能夠成立而且必然地成立。技術還能夠造成新種類的工業，這種新工業，只有在資本主義時代，始能發生。

貴金屬，在許多點上，影響了經濟生活。它造出了資本主義底發展上必要的市場。它提高營利心，完成計算力，以促進資本主義的精神。

以上三者——國家，技術及貴金屬，直接間接地對於資本主義，給了很大的影響。這三個根本條件底相互作用，使市民的富能夠發生，而這市民的富，爲資本主義底一個不可缺少的先行條件。

在這些要素之上，再加以別的要素，到了十八世紀中葉，便把一切妨礙資本主義發展的東西除去了。(Sombart, a. a. O. Bd. I. S. 327——335)

以上是仲巴特底資本主義起源論底大意。他底起源論底特徵，就是以資本主義的精神，爲一切促起資本主義發生的不可缺少的先行條件底根底。

上面，已經大略地介紹了蒲列塔諾，霍布孫，仲巴特三人關於資本主義起源的意見。

蒲列塔諾底意見，是認中世紀底商業自身爲資本主義；霍布孫底意見，是認中世紀底農村及都市底地租爲資本主義底根本條件；仲巴特底意見，則以資本主義的精神爲資本主義生成底根底。我對於他們三個人底意見，都不能滿意，因爲他們一則是不充分，二則是認識有些錯誤。現在，且把我自己底意見說一說。

中世紀封建制度的社會，是築在大土地所有制上的隸屬的社會。這個社會，一方面築在比奴隸略爲自由的農奴制度上面，而有勞役和貢稅的關係——由這種領主對領民的關係而成立，在這一點上是與那築在奴隸制度上面的古代社會不同的；但在別一方面，它又遺留着原始社會，古代社會初期底許多特徵底殘骸。因之在中世紀底各莊園形態中，尤其在其初期，還殘留着許多共有關係。如森林荒地底共有，放牧地，牧草地底共有、耕作强制，就是一例。考茨基說：『封建制度底根底，是麻克共同體範圍內的農業的及手工業的生產。』他這句話，就是指這點而說的。

在這莊園內部，提供了各種生活手段，例如農產物，由牧畜，狩獵，漁撈所得的生產物，以及木材，羊毛等。然而這些東西，都是爲生產者、或生產者底家族、或他底同伴、或領主底自己消費，所消費了的。因此，在莊園經濟底初期，爲主的是自給經濟，與外部的經濟關係，幾乎可說沒有。一個莊園以外的世界，可說全是外國。這時代底超莊園的唯一的組織，不過是天主教會。

在這莊園內，除了農民，還有若干手工業者存在。手工業最初並不是商品生產。手工業者爲共同團體或某一領主底隸屬員，以勤務關係而存在。手工業者，因此爲共同團體底需要，或爲他所屬的莊園而生產。他不是爲販賣而生產的。在當時已發生了的都市內部，也有了這種手工業者存在。可是手工業一有了進步，便能夠生產剩餘生產物，而這剩餘生產物底發生；又引起商業的現象。隨着這商業底發展，手工業者便成了自由的商品生產者。都市中的隸屬手工業者，拒絕隸屬義務；鄉村中的手工業者，爲希望得到保護，而移住於都市。手工業者底數目，大大地增加起來。手工業者，在都市裏組織了行會，竭力想把都市從領主底支配之下解放出來。

商業在羅馬時代底古代社會，十分隆盛。羅馬崩潰後，一時歸於衰微，但商業本身，決沒有歸於消滅。莊園制度一經確立，領主、僧侶等對於奢侈品的欲望，便以與外國底交易來滿足。特別是北德意志與意大利之間底商業，在羅馬覆沒後，還照以前一樣地通行，不過規模小了一些。尤其隨着莊園內部手工業底剩餘生產物底增加，內外的商業也就盛行起來。都市在各處建立起來，也是這商業底結果。在這些中世都市之內，那受了歷史的或地理的恩惠的，便成了海外交易，世界交易底中心。

東洋（尤其是君士坦丁堡、埃及以及經此而過的印度，中國等）與歐洲底海外交易，最初是在下部意大利尤其是在阿馬斐（Amalfi）實行的。再進一步，歐洲人底想獲得這些東方財富的欲求，還引起那有名的十字軍底遠征（Kreuzzüge, Crusade）。這十字軍底遠征，實行了好多次：第一次在一〇九六年，第二次在一一四七年，第三次在一一八九年，第四次在一二〇二年，第五次在一二二八年，第六次在一二四八年，第七次在一二七〇年。這十字軍底遠征，依普通歷史家底記述，好像是爲恢復聖地耶路撒冷的宗教戰爭；其實無論從原因上或從結果上來看，都有重大的經濟意義。最初指出這一點的，是法國最初發表經濟的歷史觀的雷拿爾（Raynal）。那結果，要想直接獲得東方財富的欲求，越益在歐洲擴張了。因十字軍而得到便宜，利用這個便宜，首先伸手於東方的，是北部意大利底諸都市。

東方底各種財貨一流入歐洲，就生出要想模倣那些東西而來生產的欲望。十二世紀，在巴勒摩（Palermo）地方，就已經有希臘底俘虜，在生產絲織物了。一到了十四世紀，這種織物，就在北部意大利諸都市，一般地在生產了。

這樣，東洋生產品底模倣生產一進行，就促進商人底活躍，他們從外國輸入原料，教手工業者從事這種生產，以獲得巨大的利益。

這個時代，還發生了別的可驚的事件。那就是被稱爲『發見時代』（Zeitalter der Entdeckung）的海外市場發見的時代開始了。一千四百九十二年，先發見了美洲大陸。其次，發見了到達印度的新航海路；從歐洲到印度，向來要經過君士坦丁堡，黑海，小亞細亞，利用那不完全的隊商路。一千四百五十三年，土耳其滅亡東羅馬帝國，占領君士坦丁堡，奪取達達尼爾海峽，妨礙了東洋和西洋間底交通。因此，德意志和北部意大利底商業諸都市，以至與海岸都市威尼西亞相連結的舊商路，就日趨冷靜，德意志底商業及手工業，也日趨衰敗了。歐洲人爲恢復這種交通的努力，即爲發見到達印度的新航路，付了很多的犧牲。一千四百八十六年，第亞士（Bartolomeus Diaz）發見了非洲南端的好望角。一千四百九十八年，達伽馬（Basco da Gama）繞行非洲，發見了通達東印度的新航路。這個新航路底發見，促進意大利商業底衰落；威尼西亞底地位，被里斯本所替代了。

一千五百年，加伯拉爾（Cabral）發見巴西；一千五百十九年至廿一年，科德司（Cortez）掠奪墨西哥；一千五百三十二年，比撒羅（Pizaro）占領祕魯。

這些新航路，新大陸之被歐洲人發見及占領，那直接的結果，先使意大利諸都市，德意志底漢塞同盟底商業地位崩潰；商業底重心點，去地中海而到大西洋岸。後來，西班牙，葡萄牙，荷蘭，法蘭西，英吉利等國，相繼代意大利而為世界商業底担當者，其基礎便築在這個時候。又因這新航路底發見，使那向來限於舊世界，即限於歐洲大陸的商業，打破了一切桎梏，成了世界商業；海上貿易遂超過了陸上貿易。歐洲大陸，輸入許多向來不知道的生產物，如珈琲，穀米，白糖，可可，煙草，馬鈴薯，香料等。美洲大陸，墨西哥等地方底寶庫，又供給多量金銀塊於歐洲。

這種商業區域（即原料供給地，生產物販賣地）底擴大，以及因磁針，羅盤針底發明而生的航海底安全，打破了舊來商業（那就是羅馬時代以後，經由君士坦丁堡，意大利諸都市，與東方諸國實行的小規模的交易，北部德意志與意大利底交易，莊園內剩餘生產物互相交換的商業，都市內由行會實行手工業生產品底小範圍的販賣）底狹隘性，引起大範圍的大規模的商業。商品底變成多種多樣多量，因從舊大陸流入多量金銀塊而起的貨幣經濟底發達（中世紀交換底發展，必然要引起那作爲『價值底媒介物』的貨幣底發生；而這貨幣底流通，又依交互作用，促進當時的生產與交換），以及商業區域底擴大，都使那從事商業的商人所有的財富，卽商業資本（Handelskapital）增加。而商人則利用那商業資本，把生產統一於自已底統制之下，促起了家庭工業，『前貸制度』（Verlagssystem），工廠手工業等企業形態。這樣發生起來，蓄積起來的商業資本，實爲資本主義發生底第一個前提條件。

『美洲金銀鑛底發見，鑛山中土人底被勦滅被奴役被埋沒，對於東印度的征服與掠奪底開始，以及非洲之化爲獵取黑奴場，這些都是表示資本主義生產時代底曙光。』（資本論）

『在歐洲以外，用直接掠奪，奴隸化，殺害等方法，搾取得來的財寶，流入母國，化爲資本。』（資本論）

『因此，我們不難理解在資本還沒有支配生產自身以前，爲什麼商人資本成爲資本底歷史的形態而出現。商人資本底存在及其達到某種程度的發達，是它自身資本主義的生產方法發達底歷史的前提。因爲(一)它是貨幣財產集積底豫備條件；(二)資本主義的生產方法，其前提是爲商業的生產，及不以少數個別顧客爲目的的大規模的販賣，因而也以商人爲前提，商人不是爲滿足自己個人底欲望而購買物品，他是把多數人底購買行爲集中於自己底購買行爲。在別方面，商人資本底一切發達，越益把那以交換價值爲目的的一個性質給予了生產，這樣，使生產物日益轉化爲商品。……』（資本論）

關於這資本主義成立底前提條件，爲原始蓄積之一的商業資本底成立，我們可以看見許多殘暴的歷史的事實。這些事實，作成近代殖民史底第一頁。現在且舉幾個例子給大家看。

那征服墨西哥及祕魯的西班牙人科德司及比撒羅，爲要奪取許多財富送回母國，當其掠奪之時，竟以血與暴力虐待土人，那是許多人所知道的事實。

繼西班牙，葡萄牙而爲近代殖民事業底担當者的，是荷蘭人。這荷蘭人爲收奪殖民地，做了怎樣暴虐的行爲，我們只要看前爪哇副總督拉傅爾斯（Raffles）所說的下面這一句話，便可以明瞭。拉傅爾斯說：荷蘭底殖民歷史，『展開了叛逆，買收，虐殺，卑劣行爲底最顯著的繪畫。』這里，且舉兩個例子看。荷蘭人當攻略爪哇時，需要許多奴隸；他們爲獲得這些奴隸，在西里伯島，實行人類狩獵（Menschenjagd）。荷蘭人帶領翻譯員，去搶掠土人，或訪問該地貴族，去購買土人。這些被搶掠或被購買的奴隸，一時被投於麥卡沙（Makassar）市底牢獄裏，後來又被放在小小的奴隸船裏，運了出去。再舉一個例子：荷蘭人當那想占領麻拉甲市的時候，答應提供二萬餘鎊給葡萄牙底總督，以作代價。但一到了履行約言時，便突然慘殺總督，並殺害了一切反抗荷蘭人的人。

英吉利底歷史，也以這種與荷蘭相同的『光榮的』事實爲其內容。一千六百年，在倫敦設立了東印度公司。這個公司底初期，是私人資本家底利益團體，迄於一千八百五十年爲止，在印度底『經濟開發』這個名義之下，握有實行一切『人工搾取』的自由。這個公司，從一千七百五十七年至一千八百六十六年之間，單從印度人身上，就收奪了等於一億二千萬馬克的東西。它還獨占了一切生活必需品，以任意規定的獨占價格，再販賣給印度人，藉此獲得了巨富。它把所有的米收買過來，貯藏起來，然後再以『饑饉價格』售賣。它用這樣的方法，於一千七百六十九年至一千六百七十年之間，人工地在印度造出饑饉，以致僅僅一個地方，就出了一百萬以上的餓死者。單看這樣的事實，便可以知道英國人是怎樣慘無人道的了。東印度公司對於印度所行的無限制的收奪底歷史及結果，在馬克思底論文英國在印度的統治及東印度公司底歷史及其活動底結果裏，說得很明白。然而英國人底殘暴，決不僅在印度如此。後年英國人開發新英格蘭（美國西海岸）的時候，清教徒們竟開會決定：取得土人底頭顱一顆或俘虜一人，賞金四十鎊，其後還增加賞額到一百鎊，務欲絕滅土人而後已。但在幾十年之後，英國政府，又教唆土人去殺戮那些清教徒底子孫了。當時英國議會，宣言殺戮為神與自然所授予的手段。市民的著述家霍威脫（W. Howit），在他所著的殖民與基督教一書裏，這樣說道：

『所謂基督教人種，他們在世界各國民中，及對於那些被壓服的國民，所幹的蠻行及可惡的殘殺，無論在世界底哪一部分，甚至在野蠻的，未開化的，無慈悲的，無廉恥的國民中，也不能發見同樣的例子。』

還有，各殖民地底商人們，到非洲獵取黑人，以高價把他們賣出，藉此獲得了很高的利益。這種奴隸輸送及掠奪，常常暴虐到了極點，據說在路中便要死去三分之一甚至三分之二。美利美底小說『Tamango』，司徒女士底『Uncle Tom's Cabin』海奈底奴隸船(Sklavonschiff)等，都是以這原始蓄積底犧牲者，築成資本主義鉄壁的『捨石』——奴隸底虐待爲主題的。

在葡萄牙人，西班牙人，荷蘭人，英吉利人之外，還有跟隨西班牙人，葡萄牙人而赴美洲及印度的法蘭西人及德意志人，其殘暴也不下於他們，也一樣地由此蓄積了巨富。例如在十五世紀底末期，德意志底諸都市，已經有了蓄積幾十萬，幾百萬『格登』(Gulden)的市民存在。其中著名的是奧格斯堡底威寨家（Weser），傅格家（Fugger），巴姆嘉脫拿家(Paumgartner)，郝克斯脫拉家(Höchsteller)，以及努連堡底杜赫家(Tucher)等。

『通過軍事的掠奪，不平等貿易，及强制的勞動，以搾取世界底其它部分，是歐洲資本主義底發達上一大必須的條件。意大利諸都市底富裕，離開搾取地中海沿岸底其它諸國，完全不能發生。同樣，葡萄牙，西班牙，荷蘭，法蘭西，英吉利等國底繁榮，如果離開阿拉伯文明底崩壞，非洲底掠奪，南部亞細亞及其島嶼諸國，卽豐饒的東印度及富裕的印加，阿斯的克諸國底衰頹和解體，便不能想像。』（Hokson, a. a. O. P. 10）

『殖民地經濟底特殊的意義，在於下述這一點：卽在眞正資本主義底條件成熟以前，在必要的貨幣集積發生以前，在無產者發生以前，且在自由土地發生以前，提供企業家底利潤。』（仲巴特底近代資本主義）

商業資本形成底過程如下：卽以貨幣（G）購買商品（W），再把商品賣出，轉變爲貨幣（G）。這時，G'多於G，再歸到商人手裏。其圖如左：

G——W——G'

以上，已經把資本主義所以能夠成立的前提條件，爲原始蓄積之一的商業資本底成立及蓄積，大略地說明了。其次，應當說一說另一種原始蓄積，卽高利資本（Wucherkapital）。

高利資本底存在，只需要下述的條件：生產物至少要有一部分轉化爲商品，隨同商品交易底發達，貨幣也於各種機能上發展起來。因而高利資本底發達，跟隨着商業資本底發達。高利資本，在古代社會便已經存在了。希臘底立法家梭倫，曾經說過如下的話：

『押當石（Hypothekenstein）把無數暗黑的耕地連結於母土。因此，偶然的念頭和嚴酷的法律，把許多人吊在可恥的奴隸的桎梏之下。還有許多人，則無可奈何地，逃避債務強制，從這一國逃到別一國，遂至忘記了母國語言，成了全無故鄉的人。』

又在中世紀中葉底意大利都市，也有高利貸現象存在，那只要看莎士比亞底劇本威尼斯底商人，便可以知道一般；又看有麥第奇（Medici）那樣擁有巨富的高利資本家存在，也可以明白。

『莎士比亞底威尼斯底商人，建在高利資本與商業資本底對立上。『威尼斯底商人』安得尼（Antonio），當他底大帆船航行於大洋的時候，雖是安坐於自已房裏的怠惰的搾取者，但對於那專事放債的『猶太人』，却自傲爲進步的經濟方法底代表者。這以別的方法獲得利益的安得尼，妨害雪洛克（Shylock）以放債者資格去獲得利益。商人的

安得尼，要有許多顧客。所以他和放債者的雪洛克相反，對於不使世間貧困，有物質的利害關係。（中略）

在這里，莎士比亞憑『異民族』底要素，提高對於高利資本家的嫌惡。但是我們不可忘記：安得尼和雪洛克，並非以兩個民族或兩個宗教底代表者，而是以兩個經濟原則底代表者而對立。………雪洛克並不是民族的問題，而是一個社會的問題。………』

（K. A. Wittfogel, Geschichte der Bürgerlichen Gesellschaft. 1924. S. 207—209）

然而古代社會及中世紀中葉底高利資本，與先資本主義時代底高利資本之間，有不同的處所。

『但先資本主義時代底高利資本，其特徵的形態，有兩個種類。所謂兩個種類，第一個是對於豪奢的公侯，尤其對於土地所有者的高利放債；第二個是對於那領有自己勞動條件的小生產者，即對於手工業者，尤其對於農民的高利放債。因爲在先資本主義的狀態之下，既然容許互相獨立的個別的生產者存在，自然不能不以農民階級爲其最大多數。』（資本論第三卷）

高利放債底對象，第一是地主；他們必須把那在自己底所有地上收奪而來的剩餘物底一部分，不用於自己底浪費，而作爲高利，提供於債權者。其次，高利放債底對象，是那以被强制的剩餘勞動去創造剩餘物的農奴或莊園農民。不過對於後者的高利搾取，比對於前者要殘酷得多。高利放債者，有計畫地去利用那小農底貧困狀態。小農要繼續他底生產，不能不聽從高利放債者底說話。

我們可以拿德意志底傅格家，來做高利資本蓄積底一個例子。傅格家底財產，在一千四百八十七年，有二萬五千格登；在一千五百十一年，增加到二十五萬格登；在一千五百二十七年增加到二百萬格登；在那可稱爲最隆盛時代的一千五百四十六年，則達到了四百五十萬格登。可是這些蓄積底大部分，是由對於封建諸侯及小農的高利放債而收奪來的。路德在那有名的商業及高利放債業者底書裏，有這樣的話：

『如果强盜和殺人犯應當殺戮，應當砍頭，那麼那樣多的一切高利放債者，不是應當殺戮，應當放逐，應當咀呪，應當砍頭嗎？』

又同時代底人們，把高利放債者與盜賊同視，稱他們爲『願以任何牲犧去獲得財富』的人。

『這樣，高利放債使富裕的土地所有者沒落，絞盡小生產者底膏血而送他到墳墓裏去，那結果，便引起大資本底形成與集積。然而這個過程，究竟廢除舊來生產方法到什麼樣的程度，如近代歐洲所發生的那樣，或是進到以資本主義的生產方法，代替舊來的生產方法，那是完全要依據歷史發達底階段及其周圍情形底如何而決定。』（資本論第三卷）

關於資本主義成立底前提或先行條件，原始蓄積底兩個形態，商業資本及高利資本，已經大略地說明了。學者把這種在資本主義以前的商業資本，高利資本底時代，叫作『先資本主義』（Vorkapitalismu）。也有人稱這爲『商業資本主義』（Handelskapi alismus），『高利資本主義』（Wucherkapitalismus）。

資本主義成立底前提條件，除了大資本底集積以外，還以多數自由勞動者底存在爲必要。

『要把貨幣轉化爲資本，貨幣底所有者，必須豫先在商品市場裏發見自由勞動者。這里所謂自由，有兩重意思：第一，勞動者成爲自由人，能夠把自己底勞動力，當作自己底商品來處分；第二，他除了勞動力以外，再沒有別的可賣的商品，卽他從實現他底勞動力所必要的一切東西裏自由出來。』（資本論第一卷）

除了勞動力，別無可賣的東西的無產者羣底發生，是怎樣成了可能的呢？我們且來研究一下他們發生底原因，以觀近代工錢勞動者底濫觴。

（一） 中世行會裏學徒底過剩

中世都市裏已有手工業者底行會（Guild, Zunft, Corporation）存在。這種行會，由各種工業底師傅組織而成，在嚴重的團體强制之下，經營着手工業。在各師傅（Master, Meiste, Maistre）之下，還有幫手（Journeyman, Geselle, Compagnon）和學徒（Aprerentice, Lehrling, apprenti）兩個階層存在。通常，學徒和幫手們，住在師傅家裏，與主人在同一桌子上，吃同樣食物，因而在這里，主從之間，那協調的色彩，頗爲濃厚。但是商人底發達與商業資本底擴大，使商人照自己底計算去支配手工業，同時，市場也漸次擴張，對於手工業商品的需要也日益增加，因之師傅們如果像以前那樣，遵守行會底規約，安居於獨占的利益上，實行有限制的生產，便不能維持自己底存在了。於是那向來爲行會存在底基礎的嚴重的行會規約，在這生產力發展底面前，也不能不漸次走向崩壞的路程了。這破壞規約的第一件事，就是增加學徒底人數。向來行會底規約，限定各師傅所有的學徒和幫手底數目，不許私行增加，禁止奪取或誘拐其他師傅底學徒和幫手。這有限制的學徒底數目，做到能夠任意增加，乃是中世紀制度漸次崩壞，近代資本主義底門戶開放底第一步。『行會底規約，非常限制學徒底數目，因之有計畫地妨礙師傅成爲資本家。』（資本論第一卷）

這學徒數目底增加，不僅那師傅們任意地在實際上如此實行着，就是國家底法律，也容許這樣辦了。譬如一千七百七十二年所發布的普魯士底勅令，一千七百八十三年普魯士底勅令，一千七百七十三年巴登國底法律，都是例子。師傅所有的學徒人數增加了這一件事情，產生了什麽樣的結果？它底第一個結果就是升爲師傅的日感困難，借考茨基底話來說，就是『師傅權成了越難接近的特權』。向來，學徒在師傅底處所，經過一定的歲月，修業完畢，便成爲幫手；幫手又經過一定的年月，修業完畢，最後通過習作（Masterpiece）期間，便得成爲師傅，從事獨立經營。從行會底初期迄於行會底繁榮時代，一切的學徒，都可以豫定：只要履行了一定的過程，未來總可以做獨立的人。但是學徒人數底增加，打破了向來一切學徒都能做師傅的慣習，使大多數人，不能不畢生做學徒或幫手，甘受師傅底驅使，只有極少數人，能夠成爲獨立的人。在別方面，行會又限定了師傅底數目，這與學徒數目底任意增加，適成一反比例。不僅如此，就是在學徒之間，也是那富裕的得到勢力，繳得起行會底入會金及會費；而且隨着這些費用底漸次增高，那昇進的路子也就自然狹窄起來，後來師傅底職位就有了限定，而這限定的職位，也對於師傅底兒子，給予了優先權。（柯爾底英國勞動階級運動略史）那結果，學徒或幫手中，一生一世做雇傭人的，便日益增加起來。學徒底生活，是很悲慘的。（試看蒲利仲底 Histoire du travaille et travailleur 底第二章第一項）他們忍受這悲慘的生活，爲的是希望將來可以做光輝的獨立人。然而現在，這個希望也一天一天地消滅了。

學徒增加底第二個結果，就是工錢低落，對於學徒的費用減少。

這兩個不能忍受的悲慘，遂驅使學徒去反抗師傅。但是師傅，却禁止學徒底結合。

『在這個國家中，任何手工業學徒，都不許爲反抗我們底領主們，都市，或他們底師傅，而開會或集合。他們也不准在星期一或工作日休息。他們決不能實行罷工以避免工作。有人硬要破壞這規則，便要被砍頭……』(Ein Jahrtausend deutscher Kultur. 1921. S. 221)

但是學徒們，決不屈服於這些禁止，竟起而與師傅們抗爭。不過這兩者底抗爭，並沒有徹底地進行。這是由於下述兩個理由：(一)因爲學徒在當時，也還與師傅住在同一屋子裏，營着家族的，卽家長家族員的生活，因之在這里，除了現代資本家與勞動者之間所存在的那樣單純的契約關係，還遺留着人情關係。這兩者之間底主從的協調關係底殘滓，妨礙學徒行決定的鬬爭。(二)當時學徒人數底增加，雖然減少了升爲師傅的可能性，但並不像今日的勞動者不能升爲資本家的情形，實際上還有多少人可以升爲師傅，不過是有限制的。這件事情，也使學徒對於師傅，不能行徹底的鬬爭。

然而這鬬爭底不徹底，並無減少剩餘學徒的作用。有一部分，離開了師傅，成爲自由的勞動力出賣者，去探求買主。另一部分，在師傅之下，一生一世做被傭者，過着悲慘的生活，並且等待較好的出賣勞動力的機會。前者是明顯的無產者，後者是潛伏的無產者。這樣，中世紀末期，想賣勞動力的『自由』的無產者，便增加起來。

（二）封建的從屬制度底瓦解

中世紀底封建制度，建在大土地底所有及通過封土關係的主從關係上。

『造出資本主義生產方法底基礎的革命底序幕，演於十五世紀最後的三分之一時期及十六世紀最初的十數年間。大批自由的無產者，因封建的家臣團底解體而被拋棄於勞動市場，正如沙●詹姆士●斯丘特說得好：『到處無用地充滿了房屋和城寨』。那自身爲資產者的發展底一個生產物的王權，在它想掌握絕對霸權的努力中，猛烈地促進這種封建的家臣團底解體，然而王權，決不是這種解體底唯一原因。那對於王權及議會，行了很頑強的反抗的封建領主，用暴力把自耕農民（他們取有和封建領主同樣的封建權利）逐出於土地之外，掠奪他們底共同地，由此造出了無可比較的多數無產者。』（資本論第一卷）

在封建時代底極盛時代，領主底權力，超過了王權，而且牽制了王權。但是商品生產一盛行，商業區域一擴大，爲適應這種情形，就建設了近代國家，全國以一個權力爲中心；在王權底絕對主義（Absolutismus）之下，那向來的封建制度，就漸次崩壞；領主底軍隊，變成了國民底軍隊；封建的各種關係，便不得不瓦解了。

『商業極想集中於一定的貯藏所，即有區域較大的道路交叉着的接合點。外國底商品，聚集於這里；經由這中心點而分佈出去的道路網，散佈於全國。國內商品，也聚集於這同一交叉點，從這里再運到外國去。這種貯藏所所支配的全區域，構成一個經濟的機體。隨着商品生產底日趨發達，自己消費的生產底日被驅逐，這個機體底關係，便日益密切起來，對於那中心點的依存性，便越益增强。

『從這中心點所支配的區域底一切地方，有許多人流入於中心點。有一些人，留在這里；有一些人，停了一會，重復回去。這中心點，發達成一個大都市。經濟的生活及其有關係的精神的生活，都向這大都市集中。都市底語言，成了商人及有教養者底用語。這種語言，開始驅逐拉丁語，而成了經典語。這種語言，還驅逐農民底地方語，形成一個國語。

『國家底行政，適應經濟的組織。這種行政，總是集中的。政治的中央權力，設在經濟生活底中心點。這個中心點，成了國家底首都，現在不僅在經濟上，就是在政治上，也支配了全國。

『這樣，經濟的發達，就造成近代的國家，即具有統一的國語，中央集權的行政，和一個首都的民族國家。』

『然而新國家制度，不僅要求君主爲最高的將軍，而且要求他爲國家行政底主人翁。封建的，宗法的行政機構已經崩壞了。新的中央集權化的行政機構（Verwaltungs-mechanismus），即官僚政治，現在已開始了。政治的中央集權制，對於那隨同商業底發達而立在資本主義生產方法底門口的商品生產，是促進『經濟的中央集權』的經濟的必然性，同時又被這經濟的中央集權所促進所影響。這樣的中央集權制，在那初期，爲對付競爭底對手（即貴族）而維持行政底統一，需要一個個人的先驅者。……』
(Kautsky, Thomas More und Seine Utopie. S. 16—18)

這種中世紀封建制底崩壞，必然要引起封建的身分關係，卽封建的從屬制度底衰滅，因而引起騎士制度（Rittertum, Knightship）底滅亡，使從來許多封建的家臣，成了無產者。在日本，也有同樣的事實，例如隨同幕府勢力底衰退，出了許多浪人，在明治維新之初，有許多士族失了財產。

（三）　由宗教的原因而生的無產者

十六世紀所起的宗教改革，在歐洲各國，引起了各種的革新。其中有一件重大的革新，就是寺領底消滅或減少。在中世紀封建制度的時代，領有大土地而爲領主的，大體上是有世俗的領主和宗教上的領主。所謂宗教上的領主，就是寺院或修道院。這些寺院或修道院，領有廣大的土地，爲中世紀底一大勢力。這些寺院，不僅做了領主，領有大土地，享有各種封建的權利（徵收貢租，賦課勞役，徵收什一稅及其它雜稅），而且還有自己從事商業等事的形跡。

『然而在九世紀以後，却有某修道院共同體用團體底能力領有資本的形跡。他們從事對遠地的貿易，自己備有船舶。輸入的物品，不是全爲售賣的目的，乃是爲補充自己底日用品而使用；但是僧院，却有規則地從事海運業。七百七十九年，奢利曼大帝，在魯盎，阿米盎，烏脫萊希脫及其它都市，有免除桑吉曼·盎·雷僧院底代理者及船舶底港稅的例子；一方面，克洛皮斯，給予奧雷盎附近的桑美斯曼僧院，以領有自由船的特權。……』(Cunningham. The progress of cupitalism in England. P. 33—34)

這樣，中世紀底寺院，不僅在精神界，就是在物質界，也握有勢力；但是宗教改革，却對於這些寺院所有的土地(即寺領)，加了很大的壓迫。當宗教改革發生時，舊教教會，尤其在英國，是大土地底封建的所有者。然而宗教改革底結果，加於修道院和寺院的壓迫，却把住在那些地方的人，驅到無產者隊伍裏了。至於寺領本身，大概不是賜給那仕於國王的貪慾的家臣們，就是以幾乎等於零的價錢賣給那投機的佃耕農業者或市民們。而這些買主，乃驅逐一切舊來世襲的寺領佃農和隸農，把他們底經營大規模地集中起來。『宗教改革所給與了的這種直接的影響，並不是比別的影響最爲持久的。寺領是古代以來的土地所有關係底宗教的屏藩。所以隨同寺領底消滅，這所有關係，也就難於維持了。』(資本論第一卷)隨着這土地所有關係底難於維持，那些隸農——卽在這土地之上，以寺院、修道院爲其領主，對之獻納貢租、勞役，及其它雜稅，而以一時地保有小土地爲交換條件的隸農，也就得脫離這種隸屬，投入『自由』的無產者隊伍裏了。又向來在寺領中，有貢獻那所得底十分之一於領主的義務，卽什一稅（Zehnt, tithe），以及把那一定的土地上所飼養的家畜底十分之一，以貨幣形態奉於領主的家畜稅（Blutzehnt）；對於這種由農民獻給領主的什一稅，農民們被給予了參與一定分配的權利。隨同寺領底消滅，這個權利，當然也歸於消滅。在英國，這個傾向尤其厲害。愛麗薩倍女皇，周遊英國之後，大喊『到處有了貧民』，也是這個時代。

（四）依商業資本底擴大而買收土地，因此增加的無產者

在中世紀底末期，隨同手工業生產力底增加，商域底擴大，需要底增加，以至商品生產底增加，那在封建的關係內，一味固執着土地所生的利益，卽農業所生的利益的事，在小地主們看來，已不是賢明的見解了。因此，他們便以超過其所有地（卽向來收入底源泉）底價值的價格，賣出了土地，把那所得的貨幣，償還向來的債務，再以餘額投資於商業，侵入於

商業圈內了。同時，在別方面，又發生一種人，要爲某種目的而購買此種出賣的土地。那種購買者，就是憑商業而蓄積了巨富的商業資本家；其購買底目的，在於藉此取得社會的及階級的名譽。這種傾向，尤其在英國，較盛於其它各國。現在且根據阿士力（Ashley）底記述，看一看英國底例子。

『土地購買者，從什麼地方取得購買土地所必要的自由提供的貨幣呢？主要的是從貿易中所獲得的財富。十七世紀最後的二十五年及十八世紀最初的二十五年，其特徵是英國海外貿易底異常的發展（如馬柯雷所眞實記述），關於東印度公司底特權而行的鬬爭，因這種鬬爭而鮮明化了的），和供給主要輸出品的羊毛工業底大擴張，以及這新商業尤其是絲織物底確立（靠呼格諾底逃亡者底力量）。使政府能夠訂結公債契約的，是貿易中所得到的貨幣；政府對於債權者團體，給予銀行業底特權，因此創立了英格蘭銀行，那就是政府對於公債的報酬。這樣，就發生了當時政治的著述業者所說的貨幣利益。這種利益，竟發達到了與土地利益大小相彷的程度。對於固執過去理想的著作家們，拿蘇夫脫底話來說，那『用於土地經營的力』，『如今轉移於貨幣方面』，是一件可悲的事情。然而因了英國貴族底特質，因了英國統治底特殊組織，參加代表土地利益的階級這一件事，必然地會成了貨幣利益底最高的願望；像別的國家所存在的那樣障礙，這里並不存在。那些因貿易而富裕的人們，試行購買土地，『以創造家格』了。而地方底舊家，也與都會底女子結婚，憑藉富家一個女兒底財產底使用，以提高自己在鄉村裏的地位。………』(Ashley, The Economic Organisation of England. P. 125)照這樣子，土地便漸次轉移於商人手裏了。柯爾說道：

『………商人還有買收土地，藉以獲得社會的特權及政治的權力的慾望，因此，大大地促進土地財產價格底騰貴。……』(G.D.H. Cole. A Short History of the British Working Class Movement)

那必然的結果，就是耕種於這些土地之上的農民們，被剝奪了自己收入底源泉，因而投入『自由』的無產者隊伍裏面去。

（五）　因農民離村而增加的無產者

農業中的利益，比都市中手工業或商業底利益，小得不能比較。尤其是中世紀底末期，在封建制度還遺留着的地方，領主爲了自己底利益，更猛烈地去搾取農奴，其結果，那被刑罸束縛於土地的農奴，也竟冒險離開農村而向着都會了。這個現象，稱作『Zug nach der Stadt』

（六） 由圈地而增加的無產者

英吉利底土著民，原來是克勒特族，在紀元前五十五年，尤留斯●凱撒，率領羅馬軍到此，便爲羅馬人所占居。到了紀元第五世紀，有了條頓，盎格魯，久特，傅利西安，撒克遜等民族（爲今日英國人底祖先），從北方來寇英土。而這盎格魯●撒克遜人種，就定住於英吉利，在這里經營村落共產體的『頓』（Tün）。在初期，土地不屬於任何人，爲村落所共有，而村落內底各種事件，也由村落共產體底集合來决定。其後到了中世紀，變成『瑪納』(Manor)制度，土地歸領主所有，隸農從屬於土地，採行這種封建的關係。然而在這里，也還遺留着村落共產體時代底共同關係。例如除了那稱爲『代閔』(Demesne)的領主直屬地以外的耕地，都是未圈地（Open arable land），在一定保有期間以後，可以實行更換；就是在保有期間內，一到了收穫以後，也成了全瑪納底共有地，一切成員，都有自由的共同使用權，或自由放牧牛羊，或自由割取雜草。

然而到了中世紀底末葉，資本主義底先行條件一成熟，這種農村裏的共同關係，便漸次被撤廢了。例如圈地(enclosure)現象，就非常促進了這個傾向。現在且簡單地說一說最能代表這圈地運動的英國底歷史。

這圈地底發生，是那羊毛工業底發展與小麥栽培底集約農法底結果。直到產業革命前，英國底工業，還是羊毛工業。羊毛工業底發展，必然地要增加那爲材料的羊毛底需要。尤其在法蘭達斯地方，對於羊毛的需要，達到了巨大的數量。因此，與其爲利益較少的農業而耕種土地，還不如把土地用爲牧羊場，售賣那產出的羊毛，較爲有利。因此，那向來的耕地，就有很多被圈圍，變成牧場了。這個變化底過程，從十五世紀末葉，至十七世紀，爲主的是由個人來進行，但從十八世紀初頃起，就成了圈地法案（The Enclosure Acts），以國家底法律來進行了。販賣羊毛，能夠獲得高厚的利益，因而能夠支付高貴的地租，所以地主也以租出他所有的土地，用為牧羊場，比用於農業，較有利益。因此，那代表地主的議會，就贊助這種圈地法案，定為國家底法律，而强行圈地了。馬克思稱這個法案，『是想把共同地歸於地主私有的法律，卽不外是剝削人民的法律』。當時為了牧羊而行圈地，以致許多農民，失了共同耕地底土地保有權及共同荒地底共同使用權，迷於路頭而無所適從。穆爾（Thomasmore）目擊這樣的情狀，稱為『羊吃盡了人』。他在他所著的烏託邦一書裏，關於當時圈地底結果，寫了如下的話：

『於是發生了下述的事情。那些貪婪無饜的徒輩，圈定幾千英畝（一英畝約合中國六畝半）土地，圍在一個柵欄或牆垣內，以暴力或欺詐手段，逐出原來的保有者。頂客氣的，也要强迫農民售賣他底一切。他們採用種種手段，逼得農民不得不過着漂流無定的生活。——許多可憐的愚蠢的窮苦的人，不論男女老幼，孤兒寡婦，或懷抱嬰兒的父母，都只得成羣結隊地漂流出來。他們離開了自己生長而住慣的故鄉，依舊不能發見什麼地方有他們底避難所。他們只得把他們帶來的家財，一件一件地出賣。……到了這一點兒東西都賣盡了的時候，他們便只有從事竊盜（其結果是被絞首），或者做叫化子。

除此以外，還有什麼辦法呢?!然而他們還要被關禁於監牢裏，被當作流氓而治罪，因爲他們漂流各地，不事勞動。………』

圈地底另一個原因，是小麥栽培。關於這個原因，阿士力說了如左的話：

『在十八世紀之末及十九世紀之初數年間，小麥底高價，和邱德朝所起的對於羊毛的需要一樣，對於圈地運動，給了刺戟和口實。因爲小麥在圈定地中，能夠栽培得更多。記錄圈地法案底數目及一時小麥底價格的表式，顯示着小麥與圈地法底合作情形。小麥底價格越高，圈地法便發佈得越多。………』（Ashley, The Economic Organisation of England. P. 137—138）

這個傾向，不僅從小麥栽培裏發生。一般農業生產力底增加，也促進了圈地運動。例如當時的農業學者楊格（Arthur Young），『深深覺得共同耕地或共有習慣，對於任何的進步，都有妨礙；眞正農業上的發達，如果沒有一般實行圈地法，到底沒有希望。』（Cuninngham, The progress of Capitalism in England. P. 50－51）霍布孫也說，農業生產物底眞實，使農業經濟內增加貨幣底用途，使土地所有者及租地人，爲獲得貨幣地租及利潤，而深加注意地去採取集約的耕作方法，由此成爲圈地而出現。『在十八世紀末葉及十九世紀初頭，圈地達到了最高潮。這個傾向底主要推進力，在初期是爲牧場而行的圈地，到了後來是爲耕種而行的圈地。』(Hobson, The Evolution of Modern Capitalism. P, 15)

工業及農業底生產力，引起共有地、未圈地底圈圍。國家發佈圈地法案，就是國家公認並促進圈地運動。表示這個傾向的統計，告訴了下述的事實：在一千七百及一千七百六十年間，發佈圈地法達二百件以上，圈地面積達三十萬畝；在一千七百六十一年至一千八百年間，圈地法數達二千，圈地面積達二百萬畝以上；在十九世紀初五十年間，圈地法數達二萬以上，圈地面積也達二百萬畝以上。(柯爾底英國勞動階級運動史)

關於圈地法 (Enclosure Act)，有一個很好的統計，特爲轉錄於下，以供大家底參考。

(Cheyney, The Industrial and Social History of England. P. 218)

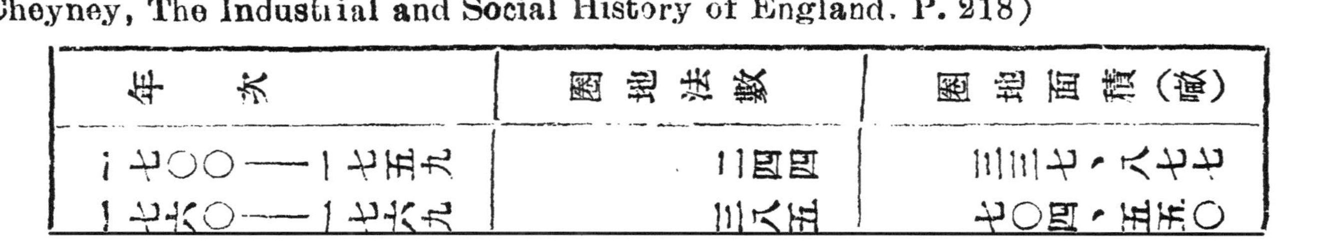

年次	圈地法數	圈地面積（畝）
一七〇〇——一七五九	二四四	三三七、八七七
一七六〇——一七六九	三八五	七〇四、五五〇

一七七〇——一七七九	六六〇	一、二〇七、八〇〇
一七八〇——一七八九	二四六	四五〇、一八〇
一七九〇——一七九九	四六九	八五八、二七〇
一八〇〇——一八〇九	八四七	一、五五〇、〇一〇
一八一〇——一八一九	八五三	一、五六〇、九九〇
一八二〇——一八二九	二〇五	三七五、一五〇
一八三〇——一八三九	一三六	二四八、八八〇
一八四〇——一八四九	六六	三九四、七四七

現在我們且借李卜克內西底筆，來敍述史查朗德夫人在蘇格蘭所行的情形，作爲圈地底一個實例。

『在蘇格蘭，首先流行那把耕種地變爲牧場地的習慣。在這里，最近幾十年間，全州人口，有秩序地被減少被『淸除』。逐出依農耕而生活的人，放入大羣的羊。巨大面積的共有地，從人民手裏搶奪過來。在這一方面（博愛主義底實際的試驗場），做了頂狠毒頂無情的事情的，就是那名譽很高的會經熱心於黑奴解放的史查朗德公爵夫人。

『這個在經濟上有訓練的婦人史查朗德夫人，於一千八百十四年，爲企圖經濟底根本治療，决心把史查朗德全州變爲牧羊場。這樣，從一千八百十四年至一千八百二十年間，這地方底一萬五千住民，約有三千戶，就有組織地被放逐被勦滅了。他們底村莊，全被破壞，全被燒毀；他們底田地，全部變成了牧場。英國軍隊，受命執行這個任務，先與土著的村民，商量退出村莊。有一個老年婦人，不肯離開伊底小屋，竟被燒死於火焰之中。這滿懷『慈悲』的夫人，採用了這樣的手段，才把那以前歸農民底氏族團體所有的七十九萬四千畝土地，變成自己底東西。在一千八百二十五年，已有一萬五千個人，被十三萬一千頭羊所代替了。

『這件事情，從規模上說，恐怕要算是最大的，但在實際上，這也不過是許多同樣事件中底一個例子。『清除田園』底最新的最狡猾的辦法，就是變牧羊場爲狩獵場。羊至少還可以做衣食資料，對於人類有些用處；但是飼養麋鹿，却除了娛樂以外，再無別的目的。爲了富豪底娛樂，竟把人拿來犧牲了。……

『然而「狩獵區底所有權者」，也不完全爲滿足自己個人的娛樂，他們還拿這來做

『生意』。因了懶惰無爲的寄生者底强烈的享樂心，竟使狩獵區底價値，大爲騰貴，生出了遠超於牧羊場的所得。那些變成了狩獵區，對於人類底食料生產已無用處的土地，其價値在最近二十五年間，竟增加了二三倍。』（威廉李卜克內西底土地問題論）

這種殘酷的圈地底結果，引起了什麼事情？

『在一千七百六十年與一千八百四十四年之間，有五百五十萬共同耕地和荒地，依議會底許多公私法令而被圈圍了。在這些法令之下，共同地分配於瑪納內的所有者之間了。那瑪納底領主，取得大部分；富裕的農民，取得殘餘的大部分；至於貧窮的農民，差不多什麼也沒有取得。卽使把土地分配給農民，也因爲强迫他負担什麼建築牆垣，實施灌漑的義務，以致不能利用那塊土地。共同權，一般地被蔑視了。圈地底結果，剝奪了農業勞動者底獨立。從來他有權領有耕地，放牧荒地，砍取薪材。卽使取得的工錢很少，也不要緊，因爲他還有可靠的土地和家畜。如今他却成了單純的工錢取得階級，爲維持生活而替資本家的農業者工作，爲留在自己生長的村莊裏而依賴地主。他以前爲共產體一成員的身分，如今已沒有了。那有休息日和紀念日，爲民主的組織或僚友團體的以前的村落生活，現在消滅了。從此以後，農業勞動者，爲獲得僅夠生活的工錢，不能不一天到晚地從事勞動。結社已被禁止，事實上是做不到。他底工錢，由和平的裁判官，即他底雇主所决定。

『圈地及於地主方面的結果，就是使他們底荷包裏裝入了很大的利潤。他們如今沒有什麼義務了。他們只管收取地租。封建的義務，在查理第二時，已被廢除，地租在威廉第三時，已被估定。』（C. R. Attlee. Economic History. P. 16—17）

還有，普萊斯（Dr. Price）也說了如下的話：

『當土地歸於少數大租地農業者手裏時，微小的佃農，結局只有變成這樣的人：憑藉替別人而作的勞動以獲得生計，且須走到市場裏去購買一切必要品。……對於勞動的强制，愈加顯著，因此，所實行的勞動，其分量恐怕也要大於以前。……被驅逐了的人們，流入於都市和工廠手工業中，去尋求職業，由此擴大了都市和工廠手工業底範圍。……大概地說，下層民衆底境遇，差不多在任何點上都惡化了。他們從小地主及小佃農的地位，降落到日傭勞動者或被傭者的地位。同時，在這種狀况之下，他們底生計，就比以前更加困難了。』（資本論第一卷）這個傾向，不止行於英國，且同樣地起於其它各國。這是霍布孫所證明的。

然而資本主義，還沒有發展到足以收容上述各種原因所造出的大羣無產者；那向來使用鋤鍬的農民，也不能馬上學會手工業的技術。其結果，許多失業農民，就變成流氓，乞丐或盜賊了。這種流氓底人數，多到什麼程度，只要看當時各國濫發處罰這些流氓的法令，便可以推測而知。例如在英國，一千五百三十年制定法律，對於流氓，有鞭打底規定。又於一千五百三十六年，對於流氓，實行割耳，對於盜賊，則處以死刑。在一千五百十年至一千五百五十年之間，英國底盜賊人數，竟有了七萬二千。在德國，也發布了同樣的法令。

還里，還有一件事應當注意：就是這圈地所行的土地收奪，如後面所敍述，通過產業革命，在十九世紀，還繼續進行着。

——以上，我們已經敍述了資本主義成立底三個前提或先行條件，即（一）商業資本及（二）高利資本底原始蓄積，以及（三）把勞動力當作商品的無產者底發生。我們現在還要加上一個條件，卽（四）需要底增加，商域底擴大，生產力底發達，更增加了對於商品的需要。

這四個條件，再促成那資本主義確立底最後的條件，卽機器及動力底革命——產業革命，成爲可能而且必然了。因爲原始的蓄積，能夠建造並使用高貴的生產手段——如機器之類；無產者底發生及增加，供給了採用這種機器的工廠生產——大量生產以勞動力；需要底增加，使這種大量生產成爲可能而且必然。生產手段底變革，引起生產關係底變革；生產力底飛躍，促進那舊來生產關係中世封建社會制度底崩壞，並使資本主義確立起來。產業革命底歷史，是資本主義呱呱墮地的產聲。我們必須較詳細地觀察這產業革命底經過。

第三章　資本主義底起源

第四章　產業革命

第一節　產業革命底意義

所謂產業革命（Industrial Revolution），就是從一千七百七十年代起，約繼續一百年間，歐洲所發生的，由機器及動力底新發明而起的技術上的革命。這個革命先起於那各種條件最適宜的英國，繼起於法蘭西，德意志等國，最後乃普及於世界各國。這個革命底重大意義，在於由此打破中世封建的各種制度，確立現代資本主義制度，同時又成爲現代資本主義社會所顯現的許多特異的社會現象，例如工廠制度、企業底獨占、企業底聯合及結合、金融資本、帝國主義、產業合理化運動、恐慌、失業等現象發生底根本原因。

『產業革命』一語，由杜印皮（Arnold Toynbee）底使用而一般化。杜印皮於一千八百九十四年，出版他底著作關於英國底十八世紀產業革命的講義（Lecturs on the Industrial

Revolution of the Eighteenth Century in England. 1894)，把產業革命一語用得很多，從此就爲一般人所使用了。在這以前，法蘭西底學者孟德（Mantoux），已經使用產業革命一語，做他底論文題目（La Revolution industrielle au XVIII Siecle en Angleterre），把這產業革命一語確定了。又在早於杜印皮幾年前，吉逢士(Jevons)在他所著的煤炭問題裏，告訴我們：產業革命一語，在他以前就已有人使用了。（Ashley, The Economic Organisation of England. P. 140)

產業革命，就是因發明機器（生產手段）而生的社會制度底變革。現在我們接着就要敍述它底歷史。當我們敍述它底歷史時，關於機器底發明，有兩件應當豫先知道的事情，須先說一說。

第一件是機器與器具（Instrument）底區別。人類能夠進行和別的動物不同的進化，在於人類從事勞動時，能夠使用器具，製作器具。我們在動物學裏，知道了高級的動物，能夠利用樹枝或石頭，以營巢穴，或藉以獲得食物。然而他們所使用的那些樹枝或石頭，都是自然生成的東西，他們不知道施行加工。但是人類，自從樹上生活一進到地上生活，身體便從爬行而直立起來，那結果，四隻足中就有兩隻足可以用於步行以外的目的。卽其中有兩隻足，變成了今日的雙手而作用。這兩隻手，便可以對於那勞動器具，自然生成的石頭和樹枝，施行若干的加工，然後再拿來使用。人類底歷史，永久跟隨着器具。如果沒有這些勞動用具底發達，人類就不能有向着今日高度文化的進步。因此，就是在十八世紀產業革命以前，通過原始社會、古代社會、中世封建社會，都有那當作勞動手段的器具存在（雖然那些器具，照今日的眼光看來，還很不完全。）人類底文化，因那器具底進化，因那相伴的生產力底增加，發達到了中世末期底手工業制度。但是產業革命，却以機器代替了這些器具。機器也與器具一樣，是生產手段。從歷史的進化上看來，機器是器具發展了的東西。然而器具一進化為機器，便造出資本主義制度的複雜的機構，引起其它向來所不知道的許多方面底變革。於是便發生下述的問題：器具和機器，究竟在什麼處所不同？

霍布孫在他所著的近代資本主義底進化裏，從兩方面來觀察器具和機器底區別。一方面從機器底複雜性上觀察，另一方面從人類對於機器的關係底變化上觀察。馬克思在資本論第一卷裏，說了如下的話：

『一切發達了的機器，都由三個本質不同的部分而組成。這就是發動機(Bewegungsmachine)，配力機(Transmissionsmechanismus)及作業機(Werkzeugsmachine)。發動機是發動全機構的裝置。它或自行發生動力，像蒸汽機關，熱氣機關，電磁機等，或受既經存在的自然力底刺戟，像水車受水流底刺戟，風車受風底刺戟等。配力機由節動輪、動軸、齒車、滑車、帶索、綱、綱帶、小齒輪及種種聯動機而組成，調節那運動，於必要時變更那形狀，例如變直線狀爲回轉狀，而傳佈運動於作業機之間。整個機器裝置底這兩個部分，都爲運動作業機而存在，憑了這個運動，纔能捉住勞動對象而加以合目的的改變。』

這最後的作業機，大體是手工業時代和工廠手工業時代所使用的器具底再現，雖然形態上有顯著的差異。兩者底根本不同點，在於作業機不是獨立而爲一個器具，它只是巨大的機器組織底一部分。『嚴格意義的工具，從人類底雙手移轉於機構(mechanismus)時，便現出了機器以代替單純的器具』。霍布孫用如下的語句來說明這個關係。

『如果器具離開了工匠底直接的而且個人的指揮，置於一定的機械裝置之中，由別的器具或機械設備底豫備運動來支配它底活動，那麽器具便已不是器具，而變成機器底一部分。……在初期的機器裏，以前的器具，還占着主要的部分。但它底運動，已非人類底手所能統制。』（霍布孫底近代資本主義底進化）

關於機器底發明，還有一件事情應當知道：就是這機器底發明，決不是突然由某幾個天才所成就的。柯爾在這一點，很有正確的認識。現在且借引他底說話如下：

『所謂產業革命，可以說是成爲經濟發達底長過程底頂點而出現的事件。我們有一種傾向，往往以爲產業革命是一羣著名的科學者，發明家及實業家等，長年累月探求的結果，突然發見了能夠生產從來不曾夢想的那樣豐富的財富的手段，卽發見了能夠如此利用而且發展自然力的手段，由此而成的『人類的功業』。天才演了重要的劇目，那是不容懷疑的。然而事實上，並不是新機器底發明者及利用者爲新經濟狀態底生產者，乃是新經濟狀態爲他們底生產者。如果世界底大勢沒有準備好了『到發明之路』，那就不管怎樣的天才的發明，也一定是徒勞而無功。在那對於產業底變動作了最偉大的貢獻的應用化學及應用機械學底領域裏，如果沒有對於發明的強大的要求給了刺戟，恐怕完全不會有什麼發明吧。許多作了新發明底基礎的原理，在產業革命以前幾個世紀間，已爲有些學者所知道，然而當時還缺少可以把這些原理應用於實際上的動因，所以不能應用於工業裏。但是到了經濟狀態一成熟時，即到了能夠開闢廣大的新市場，充分供給工錢勞動者時，那自然的歸結，便發生了技術上的大發明。』（柯爾底英國勞動階級運動略史）

歷史理論中的『偉人說』，在發明底歷史中，也一樣地是不合理。發明機器的天才，如果沒有如上所述的經濟的促進力和必要力，決不會出現。如斯賓塞所說：『如果瓦特生於毫不知鐵的民族，或生於只知取得小量鐵塊的方法（如用手拉的風箱以熔解鐵質）的民族，或生於連旋盤還沒有的時代，那就不管他具有怎樣的發明的天才，也不會有想到蒸汽機關的機會。』再則，即使有了經濟的事情，如果沒有那先行於發明的先輩底苦心和研究，也是不能有發明的。在瓦特發明蒸汽機關以前，如後面所述，已經有了遠古時代以來許多先輩底研究，例如白盆、賽渥理、牛康門、畢頓等人底研究存在。就是紡績機器底發明，也不能明確地指出實際是誰發明的。『今日我們所使用的紡績機器，恐怕由八百個發明而成立。今日的梳棉機，約由六十個專利特許而成立。』——一千八百五十七年，荷蘭在一個委員會底會議席上，如此地說述，確是很不錯的。喀萊爾底英雄說，以爲偉由偉人而創造世界歷史，實在是一種謬說；這種謬說底發生，由於把人看做超越歷史，超越社會的超人這一點；而這種超人，原本只能在詩人或文人底頭腦裏存在。我們在下一節，叙述產業革命底歷史時，將要舉出那些可以目爲各種機器底發明者的人物底名字；不過這些人物，也只是建於先輩底苦心私研究之上，恰好生於那時代所要求的時候的幸運兒罷了。我們必須深刻注意：在這種發明沒有出現以前，已有了經濟力底進展和許多先行者底努力。

——昂格斯在他底名著英國勞動階級底狀態裏，說了如下的話：

『英國勞動階級底歷史，在前世紀（十八世紀）底後半期，與蒸汽機關及紡績機器底發明，一同開始。這些發明，如人們所熟知，實在給予那產業革命（的確是革命，同時改造市民社會底全部，它在世界史上的意義，到了今日才被人們開始認識，即這樣的一個革命）以一個動因。因此，英吉利是這個變革底模範地。這個變革，越有秩序地進行，便越有力量。因此，英吉利也是這個變革底重要的結果——即無產階級底發展了的模範地。』

的確的，當時的英吉利，是產業革命發生底母土。法蘭西，德意志等其它國家底產業革命，不妨說都是跟隨於英吉利之後的。因之關於產業革命的正確的資料，關於政府底調查，也只有在英吉利，能夠獲得最豐富而且最精確。因此，我們應當首先敘述那產業革命底母土英吉利底情形，然後論及其它各國。

第二節　產業革命前底經濟狀態

產業革命，先起於英吉利。英吉利比歐洲其它各國，先經驗了產業革命，其理由大概如左。

第一是英吉利底自然地理的性質。英吉利是一個島國：關於工業所必要的各種原料及生產品底輸出，處於極便宜的地位；國內可以利用河川的交通甚多，山嶽不曾妨害國內交通；

工業所必要的煤、鉄底埋藏量甚多，而且這些東西底產出地互相接近。

第二，英吉利在商業上征服了先進殖民國，獨占了世界底商業，獲得並收奪了東印度及其它殖民地，使本國蓄積了許多資本。加之那爲金融機關的銀行，也有相當的發達，於一千六百九十四年，設立了英格蘭銀行。其它的金融機關，也同時發達；對於缺乏資金的發明家和技術家，融通資本的方法，也比別國早發現了。

第三，封建制度底殘滓——行會組織和農奴制度，已於十六世紀左右消滅，因之行向資本主義企業的發展，便能比其它國家順利地進行了。

第四，如前面所述的農業底革命，即土地底圈圍及大農場底發達，那結果，有許多無產者被都市吸收了去，他們到都市裏去探求購買勞動力的人。這件事情，也使英吉利比其它各國容易變換爲工業資本主義。

最後要舉第五件事情，那就是英吉利比其它國家，政治的障礙要少得多。法蘭西從十八世紀末葉起，發生法蘭西大革命，國內政治上的動搖頗爲厲害，因之沒有工夫實行產業上及經濟上的發展和改革。德意志則缺乏資本；封建制度底殘物還在阻礙產業底進展，國內又分裂爲許多小國，政爭甚烈，國內底交通和商業，被各小國個別的關稅制度所妨礙，差不多沒有實行產業革命的餘裕。

——上面所述的各種理由，使英吉利能够最早而且最快地實行經濟上的變革。

產業革命，普通以一千七百六十年爲它底開始期。因之在叙述產業革命底歷史以前，關於那革命底前夜一千七百六十年代英吉利農工商底大體輪廓及產業底組織形態，須加以若干的考察。

一千七百六十年代，英國人口八百五十萬人之中，住於地方的有三百六十萬人。農業還帶着很原始的性質。交通機關底發達落後，來往很不方便，這一村落與別一村落，好像是孤立的樣子。村落底生活，可以說差不多是自給經濟。然而都市中經濟底發達，也漸次浸潤到地方了。以前農具之類是很原始的，所以使愛丁說英國各地方所使用的耕犂，與古代羅馬時代底耕犂，沒有什麽大差別；然而到了現在，農具底改良，也漸次進行了。打麥的方法是進步了。撥種是採用條播機了。手鐮、木製的犂、貨車等農業上的器具，都先後被利用了。

一千七百六十年代底工業，值得注目的，第一是羊毛工業。這羊毛工業，很早就起於英國，一千二百二十四年底法律，已有關於羊毛的記載。在產業革命底前夜，這個工業，行於下述三個地方，卽挪利文、樀桑波敦底地方、西部英格蘭、約克州。當時流行的工業，第二是製鐵業。這製鐵業底中心地，是塞色克斯地方。這里有十個熔鑛爐，每年底製鐵額，達到一千四百頓。在紐喀斯爾•翁•泰因底附近，設着歐洲有數的大鐵工廠。可是熔解鐵鑛，還使用木材。一千六百四十年，鐵底產出額還不過一萬七千三百五十噸，製鐵業還很幼稚。此外，於一千七百六十年前後，斯塔福州底製陶業，白明汗，設斐爾德底金物類製造業，以及絲織物業，『Medias』（一種伸縮自如的絲織物），麻紗(Linnen)業等製造業，也已有多少開始發達了。

革命前夜產業底組織，是怎樣的情形？那就是在經濟史上稱爲家庭工業制度（domestic system, Hausindustrie）的東西。當時的手工業者，散處於各地方，一方面經營農業，別方面從事手工業。初期，各手工業者，以自己底原料和自己底器具，在自己底工作場裏生產；這樣生產出來的東西，由自己拿到市場裏去，藉自己底手把它賣給別人。然而一到了商業發達，商人蓄積了資本，這些商人便變成手工業者底經紀人而獲得巨富了。商人以自己底資本業來購買材料，把它提供於散處各地方的農夫兼手工業者底手裏，叫他們從事生產（以織物業來說，則叫他們從事紡織）；而商人對於他們底勞動，僅支付一定的手續費。商人收集這些生產物，把它拿到市場裏販賣，由此獲得巨大的利益。德國話稱這種產業組織爲『前貸制度』（Verlagssystem）。阿士力把家庭工業制度分作兩種形態：一種是這稱爲前貸制度的形態；另一種是約克州底羊毛工業裏所通行的組織，這是一種由製造業者自己購買材料，自己生產，自己在織物館（Cloth hall）裏販賣的制度。就是一種有商人做媒介，另一種沒有商人做媒介。然而杜印皮却告訴我們：那沒有商人做媒介的約克州底家庭工業制度，不久也處於曼徹斯特商人底支配之下了。

這樣，商人對於散處各地方的手工業者，提供材料，有時且提供手紡車及其它器具，叫他們從事生產。隨着家庭工業制度底發展，那爲經紀人的商人——卽在經濟上支配着這些散處各地方的手工業者的商人，便漸次企圖把這些各地方底工匠，集中於都市底一個工作場，叫他們在那里實行統一的作業了。這就是叫作工廠手工業（Ma ufacture）的產業形態。這種工廠手工業，是不是當時底一般的形態，關於這個問題，頗有不同的意見。馬克思是主張肯定說，阿士力是主張否定說。至如杜印皮，雖不用『工廠手工業』一語，但他也承認在家庭工業制度之後，有一種產業組織，由商人在市鎮裏建立工廠，裝置二三十架機器，叫工匠在那里工作。

——以上就是產業革命以前經濟狀態底概略。

第三節　英吉利產業革命底經過

英國發明機器，先起於木棉業裏。在木棉業裏，比別的產業，早些發明機器，其理由可以說明如下。第一，木棉業和羊毛業不同，羊毛業是散處於英吉利底各地方，而木棉業却集中於蘭開夏及斯塔福州。這件事情，使木棉業增加對於新方法和發見的需要，又使它容易迅速承受這些東西。其次，木棉業比當時流行的別的產業，是比較新的事業。這件事情，使這種事業，少受些舊傳統和舊習慣底束縛，少遇些延遲發展速度的障礙。又在別方面，那從當局而來的監督和統制，也比別的舊事業爲少。這些事情湊合在一起，便能飛躍到新的生產方法了。

機器底發明，先起於木棉業裏。在這機器發明以前，織布經過什麽過程而進行——闡明這件事情，我相信在使我們了解機器發明底意義上，是有意義的事。因此，我們且來看一看那舊來的生產方法。首先，需要纖維爲粗原料。用手器具梳櫛這些纖維，藉以拉長這些纖維底構成部分，卽它底各筋。其次，從事紡績。憑梳櫛以拉長那纖維，使它成爲細線，同時把這細線和別的細線結合起來，使它成爲較牢的紗線。這事，或以手搖的高紡車(high wheel)來作，或以足踏的低紡車(low wheel)來作。紗線作成時，便放在織機上面。作經線的，需要較牢固的紗線；作緯線的，需要較輕軟的紗線。這些緯線，捲捆於梭子上，用手投送於經線之中，忽往忽來、成水平形。織成之後，再經過整理、漂白、剪切、染色等過程，那布疋纔能做衣服裁縫底材料。這些工作底動力，不是手便是足。

到了一千七百三十年，淮特（Wyatt）發明了『捲軸紡績機』(Roller Spinning)。（不過取得專利權，却在一千七百三十八年。）在當時的家庭工業裏，兒童和婦女，也能容易地紡紗；但是織布，却是較困難的工作。因之紡紗的能力，比之織布的能力，優了好幾級。於是就迫切需要一種機器，以提高織造工程底速度。因此，一千七百三十八年，玻里底趙開（John Kay），發明了下落箱及飛梭（Drop Box, Flying Shuttle）。憑此，織匠可以安坐而把梭子運用自如，能使織造工程底速力大行增加，獲得二倍以前的生產力。一千七百四十八年，保羅（Paul）發明了梳棉機（Carding Machine）。然而這梳棉機，直到後述的阿克來特等底紡績機底發明時止，一向不曾被人利用。織造工程，因有趙開底發明而進步了；但是紡績方面，却還沒有進步到足以供給那充分紗線的程度。即採用舊來的紡紗方法，已不能滿足新織機底要求了。於是發生了對於新紡績機的渴望。因此，王家協會（Royal Society），懸賞募集那同時能紡幾條紗線的紡績機。其後經過三十年，到了一千七百六十四年，白來克榜底織匠哈格理佛士（John Hargreaves），發明『吉妮紡績機』（SPinning-Jenny），於一千七百七十年，取得專利。據說哈格理佛士有一天突然從外邊跑回家裏，那時他底妻正在以高紡車紡紗，驟然看見他跑來，不覺驚而起立，連帶把紡車也翻倒了。那部紡車，雖然倒翻於地上，紡錠成了垂直形，但還能繼續水平式的旋轉。憑此，他竟能馬上想出一個這樣的方法：借紐帶底幫助，以一個紡車運動多個紡錠，且以一對橫木（Bar）代替人手。他根據這個想法，得着附近人們底幫助，乃作出了同時能紡八根紗線的機器。於是他採取他底愛妻吉妮底芳名，把這機器命名爲『吉妮紡績機』。這個機器，用一根軸去旋轉八個紡錠，其構造甚爲簡單，連兒童也運用得來，而其價格也很低廉。因此，這種機器能夠爲一般人所採用。因此，別的許多紡工，都認這個發明是剝奪他們底工作的，於是襲擊他底家宅，毀壞他底機器。這是關於哈格理佛士的故事。其後這個機器，加以種種改良，進到同時能紡紗至十二根以上。其後到了一千七百六十八年，阿克來特（Richard Arkwright）改良前述淮特底紡績機，而作出新的紡績機。這新的紡績機，叫作『水力機』（Waterframe），由四對捲軸而成；那捲軸則以那依於水車的調帶來旋轉。他把這機器推行於全國。據說他由此一舉而成了富豪。其後，他把他底工廠建設於克隆福特，發明梳棉，連條等新機器，獲得專利權，越益努力於紡績機底改良。

一千七百七十九年，克綸普呑（Samuel Crompton）採用阿克來特底『水力機』底紡績力迅速和吉妮紡績機底能夠生產精巧的製品這兩種優點，把這兩種機器併合起來，發明了『茂爾』（Mule）紡績機。因爲這是兩種機器底混合物，所以命名爲『Mule』（其意思是驢馬）。這個機器，不久爲一般人所採用。前述的保羅底梳棉機，到了採用這茂爾紡績機時，才有使用底可能性，遇到了被一般人利用的機會。

這樣，紡績機底發達，能夠供給許多紗線於市場上。這些紗線，用以滿足地方手織匠底需要，即用以滿足製襪業等底需要，也有一些是用於輸出國外的。然而能夠利用這樣巨大的生產力（這種紡績機底生產力）的織機，却除了一千七百三十七年趙開所發明的採用飛梭的織機以外，還沒有別的發明。於是人們便期望發明優良的織機以利用多量的紗線了。這種期望，由一千七百八十五年卡特賴特（Edward Cartwright）底力織機（Power loom）來滿足了。卡特賴特是根德底收師，有一個時候在馬特洛克鎮上看見『人動傀儡』在着將棋，因有所悟，經過多次的改良，遂發明這力織機。一千八百零九年，英吉利議會，贊賞他在工業上的功績，贈送他一萬鎊獎金。阿克來特也因有功，於一千七百八十六年，取得『Knight』底稱號。其後於一千七百九十二年，美國底輝特尼（Eli Whitney），發明了軋棉機（Cotton Gin），從此便能供給充分的棉原料，以滿足那發達的紡績機和織機底需要了。這個軋棉機，一天能採收五磅至六磅棉；以前一天只能採收一磅。此外，一千八百十三年，有和洛克斯（Horrocks）底整理機（Dressing Machine），一千八百三十年，有『斯洛司爾機』（Throstle），一千八百三十二年，有羅伯（Robert）底『自動茂爾機』（Self-acting mule），一千八百四十一年，有巴羅（Bullough）底改良力織機（Improved power loom），『林格紡績機』（Ring Spinning）等，相繼發明，使紡績界業和織物業界，起了空前的變革。

——以上是關於紡績和織物方面的機器底發明。既有了這些樣機器底發明，同時便需要另一種機器底發明，那就是製作運動這些機器的動力的機器。吉妮紡績機，還能在各家庭內使用。然而那以後的紡績機，便非常巨大而且煩雜，已不能在家庭內使用，加之需要非常巨大的動力和動作底速度，所以便不能單憑人力來運用，因之開始在某種程度內使用馬力，接着又利用水力，爲此在河岸設立特別的建築物。直到蒸汽機關發明時爲止，在設斐爾德和紐喀斯爾的工廠，都是使用水力。當時的人楊格，這樣說道：『那加速製造上的種種作業的機器之中，投棒於輪內的銅軸，剪切鐵塊的剪子，使錨出入於火中的鐵棒、鐵鎚——這種機具，都很合於實用，構造也還簡單。而這些東西都以水力來運動。』然而到了水力也成了不充分時，便發明蒸汽機關了。想利用蒸汽力這一種思想，大概很早就已經有了。據倍亞德在他底產業革命一書裏說：紀元前一百年，埃及底亞歷山大里博物館裏，已經有了以反作用來運動的蒸汽機關底模型。然而實際開始使用蒸汽機關的，是在一千六百九十八年；據說這個時候，賽渥理已經把蒸汽機關裝置在吸取鑛水的抽水筒上了。不過合於實用的大體完成了的蒸汽機關，還是瓦特（James Watt）所發明的。他取得專利權，是在一千七百六十九年；其後與他底同夥包爾頓（Boulton）合作，於一千七百八十一年，造成了蒸汽機關。一千七百八十五年，蒸汽機關才被木棉業所採用。其後到了該世紀底終末，便一般地通行，而壓倒別的動力了。從這時候起，那可驚的蒸汽時代便開始了。『一千七百八十五年，當英國人瓦特知道使用蒸汽力為機器底動力時，近代資本主義底本來時代才開始了。由於瓦特底發明，不久又由於別的人在經濟發展中的發明，而喚起了更迅速的變革。同時，現代便從此開始，巨大的財富由此作成，各大陸從此互相結合起來。』（萊美斯）借馬克思底話來說：這蒸汽機關底發明，於短時日之間，把世界底一切事物都變革了。

機器底發達，那當然的結果，便是引起對於煤鐵的激增的需要。其次，我們且來看一看煤鉄工業方面所起的變革情形。

熔解鉄鑛，原爲英吉利底最老工業之一，但其方法却很原始，而且還日就衰退。那理由是因爲熔解鉄鑛是使用木材，而政府懼怕森林歸於荒廢，又以法令禁止採伐森林。蔡尼(Cheyney)還舉出別一個原因，那就是造船及公園底未來需要已經停止。(Industrial and Social History of England. P. 214)其結果，十八世紀鐵底產出額，比十七世紀減少了。例如在一千六百九十五年，還能產出十八萬噸，但到了一千七百四十年，便減到一萬七千三百五十噸了。斯克立布涅在他所著的鐵工業史裏說：到了十八世紀中葉，『鐵工業好像完全沒落於卑賤和輕蔑之中。』然而到了一千七百五十年以後，因爲已經開始採用煤爲燃料，所以製鐵業也就漸次旺盛起來了。到了一千七百六十年，斯米頓(Smeaton)爲羅巴克(Roebuck)而建設了衝風爐(Blast furnace)。從來的熔鑛爐，多設大風箱，以水力馬力去運動，藉運動而送風；但在這衝風爐裏，却設置了送風筒(blowing cylinder)，已經比較完全得多，不過動力還是用水力。一千七百六十九年，牛康門(Newcommen)底機關裏，利用了瓦特底初期改良，那結果，使木炭熔鑛爐底作用更加進步，並使鐵底生產量也增加了。一千七百八十三年至八十四年，科特（Cort）在精煉展延工程裏有了新發明，取得專利權，這對於鍛鐵底生產，開闢了道路。在這不久以前，設斐爾德底罕茨曼（Huntsman），發明了鑄造鋼鐵的方法。到了一千七百九十年，瓦特底蒸汽機關，才移入製鐵工業裏。在這以前，已經使用瓦特所發明的巨鎚（鍛鐵用的）——『tilt hammer』——，以七『啓羅瓦德』（Kilowat）半的鎚子，能夠於一秒鐘內打三百度數。在一千七百九十年以後，關於精煉，碾鐵及其它製鐵，發明了許多方法。到了一千八百二十八年，格拉斯哥底詹姆斯•納爾遜，發明熱風法（Hot Blast）以代冷風法（Cold Blast），因而節省了煤底消耗。一千八百三十三年，採用粗煤以代焦煤，更能減少煤底消耗。

這樣，因許多發明和改良而起的製鐵法底發達，越益使鐵底生產增加了。現在，我們且借霍布孫底表，來看一看從一千七百四十年至一千八百四十年這一百年間鐵底生產發達底傾向。

年度	熔鑛爐數	平均產出量（噸）	總生產量（噸）
一七四〇	五九	二九四	一七、三五〇

一七八八	七七	木炭 五四五 焦煤 九〇九	六一、三〇〇
一七九六	一二一	一〇四八	一二五、〇七九
一八〇六	一三三	一五四六	二五八、二〇六
一八二五	三六四	二三二八	七〇三、一八四
一八二八	三六五	二五三〇	
一八三九	三七八	三五九二	一、三四七、七九〇

（霍布孫底近代資本主義底進化八十七頁）

其後，到了一千八百五十五年，有了柏塞麥（Bessemer）底發明，能夠把熔解了的鐵，直接從熔鑛爐裏變成了鋼鐵。更於一千八百六十四年，西門司和馬丁（Siemens and martin），發明了開爐法（Open Hearth process）；一千八百七十五年，託瑪斯和季爾克立斯（Thomas and Gilchrist），發明了基性法（Basic process）。這些發明，使鐵及鋼鐵底生產，有了可驚的增加。

今日『鋼鐵時代』底到來，實由於柏塞麥法底發明。陀布（Dobb）把一千七百年中葉以後紡績業方面所行的機器底發明，稱爲第一產業革命；把柏塞麥以後即一千八百年代底末葉製鐵製鋼方面所起的發明，叫作第二產業革命。（Dobb, The Developement of Capitalism）柏塞麥底發明，就是把熔解了的銑鐵放入德利式的爐中，從下部送入空氣，能夠於二十分鐘內造出十噸至二十噸的鋼鐵，這樣的一個方法。所謂西門司法，就是使用蓄熱式的平爐以造出鋼鐵的方法；它比較採用柏塞麥法，能夠生產更良質的鋼鐵。託瑪斯及季爾克立斯法，是裏面附着鹽基性的方法，有除燐的作用，因之對於含燐性的鐵鑛，以這個方法爲最適當。從二十世紀初頭起，又實行使用電氣爐，能夠以較少的勞動，生產較多的鋼鐵了。現在且在下面舉一個英國生鐵底產出表，以明製鐵事業是怎樣在日趨盛大。

年　度	產出量（以千噸爲標準）
一七四〇	七
一七五〇	一〇
一七六〇	一五

一七七〇	二〇
一七八〇	四〇
一七九〇	六八
一八〇〇	一五八
一八一〇	三〇五
一八二〇	四〇〇
一八三〇	七〇〇
一八四〇	一、三九六
一八五〇	二、二五〇
一八六〇	三、八二七
一八六五	四、八一九
一八六六	四、五二四
一八七〇	五、九六四

一八七二	六、七四二
一八七四	五、九九一
一八七五	六、三六五
一八七七	六、六〇九
一八七九	五、九九五
一八八〇	七、七四九
一八八二	八、五八七
一八八五	七、四一五
一八八六	七、〇一〇
一八八八	七、九九九
一八八九	八、三二三
一八九〇	七、九〇四
一八九一	七、四〇六

一八九二	六、七〇九
一八九三	六、九七七
一八九四	七、四二七
一八九五	七、七〇三
一八九六	八、六六〇
一八九七	八、七九七
一八九八	八、六一〇
一八九九	九、四二二
一九〇〇	八、九六〇
一九〇一	七、九二九
一九〇二	八、六八〇
一九〇三	八、九三五
一九〇四	八、六九三

一九〇五	九、六〇八
一九〇六	一〇、一八四
一九〇七	一〇、一一四

（Handwörterbuch der Staatswissenschaften 3 Auf. III. Band. S. 781）

其次，再來看一看煤底情形。

據說當羅馬人侵入英吉利時，羅馬人已經用煤爲燃料了。第九世紀，已經發見煤鑛，但是發掘，却到了一千二百四十年，才在紐喀斯爾（Newcastle）實行，又於十三世紀底九十年代，才在威爾斯（Wales）比較正式地實行。在愛德華第二時代，倫敦禁止用煤爲家庭用的燃料。那理由是因爲煤煙要汚濁空氣，不適於健康。一千六百七十三年，查理第二底時代，發布嚴重的禁令，甚至到了一千八百二十一年，還以嚴罰去威嚇那出煙的竈底所有者。雖然有這種法令存在，但因爲英國木材不多，其勢不能不用煤。英國在一千六百六十年，已經每年消費二百萬噸煤了。在十七世紀初期，已經實行用煤去熔解鐵了。一千七百三十五年以來，已用焦煤爲熔解鐵的補助品了。從這年以來，在英吉利，發見了而且發掘了許多煤鑛。在歐羅巴，英吉利是出產煤的第一等國。在十八世紀，英國出煤達六百至八百萬噸；到了一千八百三十年，乃達到二千一百萬噸。尤其因爲鐵工業有了空前的發展，蒸汽機關底利用日益繁多，以致對於煤的需要，也日益增大了。普萊司威廉(Price-Williams)，把一千八百八十七年度煤炭消費量，分各產業部門而作成如左的表：——

鐵工業	一六・五%
其它金屬業	〇・八
鑛業	六・七
工業蒸汽機關	二三・六
輪船	八・四
鐵路	四・〇
瓦斯業	五・九
家庭溫室用	一五・一
輸出	一七・四

其它	一•六

同樣的比例，取一千九百年的而觀之，則如左：——

鑛業	九•七%
熔鑛業	一五•七
工廠經營	三一•六
鐵路	七•一
輪船	一〇•二
瓦斯業	八•二
家庭用	一七•四

從一千八百六十年，至一千九百零七年，英國煤底產出額如左：——

一八六〇年	八一、三二三•三
一八八〇	一四九、三二〇•九
一八九〇	一八四、五二〇•一

一八九八	二〇五、二九七•〇
一八九九	二二三、六二七•〇
一九〇〇	二二八、七九五•〇
一九〇一	二二二、五六二•〇
一九〇二	二三〇、七三九•〇
一九〇三	二三四、〇三一•〇
一九〇四	二三六、一五八•〇
一九〇五	二三九、九八一•〇
一九〇六	二五五、〇九七•〇
一九〇七	二七二、一一四•〇

（本表是採用 Handwörterbush der Staatswissenschaften. 3. Auft. S. 762 所載的表，以啓羅格蘭姆爲單位）

講到蒸汽機關底應用，還有斯蒂芬孫在一千八百二十五年發明的火車，及美國福爾敦在一千八百零七年發明的輪船。這兩者都是產業革命底產物，為後來經濟發展底重要的原素。

第四節　其它各國底產業革命

一　法蘭西底產業革命

在歐洲大陸最早經過產業革命的，是法蘭西。在法蘭西，於一千八百年以前，封建的束縛已經消滅，商人因對外殖民貿易而致富了。一千七百八十九年勃發的法蘭西大革命，那結果，產生了如下的狀態：(一)封建的各種關係底消滅；(二)資產階級底獲得政治權利；(三)課稅的重担，移轉於對於地主的直接稅的形式；(四)大領地底崩壞；(五)行會底沒落；(六)內國稅底撤廢。這些結果，自然替資本主義底進化，開闢了道路。拿破崙又趁這勢頭，築造了道路、運河、港灣等。

英吉利在產業革命的當時，禁止輸出機器，所以它不能流入於外國。然而到了一千八百二十五年，這個禁令便被解除，從此，英吉利底機器，便能輸入法蘭西了。固然，在解禁以前，也常有祕密輸入。從英吉利輸入的機器，最早採用的是織物業。法蘭西底產業革命，大體上可以說是因從英國移入機器而生的。然而在法蘭西內部，也發明了若干機器。那些發明家中，著名的有三個人，卽喬卡爾、齊拉德、魯諾爾是。

喬卡爾（Jocquard 1752——1834）發明了織機（Métiér a tisser）。他於一千七百九十年已成就他底考案，因爲沒有資金，一直延遲到一千八百年，才能實現。這個機器雖然還不大完全，但在一千八百零一年底博覽會裏，却得了獎賞。他底機器，不但很容易工作，且能以一二人代許多人而運轉，所以爲一般人所稱贊。然而別的手工業者，却因此而妒恨他，據說里昂底勞動者，破壞了他底機器，且把他投擲於羅奴河中。他在這同時代，還發明了製作魚網的機器。

齊拉德（Philippe de Girard, 1775——1845）是當時發明家底一人，在馬賽設立石鹼工廠，經營製鹽工廠，在巴黎則設立了八口曹達工廠和鐵葉釉藥工廠。一千八百零五年，他考案了水平燈（des lampes hydrostatiques）。他又作成去光的玻璃球（les globes en verre dépoli），發明新的無色眼鏡（une lunette achromatique），造出一汽筒的蒸汽機關。這個蒸汽機關，到了後來，乃輸入於英吉利。其後，又發明紡績亞麻的機器，而取得專利權。又在巴黎，發明了這樣的機器：有十二個紡錠，用一啓羅格蘭姆的亞麻，能引出一百至一百五十啓羅米突的麻線。一千八百十三年，設立了亞麻製線工廠，一個在巴黎，一個在奢龍奴。

魯諾爾(Richard Lenoir,1765——1839)這一個人，與其說是發明家，不如說是織物工業裏的大膽的開拓者。他於一千七百九十七年，建設木棉及羊毛工廠，對於法蘭西底織物業，有了很大的貢獻。

蒸汽機關，原屬於英吉利底發明，但在法蘭西，於一千八百二十七年，也有一個舍金(Seguin)，因管狀機關 (la chandiére tubulaire) 底發明，而創成了蒸汽機關。這個機關，有四十個、八十個、一百二十個等、許多管子，發生了可驚的蒸汽。同時，他又發明了爲生灶火的吹風器(System de ventilation)。

在法蘭西所作的最初的蒸汽機關，出現於一千八百零六年底博覽會裏。在一千八百十年，設有蒸汽機關的工廠數，有十五個。一千八百十七年，陀格拉(Douglas)在盧昂底工廠裏，設置了兩個蒸汽抽水筒。一千八百二十年，有了六十五個蒸汽機關。在一千八百三十年末，有了六百二十五個；在一千八百五十九年，約當十七萬馬力的蒸汽機關，達到一萬三千六百九十一個。這種進步，實在是很顯著的。據一千八百四十年至四十五年底調查，木棉工廠有蒸汽機關二百四十三個，煤鑛有蒸汽機關二百十八個，白糖工廠有二百零九個，絲織工廠有一百四十三個，羊毛工廠有一百三十五個。蒸汽機關，因作業機(des Machines-outils)底發達而使產業更行革命化。作業機底發達，在織物業裏最爲顯著。要而言之，在十八世紀底前半期，織物業裏差不多完全使用蒸汽機關了。

製鐵業底發達，沒有像織物業那樣迅速。它主要是學了英吉利。法蘭西製鐵業底不甚發達，大概是由於鉄底生產地與煤底產出地，不像英國那樣互相接近，而存有種種不便之處。熔鑛爐已被使用，熱風機也被應用，鍛鉄爐在一千八百三十四年有一百八十四個，在一千八百四十六年有五百個被使用。鉄鎚漸次代替了木槌和手槌。金屬展延機 (laminoir) 和起重機(des Grues pivotantes)，也被輸入了。在復興時代底末期，削鉄穿穴的機關也被使用了。在一千八百四十四年底博覽會裏，有旋盤 (tour)、鉋機、切斷機、鉸釘機，穿孔機、鋸斷機 (desmachine, á raboter, á découper, á river, á tarandor, á scier)等出品，博得了賞贊。鉄軌也能夠製造了。這樣，法蘭西底工業，也進到了鉄底時代。現在，試舉生鉄生產量底統計，以明製鉄業底發達狀況。

年度	生鉄產出量（以百萬啓羅格蘭姆爲標準）	年度	生鉄產出量（標準同上）	年度	生鉄產出量（標準同上）
一八一九	一一三	一八八三	二〇六九	一八九六	二三四〇
一八三〇	二六六	一八八四	一八七二	一八九七	二四八四
一八四〇	三四八	一八八五	一六三一	一八九八	二五二五
一八五〇	四〇六	一八八六	一五一七	一八九九	二五七八
一八五七	九九二	一八八七	一五六八	一九〇〇	二七一四
一八六〇	八九八	一八八八	一六八三	一九〇一	二三八九
一八七〇	一一七八	一八八九	一七三四	一九〇二	二四〇五
一八七一	八六〇	一八九〇	一九六二	一九〇三	二八四一

一八七二	一二一八	一八九一	一八九七	一九〇四	二九七四
一八七五	一四四八	一八九二	二〇五七	一九〇五	三〇七七
一八八〇	一七二五	一八九三	二〇〇三	一九〇六	三三一四
一八八一	一八八六	一八九四	二〇七〇	一九〇七	三五九〇
一八八二	二〇三九	一八九五	二〇〇四		

煤底發掘，也已在各地方着着進行（從北部地方算起），不過因爲作業費用很高，所以從英吉利和斯干的那維亞等國輸入的，還不在少數。現在且引陀布底一段話，以概括法蘭西底產業革命情形如下：——

『法蘭西底織物業裏，只有喬卡爾底絲織機那樣一點兒發明。直到一千八百二十五年，手工業還是一般地流行。英吉利解除禁止機器輸出的禁令，是在一千八百二十五年；從此以後，英國機器底輸入，才開始引起織物工業底革命。在一千八百三十四年，還只有五千架力織機。到了一千四百四十六年，就達到三萬一千架了。在一千八百三十年，焦煤熔解法，還沒有移入製鉄業。到了一千八百六十四年，焦煤熔鑛爐，便超過木炭熔鑛爐了。……與其它各國一樣，鉄及鋼的第二產業革命，起於一千八百七十年以後。一千八百七十年與一千八百九十七年之間，工業生產物，變成了三倍。然而在法蘭西，却很少像德意志、美利堅合衆國、英吉利所起的那樣近代的大規模的工業變革。』

（陀布底資本主義底發展第十四頁）

二　德意志底產業革命

德意志底產業革命，大約可以說從一千八百五十年代開始。它後於英吉利約八十年，後於法蘭西約三十年。在十九世紀底初頭，德意志底封建的各種關係，一般還很流行，人口底十分之八是農民。普魯士大臣斯泰因，才企圖打破這封建制度。農奴底被廢止，在普魯士是一千八百零七年，從這時候開始，到了一千八百六十年，才施行於德意志全國。固然，拿破崙所支配的地方，即萊因州地方，比較早些顯示了轉移到資本主義的傾向。

德意志產業革命落後的理由，可以舉出左列的事情：

（一）封建的各種關係，廢止較遲；

（二）德意志缺乏像英國那樣依海外殖民貿易而致富，而蓄積商業資本的人，且缺乏全國規模的蓄積量；

（三）像英吉利、法蘭西、荷蘭等國所有的那種金融機關——尤其是銀行，在德意志並沒有發達；

（四）德意志全體分爲許多小國，各自有特異的關稅制度及其它商業上的限制。

有了這些理由，所以在德意志，不能發生那由於獨自發明的產業革命，它只能藉英國機器底輸入及熟練工底招致而誘起產業革命。

在十九世紀初頭，德國只有極少的工廠（Die Fabrik），而且那可以說是例外。這件事情，是說明當時的生產技術，一般完全是手工業的，那手工業的小經營，在當時的德意志，最爲適合。

英國瓦特所發明的蒸汽機關，開始應用於鑛山上了。同樣，在傳利得利希大帝底晚年，王室所有的鑛山，也使用所謂火機（Feue: machinen）了。又於一千八百七十五年，在礦山監督官褒克林（Bückling）底指導之下，根據英吉利底經驗，在孟菲爾德底鑛山，使用了『華沙哈特機』（Wasserhaltungsmachin）。在西利西亞底傅利德利希鑛山裏，於一千七百九十九年與一千八百零二年之間，使用了英吉利底蒸汽機關。此後的蒸汽機關，用於紡績業及織物業中的，就多於那礦山業中所用的了。

紡績機及織物機等英國底發明品，輸入德意志，是徐徐進行的。就是當拿破崙對英吉利實行大陸封鎖的時候，在薩克森尼，也有多少實行採用機器的紡績了。然而這時底機器使用，不久便衰微了。其後經過一些時候，採用機器的木棉紡績，又徐徐從英吉利輸入了。但是織物業方面，還是手工業的性質。關於織物機，蒸汽機關及其它各種作業機器，移入德意志，主要的有三個有功的人，即傳入蒸汽機關製造法的拍林底波雪克（August Borsig），輸入木棉紡績機及梳棉機的開姆尼斯底哈特曼（Richard Hartmann），以及傳入作業機製造法的開姆尼斯底秦麥曼（Johann Zimmermann）是。

波雪克於一千八百零四年生於柏林；學習手工業；從一千八百二十四年以來，在柏林設立企業研究所，又加入愛格爾司（Egells）底機器製造所；直到一千八百三十六年止，指導與這製造所有很深的關係的新柏林鑄鐵所；於一千八百三十七年，在柏林建設了機器製造所。這個製造所，專門製造蒸汽機關，於一千八百四十七年，生產六十七個，其成績比當時英國最大的製造所還要好些。一千八百五十四年，完成了五百個蒸汽機關。他還供給了建築用、鉄路用的蒸汽機關及船舶用的蒸汽機關。他又於一千八百四十七年，在柏林底謨比特設立了製鉄工廠，要想使德意志關於機關類底生產，不依存於別國。他還購入煤山，銳意經營。他死於一千八百五十四年。

哈特曼於一千八百零九年，生於斯特拉斯堡，於一千八百七十八年移住開姆尼斯，成了開姆尼斯機器工業底老祖。一千八百三十七年，他獨立雇用三個勞動者，開始從事製作木棉紡績機。他底工廠，因『康鐵紐機』（Continue）底發明及輸出，而有了很大的發展。他還從事製鐵及金屬工業，以至製作蒸汽機關及蒸汽釜。一千八百四十七年至四十八年，他設立了蒸汽機關製造工廠。其後他埋頭製作各種機器，一直到死爲止。

秦麥曼生於勾牙利底泊泊（一千八百二十年），幼時在父親及親戚底工廠裏學習工作，一千八百四十四年，建設機器工廠於開姆尼斯，主要是從事製作汽筒。一千八百五十四年，特別設立了作業機製作工廠。當時在德意志，一般對於英國製造的機器，還很盲信，但是他，却斷然繼續自己底製作，竟能漸漸發達起來。在德法戰爭以後，他因製鐵業及木材加工的作業機器製作，而更加發達了。他爲德意志，特別是爲薩克森尼製造作業機，而盡了很大的力。他同時對於祖國匈牙利底工業，也有了很大的貢獻，因此，奧大利皇帝，使他列席於貴族之中。開姆尼斯底工廠，其後擴大而爲『開姆尼斯機器工廠』那樣的股份組織。在這里，他爲社長，繼續在職三年，爲德意志底機器製作，繼續了更大的努力。

其次，我們且來看一看德意志產業革命時煤鐵底生產情形。

隨同機器類，蒸汽機關底輸入及應用，採掘底方法也日漸進步，因之生產額也日漸增加了。在這以前，德意志底魯爾地方，亞亭附近，柴爾河流域，上部西利西亞及薩克森尼等處，煤炭採掘已有相當程度的發達了。在十九世紀初頭，挖掘土地，只能達到一定的深度；但是一到了利用蒸汽力時，便能掘鑿土地到更深的程度，因之煤炭採掘事業，也有了非常的進步。當時產煤的中心地，是上部西利西亞及魯爾地方。在前一個地方，實行比較大企業的經營，在後一個地方，實行小規模的單獨經營。然而後來到了一千八百九十二年，萊因威斯特發林煤炭新狄嘉成立時，這里也成立大企業了。

根據諾哈斯（Neuhaus）底記載，德意志底煤炭產出額如下：一千八百五十年，有五百十八萬噸；一千八百六十年，有一千二百三十五萬噸；一千八百七十年，達二千六百四十萬噸；一千八百八十年，達四千六百九十七萬噸；一千八百九十年，達七千二十三萬噸；一千九百年，達一億九百二十九萬噸；一千九百零五年，達一億二千一百三十萬噸。（Neuhaus, Deutsche Wirtschaftsgeschichte. 37.）

現在再揭載傅雷格爾（Flegel）所作的年度別的煤炭產出表如下：

年度	產出量（以千噸爲標準）	年度	產出量（標準同上）	年度	產出量（標準同上）
一八九二	七一、三七二	一九〇二	一〇七、四七四	一九一二	一七四、八七五

一八九三	七三、八五二	一九〇三	一一六、六三八	一九一三	一九〇、一〇九
一八九四	七六、七四一	一九〇四	一二〇、八一六	一九一四	一六一、三八五
一八九五	七九、一六九	一九〇五	一二一、二九九	一九一五	一四六、八六八
一八九六	八五、六九〇	一九〇六	一三七、一一八	一九一六	一五九、一七〇
一八九七	九一、〇五五	一九〇七	一四三、一八六	一九一七	一六七、七四七
一八九八	九六、三一〇	一九〇八	一四七、六七一		（包含柴爾河谷）
一八九九	一〇一、六四〇	一九〇九	一四八、七八八	一九一八	一五八、二五四
一九〇〇	一〇九、二九〇	一九一〇	一五二、八二八	一九一九	一一六、六八一
一九〇一	一〇八、五三九	一九一一	一六〇、七四七	一九二〇	一四〇、七五七

（本表一九一九及一九二〇兩年，把阿爾薩斯•勞倫除外。本表採自 Handwöaterbu h der staatswissenschaften IV Aufl. 13 u. 14 Lieferung S. 762）

從鐵鑛裏取鐵，早行於十七世紀，但開始採取用煤的熔礦爐，却還以一千七百九十六年底格來維次（Gleiwitz）爲嚆矢。從一千八百二十九年，厄里德（Elyde）鑛山開始採用熱風機以來，使用熔鑛爐的經營，便日益發展起來。然而普魯士底二百二十七個熔鑛爐之中，使用煤炭的，到了一千八百四十七年，還只有三十二個。

但是要使鐵變成有用的東西，單有生鐵（Roheisen）是不夠的。到了十九世紀底中葉，即到了一千八白五十年左右，才開始用精鍛法（Frisch Prozess）及製鋼爐法（Puddelverfahren）以作成鍛鐵（Schweisseisen），開始憑展延及鍛冶（Walzen und Schmieden）以作成更良質的鐵。到了一千八百四十七年，傅利德利希•克虜伯（坩堝法——Tiegelstahlbereitung——底發明者）底兒子阿爾夫雷德•克虜伯（Alfried Krupp），以鑄鋼製作砲身，出品於一千八百五十一年倫敦萬國博覽會，博得了其它任何工廠都不能作成的好評。克虜伯於機器之外，又以鑄鋼製作了重釜及鐵軌。他實行英吉利底柏塞麥法，在砲身底製作工，爲任何人所趕不上，那是一般所知道的。

這里，且把德意志底生鐵產出量表，揭載如左：

年度	生鐵產出量（以千噸爲單位）	年度	生鐵產出量（單位同上）	年度	生鐵產出量（單位同上）
一八四〇	一四三	一八九六	六三七三	一九一一	一五五七九
一八五〇	二〇八	一八九七	六八八一	一九一二	一七八六九
一八六〇	五二九	一八九八	七三一三	一九一三	一九三〇九
一八七〇	一三九一	一八九九	八一四三	一九一四	一四三九〇
一八七三	三二四一	一九〇〇	八五二一	一九一五	一一七九〇
一八七六	一八四六	一九〇一	七八八〇	一九一六	一三二八五
一八八〇	二七二九	一九〇二	八五三〇	一九一七	一九一四二
一八八三	三四七〇	一九〇三	一〇〇一八	一九一八	九二〇八
一八八五	三六八七	一九〇四	一〇〇五八		（阿爾薩斯·洛倫及盧森堡除外）
一八九〇	四六五九	一九〇五	一〇八七五		

一八九一	四六四一	一九〇六	一二二九三	一九一九	五六五四（柴爾地方除外）
一八九二	四九三七	一九〇七	一二八七五	一九二〇	六二八八（柴爾地方除外）
一八九三	四九八六	一九〇八	一一八一四		
一八九四	五三八〇	一九〇九	一二九一八	一九二二	七六二〇
一八九五	五四六五	一九一〇	一四七九三	一九二三	八四〇〇

三　美國底產業革命

陀布關於美國底產業革命，簡單地概括如左：——

『一千八百四十年左右，產業革命只限於東海岸數州，而且就是在這些地方，也因爲市場底狹隘和勞動力底稀少，以致產業革命受了限制。到了一千八百六十年，產業革命擴張到中央、西部及南部，接着又發生了鐵及鋼中的大規模的革命和發展。』（陀布

底資本主義底發展第十六頁）

現在且借巴羅克（Bullock）底筆，較詳細地來觀察一下美國底產業革命。

在一千七百八十九年，美國底重要產業，是農業及商業。然而在一方面，也行着家庭工業。其後，在合衆國內部，發生一種求取『產業獨立』（Industrial Independence）的希望；要想做到關於生產品方面不必依賴英國，而能自行生產。這種希望，漸漸得到了勢力。然而要達到這個目的，還有很大的障礙存在着。英國握有許多引起產業革命的發明。美國如果不把那些發明應用於己國底產業裏，便不能維持『產業的獨立』，以與英國底產業相對抗。然而英國，却只把美國當作己國商品底販賣市場，以法律嚴禁輸入機器及熟練工於美國。美國幾次要想把英國底發明及其方法輸入於己國，但都失敗了。經過了這樣的幾次失敗，到了一千七百九十年，終於在坡塔刻特設立紡績工廠了。其後經過幾年，又發明了軋棉機（Cotton Gin）。然而紡績業，一直到一千八百零七年爲止，都是徐徐發達的。到了一千八百零七年，外國貿易被『出港停止』（Embargo）所禁止，因之家庭工業才有了急速的進步。

坡塔刻特（Pautucket）底斯雷塔紡績工廠（Slaters Cotton mill），是合衆國最初創立的工廠。然而那時織造過程，還以手來作.，紡績和織造，還沒有在一個工廠裏統一起來。一千八百十四年，羅威爾（Francis Lowell）在瑪沙邱塞茨底華爾沙（Waltham, mass.），製作力織機，設立一個工廠，爲木棉底紡績及織造而設備了機器。此後不久，其它一切產業，也漸次機器化，於是美國產業底革命化便漸漸成功了。現在且比較詳細地觀察一下各產業部門底進化。

（甲）紡織業

紡績機器輸入於合衆國底木棉工業裏，是在一千七百九十年。其後經過二十年，羊毛工業裏也採用紡績機器了。一千八百零七年『出港停止』所伴的商業限制時代，把外國底供給全部切斷了。這件事情，使內國底木棉及羊毛工業有了急速的發展。然而當時所建設的紡績工廠，設備頗不完全，因之那生產品，質地也不大良好。一千八百十五年與一千八百二十五年之間（英國於一千八百十五年，解除不許機器輸出的禁令），美國輸入了力織機。在羅威爾（Lowell），羅凌斯（Lawrence），福爾里佛（Fall River），科和茲（Cohoes），帕忒森

(Pa terson)等地方，都有大工廠成長起來。

從一千八百二十年以來，木棉工業，㬅㬅然繼續了那進步的道路。工廠最初大部份都集中於新英格蘭。一千八百九十年，紡績業底百分之七十六，集中於這個地方，其中又以瑪沙邱塞茨占最多數。從一千八百七十年以來，紡績業底發達，在南部也頗爲醒目了。投於紡績業裏的資本，在一千八百八十年，有一千七百三十七萬五千弗；到了一千八百九十年，便達到五千三百八十二萬七千弗了。現在試舉木棉工業中簡單的統計如左：——

事項	一八四〇年	一八八〇年	一八九〇年
生產物底總價格	四六、三五〇、〇〇〇弗	一九二、〇九〇、〇〇〇弗	二六七、九八一、〇〇〇弗
消費了的木棉量(磅)	三六、〇〇〇、〇〇〇	七五〇、三四三、〇〇〇	一、一一七、九四五、〇〇〇
工廠裏的紡錠數	二、二八四、〇〇〇	一〇、六五三、〇〇〇	一四、一八八、〇〇〇
投下資本額	五一、一〇二、〇〇〇弗	二〇八、二八〇、〇〇〇弗	三五四、〇二〇、〇〇〇弗

羊毛業底發展，沒有木棉工廠底發展那樣迅速。那是因為原料底不足及對於從外國的輸入課與重稅。

（乙）製鐵及製鋼業

迄於一千八百四十年左右，合衆國底熔鐵，還專用木炭。當時賓夕法尼亞，約產出全產額底一半，而匹茲堡，又為西部賓夕法尼亞底中心地。到了一千八百四十年，為熔鐵而使用了無烟煤，且採用了熱風爐。這樣，製鐵業漸漸在近代的基礎之上來進行，產出額也因之增加；在一千八百三十年，還只有二十萬噸；但到了一千八百六十年，便增加到九十萬噸了。到了一千八百五十年，採用焦煤；過了幾年，又使用有煙煤（uncoked bituminous coal）了。從一千八百五十六年以來，合衆國底鐵及煤底埋藏，已經盛行採掘了。試舉統計如左：——

年度	產出額（單位千噸）	年度	產出額（單位千噸）	年度	產出額（單位千噸）

一八六〇	九八七
一八七〇	二〇五三
一八八〇	三八九七
一八八五	四一〇九
一八九〇	九三五〇
一八九一	八四一二
一八九二	九三〇四
一八九三	七二三八
一八九四	六七六四
一八九五	九五九七
一八九六	八七六一
一八九七	九八〇七
一八九九	一三八三九
一九〇〇	一四〇一〇
一九〇一	一六一三二
一九〇二	一八一〇六
一九〇三	一八二九七
一九〇四	一六七六一
一九〇五	二三三六〇
一九〇六	二五七一二
一九〇七	二六一九四
一九〇八	一六一九一
一九〇九	二六二〇八
一九一〇	二七七四〇
一九一二	三〇二〇三
一九一三	三一四六二
一九一四	二三七〇六
一九一五	三〇三九五
一九一六	四〇〇六六
一九一七	二九二三九
一九一八	三九六八〇
一九一九	三一五一二
一九二〇	三七五一七
一九二一	一六九五五
一九二二	二七六五五

一八九八	一一九六二
一九一一	二四〇二八

鋼鐵生產，到了一千八百六十年，還是不多，只有一萬一千一百三十八萬噸。到了一千八百六十七年，新從英國輸入柏塞麥法及開爐法，從這時起，製鋼業便有了躍進的發展。在一千八百九十年，產出了五百四萬九千噸的鋼。一千八百八十年調查底結果，合衆國已成了世界中第二個製鉄及製鋼的國家。從此以後，美國在這一點，便漸次超過英吉利了。

現在試舉合衆國底煤炭產出量統計如左：——

年　度	產出量(單位百萬噸)
一八六八	三一、六五
一八七三	五七、一二
一八七八	五七、八五
一八八三	一一五、二一

一八九八	二一九、九七
一九〇七	四八〇、三六

——以上是英國以外的大國，法蘭西、德意志、美利堅三國產業革命過程底概略。敍述到了這里，我們可以曉得：產業革命（卽那爲生產手段的機器底發明）底源泉，完全在英吉利；其它各國，都是靠了英國發明的機器，運輸及製作技術，生產方法及其熟練勞動者底輸入，以推進產業革命底過程。固然，法蘭西有喬卡爾、齊拉德，德意志有波雪克、哈特曼、秦麥曼、克虜伯，美利堅有輝特尼、內斯密司（Nasmyth——蒸汽鎚底發明者）等發明者，各自在自己國內做了種種的發明，但從那結果上看來，他們都不過是幫助產業革命底進行而已。在這一點，我們稱英吉利爲資本主義底母國，決沒有一點不妥當。在這里所舉的各國以外的國家，比這幾個國家，還更被動地經驗產業革命而資本主義化。我們日本和中國，便是例子。

第五章　產業革命底結果及其影響

第一節　總說

中世末期生產力底異常發達及其奔放性，如今已經感到它以前所住宿的母體——中世封建制度社會底各種關係是它底束縛，是它底桎梏，乃勇壯地加以破壞，而自行開闢新道路底門戶了。於是卵殼被衝破了。這就是產業革命。產業革命，誠如昂格斯所說，『的確是革命！同時改造市民社會底全部，它在世界史上的意義，到了今日才被人們開始認識，即這樣的一個革命！』因之又如蔡尼所說，『根據這些理由，一般稱為「產業革命」的這一名詞，決不是誇大的名詞，也不是不相應的名詞。』

產業革命，打破前階段的中世封建制度底各種關係，而成立了更新的階段——資本主義的社會。我們不應當把產業革命，如從來歷史家所敘的那樣，只當作偉大的天才，發明家底傳記或發明故事一類有興味的逸話來認識。當作逸話來看的蠱惑，是從來的歷史家，麻醉、迷惑或歪曲羣衆對於人類社會歷史的把握的一種方法——本來人類社會底歷史，存有無意識地進行變革的法則，而他們却不使羣衆認識這一點。產業革命，既不是哈格理佛士底愛妻底傳奇，也不是瓦特底出世故事。它是一個革命。它是因機器（生產手段）底發明而使舊社會制度崩壞的輓歌，同時又是新社會制度底產聲。它是舊社會一切組織及建立其上的意識形態底覆滅，又是新資本主義社會底一切機構及其上層建築底建設。

產業革命底結果及其影響，其中包含舊制度底改革，同時又包含新社會制度底發展中所出現的各種現象底萌芽。我們如今在高度發達了的資本主義之中，看見各種矛盾和反對物。這些矛盾和反對物，已經孕育於產業革命底結果之中。我們應當有直視現存資本主義社會的勇氣，同時還須揭開帳幕，勇敢地走進去探視它底堂奥。我們不可採取十場死了的過去的好事家的觀賞態度，去研究資本主義社會出現的歷史。在產業革命底結果之中，我們可以看見現階段中重要的社會現象——失業、獨占、恐慌、帝國主義、金融資本、產業合理化等及其它一切重要問題底契機。社會運動、勞動運動，爲什麼必然地要發生？社會主義、無政府主義、工團主義等所謂『危險思想』，在哪里有它發生的根據？這種思想，爲什麼是『危險思想』？

我們現在爲便利計，把產業革命底結果，分爲直接的和間接的兩種來說述。

第二節　在前述諸產業部門以外尤其在交通業中的變革

我們在前章裏，已經就產業革命底第一次發生的產業部門，即紡織業（Texitile Industry, Texitile-industric）、製鐵製鋼業及煤炭採掘業這三個部門，加以說述了。這些部門中的變革，當然又要影響到其它各部門。我們在這一節裏所處理的對象，是以上各部門中所起的變革，直接給予影響了的，在其它各產業部門中，尤其在交通業中的變革。我們在前一章裏，已經說過家庭工業中紡績生產力底發達，促起織物機底發明，而成爲趙開底飛梭；反之，織物機底發達，又促起更優良的紡績機底發明，而有了哈格理佛士及阿克來特等底紡績機底發明。我們還說過，這些木棉業中的發達，且使那遠在美國的輝特尼，發明了軋棉機。我們又曾經說過，紡績工業中機器底發明，促起蒸汽機關底發明；對於這些機器之類的巨大需要，引起製鐵製鋼業底發達；而這些現象，又招來那用爲燃料的煤炭工業底隆盛。這樣，社會內各產業部門，在那交互關係上，一方底發明，促進它方底發明；它方底改良，又促起這方底改良。這種關係，不僅在既述的紡織、機器、製鐵、製鋼、煤炭等產業之間，互相存在，就是在這些產業與其它社會內所存的各種產業之間，也當然存在。因之這些產業部門中的變革，又必然地影響到其它各種產業部門。

馬克思在資本論(第一卷)裏說：

『一個產業部門中生產方法起了革命，別的產業部門中也會跟着發生同樣的革命。這種情形，先起於如下的各種產業部門：即因社會的分工而互相個別化，各自生產着一種獨立的商品，但又成爲一個總過程底各個階段，彼此互相錯綜着的產業部門。這樣，機器紡績業，使機器織造業成爲必要，而這兩者合起來，又使漂白業、印布業及染色業中所生的機器的及化學的革命成爲必要。在別方面，木棉紡績業中的革命，喚起那使木棉纖維脫離棉種上所要的軋棉機底發明；有了這個發明，始能有今日所要求的那樣大規模的木棉生產。』

這樣，木棉工業中的革命，接着就促起羊毛工業、亞麻及其它製麻工業、花邊工業，絲織業、Medias 工業等中，採用了機器，此外在裁縫業、製鞋業等中，其生產手段也機器化了。例如一千八百八十一年，已經採用『蒲雷瑪開機』去縫鞋子和靴子了。那時所使用的機器，有切斷皮革的機器、壓平鞋底的捲軸、切拔鞋底或鞋跟的機器、穿孔的機器、磨琢的機器、造木針的機器、及其它種種機器。

又如馬克思所說，纖維工業底發達，刺戟了工業化學底發見。先從漂白業說起：向來的漂白術，是浸入醱酵的牛乳之中，約須八個月。漂白業底革命，是一千七百四十六年洛巴克(Roebuck)所發明的蒸溜硫酸法。把這個方法再加以改良的，是法蘭西底化學家柏托雷(Berthollet)。一千七百八十六年，瓦特學會了這法蘭西底漂白法，在格拉斯哥底工廠實行，而收得了成功。採用這個方法，只消幾天便能漂白出來了。

其次，再看染色業中的發明。在一千七百八十年代以後，發見了各種染料，使用了赤色、紅色染料，棉布或麻布用的綠色或黃色染料等。

印布業，從一千七百八十五年圓筒印布術發明以來，也有了一大進步。

如杜印皮所說，『在十八世紀末葉底產業大變革中，農業革命也演了重大的劇目，與那通常引起較多注意的製造工業中所起的革命一樣。』農具起了很大的變革，卽採用了蒸汽鋤、割草機、自動束稻機、牧草乾燥機、脫穀機、蒸汽犂等，以代替鐮刀、耙子，和連枷。農村底機器化、引起資本主義化；同時，那向來繼續了來的圈圍土地的傾向，卽共同耕種底廢止，共同地共有地底獨占，小農場合併爲大農場等傾向，也日益顯著了。從此，實行對於土地的集約的科學的耕作法，採用輪栽農法，以化學的方法製作較好的肥料，又設立如農會一類的勸農機關。然在別一方面，由這種經過所促成的農業底資本主義化，在現實上又把人口從農村裏驅逐出來。

『大工業勦滅那爲舊社會底屏藩的獨立農民，而代以工錢勞動者。在這意義上說，大工業給與農業領域以最革命的作用。這樣，在農村中，社會變革底要求和階級對立底事實，也與在都會中的這些事實，歸於同一的水平線。舊來陳腐的、極不合理的、不依確定目的的經營，被科學底意識的工藝的應用所代替了。那互相結合農工業底幼稚未發達的形態的舊來的血緣紐帶，完全被資本主義的生產方法所切斷了。但是同時，資本主義的生產方法，又造出新的更高級的結合底物質的前提條件，而這種結合是以互相分離而完成的農工業形態爲基礎的。……』（資本論第一卷）

關於工業上的革命給予農業的影響，昂格斯也說了如下的話：

『一切東西，都被投入這工業運動底一般的漩渦中了。農業也受到急激的變動了。如我們所已經觀察，不僅土地財產離開那舊來所有者底手裏，而移轉於別的所有者，新耕種者底手中，就是那農業形態，也與以前不同了。大佃耕農，投資於土地改良，破壞無用的牆壁，施行排水，加用肥料，應用較優良的農具，而且採用了耕種底組織的代謝，即輪栽農法。各種科學底進步，也有貢獻於他們那些大佃耕農。德斐（Henry Davy）應用化學於農業中而成功了。機械學底進步發達，給予他們以無數利益。……』（昂格斯底英國勞動階級底狀態）

萊美斯關於德國底農業革命，敍述其經過如左：

『在百年以前，人口之中約有百分之八十是農民。在世界大戰前，人口雖比百年前增加了三倍，但從事農業的人，却減少到百分之十七了。可是農業底成果，却增加二倍、三倍、或在此以上了。耕種方法，起了很大的變革，與工業方面所起的變革一樣。在工業中，發明了蒸汽機關、機臺、紡績機器；與此一樣，在農業方面，也應用了人工肥料。偉大的科學家——其中以利比喜（Justus Liebig）爲最——，能夠證明植物成長所根據的過程，發見鑛物質底本體，研究給予那惡劣而用盡的土地以最高生產性的方法。人類又應用加里鹽及鐵屑爲人工肥料，還利用了安母尼亞（Ammonia）。向來，能夠藉使用那由空中取得的窒素，爲某種特別植物底種植及培養，把惡劣的土地變成優良的土地。進一步，全過程都利用機器了。在德意志農業中，從一千八百八十二年至一千九百十二年，在這期間所應用的蒸汽鋤底數目，從八百三十六架增加到二千二百九十五架；割取機底數目，從二萬左右增加到三十萬左右；播種機從六萬四千增加到二十九萬；蒸汽打禾機從七萬五千增加到四十九萬；此外，還利用了大錐機及肥料撒布機。農業勞動力雖然減退了，但科學及機器在農業中的利用，却使生產大行增加了。』

——如以上所述，農工業方面所起的革命，在那必然的關連上，要伴着交通業中的革命。資本主義生產，是一個商品生產。原料底獲得地和生產品底販賣區域，當然要與生產地相連結。資本主義的生產社會，是一個藉商品交換而生關連的擴大的有機體。這里，交通占着重要的地位。這種交通發展底資本主義的必然性，因產業革命所生的技術底進步，蒸汽機關底發明等而實現了。

『農工業中生產方法底革命，特別必然地要引起社會的生產過程底一般條件，卽運輸及交通機關底革命。借傅利葉底話來說，一個以小規模的農業及其家庭的副產業與都市底手工業爲樞軸的社會，其運輸及交通機關，已不能滿足工廠手工業時代底生產欲求，因爲工廠手工業時代，具有擴大的社會分工，勞動要具及勞動者底集中，和殖民市場等。因此，這些運輸及交通機關，事實上也起了革命。與這一樣，那由工廠手工業時代傳下的運輸及交通機關，不久也變成對於大工業的難堪的桎梏，因爲大工業以生產底熱病的速度，生產底尨大的規模，巨大數量的資本，勞動者不斷從這一生產部門向別一生產部門移動，以及新造出的世界市場的聯絡等爲特徵。因此，帆船築造上所起的革命的變化，姑置勿論，那河川輪船、鐵路、大洋輪船、及電報等一系組織所生的結果，也使運輸及交通機關，漸次適合於大工業底生產方法了。然而同時，又生出一種必要，要把那可驚的大量的鐵塊來鍛鍊、鎔接、切斷、穿孔、造形；要做這些工作，又要求各種巨大的機器，這種機器，用工廠手工業的經營，是斷斷造不出來的。』（資本論第一卷）

我們先說一說產業革命底母國，英吉利底道路及運河吧。

一千七百六十年前後，交通是以不完全的貨車，行於極不完全的道路之上。關於當時底道路，當時底學者楊格，在其旅行記中，寫有如左的話：

『到威印加去。這條道路底惡劣，實在沒有言語可以形容。據地圖上所記載，這條道路，是一條不僅聯接都會，而且遠通地方的重要道路。因此，誰都以為是一條相當的道路。可是事實，決不如此。我敢老實地忠告這條路底旅行者，如像避開惡魔一樣，應當避開這條道路。一千八中，一定有九百九十九個人，或滾倒，或跌倒，或撞破腦殼，或損壞手足。這條道路，有很壞的車轍。我曾經實際測量過，那可驚的車轍竟有四尺之深。那是夏天底雨期，充滿了泥濘。至於春初融雪的時候，更不知是怎樣一個情景。』

據梅列笛斯所說，在十八世紀以前，從羅馬撤兵以後，不會有什麼組織的道路底建設。在這以前，羅馬人所建設的道路，要算是最好的道路。開始進行改善道路，是在一千六百六十三年，即通過了道路通行稅法(Turnpike act)的查理第二底時代。此後八十年之間，並沒有很大的改善；但是到了一千七百四十五年，遇到外國軍隊底侵入，英國政府便痛切地感到有動員全國兵卒的必要了。從這時起，英國政府便很留心於道路底改革，其後二十年間，英國底一切部分，都施了大規模的改善，因之運輸便非常便利了。一千七百四十年與一千七百六十年之間，爲道路底開設及維持，發布了四百五十個以上的法令。從此以後，道路方面，也受了產業革命底影響，先行麥特卡夫(Metcalf)式的道路建設，隨後忒爾福德(Telford)又在道路建設上發明了新設計。到了一千八百十五年，馬卡丹(Macadam)以廉價發見了牢固的道路表面，由此改善了道路。(Meredith, Outlines of the Economic History of England. P. 252) 這樣，在這方面研究並實施了種種發明和新方法，因之道路底進步也就很顯著了。從一千八百十八年至一千八百二十九年之間，在英格蘭及威爾斯，建設了約一千哩具有六十呎幅員的優良車路，而舊道路也依上述的馬卡丹式加以改善了。在蘇格蘭，公共事業部

(Department of publick Works）建築了約九百哩車路，架設了一千以上的橋粱。這種道路底新設，成了資本主義潮流流入窮鄉僻壤的重要契機。

『這樣，全不列顛王國，尤其是英格蘭（在六十年以前，與當時德意志、法蘭西一樣，只有相同的壞道路），如今以最美麗的車路網來織成了。』（昂格斯）

其次，再簡單地說一說德意志道路底進步。

從十八世紀之末到十九世紀之初，德意志底道路是很壞的。有兩件事實（這是當時底逸話），很足以證明當時底道路是怎樣的惡劣。一件是根據希羅塞教授(Prof. Schlozer)底計算，從來比錫到佛郎克府的旅費，在十八世紀之末，需要四百二十馬克，這是因爲道路很壞，行走於很少的距離之間，也要停宿許久次數，以致旅行要化費很多的費用。又一件是在十八世紀之末，有一個皇子僅僅旅行於很短的路程，竟損壞了二十五個車輪。

德國這種惡劣道路底改造，到了十九世紀，才着手進行。這種道路底改善者，有一個是拿破崙第一。他爲軍事的目的，在德意志開設了新道路。其後，普魯士於十九世紀底四十年代及五十年代，敷設了許多新道路，且改良了舊道路。一千八百十六年，普魯士底大道路，還只有五千啓羅米突；但是到了一千八百三十七年，就達到一萬二千啓羅米突，一千八百六十二年達到二萬八千八百啓羅米突，一千八百九十五年竟達到八萬三千啓羅米突了。

——以上已經簡單地說述英、德兩國道路底歷史及其變革。這種傾向與產業革命底關係，各國是一樣的。

其次，我們再來看一看那爲交通路的運河(Canal, Kanal)底發達情形。

運河有兩種：第一種是爲國內航行的運河（德國語中特別有『Binnenwasserstrassen』一語），第二種是爲縮短國際海上交通的運河。巴拿馬運河、蘇彝士運河、喀利多尼亞運河（在蘇格蘭）等，都是第二種例子。

運河這東西，從古代以來，在埃及及中國已經知道，在荷蘭也已經於十二世紀建設起來了。但是運河在歐洲，一般爲國內航行用而造出的，還是十四世紀意大利發明水閘（Locks）以後的事。荷蘭運河底發達，促進該國與德、法底商業交易，大有裨益於該國底國際商業。法蘭西在十七世紀末葉，也造了幾條運河；英吉利是到了一千七百五十五年，始行開鑿運河。

在英吉利，迄於一千七百五十五年，差不多可以說沒有一條運河。一千七百五十五年，才在蘭開夏建設了一條從桑基蒲羅克（Sankey Brook）通達聖亨倫（St. Helen）的運河。一千七百五十九年，布立芝窩忒公爵（Duke of Bridgewater），發佈最初的運河條例（Canal Act）；布麟德力（James Brindley）担任這建設工程，造出最初的重要的運河。這條運河，從曼徹斯特及其附近煤礦地，通達麥爾西（Mersey）河口，稱爲布立芝窩忒公爵運河（Duke of Bridgewater's Canal）。昂格斯也說，『布麟德力最初給了重要性的那英吉利運河建設底紀元，實在從這里開始』。在蘇格蘭，建設了橫斷本國的喀利多尼亞運河（Caledonian Canal）；在愛爾蘭，也開鑿了幾條運河。一千八百三十八年至三十九年，英吉利作出了最初的運河統計，當時運河底數目，總長有二千二百三十六哩。在一千八百四十五年出版的昂格斯底英國勞動階級底狀態裏，則記着二千二百哩。

在法蘭西，已經在安利第四底時代，開始建設運河；從此，各時代底政治家，都爲擴張運河而努了力。直到一千七百七十年代，已完成了八條運河。在十八世紀末葉，其總長達到八百啓羅米突至一千啓羅米突。又根據別的資料，說在一千七百年，有六百七十八啓羅米突的運河，在一千八百年，有一千四百啓羅米突的運河。(Qualid, Levolutoitn du Commerce. 1914. P. 42) 自從一千八百二十一年及一千八百二十二年制定法律以後，運河更加增設了。但是到了一千八百七十年，還沒有趕上英國在一千八百年所有的運河數。

關於德國運河底發達情形，庫爾斯(Victor Kurs)有一個統計表如左：

年度＼種類	運河開鑿掘河水道等	運河化的河道	一般人工的水道
一六八八年止	一八五•五〇(km)	三二七•七〇(km)	五二九•七〇(km)
一六八八至一七八九	三一一•九〇	二六五•四〇	七四一•九〇
一七八九至一七九八	一五一•五三	六三〇•八七	七八二•二〇
一八三六年	六四八•九三	一二二五•七七	二〇五三•八〇

講到國際的運河，則蘇彝士運河開設於一千八百六十九年，巴拿馬運河開通於一千九百

十四年七月。

——以上，已經把兩種交通手段，卽道路及運河底變革歷史，簡單地說述了。

我們已經知道，道路及運河，也隨同資本主義底成立，而有了很大的發達。但是道路及運河，原是適應初期資本主義時代的交通路（仲巴特也這樣說），因之不能適應那以後的資本主義底可驚的大發展。那成爲產業革命底結果而發生，且使資本主義制度日益圓熟的交通手段，第一應當舉出鐵路（火車）和海運（輪船）。

斯蒂芬孫（George Stephenson）最初是一個牧羊夫，後來做了某煤鑛機關底人員。他很用心研究，得到某煤鑛主底資本的援助，作成一個『旅行的機關』，在吉靈哥華斯試驗而成了功，因此能夠於一千八百二十三年，在斯拖克敦與瓦林敦（Stockton and Warlington）之間敷設起鉄路了。

但是在英國以至在全世界，都以一千八百二十五年七月二十七日爲鐵路制度底創設紀念日。在五年前，卽一千九百二十五年七月二十七日，世界各國都很熱烈地舉行鐵路開設百年紀念。因爲這一天，是英國最初的大鐵路——利物浦與曼徹斯特間底鐵路敷設案通過於英國議會的日子。在這個鐵路條例底討論中，對於那贊成者哈斯啓孫（Huskisson）底主張，有人加了如下的反駁：『……家屋受得了每小時走十哩至十二哩的機關車所出的煤煙和音響底侵襲嗎？那在耕田中或在吃草中的牛馬，看見這種東西不會發生恐怖嗎？租地人、佃耕農、農夫、牧畜夫及製酪農業者，都會起來反對鐵路吧。……鐵底價格會漲高十成，或者會完全竭盡完吧。鐵路是最大的害惡，而且是人底智慧所能發明的我國各方面底平靜與愉樂底最完全的破壞者。』（Knowles, "The Industrial and Commercial Revolution in Great Britain during the Nineteenth Century"）

這個鐵路敷設案，最初因貴族們底反對而不能通過。這個案子後來之所以被通過，是因爲犧牲了七萬鎊金錢和上述哈斯啓孫底生命。（W. Cunningham, The Growth of English Jndustry and Commerce in Modern Times. 1921. Part 2. P. 812）

因此，在這利物浦與曼徹斯特間底鐵路定款底一項中，有下面這樣珍奇的文句：『蒸汽機關不可運動於巴敦烏德或威烏茨克底市街上，或機關車不可以其音響與煙塵通過那妨礙李特福德卿或威烏茨克牧師，或使他們感到不快的線路。』觀此可以推測當時人們對於火車這產業革命底新生產物是怎樣的恐怖了。

經了這種戲劇樣的經過，到了一千八百三十年，利物浦與曼徹斯特間底鐵路方才開通，其後鐵路底建設及改良屢次施行，遂至現出了鐵路時代。現在且引用雷維教授(Prof. Levi)底話，以說明鐵路開通當時，鐵路在運輸上的地位。

『當火車建設於利物浦與曼徹斯特之間以前，有二十二輛正式馬車，七輛臨時馬車。這些馬車，全部合計，最多可以乘六百八十八人。火車在十八個月間，可以乘十萬人，每天平均可以乘一千七十八人。馬車乘車費，內部是十先令，外部是五先令；火車乘車費，內部是五先令，外部是三先令六片士。利物浦與曼徹斯特之間，用馬車要費四小時，用火車只消一小時四十五分。貨物運輸費，用馬車每噸要十五先令，用火車每噸只要十先令八片士。在這兩個地方之間，用運河要經過二十小時，用火車只消二小時便行了。』(Cunningham 底前揭書，八百十二至十三頁)

此後英國火車底發達，依據諾爾斯(Knowles)女士底意見，可以分為下列四個時代。

(一)一千八百二十五年至一千八百四十四年，是試驗時代。

(二)從一千八百四十四年到一千八百七十二年，是統一鐵路系統、形成大幹線、及避免與運河競爭的時代。

(三)從一千八百七十三年到一千八百九十三年，是創設鐵路及運河調查會並設定最高運費率以防止鐵路底獨占及濫用的時代。

(四)從一千八百九十四年至一千九百十五年，屬於這時代；鐵路公司間底競爭，引起合併運動，商工業者及勞動者底抗議也開始了。這時代底新問題是：設立新統制方法，或國有問題。

再說到德國。一千八百三十五年，才有很短的鐵路，敷設於努連堡與浮耳特之間(Nürnberg——Fürth)。其後，在不倫瑞克與服爾分步忒之間(Braunschweig——Wolfenbüttel)，一千八百三十九年，在來比錫與德勒斯登之間(Leipzig——Dresden)，一千八百四十年，在來比錫與馬德堡之間(Leipzig——Magdeburg)，在閔行與奧格斯堡之間(Munchen——Augusburg)，在佛郎克府與馬因斯之間(Frankfurt——Mainz)，在曼亥謨與海得爾堡(Manheim——Heiderberg)之間，一千八百四十一年，在柏林與安哈忒之間（Berlin

——Anhalt），在都西爾德與埃白菲德之間（Dusseldorf——Erberfeld），在凱隆與亞亨之間（Koln——Aachen）等，陸續敷設了鐵路。這樣，完成了今日德意志底鐵路網。

法國最初的鐵路，在一千八百三十二年，敷設於里昂與聖亞田之間（Lyon——St. Etienne）。法蘭西底鐵路史，可以分爲左列五個時代。

（一）從一千八百三十二年底幼年時代，到一千八百四十二年。

（二）迄於鐵路網底建設及一千八百五十九年六大鐵路公司底形成時代。

（三）從對於大鐵路公司的鬪爭及一千八百五十九年底勝利時代起，到一千八百八十三年與大公司之間締結新契約的時代止。

（四）迄於世界大戰後一千九百二十一年的大改革時代。

（五）現代。

——以上，爲顯示鐵路底發展歷史，舉了英、德、法三國底例子。其它各國鐵路發展底歷史，本來也應當說及，不過恐怕頁數底增加和煩雜，在這里只得割愛。爲補足這個缺點起見，我想舉出世界主要各國底各年度鐵路發展底統計，以供大家一覽之便。後列的表，是萊恩(Leyen 氏所發表的；在這種統計中，要算是簡要而近於完全的。所以我把它揭載在這里，以供大家參考之用。

世界鐵路哩數統計表(1840年 1922年)

大陸名		歐洲	美洲	亞洲	非洲	澳洲	總計
鉄路開設年度		1825	1830	1853	1856	1854	1825
(第一表) 各大陸別哩數(以啓羅米突爲標準)	1840	2925	4754	——	——	——	7679
	1850	23504	15061	——	——	——	38568
	1860	51862	53935	1393	455	367	108012
	1870	104914	93139	8185	1786	1765	209789
	1880	168983	174666	16287	4646	7847	372429
	1890	223469	331417	33724	9386	18889	617300
	1900	283525	402171	63301	20114	24014	790125
	1910	334041	526382	101916	36854	31014	1030207
	1913	346235	570108	108147	44309	35418	1104217
	1922	367963	597869	125465	54275	47389	1192961
1913年至22年間底增加	km	21728	27761	17318	9966	11971	88744
	%	6.3	4.1	16.0	22.5	33.8	8.0

（第二表）主要各國鐵路哩數（以啓羅米突爲標準）

國名	鐵路開設年度	1840	1850	1860	1870	1880	1890	1900	1910	1913	1922	1913年 每百平方啓羅米突所占	1913年 每一萬人口所占
德意志	1835	549	6044	11633	19575	33838	42869	51391	61209	63730	57652	11.8	9.5
奧匈國	1838	144	1579	4543	9589	18512	27113	36883	44371	46195	——	6.8	9.0
英帝國	1825	1348	10653	16787	24999	28854	32297	35186	37579	37717	39262	12.0	8.3
法蘭西	1832	497	3083	9528	17931	26189	36895	42827	49395	51188	53561	9.5	13.0
俄羅斯	1838	26	601	1589	11243	4120	5263	6345	8510	——	——	——	——
意大利	1839	8	27	1800	6134	8715	12907	15787	16960	17634	20118	6.1	5.1
美利堅	830	4534	14515	——	85139	150717	268409	311094	388173	410918	405936	4 4	42.3
加拿大	840	26	114	——	4018	11087	22533	28697	39792	47150	63634	0 5	60 8
日本	872	——	——	——	——	121	2333	5892	9806	10986	19769	1.7	1.7
中國	871	——	——	——	——	11	200	646	8724	9854	11004	0.09	0.3
西班牙	1848	——	28	1918	5475	7481	9878	13357	14994	15350	15520	3.1	8 2
葡萄牙	1854	——	——	137	714	1150	2149	2376	2909	2983	3427	3.2	5.5
瑞士	1844	——	27	1096	1449	2571	3190	3783	4701	4863	5348	11.7	13 7
瑞典	1851	——	——	522	1708	5906	8018	11320	13982	14491	15186	3.2	26.5
丹麥	1847	——	32	111	764	1579	1986	3001	3527	3771	4967	9.8	14.6
希臘	1869	——	——	——	11	60	110	100	110	110	110	10.0	3.0
歐洲土耳其	1860	——	——	66	291	1394	1765	3143	1557	1994	414	1 2	3.2

（第　三　表）

世界鐵路哩數增加數及增加率

事項／年度	增加哩數（以啓羅米突爲標準）	對於前十年的增加率（百分比）
1840—50	30900	401
1850—60	69400	180
1860—70	102800	95
1870—80	161600	77
1880—90	244900	66
1890—1900	172800	28
1900—1910	240100	35

其次，我們且來考察一下那給予海運界以一大變革的輪船底發展狀況。造船底歷史，可

以湖及古代底獨木船。中世以後，海外交通漸趨發達，造船術底進步，可以在地中海方面和北歐方面求其中心。然而就是這些船隻，若依今日眼光看來，也不免於幼稚。在十五世紀之末，那被哥崙布底『向西去！向西去！』（Westwarb Ho！）的呼聲所鼓舞，而登上大陸發見之壯途的有名的船舶『桑塔瑪麗』號，不過是一隻長七十呎至排水量噸數二百三十餘噸的小帆船。

『蒸汽力完成了陸上交通底革命，同樣，對於海運也給了一個生面』。（昂格斯）促進造船術成就那劃時代的發達的，是那產業革命底兩個新生產物：一個是爲造船材料的鐵鋼材料，一個是爲推進機關的蒸汽機關。

想用蒸汽力去推進船舶的計畫，頗有悠長的歷史。當十七世紀之終，白盃想以活塞機關去迴轉有推進機作用的水搔機。而一千七百零七年，便以模型在加塞爾底福達河作試驗了。其他英、美兩國底發明家，也有不少爲完成輪船而努力。一千七百三十八年，約拿桑哈在英國取得專利特許。美國則有亨利和斐茨啓做了苦心研究。這些發明家底苦心研究，終由福爾敦(Robert Fulton)發明了輪船。一千八百零七年之秋，他所造的『克雷蒙特號』，成就了達到阿爾巴尼亞的航海。不過另有一種異說，就是說蘇格蘭底丹達斯卿所造的船舶『奢羅特，丹達斯號』（這是拖船，用蒸汽機關去迴轉外輪機，於一千八百零一年，拖曳兩隻小船，以一小時約三哩餘的速力，航行於運河中），是輪船底嚆矢。可是發明輪船的名譽，一般都歸功於福爾敦。

一千八百十九年，美國底輪船『沙萬拿號』(Savanna)——長三十米突五、積載力三百噸的小輪船——，才因一半借用帆布底力，而橫斷了大西洋。就是從喬爾其底木棉輸出入港沙萬拿港出航，經過二十六天，達到英國當時的木棉輸出入港利物浦，再經過北歐各港，而到達彼得堡。一千八百三十八年，有一隻名爲『大西號』(Great Western)的輪船（船長二百三十六呎餘、總噸數一千三百四十噸，速力八哩半的輪船，）僅僅以十五天工夫，航行於英、美二國之間，在輪船發達史上，留下很顯明的功績。其次，布魯內爾以螺旋狀推進機代替外輪機，裝在大西洋輪船『大不列顛號』(Great Britain)上，只消十四天，便能航行於英、美二國之間了。

船體，向來是用木材造成的；但到了十八、九世紀，製鐵及製鋼法大行發達，因之用鋼鐵來製造船體，是比較鞏固，比較安全，修理也比較容易，保存期間也比較長久，載貨容積也比較多量，而且能夠造成形式較大的船體。於是鋼鐵船便成了輪船建造底主要形態。

輪船底駸駸發達，以後還不斷地進行，在歐洲大戰前，『魯西泰尼號』(Lusitania)僅以四天十四小時，便能航行於琴茲呑、散第、胡克之間(Queenstown, Sandy, Hook)，而引起世人底驚異。又如『Imperator』號，『Vaterland』號在漢堡造船所造成的時候，有五萬噸，要算是最大的輪船；但到了最近，英國造了五萬六千五百五十一噸的輪船『Majesti C』號，美國造了五萬九千九百五十七噸的輪船『Leviathan』，都超過那兩隻輪船了。

這樣，輪船底發展，不知要到什麼地步爲止。

我們觀察最近造船界底情勢，有以煤油燃燒代替煤炭燃燒，以電動機代替蒸汽機關的傾向。就是有排斥使用煤炭爲燃燒材料的傾向。究竟哪一種好些，今日還沒有確定。現在且依據勞德底登錄簿，採取英國統計如左：

蒸汽船及電氣船合計		六二、三八〇、三七六 噸
以上總計底分類	達平式蒸汽船	九、一〇〇、二七四 噸
	燒煤油的蒸汽船	一七、八〇四、一二二 噸
	電氣船	二四三、〇七〇 噸

各國輪船發達底歷史，爲避免煩雜計，概行割愛。不過爲察知其大勢起見，轉錄世界總數底各年別表於後，以爲參考之用。這個表是根據勞德關於英國及外國海運的登錄表的。

世界總噸數表

年度	船舶數	總噸數
1890	32,174	21,118,528
1891	32,227	22,912,753
1892	31,983	23 672,698
1893	31,926	24,236,865
1894	30,640	24,547,597
1895	30,288	25,086,109
1896	29,801	25,593,186
1897	28,280	25,889,044
1898	27,982	26 543 360
1899	27,816	27,6 3 851
1900	27,840	28,957,358
1901	28,209	30,479,971
1902	28,630	32,302,412
1903	28,901	33 501,855
1904	29,283	34,686,132
1905	29,750	35,998,180
1906	30,087	37,550,477
1907	30,197	39,435,788
1908	30,524	40,920,551
1909	36,536	41,447,825
1910	30,053	41,912,520
1911	30,082	43,144,9[illegible]9
1912	30,316	44,600 677
1913	30,591	46,970,113
1914	30 836	49,089,552
1915	30,720	49,261,769
1916	30,167	48,683,136
1917	——	——
1918	——	——
1919	29,255	60,919,273
1920	31,595	57,314,065
1921	33,206	61,974 653
1922	33,935	64 370,786
1923	33,507	65,166,238
1924	32,956	64 023 567
1925	32,916	64 641,418

這種交通底發達，必然要促進郵政制度（Postwesen）底發展。

除以上所述的東西以外，還有若干東西，以產業革命爲機緣而被發明，對於資本主義底發展有了很大的影響；關於這些，我們也應當簡單地說一說。

從一千八百七十年代起，實行利用電氣，經了多次研究實驗之後，漸次應用於發動機、電車、電話、電報等，且在工業上和交通上，都給了很大的變革。克羅德、奢普（Claude Chappe）所發明的閃光線(Semaphone)無線電報、銚等，也是應用電氣而成的。當歐洲大戰勃發時，關於無線電報底偉力，『Corriere Della Sera』底軍事記者魯奇、巴啓，在一個報上寫着如下的話：

『大戰勃發底通知，同時達到了世界各處。各無線電臺，立☐警報於大洋。紐約把這個消息通知於極遠的地方。別個半球底倍諾斯、愛雷斯及喀普•斯塔特，聽到了這個消息。亞登、香港、橫濱，把不幸的七個字通知於別個半球底住民。那七個字就是「德國向俄國宣戰」。這個通知，不過二十分鐘使普遍於全世界了。那浮在茫茫無際的海洋中的幾百隻船舶，聽到了這個消息而戰慄。任何狂風暴雨底通知，都沒有使這樣多的船舶逃避過。』

在產業革命底第一結果，紡績、織物、製鐵製鋼及煤炭工業以外的產業部門，尤其在交通方面，其變革底大略情形，已經在上面說述了。

生產力底發達，遂至引起產業革命。但是這產業革命所生的各種技術底變革和進步，又反轉來對於生產力底激增上起了反作用。這樣，社會在各種要素底相互作用上，繼續了不斷的進展。

第三節　工廠制度底確立

產業革命，簡單說，就是機器和動力底發明而生的生產手段底變革。而這種生產手段底變革，當然又引起生產方法及生產關係底變革。機器和動力底發明以及應用於生產過程，結果便出現了工廠制度，破壞了向來的家庭工業的及工廠手工業的生產方法。

家庭工業（Hausindustrie, Domestic Industry），有兩個方法：第一個方法是，各工業以自己底生產手段和自己底材料，在自己底工作場，依自己底方針，由自己施行從始到終的生產過程，再把那生產物在自己底商店，或親自乘貨車到遠方市場，自行販賣的方法；第二個方法是，向商人領取一部分材料和生產手段，在自己底工作場生產，把生產物底販賣責任讓給商人的方法。前者是純粹意義的家庭工業，後者可稱爲前貸制度或委託制度（Verlags system，英語據阿士力說，稱爲 Factor-system 或 Commission system)。無論採取哪一種形態，而生產者都是分散的，這是家庭工業底特點。

工廠手工業，是一種以手工業爲基礎的工廠制度。因爲生產力底發達和需要底增加，要想比在家庭工業中更合理地更有能率地去行生產，而把許多生產者集合於一個工廠裏，叫他們共同勞動，比那散處於各個工作場裏個別勞動，較有利益。這種經營方法，就是工廠手工業。但在這工廠手工業中，還以手工業爲基礎，因之也就不是以發達的機器和蒸汽機關爲中心。不過，機器底發明，如前面所述，原不是一朝一夕出現的，它是經了許多發明家順次加以改良而發達起來的，所以在那過程上，就是在手工業的經營中，也有不少使用了不完全的機器(這種東西，一方面具有比向來的手工器具更進步的形態和機能，別方面還不是完全發達的機器)和蒸汽以外的動力(例如風力、水力、馬力等自然力或動物力)。

『卽使那向工廠化的進行，迄於蒸汽力時代底完全設定，不能充分採取，但在十八世紀中葉以前，也已經可以發見工廠底實例，這種工廠在那本質的性質上是完全的，它與初期的家庭工業形態相竝而立，且行着實際的競爭。

『非人的產業動力底資本家的所有，在蒸汽力時代以前，自然只限於狹小的範圍。水力、馬力、以及風力（在很小的程度），均被利用了。水力在大發明期以前，給予產業的最重要的貢獻，在於使貨物便於運輸，也在於爲製造業，例如染色業底補助的過程。水車在十八世紀之初，雖有許多存在，但它對於製造業，並沒有給予什麼顯著的貢獻。自然力在量及場所的適用上，均有極嚴格的限制，而且因爲機器技術底落後狀態，不免有很大的浪費，以致在作爲人類筋肉活動底代替物上，不能有很大的作用。』（霍布孫底前揭書）

以自然力爲動力，或使用簡單機器的工廠底實例，可以在英國黎芝（Leeds）附近底產業中，或在椰利支（Norwich）、湯吞（Taunton）、得伐茲（Devizes）、斯忒布立治（Stourbridge）等處底織物業中發見。

這樣，在產業革命以前，有家庭工業、工廠手工業及簡單的工廠，爲一般的企業形態而流行。破壞這些東西的，是工廠制度。

所謂工廠制度（Fabriksystem, Factory system），就是一種使用機器及非自然的動力（最初是蒸汽方，後來是電力等），以這爲中心，而把多數勞動者集合於一個工廠內（不使他們散處各地），在一個統制之下，從事有機的勞動的方法。

褒夏（K. Bucher）對於工廠，給了如左的定義：

『工廠是一種企業的經營，在這里，由一個企業家，有規律地使用多數勞動者於企業家自己經營場所裏，不是在勞動者自己底住宅裏』。

這褒夏給予工廠制度的定義，只提出勞動者底集合勞動，還沒有說明它與工廠手工業形態底區別，所以是一個不完全的定義。

霍布孫是這樣說：

『從家庭制度推移於工廠制度，必須採取兩個階段：一個是關於動力底所有的，另一個是關於工作場的。（一）使用雇主所有的非人的動力，以代替勞動者底體力；（二）勞動者離開自己底家庭，而集中於資本家所有的工廠及工作場。』（霍布孫底前揭書五十八頁）

他在這里，並沒有說及機器。但是『非人的動力』，當然以機器爲前提。他在別的處所，又說了如左的話：

『生產底單位，已不是一個家族，也不是一小羣的人。現在已經不是用幾個廉價的簡單的器具，去處理很少的原料了。現在的生產，是有幾萬人在利用高價而複雜的許多機器而協作，不斷地精製尨大的原料，轉送於社會全體底消費者。』

『我們把十八世紀中葉以來一般流行的產業稱爲機器生產，並非因爲以前沒有機器存在，而是因爲第一，那幾乎應用於一切產業技術的複雜的機器底發明，從這時起才顯示了異常的加速度；第二，非人的原動力底大規模的應用，到了這時才開始顯現。

『這些變化底重大性所生的一個重要的影響和表現，可以在那變化底迅速性(其發端已表現於大發明以前)及家庭制度轉移於工廠制度的過程中發見。

『機器對於工廠制度的特殊關係，在於下述的事實：一方面，機器底規模、經費及複雜性，別方面，非人的動力底使用，這兩方面結合起來，把勞動從家庭工作場，趕入大規模的專門化的工作場——卽工廠。「水力機」、梳毛機、以及阿克來特所完成的別的機器，需要兩樣東西：一是比農夫小屋更廣的場所，一是比人底腕力更大的動力。它們底重量，也要求把它們放在建築牢固的牆壁中，而且除了用水力以外，不論用當時已經知道的任何動力，都不能爲有利的運轉。再則，機器底使用，伴着更大的分工，因之需要更大的協作，以調和一切生產過程，並置於一個中心底統制之下。』

『因此，機器生產底發達，在大部分上，與近代工廠制度底發達同其意義。』（霍布孫底前揭書七十二頁）

在機器發明以前，生產手段是簡單而廉價，且很容易運用，所以各個生產者，當行手工業的生產時，能夠在各自底工作場裏進行。那時，沒有集合一處以行共同勞動的必要。但是機器一出現，情形就不相同。製作機器是一件困難的工作，因之價錢便不能不增高，加以運用頗不容易，所以不能像手工業時代底工具那樣，各生產者都能獲得，也不能搬到各自底工作場。那爲動力機的蒸汽機關一發明，這種傾向更加厲害。一經使用人力以外的動力（不論它是簡單的風力或水力），那麼集合一處來生產，就比較經濟，比較便利。這個傾向，在稱爲蒸汽機關的動力機中，成了必然的了。此外，動力機與作業機底聯運，作業機底複雜化，日漸進步，因之必然地促進工廠制度底成立。馬克思關於機器與工廠制度底關係，或說『爲工廠底體軀(Körper)的機器』，或說『基於機器經營的工廠』，或說『工廠經運動底地點，不是勞動者，而是機器』，或說『在工廠手工業及手工業中，是勞動者使用器具，但在工廠裏，是勞動者伺候機器』，或說『爲工廠制度自身底技術基礎的機器』，到處表示着機器是工廠制度底基礎，把機器與工廠制度底關係當作不可分離的東西。關於動力機與工廠制度底關係，他也說『工廠經營，通常是在機械的動力(卽蒸汽)代人類的動力而運轉機關的時候出現的』，也一樣地把兩者底關係看作不可分離的東西。阿士力關於工廠制度，很正當地說述了如下的話：

『所以工廠，雖然就偶然的事件來說，實際上已經在半世紀以前存在，但它是十八世紀末葉產業革命底特徵。它是在資本底進化上，新進了一步的意思。它是資本底所有者或統制者，對於商業媒介者底機能以上的機能——卽在事實上統制或監督製造業的過程的機能，實行大規模的掠取的意思。……木棉工廠是新狀態底最顯著的實例，所以工廠制度，大體上是最適宜於敍述新組織的名詞。然而這個現象底本質的特徵，自然在於因監督動力機的必要而結合，受統制於資本家的雇主，把多數勞動者聚集於一個工作場。這件事情，也行於煤礦、鐵工所、或機器工作所，和行於紡織工廠裏一樣。無疑地，工廠制度是偉大的機器發明底必然的結果。』(Ashley, Economic Organization of England. P. 154)

關於工廠制度完成底一個最重大的結果，即資本主義制度底成立，等下一節去說；這里，只簡單地提一提人口集中都市的傾向。

『以前散處各地的小屋工業(Cottage industry)，如今集中於很少的地域，幾乎一切都集中於蘭開夏及約克州了。不問男女老幼，許許多多的人，既沒有什麽道德的統制，又沒有什麽關係維持健康的設備，一同集合於巨大的屋房中』。(Gibbins, Industrial History of England. P. 177)當木棉工業中的發明盛行的時候，人口集中於蘭開夏或約克州，而曼徹斯特則成了偉大的工業都市。其後，到了製鐵及製鋼業中起了革命，即到了所謂第二次產業革命時，人口集中底中心地，又從木棉工業都市，移動於製鐵工業都市了。即從曼徹斯特移動於白明汗了。後列簡單的統計，就是說明人口集中都市的傾向的。

都市與地方人口底比率

年度	都市人口	地方人口
一八六一	六二•三	三七•七
一八七一	六四•八	三五•二
一八八一	六六•六	三三•四
一八九〇	七一•七	二八•三

錄自 Beard, Industrial Revolution

人口集中於工業都市的原因，我想可以舉出那要賣勞動力的無產階級及大小商人底奔入都市。

第四節　資本主義制度底確立

工廠制度，以使用機器和動力爲基礎。但這機器和動力，是高價而複雜的，因之不能像手工業時代那樣，一切生產者都能領有。機器及動力底所有和使用，需要巨大的資本。原始的(或本來的Urwuchsige)蓄積，滿足了這個要求。這里發生了領有生產手段的資本家階級。別方面，工廠制度，因爲使用機器和動力，需要許多勞動者。我們在前面已經敍述過：中世末期，有許多農民，被奪去土地，爲尋求職業而流到都市裏來。工廠制度所必要的勞動者，由這些人來充足了。其次，對於勞動者底需要，如果供給不足，還從僧房拉出尼僧，從孤兒院拉出兒童，把他們編入勞動者隊伍裏來。這些工廠勞動者，已經沒有什麼生產手段，只能把自己所有的勞動力提供於資本家。他們如今變成除了自己勞動力以外什麼也沒有的階級了。

工廠制度底當然的結果，引起生業力底偉大的增加，因之生產便從那爲顧客的生產，爲小範圍的生產，發展到以世界市場爲目的的巨大的商品生產了。一切東西都商品化了。農夫已不是爲自己消費而耕種了。一切東西都爲販賣而生產了。織物業者，售賣自己所生產的織物，藉以購買生活必需品及其它必要品，甚至購買別人所生產的織物。因此，商品生產成了生產底一般的特質。

工廠勞動者，向雇主領取工錢，那反面給付，是提供自己底勞動力。就是勞動力也與別的商品一樣，由雇主以工錢來購買。在這里，勞動力同別的財貨一樣，成了商品。勞動力底商品化！這是基於機器及動力底發明的產業革命所建立的工廠制度底當然的歸結。雇主爲購買勞動者，支付勞動者以工錢。可是勞動者替雇主所作的工作，却超過自已底勞動力底再生產上所必要的勞動時間。這里便生出剩餘勞動。但這剩餘勞動所生的價值——卽剩餘價值，是歸於雇主手裏。這樣，剩餘價值，便爲雇主所收奪。勞動力底商品化，必然地要引起資本家對於剩餘價值的收奪(Ausbeutung, Exploitation)。

這樣看來，一方面有私有生產手段的資本家階級，別方面有除了可賣的勞動力別無所有的勞動者階級，在社會內部互相對立；勞動者底勞動力，變成商品；工錢勞動，孵化剩餘價值；孵化出的剩餘價值，不歸屬於事實上的生產者，而歸屬於資本家階級。由此，這里便確立了資本主義的經濟組織。

『如果勞動者，爲生產等於他自己底生活手段，卽等於他自己底生活手段底價值的商品，要耗費他一個整天，那麼此時便不能有什麼剩餘價值，因此，也不能有什麼資本主義的生產及工錢勞動。要資本主義的生產能够存在，必須社會勞動底生產力非常發達，同時還須有那比工錢底再生產所需要的勞動時間還更大的總勞動日底何等剩餘——即若干剩餘勞動存在。』（馬克思底剩餘價值學說史）

『以這剩餘價值收奪制度爲基礎的經濟組織，就是資本主義的經濟組織。這個制度底前提，一方面要有離開勞動手段的工錢勞動者，別方面要有生產手段底資本主義的所有者。資本主義，沒有剩餘價值收奪制度，便不能存在。』（Wittfogel, Geschichte der bürgerlichen Gesellschaft. S. 37–38）

第五節　產業革命給予勞動階級的影響

產業革命，產生了勞動者階級，已如前面所述。『勞動者階級，在十八世紀底後半期，先起於英吉利；其後世界各文明國，都相繼發生產業革命，因而都產生了勞動者階級。』（昂格斯）

所以產業革命給予勞動者的第一個影響，就是產生了勞動者階級（即無產階級）。從事勞動的階級，無論在什麽時代都是存在了的。在古代社會有奴隸，在中世社會有農奴。但是因產業革命而生的無產階級卽工錢勞動者階級，已經如前面所說，是與奴隸、農奴不同的特殊的勞動者階級。產業革命給予這無產階級的影響；試舉幾個重要的來說一說。

(甲)勞動者隸屬於機器

產業革命，一方面使用機器，同時便要求運用機器的勞動者。但是『工廠底一切運動底起點，不是勞動者，而是機器』。(馬克思)在手工業或工廠手工業中，是勞動者使用器具；但在工廠中，却是勞動者伺候機器。在前一個場合，生產手段底起點是勞動者；在後一個場合，勞動者必須隸屬於生產手段底運動。在前一個場合，勞動者是活的機構；在後一個場合，那死的機構——機器，離開勞動者而獨立存在，勞動者反成了機器底活的附屬物。在前一個場合，勞動者通過那生產過程底全體，是生產過程底指揮者；在後一個場合，勞動者只成了機器底附屬物，常營同一部分的勞動，與生產底全部過程完全分離，其指揮權則移歸於資本家手裏，勞動者不過遵照資本家底計畫，爲死的機器底附屬品而活動着罷了。『照這

樣，……勞動者對於工廠全體，對於資本家的無可依靠的隸從，便完成了。』（馬克思）

（乙）資本家與勞動者底關係底變化

由產業革命所完成的工廠制度，又使勞動者與資本家底關係從根柢上起了變革。我們在中世紀手工業底歷史中，尤其在行會制度中，看見了學徒制度。在這里，師傅與幫手及學徒，在同一屋頂之下，依同一食桌而生活。經過一定的年限和一定的勤務，學徒可以昇為幫手，幫手可以昇為師傅；舊師傅為新師傅底獨立，做了許多幫助和關係。簡單說，做雇主的師傅與做被雇者的幫手及學徒，屬於同一的社會階級；他們兩者之間底關係，是溫情主義的、協調的，不是對立的、鬭爭的。但是產業革命，却把這種雇主與被雇者底關係，從根柢上變革了。他們兩者，已經不屬於同一社會階級了。一方面是領有生產手段，以工錢向勞動者購買勞動力的資本家階級；別方面是除了勞動力以外，什麽也沒有，僅靠售賣勞動力以維持最低度生活的工錢勞動者階級。因之兩者底這種階級的差異，當然在利益關係上是對立的。資本主義，築在剩餘價值收奪之上。這個制度，對於資本家階級這一方面是有利益的，對於勞動者階級那一方面是有苦痛的。兩者底關係，便在這里對立了。以前兩者底關係是溫情的、協調的，現在變成單純的契約關係、金錢關係了。兩者底利害關係，變成不能並立的了。兩者底關係，是溫情的，協調的呢？還是金錢的，契約的，而且對立的呢？——這個問題，決不應當從單純的倫理或道德一類觀念來下判斷，而應當求之於生產力底變革，因之求之於生產關係底變革。『我們能夠稱爲親密及知識底「家長家族的」狀態的東西，雖然能夠比普通所想像的更長久地殘留着，而且現在還殘留着，但在那有多數職工集合着的場所，人格的紐帶，實有被純粹的現金關係所替代的傾向。這種現象，未必如喀萊爾令我們所想像的那樣，應歸於雇主方面心情底貨幣的堅硬，乃應歸於事情底必然性。然而隨着人格的紐帶底趨於薄弱，雇主便爲求利的思想所支配，竭力想廉價購買勞力，更熱心地勵行這種權利。』（阿士力）

（丙）對於勞動者底肉體及精神所給的影響

資本家靠了利用新發明的機器，收奪勞動者底勞動力，盡可能地想獲得多量的利潤。在工廠制度完成之初，對於這種資本家底行動，並沒有什麼法令或輿論底束縛。那結果自然是很明瞭的。資本家為收奪勞動力起見，採取了一切可能的搾取方法，他為減低生產費起見，對於工廠內的一切設備，讓它極度惡劣。資本家愛惜機器，甚於愛惜勞動者。因為勞動者多得很，有許多願意滿足於較低工錢的產業預備軍，常常聚集於他們底門口，所以更換勞動者，在資本家並不感到什麼痛苦。但是機器是很高貴的，他決不願意隨便更換。

當產業革命發生的時候，有下面這樣一個故事。英國有一個動物學者，在曼徹斯特底偉爾公園裏，作出如左的一個統計。這個統計，是研究工廠制度圍集於那公園四周所給鳥類的影響而得的結果。

年度	住於該公園的鳥底種數	孵化的鳥底種數
一八五〇——六〇	七一	三四
一八六〇——七〇	四二	?
一八七〇——七五	一九	八

一八七六——八〇	一五	?
一八八一——	一三	?
一八八二——	五	二

這個統計，明白地表示了曼徹斯特一發展爲工業都市，那棲息於此的鳥類底數目便隨之激減的徵象。根據這個動物學者所說：鳥類減少底原因，是空氣及水底惡化；鳥類底減少，當然發生害蟲底增加；其後十年之間，該公園底老木，差不多都枯死了。

然而鳥類，還有自由的天空和較新鮮的空氣。至於工廠內的勞動者，竟連這點幸福都沒有。他們被關閉於設備極不完全的工廠內，每天有十數小時在毫無衞生設備的處所，受機器灰塵底塗染，隔離了清朗的天空和新鮮的空氣，像牛馬般地替別人工作。因此，他們底健康狀態非常惡化，是當然的事。除了肺病、腸窒扶斯、瘰癧、傴僂等之外，還有各種工廠病、傳染病，蔓延於各處，因之勞動者底死亡率便急速增加了。加以勞動者底工錢日益低落，物價反而日益騰貴，以致勞動者底健康，對於疾病完全失去了抵抗力。現在且揭載織物業勞動者底工錢與小麥底價格表如左：

年度	工錢	小麥價格（一哼）
一八〇二	一三先令一〇片士	六七先令
一八〇六	一〇先令　六片士	七六先令
一八一二	六先令　四片士	一二二先令
一八一六	五先令　二片士	七六先令
一八一七	四先令三•五片士	九四先令
備考	依雷奧•雷皮底表	依樸塔底表

（這個統計表，採自 Gibbins ‘ Industrial History of England”）

小麥底價格，是當時計算工錢底實質價值的最適當的標準。根據這個表格看來，與工錢底低落成反比例，小麥底價格是在騰貴，因之實質工錢（Real Wages）是日趨低落的。我們依此可以推知：勞動者底生活以至營養狀況是日益惡化了，他們對於疾病的抵抗力是日益減退了。那研究了當時英國勞動者底流行病的阿里孫博士（Dr. Alison）說了下面這幾句話，實在是很不錯的。他說：『惡疫底原因，完全歸於貧民底窮困和苦難的狀態。生活欲望底不能得到充分滿足和缺乏，使肉體容易感受傳染病，因此纔能發揮疾病底猛威，而使疾病急速蔓延於各處。』再則，生活上的窮乏與婦女勞動者底增加（參照次項），引起兒童死亡率底增加；還有，殺害嬰兒和以鴉片使兒童睡眠，也一般地流行，這無異殺戮未來勞動者或使他們成爲肉體的殘廢者。

在別方面，機器勞動，因爲激勞和單純，使勞動者底肉體越益惡化了。馬克思很正確地說：『機器勞動，使神經組織感到極度疲勞，同時又壓迫筋肉底多面作用，剝奪肉體上及精神上的一切自由活動。勞動底輕易化，反而成了苦難底手段。因爲機器並沒有使勞動者從勞動裏解放出來，反而從他底勞動中剝奪了一切內容。一切資本主義生產——只要它不僅是勞動過程，而且是資本底價值增殖過程——底共通的現象，在於不是勞動者使用勞動手段，反

是勞動手段使用勞動者。但是這種首尾顚倒，只有到了採用機器的時候，才獲得生產技術上一目瞭然的現實性。』（資本論第一卷）

其次，我們要接下去說一說，產業革命給予勞動者底精神上及道德上的影響。

第一應當舉出的，是飲酒癖底增加。如上所述的工廠勞動底鬱悶，驅使勞動者去追求最便宜而發散的快樂。這就是飲酒。在他們看來，工廠恰如傅利葉所說，是一個『緩和的牢獄』。他們於一天勞動完畢之後，才能回到家裏；但是他們底家庭，竟連猪圈都不如。貧困和營養不良，是他們底運命。『勞動者疲乏到了萬分，萎靡不振地，做完了工作，回到家裏。他發見一個不像家庭的家——狹窄齷齪沒有溫氣的巢穴。於是他亂七八糟地要求慰安。他必須獲得使他能夠忍受兇酷的翌日之夢的一種東西。他底異常弛緩的、極度不快的鬱悶的氣分和身體，因爲他底生活狀態、他底不確實的生存等，而成爲難堪的狀態。因空氣不良和食物粗劣而虛弱的他底肉體，不斷地要求外來的刺激。他底社交的欲望，只能在酒館裏求得滿足。這樣，勞動者對於酒癖，怎麽會不感到最強的蠱惑？這樣，他對於飲酒底誘惑，還有抵抗能力嗎？事實恰正相反。在這種情形之下，大多數勞動者，都有耽溺於飲酒的精神的及肉的必然性。』（昂格斯底英國勞動階級底狀態）資本家對勞動者說：你們飲酒，所以你們貧乏了。但是他們忘記了自己反省：勞動者那種只靠飲酒才能得到一點快樂對象的狀態，是怎樣發生了的？昂格斯底所謂飲酒底必然性，是從什麼地方發生的？

第二應當舉出的，是關於性交的道德問題。工廠內男女勞動者底共同勞動，工廠宿舍設備底不完全，勞動者性交底自由（這是雇主吸收或羈留勞動者的方策），一小屋內親子親屬底同居等，當然要引起男女間關係底鬆緩化。卡內曼在『Neue Zeit』底一千八百九十九年度底十一號裏，發表一篇題爲波蘭白糖工廠底勞動者狀態的論文，指出勞動者底道德，隨着工廠制度底發生而趨於頹廢的事實。樸德林斯基也在他底一篇論文烏克蘭底墮落裏，指出這個地方底白糖工廠附近底梅毒流行。據他們所舉的原因，是該地方底白糖工廠主，採用一切誘惑的方法，以吸引勞動者。勞動者一面從事勞動，一面可以飲火酒，一天可以舉行三次音樂會；上百數的男女勞動者，晚上可以在黴暗的燈下，混睡在一堆。如果向年輕的女子，問伊爲什麼到白糖工廠裏去工作，伊一定會這樣回答：『因爲那里有音樂，又可以與自己歡喜的男子睡覺。』梅毒蔓延底原因，全在於此。在沒有白糖工廠的地方，其梅毒患者底比率是一成左右，但在有工廠的地方，便達到八成至九成。這些患梅毒的人中，竟有半數是十六歲至二十五歲的姑娘。(Neue-zeit, Achter Jahrgang. S. 48)

以上不過是一個例子。實在，與這相同的傾向，流行於一切工廠地方，雖然有程度之差。

還有，勞動者家庭底貧窮化，驅使其妻女去做賣笑於街頭的『街頭女』。一千八百四十八年，倫敦底市街，有四萬街頭女，每夜充滿於十字街頭。

第三應當舉出的，是因勞動者底貧窮而引起犯罪底增加。恩格斯揭載英格蘭及威爾斯從一千八百零五年至一千八百四十二年的犯罪統計表，指出那些犯罪幾乎全是無產者所作的。

——此外，工廠制度給予男女勞動者底肉體上及精神上的影響，還不計其數。詳細記述這些影響而值得特別推薦的，是上述恩格斯底名著英國勞動階級底狀態底第六章。

(丁)兒童及婦女勞動

基於採用機器的工廠制度底發達，又引起兒童及婦女勞動（Kinder-und Frauenarbeit）底增加。其原因如下：（一）機器底發生，使舊來那樣費力的工作和複雜的工作歸於無用了。換句話說，機器能夠代替人力去營更費力的更複雜的作用，使機器以外的工作變成極其簡單而且不大費力的工作。『紡績和織造，所要的人力勞動，爲主地僅限於繫接斷了的線。因爲此外的主要勞動，全部歸機器担任了。因之這個勞動，便不要費什麽力，只消用指頭加以機巧的動作便行了。成年男子，不但不能很巧妙地運用其指頭，而且因爲他們底筋肉和骨格底發達，過於粗硬，以致比起女子和兒童，反要不適當些。因此，成年男子，自然要從這種勞動中，幾乎完全被排除出來。所以腕力工作，强力工作，越被那基於水力和蒸汽力的機械力底應用所壓倒，則使用這些成年男子的必要便越減少。反之，婦女和兒童，則越益受人歡喜使用。』（昂格斯）（二）婦女及兒童底工錢，較廉於成年男子。所以那一心要減少生產費、增加利潤的資本家，便很願意雇用工錢較廉且易於得到的婦女和兒童。『使用工錢較廉的女性，能夠產生較高的資本利潤，所以婦女被拉入一切種類的勞動——在這里，伊們底肉體、精神、道德、羞恥心等，完全喪失了——中了。在地下鑛坑裏，在紡績工廠裏，在白糖工廠底悶熱的房子裏——在以前沒有一個婦女的一切地方，現在都有婦女，無晝無夜地背着重担和苦痛，從事勞動了。這是資本主義對於婦女問題的意義。』（R. Wilbrandt, Die Frauenarbeit. S. 8）

我們先從兒童勞動說起。在英國工廠底初期，因爲對於勞動者的需要驟然增加，所以從感化院裏，拉出許多兒童，送到工廠裏去充數。這是英國勞動史上黑暗的一頁，爲世人所熟知。這還不夠，乃每天在報紙上登載募集兒童的廣告。關於這報紙上的廣告，馬克思說了這樣的話：『兒童勞動底需要，從形式上說，也很像美國報紙底廣告面所常見的那種黑奴底募集。』又在倫敦附近的市鎭，開設了兒童市。『通常的條件，是一週一先令八片士的工錢和給予本人的二片士，此外還有喝茶。契約以一週爲期。這個市底景況與其間所使用的言語，實在醜惡到了極點。』——這是一千八百六十六年兒童雇傭委員會底報告裏所說的話。當使用兒童於機器的時候，通常年紀在十歲以下，便有使他習熟於機器的必要。鑑定醫生，和工廠主勾結，僞造兒童年齡，把許多八歲前後的兒童，送到工廠裏去。我們爲明瞭兒童雇傭，一般在何種狀況之下施行着，試引棋賓司（Gibbins）底敍述如左：

『當工廠初行建立的時候，那些習慣於舊家庭生活的父母，對於送他們底子女到這種地方（卽工廠）來的事情，懷了很强烈的憎惡心。他們以爲做這種事情，實際上是極不名譽的。『工廠姑娘』（Factory Girl）這一個名詞，是應用於年輕女子的名詞中最侮辱的一個。但是勞動者一沉淪到飢餓線，做父母的，也只得同意把他們底子女或妻送到工廠裏去工作了。……工廠主人，有系統地與貧民底監督官相結託。招集攏來的兒童，用馬車或運河送到目的地，在那里使他們背負奴隸底運命。有時正式的運輸業者，運送許多兒童到工廠地方，在那里聚集了許多需要勞動力的工廠主，檢查兒童們底體長，體寬及肉體的能力。這種人，恰好同亞美利加市場中的奴隸販賣者一樣。這些兒童，完全讓那些工廠主任意支配，概被使役爲學徒；在這里，他們實際變成了奴隸，得不到什麼工錢，甚至飲食、衣服等，也受了苛酷的待遇。爲什麼如此？因爲兒童非常廉價，隨時可以補充。……他們底待遇，是很非人道的。他們底勞動時間，只有受下述情形底限制：就是採用各種殘酷的手段，强迫他們做繼續的工作，一直到了他們疲勞困倦不能再做的時候。兒童往往一天要做十六小時工作。就是在星期日，也要被利用去掃除機器。

工廠運動史底著者啓德（Samuel Kydd, The History of the Factory Movement）說：

「在惡臭之中，在滾熱的房屋中，在許多車輪底不斷迴轉之中，有兒童們底小足小指，不斷地在活動着；無情的監視者，時以粗重的手足去鞭踢他們，且以特別發明的殘酷刑具去威嚇他們，如此强迫他們去做不自然的活動。」但是他們所得的食物，却又粗惡不堪，差不多與猪吃的一樣。而他們所睡眠的床舖，又是從來不會冷的——這一批兒童出去工作，別一批兒童便來睡眠，輪流更換，幾無空時。所以這種床舖底齷齪不衛生，是不消說的。加以兩性之間，往往不設區別。因之疾病、貧窮和惡德，如處在傳染病底溫室中一樣，蔓延得很快而且很廣。可憐的兒童們，要想逃出這種火坑。於是廠主爲防止他們底逃走，對於那可疑的兒童，用長鎖鏈縛住他們底雙足，以鐵塊釘於他們底足首之下，使他們整天帶着這些鎖鏈去勞動，去睡眠。年輕的男女們，竟受了這樣的苦楚。因之就有許多兒童天折了。廠主便在夜裏把他們祕密地埋葬於無人之處。其目的是不使別人知道墳墓底數目。許多兒童因受不了壓迫而自殺了。殘忍和悲慘底情景，還多得很，這里決寫不完。……』（棋賓司底前揭書七十九頁——百八十一頁）

這種兒童勞動者底悲慘的境遇，就是到了發佈工廠法，禁止十三歲以下的兒童勞動以後，也還由於考查年齡的鑑定醫生與工廠主底勾結，以欺瞞工廠監督官底眼睛，而行了不法的虐使。

婦女勞動者，也以與兒童同樣的境遇被虐使了。婦女勞動底歷史，原本是很早的。但是產業革命，却完全變革了婦女勞動底意義，使伊們同男子一樣，在工廠中爲很低的工錢而勞動。

英國紡績業中，兒童勞動者、婦女勞動者、及男子勞動者底工錢統計，試舉如左：

年度	男子勞動者	女子勞動者	兒童勞動者
一八〇八—一五	二四／—二六／	三／—一四／	四／六—五／六
一八一五—二三	二四／—二六／	三／—·一四／	四／六—五／六

一八二三——三〇	二四／——二六／	二二／——一三／	四／六——五／六
一八三〇——三六	二四／——二六／	八／——一〇／	四／六——五／六
一八三六——四五	二四／——二六／	七／——九／	四／六——五／六

這個表格是紡績業中的統計。在紡績業中，幾乎全部是婦女勞動，因之男子底被雇者，工錢便較高了。這個表中男子工錢底較高，便由於這種理由　兒童勞動者底工錢，是依據工廠法的，所以是一定的。反之，婦女勞動者底工錢，却有逐年低落的傾向，那是這個表所告訴我們的。

如此說來，婦女及兒童做了勞動者，其結果是引起了什麼呢？第一是與男子勞動底競爭，是男子勞動大爲婦女所侵蝕。『向來被忽過被輕視的婦女，如今在產業領域中，變成競爭者而與男性相對立了。就是到了機器不要强大的勞動力，到處都有婦女勞動出現於產業界而成爲男子勞動底日益可怕的競爭者的時候，婦女勞動，便要壓低男子底工錢，把男子逐出各該產業部門了。然而婦女勞動，它自身又與兒童勞動相競爭。一切男子底勞動，都與婦女勞動相對抗了。生產如果不是爲滿足勞動者自身底欲求，而是爲使各個企業家獲得剩餘價值（卽利潤），卽不是爲消費，而是爲販賣來進行，換句話說，生產如果以盡可能地廉價生產，盡可能地高價販賣爲目的，則這個作用，一定是要極冷酷地進行。近代的、行於私有財產支配之下的生產，爲減低男子勞動底價格、一般勞動底價格（乃至爲巨大的私有財產所有者底利益），必須使婦女勞動和男子勞動相對抗。』(C. Zetkin, Die Arbeiterinnen und Frauenfraga der Gegenwart. 1889. S. 10—11)

婦女及兒童勞動者底出現，第二是在下述的關係上，也是減低勞動力底價值。『勞動力底價值，不僅由維持各個成年男工底生存所要的勞動時間來決定，而且由維持他底家族全體底生存所要的勞動時間來決定。機器使勞動者家族底全體出動於勞動市場，因此，把一家主人底勞動力底價值，分割於他底家族全體。這樣一來，他底勞動力底價值便減低了。譬如把這一家主人底勞動力劃分爲四個人底勞動力，而要購買這些勞動力底全部，比起以前購買一個家主底勞動力時，恐怕要多化些費用。但是反轉來，以前是一個勞動日，如今却有四個勞動日。而這四個勞動日底價格，雖大於一個勞動日，但比之於四個勞動日底剩餘勞動大於一個勞動日底剩餘勞動，卻是低落。如今勞動者一家要想能夠生活，不但要有四個人供給勞動於資本家，而且還須供給剩餘勞動。這樣看來，機器一方面擴大資本底最嚴密的榨取範圍——人類的材料，同時從最初便增進搾取底程度。』（馬克思底資本論）

第三個結果是：因婦女出現於勞動市場，從事過度的勞動，又不能完全施行在家庭內做母親的任務，以致引起兒童死亡率底激增，又因生活底貧苦而引起嬰兒殺害等事底增加。

——其次，趁敍述婦女勞動之便，簡單地說一說產業革命以後直到今日最近時代的婦女勞動底歷史。

『當和平時代，男性安坐於熊皮之上，耗費時間於睡眠、飲酒和遊戲；一切農業、家計及竈間底料理，都委於擁有子女及僕婢以行經濟的女性底手裏』的這種原始時代，姑置勿論。到了十三世紀，男性已漸漸把女性逐出勞動圈外，但紡絲、漂白、烤麵包、造啤酒等工作，在都市裏，也還常常由女性來施行。在中世都市底行會裏，據巴愛爾所說，爲採用一個行會所不可缺少的根本的條件之一是男性，但是據經濟史家褒夏在他所著的中世紀底婦女問題中所說，行會底師傅之中，也可以發見女性底名字。其後都市裏手工業盛行，商人也組織商人行會，乘新大陸發見，商域底擴張、貨幣經濟底隆盛，而蓄積了巨大的商業資本及高利資本；經濟史上稱爲『家庭工業』的經營形態，便是這些商人所作成的。在這種經營形態之下，手工業大體是由手工業者在自己底工作場裏進行，支配統一手工業的是住於都市的商人。手工業者，爲實行這種手工業，必須充分學會製造某種貨物所要的作業技術。爲達到這個目的：第一，要精通他所要加工的材料底性質；第二，要懂得自由驅使各種器具工具的方法；第三，要自己能夠充分管理整個生產過程。要做到這些事情須經過相當長久的學習期間。經過這樣期間和實行這樣工作，在當時的經濟狀況之下，只有男性是可能的。所以在手工業時代，除了多少的例外，都以男性勞動爲主。其後，稱爲『工廠手工業』的經營形態，代家庭工業而成了支配的形態，即向來散處各地的手工業者，集中於一個工廠來行手工業，到了這時，那向來由一個手工業者來施行的全部生產過程，便分割爲部分的生產了。借馬克思底例證來說：『在紐連堡，一個製針工，要順次實行上二十種的作業；但在英國底製針工廠手工業中，二十個製針工，便能相竝從事勞動，每個製針工，只消担任二十個作業中底一個了。這二十個作業，再依經驗而細分而個別化，以至歸於各個勞動者底專屬職能。』這樣看來，到了工廠手工業時代，整個勞動組織，從根本上起了變化。這種變化，對於勞動者方面，給了怎樣的影響？就是勞動者之中，有些人固然要做比以前更熟練的職工，但同時各勞動者，已沒有通悉而且實行全部勞動過程的必要，在少數熟練工以外的一般勞動者，就不必要特別的能力及需要經過數年學習期間的特別的熟練了。所以這時勞動，便不一定要限於男性，加以男性底工錢較高，於是女性及兒童，便被使用了。據說在瑞士桑瑪爾底織物業中，有三分之二是婦女勞動者。然而工廠手工業，還是使用器具的勞動，並不是機器勞動。

生產力底增加，需要底增進，商業及高利放債所作成的資本底增加及蓄積，都市無產者底激增，凡這一些，遂從十八世紀底末葉起，先在英國，次在法、德等國，引起產業革命底大波濤，促成採用機器的工廠底大量商品生產。從此，中世紀底封建制度，完全崩壞，資本主義的經濟組織，顯示了明確的存在。機器及動力底發明以至被利用於生產組織，對於勞動者底種類上，給了怎樣的影響？馬克思關於這個問題，很正確地說了如下的話：『如果從機器免除人類底筋肉力這一方來觀察，機器便變成了使用缺乏筋肉力的勞動者的手段，換句話說，卽變成了使用身體發達還沒有成熟而四肢較爲柔軟的勞動者。所以婦女勞動及兒童勞動，是資本主義的機器利用底最初的名詞。對於勞動及勞動者的這巨大的代用具，忽然變成增大工錢勞動者數目的一個手段——這是由於把勞動者底一家，不問男女老幼，一律編入資本底直接支配之下而生的。爲資本家而作的强制勞動，不僅剝奪了兒童底遊戲地位，亦且剝奪了家庭內的維持一家所必要的不超過合理的限界的自由勞動底位置。』的確地，利用機器的勞動者，不要以前那樣的特別熟練，他們對於機器的理解、能力和熟練，只要有完全平均一樣的程度便行了。婦女及兒童勞動者急速增加，當然要與這成反比例，壓迫了成年男子底勞動。狄克英西說：『男子底勞動被婦女勞動，尤其成年者底勞動被兒童底勞動，日益顯著地驅逐的結果，勞動者底數目便大行增加了。一週領取六先令至八先令工錢的十三歲的少女三人，代替了一週領取十八先令至四十五先令工錢的成年男工一人底位置。』這種例子底最悲慘的情況，我們可以在昂格斯底英國勞動階級底狀況底第七章以下看見。據經濟史所告訴，當產業革命初起而行機器生產的時候，因爲勞動者不夠，所以企業家從孤兒院裏拉出兒童，從尼院裏拉出婦女，令他們在齷齪的工廠內勞動。這種婦女勞動底增加，一方面由於生產底簡單化，以至不要特別的技術和能力，別方面也由於資本家底奸計，他爲減少可變資本而使用那甘於廉價工錢的婦女。

其後，資本主義日益發展，變成金融資本主義，達到那最後階段的帝國主義時代，因之革命底徵候也日益顯著了。隨着資本主義底這個變化，婦女勞動底地位又起了怎樣的轉變呢？我在這里，幾乎全部根據史脫拉沙底近著婦女勞動與合理化運動（Isa Strasser. Frauenarbeit und Rationalisierung），來處理這個問題。

在資本主義發達的各國，婦女勞動底發展史，直到今日爲止的傾向，概括地說，可以舉出左列四個：

（一）勞動婦女底數目不斷地增加，而且其增加速度，較快於男子勞動底增加。

（二）婦女勞動日益侵入於男子勞動部門之內。

（三）婦女勞動底增加，在事務性的工作中，更快於在工業中。

（四）婦女勞動在農業及家計（雇傭僕婢等）中，一般是在減少。

爲說明以上的傾向起見，首先當敍述一般婦女勞動者數目底增加，其次當觀察各產業部門中婦女勞動底趨勢。

在歐戰前，從一千八百八十二年至一千九百零七年，德國勞動婦女底數目，增加了百分之六十八，但勞動男子底增加，不過是百分之三十八。在一千八百九十五年，一百個婦女中，從事勞動的占三十六個半，到了一千九百零七年，便達到四十四個半了。在英吉利，從一千八百四十一年至九十一年間，於十個重要的產業部門中，男子只增加了百分之五十五，但婦女却增加了百分之二百二十一。在北美合衆國，從一千八百八十年至一千九百十年之間，男子勞動者增加了一倍，而婦女勞動者却從二百六十萬增加到八百萬，即三倍那原數了。在法國，從一千八百六十六年到一千九百零六年，婦女勞動者雖增加了百分之百，但男子勞動者底增加，不過是百分之四十。根據以上所述的數字，我想可以發見婦女勞動在歐戰前的資本主義旺盛期，有了顯著的增加吧。

在歐洲大戰中，婦女勞動者底增加，更加顯著。我想這是直接起因於戰事工業底勃興與男子勞動底因戰爭而減少。根據德國疾病扶助會底統計，婦女勞動底增加如左：

以一千九百十四年七月一日底數目爲一〇〇	
一九一四年	八〇・六%
一九一五年	九九・四%
一九一六年	一〇四・〇%
一九一七年	一一六・六%
一九一八年	一一六・〇%

在北美合衆國，這個傾向也很顯著。在法蘭西，一九一四年至一九一七年之間，男子勞動者底增加，雖有百分之三十一至九十，但婦女勞動者，却顯示了百分之四一至一二〇的增加率。關於歐戰後的勞動者統計，還沒有詳細的東西。現在根據德國從一千九百零七年至一千九百二十五年的人口統計，舉出勞動者底增加率如左：

第一表

	男子	女子
拜厄隆、符騰堡、巴登	二二%	二九•七%
薩克森	一六•九%	二八•六%
中央德意志	二四%	四七%

其次，一百個工廠勞動者之中，婦女勞動者所占的比例，如左列第二表：

第二表

	一九〇七年	一九二五年
拜厄隆、符騰堡、巴登	二二•三%	二六%
薩克森	三一•三%	三四•六%
中央德意志	一八%	二二%

我們看了這個表，便可以知道最近十八年間，婦女勞動者有了非常的增加。法蘭西底統計，則如左列第三表。

第三表

	婦女勞動者總數	對於全體勞動者的百分比
一九一一年	二、七一九、一〇四八	二三
一九二一年	八、六〇六、〇五九八	四二

英國底統計告訴我們：婦女勞動者底絕對數，在一九一四年與一九二〇年之間是減少；但是婦女勞動者對於全體勞動者的百分比，却從百分之二十三增加到百分之二十七。這個現象是表示：全體勞動者底絕對數，是減少了；但男子勞動者數底減少，却多於婦女勞動者數底減少。北美合衆國，也顯示了同樣的傾向。

現在再來觀察一下各產業部門中婦女勞動者底狀況。

（一）工業部門　婦女勞動者底數目，絕對地或相對地增加，已如前面所說；就是過去完全爲男子所獨占的職業，也有婦女陸續侵入了。婦女勞動底增加，在金屬工業和機器製造業（這些工業，向來多借男子勞動者底手）中，比在織物業和被服業（這些工業，向來多借婦女勞動者底手）中，更爲顯著。我想這件事情，是最露骨地表示了婦女勞動者驅逐男子勞動者的現象。現在我們採取德國總勞動者數中婦女勞動者底比率，來表示這個現象如左：

	一九〇七年	一九二〇年
織物工業	五〇•五%	六一•二%
被服工業	五〇•七%	七一•八%
金屬工業	六•二%	一九•一%
機器製造業	七•六%	一一•三%

在英吉利，也有同樣的傾向。一千九百十四年至一千九百二十一年之間，婦女勞動者在織物工業中，只有百分之六•三的增加，在被服工業中只有百分之二•九的增加，但在金屬

工業中，却顯示了百分之四十四的增加率。在北美合衆國，也顯示了婦女勞動者在鉄及鋼鉄工業中的增加率，高於在其它產業部門中的增加率。這樣，婦女勞動者底數目，在適宜於婦女的產業以外的產業中，顯示了高率的增加，其理由何在？一般是由於最近十年間，重工業比加工工業更形發達的事實。再則，婦女勞動底數目，在電氣工業及化學工業中，也顯示了異常的增加率。例如在電氣工業中，德意志底柏林，從一千九百零七年到一千九百二十五年之間，婦女勞動者底數目，從六萬七千零四十九人增加到十九萬五千九百二十四人。在英吉利，其增加率也是從百分之三十三增加到百分之三十六。又在化學工業中，婦女勞動者底增加率，也顯示了與在電氣工業中同樣的傾向。總而言之，在工業部門中，尤其在金屬工業及化學工業中，也不妨說，婦女勞動者顯示了遠高於男子勞動者的增加率。

（二） 事務部門　就一般而論，各國事務員底增加數，超過勞動者底增加數。例如在北美合衆國，對於一百個勞動者，一千八百九十九年有七•七個事務員，一千九百零四年有九•五個，一千九百十四年有十三•八個，一千九百十九年有十五•九個事務員。在一千九百年至一千九百二十年之間，勞動者底數目增加到二倍，但事務員底數目，却增加到四倍。

在德意志，情形也是一樣，於一千九百零七年至一千九百二十年之間，勞動者底數目，增加了百分之十，但事務員方面，却顯示了百分之五十的增加率。

在許多國家，事務員之中，女子事務員底增加數，遠多於男子事務員底增加數。例如在德意志，於一千八百九十五年至一千九百零七年之間，男子事務員底數目增加到二倍，女子事務員底數目則增加到四倍。又在英國，有二百五十萬婦女做了事務員。現在且舉出銀行及商業公司中女子事務員底比率如左：

	銀行及公司中女事務員底百分比
一九一四年	二六
一九一九年	四三
一九二三年	四九

在法蘭西，於一千九百零六年至一千九百二十一年之間，婦女事務員底數目，則增加

了四十六萬四千五百人，但男子事務員，却減少了二萬二千人。

（三） 農業部門 農業中婦女勞動者底數目，一般是減少了；這種傾向，尤其以美、德二國爲最顯著。在北美合衆國，於一千九百十年，農業中婦女勞動者底數目，還有三十四萬九千九百四十一人；但到了一千九百二十年，便減少到二十七萬七千五百十六人了。又於一千九百十年，婦女勞動者還占全體農業勞動者底百分之十一；但到了一千九百二十年，便減少到百分之九了。在德意志，於一千九百年至一千九百二十年之間，男子農業勞動者，只減少了百分之十，但婦女勞動者，却減少了百分之十五。在法、奧二國，婦女勞動者減少底傾向，完全與前二國一樣。

要而言之，以上簡單的敍述，也已經可以充分說明前面所舉的四個傾向了。

自從產業革命以來，隨着資本主義底發展，使勞動趨於簡單化，勞動過程趨於分析化，因而婦女勞動底可能性便日益增加，婦女勞動者底增加率也日益提高，婦女驅逐男子出勞動區域的傾向也日益明瞭。然而這里有一件應當注意的事情。這就是過去的婦女勞動者底增加與現在的婦女勞動者底增加之間，有一個本質上的差異存在。在歐戰前，婦女勞動者數底增加，較快於男子勞動者數底增加。可是在現在，男子勞動者底數目是減少了，反之，婦女勞動者底數目或是增加，或是男子勞動者底數目和婦女勞動者底數目都行減少，不過婦女勞動者底減少較慢於男子勞動者底減少。這種過去與現在的婦女勞動者底增加，其意義底本質的差異，從什麽地方發生？那是由於資本主義現階段中一個現象——卽合理化（Rationalisierung）運動。（關於合理化，打算在後一章去詳細說明，這里只能簡單地提一提）。

資本主義，已經過了它底極盛期，走上老衰的路上。但這資本主義，很想恢復它自己底極盛狀況，這種苦悶底表現，有託辣斯化及合理化底運動。這兩個運動，借洛若夫斯基底話來說，『是那日趨老衰的歐洲資本主義，爲要穩定自己，挽回自己底沒落，把向下的發展曲線轉變爲向上的發展曲線而行的嘗試。』

然則這產業底合理化，究竟用怎樣的方法來進行的呢？

（一）　向來用人類底手來作的勞動，越益改用機器來作。

（二）　或使用新改良的舊機器，或改良勞動過程（例如不休勞動），由此使勞動過程越益分化爲部分的勞動。

（三）用機械的方法實行簡單而要巨大動力的設備（例如貨物或材料底運送設備。）

（四）既不使用新機器，也不實行不休勞動，只是使勞動緊張化。

採用這些方法的合理化運動，對於婦女勞動，究竟給了怎樣的影響呢？

（一）由於採用新機器的合理化與婦女勞動

新機器一侵入於農業中，便引起男女勞動者數底激減。例如在北美合衆國，一千八百七十年，一百個勞動者中，有四十七個是農業勞動者，但到了一千九百二十年，只消二十六個便夠了。又在法蘭西，耕種某一定面積的土地，需要一百二十名勞動者；但在合理化較爲進步的美國，耕種同樣面積的土地，只消四十一名勞動者便夠了。要而言之，新機器一被使用於農業中，便只要很少的熟練的勞動者便夠了。所以農業底合理化，便越益減少了男女勞動者底數目。因之婦女勞動者，有隨着農業底合理化，與男子勞動者一樣減少，或比男子勞動更形減少的傾向。而農業底合理化，不僅行於美國，實行於歐洲全體，所以其減少底傾向也是一般的。其次，再看一看，機器被利用於家計中，其結果如何？暖房器、洗滌器、掃除器等機器底使用，使婢女、掃除婦、洗滌婦等成爲不必要的人，因之便減少了從事家計的婦女勞動者底數目。與這相反，玻璃工業底機器化，却增加了婦女勞動者。尤其在北美合衆國，製造壜及板玻璃的機器一被發明、被使用，那從來的熟練工便形減少，起而代之的不熟練工，特別是婦女勞動者，不論在相對的或絕對的意義上都形增加了。根據一千九百二十年底統計，在北美合衆國，那從來的玻璃工廠勞動者，只減少了百分之七，但婦女勞動者，却增加了一倍。在一千九百十年，玻璃工廠底被雇傭人中，婦女還不過是約百分之七，但到了一千九百二十年，便增加到百分之十六了。在英國底玻璃工業中，也可以發見同樣的現象；例如在一千九百二十六年板玻璃製造工業中，依一千九百二十三年底情形看來，男子勞動者雖減少了一千八，但是婦女却多被使用了一千八。又從一千九百二十三年起，三年之間，婦女勞動者底比率，從百分之十八增加到百分之二十。錐機器等一被使用於製鞋業，製鞋業中一發生了合理化，男子勞動者便受婦女勞動者底壓迫；例如在北美合衆國，於一千九百十年與一千九百二十年之間，男子只增加百分之九，但婦女却增加了百分之二十三。在織物工業中，因爲機臺行了合理化，以至工作趨於簡單化，所以婦女勞動者底數目，無論在絕對的意義上或相對的意義上都形增加了。再則，公司和官廳等，爲謀事務底合理化，而使用各種機器，於是婦女事務員，也比男子事務員增加得快；例如於一千九百十年至二十年之間，在北美合衆國底銀行，男子事務員底增加率是百分之五三•七，但婦女事務員却增加了百分之百五十二。

（二）由於變革勞動過程的合理化與婦女勞動

所謂勞動過程底變革，就是一種越益使勞動過程分析化，使勞動集約地進行，把勞動過程像一條河流地統一起來加以改良的方法；德國人稱這爲『不休勞動』（Fliessarbeit）。這不休勞動底目的，在於『集約地實行勞動，藉以減少生產費』。實行這種合理化的時候，勞動過程底分化越分越細，因之勞動越簡單化，與其使用高價的男子勞動力，便不如使用廉價的婦女勞動力了。現在我們且來看一看實行這種合理化的美國福特汽車公司底情形：在這里，一架汽車達到完成，有七千八百八十二種設備，其中有三百四十九種設備，需要强壯的男子勞動者；有三千三十八種設備，需要普通的男子勞動者；其餘的三千五百九十五種設備，只要婦女或兒童底勞動便行了。這些勞動技術底學習期間，也非常之短：全體勞動種類底百分之四十三，只消一天便能夠學會；有百分之三十八，需要一天至八天；其它百分之六，需要一星期至二星期。因之勞動設備底一半以上，可以由婦女勞動充任。根據一千九百十年至一千九百二十年底統計，男子勞動者底增加率是百分之四百三十五，而婦女勞動者底增加率，却是百分之一千四百零八。採用這福特式合理化方法的各國，也走着完全與此相同的傾向。這種合理化方法，在汽車製造工業以外，還有電氣工業。在電氣工業中，婦女底驅逐男子勞動者，以更强烈的程度而進行。現在且舉一個例子來看：在柏林底某個電氣工業廠裏，爲製造電氣開閉器（Schalter），如今使用着六十二個婦女和三個男子技術家。但是在未行合理化以前，在同一工廠裏，却使用了一百二十個男子專門技術家。婦女所做的勞動時間，和以前的男子一樣，而其生產額，却增加了一倍。這種合理化，還被應用於洗滌工業、製紙業、食料品製造工業、煙草工業中。在這些被合理化的工業中，婦女勞動者底增加多於男子勞動者底增加，有些地方，還因爲婦女勞動者底增加，引起男子勞動者底減少。在食料品製造工業中，於一千九百十年至一千九百二十年之間，男子勞動者只增加了百分之十九•五，但婦女勞動者却激增了百分之百五十九•二。又在煙草工業中，於一千九百十年，比男子勞動者少一萬五千人；但到了一千九百二十年，便比男子勞動者多一萬五千人了。在製紙工業中，男子勞動者底增加率是百分之六十六•二，而婦女勞動者底增加率是百分之七十三。

(三) 由於延長勞動時間、減低工錢、越益集約地實行勞動而生的合理化與婦女勞動

這種合理化行於織物工業中的結果，棉紗工業中的男子勞動者，十年間減少了百分之三•七，反之，婦女勞動者却增加了百分之七•三。同時，紡機底數目，增加了百分之十二•五；所以這是一個婦女勞動者所担任的工作非常增加的原由。再則，行於金屬工業中的這種合理化底結果，例如在那有名的德意志底藻林根工廠，男子被工廠裏驅逐出來，而代替他們的、以男子底三分之二工錢爲滿足的婦女勞動者却是增加了。

從以上的說明看來，可以知道各種合理化底結果，至少是引起婦女勞動底相對的增加。就是由於採用新機器的合理化，引起女子驅逐男子的現象；由於不休勞動的合理化，更加促進了這個傾向；由於勞動底集約化的合理化，引起婦女勞動者底激增。

產業底合理化，與產業底託辣斯化（Vertrustung）相竝，是沒落期的資本主義底攻勢底兩個形相。資本家及其補助者，以至亞姆斯特丹國際底指導先生們，相信這合理化運動可

以節省時間和勞動力，節省生產費，增進生產能率，減低商品價格，擴張販賣市場，那結果，陷於頹勢的資本主義，必能重新恢復其盛況。反之，莫斯科國際，却以爲現在的合理化，是『反對勞動階級利益的資本攻勢底新形態和新方法』，應當組織勞動羣衆來反抗這種運動。

——以上趁敘述產業革命引起婦女勞動發生之便，簡單地說述了迄於今日爲止的婦女勞動發展底歷史。現在再回頭來敘述產業革命以後發生的情形。

戊）社會立法

關於工廠制度底發生，引起勞動者底過激勞動；衞生設備底不完全，助長勞動者底困備狀態；婦女勞動，兒童勞動底出現，促進婦女及兒童底悲慘境遇；這些在前面都已經簡單地說過了。爲對抗這種情形起見，發生了兩種運動。一種是靠勞動者自已團結起來的勞動者運動，另一種是想從悲慘的工廠制度中去救濟勞動者的立法。我在這裏，且先簡單地說一說那產業革命底母國，英吉利底社會立法底歷史。（關於這個問題，請參看拙譯經濟科學大綱三

九三頁至四〇〇頁，大江書舖版）

一千七百九十六年，曼徹斯特設置保健委員會，在這委員會底會議席上，泊西巴爾（Doctor Percibal）報告了曼徹斯特及其近傍工廠底勞動者底狀況。這個報告，是一個說明當時的工廠及勞動者狀況的很好的資料，所以我把它轉錄在這裏。（這是倍亞德底產業革命一書裏所載的。）

「一、在大棉織工廠中工作的幼年勞動者及一般勞動者，很容易患熱病（腸窒扶斯）。一旦感染了，便普遍於同室內，工作的人是不消說，甚至其家族及近隣，也有急速傳染的傾向。

二、大工廠，一般是傷害其從業者底身體的。卽使沒有病因的人，也容易變成虛弱的身體。這是由於被關閉在狹小的處所，或由於空氣蒸熱而汚濁，或由於運動不足。

三、夜工及長時間的勞動，對於幼年，不但損害其身體，而且害及國民將來的生活及產業甚大。這不但損傷未來時代底精力，破壞未來時代底嫩芽，而且助長他們底父母底怠惰，放逸和奢侈。他們違反自然之命，使其子女們受苦，藉以維持自己底生活。

四、受雇於工廠的少年，被奪去教育及道德上，宗教上的訓練機會。

五、在有些工廠裏，有很好的規定。由此，這些害惡，大概被除去了一些。這些工廠底主人，大概一定會同我們一起向國會去請願。我們要想向國會去請願制定取締這些工廠的賢明的人道的法律。除了這種法律，再沒有別的可以達到這目的的方法。』

一千八百零二年，發佈了最初的工廠法。這是『爲維持木棉及其它紡織工廠中學徒及其他被雇傭者底健康及道德』的。這個法案通過底直接原因，是因爲曼徹斯特底工廠地帶蔓延了流行病，而這流行病底蔓延是由於過勞、粗惡的飮食、破爛的衣服、長時間勞動、惡劣的通風、及不衞生的住宅中勞動者尤其是兒童勞動者底羣居等。這個法律，把兒童底勞動時間，限定了每天十二小時。但是這個法律，並不適用於通勤的兒童，所以住宿制度雖有了改善，而通勤的兒童勞動者，依舊被虐待；迄於一千八百二十年、一千八百三十年左右，兒童底早死及殘廢者，還是很多。

一千八百十九年，又發布了第二個法律。這是對於歐文底草案加了修正的東西。由此，廢止了九歲以下的兒童勞動，限定九歲至十六歲的兒童勞動於十二小時。

一千八百二十五年，又縮短星期六底勞動，且規定對於法律違反者的刑罰。

一千八百三十一年，又制定法律，廢止九歲至十二歲的人作夜工；十八歲以下的人，每天只許勞動十二小時，星期六則限定八小時。但是這個法律，只適用於木棉工廠，至於其它羊毛業、絲織物業等工廠，並不適用這個法律。到了這個時代，已發生議會改正運動、工會運動等；同時，勞動者方面對於工廠立法的運動（十小時勞動），也越盆旺盛了。自由黨及急進黨，並不援助這個運動；反而由保守黨，援助了這個運動。其理由因爲前者是新興資產階級底擁護者，從而是偏袒工廠主的。

這些事情底結果，在一千八百三十三年及一千八百四十八年，乃發布了重要的工廠法律。前者是奢甫茲倍利卿（Lord Shaftsburg）所提出的，不僅在木棉工廠裏，且在羊毛工廠、及其它一切工廠裏，禁止十八歲以下的勞動者作夜工；又規定九歲至十三歲的兒童底勞動時間，以一週四十八小時爲限度，十三歲至十八歲的勞動者，以一週六十八小時爲限度。又規定對於兒童勞動者須施行教育，規定工廠監督官（Factory inspectors）底任命，這樣的社會立法，一方面對於工廠經營，給了很有趣的影響。這就是因爲這些勞動時間底縮短，使工廠主不能收奪以前那樣的剩餘勞動；所以在別方面，他便用心於機器底修理，採用新機器去代替舊機器，利用蒸汽力去代替水力等，卽主要地對於生產手段施行改良，以謀塡補那些損失了。

到了一千八百四十七年，又發布了有名的「十小時法」（Ten hours Bill）。這個法律，限定婦女及幼少年底勞動時間，又限定就業時間於午前五時三十分與午後八時三十分之間，且廢除了夜工。其後到一千八百五十年，再規定就業時間在午前六時至午後六時之間，星期日則至午後二時爲止。一千八百七十四年，規定少年勞動者底最少年齡爲十歲。婦女及兒童勞動時間底縮短，當然又引起成年男子底勞動時間底縮短。因爲成年男子底勞動，若無兒童及婦女勞動者底幫助，是不能實行的。自由貿易論者伯來脫（John Bright），稱這十小時法『是採取法律形態的從來通過的東西之中最壞的手段之一』。這是那高唱個人自由、排斥國家干涉的當時自由主義者底代表的言辭，値得我們紀念。

一千九百零七年，煤鑛八小時法，又成爲法律而出現了。

其後，一直到了今日，還發布了許多工廠法及其它社會法。不過關於那些的敘述，因為屬於專門的範圍，這裏只得略去不講。

(己)勞動者運動

以產業革命為中心而起的勞動者自己底運動，大別之有兩種：一種是還帶着中世紀的色彩的機器破壞運動，另一種是近代的勞動運動。(關於這個問題，請參看拙譯歐美無產政黨研究及拙著日本無產政黨研究，均在新生命書局出版。)

產業革命中機器底發明，引起偉大的生產力底增加，變成了大量生產。少量地去生產品質優良而工作細緻的東西，變成多量地去生產廉價而粗大的東西了。因之跟隨這生產力底增大而來的大量生產，一般地說，是比向來的手工業所生的生產品，價錢要便宜些。加以資本家間底競爭，更促進了這個傾向。於是向來的手工業者，被市場中商品價格底競爭所戰敗，手工業生產在機器生產底面前乃陷於崩壞的運命了。手工業者及其勞動者，於是便感到自己底生存受威脅了。他們底咀咒對象，是機器底出現。他們自然而然地做了新生產手段卽機器破壞運動。在英吉利，一千七百七十年，當哈格理佛士發明吉妮紡績機，造出具有八倍於舊來手工業生產的生產力的機器時，那些受雇於手工業的職工，懼怕自己底工作被搶奪，於是襲擊哈格理佛士底家宅，破壞了那個新機器。又於一千七百七十九年，當克綸普吞發明茂爾紡績機時，波爾頓市底同業手工業者，一齊向他襲擊，搶奪他底發明考案，以致他後來困死於落魄和貧窮之中。當瓦特發明蒸汽機關的時候，該市底行會，也排斥了他。又法蘭西底喬卡爾發明絲織物機的時候，里昂底勞動者，也向他襲擊，打壞他底工廠，有一說是把他投擲於維奴河中。

這些發明家底受難故事，還是比較小規模的。這個運動帶了更大的羣衆的性質，成了社會的大問題，爲主地是進到十九世紀以後的事。這個成爲社會問題的機器破壞運動，是資本主義成立之初，世界各國同樣發生的社會現象。

一千八百十一年至十五年，起於英國的『拉德脫騷動』（Luddites Disturbances），可以說是代表的運動。這個運動底首謀者，至今還不明白是誰；不過據一般所傳說，首謀者是拉德王（King Ludd）。這個拉德脫運動，是以諾定昂底織襪工，破壞具有較大生產力的織襪工廠和破壞機器，爲序曲而出現。這個運動，以號爲護衞軍的手槍、長槍、刀劍底所有者，及持有斧鉞、鉄鎚等物的破壞隊來實行，於一千八百十一年，乘黑夜裏如暴風樣地襲擊了諾定昂各處底工廠。到了一千八百十二年二月，漸漸歸於鎭靜；但從這里開始，不久便蔓延於英國各地，約克州、蘭開夏、且夏、勒司特、德被州等地方底木棉或毛織物工廠，都先後被襲擊摧毀了。德意志底表現派戲曲家厄倫司•脫爾拉底劇本機器破壞者，就是以諾定昂底這次騷擾爲題材的。

法蘭西則於一千八百三十一年，在里昂發生了這種運動。里昂是向來實行絲織物業，又屢次發生勞動者騷擾的地方。在十六世紀，已經有了里昂印刷業底同盟罷工；一千七百十七年，又起了製帽工底騷動；一千七百八十六年，也發生了織物業底暴動。因此，里昂在法蘭西甚至在全世界，都是最古的廣義的勞動運動底發祥地。在一千八百三十一年左右，里昂底絲織物，還以家庭手工業的方法來生產，三萬至四萬織工與八千至一萬師傅，向八百絲織商人承包工作來做；但是因爲機器製品底輸入和機器底移入，以致手工業陷於不振的狀態，從而工錢大行低落，於是發生了增加工錢的運動，不接受時，便變成了暴動。『不是勞動而活，便是戰鬪而死』——這是他們底口號。他們高揭這樣的口號，而與資本家相對抗。

在德意志，有著名的休雷勤底奧林吉賓（Eulengebirge）底織匠暴動。這是一種破壞手工業師傅茨汪啓格爾及設備機械力織機的狄利茨希底工廠，以至破壞其近傍一帶底工廠和機器的運動。這個暴動，因德國文學家哈普脫曼底劇本織匠底描寫而出了名。這個暴動時所唱的血之審判（Das Blutgericht），可以說與馬賽曲，同爲勞動歌底濫觴。這個歌全部被收錄於本斯泰因底『Dokumente des Sozialismus』底一千九百零二年版本中。哈普脫曼底劇本，據說是很忠實地根據於當時的史實的。在第四幕底最後，織匠們襲擊了資本家次汪啓格爾，破壞了他底家屋之後，其其中有一個人說道：『慢走，大家聽我說幾句話！這里收拾好了，便要進行眞正的工作。什麽工作呢？就是大家一齊到披拉烏去，會會狄利茨希那個傢伙。他是裝設紡績機器的人。我們之所以受苦，都是那可惡的工廠所賜的。』觀此，我們總可以推測這暴動底性質吧。

然而以上所述的機器破壞運動，是一種反動的運動。是一種想阻止經濟進展的無自覺的反射的運動。因之這個運動是要想把資本主義拉回到中世紀而與歷史逆流的運動，所以顯然帶了中世紀的色彩。

反之，近代的勞動者運動，雖然一樣地是成爲產業革命底結果而出現的，但是與前者反動的性質不同，它是想根據資本主義底發展，發揮那爲生產者的勞動者底偉力的。勞動者對於資本家底橫暴（這種橫暴是機器發明底結果）而起的反抗，最初是採取暴動、叛亂等形式。憲章黨運動，巴布夫底叛亂，布浪葵底反亂，巴黎公盟等，都是代表的運動。政府也頒布了結社禁止法等法律，以壓迫這些運動。其後勞動者底運動，漸次變成有組織的運動，採取工會運動、農民協會運動、無產政黨運動、合作社運動等形式；至於戰術，則採用了議會政策、同盟罷工、同盟怠工等。反映這些實際運動的社會思想，則有共產主義、社會民主主義、無政府主義、工團主義等。各國都先後發生工會、農民協會等團體，又出現社會民主黨、社會黨、勞動黨等無產政黨，到了歐州大戰以後，各國又產生了共產黨。同時，又發生第一國際、第二國際、第三國際、青年國際、婦女國際等國際的勞動運動社會運動，至於現今各國底無產政黨，大體地說，不屬於第二國際，便屬於第三國際。還有，工會也一樣地有國際的組織，如今亞姆斯特丹黃色工會國際與莫斯科赤色工會國際，正把世界各國底工會，分作兩大分野。

這些勞動運動，隨着資本主義底發展而發展，漸次成爲行向未來社會的重大的社會勢力。俄羅斯經一千九百十七年底革命而成爲勞農社會主義聯邦，匈牙利也一時地成就了無產者獨裁。德意志也於歐戰後經過革命，而成了社會民主黨底天下。英國底勞動黨，也於歐戰後占着優勢，始得組閣的經驗。然而因爲歐戰後底市況停滯，及資本階級爲復興資本主義而對於勞動階級所施的攻勢，以致現在的勞動者運動，在全世界（除了蘇俄）都處於反動的高壓之下，嘗着困難的經驗。

關於各國勞動者運動及國際勞動者運動，本來也應當簡單地敘述其歷史的發展，不過因爲關於資本主義經濟底發展，還有許多應當敘述的東西，所以這里只好割愛，讓於專門的究研了。

第六節　產業革命與意識形態底變革

生產關係底變革，當然要使社會底意識形態發生變革。產業革命底結果，使中世紀底封建的生產關係，變成了資本主義的生產關係。這資本主義的生產關係，產生了適應它的社會意識。這種意識，用一句別的話來說，就是資本家的精神或企業家的精神。也就是仲巴特及阿士力底所謂資本主義的精神。如前面所說，仲巴特以爲資本主義的精神這一個意識的要素，是造出資本主義的經濟組織的原動力；但他這種意見，顯然是錯誤的。資本主義的精神，在資本主義經濟發展底路程上盡了重大的作用，自然是不可否定的事實；但是實際上，資本主義的精神這一個東西，就是由經濟制度底變革而生的。

所謂資本主義的精神，用一句話來說，就是在個人底充分自由的狀態之中，基於營利主義及經濟的合理主義，不斷地追求自已利益的精神。

這種精神，它自己有一定發展的歷史。

在中世都市底手工業行會時代與劃時期的產業革命之間，有一個商人活躍的被稱爲商業資本主義（實在是資本主義底先行條件）的時代。適應這時代的思想，有重商主義。重商主義者，重視貨幣，以貨幣爲財貨中底財貨。所以他們尊重那吸引貨幣到國內的最良的方策——對外貿易。於是便發生稱爲貿易權衡說的學說。就是一國底輸入價值超過輸出價值時，貨幣便從這國家裏流出。這是消極的貿易權衡●反轉來，輸出超過輸入時，貨幣便流入於國內。於是貿易權衡（balance of trade），又變成積極的了。重商主義底目的，在於這積極的貿易權衡。要使這重商主義底主要目的即權衡能夠正確，必須力謀國內工業底隆盛，並防止從外國的輸入。要達到前一個目的，（一）必須打破國內交易底障礙，由國家增設或改善道路及運河等交通機關。（二）必須由國家（非由行會）給予特權及補助，以促進國內工業底發達；其它在技術上及經營上，國家也要不斷加以監視或干涉，務使工業較有利地、較合理地進行，或由國家自己動手設置工廠。（三）必須做到國內工業所要的原料品底自由輸入，並防止自己國內所有的原料品底流出。（四）為獎勵國內工業，必須增大勞動力。因此，國家必須樹立達到這目的的政策，例如以補助費謀人口底增加，或竭力設法使勞動者底必需品價錢減低。

要達到後一個目的，即要防止輸入，必須樹立關稅政策。這個關稅政策，一方面要課異高率的稅額以阻止輸入，別方面還要促進國內的生產品底輸出。

在這兩個政策——即國內工業獎勵政策及輸入防止、輸出促進政策之外，還不可不講究積極地促進貿易的方策。英吉利於一千六百年設立東印度公司，法蘭西獎勵地中海商業諸公司底設立，奥大利設立多瑙貿易公司，這些都是這種積極政策底例子。一千六百五十一年，英國爲國利而制定航海條例（Navigation Act），也是積極政策底一個例子。

這樣看來，重商主義，一方面破壞了以前的封建的障壁，採取了自由主義的政策，但別方面却容許國家對於一切方面施行干涉，且以干涉爲必要的手段。休邦說道：『重商主義，對於那時代底精神史的發展傾向，最初便有某種程度的矛盾。重商主義底根本傾向，是干涉的，專制的，反個人主義的，因之是全般主義的。它把建立經濟上一切事件底秩序的任務，不課與個人，而課與政府及國家。』

商業底發展，產業革命底逐步的進展，已經開始揚棄這種干涉的、專制的、反個人主義的重商主義思想了。自從依這主義來施行政策的法蘭西的科爾伯特失敗以後，這個思想便漸次失勢了。

其次發生的思想，就是始由揆內（Francois Quesnay）祖述的重農學派的思想。

重農主義，把其全體系置於自然法的哲學基礎之上。就是它深受了十七、十八兩世紀風靡於思想界的自然法則的哲學，天賦人權的思想底影響。據揆內說，社會內有由最高的存在(Etre Supeme)即神所創定的自然的秩序(ordre naturel)與由主權者或支配者任意制定的人爲的秩序(ordre positif)。然而後者，當然非依據前者不可。而自然的秩序之中，有關於個人所有的權利。這就是一切所有底自由處分權。從這個權利中，生出經濟上的自利追求權。這樣，重農主義底根本觀念，一應用於經濟上，便是經濟的個人主義。因之從這個根本觀念裏，當然生出如下的結論。就是個人可以離開一切人，完全依他自己底經濟上的利己心而自由行動。因此，重農主義，承認人格底自由、職業底自由、契約底自由等。因此，『聽其自爲，聽其自行，世界自然會進行』——以這爲信條的自由放任主義，主張排斥國家底一切干涉和監督，完全放任各個人底自由。

這個重農學派底理論，流行於歐洲各國，只沒有流入英國。在英國，是流行了經濟的自由主義。那先驅者，姑置勿論；亞丹斯密在他底大著諸國民之富中，便高唱着這經濟的自由主義。現在試在那本書中錄出有名的二段如左：

『各個人如果被許以自由和安全而行動，那麼想改善他自身狀態的自然的努力，是非常有力的原理；它不但能夠以自己底力，不借任何別的力，引導社會於富裕和繁榮，而且能夠克服由人類底愚蠢往往妨害其作用的許多障礙。』

『保護或干涉底一切制度如果能够這樣地被除去，那麼所謂自然的自由那種明白而且簡單的制度，便能獨自地樹立起來。各個人，只要他不侵害正義之法，便可以完全讓他依照他自己所想欲的，去追求自己底利益，而且還可以不問它是什麼人或什麼團體底事業及資本，而以自己底事業及資本與它自由競爭。這樣，這世界底主權者，便能完全免除下述的任務，卽如果由主權者來實行，一定難免陷入許多妄想，且以人底智慧或知識，斷難充分適當地實行的這種任務；換句話說，就是監督私人產業，指導它向着最適合於社會利益的方面的這種任務。在自然的自由制度之下，主權者應當做的任務，只有三件。這三件任務，無論哪一件都是極重要的，但都是簡單而爲任何人所能理解的。就是第一件，是保護一國不使它受別國底暴力及侵入的任務。第二件是，保護社會底各成員使其不受別人底不正或壓制的任務，換句話說，是樹立正確的正義支配的任務。第三件是，創設並維持某種公共事業及公共營造物的任務；這種公共事業及公共營造物，若作爲個人或少數個人底事業，收支決不能相抵。因爲這些事業，卽使作爲個人或少數個人底事業，其利潤不足以抵償那費用，但作爲社會那樣的大團體底事業，也能往往收支相抵而有餘。』

到了馬爾塞斯和李嘉圖，更使這自由放任底原理發展了。李嘉圖尤其是極端的放任論者。到了一千八百三十年代，在哥布登及伯來脫底指導之下，產生曼徹斯特黨，高唱自由貿易，主張廢止穀物條例，也是這經濟的個人主義發展了的結果。

社會中事物底出現，同時又有與它矛盾的反對物。資本主義，以產業革命爲機緣而出現了。而且與它適應的思想，又有剛才所述的資本主義的自由放任主義。可是資本主義底出現，同時又包含它底反對物。這反對物表現爲思想上的，便是廣義的社會主義的思想。這社會主義的思想，在資本主義的社會中，與自由主義的思想處於對立的地位而一同存在着，隨着資本主義社會內部底矛盾底擴大，而相應地在思想界漸次佔得勢力，它自身已成爲有力的反對物，正在替未來社會底誕生演着重要的劇目。

我在這裏，沒有工夫列舉一切廣義的社會主義思想底一切潮流和一切代表者等。聖西門、傅利葉、歐文等，是空想的社會主義者，馬克思、昂格斯、列寧等，是科學的社會主義者，這是大家都知道的。此外還發生了以巴枯寧、克魯泡特金爲代表的無政府主義，以法蘭西爲發祥地的工團主義，以及修正派的社會主義等，許多社會思想的派別。這些社會主義的思想，也都是在產業革命以後發生的。

兩個對立的思想——資本主義的思想與社會主義的思想底歷史的發達，以及這些思想與經濟發達底關係，在資本主義經濟底發展上，也頗佔重要的地位，但它自身已經很可以做一個巨大的著書題目，所以在本書裏，便不得不以這種不完全的敍述爲滿足。

其次，關於產業革命給予宗教的影響，也應當簡單地說一說。資本主義制度，把一切東西都營利化了。它又把營利之念正當化了。宗教尤其是基督教，在初期甚至在中世紀，都鄙視營利之念而加以排斥。然而這宗教之力，在經濟制度變革底面前，也完全顯示了無力，而不能不受其影響。資本主義的社會，一方面積極地肯定營利主義，別方面又肯定消極的節省或禁欲（Abstinence）。對於這兩者，當時的宗教，採取了怎樣的態度？在宗教，尤其在新與資產階級所屬的反國教者（Non-conformist）中，把物質的利益正當化了，而且還獎勵節儉（那是在增進財富的意義上）。巴克斯忒（Richard Baxter）回答信徒底質問，如此說道：『當神靈告訴諸君以能夠合法地獲得更多的東西（比用別的方法）的方法時，如果諸君加以拒絕，而選取利益較少的方法，那麼諸君就是違背神靈底命令底一個目的，而拒絕爲神底代表者』。衞斯力（John Wesley）說：『宗教是必然地作出勤勉和節儉。而這些東西，又不能不作出財富。……我們對於一切基督敎徒，不能不激勵他們竭力去求利益，竭力去行節儉。這在結果上，是增進財富。』（阿十力底前揭書，百五十八頁至百五十九頁）——關於產業革命與意識形態底關係，請參看波格達諾夫底社會意識學大綱及經濟科學大綱，二書均在大江書舖出版。

第七節　資產階級獲得政權

昂格斯在他底名著空想的及科學的社會主義中，說明資產階級爲代封建貴族而掌握支配權，曾做了三次對於封建制度的堅決的鬥爭。這就是宗教改革、英國一千六百四十九年底革命及法蘭西大革命。尤其是法蘭西革命，在法蘭西『遂行了與過去的傳統底完全絕緣。把封建制度掃蕩到了最後的痕跡』。然而在英吉利，由於資產階級與封建貴族底妥協，不會像法蘭西那樣起了激烈的革命；而法蘭西大革命，也還沒有充分使資產階級得到獨立。在其它各國，資產階級確定得到了勢力，也都是在產業革命以後。昂格斯在他所著的共產主義原則（Grundsatze des Kommunismus）裏，這樣說道：

『產業革命，在大工業取工廠手工業而代之的一切地方，都使資產階級，他們底財富和權力，發展到了最高度，且使他們成爲國內底第一階級。那結果，在發生這種事情的一切地方，都由資產階級掌握政治的權力，壓倒了從來的支配階級，即貴族、行會市民，以及代表這兩者的專制君主。資產階級，廢除世襲財產、所領地賣買禁止制、以及其它貴族所有的一切特權，由此撲滅了貴族底權力。資產階級，又廢止一切行會和手工業特權，藉以紛碎了行會市民底權力。資產階級剝奪了這貴族和行會市民底特權以後，所造出的狀態，便是那自由競爭。換句話說，就是造出這樣的社會狀態：各人都有自由經營自己所歡喜的產業部門的權利；各人除了那必要的資本不充足之外，不許任何人妨礙他經營事業。……資產階級在這樣勦滅了貴族和行會市民底社會的權力之後，還勦滅了他們底政治的權力。資產階級，在政治的形態上，也自已宣言是第一階級，正如他們在社會中登上第一階級一樣。他們為達到這個目的，採用代議制度；這個代議制度，以在法律面前實行市民的平等，即以在法律上承認自由競爭這件事為基礎，而在歐洲各國，是以立憲君主制的形態而被採用。在這些立憲君主國中，只有領有一定資本的人，因之只有資產階級，才能夠做選舉人。這些資產階級選舉人，選出議員；而這些議員，則利用否認租稅的權利，任意選定資產者政府。』

我們為充分明瞭昂格斯所記的事情底內容起見，且來考察一下資本主義底祖國英吉利資產階級底發展狀況。

在十八世紀，商人利用自已底勢力去左右政治，使其利於自已階級底發展。那就是重商主義的經濟政策，即以國家底保護和補助去獎勵商業及貿易。然而產業革命中機器及動力機底發明，却把這種狀態完全改變了。舊的重商主義的各種限制，對於以機器為生產手段的工廠生產底新狀態，變成桎梏了。因此，經營工廠的新興資產階級，以及投資於工廠生產的曼徹斯持及利物浦等地方底商人，都竭力想變革從來的重商主義的政策了。在新制度之下，(一)要能夠廉價地而且不斷地供給粗原料；爲達到這目的，必須對於貿易尤其對於輸入，沒有什麽限制。(二)爲擴大生產品底販賣區域，換句話說，爲大量生產底必要，不僅須求市場於國內，而且要廣求市場於國外。因此，像以前那樣屢次惹起與外國交戰的事情，非盡力反對不可；現在必須與外國保持親善。(三)勞動力必須保持常常豐富而且廉價。因爲倘使不然，那麽生產費便要高貴，因之生產品底價格便要騰高，在販賣中便不能戰勝那競爭者，尤其是不能戰勝那外國市場中的外國生產品。穀物條例，在兩個意義上，阻礙了資產階級底發展。第一，因爲有這個條例存在，使麵包(生活必需品)底價格騰貴，因之使勞動力(商品)底價格提高；第二，因爲這個條例，伴隨國家底干涉，障礙自由的貿易。(四)最後，要完全廢棄那限制(卽使很少)自由競爭的國家底法規或事實上的干涉、補助和保護。

新興資產階級向着這種目的的努力，遂於一千八百二十三年，斷行減輕關稅及廢除航海條例(這個條例，是一千六百五十一年，克林威爾所制定的；其中規定英國領海內底漁撈及航海，以及英吉利與殖民地間底交通，只許採用英國底船舶；又規定其它的商品交通，只許採用英國底船舶或到着國底船舶）了。

在當時的英國議會裏，新興資產階級，還沒有選舉權。當時有選舉權的是地主。於是發生選舉權擴張運動；一千八百三十二年，選舉法改正案（Reform Bill）通過於議會，資產階級乃漸次握得進出於政治方面的關鍵。這個運動，還有新興無產階級底參加；但其結果，却把他們從選舉權者底範圍裏除外了。一千八百三十五年，改正地方自治制度；從此，資產階級也取得參加並監督自治制的權利了。那以哥布登及伯來脫爲首領的反穀物條例同盟（Anti-Corn Law League），包含許多資產者，進行猛烈的運動，遂於一千八百四十九年，撤廢了穀物條例。一千八百五十三年，利物浦底葛拉德士吞（Gladstone），指導資產階級的新政黨——自由黨，高唱撤廢保護輸入稅，並與法蘭西實行自由通商。這樣，資產階級開始政治的活動，開始以其富力去壟斷政界了。當勞動黨未占多數以前，這個資產階級的政黨——自由黨，替資本家演了很重大的政治的劇目。

在英國以外的各國，只要它發生了工廠制度底變革，也與英國一樣，必有資產階級進出於政治舞臺，以至獲得了政權。

第八節　資本主義侵入未開化國家

基於工廠制度的大量生產，使生產物底價格非常低廉，使其品質均勻統一而且比較良好。這件事情，引起了如下的結果。

第一，先就國內來說。我在前面已經屢次說過，(一)驅逐從來的手工業生產物，因之破壞了手工業本身。(二)即使同樣採用工廠制度，而資本稀少，規模微小的企業，也要陷於崩壞的運命，或被資本較多、規模較大的企業所吞併。因為在資本豐富的工廠，採用大規模生產制而生的生產物，其價格能夠比小資本小規模的工廠底生產物，低廉得許多；所以其結果，在市場上的商品價格競爭中，小工廠不能不做一個失敗者。

第二，是就國外來說。資本主義的生產品，侵入那還沒有達到資本主義的國家，使那個國家也不能不漸次資本主義化。商品底運動，不管千里的波濤或萬丈的山嶽，都要穿越過去。商品底運動，不問那塊地方願意與否，都要使它資本主義化。我們可以在印度，在中國、在爪哇，以至在日本，看見這種現象。資本主義底侵入，超越經濟發展底一般過程，而使那未開化國家急速地資本主義化。我現在姑以英國資本主義侵入印度的情形，來做一個具體的說明。

一國內資本主義底發達，不久便會在其胎內發生許多矛盾——這些矛盾，可以做引入崩壞的種子。當經濟的先進國家底資本主義侵入經濟的落後國家的時候，那落後國家，經濟上會發生怎樣的變革？如果落後國在先進國底影響之下進行經濟制度底變革，自己樹立資本主義制度且行急激的發展時，兩者底資本主義，彼此處於怎樣的關係之上？這兩者底資本家，其利害關係是可以兩立的嗎？對於那被先進國促進的在兩者資本主義制度內發生的矛盾底擴大，兩者底支配階級又是採取怎樣的態度呢？英國帝國主義對於印度的發展及其政策底變化，對於上面所提的理論的疑問，給了明確的事實的答覆。

在英吉利，外國貿易有極重大的意義，超過其它任何國家。英國不僅要從外國輸入其工業上所必要的粗原料，就是國民底生活必需品，大部分也要仰給於外國。對於穀物的國民需要底四分之三，對於肉類的需要底五分之三，對於白糖的需要底三分之二，都要靠外來的輸入來滿足。所以對於英國，貿易有極重大的意義，貿易底消長，實在就是支配英國死活的問題。

然則英吉利底外國貿易，在歐州大戰前後，處於怎樣的狀態？曾經許久保持世界貿易底支配地位的英國，在世界大戰前，已經有了經濟衰徵的徵候。就是在大戰前，當工業還走着向上線的時候，也已經是輸入超過輸出，外國貿易中的控除計算變成負數了。而這個不足，從別方面來補充的，是海運所得的收入及投資於外國和殖民地的資本底利潤。在大戰前，英國投資於外國的金融資本，達到四十億馬克。

貿易、海運、資本輸出這三者，依其相互作用而有密切的關係；而這三者底關係底安定與否，實左右了大英帝國底經濟地位。外國貿易中控除計算底缺損越大，那塡補這個缺損所要的海運收入，投資利潤也便越多，因之那剩餘便相應地減少；而剩餘底減少，必然地要阻止生產底發展和擴大，引起輸出資本底減少；於是英國資本主義所依以成立的基礎，便不能不開始動搖。在大戰以後，歐州各國底消費力都行減退，因之英國對於歐州各國的貿易，也沒有往年之盛；加以向東洋方面的對外輸出，也因爲受了日、美二國底貿易壓迫，而大大地減少了。下面的表——表示英國對於向中國及日本的輸入額的領份的表，便足以說明這件事實。

	一九一三	一九二二	一九二三	一九二四	一九二五
向中國的輸出	一六•五%	一四•九	一二•七	一二•一	九•七
向日本的輸出	一六•八	一二•三	一二•〇	一二•八	八•八

（本表及以下的表，沒有特別註明的，一概依據赫拉（He ler）底論文英帝國主義底新政策與印度勞動運動左翼底任務——R•G•I•底一九二八年五月號——所載的統計。）

英國底貿易減少底傾向，不僅在對於中國及日本的貿易中可以看出，就是在對於中美、南美及其它英國屬領的貿易中，也可以看出。試舉統計如左：

	澳洲	新西蘭	南非州
一九一三	五七•八%	五九•七	五六•八
一九二二	五一•四	五五•五	五六•四
一九二三	五一•九	五五•三	五三•八
一九二四	四五•二	五一•一	五一•五
一九二五	四四•九	五二•〇	五〇•〇

（採自柏林忒格蒲拉脫一九二七年八月二日號所載赫拉底論文）

此外，於大戰前，英國在加拿大，經濟上也已經漸次爲美國所排除。因之到了大戰後的今日，英國貿易上的控除計算底不足，爲額頗多。例如據泰晤士報所報告，一千九百二十五年達三億八千三百萬磅，一千九百二十六年達四億七千四百萬磅，一千九百二十七年達三億九千一百萬磅。

在別方面，那可以塡補這個不足的海運業，也受了煤炭、金屬、織物工業底恐慌底影響而衰頹，因之其收入便不夠塡補貿易底不足；那結果，便不能不以向外國及殖民地輸出的資本利潤來塡補了。這件事情，換句話說，便引起生產底縮小，輸出資本底減少，由此威脅了大英帝國底帝國主義的基礎。因此，英吉利自然不能不爲其死活問題卽貿易及資本輸出而狂奔；但是結果却很可憐，甚至在己國底屬領，也遇到別國帝國主義底猛烈競爭；此外在遠東、歐洲、南美各地，其販賣區域，也莫不受別國帝國主義底壓迫。從一千九百二十三年至一千九百二十五年，各國底輸出都有很大的增加，德國增加百分之二十，法國增加百分之二十二•六，比利時增加百分之三十•二，北美合衆國增加百分之六十；但是英國，僅僅不過增加了百分之六。在一千九百二十六年，受了總同盟罷工及鑛山罷工底影響，輸出比前年度，還減少一億二千二百萬磅。

英國既然在世界各地方底販賣及投資區域，爲別國所驅逐，那結果，自然不能不拚命來死守印度——印度是英國底唯一的寶庫，從一千七百零二年起，便成爲英國底大規模的搾取對象，使英國能够首先成就產業革命，且使英國能够發達爲今日的高度資本主義，所以它是大英帝國底經濟的基礎。尤其到了今日——卽伸展貿易手足的餘地已被縮短的今日，印度實在是英國不能不守的最後的立脚地。印度底繼續從屬於英國與否，實在是掌握大英帝國主義底死活的最後的關鍵。以前，在中央亞細亞與俄羅斯相爭，與德意志競爭巴格達鉄路；最近，想在新嘉坡築港以阻止日本帝國主義底西向，想在世界各處尤其在東方隔斷蘇維埃俄羅斯底解放運動（卽所謂『赤化運動』）——凡這一些，都是這想保守印度的老帝國底可悲的努力。它這種努力，究竟得到什麽報酬呢？英吉利帝國主義底政策，是由英本國底資本主義底狀態與印度底經濟上及政治上的發達來決定的。對於前一種情形，我在前面已經簡單地說過一點了。對於後一種情形，卽印度底經濟的及政治的發展，還應當在後面加以較詳細的解說。

印度底封建制度崩壞過程，原先由於印度本國內底自然的生產發展；不過以急激的速度促進這個崩壞過程的，却是在英國開始支配印度（十八世紀中頃），以至英國底商業資本經過東印度公司而開始活躍於印度以後。『印度底封建制度，與歐洲底封建制度一樣，在於大地主、諸侯及他們底代理人底統治，且以農民所納的貢物為基礎。這個制度，在沒有被英國底攻勢從外部來顛覆以前，已經被社會發達底自然的路程和它自身底共倒的鬥爭所動搖而且日漸狼狽了。封建諸侯底統治，被英國底統治（這是由於英國底征服）所代替了。』（Pulme Dutt, Modern India）

當英國人初占領印度的時候，印度不僅有封建制度，而且還有封建制度底先行形態村落共同體，與它竝存着。而英國商業資本底侵入，使這村落共同體也與封建制度一同崩壞了。這里所經過的路程，恰如拉蒲雷所指明，德沙共同體，因荷蘭資本主義底侵入而崩壞，又如昂格斯所指出，奇里牙克族底氏族共產體，因與俄羅斯資本主義相接觸而走上崩壞之路一樣。

然而東印度公司，要發展其勢力於全印度，約須一個世紀。因此，封建制度，在形式上還繼續到十九世紀底中葉。一千八百五十七年，勃發了有名的塞坡暴動(Sepoy-Aufstand)。

從當時底百年前起，印度底自然經濟發達，已被英國勢力所阻止，印度資產階級底上向，也爲英國所妨礙了。例如强迫印度資本底十分之七，爲英國底產業發展而輸出，又如破壞中世封建制度底模型職業，卽村落底手工業是。於是封建諸侯，爲挽回往年底權力，反抗侵入印度的英國商業資本，而發動叛亂了。這就是被稱爲『塞坡暴動』的革命。這次革命底失敗，使以前的經濟基礎——封建制度，完全崩壞；此後的印度，便完全陷於資本主義的搾取之中了。實在，塞坡暴動，是那行將滅亡的封建諸侯底最後的掙扎。從此以後，印度便從東印度公司底手裏，直接移到英國政府底手裏了。

在今日印度，位於階級底最高層的，是占領全國土地底三分之一的貴族和封建諸候底後裔（卽地方貴族），他們都是地主階級。在他們之下，約有八十萬大佃農（Grosspachter）。這個大佃農，或繼續地或於一定期間內向政府租借土地，而繳納一定的租費或貢租。這個大佃農階級，起源很早，與英國底支配印度同時發生。這個階級，是乘謨罕默德底印度支配底沒落時底混亂而發生的，到了英國權力確立於印度時，便爲英國所征服了。這個階級底先祖，是謨罕默德支配底末葉底重利盤剝者及高級官吏。在十八世紀之末，因手工業底破壞，無計畫的穀物輸出，以及由氣候底變化而生的生活必需品底生產低落，而引起了饑饉，其結果便發生了內亂。農民羣衆，因窮困而離開土地，於是土地便歸於重利盤剝者及高級官吏底手裏了。東印度公司，因爲當時財政窮乏，不能鎭伏叛徒，所以只有讓那重利盤剝者和官吏們自由作爲，遂至承認他們爲那保有的土地底佃農。這就是大佃農階級。從這大佃農階級中，產生出近代印度底資本家階級。就是到了後代，當英國政府放棄從來的印度工業發展阻止政策的時候，他們便把蓄積了的資本，投資於工業及商業，而變成近代的資本家階級。

近代資本家階級底前身，在這大佃農階級以外，還有印度底知識階級。而造出這知識階級的，便是英國政府自身。當時官廳及其它事務所，都需要事務員。爲滿足這個需要，不向本國徵集英國人，而採取教育印度青年的方策。那結果，於一千八百二十年代，英國政府，便設立學校，從事於青年底教育了。根據一千九百十一年底人口調查，在公的官廳中服務或從事於公務的印度青年底數目，實在達到七百九十七萬三千六百六十二人。此外，還有許多事務所底官吏及商館底事務員存在。這些職業，薪水較高，所以他們能夠把他們底薪水蓄積起求。據一千八百五十年底調查，他們所蓄積的財富，實在達到六千九百磅。他們先把這財富，投資於土地裏。那結果，他們便在這里集積了小土地，而成爲大土地保有者；其後，隨着印度底商工業底發展，他們又把他們底財富投資於商工業裏，於是便成了近代資本家階級底重要的成份。

然而印度資本主義底近代化，是到了十九世紀底最後十年間，才漸漸開始的。在這以前，一千八百五十一年，才在亞美狄德設立了用機械力經營的木棉工廠。我們只要看一看一千八百八十八年底統計，便可以察知印度工業底近代化情形。就是有五十八個木棉工廠（總計資本有三百八十三萬二千磅），二十二個黃麻（Jute）工廠（總計資本有二百二十四萬六千磅）存在；被這些工廠使用的勞動者，上六萬八千人；在這些內國工業之外，還有商舖、銀行等，當時的貯蓄額達九十萬磅。印度底資產階級，把這些金錢投資於土地投機等，由此漸漸有了發展底傾向。英國政府，驚於這個傾向，乃謀孟加拉州底分離，想由政府來壟斷該州大佃農底利益。於是大佃農們，便與印度資本家階級相結託，起來反抗英國政府了。這就是有名的一千九百零五年底排貨運動。先於一千八百八十二年在孟買舉行第一次會議的國民會議所代表的印度資本家，獲得大佃農階級底支持，斷行排斥英國商品；一千九百零六年，國民會議爲撤廢孟加拉州分離法案，又通過排斥英貨的決議；加入這個運動的，是資本家、知識階級、商工業資本底代表者、大佃農等。發起這個運動的根本思想，是要想保護促進那漸次發達來的印度工業，由此增進印度底財富。這個排貨運動，結局是失敗了，但它仍有很大的効果，一則使英國政府突受威脅，二則使他們自己知道團結底力量。印度底資本家，還把投資於貯蓄金和紙幣的內國資本，當作工業資本運用。一千九百零五年，有一千五百三十個股份企業，在印度資本家底手裏，其資本總額達到一億八百萬磅。各種工業之中，以織物工業爲最盛，在大戰勃發時，能夠供給六百萬紡綻底東西，加工了七百五十萬『采脫納爾』的木棉。

世界底大戰，以急激的速度，促進印度底工業化。英國政府，到了不能阻止這進入黃金時代的印度工業底發展時，便緩和從來的阻止政策了。印度底資本主義化，更加飛躍了。百分之百以上的股利，竟成了普通的現象。四個公司中黃麻工業底股利率，便如左表所表示：

	一九一六	一九一七	一九一八	一九一九	一九二〇
福脫格維斯塔	一一五%	一四七	一六五	一五〇	二〇〇
格靈諾爾	九〇	一九〇	二五〇	二三〇	二五〇
塞爾賓	八六	一〇〇	一五〇	二二五	三〇〇
卡伊宗	一一〇	二〇〇	二五〇	二五〇	四〇〇

（採自瓊斯頓及希爾著印度底搾取所載上記赫拉底論文）

再看一看木棉經營裏底利潤怎樣？孟買底木棉公司，在一千九百二十年至二十一年度，獲得一千六百萬的利益。冶金工業，雖因大戰而受了打擊，但是青銅（Erz）、鐵及鋼鉄底生產，都顯示了如左的向上（以千噸爲標準）：

	一九一三	一九二三	一九二四	一九二五
靑銅	三七六	八二一	一四四五	一五四九

（採自印度年鑑所載赫拉底論文）

	一九一三	一九一九	一九二四至二五	一九二五至二六	一九二六至二七
鐵及鋼鉄	二六七	四五一	一五〇二	一六六六	一八六一

（採自印度貿易評論所載赫拉底論文）

照這看來，靑銅底生產，從一千九百十三年到一千九百二十六年，約增加到五倍，鐵及鋼鐵則增加到七倍。而鐵葉製造，也很發達：在一千九百二十三年，還只有九千噸，但到了一千九百二十六年，便增加到三萬六千噸了。

這樣，印度底工業日益發展，印度底資本日益增大。這里值得我們研究的，是它與英國資本底關係。

英國底資本，投放於鐵路、海運業、銀行、外國貿易、珈琲及紅茶業、黃麻工業、鑛山等，最近且伸手於印度底治金工業。例如對於塔塔製鐵公司的投資，是最顯著的一個。然而印度資本底增加這一邊，却相對地顯示了較重大的發達。現在且來看一看印度政府底國債底傾向，如左（以百萬磅爲標準）：

	在印度內	在外國
一九〇〇—〇二	七七	一三三
一九一〇—一二	九二	一七八
一九一三—一四	九八	一七七
一九二二—二三	二八〇	二四二

（採自蘇維埃統計局月報，一九二六年五月所載赫拉底論文）

據這看來，外國債不過增加了百分之三十六，而內國債却增加了百分之百八十七。這是表示印度底資產階級能夠左右資本到什麽程度。據孟加拉底商業會議所長威廉說：在大戰後，印度資本與英國資本底比率，是六對一。帕姆•達脫（Pulme Dutt）在他所著的近代印度裏說，英國資本大於印度資本；但是赫拉却在他底論文裏，指出此說底沒有根據，並且非難達脫遺漏最近幾年的統計。這種情形，我們只消看英國向印度的資本輸出傾向，也可以明白。

▲英國向印度及錫蘭的資本輸出（以千磅爲標準）

一九一三年	三七五二	一九二四年	五三七五
一九二〇年	三五一四	一九二五年	三二五七
一九二一年	二九五六三	一九二六年	一五九七
一九二二年	三六〇〇一	一九二七年	八七六
一九二三年	二四七八〇		

▲三大國向印度輸入的百分比

年度	英國	日本	美國
一九一三——一四	六四	三	三
一九一八——一九	四五	一九	一〇
一九一九——二〇	五一	九	一二
一九二〇——二一	六一	八	一一
一九二一——二二	五七	五	八
一九二二——二三	六〇	六	六
一九二三——二四	五八	六	六
一九二四——二五	五四	七	六
一九二五——二六	五一	八	七
一九二六——二七	四八	七	八

照這看來，隨着印度資本主義底發達，英國在印度的帝國主義，漸次受着顯著的壓迫；在貿易方面，英國也漸次受着日本及美國底壓迫，這只要看英國對印度的輸出有漸次下向的傾向，而日本及美國底印度輸出有漸次上向的傾向，便可以明白。

這樣，英國在印度的地位，一方面，在外國貿易上，遇到日本及美國底競爭；別方面，在印度內的工業中，又受到印度資本底壓迫；如今正是陷於腹背受敵的窮境。然則英國政府及資本家階級，對於這事的方策是怎樣呢？

英國政府，處於這種窮境而想出的新方策，就是竭力結歡那已經不能壓迫的印度資本主義，藉以保持自己底地位。『蒙塔格・詹姆斯福德改革』，便是一個例子。在這些企圖中，英、印兩種資本家，已經開始爲獲得利潤而苟合，同時亦就是對於那隨同印度資本主義底發展而必然發生的無產階級，結成爲搾取的共同戰線。農民及無產者，最初對於英國資本主義底侵入，與國民會議（這是由大佃農階級及商工業資本家構成的）一派合作，或被他們利用，去反抗外國資本。但是那向來與無產者實行合作的印度資本家階級，却隨着資本主義底發達，而自覺無產者是妨碍自己獲得利潤的東西，於是改變方針，轉而與從來的仇敵英國資本主義（即發見其唯一活路於印度國內市場底擴張的英國資本主義）去苟合，和他們一同對抗印度無產者了。在資本主義的經濟組織之下，經濟的利益比血還要濃厚，這種事實，在這里亦可以明白看見。

以上所述，不過是表示後進國的印度，因英國資本主義底侵入而急速資本主義化的一個例子。其實這種傾向，當資本主義侵入未開化國家時，是到處發生的。這里爲篇幅所限，不去詳細介紹了。

第六章　資本主義底發展及其各種問題

第一節　恐慌及失業

『大工業使用蒸氣機關及其它機器，能夠於短時間內而且以很少的費用，無限地增大生產。從這大工業裏必然發生的自由競爭，因爲生產如此便宜，所以忽然帶着極度激烈的性質了。許多資本家，投身於工業，不久便引起生產過剩的現象。那結果，生產出來的商品，找不到買主，就是變成所謂商業恐慌。於是工廠不能不停止，工廠主紛紛破了產，勞動者得不到衣食。極度的貧窮，到處表現了。這樣過了一些時候，過剩生產物賣完了，工廠又開始工作，工錢也漸漸加高，事業也漸漸恢復原來的好況了。但是不久，又陷於生產過剩，又發生新的恐慌了。這新的恐慌，又走了與舊的恐慌完全同樣的路子。這樣，從本世紀底初期以來，產業底狀態，不斷地動搖於好況時代與恐慌時代之間。

直到今日爲止，如上所說那樣的恐慌，差不多是有規則地每五年至七年襲來一次。每一次恐慌襲來時，陷於極度的貧困中的，總是勞動者。又每一次恐慌襲來時，總是到處發生革命的騷擾，引起反對現存狀態的最可怕的危機。』（昂格斯底共產主義原則）

我們翻閱歷史時，知道在資本主義發生以前，也有不少因饑饉、戰爭、地震、疫病、凶荒、海嘯、暴風雨、蝗蟲等底襲來，而起經濟的災變，以致攪亂了社會。例如三十年戰爭，使德意志底經濟受了顯著的荒廢；又如十四世紀起於歐洲全體的黑死病底蔓延，引起經濟上的大災害；這些都使當時的社會，在經濟上受了很大的傷害。但是這些都是災變或災害（Catastroph），決不是恐慌（Crisis, Krise）。

當未行商品生產的時代卽在封鎖經濟或自足經濟之下，決不會發生恐慌。因爲在那種時代，還行着爲消費的生產，生產還在社會的統制之下來進行，所以不會發生過剩生產，從而不會發生恐慌的現象。

在商品生產底初期，卽在還用前階段的生產方法爲主要生產方法的時期，一般也還不會有恐慌存在。希爾法廷(Hilferding)很正確地說道：

『單純商品生產，更適切地說，先資本主義的商品生產，一般是不知道什麽叫作恐慌的。當時攪亂經濟的，不是經濟法則上的恐慌，而是從凶荒、旱魃、疫病、戰爭等特殊的、自然的或歷史的、因而依經濟的見地看來是偶然的、各種原因裏發生的破壞。它們底共通點，在於它們是由再生產底不足而生的，完全不是由什麽過剩生產而生的。如果我們想到這個生產依舊是自給自足的生產，而生產與消費又處於手段與目的底關係，商品流通只演着比較的端役，那就很明白了。』(Hilferding, Finanzkapital. S. 229)

災變與恐慌，據我看來，有下述各點的不同。

(一)前者是偶發的現象；後者是從經濟機構本身發生的必然的現象。

(二)前者是由基於什麽原因的生產底不足而生的；後者是由生產底過剩而生的。

(三)前者因爲是偶發的現象，所以它底勃發，沒有什麽規則；後者却具有週期的性質。

所以恐慌，是由商品生產底最高形態資本主義之下所特有的週期的過剩生產所生的社會的攪亂。(關於恐慌問題，請參看波格達諾夫著經濟科學大綱四二九至四六一頁，大江書舖版)

我們先揭載經濟史上所表現的恐慌勃發表於左。

（甲）韓特曼（H. M. Hyndman）在他所著的十九世紀底商業恐慌裏，所作的恐慌年度表如左：

一八一五年	爲主在英國
一八二五年	世界的
一八三六——三九年	世界的
一八四七年	世界的
一八五七年	世界的
一八六六年	世界的
一八七三年	世界的
一八八二年	世界的

韓特曼在上述的書中，關於各次恐慌，做了很詳細的歷史的敍述。

（乙）斯披脫霍夫（Arthur Spiethoff）在他底論文恐慌裏，作出如左的表。（"Krisen" im "Handwörterbuch der Staatswissenschaften 4Auf. 29—30 Lieferung. S. 61）

從1822年至1913年經濟的交代狀態

年份	市況	好況／惡況	週期
1822		好況四年間	週期（十年間）
1823			
1824			
一八二五	資本不足與恐慌		
1826		惡況六年間	
1827			
1828			
1829			
1830			
1831			
1832	市況上向	好況五年間	週期（十一年間）
1833			
1834			
1835	市況最好		
一八三六	資本不足與恐慌		
1837		惡況六年間	
1838			
1839			
1840			
1841			
1842			
1843		好況五年間	週期（九年間）
1844			
1845	市況最好		
1846	仝上		
一八四七	資本不足與市況下向		
1848	市況下向	惡況四年間	
1849			
1850			
1851			

年份	市況	好況／惡況	週期
1852	市況上向	好況六年間	週期（十年間）
1853			
1854	市況最好		
1855	同上		
1856	同上		
一八五七	資本不足與恐慌		
1858	市況下向	惡況四年間	
1859			
1860			
1861			
1862	市況上向		
1863	市況最好	好況五年間	週期（七年間）
1864	同上		
1865	同上		
一八六六	資本不足與市況下向		
1867	市況下向	惡況二年間	
1868			
1869	市況最好	好況五年間	週期（十一年間）
1870	同上		
1871	同上		
1872	同上		
一八七三	資本不足與恐慌		
1874	市況下向	惡況六年間	
1875	同上		
1876	同上		
1877	同上		
1878	同上		
1879	市況上向		
1880		好況三年間	
1881			
一八八二	資本不足與市況下向		

1883		惡況五年間	週期（八年間）
1884	第一市況上向		
1885			
1886			
1887	第二市況上向		
1888		好況三年間	週期（七年間）
1889	市況最好		
一八九〇	資本不足		
1891	下向	惡況四年間	
1892	同上		
1893	同上		
1894	上向		
1895	同上		
1896	市況最好	好況六年間	週期（八年間）
1897	同上		
1898	同上		
1899	同上		
一九〇〇	資本不足		
1901	下向	惡況二年間	
1902	上向		
1903	市況最好	好況五年間	週期（七年間）
1904	同上		
1905	同上		
1906	同上		
一九〇七	資本不足		
1908	下向	惡況二年間	
1909			
1910	市況最好	好況四年間	
1911	同上		
1912	同上		
1913	資本不足		

上揭的表中，以中國數字表示的年度，是恐慌勃發的年度。這里與韓特曼所指出的年度完全符合。

那麽這種恐慌，是因什麽而發生的呢？我們能夠滿足於那以恐慌底原因歸於太陽底黑點的吉逢士底學說嗎？或者我們能夠以彊・巴普鉄脱・舍（Jean Baptiste Say）所稱的那種消費減退學說，完全把握着恐慌底原因嗎？原來恐慌是資本主義所特有的現象，因之恐慌底原因，只能由特殊的資本主義的特質去說明。所以我們要知道恐慌底原因，首先須從分析資本主義底機構本體開始。

恐慌以如下所述的三種前提爲先行條件。第一種前提，是以貨幣爲商品底流通媒介。在物物交換中，一方底販賣就是別方底購買，一方底購買就是別方底販賣。所以那時，生產物底交換，不會在半途中斷，不會破壞了統一。甲底小麥交付給乙，同時就是向乙取回布疋；在這裏，小麥和布疋，同時交換，兩者都不會陷於不能交換的狀態。因之在這種物物交換底時代，决不會發生恐慌。但是一到了在這小麥與布疋之間介入一種貨幣爲媒介手段的時候，情形就不同了。甲先把他所有的小麥，換作貨幣。甲不能像物物交換時代那樣，同時向乙買取布疋以代替小麥。甲要得到布疋，必須把那與小麥交換的貨幣，再拿去向乙買取布疋。但是這個時際，甲也許不把那代替小麥的貨幣去向乙購買布疋，而把貨幣貯藏起來。這個時際，乙底布疋，便要陷於不能販賣的狀態了。貨幣底介入，這樣可以使一方底商品不能販賣，就是可以發生甲與乙底交換中斷的現象。這裏便發生恐慌現象底可能性。然而這還不過是對於物物交換底沒有恐慌可能性而說，由貨幣底介入而始發生恐慌可能性的意思。爲使恐慌勃發的第二種前提，就是必須這種商品生產更加一般化。原來就是在商品生產已經發生的時候，消費與生產之間，也還可以有一定的規律和關係，也還可以有爲消費而行的生產，因之可以有所謂商品生產還沒有在那純粹的意義（卽完全脫離自給經濟的意義）上盡其作用的現象。譬如那適應顧客底需要而生產的顧客勞動（Kunden.arbeit），便是實例。在這種場合，也不會發生恐慌。因爲生產過剩或生產上的無規律狀態（普通稱這爲生產上的無政府狀態），還沒有發生的餘地。然而這個時代，也可以發生經濟界底攪亂。但這並不像恐慌那樣由生產底過剩而發生，乃是如前面所說，由生產底不足而發生，這種生產底不足，起於天災地變的自然變動或戰爭等非由經濟界自身而生的原因。所謂恐慌底第二種前提——商品生產底一般化，就是說差不多一切財貨都商品化，商品生產不僅在小地域內小範圍內實行，也不是分散地實行，乃是在大範圍在全世界而且統一地實行。換句話說，就是使資本主義生產底無規律性能夠成立、那樣高度的商品生產。

恐慌底第三種前提，就是生產底無規律性是具有一定條件的無規律生產。資本主義的生產，是爲獲得利潤的生產。因之它不是爲消費的生產。生產並非由消費來決定，消費反而由生產來決定。而且生產底進行，與消費沒有什麽關係，同時，資本要產生一定的利潤率。就是生產以擴大資本爲條件來進行。

以上是恐慌發生底必要條件或前提。這些條件或前提，是資本主義經濟組織裏所特有的東西，成爲資本主義組織底機構。

然則從這種前提裏，怎樣發生恐慌呢？

這必得要說述市況循環。現在先從好況(舊譯與旺)說起。這個好況，因新市場底開拓，新生產部門底發生，新技術底採用，以及人口增加所引起的需要而生。這種好況，引起價格底騰貴和利潤底增加。好況可以縮短資本回轉和商品流通底期間。這件事情，可以減少資本冗資，把它投放於生產部面(不問新舊)，越益使利潤增加。這利潤率底增加，使那追求資本增殖的資本家，越益去擴張、擴大生產。因此，所獲得的利潤，大部分都費於購買生產手段；從而資本構成底比例發生變化，不變資本比可變資本急速增加，固定資本比流通資本急速增加。這件事情，引起怎樣的結果？第一，可變資本底相對的減少，引起利潤率（卽剩餘價値對總資本的比率）底低落。試舉左表以作說明。

剩餘價値	可變資本	不變資本	總資本	利潤率
一〇〇	一〇〇	一〇〇	二〇〇	五〇%
一〇〇	一〇〇	三〇〇	四〇〇	二五
一〇〇	一〇〇	四〇〇	五〇〇	二〇
一〇〇	一〇〇	六〇〇	七〇〇	一四

如上面所顯示，利潤率是漸次低落了。第二，固定資本一增大，資本底回轉期間便增

長。其結果，就是減低利潤率。

這樣發生的利潤率低落的傾向，戰勝那由好況而生的物價及利潤率騰高的傾向時，便發生恐慌的現象。這種商業恐慌，常因引起銀行恐慌及貨幣恐慌而帶着極端激烈的性質。然而銀行恐慌及貨幣恐慌等信用恐慌，却不一定伴行商業恐慌。

『恐慌常是大規模的新投資底出發點。因之就社會全體來看，又多少是下次回轉循環底新的物質基礎。』（資本論第二卷）

恐慌底襲來，同時又發生與它相反的要素。有一部分勞動力，爲恐慌所廢棄，工錢則因之低落。但是工錢底低落，又使剩餘價值率增加。在這當中，過剩生產物，漸漸賣出，需要也漸漸增加。資本家又昂然而起，努力克服恐慌。於是利潤率開始騰高，重復現出好況時代。照這樣子，市況常以七八年至十年的週期而循環着。

恐慌底襲來，如果伴行銀行恐慌及貨幣恐慌，當然要攪亂經濟界。同時，失業者（卽產業預備軍）也行增加。卽使恐慌不到來，而資本構成底高級化（卽對於不變資本的可變資本底相對的減少），也便失業者有增加的傾向；何況恐慌底到來，使失業者更加悲慘了。其次，就失業來說述一番。

愛爾蘭底文人伊愛茨（William Butler Yeats），在評論該國底作家卡爾呑（William Carleton）底名作面影與故話的一篇文章中，說了這樣的話：『國民底歷史，並不在於議會或戰場，乃是在於民衆在設市場的日子或行祭禮的日子，彼此互談些什麼，他們以什麼方法經營耕種，如何吵鬧，怎樣出去巡禮等事。』他以藝術家的表現，告訴我們，社會歷史底重心點，應當放在卑俗的處所。我們現在每天閱覽報紙，知道有許多政治上的大事件，爲一般人所注意。但是有些卑俗的事件，其意義非常重大，甚至比那些政治上的大事件還更重大，天天表現於人們底面前，通全世界都一樣地存在，反不爲人們所注意。有些人雖然認識了這種事實，但對於這種事實發生底原因，以及它在歷史上的重要性，又不願加以深刻的考察。因此有許多重大的『卑俗的』事實，至今還沒有爲多數人所認識。

『特別在星期六底晚上，當許多勞動者來往於街路的時候，可以看見多數靠營走販而生活的人。鞋帶、褲帶、紐扣、橙子、菓子——總之一切可能的物品，都有無數男女及兒童在街路邊叫賣。就是在別的日子，也可以看見有些賣橙子、賣菓子、或賣淸涼劑的走販，或站在街路旁邊，或徘徊於大道之間。火柴及其同種的物品，封蠟，專賣特許的點火用合金等，都是這些人底商品。此外還有搬夫，徘徊於市中，到處找尋小小的工作。這些人中，有些運氣好的，能夠找到一天工作，但是多數沒有這樣的好運氣。

『一切船塢底門口，每天早晨，甚至在寒冷的冬天，都有幾百貧民，從黎明起，懷抱獲得一天工作的希望，等待門口底開啓。在這里，只有年紀最輕的人，體格最强的人，面色最和氣的人，得到工作；至於其餘找不到工作的許多人，便只有垂頭喪氣地回到那可憐的住家去。

『這些人既然不能找到什麼工作，如果又不願反抗社會，那麼他們除了沿門求乞以外，還有什麼別的方法呢!?

『他們或做乞丐，或做盜賊，或掃除街路，或拾集馬糞，或以手車或驢馬搬運貨物，或做走販在街上叫賣，或在這里那里做點不要緊的工作，僅僅靠這些方法來延長那可憐的生命。

『在貫通市中的車輛往來頻繁的大路上，可以看見一大批拉着小手車的人；他們冒着生命底危險，潛行於疾走的馬車和公共馬車之間，收集剛落下來的新糞馬。他們往往要每週繳納若干先令給街路當局，以作報酬。甚至在許多地方，完全禁止他們拾集馬糞。那是因爲若不加以禁止，街路當局便不能把他所收集的不合適當馬糞的污物當作肥料而出賣。因此，能夠弄到手車，用手車搬運貨物的『過剩的人』，要算是幸運的人；除手車之外，能夠得到購買驢馬的金錢的人，那是更幸運的了。……』

我在上面，引了一大段誰都不甚注意的市井底極卑俗的事實。這種事實，的確不是像伊愛茨所說的『議會裏或戰場上』的大事件，它不過是到處可以看見的卑近的街頭底一小景

而已。但是這種情景是那在卑俗的民衆行動之中發見歷史回轉底法則的昂格斯在他底名著英勞動階級底狀態裏，如實描寫十九世紀中葉失業勞動者底窮困情形的文字底一部分。這種市井俗事，我們一般人所不注意的失業事實，實在是現今資本主義經濟制度胎內所存在的本質的現象，資本主義達到了充分圓熟的階段的今日，尤其在那歐洲大戰以後，失業已從間歇

的性質變成恆久的性質，投了一團黑影給那人們以爲『萬世不變』的『比羅馬底水道、中世紀底寺院、埃及底金字塔還更偉大的』資本主義經濟組織了。

失業者一名產業預備軍，又名爲『遊離的』階級，亦稱爲相對的過剩人口，已成爲今日經濟學上的重要問題。然而那被奪去一定的生業，以致不得不放浪於街頭的失業者，决不僅是近代的產物。我們如果放開眼光回頭看一看過去的歷史，便可以在潰爛的羅馬時代底末期，或在中世紀莊園制度底崩壞期，或在中世都市國家底終末，發見許多被奪了職業的失業者爲尋找麵包而漂泊於道路的史實。然而那些失業者，正如韓特曼所指出，多半是直接地由於旱魃或大洪水那樣自然的原因，或由於大戰爭那樣比較突發的事實而生；或者失業者底範圍只限於一國家、一地方；那失業底襲來也是突發的、不規則的，决不是像今日這樣帶着周期的或規則的循環底性質的。

失業問題之所以成爲問題，成爲我們先輩及我們底焦眉的問題，是因爲這個失業現象在經濟史或社會史上，現出比向來的失業更强烈的程度，且其發現具有一定的規律性，其發生底原因直接在於經濟上的事實及理論，其結果則對於社會全體底機構上給了致命的影響。而這種現象底發生，實在是產業革命以後；即從舊來中世經濟制度底胎內，衝破其母胎而誕生的資本主義經濟組織成立以後的事。今日學者所稱的失業問題這一個名稱，專門指這資本主義經濟組織之下的失業問題。我這里所要研究的失業問題，也只限於資本主義經濟內固有的而且必然的失業問題。

今日一般所稱爲失業者的，普通專指完全得不到職業的人。換句話說，就是指稱那處於『完全沒有被雇傭的狀態』的人。例如官廳所發表的失業者統計，資本家爲裝作好況而明示的失業者數，便以這爲基礎。但是我們切不要忘記：隨同資本主義底展開，在這些人之外，還有多數勞動者，處於『半被雇傭的狀態至完全沒有被雇傭的狀態』之間，就是在半被雇傭的時候，也只能得到平均工錢底百分之四十至五十，完全在飢餓線上過生活，這就是領取飢餓工錢（Hungerlohn）的準失業者。屬於這個範疇的主要的人，第一是稱爲『短時間勞動者』（Kurzarleiter, Labourers working on short time）的勞動者。這種勞動者，也有兩種區別：第一種勞動者，就是全星期雖然都有勞動，但其勞動時間，却縮短到極點，因之與它相應的工錢也低落到極點；這種現象，是經營鑛山業及織物工業的資本家，爲隱蔽惡況，或爲緩和同盟能工及其它勞動爭議，而採取的手段底結果。第二種勞動者，就是一天底勞動時間雖沒有像前者那樣縮短，因之一天底工錢也沒有低落，但是勞動日數，却不是一星期底全部，乃是縮短於一期星內二日至三日，因之勞動者底全部收入，也不能不減少十分之五至十分之六了。可以歸入準失業者範疇內的主要的人，第二是那因時節的變動(Seasonal fouctuaiton)以致有時完全得不到工錢的勞動者，例如屬於建築工業的勞動者。

這些準失業者，普通完全不算入失業者底範疇中。然而失業這一名詞，今日已經不是專指完全得不到職業的人，那些生活沒有保證，常常困於飢餓線上的人，都已當作失業問題而構成社會問題底一個中心；所以把這些人完全放在失業者底範圍外，事實上不能不說是全不合理的。在這些人之外，還有馬克思當作相對的過剩人口底三個形態來看的流動的（fluessige）、潛伏的（latent）及停止的（stockende）形態，即屬於這三個形態的人，以及那屬於相對的過剩人口底最低層（Der tiefste Niederschlag）的人，當我們論述失業問題時，也決不能把他們看落。

今日各國底官廳或資本家或資本家國家所發表的失業統計，爲主地僅僅是依他們底立場來作成的東西；他們底計算基礎，是受國家或公共團體救恤的人，加入強制或任意的失業保險的人，加入公共的貯蓄机關（例如德國底『Sparkass』）的人等。但是如後面所述，受到這些公共机關底恩惠的失業者，不過占全體失業者底實數底一部分。而且這些失業統計，有意識地或無意識地，把上述的準失業者完全除外。因此，當我們論述失業問題時，不可不常常把這件事情放在念頭，而且對於這種統計以及依據這種統計而成立的議論，必須加以深刻的注意。

從十八世紀至十九世紀，在世界各國底經濟史上引起大變革的產業革命，促進中世紀底莊園經濟及以行會爲中心的都市經濟底崩壞，而代以資本主義的經濟組織底誕生；同時在那生產底經營方法一方面，則產生了採用机器經營的大量生產，以代替那中世紀底手工業的經營方法，卽家庭工業和工廠手工業。這個變化，又打破了依於行會的生產與消費底調和，借仲巴特底話來說，發生了以營利主義（Erwerbsprinzip）和經濟的合理主義（Der ökonomische Rationalismus）爲基礎的個別的企業，這些企業，各自實行無限制的大量生產，造出不能與需要相調和的生產底無政府狀態。

採用大量生產之後，一方面雖有商品過剩，但別方面仍有沉陷於飢餓線下的失業者；這種事情，驟然看起來，好像很難理解。法國底傅利葉，看見一方面有許多得不到東西吃的失業者，而別方面仍有商人把許多可吃的穀米拋棄於馬賽港內，覺得非常奇怪；其實，這種一見好像奇怪的現象，在現行經濟制度之下，是極普通的事情。

在資本主義經濟組織之下，失業底存在，是固有的現象。『勞動者底過剩人口，是蓄積或資本主義的基礎中財富發達底必然的產物，同時又是資本主義的蓄積底槓杆，而且是資本制生產方法底存在條件之一』。『所謂勞動者人口，就是在一方面產生資本底蓄積，同時在別方面不斷地越益產出使他們自己成爲相對的過剩人口之手段。這是資本制生產方法獨特的人口律。』

因此在今天，無論怎樣好況的時代，都還有許多失業者存在。柯爾關於這件事實，以如下的敍述告訴我們：『在近代工業主義之下，常有幾多失業勞動者存在。卽使貿易最活潑的時候，甚至在最繁忙的工業部門裏，也還有若干失業者存在。所以在歐洲大戰前，失業者在一切商業裏，從沒有低於百分之二，在工業裏從沒有低於百分之一。』現在試就失業底歷史來觀觀，在一千八百五十八年、一千八百七十九年、一千八百八十六年，都有百分之十至十一的失業率。在一千八百九十三年，有百分之八，在一千九百零三年，有百分之七，在一千九百二十一年，有百分之六的失業者存在。

我們在這里論述失業底一般原因時，爲便利起見、分作好況時代和惡況（舊譯停滯）時代（或恐慌時代）兩者來說明。

雖在好況時代，還要發生失業者，其第一個原因，就是當某種工業非常發達，其生產能力非常增加的時候，有許多剩餘勞動者，爲該工業所吸收。然而市況無論怎樣良好，市場也決不能把這些多量的生產物消化淨盡，因此便發生事業底緊縮，那些被雇傭的剩餘勞動者，又被拋棄於街頭，而變成失業者了。這種路程，普及到一切工業部門，而比較强烈地表現出來的時候，便變成恐慌。

第二個原因，是企業家爲提高生產物底價格，有故意限制生產的事情。還有，供給那企業家所要的粗原料的人，有時爲提高自己所供給的材料底價格，而減少其材料底供給，因之以那種原料來經營生產的企業，就要受限制。當這種現象發生的時候，卽使在好況時代，也會產出失業者。

第三，當生產界出了新發明，流行發生變化，國際交易底方向轉換，這些事情發生的時候，那些只做某一部份分工的熟練勞動者，多因這些變化而失業。又譬如既存的油鑛被鎖閉，其它新油鑛在別的土地被發見的時候，卽使在好況時代，也會發生失業者。

第四，政治上或財政上的事件，就是在好況時代，也有不少成爲產生多數失業者的原因。例如因政治上或外交上的事件，以致在國外的販賣區域被封鎖，失去粗原料底供給地的時候，某種直接受這些影響的工業，便不能不緊縮事業，因而出了失業者。又如新設財政的關稅時，受其影響的各種工業，同樣地也不能不產出許多失業者。

以上是好況時代底失業情形。但是失業，因那恐慌底襲來而更深刻化；於是所謂失業問題，便成爲社會問題而被重視了。在好況時代，失業者底數目，對於全體是較小的部分，失業底期間也比較短小，因之還有某種救濟底可能；但一到了恐慌時代底襲來，失業問題便非常深刻化，簡直成了整個經濟生活底威脅。關於恐慌底原因，前面已經說過，所以這里不再重復。

柯爾主張失業可以有一定的限界（Margin of Unemployment），他說無論在怎樣的好況時代，最低限度也一定有百分之二至百分之一的失業者存在，至於惡況時代，失業者底增加也不會超過一定的限界。這種主張，若根據歐洲大戰以前的統計來看，還可以說是近於正確的斷定；但若觀察歐洲大戰對於世界經濟的大打擊，以及戰後底永續的惡況及其日益增加的永續的失業者底實數時，便不能說有什麼失業底最大限界存在了。在歐戰以前，除了一千八百五十八年、一千八百七十九年、一千八百八十六年底惡況時代，爲百分之十至百分之十一，一千八百九十三年底百分之八，一千九百零三年底百分之七以外，平均各年底失業者率是百分之三至百分之四；但是到了戰後的一千九百二十年，便增加到百分之六●一，到了那年底中葉，則一躍而到百分之十八，一九二一年還保持百分之十六，一九二二年底初頭還保持百分之十三的失業率；更於一千九百二十六年，例如在英國有百分之十一至十二的失業率，德國有百分之十八至二十，波蘭有百分之二十至二十五的失業率。據我豫想起來，這種形勢，今後大概還要繼續下去，也許會顯示更高的失業率。照這樣看來，所謂失業底限界，在那最大限度一方面，完全不許豫測，有人要想證明它有一定的限界存在，那是完全不可能而且不合理的事情。

對於這失業者底增加的觀察，不止有無產者方面底觀察，就是那最想隱蔽失業事實的資本家及其輔助者們，在這事實底面前，也已經不能採取以前那樣糊塗的態度了。英國底長大銀行之一、內地銀行（Midland Bank）底首席董事開內斯(Mac Kenas)，在一千九百二十六年一月二十六日底股東大會裏，作了如左的演說。

『在本世紀底最初十五年間，於一千九百零八年，大恐慌襲來的時候，失業達到了那最高點。但就是在一千九百零八年，平均的失業者數，也還沒有超過八十萬。到了一千九百零九年，情形比較良好。那第二年是比較的好況年份，因之在一千九百十年及十一年，平均失業者只有三十萬至四十萬。根據一千九百二十一年開始發表的統計，在一千九百二十年，失業者還不到五十萬。但是到了六個月後，便達到一百萬，七月上便達到二百二十萬了。在其後三年，失業者雖然比較地減少，但在一千九百二十四年底後半年，還有一百四十萬，在一千九百二十五年，也還有一百四十萬。（後略）』

以上僅僅是英國底情形，而且那統計底數字，如前面所述，是極不完全的。然而英國是歐洲底經濟上最堅實的國家，它底失業者數還倍加於戰前，而且帶着永續的性質；我們單這一點，便可以推知其它各國底失業傾向了。

一千九百二十六年底初頭，歐洲及其它各國底失業者數，達到一千三百萬至一千四百萬，若加上那些失業者底家族，大概有三千五百萬至四千萬沒有飯吃的人存在於全世界。單在歐洲，有七百萬至七百五十萬失業者；這就是告訴我們，甚至在號稱『經濟穩定』的歐洲，失業者底數目，與一千九百二十一年至二十二年底四百萬相比，僅僅在四五年之間，也已增加了一倍。而這種失業者數，今後還要日益增加；這只要看除了德意志以外，歐洲各國都還沒有走入新的恐慌一件事，便可以明瞭。

其次，想說一說世界各國失業者底狀態。

〔英國〕英國是今日最苦於經濟恐慌及失業問題底永久的連續的國家。煤炭工業、鑛山業、機器工業、造船工業、織物工業等重要工業，都受今日世界市場底壓迫，其生產都不能不連續地受限制，比戰前厲害得多。鉄、鋼鉄、煤炭工業底利潤，大行低落：在一千九百二十四年還有二百八十七萬九千磅，但到了一千九百二十五年，便驟然低落到八十二萬七千磅了。又如煤炭工業，雖有政府底補助，也還不能不限制生產，而且比一千九百十三年底生產額還要低落。再看一看它底輸出入：在輸出方面，一千九百二十五年，比那前年減少一千四百萬磅，但在輸入方面，却增加了六千一百萬磅。加之英國底商品，在世界市場上到處受排斥，所以其輸出都有減少的傾向。這，只要看左表便可以明白。

	一九二三年	一九二四年	一九二五年
煤（以噸爲標準）	七九、五〇〇、〇〇〇	六一、六五一、〇〇〇	五〇、八一七、〇〇〇
鐵（仝前）	八九三、〇〇〇	六〇〇、〇〇〇	五五九、〇〇〇
鐵及鋼鐵製品（仝前）	四、三一八、〇〇〇	三、八五一、〇〇〇	三、七三一、〇〇〇
木棉織物（以千碼爲標準）	四、一四〇、〇〇〇	四、四四四、〇〇〇	四、四三四、〇〇〇
麻織物（仝前）	八九、〇〇〇	一二、〇〇〇	八四、〇〇〇

（採自塞里克曼底世界失業）

在這種經濟狀況之下，失業者永續地增加，那是很明白的事。在大戰前，依據官廳底統計，有十五萬至二十萬經濟的豫備軍；在戰後，則達到一百二十五萬至一百五十萬的多數。從那百分比來說：在戰前平均是百分之二至百分之四，在戰後則達到百分之九至百分之十一。在將來也很少減少的希望，只要看下面的表便可以明白。

	一九二四年	一九二五年
煤炭業	一三〇、〇〇〇	二四七、〇〇〇
鐵及鋼鐵工業	五八、〇〇〇	五四、〇〇〇
造船業	七四、〇〇〇	八三、〇〇〇
機器製造業	九五、〇〇〇	八八、〇〇〇
木棉織物業	三五、〇〇〇	四〇、〇〇〇
麻織物業	二四、〇〇〇	二八、〇〇〇

建築業	七九、〇〇〇	九九、〇〇〇
被服工業	三一、〇〇〇	四八、〇〇〇
裁縫機器業	三二、〇〇〇	三一、〇〇〇
全部產業	一、三三一、〇〇〇	一、二五一、〇〇〇

（採自塞里克曼底世界失業）

關於這樣走到山窮水盡的英國底現狀，司各脫教授（J. W. Scott），發了如下的歎息：

『在十九世紀底初頭，我們英國人是唯一的工業國民。那時，各國都需要我們底商品。他們都因為我們是唯一的商店，所以都到我們這里來，不論多少。但是現在，誰也明白，我們已經不是唯一的商店了。如今已出現了許多敵對國。而且他們在那自然的利益上，還比我們豐富得多。我們不能不與他們競爭。但是我們失敗了。我們底商品，已經不是最善良的而且最廉價的了。我們已經不能適當地維持我們底生意了。因此，我們底倉庫裏，充滿賣不出的商品，工廠怠於生產，失業者放浪於街頭。我們很用心地為着

獲得新市場而凝視全世界底水平線。但是那已經不能發見，而且無疑地，那樣的東西已沒有存在了。』(司各脫敎授底失業問題)

〔德國〕歐洲經濟底混亂情形，表現得最劇烈的，是德國。德國也和英國一樣，不能不限制生產，它底經濟，一時好像完全築在砂上，非常之不堅固。加以美國底資本侵入德國，以至它底外國市場和內國市場，都完全美國化了。表示這混亂的德國經濟的，是那限制生產的結果，從生產過程裏被當作剩餘物而逐出來的失業者增加的傾向。失業底範圍，表現得最露骨最強烈的，是德國。其後，德國底經濟，號稱爲『穩定化』了；但是，合理化底結果，失業者反有越益增加的傾向。現在表示德國失業底推移情形如左：

一九一九年　一、〇〇〇、〇〇〇
一九二〇年　三〇〇、〇〇〇
一九二一年　一五〇、〇〇〇
一九二二年　一二、〇〇〇
（約五年間）

一九二三年（一月）	八五、〇〇〇	
一九二三年（十二月）	一、五〇〇、〇〇〇	約二年間
一九二四年（一月）	一、五四〇、〇〇〇	
一九二四年（十二月）	四五八、〇〇〇	
一九二五年（七月）	一九八、〇〇〇	
一九二五年（十二月一日）	六七三、〇〇〇	
一九二五年（十二月十五日）	一、〇五七、〇〇〇	
一九二六年（一月一日）	一、五〇〇、〇〇〇	
一九二六年（一月末日）	二、〇三〇、〇〇〇	

（採自塞里克曼底世界失業）

從以上的表可以看出如下的事：越到了後來，失業底波浪越來得急速；那失業波浪底浪頭，卽失業者數，每次漲高。現在，爲明瞭失業底急速的增加率起見，特舉出有組織的勞動者在一千九百二十五年底五月和十二月之間這短期間內失業率底增減情形如左：

	五月	十二月
鎔鑛工業	三・六%	一五・二%
織物工業	三・二	六・六
煙草工業	八・七	二五・四
木材工業	二・九	二四・七
茶食工業	一・三	二四・七
製鞋工業	四・六	三三・四

（採自塞里克曼底世界失業）

一千九百二十五年十二月底凱隆日報，關於這德國底失業情形，揭載了如左的社論：

『失業不僅是冬期底現象。失業問題是超過冬期底問題的。我們承認這重大的失業是繼續長期間的現象。這個現象，恰與英國那個行於長期間的現象，屬於同一的性質。』

〔北美合衆國〕迄於今日，最少受歐戰後世界底經濟惡況底影響的，不消說是北美合衆國。

現在試表示世界各國底國富底增進情形如左：

	一八七〇	一八九〇	一九一二	一九二三
北美合衆國	三〇、一	六五、〇	一八七、七	三二〇、八
英吉利	四〇、〇	五三、三	七九、三	八八、八
法蘭西	三三、一	四三、八	五七、一	六七、七
德意志	二八、〇	四九、五	七七、八	三五、七
意大利	七、三	九、七	二三、〇	二六、〇

〔注意〕標準爲十億弗（美金）

——國民城市銀行雜誌所載——

根據這個表所表示，歐洲各國底國富，就全體來說，有漸次增加的傾向，但其增加率是漸進的，且有顯示衰退徵候的國家；只有北美合衆國，單獨顯示急速的增加率，現出經濟力非常旺盛的景況。再從外國貿易上來看，也可以推知這個國家底經濟發達底盛況。尤其那攪亂歐洲經濟的歐洲大戰，並沒有使它在經濟上受着什麼大損失；恰恰相反，在大戰之後，美國底資本，反乘歐洲底疲困而流入歐洲了。例如那道威斯計畫，與其說是爲使歐洲底經濟復興，毋寧說是爲使美國底資本去支配歐洲。今日歐洲，對於美國負了一百二十億的債款。其中，英、法二國，便負了八十億的債款。因此，德國依道威斯計劃而應付給戰勝國的數十億金錢，只能用來償還這些債款，結局都歸於美國底懷裏。還有，在大戰之後，美國底資本侵入德意志、與大利、波蘭等國，也是極明瞭的事實。

美國雖有這樣膨大的國富和生產力，但在今日，也不能不限制那生產力了。這是因爲疲困了的世界市場，已經不能消化美國底大量生產的生產物了。而這生產底限制，則反射於國內失業底增加和國外販賣區域底減少。

美國沒有完全的失業統計。相反地，它有就業統計。根據這種統計看來，在一千九百二十一年，有六百五十萬失業者，占全體勞動者底百分之十五•九。在一千九百二十三年，有百分之九至百分之十的失業者，其數目約有三百萬。但是如前面所述，歐洲經濟已漸趨衰落，而從來的販賣區域又發生獨立的工業，開始排斥別國商品底流入，以致那結果，美國也不能像戰前那樣連續地去擴張生產了。據這情形看來，美國底失業，今後也要越益帶着慢性的、永續的性質吧。

〔波蘭〕今日最苦失業的國家，還有一個波蘭。根據波蘭底統計（官廳所發表的）來說：一千九百二十三年有失業者五萬二千，一千九百二十四年有十五萬六千，一千九百二十五年底初頭有二十萬，十二月達三十萬，一千九百二十六年底初頭有三十五萬，在同年之末達五十萬。

——以上只舉出失業現象最顯著的幾個國家。此外，捷克有失業者六十萬至七十萬；意大利在一千九百二十六年有失業者十六萬至十八萬；希臘約有五萬；比利時在一千九百二十五年九月有一萬五千，在十二月有四萬五千；荷蘭在一千九百零二年有百分之八・七失業者，在一千九百二十一年有百分之十三・八，在一千九百二十二年有百分之十七，在一千九百二十三年有百分之十七・一，在一千九百二十四年有百分之十九・七失業者。挪威有失業者三萬六千，瑞典有四萬，其它如西班牙、葡萄牙、丹麥、瑞士、匈牙利及巴爾幹諸國等，都有許多失業者存在。我們日本，也擁有多數失業者。甚至那號稱為全世界中失業者最少的唯一的國家法蘭西，也還有三萬失業者存在；但是現在法蘭西底比較良好的市況，是建在日趨低落的法郎之上——這和以前德國底商業，在那日趨低落的馬克之上，引起一時的好況一樣。

總括起來說，如前面所述，在一千九百二十六年底初頭，全世界有一千三百萬至一千四百萬失業者存在，單在歐洲便有七百萬至七百五十萬失業者存在；所以現在世界底失業所造出的一千九百二十一年至二十二年底大惡況時代，『遊離』階級，比那出了一千一百萬失業者的還要多了許多　而這種形勢，今後還有長久繼續的性質。

在一千九百二十六年一月五日發刊的『通信』裏，亞姆斯特丹國際底樂天派先生，也發出這樣悲觀的聲調：『世界各國勞動市場底一般形勢，是非常困難的。可悲的事情，便是我們不能不豫期這個恐慌還要更加厲害。』駐美英國大使該德，在一千九百二十五年五月底紐約時報上說：『我們相信多數失業者決不是因懶惰而不工作的人。因爲我們不能把他們所生產的商品賣掉，所以他們不能工作。我們眼目所向的一切地方，都有一塊濃厚的黑雲垂於水平線上』。

不錯，如今有濃厚的黑雲遮蓋着全世界。這種黑雲，究竟引起什麼呢？

前年十一月七日，日內瓦發的電報，題爲普遍歐洲一切地方的慢性失業，報告了如下的事實：『據日內瓦國際勞動局所發表，歐洲底失業問題，不但成了更慢性的，幾乎成了永久的了。德國在一千九百二十五年六月，領受失業費及其它津貼的失業者數，還只有三十萬人；但是現在，僅在柏林一個地方，其數目便已達到二十萬人，全國則達到一百七十萬人。

英國底失業者，也在一百萬左右。失業是今日歐洲一般底現狀。國際勞動局，正想以失業底對策，求敎於各國。』

戰後底失業與戰前底失業，在下面一點有很大的不同。就是在戰前，失業底增加是緩慢的，只有恐慌襲來時，才會急驟地增加。恐慌一去，失業便驟然減少，恢復到恐慌前底狀態，生產也呈現了活氣。而且那恐慌和惡況，也是在有規則的週期律之下出現的。但是戰後底失業便不然。戰後常有多數失業者存在，市況惡化時，失業者更多，就是市況轉好時，也已經不能回復舊態，而有永續的傾向；生產力和生產底基礎，都有減少的趨勢。誠如日內瓦國際勞動局所發表，『失業問題，不但成了更慢性的，幾乎成了永久的了』。失業在好況時也有多少存在，已如前面所說；但是鬧得最兇猛而成爲社會問題的時候，却是惡況或恐慌時。今日失業已成了世界經濟所伴隨的一大現象，變成一個世界的問題；所以失業問題成了慢性的而且永久的問題這一件事，簡直就是惡況或恐慌成了慢性的而且永久的意思。

然則爲戰後底一個大問題的永續的失業底原因——永續的惡況，是由什麼原因而發生的呢？關於這個問題，有左列幾種說法。

（一）把這種惡況底原因，僅歸於歐洲戰爭的說法。據這一說：歐洲大戰，不僅殺害了許多有勞動力的勞動者，而且破壞了許多生產機器，把許多資本消耗於不生產的戰事需要品底生產，加以伴隨了許多債務和强度的徵稅，所以使世界底經濟界從根本上受了重大的打擊。因此，今日惡況底原因，在於這歐洲大戰底經濟的創痍沒有完全痊癒。這一說底主張者，以爲過了一些時候，這種創痍漸次治愈，到了歐洲底經濟復興時，現在的永續的惡況便會變成好況。

然而歐洲大戰後迄於今日，已經過了八年。今年望明年，明年望後年，已足足望了八個年頭了。但是歐洲經濟底實況，不但沒有走着復興的路子，反而取着低落的傾向。

（二）以戰後和平條約底履行爲今日惡況底原因的說法。據這一說：和平條約，第一，變更政治的國境，因之破坏了向來的經濟的統一，破坏了生產底統制。第二，要求戰敗國付出多額的賠款，因之擾亂了生產，毀壞了國外的販賣市場。第三，俄國脫離歐洲經濟，以致破壞了歐洲底經濟的權衡。因爲產生了這些結果，所以歐洲來了惡況。

(三)歐洲大戰勃發的那年，依據週期律，正是恐慌應當襲來的一年。但是這個恐慌，因歐戰底勃發而延期，在歐戰後，又因戰後的一時的好況而延期了；到了現在，正是那正常的恐慌出現的時候。這是第三種說法。

以上三種說法，都以為現在的恐慌是一時的現象，這種一時的現象，不久便會烟消雲散。到了那個時候，惡況的雲霧，又化成好況的青天，現出一片美麗的景色，高高地布在空中。

但是歐洲底戰雲收束以來，如今行將經過十年的歲月，而經濟界底前途還是暗澹無光；對於這種事實，究竟將怎樣說明呢？

塞里克曼(Selikman)在他所著的世界底失業裏，斷定這永續的惡況底原因如左。

那第一個原因，是歐洲底大戰。從來世界各國間所行的戰爭所引起的經濟上的混亂，到了戰爭終了後，都能較迅速地把經濟機關恢復原狀。例如一千八百七十年與普魯士戰爭而一敗塗地的法蘭西，雖因此付出五十億賠款，加以三月又有著名的巴黎公盟底騷動，但是到了八十年代底初頭，便能完全脫出戰爭所給的經濟上的創痍了。然而這次世界大戰所引起的混亂，到了將閱十年的今日，還沒有顯出何等復舊的希望。這是因爲這次大戰底結果，給了經濟界以致命的打擊。這件事情，只要看下述的事實便可以明瞭。就是從一千七百九十三年起，到世界大戰止，一切戰爭所耗費的金額，總計達二百億弗（美金）；但是僅僅這次世界大戰所耗費的金額，竟達到了三千三百八十億弗的巨額。其中有三千億弗，是歐洲各國所消耗的數額。英、法、德、意等歐洲列強，戰前所有的國富，總計約合二千三百七十億弗。所以歐洲在一千九百十四年至一千九百十八年繼續四年餘的世界大戰中，差不多把多少年代蓄積起來的歐洲底總國富都消耗完了。因此，今日要想恢復戰前底經濟狀態，非在很少的期間趕上過去多少代人所做的努力不可。要達到這個目的，倘若今日的世界不出現稀有的奇蹟，那便是不可能的事。再加以下述第二個原因，即使全歐洲人都在行奇蹟的拚命的努力，也成了枉然的了。

永續性的歐洲惡況底第二個原因，是戰後經濟上的無能力。這就是歐洲全體，都不能不限制生產。他們雖然實行資本主義的大量生產，但是販路（不問內外）受了妨礙，因之不得不限制生產。最顯明的例子是英國。英國是資本主義底最先進國，曾經在經濟上做了世界底經濟的支配者，就是現在也還是歐洲最富的國家，但是因爲前述那樣經濟上的貧窮，竟至在一切產業方面都不能不限制生產了。要證明這英國生產界底絕路，只要看前述的開內斯所舉的英國產業界走到絕路的原因，便可以明白。開內斯所舉的原因如左：

(一)我們英國底重工業，大部分歸於老朽，組織甚爲不良。

(二)我們英國以前所輸出的商品底過剩，還堆積於世界市場上。

(三)因爲英帝國及其內部底自治體，課稅太重，以致我們英國底工業在世界市場上，失了與別國競爭的能力。

(四)英國人底購買力，因歐洲一般所苦的經濟界底不安而減退。

開內斯氏，如前面所述，是英國有數的內地銀行底首席董事。處於這種地位的人，對於英國下了這樣的診斷，由此很可以想像英國經濟底窮乏之情形。

這種傾向，不僅在英國如此，乃是歐洲一般的狀態。例如在一千九百十三年，全歐洲底工業材料底生產量是一百三十億五千萬馬克，但到了一千九百二十三年，却減少到一百二十億七千萬馬克，以百分率來說，是從百分之三十七低落到百分之二十八。又如農產物，在一千九百十三年有二百六十億三千萬馬克；但到了一千九百二十三年，便減少到一百七十億二千萬馬克，以百分率來說，是從百分之六十七減到百分之五十四。再看重要工業底生產額，在一千九百十三年與一千九百二十五年之間，煤從六億五千噸減到五億一千噸，鉄從三千九百萬噸減到三千一百萬噸，鋼鉄從三千七百萬減到三千三百萬。『歐洲底生產能力，在最好的場合，能夠止於一千九百十三年底水平線；反之，實際上的生產活動力，却因歐洲生產物受外國市場底排斥，以及國內販賣區域底減少（這是受貧窮的國民底消費減退底影響），所以比之於生產能力，是減退百分之十至百分之十五。』

這不是僅在歐洲的問題。就是在那世界中最興盛的唯一的國家北美合衆國，也已經現出這種傾向，而不能不限制生產；這在前面已經說過了。簡單地說，就是不論北美合衆國怎樣富裕而有生產能力，但是世界市場已經不能消化美國底生產物了。

這樣看來，企業底縮短，生產底限制，販路底減退需要，購買力底低落，這些都不止是歐洲的問題，乃是今日在全世界都可以看見的現象。

我們倘若仔細觀察塞里克曼所舉的上面兩個原因，便可以知道它已暗示資本主義經濟制度漸漸走到絕路的事實。卽現今世界惡况底永續，是從現存經濟制度自身之中必然發生的現象。

現在世界各國，對於這澎湃於全世界的惡况底連續以及那結果失業底永續，採取了怎樣的對策？

第一個對策是失業保險。失業保險，最初由工會來實行，其次由自治體來實行，再其次由工會和自治體聯合起來實行，最後才由國家來實行這種保險。國家最初實行失業保險，是一千九百十一年十二月英國所發布的『國民保險條例』，根據這個條例的英國底強制保險。失業保險，有强制失業保險和任意失業保險二種。採用前一種制度的，是德國、奧大利、英國、愛爾蘭、意大利、波蘭、昆士蘭等國；採用後一種制度的，是比利時、荷蘭、丹麥、挪威、芬蘭、法蘭西、瑞士、捷克、西班牙等國；其它如瑞典、布加利亞、希臘、日本等國，現在正將採用失業保險。

然而這種失業保險，對於今日這種永續的失業，只能盡膏藥底作用；甚至這點小小的作用，也因保險法底常常變化，使失業者及一般勞動者感受痛苦。失業保險底缺點，在於失業時付給勞動者的金額非常之少，不足以維持生活；而且到了像今日這樣失業現象永續化了的時候，單以少額的保險金，也決不足以救濟失業的勞動者了。再則，失業保險，因法律上及其它的理由，並不普及於一般勞動者，尤其是對于農業勞動者、家庭使用人、官廳底下級使用人、外國勞動者，各國都把他們除外。

第二種對策是貯蓄制度。最初提倡這個制度的，是一千九百十一年在失業一本書裏討論這個制度的拉倍爾紐及盎利兩個學者。實行這個制度的國家，主要的是北美合衆國、匈牙利、普魯士、奥大利、丹麥、挪威、俄羅斯、瑞典、法蘭西、意大利、英吉利、比利時、荷蘭等國。然而採用這個制度，也決不能防止或救濟繼續長期間的失業。

第三種對策，就是主張把失業者送到海外去做海外移民。但在今日，各國都苦於自己國內有許多失業者沒有地方容納，絕對沒有餘地來容納別國底失業者。現在各國都提倡移民禁止法案，便是表示這種事實。再則，今日已經和以前不同，能讓移民自由入境的新開拓地，可以說已經完全不存在了。

第四種對策，就是最近由司各脫氏提唱的家庭園地計畫（The Home Croft Plan）。這個計畫，如司各脫自己所說，並不是想停止失業底波浪，只是想避免失業底害惡。現在且借他自己底說話，來說明這個計畫。

『建設家庭園地社會殖民區於商工業底中心地，使商工業勞動者住在那里。社會殖民區(Settlement)，設於都市底郊外；在那里，有許多勞動者底小屋羣；在那里，都市底勞動者得有三分之一畝乃至一畝的土地。這些宅地，是一個食物製造區域。各住宅對於其中非做不可的勞動，應有適當的考案。

家庭園地制，是一種用自己底手製造自己底食料的方法，所以沒有向別處購取食料的必要。利用短少產業時間這一點，是這個制度底暗示。一個人在一天，有兩次執務時間。一次是為取得工錢而作產業的勞動，另一次是與他底妻子在庭園裏做食料。』

我們看了這種計畫，實在要驚異世界上竟有這樣的閑人，會對於數達一千多萬的現代失業者，想出這樣耐性的失業防止法。

那第五個對策，就是大都市當恐慌時提供巨額資金的方法。但是這也只能作一時的救濟，對於今日這樣多數而永續的失業，是沒有什麽効果可期的。

那第六個對策，就是特別爲失業者而行道路底新設和改修，運河底新造及其它種種事業，供給失業者以工作的方法。然而這個方法，第一因爲這種事業是一時的性質，從而只是一時的救濟；第二因爲從事這種事業的失業者，其工錢遠低於一般工錢；所以也和別的對策一樣，不過是一時的糊塗的救濟。一九二四年，當我留在英國的時候，看見當時勞動黨內閣財政大臣斯諾登，爲救濟失業，樹立一個要在泰晤士河底開鑿隧道的計畫；也不過是這種糊塗政策底一個例子罷了。

現代世界底失業，是現代資本主義經濟制度內固有的現象，具有永續的慢性的性質。這種失業，誠如國際勞動局所發表，『已經帶了慢性的而且永久的性質』。上面所說的那些失業對策，對於這種强烈的、範圍很廣的、永續的失業，不能期待什麼實際的効果，那是很明瞭的。

最後，我再重復一遍駐美英國大使訥德底說話：

『我們相信多數失業者決不是因懶惰而不工作的人。因爲我們不能把他們所生產的商品賣掉，所以他們不能工作。我們眼目所向的一切地方，都有一塊濃厚的黑雲垂於水平線上。』

以上是根據下列三本書，尤其是最後的塞里克曼底一本書，敍述了大戰後底失業狀況。這幾本書內所說的，從今日看來，自然有些不妥當的處所，但大體上都可以說是有益的研究，所以我願意介紹於左：

Hobson, Economics of Unemployment (1924)

Cole, Unemployment (1923)

Selikman und Schumann, Weltarbeitslosigkeit (1926)

至於最近世界失業底狀況，則可借洛若夫斯基底話來說明。後面所引的，是他在一千九百二十八年赤色工會國際第四次大會裏所作的報告底一部份。

『在政治的及生產的領域中，資本攻勢底第一個特別重要的成果，是巨大失業羣底形成。在英國那樣的國家，失業已顯然取了恆久的性質。英國在過去八年間之久，有百萬以上的失業者存在：這件事實，究竟含有什麼意思？這就是說，英國底勞動者階級，比之於生產能力，以及對於該國資產階級所能支配的市場，都太過巨大，太過多數。就是英國底生產機關，不能運用其全能力的意思；也就是勞動者階級底一定部分，約百分之十至百分之十二，若不做移民，便只有死亡，須在這兩條道路中選取一條的意思。不論怎樣，凡在失業取了恆久的、不動的而且確定的性質的地方（例如英國），都不能不用什麼方法去處置那要危及全資本主義制度的巨大的內部的危機，卽過剩勞動力。關於解決這個問題，在英國出現了各種計畫。例如想把這過剩人口移殖於殖民地的計畫，想減低勞動階級底生活標準，利用失業羣爲工錢壓迫者的計畫等是。一般地說，英國國民經濟底特徵的現象——恆久的失業，是資本對於勞動的鬬爭中最重要的原素，是資產階級對於勞動階級的攻勢底最重要的武器。

這種政策底本來的特質或本來的結果，成了其它各國失業波浪底顯著急激的變化而出現。我們試看一看德國底非常的動搖。德國因國民經濟底急速合理化，所以比其它各國，更急速地把幾十萬勞動者拋棄於街頭，使失業羣達到了二百萬。後來減到百萬，去年末減到五十萬；但在最近，又大行增加，將有新的破滅。

失業者增減底如此急激的變化及資本對於勞動階級的一般的突擊底成果，給予資本家以如下的可能性：使他們在這些國家裏也能於某一定的程度，統制勞動市場，而且更加減低勞動者底生活標準。美國底失業者，也上百萬，正在有力地壓迫勞動羣衆底生活標準。』

第二節　企業結合、資本集中、獨占及企業家聯盟

昂格斯在資本論第三卷第一篇第六章『資本底價值增進和價值低減，資本底遊離和拘束』底一節中，寫有如左的附記。（這個附記，大約是在一千八百九十四年寫的。）

『自從一千八百六十五年以來，在一切文明國，尤其是在德意志及美利堅，產業急速發達的結果，使世界市場中的競爭大行增進。急速而巨大膨脹的近代生產力，日益超出這生產力所依以運動的限界，卽資本主義的商品交換法則底統制——這件事實，如今竟越益逼到資本家自身底意識上來。這特別以兩個徵候表現出來。第一是所謂保護關稅狂的新的一般的傾向；這種保護關稅狂，與舊來的保護關稅主義底不同點，在於最努力保護那有輸出能力的物品。第二是屬於大規模的生產部類的製造業者，爲調節生產以至

調節價格和利潤而組織的加特爾(託辣斯)。不消說，這些實驗，只能行於經濟上的天候比較良好的場合。一旦暴風到來，這些實驗，便都要被吹倒。而且由此證明：生產雖然需要調節，但是能够担負這種任務的，決不是資本家。總之，這種加特爾，除了便大者比以前更迅速地併吞小者以外，再沒有別的目的。』

資本主義一成立，便產生經濟的自由主義，資本家想靠自由競爭以獲得最多的利潤。產業革命中新生產手段底出現，及其後對於生產手段的改良，以至電氣發動机等底新發明，使生產力遂了異常的發展。然而如前面所述，生產力底增進，尤其是它底急速的增進，使資本底有機構成，即不變資本與可變資本底比例，發生變化，使可變資本在對於總資本的比例上，相對地減少。這件事情，有使平均利潤率(剩餘價值對於總資本的比率)越益低落的傾向。簡單地說：資本主義底發展，有利潤率下向的傾向。

於是以追求利潤爲目的的資本家，便想防止這種傾向，想緩和自由競爭或廢除自由競爭，以提高價格，因之提高利潤。這樣，便發生獨占的形態。就是產生企業結合。明白點說，就是異種或同種的企業，依結合而形成獨占，以提高生產物底價格，從而提高利潤。企業底結合，從資本方面來說，就是資本底結合，卽是資本底集中。

捉進企業結合的，還有銀行資本。金融資本論底著者希爾法廷說道：

『原來那種在技術上及經濟上占優勢的產業企業，有這樣的希望：在競爭戰之後，做勝利者，維持市場，擴張其販賣，且於放逐敵手之後，長久獲得特別利潤。但是銀行所考慮的，却是性質與此不同的東西。就是這個企業底勝利，不外是別一些也和銀行有關係的企業底失敗。別一些企業，也受了許多信用；但是現在，它們所借入的資本，已遇到了危機。而且競爭戰自身，對於一切企業，是一個損失時期。因此，銀行不能不限制其信用，停止有利益的金融業務。一企業底勝利，决不能塡補銀行如上的損失。而且這樣强大的企業，反是銀行底仇敵；銀行從此决不能獲得巨大的利益。所以互相競爭的諸事業，一旦成了銀行底顧客時，銀行從他們底競爭中，只能期待不利益。因此，銀行要想除去自己有關係的諸事業間底競爭這一種努力，是絕對的努力。而且各銀行，又盡可能地以高利潤爲利益。這種利潤，如果別的情形都是一樣，也只有在一產業部門內競爭完全被除去時，才能達到那頂點。於是銀行便努力於獨占底樹立。不但如此，銀行資本越益强大，甚至違反各個企業底意思，去遂行這個目的。因此，倘若沒有銀行資本底合作，自由競爭也許還要繼續下去——在這樣的一個經濟發展階段，能夠很早除去競爭，關於這一件事，產業資本，全靠銀行資本底支持。』（希爾法廷底前揭書）

企業結合，大體地區別起來，有『利益協定』（Interessen＝gemeinschaft）和『企業合併』（Fusion）二種。在前一種組織中，加入該組織的各企業，形式上得維持其獨立性，而以契約規定共同事項；後者是解散各企業，合併爲一個新企業的組織。

『加特爾』（Kartel, Cartel）是獨占的利益協定，各企業在形式上雖保持獨立，但關於相關各點，例如販賣條件、價格、商品底生產量、各個企業底利潤底分配等，皆以契約來規定。加特爾之中，有一種爲統一各企業底生產品底販賣，而設立中央販賣部，廢除各企業底商業的獨立，而代以加特爾爲一個商業單位；這種加特爾，一般稱爲『新狄嘉』（Syndicate）。

託辣斯（Trust）——也可以叫作『康拜』（Combine）或『宓策倫』（Konzerne）——是

獨占的企業合併。

然而第一種利益協定和第二種企業合併，還可以各分爲二種。這就是屬於同種產業部門的結合和屬於異種產業部門的結合；前一種叫作『單域結合』(homosphärisch)，後一種叫作『複域結合』(heterosphärisch)。在後一種之中，特別重要的是原料產業部門和加工(或完成)產業部門底結合，這種結合，稱爲『企業連結』(Combination, Kombination)或垂直的(Vertikal, Vertical)結合。對於垂直的結合而說，同種產業部門間底結合，稱爲水平的(horizontal)結合。

上面所說的關於結合形態的分類及日本譯語，各學者所用的，至今還沒有一致；不過我底分類，大體上是依照希爾法廷的。

關於加特爾和託辣斯底區別，形式上雖有上述那樣的區別，但在實質上，却有不少苦於分別的場合。

然則包含如上所說的利益協定和企業合併的企業結合，究竟具有怎樣的性質呢？德國凱斯脫納博士(F. Kestner)，在他所著的組織強制中，把結合所有的力量作如左的分類：

（一）原料封鎖；

（二）依共同而行勞動力底封鎖（卽依資本家與勞動團體底協定，只許勞動者受雇於結合的企業）；

（三）運輸机關底封鎖；

（四）販路底封鎖；

（五）購買者底拘束；

（六）爲對抗結合以外的事業，而行一時的減低價格；

（七）信用底封鎖；

（八）同盟抵制。

據這看來，結合底性質及目的，完全在於獨占。

加特爾及託辣斯底著者李輔曼（Robert Liefmann），對於加特爾下了這樣的定義：「所謂加特爾，乃是屬於同一種類的獨立的企業，以達到市場底獨占的支配爲目的的，自由的結合。』(Liefmann, Kartelle, Konzerne und Trusts 1927. S. 10) 這一句話，把結合底目的很正當地表示出來。然而到了最近，却有許多學者以爲李輔曼底這個定義失之過狹，而提出異議，提唱新的定義。例如仲巴特說，加特爾是有排除競爭的傾向的目的團體(Zweckverbände ……… mit Konkurrenzausschliessender Tendenz)，列尼希(Lebnich)說，加特爾底目的非在於獨占，乃在於互相競爭的企業底組織化(Organisierung der Wettbewerbs)。其實這些，不過是用語之爭，所謂『排除競爭』，所謂『互相競爭的企業底組織化』，其意義與獨占理論，並沒有什麽不同。

其次，應當敘述結合底歷史及現狀。現在把它分爲國內結合和國際結合來論述。

列寧把這獨占形態結合底發達史，扼要地說明如左：

『獨占底歷史中，其主要的階段如左：

(I) 從一千八百六十年至一千八百七十年——這個時期，是自由競爭底發展底最高點，而且是限界。獨占才開始發生。

(II) 一千八百七十三年恐慌以後——這個時期，如特爾已大行發展，但還是例外的，而沒有成爲通則的現象。這時加特爾還是過渡的現象。

（三）十九世紀末底好況及一千九百年至一千九百零三年底恐慌——加特爾到了這個時期，成了全經濟生活底一個基礎。資本主義，成了帝國主義。』（列寧底帝國主義論）

獨占形態，在一千八百六十年以前，也可以發見，但那還是萌芽時期；至於它底大發展，是在一千八百八十年以後。到了一千八百九十年代底初期，加特爾已不是過渡的現象，而成了正常的現象；就是到了一千八百九十年度，原料產業已經加特爾化，隨後，鑛山業、冶金業等，也漸次結合化了。

做這些獨占的結合底基礎的產業，第一是鐵、煤等重工業。那做燃料的煤及做一切機器原料的鐵，這兩種工業，在現代最有結合底可能性。這兩種工業實行結合的場合，結合中底支配權，多在於金屬工業方面；而結合底經過，煤炭工業也常處於受動的地位。這種結合，也有加工業、運輸業等參加，多半構成所謂垂直的『空策倫』。德意志底『司聰內司空策倫』，便是一個例子；這個『空策倫』，把火車、輪船等運輸業、製紙工廠、新聞社等，一起結合起來。現在便以這個做例子，來看一看『司聽內司空策倫』(Stinnes Konzern) 底結合狀態。

這個『空策倫』，以『R・E・U』爲主體。這個『空策倫』，是一個以鐵、煤、加工業及電氣等爲基礎，再結合了海運業（猶哥・司聽內司南美航路）、造船業、製紙業、印刷業（柏林底俾克森休泰印刷所等）、通信業（唐梅特商會及電報通信）及新聞業（德意志・阿格瑪內・采伊脫溢、羅卡爾・盎采格等一百三十八家新聞）等的托辣斯。這個『空策倫』，有三個主體，又有二個大企業參加，還有五個托辣斯化的大經營。所謂三個主體：第一個是德意志・盧森堡股份公司（鑛業、熔鑛業），它是『空策倫』底母體，有二億六千萬馬克的資本，於一千九百二十一年已形成垂直的托辣斯（其代表者是司聽內司、吉德爾甫、希孟斯等，結合着魯爾地方底十二個煤鑛、五個熔鑛爐、鐵鑛、造船所、製鐵品販賣公司等）；第二個是蓋希格吉亨鑛業股份公司，它有三億一千八百萬資本，並有魯爾地方底十五個煤鑛和幾個鐵鑛；第三個是波茨休瑪鑛業及製鐵聯合，它有七千萬資本、九十五個工廠、西班牙及瑞典底鐵鑛。所謂加入這『空策倫』的兩大企業，就是奇孟斯・哈司開及奇孟斯・休開特兩大電氣工業公司。此外，還連結了司聽內司•黎倍克煤油公司（關於煤油，後面還要說明）及萊因•威士脫法利亞電力公司等。至於其它被結合的各種小企業，這里沒有詳述的必要。然而在這個『空策倫』底背後，還有操縱它的柏林商業銀行、德意志銀行(DeutcheBank)、德勒斯登銀行（Dresdner Bank）等底金融資本（關於金融資本，等後面去說）存在。據說這個『空策倫』底資本，在一千九百二十一年，達六億一千五百萬馬克。

企業結合底基礎產業，第二種是煤油。煤油在近代資本主義中，成了怎樣不可缺少的東西？關於這個問題，阿諾脫（Page Arnot)在他所著的煤油底政策（The Politics of Oil）一本書裏，有如左的說明：

『迄於十九世紀，礦蠟（Paraffin）是煤油底主要產物。然而到了新世紀，煤油工業便發生一個革命。第一，內燃發動機底發明，在原油底比重小的部分裏、發見了一個用途。但是精鍊底殘滓，卽器底之比重大的部分，還依舊是殘滓。然而兩個改良方策，全把它變更了。第一，『提塞爾機關』被發明了。第二，煤油成了良好的散滴，代替煤炭燃料而在蒸汽機關中被燃燒了。

重油若加以強度的壓迫，便像石腦油一樣，會行爆發，這件事也被發見了。這樣，『提塞爾機關』，喚起了巨大的新需要；最初，它被使用於機械裝置，後來，又被使用於船船了。這種發動機船底數目，不斷地增加。根據勞德船舶登記簿所載：一千九百十四年，全噸數有百分之三•一被驅逐；到了一千九百二十四年，便有百分之二十九•八八被驅逐了。

然而更重要的，是在工廠、機關車、或商船及海軍裏，當作燃料的煤油底用途。……煤油比之於煤，有數等利益。第一，已證明了：煤油底能率，對於同量的煤四，可以敵得過七。……因此，在帝國主義戰爭底當初，帝國海軍底船艦，約有百分之三十具備了燃料煤油。但是到了停戰時，其比例便達到百分之九十五了。若把海軍除外，其增加率還更巨大。……

如今還有一個利益，就是港灣中燃料底節省。這是因爲煤油底存入，比煤炭底存入要迅速得多。……』

這樣重要的煤油產業，爲近代企業結合底一個重要的原素。在這種結合中，有名的是美孚煤油託辣斯和羅雅•達奇•奢爾煤油託辣斯（Royal Dutch-Shell）。兩者都是國際託辣斯。

美孚煤油託辣斯，是處於美國富豪羅克佛拉底資本之下的託辣斯，今日其總資本可以估計爲三十億弗。這個託辣斯，最初起於煤油輸送管底敷設業，但到了今日，幾乎完全獨占了煤油底生產和煤油底輸送。亞美利加油田（有世界底四分之三的產額）底十分之九，屬於這個託辣斯。其它世界底油由，也有它底手在伸展着。它還結合了貯水池、倉庫業、輪船業，爲它底附屬企業。與這個託辣斯結合的主要的煤油公司，有左列幾個。

（1）　在美國內部，有：

美孚煤油公司（母公司）；

加利福尼亞•美孚煤油公司；

印第安納•美孚煤油公司；

紐約•美孚煤油公司；

俄亥俄・美孚煤油公司，

大西洋精油公司。

（2）在美國以外，有：

羅美公司（羅馬尼亞）；

英美煤油公司（英吉利）；

法美煤油公司（法蘭西）；

國際煤油公司（加拿大）。

此外，在世界底一切地方，都有美孚煤油公司底代理店。

與這個託辣斯相對抗的託辣斯，是羅雅達奇奢爾煤油託辣斯。羅雅達奇奢爾託辣斯，原來是結合羅雅達奇公司和奢爾公司而成的。前者是於一千八百八十三年設立於蘇門答臘，在該地方實行採掘煤油的荷蘭底公司，其資本有一百三十萬『福祿令』。後者是經營煤油底輸送及貿易的英吉利底公司。這兩個公司，其後到了一千九百零七年，實行特殊協定；其後經過種種路程，由前者買收後者，而形成『康拜』，變成一個東西；在『康拜』之下，生出荷蘭公司和英吉利公司，前者專行煤油底採掘，後者則担任煤油底運輸。這個『康拜』底構成分子，雖以荷蘭爲主，但是資本却仰給於英國，專依英國政府底政策而行動。在大戰稍後，有五百萬噸的產出量；但到了一千九百二十三年，便達到一千六百萬噸以上了。這個『康拜』，與美孚託辣斯相對抗，而形成一個煤油王國。關於煤油託辣斯的，有左列兩本良好的參考書。

（1） P. Arnot, The Polities of Oil. 1924.

（2） L. Fischer, Oil Imperialism. 1926.

結合底第三個基礎產業是電氣。電氣在今日是一個重要的動力，已經超過蒸汽力了。電氣在一切大工業裏，對於動力、發光、運輸、煖房等，都已成了不可缺少的東西。這是在企業底結合上成爲重要的原素的緣由。以電氣業爲中心的結合之中，最大的是德意志底『A•E•G（Allgemeine Elektrizitäts-Gesellschaft）空策倫』。現在就簡單地述一述這個『空策倫』底情形。

『A·E·G空策倫』，與『司聽內司空策倫』以重工業爲出發點相反，它是以電氣工業及發電所爲出發點，結合電機具製作、機器、火車、輪船等各種製作業，並與採鑛、治金等重工業連結，而形成了大『空策倫』(垂直的)。迄於一千九百二十年代，都以那後年被暗殺的拉推諾(Walter Rathenau)爲形式上的頭目。在一千九百二十三年，結合了的諸企業，計有一千八百三十八個，其總資本達到一百五十億馬克。在德意志，與『司聽內司空策倫』，同爲二大典型的託辣斯。

結合底第四個基礎產業是交通業。現在且以其中海運業底結合情形來做一個例子。在世界大戰中，各國政府，把大部分船舶都拿來用於戰爭底目的，竭力獎勵海運界底發達，因之各公司都賺了非常大的利益。在戰爭開始以來二十六個月間，英吉利底聯合船主協會，獲得二億四千六百萬磅的利潤；寇拿德公司於一千九百十八年支付百分之的股利；羅雅●美爾●士推姆●派開脫公司，獲得四百萬磅的利潤；該脫斯堵公司，於一千九百二十年至二十五年之間，獲得五百六十萬磅的利潤；於一千九百十六年，支付百分之四十的股利，於一千九百二十年，支付百分之三十三的股利，平均支付了百分之五十以上的股利。北美合衆國，於一千九百十七年，在政府底直接參與之下，設立資本達五千萬弗的獨乃退德司退茨•愛瑪吉西•富里脫公司，把當時碇泊美國港灣的德、奥二國底船舶及本國底一切船舶，都收爲己有，其噸數增加了二百五十萬噸。又以那屬於摩爾根及羅克佛拉底兩個託辣斯，設有二百碼頭和一千二百船塢的亞美利加國際公司爲代理店，越益奬勵造船事業，因之到了一千九百二十一年，便有一千七十萬噸的船舶了。這樣，在世界大戰中，船舶所有者遇到了非常的好況，每個都發了大財。

歐洲大戰後，各資本主義國底商船非常增加，這些商船底大部分，有集中於極少數公司手裏的傾向。現在且依照國別表示這種傾向如左。

（一）德國——七個公司領有二百二十二萬八千五百二十九噸，約占德國蒸汽船及電氣船底百分之七十四。

（二）英國——領有八百十一萬六千噸、約占英國船舶底百分之四十三的七十三個公司，結合成六個『容策倫』。

（三）法國——約占法國船舶底百分之六十四的二百二十五萬三千噸，歸十七個公司所有。

（四）意大利——二十三個公司，領有約占該國船舶底百分之六十三的一百八十四萬噸。

（五）比利時——兩個公司，領有約占該國船舶底百分之六十二的三十四萬噸。

（六）丹麥——八個公司，領有約當該國船舶底百分之六十二的六十三萬七千噸。

（七）荷蘭——十二個公司，領有約占該國船舶底百分之七十五的一百九十五萬噸。

（八）挪威——十五個公司，領有約占該國船舶底百分之三十三的一百九十五萬噸。

（九）瑞典——六個公司，領有約占該國船舶底百分之四十五的六十二萬噸。

（十）西班牙——五個公司，領有約占該國船舶底百分之四十三的五十萬噸。

這里所舉的數字，還沒有表示出適切的狀態。因爲在實際上，各公司是更密切地結合着，而隸屬於少數的大企業。這些公司，或結成水平的『空策倫』，或與造船業、運輸業、國內海運及其它諸企業，形成垂直的『空策倫』。現在爲表示這些事情，且說一說德意志、英吉利、美利堅等國底情形。

(一)德意志底情形

德意志一則受了大戰中船舶底損失，二則爲了賠償而交出許多船舶，以致在戰爭之後，船舶非常減少。在一千九百十四年，德國有船舶五百五十萬噸；但到了一千九百十九年，便激減到六十萬噸了。船舶數底增減情形如左表：

年度	噸數
一九一四年	五、四五九、二九六
一九一九年	六〇〇、〇〇〇
一九二三年	一、八八七、四〇八
一九二六年	三、一一〇、九一八

再就各公司來說，在一千九百十四年，哈派格公司有二百十六隻，北德意志·勞德公司有二百四十五隻，漢塞公司有八十七隻；但到了一千九百二十年，便各減到十七隻、十六

隻、一隻了。不過在大戰以後，因政府底竭力援助，造船業大受獎勵，所以到了一千九百二十六年，又增加到三百十一萬噸了。

一千九百十四年，全噸數底百分之四十六，屬於十四個大公司，其中有百分之三十四，屬於哈派格與勞德兩個公司。這些公司，已經在戰前，彼此之間，及與銀行之間，有了密切的關係。十四個大公司底統計如左：

公司名	1914年	1925年	1926年	1927年
漢堡・亞美利加・萊因	噸 1,102,053	364,501	456,553（與下列合計）	928,600（以上五公司合計）
德意志・魯邦脫・萊因	114,196	42,909		
德意志・澳大利亞	261,116	86,722	1926年與哈派格結合	
科斯謨司	168,146	84,501		
猶哥・司聽內司・萊因	42,761	126,506		
漢堡・南亞美利加公司	267,117	59,810	149,600	191,000
德意志・東亞非利加公司	103,613	43,043	50,983	47,795
威爾曼・萊因	113,028	36,678	43,634	48,100
北德意志・勞德	752,874	375,610	613,056	803,145
羅朗德・萊因	74,705	109,486	1926年與勞德結合	
漢堡・蒲萊孟・亞非利加・萊因	42,934	26,059		
霍隆	30,684	19,328		
漢塞	353,291	148,128	189,626	226,941
內普脫溫	53,217	34,620	42,948	42,948
計	3,509,135	1,557,903	——	2,228,529

第六章　資本主義底發展及其各種問題

在一千九百二十七年，如右表所表示，已結成了七個大公司。這七個大公司，到了一千九百二十七年，領有德意志船舶底百分之七十四，在各公司之間，實行資本參與，股票交換，及各種利益協定，所以它們底關係頗爲密切。在這些公司之中，哈派格空策倫(Die Hapag)和北德意志勞德空策倫（N. D. Leyd），成了全體商船底支配者。就是這兩個『空策倫』，其後參與威爾曼•萊因公司和德意志•東亞非利加公司，因之支配了與亞非利加底交通。哈派格空策倫，參與了漢堡•南亞美利加公司；勞德空策倫，則參與了達拿脫銀行、休雷德爾銀行（支配漢塞公司及內普脫溫公司的銀行）。而這兩個大『空策倫』底背後，又有大銀行在牽着金融資本底線。這兩個『空策倫』，又併合其它許多企業和重工業，通過金融資本底手，去支配別國底工業（主要的是亞美利加底工業。）

再則，這兩個『空策倫』，經過那背後的銀行底介紹，又向着結合的路上走。一千九百二十七年，兩者之間成立了利益協定。

(二)英吉利底情形

世界大戰底結果，英國喪失了十分之四的船舶。

一九一四年　二一、一四五、一四九噸

一九一八年　一七、九九○、九一一噸

一九二二年　二三、○四二、五二○噸

然而在大戰後，一則由於獎勵造船，二則由於禁止船舶銷售外國，所以便能夠比其它各國更急速地恢復原狀了。今日英國底海運界，歸左述六個『空策倫』所有。

空策倫名	結合公司數	船舶數	噸數
披•奧	一四	四三八	二、四二四、○○○
羅雅•美爾	二八	四六七	二、三八七、○○○
愛拉曼	七	二一九	一、○二七、○○○
寇拿德•萊因	六	一○○	一、○二一、○○○
霍爾脫	二	八一	六四四、○○○
法內斯•惠脫愛	一六	一一一	六一三、○○○

這些『空策倫』，還由併合其它企業而擴大其所有。羅雅•美爾空策倫，併合了兩個企業，買收了詼脫•斯塔•萊因公司底總股票；法內斯空策倫，買收了四十個各種公司（鐵路、碼頭、銀行等）。這六個『空策倫』，又在相互之間成立了各種協定。

（三）美利堅底情形

美國總噸數一千萬噸之中，有六百萬噸屬於私人手裏；這些船舶，集中於亞美利加•國際公司、猶乃退德•司退茨•司梯爾公司、哈利曼等託辣斯底手裏，而在這些託辣斯底背後，又有摩爾根、羅克佛拉等八底銀行，用金融資本來操縱。（Atschkanov. Konzertration des Transportskapitals. S. 4. ff.）

其次，且就各國底重要的加特爾和託辣斯來說一說。

先說美國，有富豪摩爾根底鋼鐵託辣斯（United-States Steel Corporation）。那可以與摩爾根對比的羅克佛拉，則有上面所述的美孚煤油託辣斯。此外還有福特底『空策倫』。美國底產業，不曾託辣斯化的，可以說一個也沒有。

在德國，有前面所說的司聽內司空策倫和A•E•G空策倫。法國有著名的休乃達空策倫。

維卡斯公司，波德印公司，阿姆司脫龍格公司，是英國底代表的企業結合。

關於這些企業結合底詳細情形，這里沒有工夫敍述。如果讀者願意作進一步的研究，我想介紹左列兩種主要的一般的參考書給大家看。

Rubiıstein, Konzentration des Kapitals und die Anfgabe der arbeitenden Klasse.

Pavlovitch, The Foundations of Imperialist Policy.

關於日本底企業結合，有山村喬君底有益的研究（我國企業結合底發達——法政大學五十週年紀念論文集輯錄）。根據山村君底研究，日本底主要企業結合，有煤炭鑛業聯合會，銑鐵共同組合，關東鋼材販賣組合，電氣業加特爾，大日本紡績聯合會，絹紡工業會，日本羊毛工業會，帝國製麻公司，蠶絲業同業組合中央會，共同洋紙股份公司，日本板紙同業會，日本士敏土聯合會，肥粉聯合會，過燐酸同業會，鑛業聯合會，製粉聯合會，日本盤罐頭水產組合聯合會，盤罐頭共同販賣股份公司，麥酒協定，酒精協定，二火會（關西造船協定），三八會（關東造船業協定）等存在。再則，日本企業結合底歷史的統計，則如左表：

年度	結合數	繳入資本金
一八九五年以前	三	二〇、〇〇〇
一八九六至一九〇五年	五	五〇、〇〇〇
一九〇六至一九一五年	一三	二六〇、〇〇〇
一九一六至一九二五年	二〇	三、九三〇、〇〇〇
一九二八年五月	二五	四、四七〇、〇〇〇

（採自山村喬底論文）

關於日本企業結合底詳細情形，請參看山村君底詳細的研究。

——以上是各國底加特爾或託辣斯。這些企業結合，又在結合同志間實行協定，以圖廢止競爭，獨占全世界底販賣區域。例如美孚託辣斯與羅雅•達奇•奢爾底協定，司聽內司空以及司聽內司空策倫與法蘭西底休乃達空策倫之間底協定，以及司聽內司空策倫與A·E·G空策倫間底協定，都是顯著的例證。

最後，再提一提國際的企業結合。所謂國際的企業結合，就是指國家相異的企業之間底結合；在這個概念之中，不包含聯邦國家內相異的支分國間底企業（那是國內結合），乃是關稅地域相異的國家間底企業結合。國際加特爾底開始，是一千八百七十年底蒼鉛加特爾；其次較早的，是一千八百八十三年所設立的國際鐵軌加特爾。在一千八百九十六年以前，據李輔曼底計算，有四十種國際的『康拜』。在十七年後的世界大戰時，據哈利曼說：有一百十四個國際結合存在，其中鐵、煤等重工業占二十六個，化學工業占十九個，運輸業有十八個，織物業有十五個，石器與磁器有八個，製紙業有七個，石材及土砂有六個，電氣工業有五個，其它雜工業有十個。世界大戰後，國際結合越益發展了。這是爲謀資本主義底穩定，當作世界大戰後資本主義底傷手及購買力底減少底對策而行的。一千九百二十五年所設立的國際白熱電燈加特爾、世界銅加特爾、亞鉛酸加特爾、國際鋁（Aluminium）加特爾、國際鋼鐵加特爾、國際製管加特爾等，都是主要的國際結合。（關於國際的結合，可參看李輔曼底『I ternational Cartels, Combines and Trusts』)

以上所說的是以獨占爲目的的企業底結合。此外，還有爲其它目的的企業家底連合。這就是在企業家聯盟、企業家協會、或雇主協會等名稱之下，爲一般人所知道的企業家底聯盟。這種聯盟底目的，在於共同壓迫政府，共同對抗勞動者運動。資本主義底無軌道的推進，有時要被政府底干涉所阻止。例如反託辣斯條例底頒布，勞動裁判所所下的判決底拘束力等，都是這種事實。同時，可變資本底相對的減少，使勞動者更加窮困化，合理化運動，使勞動力底收奪越益强烈化；因之勞動者階級對於資本家階級的反感，也就越益激烈化了。這種情形，爆發爲罷工及其它爭議，是不足怪的。於是資本家也結成聯盟，以對抗勞動者運動了。試舉最近的一個例子來說：今年（一千九百二十八年）一月，德意志中部、馬德堡、哈雷、安哈忒地方底金屬勞動者，爲增加工錢而斷行了大罷工。對於這件事情，德意志鋼鐵加特爾固然是援助那企業主，就是其它地方底企業家聯盟，也一樣地援助了企業家。德意志金屬製造業者聯盟，準備一千五百萬馬克的資金，宣言隨時援助那對抗勞動者的運動。(The

Labour Monthly. Vol 19. Num. 4. P. 254）

這種聯盟，存在於一切資本主義國家。例如德國底德意志帝國工業聯盟、德意志雇傭者聯盟聯合會，法國底法蘭西產業總聯合，英國底英吉利產業聯盟等，都是重要的例子。至於在國際上，則以企業結合爲其代用物。例如一千九百二十四年，在瑞士舉行的木材業者底國際會議，其議决案底大部分，是勞動階級對策案。

資本主義，由其發展或穩定促進策，越發釀成對於資本主義自身的對抗物和反對物。這種對抗物底增大和發展，由那要想防止它的獨占底發展而給了反證。獨占與後面所說的合理化運動，都是資本主義經濟底苦悶底表現。（關於企業結合問題，請參看波格達諾夫底經濟科學大綱四七七頁至五〇三頁，大江書舖版）

第三節　金融資本

所謂『金融資本』（Fi anzkapital, f nance capital, capital financére），就是一種銀行資本侵入產業界去支配產業界統制產業界的東西。借希爾法廷底話來說，『轉化爲產業資本的銀行資本，卽採取貨幣形態的資本』，就是金融資本。

我們在前面叙述企業結合的時候，曾經簡單地指出，在那些企業結合底背後，有銀行在操縱企業。例如德國底最大『空策倫』司聽內司空策倫底背後，有德意志銀行、柏林商業銀行・德勒斯登銀行，在操縱着該企業。

這種銀行對於產業的霸權，是怎樣能够成立的？我們當研究這個問題時，須先費幾句話說一說股份公司和銀行，因爲這兩者是使我們所說的這件事能够成立的重要的原素。

股份公司，在企業底發展上演了重大的劇目。股份公司發展底歷史，同時就是資本主義發達底歷史。

股份公司，第一是能夠以股票調集多量的資本。這件事情，使生產底規模、企業底內容及形態，能夠擴大。第二，股份公司在那資金底調集上，能夠比個人企業更有利益地利用銀行底信用。這就是能夠因增大資本而造出更大的利潤。其它在價格底競爭上，也比個人企業爲有利，又使那所謂『企業家利益』有發生的可能。這些由股份公司底組織和運用上所生的利益，使許多企業都化爲股份公司。而這種股份公司底發展，越益便大企業有成立和發展的可能。

在資本主義制度之下，股份公司勝於其它企業形態的這種優位性，使銀行底信用授與，比對於其它形態，更爲多量。這件事情，從另一方面來說，使那採取股份公司形態的企業，越益與銀行發生密切的關係，以至使該企業隸屬於銀行資本。這從銀行方面看來，其情形如左。

銀行這個東西，就其成立底起源來說，是發於希臘語底『脫拉配沙』（Trapeza），其意義是『桌子』。銀行業者稱爲『脫拉配齊脫』（Trapezita），其意義是『桌子上的人』。當時以希臘爲中心的愛琴海沿岸底各地方，各自有不同的貨幣，對於勃興起來的商業交易，有很多不便之處；因此，發生了貨幣交換業者。這就是這裏所說的『脫拉配齊脫』。這種『脫拉配齊脫』，與今日的銀行業，其工作底內容雖有不少的相異，但他是一個貨幣媒介人，實可謂今日銀行業底濫觴。其後在希臘、羅馬兩個古代隆盛時代，銀行業有了很大的發展。在中世紀，隨同中世都市底勃興和海外交易底發達，銀行業也有了龐大的發展，意大利底諸銀行（例如 Banco di Rialto, Banco di San Giorgio）及北歐諸都市底銀行（例如律伯克銀行、漢堡銀行、亞姆斯特丹銀行等），都是很重要的。

英格蘭銀行，設立於一千六百九十四年；其後於一千八百四十四年，出了比耳底銀行條例（Peel's Bank Charter Act）；其次於一千八百六十一年，設立郵政貯金銀行（Post Office Savings Bank）。英國底近代銀行，便這樣地發展起來；在其它大陸各國，也有銀行底發展，藉以促進資本主義底發展。銀行制度發生最早的英國，最早實行產業革命；銀行制度發生較後的國家，較遲實行產業革命。這種情形，很可以說明銀行與資本主義底密切的關係。

銀行在資本主義生產底初期，第一是由於做支付底紹介，第二是由於實行存款制度等，把一般貨幣集中於銀行手裏，以一定的利率把它貸給各個企業家。那時，銀行以這爲基本的、本源的活動。就是銀行底基本的機能，在於把遊離的、非活動的、處於睡眠狀態的貨幣紹介給企業家，以變成活動的、覺醒的、生產的（即生利潤的）資本。（自然，銀行做這種紹介工作，以徵收高率的利息爲條件。）所以這銀行底機能，從紹介一方面看，列寧稱第一個機能爲『支付紹介』(dintermèdiaire dans les paiements）.，從放款取利一方面看，巴維洛維祺（Micha.l Pavlovitch）稱第二個機能爲『高利貸的職務』（rôle of usurers）。銀行制度底完備和資本主義底發達，都驅使銀行去重視第二個機能（這也由於銀行要多得利益的希望）。

銀行制度底發展，不但使資本家階級所有的非活動的資本（豫備資本），甚至使社會底一切階級底非生產的貨幣，都集中於銀行手裏。銀行採用一切手段、想把那些分散的貨幣，吸收於銀行手裏。現在且以法蘭西底銀行里昂信用銀行（Crédit Lyonnais）來做一個例子，看一看它用怎樣的手段去努力集中存款。

『現在試取法蘭西底例子來看。法蘭西有幾個重要的銀行，卽里昂信用銀行、普通銀行、貼現銀行等。我們且來看一看里昂信用銀行。這個銀行，在法蘭西底一切城市，都有它底支店。但是並不限於每個城市只有一個支店；它是按照該城市底大小而設立，有時設有十個、二十個、三十個，甚至有一百個支店。例如拿巴黎來說，每個區段（巴黎共有八十個區段）都有一個支店。

爲什麼要設置這樣多的支店呢？這是因爲要利便一切店主和一切勞動者（有貯蓄金而沒有工夫到遠處貯蓄的人），使他們只消走幾步路，便能將款項存貯於里昂信用銀行。勞動者可以在他到工廠裏去工作的途中，跑到和他底住屋相近的銀行，存貯一二百法郎。只要一秒鐘的時間，他便能取回銀行底收據，而繼續前往工廠裏去工作。因此，里昂信用銀行，能集積了巨大的資本。

其它的銀行，也是同樣的做法。普通銀行和貼現銀行，也有許多支店，差不多同里昂信用銀行，並駕齊驅。所以每條街路，都有許多銀行支店，正同珈琲店和賣報處一樣。這些銀行底支店，不僅在城市裏，就是在鄉村裏也是有的。

在俄羅斯，各鄉村底最好的建築物，就是教堂罷了。但是在法蘭西，便與歐洲各國一樣，在教堂底旁邊，還有學校和銀行支店。在法國底鄉村裏，如果看見比學校更華美的、比教堂更莊嚴的建築物，那一定是銀行底支店。農民把他底多餘的款項拿到那支店裏去存貯。

從前，農夫把他底貯蓄金匿置於襪子裏或壜子裏再把它埋藏於地下。但是現在，已經沒有一個農夫是這樣做了。法蘭西底農民，富於習慣性，極好守舊，很不喜歡去變更舊的風習。現在他們看見大而且美的建築物，戰戰兢兢地走進去。他們在那裏面，看見有鐵門的房子，有鎖的鉄箱，並且有銀行員對着他們說：「倘若你願意把你底金錢交給我們，將來我們便加上利息還給於你。如果你不願意這樣辦，便可以把你底金錢放在這個鐵箱裏，這個箱子便算作你所有的東西，你可以把這個箱子底鎖匙拿回去。你只消出很少的手續費，便能夠保存你底金錢和貴重品。而且鎖匙是歸你所有的。」農民以爲這是安全的，所以把他底金錢放在這個決不會燒毀的鐵箱裏，把鎖匙帶回家裏。譬如過一個月，他便到銀行裏去，看見他底東西很安全地被保存着。

於是農民對於銀行，漸漸地發生信任心，把他底金錢交給銀行，這樣說道：「請你把這些金錢，拿去自由使用吧。我是想投資，但是投到什麼地方是最好的呢？」有些農民，馬上把他底金錢委託銀行辦理。例如銀行勸告農民把他們底金錢投資於俄羅斯底證劵，農民們便照着做了。」

這是國內銀行發展底一個例子。現在，再看一看這同一的銀行在外國做了怎樣的活動。

『我們如果拿俄國來說，於大戰前及大戰中，在許多城市底許多街路上，[illegible]里昂信用銀行底支店存在。這個里昂信用銀行，是法國有名的銀行，它在俄國底一切城市中，都設有支店，於財政的及產業的關係上，榨取着俄羅斯。許多俄國民衆，不相信俄國底銀行，情願把他們底金錢拿去存在里昂信用銀行裏。當俄國要向法國借債的時候，必得里昂信用銀行替它經理，才有辦法。這個銀行，在俄羅斯帝國底廣大的全區域上，都設有支店。這個銀行，在中央、在東部、在北部、在波蘭、在高架索、在西伯利亞——在一切地方，都有它底支店。』（Pavlovitch, The Foundations of Imperialist Policy. P. 60——64）

我在上面，僅僅舉了一個例子。現在世界各大銀行，都佈設支店網於全世界，由此把許多貨幣集中於銀行底手裏。然而在美國，迄於一千九百十年，還禁止集中於一個地域的資本拿到別個地域裏去使用，因之禁止在別的地域裏設置支店。只有在本店所在的地域，才許設置支店。其後，這個拘束雖然漸趨緩和，但在一千九百二十六年，四十八州中還有二十六州禁止設置支店。可是在銀行方面，却用別的方法，卽用合併企業的方法，把許多分散的非生產的貨幣集中於銀行底手裏了。

這些集中於銀行手裏的金錢，經過銀行底手，而貸給企業家。所以企業家（尤其是如前面所述那樣採用股份公司組織的時候，能夠更有利益地利用銀行底信用），能夠靠銀行底信用，以那比自已所有的資本更巨大的資本，去經營企業。大企業底發展，越益需要巨大的資本。而這些巨大的資本，只有通過銀行，纔能利用。於是發生產業隸屬於銀行的現象；銀行或由銀行資本底融通，或由派遣銀行董事去『參與』企業，或出席企業底職員會，而使產業跪拜於銀行底勢力之下，受銀行底統制和支配。從此，銀行底職務，便不滿足於以放債取息爲限，也不滿足於僅僅以辦理存款爲事，如今是進一步地去活動於產業界了。銀行資本侵入產業區域，而且統制了產業。這就是金融資本。

希爾法廷說道：

『在資本主義生產底初期，銀行底貨幣，從兩個源泉裏發生。第一個是非生產的、各階級貨幣，第二個是產業資本家及商業資本家底豫備資本。信用底發展，漸漸不僅把資本家階級底總豫備資本，而且把非生產的、各階級底貨幣底大部分，也融通於產業了。換句話說，今日的產業，能夠以很大的資本，比產業資本家所有的總資本還大得許多的資本來經營。隨着資本主義底發展，那種由非生產的階級存貯於銀行裏，經過銀行底手而融通於產業資本家的貨幣額，也不斷地增加。產業裏所不可缺少的這些貨幣底處分權，是在銀行底手裏。所以資本主義及其信用組織越發達，產業對於銀行的隸屬便越增加。在別方面，銀行為了收集非生產的、各階級底貨幣，而且把那越益增加的基本額用於長期的融通，便非對於這些貨幣支付利息不可。銀行當這些貨幣還不甚多量的時候，還能夠把這些貨幣用於投機信用或流通信用，藉以支付這種利息。然而一方面，這些貨幣越益增加，別方面，投機或商業底意義越益減少，因之這些貨幣，便越益不能不轉化為產業資本了。如果生產信用未曾不斷地擴大，那麼存款底利用，以及對於銀行存款的利息底支付，都要逐漸地低落。實際，這種情形，一部分是起於英國。在英國，貯蓄銀行只做流通信用底媒介，所以存款利息，非常之低。因此，存款通過股票底買入，而不斷地流出於產業的、投資部面。在這個場合，公衆是直接實行當產業銀行與儲金銀行底結合時銀行所做的事情。無論哪一個，對於公衆，結果是一樣的。因爲不論在什麼場合，他們都得不到創業利益。可是這件事情，就是表示英國底產業，沒有像德國那樣隸屬於銀行資本。

因此，產業之隸屬於銀行，是所有關係底結果。產業資本之中，非屬於利用它的產業資本家所有的部分，越益增加。他們只有通過銀行，才能獲得這部分資本底處理權，而銀行對於他們，是代表所有者。不但如此，在別方面，銀行還不能不把它底資本底越益增大的部分，固定於產業。由此，銀行越益變成產業資本家。我用上述的方法，把實際轉化爲產業資本的銀行資本，即採取貨幣形態的資本，名爲金融資本。這種資本對於所有者們，常常保持貨幣形態；而且可以由他們，常常以貨幣形態收回。然而在實際上，這樣投於銀行的資本，最大部分是轉化爲產業資本即生產資本（生產手段及勞動力），而固定於生產過程。產業裏所用的資本之中，越益增大的部分，變成金融資本，卽銀行所處理、產業資本家所使用的資本。』（Hilferding, Finanzkapital. S. 282——283）

到寧也這樣說道：

『生產底集中，由此而生的獨占，銀行與產業底融合——這些都是表示金融資本發生底歷史和金融資本概念底內容的。』（列寧底帝國主義論）

我們在前面，已經指出銀行促進企業底結合。但是企業底結合，又反轉來促進銀行底結合。同時，銀行自身，也使小資本的銀行破產，趁其破產而把它買收，恰恰與企業結合底理由一樣，銀行也行着結合。因之銀行也發生獨占。在獨占的銀行之間，也實行協定，互相分割勢力範圍，與在企業結合之間實行協定或分割販路一樣。拿法國銀行底例子來說：里昂信用銀行，以俄羅斯、波蘭、高架索、西伯利亞爲其活動區域；普通銀行，以巴爾幹及亞美利加爲其活動區域；貼現銀行，以南亞美利加爲其活動區域。

這樣，只有後來剩下的巨大的少數銀行，通過金融資本，而分割並獨占着世界底企業。這種獨占的銀行：在德國有德意志銀行、貼現銀行、德勒斯登銀行，在法國有里昂信用銀行，普通銀行、貼現銀行，在美國有羅克佛拉和摩爾根底銀行等。這樣，資本及企業，都隸屬於極少數人，而這極少數人，又由企業參與、有價證劵發行底獨占、企業底整理和改組、土地投機底獨占等，而越益巨大化。許多小資本和小企業，紛紛倒滅，資本及企業底支配權，歸屬於極少數的人底手裏。這種情形，稱作『金融寡頭政治』（Oligarclie financiére）

這個金融寡頭政治，不僅把資本和企業集中於少數金融資本家底手裏，而且還實行『輿論底獨占（Monopolization of the public opinion, Konzentration der Produktion der öffentlichen Meinnung），努力於宣傳工作。現在且簡單地說明如後。

首先，且看一看那輿論底第一個源泉——新聞底集中情形。美國底無產派作家辛克萊（Upton Sinclair），在他底創作蒲拉斯•舍克中，揭破如下的祕密：美國有一萬七千種新聞及週刊，完全處於資本主義的託辣斯底勢力之下；這些新聞，沒有一種不依照銅、煤、鐵底生產業者及交通業者底利益，而巧妙地編輯起來。還有三百七十五個大企業者，有他們自己底機關報，對於他們底勞動者及被雇傭者施行麻醉作用。電報及其它通信機關，以及廣告術底發達，越益助長這種趨勢；那有名的阿索舍退德•普雷司，在一千九百十四年，獨占着九百種大新聞和三千萬讀者。美國底有名的新聞託辣斯哈斯脫，經營各種新聞，據說讀者達七十萬家族。

再看一看英國怎樣？首先應當舉出的，是北巖爵士所建設的合同新聞社。這個新聞社，也與美國一樣，利用一切感應性的記事和結婚、死亡等事底報告，以侵入一般家庭，再發行廉價版，添印插畫附錄，以吸引一般讀者。屬於這個託辣斯的主要新聞，有印刷二百萬份的每日郵報及夕報等；在一千九百二十二年，計有七十五種新聞。這個託辣斯，又買收那有名的泰晤士報，接着又合併印刷、造紙等許多公司。北巖死後，其弟哈拉德•哈姆斯華斯，繼承他底事業，與另一個新聞王俾巴蒲克爵士相結託，講究種種手段，以圖買收各種新聞。與這合同新聞社相對抗的第二個新聞託辣斯，是白里兄弟底新聞託辣斯；這個託辣斯，可以說是工業及鑛業資本家底工具。他們兄弟兩人，一個是占着六十六個公司底董事席，另一個是担任十三個煤炭和木棉公司底董事，及是期時報社、財政時報社以下六大新聞社底社長。這個託辣斯，如前面所說，以供工業資本家及鑛業資本家底御用為主要目的，所以對于勞動黨底鑛山國有運動，採取絕對反對的態度。英國底第三個新聞託辣斯，有所謂『Kakaopress』。這個託辣斯，標榜自由主義，向勞動者求其販賣區域，有一千二百萬讀者。但是這是用一種很巧妙的辦法，實際上是做着帝國主義的宣傳。在英國底新聞界，還有一個不能寫落的機關，就是路透通信社。那有名的哈伐電訊社、胡爾夫電訊社、聯合通訊社等都與這路透社有關係。我們不要忘記：這路透通信社底董事先生都是在担任着大鐵路公司、大造船所、大銀行、大殖民銀行底董事或社長。

看了英國情形之後，再來看看德國。那有名的故滄哥、司聽內司，不以商工業底獨占爲滿足，且進而合併大印刷公司和製紙公司，以圖輿論底獨占。我在這里，沒有把他所獨占的各種新聞底名稱一一列舉出來的必要。我可以說，那有名的德意志•阿格瑪內•呆伊脫溫、羅卡爾•盎采格、法郎克福脫•拿哈利希聽，都歸司聽內司所支配；此外還有一百三十八種新聞，都仰他底意旨，操縱着民衆底輿論。

然則法國底情形又是怎樣呢？法國底大新聞，在大戰前便已經歸財政家及企業家所掌握了。在這里，每天在路傍零賣的新聞，比按月定購的還要多些。這種情形，從銷路上看，是很大的損失；但是還有無數新聞存在，顯然是因爲有利於資本階級底宣傳。法國底新聞，比其它各國還更露骨地被獨占着。例如那有名的儀報，最近便爲香料王科退所買收了。

以上是新聞底獨占情形。現在且看一看第二個輿論底源泉——無線電信及最近流行的無線電話底情形。集中的資本，爲宣傳那資本底偉力，獨佔一切接近民衆的通信機關，不但借此竭力擴張自己底勢力，並欲藉此封鎖反對的聲浪。在現代，無線電信是有力的通信機關；但是這種通信機關，也被握於國際託辣斯底兩個大團體底手中。所謂國際託辣斯底兩大團體，就是倫敦底馬爾可尼無線電信公司與紐約底亞美利加無線電話公司。後者與一般電氣公司及摩爾根底財閥相結託。這兩個大團體，一面互相抗爭，一面互相提攜，正想把法國底『Compagnie générale de Telegraphie san fils』和德國底『Telefunken』拿到手裏。還有可驚的事情，就是伊里諾伊底伊里諾伊製造公司，企圖了這樣的計畫：想獨占最近流行的無線電話，向八十萬勞動者施行宣傳。依據這個計畫，定於一千九百二十四年十一月十一日以後，每天正午十二時，從芝加哥底放送所，先放送音樂，接着便放送下列的事項：『一切東西底美國化』、『勞動者對於企業底生產力是有利益的』、『勞動底集約與工錢』、『資本與勞動底利益共同』等。與這個放送所有關係的人，都應當設置高聲傳音機，利用勞動者底飲食時間等去從事宣傳。所以革命的勞動者，把它叫做『以無線電話注入毒素』。

第三個輿論底源泉——電影底情形，又是怎樣？在美國，每天底電影觀覽者，據說達四百萬人。美國底影片，不僅輸入於歐洲，而且輸入到亞洲底偏僻的地方。握有這種可驚的勢力的影片製造公司，也被獨占於極少數人底手裏；而這些人底背後，又有銀行家在發縱指揮。

最後，我們且來看一看另一個輿論底源泉學校及學問，怎樣地被獨占於一部分人底手裏？

在北美底大學裏，有六十萬大學生處於大資本家底肘腋之下；差不多一切高等學校，也處於他們底勢力之下；各資本家都有自己底大學，有些一方面做那學校底校長，同時又做大公司或大銀行底社長。舉例來說：哥崙比亞大學，屬於摩爾根財閥；那以『民主的』傳統著名的哈佛大學，與利•希金遜銀行（這個銀行與摩爾根相結託）有很深的關係。四茲堡大學，屬於摩爾根支配下的鋼鐵聯合；菲列得爾菲亞大學，處於羅克佛拉財閥底勢力之下。在加利福尼亞，操縱那高等學校的是水力電氣託辣斯；伸手於南部加利福尼亞底學校的，是煤油大王德赫尼。（關於金融資本這個問題，請參看波格達諾夫底經濟科學大綱第九章『金融資本主義時代。』）

第四節　資本底輸出

所謂資本底輸出（Export of Capital, Kapitalexport, L'exportation du capital），就是說把那可以在外國生利潤的資本，從內地向外國輸出。

資本底輸出，需要兩個條件。一個是輸出國底條件，另一個是輸入國底條件。在輸出國裏，一定要有過剩的資本存在。所謂過剩底意思，就是說在那個國家，資本主義過於發展，對於資本已經沒有有利益的活動餘地了。換句話說，就是有探尋那活動餘地的資本，存在於國內。其次，在輸出國一方面，還有一件事情，爲我們所應當知道。這就是近代各國底保護關稅制度底存在。這個保護關稅制度，對於那輸出國，是促進該國企業底結合化，而且使那種結合能夠獲得特別利潤，使輸出利益越益增大，因之喚起對於對外貿易的熱心和必然。可是別國底高率保護關稅制度底存在，又使已國底商品輸出感受困難或變成不可能，因之便要限制己國底生產力，隨着便產生利潤率低落的結果。於是爲克服這種障礙，便實行資本底輸出，以代替那採取商品形態的輸出。這就是用己國所統制的資本，在別國實行商品生產，以獲得利潤。『不錯，別一國家底關稅底開始或提高，對於那向它輸出的國家，其意義就是那販賣可能性受限制，因之就是那產業發展底一個障礙。但是保護關稅，在這個國家，是特別利潤的意思；而這個特別利潤，成爲輸送商品生產自身於外國以代替商品的一個動機。……這樣，對于發展的一國資本，用資本輸出這一種手段，去克服那保護關稅制度底作用及於利潤率上的有害的結果，已成爲可能的事。』（希爾法廷底金融資本論）

其次，再看一看資本輸入國方面底條件。資本主義企業底基礎的目的——利潤率底高低，依存於資本主義底發展中資本底有機構成。資本主義越發展，利潤率越低落。於是資本向利潤率較高的地方（卽資本主義底發展程度較低的地方）移動。就是資本底輸出，專向資本主義的後進國進行。因爲在這里，一則缺乏信用組織，所以利息率很高；二則如果把輸出的資本當作產業資本而作用時，勞動力固然很低廉，地租也很低率，原料也非常便宜，所以生產費很低；三則在這里生產出來的商品，不僅在這里可以販賣，而且可以在世界市場上販資，所以利潤率很高。於是資本向着具備這種條件的後進國輸出。資本在後進國所得的高率利潤，可以塡補本國內日趨低減的利潤率。『資本主義只要一天是資本主義，那過剩的資本，便一天不會用來提高本國民衆底生活水準（因爲這樣辦時，就要減低資本家底利潤），只能用來向外國輸出，卽向後進國家輸出，藉以增加利潤。在後進國家，通常，利潤是非常之高的。因爲在這里，資本很少，土地較廉，工錢便宜，原料低賤。而資本輸出底可能性，則由下述的情形所促成：卽一般後進國家，已被捲入世界資本主義底圈內；鐵路底主要交通線，已經從事敷設或在開始敷設中；產業發展底本質的諸條件已在確立着等。』（列寧底帝國主義論）

資本底輸出，普通是以兩個形態來實行。一個是生利息的銀行資本，另一個是生利潤的產業資本。國債、公債、或依於貨幣信用的放款等，是前者底例子；股票及社債底買收，對於某種企業的直接投資等，是後者底例子。此外，如投資於本國國民在外國所經營的企業，購入外國所發行的有價證券等，也是資本輸出底例證。

這種資本輸出，不僅獲得由資本底輸出所生的許多利潤，而且享受資本輸出所伴帶的許多利益。資本底向外國輸出，同時便附有一種條件：必須用那資本底一部分，購買債權國底商品，例如鐵路材料、港灣材料、船舶、戰爭材料等。資本底輸入國，不僅爲債務者，甚至在購買商品上，也隸屬於債權國了。舉例來說：南美洲底巴西，當它用法蘭西、德意志、英吉利底資本來敷設鐵路的時候，以向那些債權國購入鐵路敷設材料爲資本融通底契約條件；巴爾幹底塞爾維亞，從德意志、法蘭西、奥大利輸入資本的時候，便不能不向克虜伯公司、休乃達空策倫、司科達公司，購入大砲或鐵路敷設材料。

現在且來看一看各大國資本輸出底狀況。

先看英國。霍布孫曾經引了如左的資本輸出表。

英國底國內國外投資額表（單位一千磅）

年度	國內投資額	海外投資額
一九〇〇	一〇〇、一二二	二六、〇六九

一九〇一	一〇六、五八五	二六、九七八
一九〇二	七五、一二四	六二、二一四
一九〇三	四四、八六八	六〇、〇一三
一九〇四	五〇、〇八三	六四、六一六
一九〇五	四八、四二六	一一〇、六一七
一九〇六	三九、三一四	七二、九九五
一九〇七	三二、九八八	七九、三三四
一九〇八	五〇、〇五二	一一七、八七一
一九〇九	一八、六八一	一五〇、四六八
一九一〇	六〇、二九六	一七九、八三二
一九一一	二六、一四六	一四二、七四〇
一九一二	四五、三三五	一四四、五六〇
一九一三	三五、九九一	一四九、七三五

（霍布孫底前揭書）

伐爾加在他所著的一千九百二十七年第三期底經濟及經濟政策中，揭載一千九百十三年以後英國資本底投下表如左：

年度	國內投資	英國屬領投資	外國投資	總計
一九一三	二五・六	五六・九	六七・八	一五〇・三
一九二四	五八・九	四一・一	三四・六	一三四・六
一九二五	一一九・三	三五・五	五・六	一六〇・四
一九二六	八二・八	四五・八	二六・三	一五四・九
一九二七	一七一・二	五二・九	二五・七	二四九・八

（單位百萬磅，各年最初九個月的統計）

據這個表看來，進到一千九百二十七年，英國底資本發行非常之多，而且大部分都投下於國內；向外國輸出的資本，雖不及一千九百十三年底一半，但對於國內的投資，則達到大戰前底七倍。

我們觀察以上的統計，知道英國底投資總額，是有增加的傾向，不過戰後與戰前底情形，已大不相同：在大戰前，國內投下額是漸次減少，而國外輸出額是急速增加；在大戰後，則完全行着相反的傾向。

再看一看，這些輸出的英國資本，是往哪里去的？

英國底輸出資本，大約有一半是往北美洲（包含加拿大）和南美洲去的；其它的部分，是向亞洲、非洲、澳洲及埃及等地方輸出的。現在試舉一千九百十年度英國在外資本底國別表如左。

英國在外資本底國別

	單位十億馬克
歐　洲	四

美洲	三七
亞洲、非洲、澳洲	二九
總額	七〇

俄羅斯原來是法蘭西資本底輸入地，但到了最近，據說已很有英國資本侵入的傾向。在東洋方面，英國資本底投下傾向，又是怎樣呢？不消說，印度是英國資本主義最重視的地方；但是英國投於印度的資本，已有激減的傾向。這件事情，對於英國資本主義底將來，給了許多暗示。現在且把最近英國資本向印度的輸出表，揭載於左。

英國資本對印度輸出表（單位千磅）

一九一三年	三、七五二
一九二〇年	三、五一四
一九二一年	二九、五六三

一九二二年	三六、〇〇一
一九二三年	二四、七八〇
一九二四年	五、三七五
一九二五年	三、二五七
一九二六年	一、五九七
一九二七年	八七六

(Heller Die neue Politik des britischen Imperialismus)

至於列強對中國所投的資本額，至今還沒有正確的統計。據說投資國底第一位是日本，其次是英國。列國資本，多與別國資本聯合投下於中國，所以很不容易得到正確的數字。關於英國投下資本在中國的活動，龐司（Burns）有如左的敘述：

「通過英吉利資本主義底貿易期，英國與中國底交易，就是英國底生產物（以木棉爲主）與中國底生產物交換的意思。可是隨着英國底鐵及鋼鐵工業底勃興，隨着產業與銀行間底關係趨於密切，便發生了新的欲求。支配銀行的財政團，想投資於國外。同時，與財政團有深切關係的製鐵及製鋼公司，則需要市場，以銷售其生產物。中國人對於鐵路、橋梁、及其它大規模的企業，出不起代價，所以他們被強迫着担負公債底責任。銀行當募集公債時，主張與那和銀行有深切關係的公司去締結契約。這樣，英國底貿易政策，在中國獲得許多租界，以代替資本輸出政策。同時，中國底工業也開始發達了。』(E. Burns, British Imperialism in China P. 11)

再看法蘭西底海外投資情形，試列表如左：

年　度	投資額（單位十億法郎）
一八六九	一〇•〇
一八八〇	一五•〇
一八九〇	二〇•〇

一九〇二	二七・〇
一九一四	六〇・〇

法蘭西底國外投資，大部分是在歐洲，特別是在俄羅斯。此外，在美洲、亞州、非洲、澳洲、也有若干投資。到了一千九百十七年俄羅斯革命以後，法蘭西底輸出資本，便大行減少了。

德意志也在歐洲和美洲，有了若干投資；但到了歐洲大戰後，因殖民地底喪失，以致它底國外輸出資本也大行減少了。

反之，北美合衆國，却從債務國一變而爲債權國了。美國在歐戰前，也有了二十六億弗輸出資本，但同時又輸入了許多外國資本。一千九百十四年，美國在墨西哥、加拿大、歐洲、南美及中美等地作爲工業資本而投下的數額，如前面所述，是二十六億弗，但輸入資本却有五十億弗，兩者相抵以後，還負担了約二十五億弗的資本債務。

其後，美國因能利用歐戰後的戰時市況，以國際貸借上的收入款項，購回以前歸外國所有的美國有價證券，藉以償還資本債務；而且更進一步，去應募在美國發行的外國證券，買入在外國發行的有價證券，實行放款，以及投資於美國人在外國所辦的企業等，由此輸出了巨大的資本。據說一千九百二十六年度美國底輸出資本，達到十七億弗。美國以歐洲大戰爲分界線，驟然從債務國度成了債權國。

——我們在上面已經簡單地說過，銀行資本侵入產業界而成爲金融資本，極少數的金融資本家，通過金融資本而支配了銀行和產業。各國金融資本家，不能滿足於國內的投資，乃把他們底資本，或以產業資本的形態，或以金融資本的形態，輸出於國外，想把全世界以金融網來包圍起來。根據一千九百零四年底統計來說：英國有五十個殖民地銀行，有二千二百七十九家支店；法國有二十個殖民地銀行，有一百三十六家支店；德國有十三個殖民地銀行本店和七十家支店。各資本主義國家，各國底金融資本家，便這樣地分割了全世界。不但如此，他們還侵入別國底領域，竭力想把別國底領城變成已國資本底投資區城和已國商品底販賣場。這里便伏着帝國主義戰爭底危機。這種危機，還從別一方面發生，就是從那想直接

（其意義就是不經過資本底輸出，而用政治的或軍事的手段）獲得能夠供給發展的資本主義生產所必要的原料的土地，即所謂殖民地獲得一方面而發生。這樣，各資本主義國家，都以金融資本爲中心，而想建立己國資本底霸權，因此日益在醞釀新的戰爭危機。那達到了獨占階段的資本主義底結果——帝國主義，如今正在孕育着企圖世界再分割的戰爭危機。

第五節　產業底合理化

資本主義經濟底發展（在其根柢上，有生產力底異常的發達），使資本底構成日趨高度，因之使平均利潤率日趨低落。這件事情，對於資本主義自身，是一個重大的問題。因爲追求較高的利潤，是資本主義經濟底唯一目的，是它底本質。何況一千九百十四年，由英、法底帝國主義與德意志底帝國主義底衝突而起的世界大戰，又對於資本主義給了一個很大的打擊呢。

那爲擴張資本主義的經濟及各國資本家團體底世界收奪而行的世界大戰，突然切斷資本主義經濟底一切連結線，把世界市場變成一片荒土，破壞國家間底交易及國際的信用組織。經濟，交易及信用底資本主義的組織，不論在協約國底各參戰國，或在同盟國底諸參戰國，都完全被破壞了。整個兒經濟，與一切別的利益一樣，都為大戰所犧牲了。這是戰爭對於經濟的打擊。

大戰一告終，這些被切斷了的經濟關係，决不能簡單地恢復原狀，反而開始了列强團體底政治的改變、社會機構底變化（這是要從根柢上變更全世界的現象。）

一千九百二十年底初期，戰後底經濟的復興，第一是因為國內市場底購買力底疲困而失敗了。照戰前的意義的世界市場——卽國際的商業及金融市場，還沒有恢復原狀。當時既不是戰爭，又不是和平，乃是由戰爭到和平的過渡期。戰爭告終不久時底短期間的活氣，完全是因為國內一時勃興的需要。國內市場底初期的熱烈的需要得到了充足以後，那由戰爭而生的破壞的結果便開始作用了。在國內市場裏，缺乏可以承受那復原了的工業底生產物的購買力。這是戰爭所惹起的勞動羣衆底窮乏，破壞了資本主義生產底發展的初期的形相。因為世界經濟的連結、國際的商業及信用制度，還沒有恢復，又因為資本主義若沒有這些國際的經濟關係便不能存在，所以資本主義的社會制度便繼續起破裂作用了。西歐各國底資本主義，一直到一千九百二十三年末，都苦於國際的資本主義連結底破壞及國內市場裏購買力底減退。到了和平締結後底第五年卽一千九百二十四年，國際的經濟關係、國家間底商業及信用制度，才漸漸開始轉動了。資本主義的世界市場、國際的商業及信用制度底恢復，各國資產階級底政治的及國際的協同，是一千九百二十四年初期以來西歐底戰後資本主義底發展中所起的新現象。從一千九百十八年到一千九百二十三年，都缺乏資本主義制度底作用上所必要的前提——國際的經濟關係。這一點是這個期間底顯著的特徵。國際關係底恢復，對於資本主義底健全和確保，究竟能有何種程度的幫助，這是還要檢閱的問題。穩定究竟是不是事實，關於這個問題的議論，我這里也不想加以說明，因爲恐怕妨碍現在的理解。

這樣看來，歐洲大戰，對於資本主義底將來，給了一個大打擊。這種事態，對於資本家，正是生死的問題。於是資本家便竭力想改建混亂的資本主義。增强並擴大企業結合，以獲得那由基於獨占的獨占價格所生的利潤，是第一個方策；這里將要說述的合理化，是第二個方策。

所謂產業底合理化（Rationalis'erung, Rationalisation），就是一種想由生產過程底整理或改良，或由勞動時間底增加及勞動力底強度的使用，以獲得利潤底增加的運動。伐爾加對於合理化，下了一個如下的定義：

『合理化包含兩個方法。在那廣義上說，合理化是由下述的一切手段而成立：卽爲增加某特定企業底利潤，或爲增加工業底某特定部門裏所投下的全部資本底利潤，而採取的一切手段。在這意義上說，合理化是被用於那犧牲別的資本主義的企業底利潤而得的利潤底增加上的名詞。這就是在獨占形成底過程中，資本家相互間實行全利潤底再分配，放債資本（loan capital）所得的在全利潤中的份額底減少。

然而現實的合理化，却是剩餘價值率增加的意思。這是由于勞動底生產力及強度底增加而得到。明白點說，就是由於採用較良的組織去節省勞動時間，或由於實行減少工錢及增加勞動時間（一言以蔽之，就是由於縮短那生產一定量的生產物所要的時間）單使搾取程度強烈化而得到。

廣義的合理化，就是對於資本家社會底全利潤實行再分配，以利於採用合理化方法的部門；狹義的合理化，就是剩餘價值底增加，及勞動者對於生產物底價值所得的份額底減少。』（Varga, "The problem of Rationalising British Industry" Sabour monthly. Numbar 4. Vol.10. p. 317）

所謂廣義的合理化，就是指下述的場合：譬如合併許多企業而形成一個獨占時，這個結合企業，因獨占價格（以別的單獨企業底利潤爲犧牲）而增加利潤；又如垂直的託辣斯或空策倫、或新狄嘉，不僅自行產業 而且自行商業，因而以商業資本家底商業利潤爲犧牲，由自己取得這一部分利潤。這種合理化，對於勞動者階級，沒有什麽直接的關係。

狹義的合理化，可以分作兩種。第一種是藉改良生產手段，改善勞動過程，去增加生產力，減少對於一定量商品的勞動時間。那結果是減低商品價值。因此，勞動力底價值減低，必要勞動減少，剩餘勞動增加，以致產出相對的剩餘價值。狹義的合理化底第二種，是藉延長勞動時間，或强度集約地收奪勞動力，去增大絕對的剩餘價值 。（伐爾加底穩定後資本主義沒落期底經濟；本書有甯敦伍君底譯本，在本店出版）現在爲表示勞動力如何强度地被掠奪起見，試舉一千九百二十六年及一千九百二十七年德國諸公司底勞動者一人底鐵生產量底增加表如左：

公司名稱	一九二六年	一九二七年
波休瑪公司	六三•六噸	一〇〇•三
威司塔格公司	六四•七	九六•二
紐特萊因鑛山公司	三一•四	四〇•八
瞿愛休公司	一〇五•七	一二〇•一
尤尼翁公司	七七•五	九一•二
亨利茨希公司	四〇•八	六六•四
退茨森公司	一一五•五	一四一•七

(Sobot a, Die Kapitalistische Rationalisierung und ihre Folgen für die Arbeiterschaft. B. G. I. N. 10. J. 8. S. 565)

伏爾加說，勞動作業率底增大，只有很小的一部分，可以歸於因技術的變化而生的勞動底生產性底增大；至於大部分，都可以簡單地歸於勞動底强度底增大。如果這句話是不錯的，那麼上表所表示的一人底生產量底增加，就是表示對於一人底勞動力的强度的收奪了。

史脫拉沙在他所著的婦女勞動與合理化（Isa Strasser, Frauenarbeit und Rationalisierung S. 22——24）中，說明合理化底實情如左（略述）：

（一）從來由人類底手所作的許多勞動，如今由機器來担任。那結果，生產加快，利潤增加，勞動者成了過剩人口。雖然沒有發明特別新的機器，但是生產底速度比以前加快，它底結果比以前加大了。

（二）舊機器底改良，勞動過程底再編成——例如勞動過程，因採用『不休勞動』（Fliessarbeit）等方法，而越益分解爲部分勞動。那結果，各個部分勞動，越變簡單，越容易學習，因之高級的勞動，越益爲低級的勞動所替代。生產越益迅速，越益增加。

（三）許多簡單而需要巨大體力的作業，例如貨物、材料底運搬等，如今都用機械的方法（例如迴轉帶，起重機等）來實行。那結果是，生產增加，利潤上昇，勞動者成了過剩人口。

（四）既不是採用新機器，也不是實行不休勞動，只是使勞動極度集約化，甚或延長勞動時間，減低工錢。在這個場合，也發生同樣的結果：生產加速，利潤增大，勞動者成了過剩人口。

——以上是史脫拉沙底說明；但關於其中發生的不休勞動，我還想附加若干說明。德意志經濟監督局（Reichskuratorium für Wirtschaftlichkeit），關於這不休勞動，有如下的報告：

『不休勞動底目的，在於憑一定基礎上的生產底集約化以減低生產費。生產物底製造，像一條河流，一直達到那總完成。在這裏，沒有什麼休息時間。因此，在金屬工業中，個個生產片，從一個勞動移到別個勞動；在化學工業中，一個勞動財，從這個過程移到別個過程。在別的生產業中，也是一樣。生產量越增大，勞動底分割越加甚。勞動底分割越加甚，不用熟練勞動的作業越增加。在各個勞動場所上，常常行着同樣的勞動。』

『不休勞動』，就是下述這種勞動過程底狀態：當生產一種商品時，爲謀各部分工作底敏速起見，從這一部門到別一部門，毫不休息地而且很迅速地對於所生產的財物施行加工，從材料底最初着手到最後完成，好像一條河流，不休不息地進行着。爲做這種勞動，所以使用輸送帶（Gleitband, Fliessband, Conveyer）。這就是從這一部門到別一部門，不斷傳送那每次多少加了工的東西的帶子。有了這種帶子底不斷迴轉，所以勞動能够無休無息地進行，因之勞動底集約化能夠實現。其次，再舉一個由這不休勞動而生的勞動集約化底例子。

『休需勤底某個襯衫工廠底裁縫部門，以各種勞動方法造出同樣的物品。在這裏，各種勞動方法所需要的時間，實有可驚的差異。第一個方法——向來普通一般所行的方法，就是叫各裁縫婦承受一定數目男用襯衫底依囑，縫合裁剪師所提供的部分品而完成襯衫的方法。第二個方法，是把裁縫婦分爲六八一組，對於那工作場底配置和工作底用具，一點也不加以變更，只令每人做一定部分的工作。最後，第三個方法，就是使用輸送帶的方法。勞動是更加細分了。各裁縫婦，按照很好的順序排成長列而竝坐着。以簡單的輸送帶，順次傳送工作底部分品。但是這個輸送帶，並非亂行運動的，它是每十八分鐘行一次有秩序的運動，恰恰達到工作場底長度。在每個十八分鐘之間，各裁縫婦，都不能不做襯衫五件所定的部分勞動。根據那勞動者所確認的營業部底報告，這三個方法在同一單位的時間內所作的勞動成績如左：

實行個別勞動的場合	（第一個方法）	一〇〇
實行集團作業的場合	（第二個方法）	二六〇
使用輸送帶的場合	（第三個方法）	三五〇

這種結果，很值得我們注意：第一，在使用輸送帶的場合，除了輸送帶以外，其技術上的補助手段，旣沒有什麽增加的必要，也沒有什麽改善的必要；第二，還有一種場合，僅僅改善了勞動組織，在效果上便有可驚的進步。』（泰爾諾夫底爲什麽會貧乏之？）

合理化底運動，今日已行於一切種類的產業之中。它行於重工業、織物業、金屬工業、農業、洗濯業、玻璃工業、鐵路輪船等交通業、及其它一切產業之中，也行於家計、官廳事務之中。但以在新企業中爲最盛。汽車工業，站在合理化底第一綫上。現在，我們且來看一看美國底福特汽車公司及法國底西脫隆汽車公司底合理化狀況吧。

先看福特（Ford）一方面底情形。福特爲合理化而採用的第一個方法，是生產手段底集中。這就是把從來分散的生產手段，盡可能地集中於一處，而且利用電動機來運轉勞動機器，使一切生產手段無論在場所上或技術上都密切地結合起來。魯周河畔底福特公司，實有六萬架機器，設備於這種連關之下。正如福特自己所誇口：『機器底這樣密切的混合，在世界底任何工廠都還不曾實行。』那結果是，可以節省土地、房屋、機器等所要的費用，可以節省從來的生產過程裏所生的冗費。合理化底第二個方法，是生產手段底機械化和自動化。舉例來說，向來塗漆於後部車軸，是先把車軸浸於充滿油漆的桶子裏，放置它幾小時。做這種工作，要有多種手段和兩個勞動者。但在今日，只消一個勞動者，把車軸結於一條鐵鍊上，那條鐵鍊，便會自動地運動，使車軸通過於漆桶之中，再通過乾燥爐而完畢工作。從始到終，只要十三秒鐘。製造一部汽車所要的材料上，塗漆的工作，向來約需五圓，如今只要一圓了。生產手段底機械化和自動化，當然又伴着極端的分工。譬如向來一個勞動者所做的工作，如今分成四十八種。那結果是，一個勞動者，能夠得到從來三倍的成積。合理化底第三個方法，就是使用輸送帶。使生產手段有一點休息，使勞動過程有一點停止，就要使利潤有一點減少。所以資本家總想使機器沒有一點休息的時間。因此，使用輸送帶。福特公司底輸送帶，約有一哩之長，從粗原料卸下的場所，通過鍛冶工場，主要工場，直到最後的完成工場，都由輸送帶連結起來。所以勞動過程底任何部分，都沒有一瞬間的休息。使用了這輸送帶之後，那由五千部分而成的一部汽車，只消十二分鐘便組成了。

合理化底第四個方法，是垂直的託辣斯底結成。向來的託辣斯，是各獨立的工業，各以獨自的目的而結合的水平的託辣斯。但是福特公司，却是把各獨立的工業，依一個特定的目的，卽爲製造汽車而結成的託辣斯。換句話說，就是把各種製造那汽車製造上所要的一切材料品部分品的工業，都統整於福特底資本之下。這種託辣斯，叫作垂直的託辣斯。這種託辣斯，不僅製造汽車，而且自行製作那汽車製造上所要的一切東西。這種託辣斯底結成，引起汽車製造底經濟上及時間上的節省。

合理化底第五個方法是價格政策。以上所述那樣合理化底結果，使生產費減低，生產力增加；因之生產品底價格，便能非常低廉；從而在世界市場上，便能逐出競爭者，以致獲得巨大的利益。

以上是福特汽車公司所行的合理化底大體輪廓。其次，再看一看那被稱為『法蘭西底福特』的巴黎底西脫隆公司底合理化情形。

西脫隆公司，二年以來，也倣照福特公司底生產樣式，採取連關方法。關於這件事，西脫隆自己說了如下的話：『一切機器，一個接着一個，恰如一條鐵鍊，互相連結着。在這條鐵鍊中勞動的一切勞動者，不能不像機械般地很敏速地進行一切作業。所以這里有一種特色，只要一個場所底速力加快了，別個場所底速力便會自然地隨之加快。』西脫隆為要實行合理化，還極力想多多使用勞動者底勞動力。因此而想出的方法，第一是便所制度。他自己說：『便所非設在工廠底極近傍不可。這是為着要使勞動者不致因用便而喪失長時間。』第二個制度是膳食制度。食品裝在從廚房運到食堂的運搬器上，運到食堂裏來。這個運搬器底運動，只限於規定了的很少的膳食時間。因之遲到的人，便得不到東西吃。這樣極度地使用勞動力，一秒鐘也不讓它喪失。法蘭西底留瑪尼報，譏諷這件事情道：『鐵鍊！鐵鍊！吃飯也用鐵鍊！』這就是說，勞動者無論到什麼地方，都與鐵鍊有關係。第三個制度是水浴制度。西脫隆說：『勞動者在夏天很辛苦，非洗浴不可。因此在工廠內部，必須設備滾滾湧出潔水的小泉。』這眞是懇切仁愛的資本家；但是其目的呢？『那是爲着節省往返浴場的時間。』

以上兩個公司底合理化，不過是合理化運動底一個例子。如今世界底一切地方，都行着這種合理化運動。

合理化運動，現在是一般地行於世界各國，不過其中尤其以美國和德國爲最盛。美國趁世界大戰底機會，驟然從債務國一變而爲債權國；擁有巨大的資本，代英吉利而立在世界資本主義底前線了。德國雖因世界大戰而蒙了極大的創痍，但它對於復興的努力，却用了一切的嘗試。這兩個國家之所以特別用力於合理化運動，便是爲此；而這兩個國家底加特爾，託辣斯，新狄嘉等企業結合，特別發達，也是使合理化運動盛行的一個主要原因。原來企業結合這個東西，已經是產業底合理化。原料底節省，運搬底簡單化，生產底劃一化，生產與販賣底共同，這些因結合而生的現象，簡直就是合理化。尤其那從原料底着手加工，直到完成品底搬運，把這一切都包含於同一結合之中的垂直的結合，可以節省一切的冗費，加速生產過程底進行，在這種意義上說，就是產業合理化底自身。而這種企業結合底發達，還因原料底獨占化，結合形態底鞏固，一切產業底包容，特許權底買收獨占等，更促進了合理化運動。

此外，英國底合理化運動，又是怎樣呢？

在英國底新工業中，例如在化學工業，汽車工業，人造絲工業，電氣工業中，實行合理化底情形，也還不下於德、美二國；但在舊工業中，其合理化運動，却比別國落後得多。英國久爲『世界底工廠』（Workshop of the World），那較小的企業，爲特殊的商品而特殊化了。能夠向世界市場供給特殊的生產品這一件事，使英國底企業蔑視垂直的集中底利益，而生出水平的特殊化。這可以說明在舊產業中，有比較多數的小工廠存在的理由。這又可以表明在英國產業中的生產機器，比在美國或德國產業中的，更高度地集中於爲世界市場的生產。依據同樣的理由，因爲英國輕視國內市場，以致英國資本主義行向高率保獲關稅的推形，還沒有完成。

這種爲世界市場的特殊生產物底生產，以及高率的保護關稅直到最近還沒有存在，使英國底產業獨占，不能像美、德那樣盛行，因爲美、德二國重視那爲國內市場的生產，超於重視外國貿易。誠然不錯，英國也有許多巨大的企業結合存在，例如有二千八百萬磅資本的科茨木棉託辣斯（Coats Cotton Trust），有一千萬磅資本的木棉染業託辣斯（Cotton Dye Trust）、有六千四百五十萬磅資本的書伐司石鹼託辣斯，有七千五百萬磅資本的蒙德化學工業（Mond Chemicals）等都是；但就一般而論，英國企業結合底發達，還不及美、德二國。

再則，英國投於產業中的資本底性質，也與美、德二國不同。英國底銀行，是對於特定的担保而放款的，不是像德國底銀行那樣，由買取普通股票而投下資本於產業的。因之產業資本與銀行資本底融合——即金融資本，還沒有像德，美二國那樣發達。

如上所說的，英國產業界底異於美、德二國，遂使英國產業底發達後於美、德二國。這種傾向，在戰後表現得格外明瞭，我們只要看一看它底資本輸出，貿易輸出入底統計，便可以明白。這種產業發達底後於美、德二國，同時也就是說明產業合理化運動底發達落後。在美、德二國：重工業、造船業、機器工業等，也實行合理化了；但在英國，這些部門底合理化，還沒有像美，德二國那樣顯著。

像以上所述的產業底合理化運動對於資本家階級，是增加相對的剩餘價值和絕對的剩餘價值，因之引起利潤底增加。但是合理化對於勞動者階級，又是給了怎樣的影響呢？當歐州大戰後，藉口產業疲弊，將行合理化於產業中的時候，資本家階級，對於勞動者預約，合理化可以提高工錢，增進勞動者底幸福，即用盡種種花言巧語，想緩和對於合理化的反對。合理化運動，自從一般地實施以來，如今已經五年；我們且來看一看它底結果，究竟有沒有增進勞動者階級底幸福？事實很對不起，剛剛與那幸福相反。現在且把事實逐一說明如左。

（一）失業者底增加

我們在前面已經知道，在資本主義生產制度之下，即在平時，也因勞動者底相對的貧窮化，失業者有漸次增加的傾向，至於到了那有一定的周期率的恐慌勃發時，失業者尤其增加得多。同時我們又已知道，在歐州大戰後，因惡況底繼續，以致失業有永續的徵候。企業底結合化與產業底合理化，好像使這種不穩定的資本主義，稍爲穩定了一些。然而合理化，卻是在兩方面增加了失業者。第一方面，因新勞動過程底再編制，生產手段底改善，肉體勞動向機器的轉化，勞動力底長時間的或強度的收奪，而增加勞動底生產性，使一人底生產額增加，以致所要的生產，只消比較少數的勞動者便够了，因之拋出街頭的失業者便增加了●第二方面，合理化是要整理統一一切生產過程，使其盡可能地雇傭比較少數的勞動者，以節減生產費，因此，又增加了失業者。再則，隨着資本主義底矛盾底發展，因資本家在勞動爭議中關閉工廠而生的失業者也增加了。

現在且揭載德國魯爾地方底煤炭業中生產量底每年增加與勞動者數目對之取着何種的傾向的表如左：

年度	生產量增進（單位百萬噸）	勞動者平均數

一九二四	九四、一二二	三九八、一一五
一九二五	一〇四、一一〇	三九九、六二一
一九二六	一一二、一一一	三八八、七五七
一九二七	一一八、〇二一	三七四、〇九七

（採自上述梭坡脫卞(Sobotka)底論文）

據這表看來，生產量雖增加了二千六百萬噸，但勞動者數反減少了二萬四千十八人。這種生產量底增加與勞動者數底增加成了反比例的傾向，是暗示『不要勞動者』——失業勞動者底增加。我們現在雖還不能有關於因合理化而失業的正確的統計，但可以從合理化本身底性質中，推定每年增加的世界失業者數，恐怕有大部分是因合理化而生的。

（二）工錢底低落

合理化如前面所述，可以增加生產量，可以減低商品底價值。因之那爲商品的勞動力底價值，也會隨着低落，在理論上是當然的事。

現在試就實際情形來研究一番。史胺拉沙在前述的書中，說有如下的話（Strasser，Frauenarbeit und Rationalisierug S. 23——24）：

『合理化在實際上是減低工錢的嗎？在那合理化了的經營中，工錢不是騰高了嗎？不錯，工錢也許依舊不變，甚至工錢可以騰高。但是榨取還是加銳。就是在工錢依舊而勞動底生產力增加的場合或勞動底生產力比工錢增加得更多的場合，『相對的工錢』（der relative Lohn）是低落了。即勞動者對於生產物的領份是減少了。這類事實很多，我這里只舉兩個例子。

（甲）勞動底生產力增加而工錢依舊的場合

關於這個場合，奧大利底『合理化的』煙草工廠，有如次的報告：

「『披脫利葪』（Portoriko，煙草名稱）底生產量，在前年度增加到了二千個。近來採用了新的機器（Phörix），使生產量更增加了。兩個婦女勞動者，工作於一個機器之中，每人每天作出一千四百個『普片』（Puppen）。因之兩個人作出二千八百個。另有四個婦女勞動者，每天捲紡前面那兩個人所作的二千八百個『普片』。這樣，六個婦女勞動者，每天造出二千八百個『坡脫利科』。以六人去分二千八百個，是每人每天造出四百六十六個『坡脫利科』。因之在五日半或四十四小時，造出二千五百六十三個。與從前相比，是從每週二千個增加到二千五百六十三個，卽增加了五百六十三個。那麼工錢怎麼樣呢？工錢一點也沒有變化！」就是相對的工錢，低落百分之二十。

（乙）勞動底生產力增加了，但工錢只增加一點兒的場合

在哈爾雷——梅塞波格底裁縫機工業中，自從不休勞動輸入後，工錢是從一百增加到一百三十九單位。然而同時，勞動者底生產力，却增加到二百六十單位。就是相對的工錢減少，只有榨取增加了一百二十一單位。

這種爲大多數男女勞動者所不自覺的相對的工錢底減少，就是合理化底本質的作用。』

其次，埃克內（Erkner）在他底有益的論文合理化期間中德國工錢底發達（Die Lohnentwicklung in Deutschland Währenl der Rationalisierungsperiode. R. G. I. Jahrgang 8. Nr. 6. S. 351）中，發表了頗多示唆的關於工錢的研究。現在試述其大略如後。

他首先揭載官廳所發表的如左的工錢表：

年度	熟練勞動者		不熟練勞動者		生活必需品指數
	一小時（單位分尼）	一星期（單位馬克）	一小時（單位分尼）	一星期（單位馬克）	
一九二五年一月一日	七九•二	三八•七八	五五•七	二八•九三	一三五•六
一九二六年一月一日	九四•一	四五•九三	六六•○	三四•○五	一三九•八
一九二七年一月一日	九四•九	四六•三六	六六•七	三四•四四	一四四•六
一九二八年一月一日	一○二•八	四九•八四	七四•七	三七•七五	一五○•八
一九二八年二月一日	一○三•一	四九•九五	七四•九	三七•四五	一五○•六
以一九二八年二月一日與一九二六年一月一日對比之增加率	九•六%	八•六%	一三•五%	一○%	七•八%

一千九百二十六年，是德國合理化開始的一年。從這一年起，到一千九百二十八年二月一日止，生活必需品底騰貴，據官廳底統計，是百分之七•八；名目工錢底增加，熟練勞動者是百分之八。六，不熟練勞動者是百分之十。換句話說：在合理化期間中（再重復說一遍，依據官廳底統計），實質工錢底增加，在熟練勞動者只有百分之○•八，在不熟練勞動者只有百分之二•二。其實這是完全錯誤的。因爲：

（甲）這個關係，只對於勞動者底最上層（Spitzengruppe der Arbeiterschaft）是妥當的，至於其他大多數勞動者，是不合這個關係的。因爲我們把勞動者依照工錢額而分類起來，有如左表。

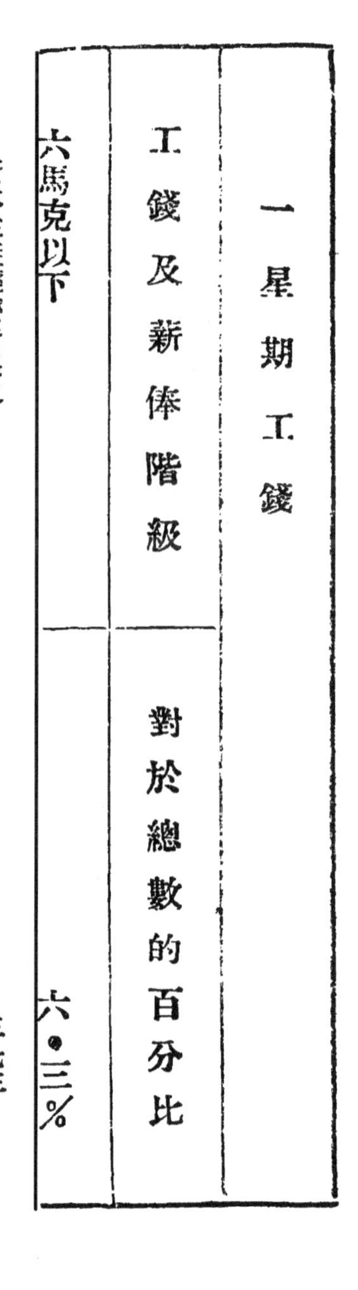

工錢及薪俸階級	對於總數的百分比
一星期工錢	
六馬克以下	六•三%

六馬克至十二馬克	一六・九%
十二馬克至十八馬克	二〇・二%
十八馬克至二十四馬克	一二・五%
二十四馬克至三十馬克	九・四%
三十馬克以上	三四・七%
	一〇〇%

據這個表看來，可知前述官廳所發表的工錢，只是那些領取三十馬克以上的工錢的勞動者中最上層的勞動者底工錢底統計。至於占全勞動者中百分之六十五・三的多數的人底工錢，都在三十馬克以下。

(乙) 其次，就是在勞動者底最上層，其實質工錢也決沒有增加。第一，那依官廳底統計而作的生活必需品指數，是不正確而充滿錯誤的東西；這姑且不去說它，就是從別方面看來，實質工錢也是沒有增加。因爲當他們比較名目工錢和生活必需品指數時，一點也沒有考慮到那種被合理化過程所强制的、不出代價的生產增加部分(die im Rationalisierungsprozess erzwungene unbezahlte Leistungssteigerung)。勞動力支出底增加，若沒有與它相當的工錢增加，便是實質工錢底低落。勞動生產力底增加，據德國萊希・克需狄脫・格奪奢夫所發表的統計，其情形如左表：

	一九一三	一九二五	一九二六	一九二七	一九二七	一九二七
				I	II	III
甲	一〇〇	一一三・八	一二八・八	一三二・八	三二・七	三二・三
乙	一〇〇	一〇〇・三	一一八・一	一二〇・六	一一八・五	一一九・三
丙	—	九四・二	一一一・三	一三一・五	一三四・五	一三六・七
丁	—	九四・七	一二〇・八	一三六・九	一三八・二	三六・八
戊	—	一一六・五	一三九・五	—	—	一四五・〇

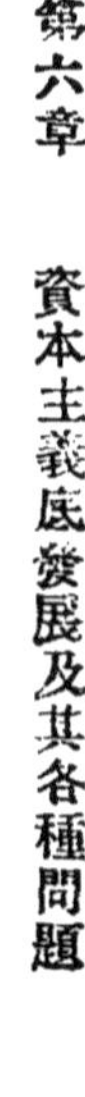

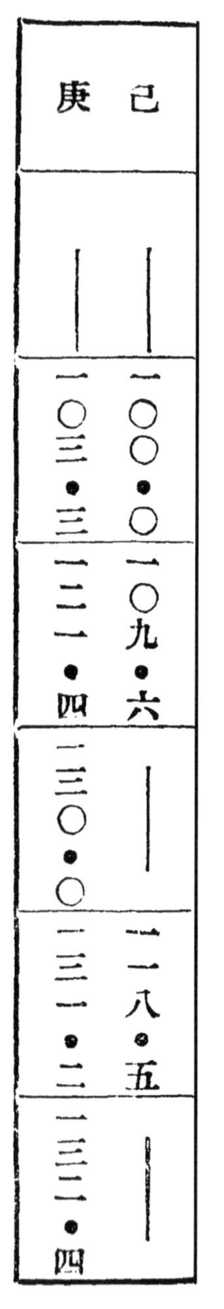

己	—	一〇〇・〇	一〇九・六	—	一一八・五	—
庚	—	一〇三・三	一二一・四	一三〇・〇	一三一・二	一三三・四

這種勞動生產力底增加，一部分是由於生產手段底改良，但是決定的部分，却由於機器運轉底急速度（例如不休勞動）、强度的經營制度、採用按件支付工錢的方法（爲增加勞動生產力）等制度，就是勞動力底强度支出底結果。如果把生產量增加一件事加入考慮，便可以知道卽在勞動者中底最高層（每週領取三十馬克以上的工錢的階層），也決沒有因合理化而增加實質工錢。

（丙）官廳所發表的房租指數（Wohnungsiudex）及食料品物價指數表（Ernährungsindex）如左：

年度	食料品物價指數	房租指數
一九二六年一月	一四三・三	九一・一

一九二七年一月	一五〇・七	一〇四・九
一九二八年一月	一五一・九	一二五・五
一九二八年二月	一五一・二	一二五・六
一九二八年對於一九二六年之增加率	五・五%	三九%

據這個表看來，房租指數是增加百分之三十九，食料品物價指數只增加百分之五・五。但是現於這個指數中的食料品底性質，決不是中層以下的勞動者所吃的東西。至於中層以下的勞動者所吃的穀物類、馬鈴薯等植物性生活食料品底物價指數表，則如左表：

年度	指數
一九二六年一月	一一一・二
一九二七年一月	一五四・二

一九二八年三月	一四四・二
一九二八年對於一九二六年之增加率	三〇%

照這個表看來，食料品物價指數，約增加百分之三十。

如上所說，房租約增加百分之四十，食料品價格約增加百分之三十，所以中層以下的勞動者，生計自然是很困苦的了。所以合理化對於全體勞動者階級，是直接間接地減低他們底實質工錢的。

以上是埃克內所說的意見。看了德國底這種現象，也可以明白合理化在實質上，並沒有提高勞動者階級底工錢。

（三）婦女勞動者底增加

產業革命中機器底發明，使勞動作業簡單化，那結果，使婦女勞動者非常增加；關於這件事，在前面已經有過比較詳細的敍述了。其次，合理化如史脫拉沙所述，逾益把勞動過程分割爲許多部分勞動，因之各個部分勞動越變成簡單越容易學習，那結果，婦女勞動者便排除男子勞動者而日益增加，關於這件事，我們也已經說過了。合理化是盡可能地想減低生產費。因此，資本家歡喜雇用工錢較廉的婦女勞動者，是當然的事。在福特汽車工廠裏，全部勞動過程，細分爲七千八百八十二種，其中有三千五百九十五種，可以由婦女勞動來充任。觀此，便可以推測合理化是怎樣地擴大婦女勞動底範圍。（Käthe Pohl, Die Lage der Arbeiterrinnen in den Kapitalistischen Ländern, R. G. I. Jahrg. 8. Nr. 3. S. 196）

（四）疾病及災害底增加

合理化底方法之一，是强度地使用勞動力。這件事情，對於勞動者底神經及肉體，爲害甚大。現在且揭載杜塞道夫底試瑪司休拉肯工廠底疾病統計如左：

百名勞動者底疾病鐘點

年度	鐘點
一九二〇	一四九〇
一九二一	一三六一
一九二三	一六八〇
一九二四	二五七〇
一九二五	一七四四
一九二六	一七八一

還有，輸送帶底使用，機器運轉底急速度，使勞動中的災害事故件數加多。在德國全體鑛業中，從一千九百二十四年至一千九百二十七年之間，顯示了每千人有五二•六件的災害增加數，卽有百分之三〇•三的增加。（根據前記梭坡脫卡底論文）

第七章　歐洲大戰後底資本主義各國

從一千九百十四年到一千九百十八年的歐洲大戰，不僅是近來政治上的大事變，而且是從資本主義底本質裏發生的，可以暗示資本主義底前途的，在經濟上的意義非常深刻的事件。我在這一章裏，便以敍述歐洲大戰及這次大戰給予歐洲主要資本主義各國的影響爲主。在後面第八章裏，則想指出今日已成爲一個機構的『世界經濟』，以歐洲大戰爲境界，整個兒處於怎樣的情勢之下，具有向着什麼方向而進行的傾向，來結束我這篇資本主義經濟發展史底敍述。

歐洲大戰爆發底原因，用一句話來說盡，便是這樣：自從前世紀底末葉、本世紀底初頭以來，那日趨盛大的獨占底傾向及其背後的金融資本底勢力，在德國與英、法二國底敵對關係上，爆發了歐洲大戰。

『在一千九百年前，最激烈的帝國主義的敵對，是在英吉利與法蘭西之間。辟西爾・羅德（Cecil Rhodes），計畫從非洲南端好望角（the Cape）到北端開羅（Cairo）的鉄路，想以此獨占沿該線路的商業利益。反之，法蘭西則想支配中央亞非利加底全部，即經過塞內加爾(Senegal)及摩洛哥，直到索馬利蘭(Somaliland)。當啓拆涅（Kitchner)於一千八百九十八年占領蘇丹(Sudan)的時候，英吉利帝國主義占得了勝利。一千九百零二年，英吉利與法蘭西實行協定，約好英吉利可以自由處置埃及，法蘭西可以自由處置摩洛哥。到了一千九百年以後，敵對關係便有了改變：一方面是德意志，別方面是英吉利、法蘭西。一千九百年以後，德意志帝國主義所豫定的計畫，德意志銀行所想出的辦法，是巴格達鉄路（Bagdad Railway)。德意志帝國主義，想用這條鐵路，通過柏林、巴爾幹及君士坦丁堡，連結巴格達及波斯灣。這個鐵路計畫，第一，危及英國在埃及、波斯、印度的利益；第二，危及法國在希臘及地中海東半部（the Levant）的利益；第三，危及俄國在波斯及高架索的利益；第四，危及以上三國想接近君士坦丁堡問題及地中海的一切利益。這個計畫底危及這些利益，通過巴爾幹危機及塞爾維亞問題（塞爾維亞是柏林、巴格達線底重要地點），而引入於一千九百十四年底世界大戰』。（H.

Dobb, The Development of Capitalism P. 18)

巴維洛維慈還指出德意志與法蘭西發生敵對關係的別的原因如左：

『在世界大戰底前夜，法、德二國底資本家，形成一個法德託辣斯，成立 個共同榨取摩洛哥的協定(Consortium)。雙方約定：法國底資本家，獲得這個託辣斯所生的一切利益底百分之六十；德國底資本家，獲得百分之二十。雙方對於這個約定，都不滿意。法國資本家，竭力想獲得對於摩洛哥的獨占的支配；德國資本家，只獲得百分之二十，也想達到同樣的目的。所以雖有法、德二國底協定，而法、德二國底關係，依舊不見良好，反而日益惡化。因此，摩洛哥問題，是世界大戰底主要原因之一，恰如我在拙著世界大戰與黑大陸底分割中所證明。所以世界大戰，在一千九百十四年以前，便已有了爆發底機會，如一千九百零五年底『丹吉爾危機』(the Tangier Crisis)，及一千九百十一年底『阿加狄爾危機』(the Agadir Crisis)。』(Pavlovitch, The Foundations of Imperialist Policy. P. 107)

因德意志、法蘭西、英吉利三國底獨占的努力及其背後的金融資本底鬥爭而生的這個世界大戰，其後使那些與這三大國有經濟的隸屬關係的小國也捲入大戰底旋渦，更進一步使美國也參加戰爭，眞正演了世界大戰底一幕。這次歐洲大戰底結果，無論對於戰勝國或戰敗國，在那資本主義的機構上，都加了很大的損失。現在且依國別來略述世界大戰對於這些國家所及的影響如後。

以下的述叙，多半根據布郞德拉(H. Brandler)底論文戰後資本主義發展底路程(Wege der Kapitalistischen Entwicklung in der Nachkriegszeit. R. G. I. Jahrgang. 6. Nr. 12und jahrg. 7. Nr. 2)

(一) 英吉利

在美國參加大戰以前，協約國方面底指導的勢力 —— 英吉利，爲保持它底世界的銀行家、及世界底最大海國、最大殖民國底地位，防禦那在中歐諸國握有覇權的德意志底侵略，而參加了大戰。英吉利是充分發達的帝國主義底模型。英吉利力謀保持並鞏固它底世界的地位。在大戰之後，達到了它底目的。英國在位於南非洲與印度之間底連結線上的東非洲和小亞細亞，獲得了新殖民地。在大戰前，英國底工業，在世界市場上與美國及德國競爭。這是不愉快而且痲煩的事實。然而因爲大海國、大殖民國的英吉利底地位，能夠保證英國工業在殖民地、自治領土及世界市場中的獨占，所以那里沒有什麽直接的危險存在。那爲世界的銀行家的英吉利，能夠自由處分的資本底勢力，以及它能夠對抗德、美二國底微弱的資本，使英國卽在沒有什麽戰爭的和平時，也還有十年間能夠利用它底特權。但是一到了英國底敵對國內底一國，想憑戰爭以伸張已國底勢力而將要害及英國底霸權時，那情勢對於英國便有危險了。德國將在歐洲取得指導的地位，將要戰勝法蘭西及俄羅斯——對於德國這種勝利的恐怖，使英國爲防止歐洲勢力權衡底破壞，在戰爭中參加法蘭西及俄羅斯一方面，把全都艦隊，殖民地，自治領土，卽英國產業底一切源泉，都付之孤注一擲了。

然則這次戰爭底目的，究竟達到了沒有呢？

參加世界大戰的結果，爲獲得新地域而支付的代價，是八十萬死亡者，一百萬負傷者，及一千四百億金馬克的戰事負債。這些數字底背後，隱藏着什麽？利益與損害底比例如何？英國資本主義底人力及其發達可能性，是增强了呢，還是削弱了呢？

以戰爭去保持印度及其它殖民地底和平的占有這一件事，既沒有增强英國底勢力，也沒有鞏固英國對於殖民地及自治領土的勢力，又沒有使英國底世界支配達到安全的地步。戰爭與俄國革命，使那處於英國支配之下的殖民地民族，努力於國民的獨立；使英國底自治領土發生獨立的自覺，起而排除英國底勢力；而且促進殖民地及自治領土底工業的發展；因之那結果，又縮小了英國生產物底販賣區域。覺醒了的殖民地民族底獨立意思，必然地要增大了對於警察、軍隊及官吏底設備的費用。印度及中國底英國勢力範圍內，本國工業底競爭及對於英國商品的抵制　，非常地侵害了英國底利益。英國因大戰而負了巨大的債務，以致那結果，它以前所有的世界銀行底地位，爲美國所奪取，它底資本輸出（爲投資於別國底企業）也隨之閉塞，所以英國在世界市場中的特權的地位，便完全喪失了。還有決定的事件，就是英國底競爭者——德意志及美利堅（在戰後還有法蘭西、比利時，有一部分還要加上意大利等）國家，其產業底生產力，比較英國還要增加得顯著　。英國產業底競爭力衰退底原因，在於下述這一點。英國如果要再行獲得爲世界銀行家的舊名聲，向資本家證明再沒有比英國銀行更安全的投資場所，那一定非安定它底戰事債務不可　。對於那達到一千四百億金馬克的債務的利息，連同債務償還額，每年達到七十億至一百億金馬克。利息及償還額底一部分，由英國底金融家負担；另一部分，則以德國在戰後對於英國的義務履行來補充。然而英國背負着戰事債務底巨大的恆常額這一件事實，使英國底生產物在本國的價格不能不騰高，因之在世界市場中的價格也不能不高貴。反之，那些與英國競爭的最重要的國家，却因通幣膨脹，使那債務歸於無效；在通幣膨漲底期間中，因能犧牲金融家，減低勞動者底生活線而行生產，以致英國底產業，完全失了競爭力。那結果是有發表貸借對照表義務的十分之五的英國產業，從一千九百二十一年以來，什麽利潤也得不到；從一千九百二十二年以來，接受保獲的失業者底數目，常常突破了一百萬。五年以來，英國產業底半數，得不到利潤。這不能不說是具有重大意義的事實。匯兌底安定，世界市場及國際的信用關係底恢復，不是英國資本主義趨於鞏固的徵候，乃是它底致命的負傷底徵候。國內的購買力，比戰前是高了幾分。然而那不過是金利生活者所維持所增大的購買力底結果。它在世界市場中的競爭力底喪失，决不能靠國內市場中購買力底僅少的增加而塡補起來。英吉利關於外部的國家地位，只顯示了極少的動搖。英國底統治組織，因為戰勝了世界大戰，所以幾乎沒有什麽變更，只是維持了原來的制度。勞動者非常讓步，無論在選舉權上，或在工錢及勞動時間上，都以當時的現狀爲滿足。只有一次，當一千九百二十年，英國政府爲反對蘇維埃俄羅斯，將要干涉波蘭底利益時，英國勞動階級底態度，顯然地激然化，向政府表明了和平的意思。到了一千九百二十年以後，英國資產階級，想由減低工錢，延長勞動時間，以節省生產費，因此對於英國勞動者底生活水平線出於攻勢的時候，英國勞動階級，才漸次採用激烈的方法。階級底對立尖銳化了。在戰前以機會主義的勞動者占多數的英國，如今勞動者與資本家之間底鬥爭，卽使限於經濟的範圍，也帶着激烈的性質了。工錢及勞動時間問題，在戰前對於企業家，還不過是合目的的問題，止於利用當時機運的問題，決不是關於生存的大問題；但是到了今日，這個問題對於英國資本家，已成爲自己防衛的大問題了。我們只要觀察一下英國煤鑛罷工底經過，便可以知道英國政府及企業者階級，已明確意識了以上的事實。鑛山勞動者底鎭定的態度及訓練，是英國無產階級底戰鬥力趨於旺盛的很好的證據。然而總同盟罷工底結果，以及英國勞動者對於政府及資本家底攻勢，完全不採取反攻的態度，都是表示英國勞動者階級還沒有認識那進行奪取權力的鬥爭底必然性。然而各種事件，不久定會使勞動者達到這種認識。從一千九百二十年到一千九百二十三年，企業者對於勞動者生活的攻勢，雖有勞動者底必死的防衛，但在輸出工業，即在煤、鉄、織物等工業中，也還使勞動者底工錢及勞動條件，低於戰前底水平線。可是英國工業在世界市場中的競爭力，並不因此而變爲旺盛。雖然如此，那些從事生產以滿足國內市場底需要爲主的生產物的勞動者，他們底生活程度，却比戰前高了幾分。與煤炭業中的鬥爭同時，便開始了資本攻勢底第二期——企圖減低從事輸出工業的勞動者底生活程度。資本家在與鑛山勞動者底鬥爭中一占得勝利，便進一步對於那些屬於向來具有比較良好的勞動條件的別種工業部門（從事輸出工業以外的部門）的勞動階級，也開始採取攻勢。階級鬥爭底尖銳化，當然要引起英國勞動階級底激烈化。

（二）德意志

其次，我們且來觀察一下中歐底指導國家——德意志底資本主義底發展狀況。德意志因爲要成爲歐洲底支配的帝國主義的世界國家，所以發起了大戰。柏林與巴格達間底土地連絡，應當靠征服中間諸國來成就。只有這樣，才能使那與英吉利同等的甚至更强的國家，處於德意志霸權之中，而對抗英吉利底海上權力。非洲中部底殖民國家，應當以法蘭西及比利時底戰敗爲犧牲，而合併於中歐世界國家的德意志。那不能支配充分鑛物的德意志重工業底基礎，應當併合龍威(Longwy)及布里(Briey)底鑛山以行擴張。帝國主義的宣傳家，把它叫作『法蘭西底鐵與德意志底煤底結合。』爲使德意志底工業區域能離世界穀物市場而獨立，在東方應當併合波蘭、列坦內、庫爾蘭等地方，以擴張德意志底農業基礎。這是以大本營來防衛的德國資本家底戰爭目的。各種祖國的『企業聯合』，還有更大的食欲。就是他們併吞比利時、法蘭達斯底海岸及接近南美的諸島底英國海軍根據地（這是想把南美放在德意志底勢力範圍內。）

然而德意志在大戰中，却失敗了。德意志因此喪失了阿爾薩斯•勞倫，上部西利西亞底工業區域，以及那被稱爲『波蘭底走廊下』的地方波森。德國因此喪失了全部殖民地，不能不把它底全部戰艦及大部分商船提供於戰勝國。德國還喪失了煤炭鑛山底百分之十九，褐煤鑛山底百分之十六，鑛山底百分之七十四，亞鉛生產底百分之六十八，熔鑛爐底百分之二十七，輪轉機器底百分之十六，亞鉛鑄造所底百分之六十，耕地底百分之十四•三。在戰爭中死亡的達二百萬人，負傷的達四百萬人。還有，戰爭使死亡數增加四百萬，出生數減少三百萬。國內的戰事債務，達到一千三百億馬克；依據道威斯計畫應當付給戰勝國(協約國方面)的賠款，達到一千三百六十億金馬克。

奧大利，匈牙利帝國分裂了，在後繼國之下分割了。土耳其被逐出於歐洲之外，布加利亞被縮小到一千九百十二年以前的國境。所以戰爭底失敗，把德意志帝國主義者底好夢葬送了。

戰敗的德意志，在其後的發展上，與戰勝的英國不同。把戰事工業改爲平時勞動，在德意志，也與歐州底其它資本主義國家一樣，以上述的方法來實行。然而從一千九百二十年開始的世界經濟底恐慌，却完全沒有觸到德意志底工業資本。通幣膨漲政策，當金利者資本(Rentiorkapital)有全滅的危机時，在內國市場裏，創造了僅具形式的『補償購買力』。通幣膨漲勾消了國內債務，比之於通幣膨漲較少的別的國家，再提高了德意志工業底輸出能力。德國底勞動力，成爲全世界中最廉價的了。德國底工業巨頭們，又有了擴張他們底經營，以『棄值』輸出工業生產物的可能性。通過債務者的債權者底收用，非常地提高了工業資本底力量。那個把一切經營都握在手裏而且需要煤和鐵的重工業，了解用經濟政策去提高鐵底生產（雖然有戰爭所生的損失）到戰前底水平線了。化學工業，因爲素工業底發展及補助材料底生產，而突破了戰前底水平線。在煤炭鑛業及鋼鐵工業中，也達到戰前底水平線或超過了戰前底水平線。船主底資本，已經建造了新的商船。然而德國底資本，最苦於個人信用卽金利者資本底破滅（這是信用制度破壞底結果）及國際的信用制度底不充分的作用（這是戰後新勢力關係底結果）。直到一千九百二十三年通幣膨脹時代告終時爲止，德國資本家，絕不能在外國獲得信用；至於在國內，也如前面所述，完全缺乏個人的信用。

重工業與銀行資本，在戰前是背負德意志帝國主義的東西。這些東西在國家內的重要性，比較勞動羣衆、其他市民團體、農業資本、完成工業中的資本、及商業資本，是增加了。固然，絕對不能達到戰前底平線。戰爭及德意志帝政底覆滅，並沒有消滅德意志帝國主義底支配的階級力，只不過排除了在支配組織中的指導的前衛。德意志帝國主義底軍事的勢力，是被戰爭所破壞，被凡爾賽底和平條約所抑制了。至於那決定大戰底目的，想以大戰達到目的的德意志帝國主義底担當者——卽重工業與銀行資本，在經濟的及政治的關係上，比較德國底其他階級團體，是有了比戰前更重大的意義。他們在大戰失敗以後，也還想用別的手段，即用『和平的』方法，去達到德意志帝國主義底目的。原來那應當靠併合龍威和布里來達到的德意志底煤與法蘭西底鐵底結合，已經由九月底歐洲鐵工業協定來達到了。公然的掠奪，如今已由德、法二國底重工業間底民主的統一（還有德意志、法蘭西，美利堅底金融資本參加）來恢復了。德國資本家，在歐洲底鐵託辣斯中，處於第一位；在法蘭西及比利時底通幣膨脹之後，竟取得指導的地位（現在這種指導的地位，完全不屬於法蘭西及比利時）。德意志底加入國際聯盟，是在國際關係底新條件之下，向支配的資產階級，從新保證世界的意義。的確地，從柏林到巴格達的，在中歐的霸權及支配底好夢，不能不長久埋葬了。德國在國際聯盟中，雖沒有像它在歐洲鐵託辣斯中那樣的地位，但它靠了殖民國（英吉利）底援助，向波蘭取回上部西利西亞，又取回『波蘭底走廊下』（波森），竟想再成爲一個殖民國。德國對於英國應給的報酬，是擁護英國對於蘇維埃俄羅斯的封鎖政策，援助英國方面所準備的新干涉。

銀行資本，在匯兌安定後，重復取回戰中及通幣膨脹時代所失去的舊勢力；但是它不能不付出很高的代價。這就是美國金融資本底流入，非常增加了。

在匯兌安定後，在國內及國外底信用制度再度組織後，銀行首先是成爲國外和國內底信用底媒介者而活動。這個媒介業，在馬克安定後，得到了巨大的利潤。差不多一切大銀行，都有很大的股利分給股東，在一千九百二十六年，漲高了股份資本，所以能夠恢復到一千九百十三年底舊狀態。外國人底存款，已經突破了戰前底平均數。德意志工業聯盟大會（Reichs erband der Deutschen Industrie）底會議席上對於這種銀行資本的論難，顯示了產業資本與銀行資本之間底葛藤。這種事實，對於勞動者階級，是促進廣大羣衆底貧窮化，減少他們底購買力，引起失業者底續出，半失業者的大豫備軍底產生。託辣斯化的重工業、化學工業、加里新狄嘉、及鋼鐵託辣斯底利潤，雖還沒有恢復戰前的狀態，但已達到『恆常狀態』了。反之，農業家團體、小工業者、以及不屬於大託辣斯及大新狄嘉的小企業家，却得不到什麽利潤，從而有共倒的形勢。因之德國資本主義，在一方面，重工業、化學工業、電氣工業、海運業託辣斯、及銀行資本等，雖有上向的傾向，但在別力面，却有農業資本狀態底惡化，不能形成託辣斯和新狄嘉的小企業活動底惡化，以及勞動階級狀態底貧窮化；所以其資本主義底機構，是很失了均衡的。失業者是合理化底結果。

德國在歐戰中的失敗，不但動搖了軍閥底勢力，而且削弱了資產階級底勢力。如果帝政不崩壞，社會民主黨不掌握政權，不容納社會民主黨及其所屬的工會幹部底希望，恐怕德國資產階級，便要不免於滅亡。資產階級與社會民主黨底苟合，便從這個時候開始。德國資產階級，很聰明地看出：與其同那臨死的貴族去結託，不如同這位於台閣的社會民主黨員及在勞動界有勢力的屬於同黨系的工會幹部來勾結，對於成就新資本主義的復興，較有利益。

有十一億馬克資本（照今日的交易所價値，則達三十億馬克）的化學工業托辣斯、有十億馬克資本的鋼鐵托辣斯底結成，加里托辣斯、電氣業托辣斯底成立，以及其它大小企業底結合及獨占的協定等，如果不付出高貴的代價，即如果不使世界市場中的販賣區域實行新的再分割，不使勞動者階級極度貧窮化，恐怕也決不能穩定德國資本主義組織底存在。德國資產階級只有靠減低工錢、改惡勞動條件（這些是合理化底結果），來減少生產費。雖然如此，但在內國市場中，物價仍然騰貴——這必然地要漲高勞動階級底生活必需品。對於失業底增加，想用『勞動供給案』，以十億馬克去救助勞動者，或防止失業。然而爲施行這個案子，要徵收租稅，於是十億馬克，依舊落於勞動者底肩上。那在大戰中想由犧牲許多勞動者去實現其權力的德意志帝國主義底衝動力，如今又想犧牲許多羣衆底生活來成就了。德意志資本主義底穩定，決不是引導整個資本主義的組織到鞏固的地步，只是育成更多的對於資本主義的對立物。

(三) 法蘭西

在法蘭西，通幣膨漲底時期也已經終結了。資本主義底恢復的傾向，比德國緩慢，且比德國更少集約性。重工業資本，獲得很多的利潤。內國底戰時公債，因通幣膨漲而變成沒有價値，變成了零，或變成十分之一或二十分之一。國內底購買力，在通幣安定後，比之於戰前，本質地減少了，在法蘭西，勢力底推移，是向着工業資本底制霸這一個方向。這個傾向，不僅由通幣膨漲政策所作成，而且是戰勝底結果（戰勝是促進了那產業高度發展的阿爾薩斯•勞倫底發展，並促進了那以國家底補助、依德國底賠款所建設的、因戰爭而歸於荒廢的北部工業區域底產業底復興）。法蘭西在歐洲大戰前，大工業不甚發達，受拿破崙所創設的小農及小金利者底影響很大，簡直是一個放債國家；但是到了歐戰後、情形便不同了。法國如今已經有了技術很發達的經營，它底鑛山業和織物業，都可以與德意志並肩而無愧，所以它現在已成爲與德意志同格的工業國家，若就那技術一點來說，且已超過英吉利了。通幣膨脹時期一終結，這個社會的推移，便越趨顯著了。放債業者，陷落到無產者層了。小農底勢力，因出了五十萬戰死者、三百萬負傷者、以及產兒數底低減，巨大的死亡率（由於戰爭底結果），而大行減少了。法國無產者，在數量上也已經增加，其重心點不在於奢侈品工業或鑛山業中，而在於大工業之上了。三百萬外國人，受雇於法蘭西底工業。這是因爲小放債者和小農底無產者化過程，在通幣膨漲時代，還很緩慢；其次是因爲那價值減少了的法郎底購買力，在法蘭西內部，比在外國有二倍的效力。法國在法郎安定底危機期間中底階級分裂，因逐出廉價的外國人勞動者（波蘭人、意大利人、捷克人），而有了幾分的緩和。可是內國人勞動者，一代替外國人而被雇傭時，那社會的鬬爭便尖銳化了。我想在這里介紹一種很有興味的表示法蘭西底社會變動（從戰前起，到一千九百二十一年止）的文獻。

表示一國底社會狀態的，除了各種經濟統計、企業統計之外，還有人口統計，也是一種重要的資料。人口數底男女別，與過去人口底比較，男女勞動能力者數底比率，勞動者、被雇傭人、企業主底數底比率，與過去勞動者、被雇傭人、企業主底數底比較，外國人底數目及職業別等，都很可以表示出一國社會狀態底動變。一千九百二十一年所行的法蘭西底人口調查，到了最近才正式發表；索朋斯基（Serbonski）便根據這個來研究『法蘭西底社會的變動』，而把他研究的結果發表出來。以下，我只加了很少的私見，多半是介紹索朋斯基底研究。（R. G. I. November. 1927）

在現今各資本主義國家內部，於現階段之下，都有下述四種傾向，很明白地表現於我們底眼前。第一是從事勞動，或想從事勞動、或逼得想從事勞動的勞動能力者底數目增加了。這個現象，是智識分子及其他中產階級底下層分子，在經濟上陷入於無產者層的結果。第二是婦女走進生產部門的數目，即婦女勞動者底增加。這個現象，是伴隨資本主義底進展的生產過程底簡單化，伴隨合理化運動的技術上及經濟上的合理化底結果。第三是經濟生活底重心從農村向都市的推移，越益迅速進行；換句話說，向來的農業國家變化爲產業國家的傾向，越益迅速地成功。第四是資本主義的企業越益變成大規模的東西，資本底集中越益迅速地實現。

我們如果看了上述那個正式發表了的法蘭西底人口統計，便可以知道這四個傾向，很明白地表現於人口數底變化之上。我們看了那個統計，還可以知道法國有一個特別的現象，就是外國人底移入很多，如今法蘭西正在成爲『世界放浪底重要的中心』。以下，我想根據那個統計，用數字來表明這些傾向。我們且來看一看這些傾向，怎樣地在決定法蘭西底歷史的發展底方向及這個發展底速度。

首先，把法蘭西全人口底男女別，和過去的統計對比一下，其情形如左：

年度	男性	女性	總計
一八九六	一八、九二二、六五一	一九、三四六、三六〇	三八、二六九、九一一
一九〇一	一八、九一六、八八九	一九、五三三、八九九	三八、四五〇、七八八
一九〇六	一九、〇九九、七二一	一九、七四四、九三二	三八、八四四、六五三
一九一一	一九、二五四、四四四	一九、九三七、六八九	三九、一九二、一三三

一九二一（八十七州）	一七、五九九、〇四九	一九、五〇三、三六八	三七、一〇二、四一七
一九二一（九十州）	一八、四四四、六五六	二〇、三五二、八四四	三八、七九七、五四〇

照這個表看來，在歐洲大戰前，法國人口，大體上是不動的，每年不過有千分之十六左右增加罷了。法國在歐洲大戰中，犧牲了許多壯丁，在歐戰後，又併合了阿爾薩斯・勞倫，所以有大批外國人來到法國。因之在一千九百二十一年，應當可以看見人口底增加，但比之於戰前的一千九百十一年，還有約四十萬人口底減少。其次，再看一看依年齡別的人口底比例，如左表：

年齡	一九一一年	一九二一年
九歲以下	六、六八三、五四三	五、一二六、七二六
十歲至十九歲	六、四七九、三三八	六、五五一、九七一
二十歲至四十四歲	一四、四八四、二四一	一三、四六三、七一八

四十五歲以上	一一、四四六、四六一	一二、〇〇〇、〇〇二

據這個表看來，年富力强的二十歲至四十歲的人，約減少一百萬。這是大戰底影響。出生數約有一百六十五萬底減少。大戰對於這出生數底減少，還沒有給與充分的影響。因之可以推測：在一千九百二十一年以後，出生數底減少，還更厲害。現在我們且來看一看一九一一年與一九二一年這兩個年度底男女兩性底比例如下：在一九一一年度，女性比男性約多六十八萬；在一九二一年度，則約多二百萬。其中約一百萬，是二十歲至四十歲的壯年的女性。我們看見這些過剩的女性，現在成為勞動者而侵入生產部門裏去。

出生數底減少，生存競爭底激烈，中產階級底貧困，這些原因湊在一起，把人口底大部分，都趕進生產圈裏去。

年度	男性生產關係者	女性生產關係者	總計
一八九六	一二、五五九、二七〇	六、四一一、二二三	一八、八七〇、四九三

一九〇一	一二、九一〇、五六五	六、八〇四、五一〇	一九、七一五、〇七五
一九〇六	一三、〇二七、四六七	七、六九三、四一二	二〇、七二〇、八七九
一九一一	一三、二一二、二〇七	七、七一九、一〇四	二〇、九三一、三一一
一九二一（八十七州）	一二、五三〇、六七〇	八、三一三、一三五	二〇、八四三、八〇五
一九二二（九十州）	一三、一一四、五四五	八、六〇六、〇五九	二一、七二〇、六〇四

復次，舉出男性生產關係者對於男性人口的比率及女性生產關係者對於女性人口的比率如左：

年度	男性	女性	總計
一八九六	六五•六%	三四•〇%	四九•三%
一九〇一	六八•〇	三五•〇	五〇•六
一九〇六	六八•二	三九•〇	五三•三

一九一一	六八•六	三八•七	五三•四
一九二一（八十七州）	七一•〇	四二•三	五六•一
一九二一（九十州）	七一•〇	四二•六	五五•九

就是從一八九六年至一九二一年之間，男性生產關係者有百分之五•四的增加，女性生產關係者有百分之八•六的增加。

這些生產關係者在都市及農村中的分佈狀態如左：

年次	農業	其它生產業
一八九六年	八、四二九、三〇六	一〇、五四一、四八七
一九〇一年	八、一七六、五六九	一一、五三八、五〇六
一九〇六年	八、七七七、〇五三	一一、九四三、八二六

一九二一年	八、六六〇、二四八	一二、一八三、五六七

這些絕對數，換作百分比則如下：在一八九六年，農業關係者占百分之四四•四，其它生產業關係者占百分之五五•六；在一九〇一年，前者占百分之四一•五，後者占百分之五八•五；在一九〇六年，前者占百分之四二•四，後者占百分之五七•六；在一九二一年，前者減到百分之四一•六，後者增到百分之五八•四。所以在二十五年間，農業關係者減少百分之二•八，其它生產業關係者增加百分之二•八。換句話說，農業關係者對其它生產業關係者底比例，從百對百二十五變成百對百四十。這個比例，顯示着農村住民減少和都市住民增加的傾向。其次，再看一看從事農業的人，其男女兩性別如下：一千人之中，男性在一八九六年有四五一人，在一九〇一年有四二七人，在一九〇六年有四一九人，在一九二一年有三八九人，就是男性有漸次減少的傾向；反之，女性在一八九六年有四二九人，在一九〇一年有三九一人，在一九〇六年有四三二人，在一九二一年有四五九人，就是女性有漸次增加的傾向。

復次，再觀察一下這些生產關係者底階級區別，則如左表：

種類	一八九六年	一九〇一年	一九〇六年	一九二一年（八十七州）	一九二二年（九十州）
勞動者	九、八三三、〇六九	七、六七一、〇六五	七、九〇六、九九九	八、三〇七、三六一	八、七六一、六八二
被雇傭人		二、四一〇、四八七	二、一一七、四八七	二、五五九、九七〇	二、六九八、六三〇
失業者	二六六、八七五	三一四、六三〇	二三八、六五七	五三三、九一七	五三七、一五〇
獨立手工業者及小企業家	四、二九一、〇〇八	四、四〇五、三九四	四、一七二、二六九	三、二四七、六〇三	三、三一一、六六八
使用工錢勞動者的企業家	四、二八一、五九八	四、八六五、七九九	六、二八六、五〇七	六、二〇五、九三五	六、四二一、四七四
總數	一八、六七二、五五〇	一九、六七一、三三五	二〇、七二〇、八七九	二〇、八四三、八〇五	二一、七三〇、六〇四

照這個表看來，自從一千九百零六年以來，勞動者、被雇傭人、及失業者——即無產階級底數目，是漸次增加着的。從一千九百零六年到一千九百二十一年間失業者底增加，顯然是反映着這期間生產底合理化底結果。這個現象，到了最近，越益厲害。現在把這三者底總數，按照年代順序排列起來如下：在一八九六年有一千九萬九千九百四十四人，一九〇一年

有一千四十萬八十二人，一九〇六年有一千二十六萬三千一百零三人，一千九百二十一年有一千一百九十九萬七千四百六十二人；這是表示現代法蘭西底無產者要素底增加。又照上面的表看來，獨立手工業者及小企業者底數目，已太行減少。這是說明中產階級底無產者化。現在把一千九百二十一年底生產關係者底絕對數及百分比，寫在下面：勞動者及被雇傭人，其數目達一千一百九十九萬七千四百六十二人，占生產關係者總數底百分之五五•二；獨立手工業者及小企業家，數目達三百三十一萬一千六百六十八人，占百分之一五•三；企業家有六百四十一萬一千四百七十四人，占百分之二九•五。再看一千九百零六年底生產關係者底絕對數及百分比如下：勞動者及被雇傭人，有一千二十六萬三千一百零三人，占生產關係者總數底百分之四九•四，獨立手工業者及小企業家，有四百十七萬一千二百六十九人，占百分之二〇•二，企業家有六百二十八萬六千五百零七人，占百分之三〇•四。由此看來，在一千九百二十一年與一千九百零六年間，階級的編制，已大有變化。就是企業家及獨立業者對於全體的比率，雖減少了百分之一乃至百分之五，但勞動者及被雇傭人對於全體的比率，却增加了百分之六。企業家對於全體的百分比底減少，比較不多，是由於農業中企業家底減少不多。農業中企業家底數目，在一千九百零六年是四百八十五萬一千四百三十二人，在一千九百二十一年乃漸減到四百七十七萬七千八百八十一人。這種農業中企業家底漸減，在全體的百分率上，掩蓋了都市底其它生產業中企業家激減的現象。例如在加工工業中，從八十萬四千四百六十八人激減到六十六萬六百十三人，即約減少百分之十七；又如在粗原料工業中，從八千一百二十二人激減到四千五百十四人，即約有百分之四四·四的激減。

現在把勞動者、被雇傭人、獨立業者、企業家底數目，按照農業和其它產業別，列表如左：

	勞動者、被雇傭人、失業者	獨立業者	企業家	總計
農業	二、八三六、二四六	一、二一〇、一一三	五、〇〇二、六四一	八、九五一、〇〇九
粗工業、加工工業、工業、運送業、商業等	九、一五九、一二六	三、三〇一、四五六	一、四〇八、八三二	一三、七六九、五〇五

合計	二、九九七、四六二	三、三二一、六六八	六、四二一、四七四	三、七二〇、六〇四

據這個表看來，在農業中，有企業家底百分之七十八，獨立業者底百分之三十三，工錢勞動者底百分之二十四；在其它產業中，企業家雖只有百分之二十二，但有獨立業底百分之六十六，工錢勞動者底百分之七十六。

又在農業中，八百九十五萬一千九十九名農業關係者內，無產者要素只有百分之二十五，獨立農民是百分之十三，至於其餘的百分之六十二，實在是企業家。反之，在工業中，一千二百七十六萬九千五百零五名生產關係者內，無產者要素占百分之六十，獨立業者占百分之十五，只有其餘的百分之二十五是企業家。我們在這里，可以明白看出農業與其它生產業中階級區別底構成要素底差異。

其次，爲明瞭資本主義集中底情形，試舉從一九〇六年至一九二一年的經營數底統計如左：

經營圖	經營數 一九〇六	一九二二（八七州）	一九二二（九〇州）
不用工錢勞動者的經營	一、四〇七、〇四七	一、三九二、一二三	一、四二〇、六四五
使用一名至五名勞動者的經營	二、一五五、三九三	二、〇一一、八〇二	二、〇九八、二七五
使用六名至十名勞動者的經營	九〇、五七八	九〇、八〇六	九四、〇四一
使用十一名至廿名勞動者的經營	三三、七八八	三九、三二七	四〇、六八〇
使用廿一名至卆名勞動者的經營	一八、五八七	二四、三七七	二五、三一三
使用五一名至百名勞動者的經營	五、七〇八	八、〇〇六	八、三六二
使用百一名至五百名勞動者的經營	四、五一六	五、九八五	六、二九三
使用五百一名以上勞動者的經營	六五六	八二二	九〇一
總計	三、七一六、二七三	三、五七三、二四八	五、六九四、五一〇

據這個表看來，不用工錢勞動者或使用一名至五名勞動者的小經營底數目，雖然減少（除了戰後獲得的阿爾薩斯・勞倫等三州的八十七州底數目），但是使用六名以上勞動者的經營底數目，卻增加了。這是表示小經營被大經營吸收的傾向。現在再列舉這些經營中所使用的勞動者底數目如左：

經營團	勞動者及被雇傭人底總數		
	一九〇六	一九二一（八七州）	一九二一（九〇州）
使用一人至五人的經營	三、七四五、八〇四	三、五八八、四九九	三、七五一、五一九
使用六人至十人的經營	六六二、八八三	六六九、二四三	六九二、六六八
使用十一人至廿人的經營	四九八、八三二	五七二、八九五	五九二、四四五
使用廿一至五十人的經營	五九三、四四四	七六九、一一三	七九八、五一二
使用五十一至百人的經營	四〇五、一三三	五六三、六二一	五八八、四一〇
使用百一至五百人的經營	九〇一、四〇二	一、一〇七、七七〇	一、二三二、〇〇七

使用五百一人以上的經營	八一二、四二〇	一、一〇九、六四六	一、二三二、五三一
總計	七、六一九、九一八	八、四四〇、七八七	八、八八八、一四二

現在再把這些數目，分作三大羣團，來看一看它們各個底比率如左：

	一九〇六年	一九二一年
使用一人至六人的經營	四九%	四二•五%
使用六人至百人的經營	二八	三〇•五
使用百一人以上的經營	二三	二七

就是小經營中工錢勞動者底數目，十五年間雖減少百分之六•五，但在中經營中，却增加百分之二•五，在大經營中是增加百分之四。

法國自從十九世紀以來，因國內人口底減少而來了很多的外國人。外國人底增加，原是每年漸次騰高，從一千八百七十六年到一千九百十一年共三十六年間，對於全人口的比率，只有約百分之〇・六八的增加（其絕對數是從一百萬一千九十八人增加到一百十三萬二千六百九十六人）；但從一千九百十一年到一千九百二十一年之間，卻有百分之一・一八的激增了（絕對數是從一百十三萬二千六百九十六人增加到一百五十五萬四百四十九人）。這是由於戰爭中壯丁底減少，及因併合阿爾薩斯・勞倫而需要鑛工，爲再建法蘭西工業而需要勞動者，以致不能不借助於外國人。這個傾向，到了一千九百二十一年以後，還更顯著，例如在一千九百二十一年，外國人底總數還只有約一百五十五萬，但在一千九百二十六年，便增加到約二百五十萬，幾乎增加了一倍。在最近五年間（從一九二一年至一九二六年），法蘭西人底增加，只有五十八萬六千三百十四人；反之，外國人卻增加了九十四萬六千七百七十一人。所以這五年間，外國人底增加，幾乎比法蘭西本國人底增加多了一倍。現在且把外國人生產關係者對於外國人總數的比率，和本國人生產關係者對於本國人總數的比率去比較一下，列表如左：

年度	本國人	外國人
一八九六	四九・三%	
一九〇一	五〇・六	五八%
一九〇六	五三・三	五九
一九二一（八七州）	五六・一	六〇・四
一九二一（九〇州）	五五・九	五九・四

這些外國人底職業底分類，如左表：

社會羣團	一八九六	一九〇六	一九二一（八七州）	一九二一（九〇州）
企業家	三四、六二九	七二、〇五一	一〇七、一二一	一一二、八三三
被雇傭者	—	四七、六五二	八二、一〇一	九一、二一八

勞動者	二四九、三三二	三四九、五〇一	五〇一、三二七	五四四、四九三
失業者	九、七六二	一三、〇〇〇	三三、三三二	三四、七五七
獨立業者	五六、〇九六	一三四、九二二	一二三、〇八九	一二七、二一二

據一千九百二十六年底調查（九十州），在人口總數四千七十四萬三千八百五十一人之中，外國人占二百四十九萬八千二百三十八人。據一千九百二十五年底調查，外國人中最多的是意大利人八十萬七千名，其次是西班牙人四十六萬七千名，比利時人四十六萬名。這些外國人，多住在國境地方；在地中海岸有五十四萬六千人，在東境有二十六萬五千人，在里昂地方有十一萬六千人，在庇里尼斯地方有十四萬五千人，在巴黎底工業區域有五十三萬一千人。

以上，我已經介紹了索朋斯基根據一千九百二十一年底法蘭西人口統計而研究法蘭西底社會變動狀態的論文。索朋斯基，以下面幾句話來結束這篇論文。

『從以上所述的事情裏，生出如下的結果：（一）在法蘭西，生產關係者底數目，是在繼續增加。（二）人口之中，女性越益被拉入生產範圍內。（三）經濟生活底重心點，越益從農村轉移到都市——法蘭西從農業國變爲工業國。（四）資本主義的經營，越益變成大規模的；資本主義的集中，越益進行。（五）國民底無產者化，不停地在發展着。（六）法蘭西每年越益成爲外國人底世界放浪底重要的中心地。

這種經過，提高國民底活力，尤其是提高勞動者階級底活力。這個替勞動者而運動和羣衆的工會底發展，作出前提。引導女性加入工會的問題，如今已現於面前了。上面所舉的各種要素底總計，必然地要促進羣衆的工會底形成。這便是這統計的調查底根本的結論。』

（四）意大利

意大利底內國工業，因戰爭底需要而非常增加，已成了支配的要素。意大在雖然缺乏煤及鐵底產出，但因爲有了水力設備和電氣化，以致在美術絲工業中，成了世界第一的國家。汽車工業、機器工業、化學工業等，也比戰前發達了。通貨膨漲及法西斯主義對於勞動者的彈壓，對於意大利底工業資本底繁榮，給了很好的前提。美國底金融資本，爲着整理國債，又侵入工業界裏。國內人口底增加，超過國內工業所能收容的程度。意大利資本家，想獲得有煤鐵的地方及可以移送過剩勞動力的殖民地的欲求，必然地要使意大利採取帝國主義的政策。

然而法蘭西和意大利，還在穩定狀態底固定的前階段。因爲國內的及國際的信用組織，受了通幣膨漲狀態底嚴重打擊。這些國家，如今還處於通幣膨漲的市況中，所以世界市場底競爭力和國內的鬥爭，都失了均衡；穩定一開始，階級間底衝突及其它列強底反作用，都要將更加劇烈。

第八章　最近資本主義底狀態、結論

我在前一章裏，已經把歐洲大戰給予英吉利、德意志、法蘭西、意大利等國的影響，及其結果，個別地敍述了。然而現在的各國經濟，不過是巨大的世界經濟那個有機的構成底一個構成部分。整個兒世界資本主義，如今處於怎樣的狀態？蒲哈陵把大戰以後的世界資本主義底傾向，分作左列三個時期。

（一）第一期——這是世界，尤其是歐洲底銳厲的革命危機時期。這個時期底頂點，是一千九百二十年至一千九百二十一年。這個時期底主要事件如下：俄羅斯底一千九百十七年二月革命及十月革命，一千九百十八年三月芬蘭底勞動者革命，一千九百十八年八月日本底糧食騷動，一千九百十八年十一月奧大利及德意志底革命，一千九百十九年三月匈牙利底無產階級革命及朝鮮底叛亂，一千九百十九年四月巴維也拉蘇維埃政府底樹立，一千九百二十年九月意大利勞動者底占領工廠，一千九百二十年土耳其底資產階級民族革命；這個時期內，還應當包括赤軍底進向華沙，以及一千九百二十一年德意志底所謂三月事件。這個多事的第一期，以一千九百二十三年九月布加利亞底叛亂底失敗，及一千九百二十三年秋德意志無產階級底失敗來結束了。

（二）第二期——這是資本底攻勢時期，是資本主義底局部穩定時期。對於資本底攻勢，無產階級屢次行了大規模的防禦戰。其中最悲慘的，是英國底總同盟罷工及煤鑛罷工。從經濟的觀點來說，這個時期是資本主義底生產力恢復的時期。

（三）第三期——這是再建資本主義的現今的時期。今日資本主義底生產力，已由技術底改良和經濟組織底改革而增加，但在別方面，又伴着反抗資本主義的勢力底增大，及資本主義內在的許多矛盾底發達。在這些東西之中，最重要的是蘇維埃聯邦底強固化，中國革命底發展，印度等國底內在的諸矛盾底急速增大，以及戰爭危機底增大。

歐洲大戰，是對於全資本主義機構的大打擊。生產手段底破壞、勞動力底喪失、信用制度底混亂、販賣區域底擾亂——乘着這些資本陣營內的大混亂，無產階級轉取攻勢了。許多騷亂的傾向，有的成功，有的失敗，出現於各處了。許多極左的理論家，從這種資本主義底狀態裏，認識了而且發表了資本主義底急激崩潰論。可是資本主義，竟能於歐戰告終後，過了不久的時候，憑藉巧妙利用通幣膨脹及與社會民主黨妥協，而漸次恢復，同時又在金融資本底操縱之下，進行强度的獨占化和合理化，因而從戰後的混亂達到今日的相對的穩定。今日電力使用底擴大化和複雜化，電力配佈組織底變革（例如在一個中央的大發電所之下，配佈各遠距離地方的可能性；例如從阿爾卑斯底發電所配佈到倫巴底諸都市，從瑞士配佈遠距離電力給德意志等），化學工業底發達（例如混合燃料底新製造法，石腦油底柏傑氏製造法，人造絲底生產，德國底從空氣中生產窒素，煤炭底溶解，人造橡皮底製作等），組織底改良（例如使用輸送帶的不休勞動等），交通機關底發展（電動機關底採用等），及各種補助政策（例如高率的保護關稅）等，使勞動底生產力非常增如了。

要想否定現在這種資本主義底穩定性，一定會招致很大的錯誤。今日資本主義底國際的穩定，是不可動搖的現實。可是我們如果看落在這些號稱『穩定』的事象之中有許多矛盾存在，也會招致很大的謬誤。大胆地去凝視現實，應當是一切研究學問的人須臾不可忘記的格言。那麼現在這種穩定期中所現出的矛盾，究竟有些什麼呢？

（一）依於合理化的新技術底採用，新勞動組織底利用，如前面所述，顯然地增加了勞動底生產性。然而那結果，却加強下述兩個傾向：（一）由於生產力底增加的平均利潤率底低落；伴隨資本底有機構成底高度化的可變資本底相對的減少，因而一般的消費力底減退。前者是對於那以追求利潤爲本質的資本主義的矛盾；後者是生產底可能性與販賣底可能性底反比例的傾向，是對於生產力底增加的大矛盾。各大資本主義國家，都在限制生產（雖然有生產能力），不是說明這個是說明什麼？

（二）資本主義使失業變成固有的東西。可是由於戰後底合理化的勞動作業率底增加，又使這失業變成增加的、永續的現象。因之又使那資本主義底對立物——勞動者階級底運動，強大化、擴大化。我們可以在最近德國底金屬工能工及鋼鐵工能工，英國底總同盟罷工及煤鑛爭議中，看見那規模底偉大和勢力底雄厚。

（三）不變資本底增加，伴着資本底集積，越益引入強度的獨占。獨占底規模及範圍底擴大，是與那立在自由競爭的基礎上的資本主義正相反對的現象。

（四）生產力雖然高度地增加，但是一般消費力却相對地減少——這件事，採取從生產底無政府性到生產底統一、監督的傾向。『社會化』運動（Sozialisierung）、『經濟民主制』運動（Wirtschaftsdemokratie），都是這種傾向底一個表現。這種傾向，是對於那以『個人的自由』爲金科玉律的資本主義的一個矛盾。

（五）資本底輸出慾，對於原料供給地的欲望，及販賣區域底擴大慾，表現爲對於殖民地的獲得慾。那種爲求再度分割世界殖民地的戰爭危機，便伏在這裏。

資本主義，能夠克服這些矛盾嗎？那是斷然不可能的。眞正的答案，是由這些矛盾來克服資本主義。未來資本主義經濟史底發展，一定會證實這個答案。

周蓓 主編

專題史叢書

(日)山川均 石濱知行 河野密 著

熊得山 施復亮 錢鐵如 譯 河南人民出版社

唯物史觀經濟史

(上册)

本書系從唯物史觀的角度來敘述經濟史，是一部經濟學的重要著作，分爲上、中、下三册。

圖書在版編目（CIP）數據

唯物史觀經濟史 ：全3册 /（日）山川均，（日）石濱知行，（日）河野密著；熊得山，施復亮，錢鐵如譯．—鄭州 ：河南人民出版社，2018．6
（專題史叢書 / 周蓓主編）
ISBN 978-7-215-11494-4

Ⅰ．①唯… Ⅱ．①山… ②石… ③河… ④熊… ⑤施… ⑥錢… Ⅲ．①經濟史-歐洲 Ⅳ．①F150.9

中國版本圖書館CIP數據核字（2018）第068803號

河南人民出版社出版發行
（地址：鄭州市經五路66號　郵政編碼：450002　電話：65788036）
新華書店經銷　　北京虎彩文化傳播有限公司印刷
開本　710毫米×1000毫米　1/16　印張　61
字數　775千字
2018年6月第1版　　2018年6月第1次印刷

定價：490.00圓（全3册）

出版前言

中國現代學術體系是在晚清西學東漸的大潮中逐步形成的。至民國初建，中央政治權威進一步分散和削弱，加之新文化運動帶給國人思想上的空前解放，新學的啓蒙，新知識分子的産生，民國學術如草長鶯飛，進入一個自由而蓬勃的時代。中國傳統學科乃中國學術之根基與菁華所在，民國學人采用『取今復古，別立新宗』之方法，引入西方的學術觀念，積極改造，使史學、文學等學科向現代學術方向轉型。此外，大力推介西方社會科學的新學科和自然科學，在學習、借鑒乃至移植西方現代學術話語和研究範式的過程中，逐漸建立中國現代學科，使中國的學科門類迅速擴展。一時間，新舊更迭，中西交流，百花齊放，萬壑争流，開創了中國現代學術的源頭。

伴隨知識轉型和研究範式轉换而來的，還有學術著作撰寫方式的創新。中國古代的著作向來以單篇流傳，經後人整理匯編後，方以成册成集的面目出現并持續傳播。直到十九世紀末，東西方的歷史編撰體裁不外乎多卷本的編年體、紀傳體和紀事本末體等，章節體的出現標志着近代西方學術規範的産生和新史學的興起。章節體具有依時間順序，按章節編排；因事立題，分篇綜論；既分門別類，又綜合通貫的特點。以章、節搭建起論述之框架，結構分明，邏輯清晰，較傳統的撰寫體裁容量大、系統性强。它的傳入，使中國現代學術體系從内容到形式被納入了全球化的軌道。民國時期專題史的研究、譯介、編纂、出版恰恰是在這樣的背景下欣欣而發，是學術的實驗場，也是歷史的記録儀。編選『專題史』叢書的初衷正是爲了從一個側面展示中國學術從傳統向現代過渡的歷史進程。

專題史是對一個學科歷史的總結，是學科入門的必備和學科研究的基礎，也是對一個時代艱深新鋭問題的解答，是學術研究的高點。民國專題史著作中，既包含通論某一學科全部或一時代（區域、國别）的變化過程的，又囊括對一時代或一問題作特殊研究的，還有少部分是對某一專題的史料進行收集的。原創與翻譯并重，翻譯的底本大多選擇該學科的代表著作或歐美大學普及教本，兼顧權威性和流行性，其中日本學者的論著占據了相當比重。日本與中國同屬東亞儒家文化圈，他們在接納西方學術思想和研究模式時，已作了某種消化與調適，從思維轉換的角度看，更便于中國借鑒和利用，他們的著作因而被時人廣泛引進。

與當代學術研究日趨專業化、專門化、專家化的『窄化』道路迥乎不同的是，中國傳統學術崇尚『學問主通不主專，貴通人不尚專家』的通識型治學門徑，處于過渡轉型期的民國學術在不同程度上保留了這種特徵。民國學術大師諸學科貫通一脉、上千年縱横捭闔之功力自不待冗言，外交家著倫理政治史、文學家著哲學史、化學家著戰争史等亦不乏其人，民國專題史研究呈現出開放、融通、跨界撰述的特點。與此同時必須看到，自晚清以來，中國的命運就在外侮屢犯、内亂頻仍的窘境中跌宕彷徨，民族存亡仿若命懸一綫。這股以創建學科、總結經驗、解決問題爲指歸的專題史出版風潮背後，包裹着民國學人企望以西學爲工具拯民族于衰微的探索精神，及以學術救亡的愛國之心。梁任公曾言：『史學者，學問之最博大而最切要者也，國民之明鏡也，愛國心之源泉也。』這種位卑未敢忘憂國的歷史使命感和國民意識是今人無法漠視和遺忘的。

『專題史』叢書收録的範圍包括現代各個學科，不僅限于人文社會科學，學科分類以《民國總書目》的分科爲標準，計有哲學、宗教、社會、政治、法律、軍事、經濟、文化、藝術、教育、語言文字、中國文學、外國文學、中國歷史、西方史、自然科學、醫學、工業、交通共19個學科門類。本叢書分輯整理出版，内不分科，單本發行，方便讀者按需索驥。既可作爲大專院校圖書館、學術研究機構館藏之必備資源，也可滿足個人研讀或興趣之收藏。

與目前市場已有的一些專題史叢書相比，這次『專題史』叢書具有規模大、學科全、選本精、原版影印的特點。本叢書選目首重作者的首創、權威和著作影響力，尤其注重選本的稀見性。所謂稀見，即新中國成立後没有再版，且多數圖書館没有收藏，或即便有收藏，也是歸于非公開的珍本之列予以保存，普通讀者難以借閲。部分圖書雖有電子版，但作爲學術研究的經典原著讀本，紙質版本更利于記憶和研究之用。本叢書精揀版本最早、品相最佳的原版圖書作爲底本，因而還具有很高的版本收藏價值。

『專題史』的著作是民國學者對于那個時代諸問題之探究，往往有獨到之處，無論其資料、觀點短長得失如何，要之在中國現代學術史的構建與發展進程中，自有其開宗立論之地位。

原序

關於唯物史觀，近來已有許多好書，譯成了日本文，且也有許多人士做過有益的介紹和解釋。這一次，改造社出版的經濟學全集中，唯物史觀的說明，已成了一個獨立的項目，因此，本書對於唯物史觀的說明，就可從略了。

本書重在敘述歐洲的經濟史，但在現時，要把歐洲經濟史和一般經濟史，完全分別的研究，却是很難的事情。這有兩個理由：第一，歐洲經濟史已有好多人在從事研究，材料也在整理着；第二，只有歐洲，是自力的從封建社會形態發展爲資本主義社會形態的唯一地帶。因此，經濟發展的一切階段，只有在歐洲，纔能用典型的形態者觀察，所以本書的敘述，勢不能不把歐西做中心。

基於唯物史觀的經濟史，當然不是事實的單純年代的記述就完事的。卽，唯物史觀經濟史，必是理論的經濟史。但是把歷史的某一時期作唯物史觀的說明，就在馬克斯自身，也已經用那有光輝的成功，造出了模範的東西，例如「路易。波那巴特之勃羅幼美羅十八日」Der Achtzehnte Brumaire Des Louis Bonaparte，（係馬克斯一八五一年的著作，勃羅幼美羅十八日，卽(Achtzehnte Brumire)，是據法國共和歷，西歷一七九九年十一月九日。因是日為拿破崙實行獨裁，解散國民會議、以斷送法國革命第一次的一天。而馬克斯著此書時，正當一八五一年十二月二日拿坡崙第三之甥，路易波那巴特(Louis Bonaparte)實行獨裁，解散立法國民議會，而斷送一八四八年二月革命所成立之第二共和國，以拿破崙第三之名，與拿破崙同樣成立第二法蘭西帝國，所以馬克斯那本書題名為「路易。波那巴特之勃羅幼美羅十八日」——譯者）及其他，但在人類社會經濟發展的全領域上，那必要的資料，現在還未經充分的集積，研究和整理。所以我們的理論說明，現在還不免不完全。

拿唯物史觀來觀察日本的歷史、是有興味的事情，是必要而不可缺的事情。就在日本·對於某特定時期乃至某特定歷史的事實，也能夠充分的拿唯物史觀來說明。但本書的目的，在就經濟史最典型的發展的途徑，作簡單的叙述，所以關於日本一部分的觀察和說明，反有使敍述混亂之嫌，因而割愛了。

一九二八年　十一月　山川均

資本主義以前經濟史目錄

第一章　原始共產制……一
第一節　關於原始共產制學說與資產階級經濟學……一
第二節　蒙昧時代……五
第三節　野蠻時代……一〇
第四節　原始共產制崩潰的原因……一五
第五節　氏族制度……一五
第六節　氏族制度的崩解與原始共產制的閉幕……二〇
第二章　古代社會……二五
第一節　古代國家的發生(附祕魯印加帝國)……二五
甲　希臘……二五

乙　羅馬……四四
丙　祕魯——印加帝國……四六
第二節　古代社會的經濟組織……四九
甲　奴隸制度……五一
乙　財產制度……六〇
丙　商業的發達……六七
第三節　奴隸制度的衰退……七七
第四節　羅馬帝國的沒落……八〇
第三章　封建社會……八五
第一節　封建制度成立之經濟的基礎……八五
第二節　西歐的封建制度之成立……九三
第三節　封建社會的經濟組織……一〇〇

甲　概觀——階級組織……一〇〇
乙　莊園制度……一〇八
丙　封建時代初期的商業及手工業……一一一
丁　財產制度……一一三
第四節　莊園制度的衰微……一二四
第五節　都市經濟的勃興……一三四
甲　中世都市的發生……一三五
乙　基爾特制度……一三七
丙　都市的獨立與發展……一四一
第四章　資本主義社會的端緒……一四四
第一節　商業資本的發達……一四四
甲　商業資本……一四四

乙　商業資本對於生產的支配力之擴大……一五三
丙　大陸發見與資本主義……一五七
第二節　工業資本的發生……一六三
甲　資本之原始的蓄積……一六三
乙　工業資本家之發生……一六八
丙　生產力之飛躍的發展……一七〇

第一編　資本主義以前經濟史

第一章　原始共產制

第一節　關於原始共產制學說與資產階級經濟學

我們關於原始共產制的知識，是最近的。

一八四七年，普魯士的樞密顧問官赫克士陶生(August Freiherrn Von Haxthausen)發表了俄國「米爾」共產體的硏究，要算是關於原始共產制的學問硏究的端緒。不過實際上，在這個以前，那出發於世界征服之路的歐洲資本主義，已經在印度，非洲，美洲等處，爲那些奇怪的魔物(共產村)存在所煩惱，所驚訝了。這些資本主義國的收稅吏與行政官們，最感迷惑的，第一就是榨取的對象底不明確。以後他們了解了「共產體」的組織、他們又覺得那是不可測的「不聰明」與「過度德性」的產物。殖民地官吏的報告，只不過買得有光輝的歐洲先進國的識者的嘲笑，而被擲入於鋼鐵的大金庫中罷了。

不過在歐洲，也有同樣的制度存在過。德國的默列爾 Georg Ludwig Maurer 有瑪克共產體的發見。默列爾的發見稍後於赫克士陶生，時爲一八五一年。

自赫克士陶生把米爾制度的研究公布於世之後，在一般斯拉夫人之間，喚起了異常的興奮，以爲這是斯拉夫人的特性，斯拉夫人的優越。不管是斯拉夫的革命主義者，或反動的國粹主義者，都一樣的如此說。

默列爾發見瑪克共產體以後，德國人也是一樣的見解，以爲瑪克共產體，可用德國民族的特殊性去說明。

但是東方的歐洲發見的這種事實，與西方美洲，各個的發見，卒由美國一學者莫爾根，給與了科學的體系。他於一八七七年公布的「古代社會」(Ancient Cociety)，在社會科學上所盡的任務，其重要直如生理學上細胞的發見。

有史以前的人類，比較有史以後還爲更長的歲月，這其間，他們在共產制度之下生活着，他們完成了人類文化最重要的基礎(言語的發明，火的發見，陶器的發明等等)，莫爾根都一一以實證的闡明了。

共產體的研究，開始只爲土俗學的研究之一部分，只有骨董品的興味（因此，樞密顧問官的赫克士陶生，也很熱心的研究米爾共產體），然到了現在，則以原始共產制的學說，則以長期間支配人類社會制度的研究，侵入到經濟學說的範圍來了。

這在資產階級的經濟學中，引起不時的混亂。何以？因爲在資產階級經濟學者看來，私有財產權是永遠不變的，神聖的天賦人權的原故。

最多且最巧妙的資產階級經濟學者，竟指責這件事是異端，而加以埋沒。本來，經濟史的任務，是於經濟發展的各階段上，闡明經濟法則的進化與發展。然我們翻開許多經濟史，首先就只是說腓尼基的工商業如何，或亞述怎樣。然而元來腓尼基和亞述等等，不是已經到了某一定的發展階段的國家麼？這不是我們對於較低的經濟發展階段，完全的無智慧麼？經過了他們的手，則把發見於十六世紀乃至十七世紀的美洲，印度等處的原始共產體的存在，都爲資本主義發展的旋渦所吞沒，而至於沒影了。由是，他們的經濟史，只是忠實的編年體裁，只是忠實的對於一般編年體的歷史，盡了光榮的追加或補充的任務。

較第一羣的經濟學者更粗暴的經濟學者，則大聲疾呼，否認原始共產制的存在。（例如爲國民經濟學泰斗的畢夏 Buichr 教授，他一面否認有原始共產制的存在，一面却又把村落共產體，認爲非原始共產制的終點，乃是他所說的經濟史的出發點），他說原始人懶惰宴安，不知勞動。又說那是個人的食物探究時代等等。但是新的發見，每每與他所說的相反。所謂野蠻人的勞動，是怎樣有計劃的，有組織的進行，閱以後的所述就知道了。

第三羣的經濟學者，粧着很鄭重的樣子（例如苦羅西）。他們說道：「不錯，土地是共有的，然而勞動器具則爲私有」。有的說：「不錯，勞動器具是共有的，然而他們所吃的食物則爲私有」。眞的，這種論理，是無窮盡的論理。何以？明明白白的，我們是私有着我們的肉體。照這個論理推究下去……不錯……是共有的，然而結局，人們都是私有着自身的肉體。這種論理既然是無窮盡，實可認爲至寶。比如說：不錯，現在的私有財產制，已實行到某種程度，然而還有屬於國民共有的國有財產（所以現在也不是私有財產制度！）照這樣的例子，我們還可以說——不錯，……是私有財產，然而空氣仍是我們共有的！共產主義者，你們不要興奮！共產主義是在任何處所都顯現着的！只指示樹木而否定森林的，就是這一種論理的眞體。

爲資產階級經濟學者所拒絕的任務，其勢必落到無產階級的雙肩上。關於原始共產制的學說，須由最懇摯的無產階級擔任處理。

原始共產制的存在，爲不可動搖的事實，已爲科學所明白指出，但如開頭所說的，我們關於這些智識，還是極新的。因之我們對於這點，還不能有完全無缺的說明。詳細之點，還有待於我們今後的研究。

第二節　蒙昧時代

莫爾根按照生產技術發展的階段，把文明以前的時代，劃分爲蒙昧Savagery和野蠻Barbarism兩大時期，更把各時期劃分爲上中下三個階段(註)。他對於蒙昧時代是這樣述及的。

下段——是人類的最幼年期，是人類生存於熱帶的或亞熱帶的森林中的時期。食物爲果實，草根等，多半營樹上生活。在這個時代，言語方開始取明瞭的形態。自然，思惟能力也隨同言語而發達了。我們並不能直接証明或指出這種人類的最幼年期，然把人類的起原求之於動物界，則這種假定的推測，是不可避免的。

中段——這一個階段，以使用火而開始。魚類新作了人類的食料。人類由是已沒有僅僅棲息於果實豐富的區處的必要，得能沿河川與海濱而擴張於各地方了。有許多石器，是此時代的產物。食物逐漸豐富，因棍棒與槍的發明，捕獲的獸也成了食物。

上段——弓矢的發明，是這一個階段的開始。捕獲的獸成爲一般的食物，又新開闢了所謂狩獵的新勞動部門。人類由此得支配到某程度的生活資料，而能有各種器具的發明。

以上爲莫爾根的歷史的分類，自然只指示了大體的標準，只可爲研究出發的東西，不能作爲絕對的妥當。因之拘守上述的陳例來應用，是有害無益的。例如人有一雙脚，一雙手，一雙眼等等：我們下這樣的定義。然而人類當中，也有一隻手，一隻脚，或盲目的，於是就要從人的定義中削除有一雙脚的部分，有一雙手的部分，以至挨次的削除眼睛。我們在任何場合，若只適用舊有的定義，那我們的研究，怕卽由此不得前進一步。不過在那些爲打倒敵人而不擇手段的學者中，都毫無顧慮的常是馳騁於這樣詭辯的議論。

莫爾根所分爲蒙昧時代的這一時期的一般特徵，就是藉現有的自然物的獲得，以爲獲得生活資料的手段；其上中下的三個階段，各依那自然物獲得的補助方法——生產技術的發展，而加以區分。畢夏教授所謂個人的食物探究時代，就是這個時代，究竟爲個人的與否，那屬另一問題，而爲食物探究時代，確是不錯的。何以？因當時的生產勞動，爲主的就是採集或捕獲現有的自然物。這里成爲問題的，就在果然爲個人的與否這一點。

在把原始時代的人類經濟狀態，證明爲個人的食物探究時代之先，畢夏於其經濟的文明史上說着：『把野蠻最下級的人類所有的一般的性情，加以綜合和歸納，由此推究那經濟及社會組織的初期狀態，這不能不說在學問上有很大的效用。但當從事這個工作的時候，却沒有限于野蠻最下級民族的必要。因爲這種限制，不僅徒喚起紛擾的異論，而且使我們的眼界也伴着狹隘的原故。不僅如此而已，精神的及物質的文明的各要素，並非具有非採取同一步調而進化不可的條件的東西、差不多可以在一切現存的自然人之間、發見有來自最古的生活狀態的現象。聚集綜合這些現象、正爲吾人的第一個使命」。抱有這樣主張的畢夏，一方面警戒我們不要犯「因注意這樣各人孤立的狀態，而忽視勞動及相互扶助的所謂社會結合的要素」的謬誤，同時却又論斷原始時代爲個人的食物探究時代。他說：「未開化人的利己心與對其同族的冷酷，乃是他們無間斷的漂泊生活之自然的結果，各個人事實上只能顧着他自己」。又說：「人有極長的期間，不事勞動而生存，是不可疑的事實」。不幸，我們還沒有懂得畢夏爲什麼有這種細心的警戒的時候，我們還沒有充分明白他所謂不可「忽視」的方面的時候，突然提出他所謂個人的食物探究時代的那種定見來支配我們。他說：現在若是從布須曼族及味達族的生活中，除去那火與弓箭的使用，那麼該處除了所謂個人的食物探究以外，還殘留着什麼。他們各人通是孤立無援的，赤裸裸的，沒有攜着何等武器，同其伴侶們彷徨於狹隘的區域，宛然與野獸一樣，那兩足的動作，也有手一樣的輕快，都能夠攫物，能夠撥樹。不問男或女，都是以手或爪捕捉，從地中掘出下等動物，塊根，果實等物，生呑下去。他們也有集合，形成大小的羣，但不久卽四處分散。這是由牧場或獵場的豐饒與否而決的。如是、有時雖也形成集團，然而決不至於形成强固的共同體。因爲這種一時的集合，不能寄與某種東西而減輕他們各自的生活負担。畢夏這樣的說。然而布須曼族，以集團而生活，各集團營共同的經濟生活，那是許多學者所公認了的。德人巴札爾還說、布須曼族所以還停留於最低的文化階段的，是由於他們把自己的收獲分配於全員的那種過度的德性。總之畢夏氏的重大的誤謬之一，就是無理由的抹殺那在人類文化史上盡了重要職責的言語的發生。經濟學批判上說：「人類眞正照那名詞的意義說，是社會的動物。不僅是社會的動物，而且只有在社會內得能個別化的動物。所謂孤立於社會外部的個人的生產（那是絕無僅有的文明人偶然迷於荒野的場合所發生的現象，然這種文明人已有了各種積極的社會的力），那是等於沒有共同說話而能發達語言，實是一個背理」。至少我們如果承認了言語是在人類生活中所表現的現象，那麽就在言語發生以前，也不能想到人類完全存在於社會生活之外。

如上所述，蒙昧的下段，我們不能直接證明，只是一個推論的不可避的假定；然於蒙昧中段的人類，我們在澳洲食人種族中還可以發見。我們試看這種成爲化石般的存在的澳洲食人種族，營着如何社會的勞動。在他們當中，不僅顯現男女間原始的分工（女子專事植物性的食物與調製，男子專事狩獵）。他們的勞動，是比這更複雜些。澳洲的各種族，分爲許多集團。各集團以其各地方所尊崇的植物或動物而命名，各各領有一定的地域。各集團中，各有其指揮或命令狩獵的酋長。這些集團，不僅各把動植物的名稱作爲團名戴在頭上，實際還有把相當於自己團名的動植物的繁殖，爲種族全體籌畫的義務。例如康甲爾(袋鼠)集團，關於康甲爾的增殖維持，蛇集團對於蛇的增殖維持，是要配置於各種族伴侶的。各集團對於自己管理的動物或植物，或完全不能吃；或只能吃一定的很少的範圍，這爲一般的通則。同時，他集團的所屬者，不得這個集團的許可，則對於這個集團的動植物，就不能採集或狩獵。在動植物繁茂的好季節，每年一次，在酋長指揮之下、舉行動植物祝賀式。要在這個儀式之後，才被允許採取或狩獵那些動植物。

這樣，各集團(圖騰團體)在其生產勞動上，不是互相孤立的，而是相互扶助的生活着的。但其分配方法如何？關於分配的規定，因各個種族而不同，在比克脫尼亞地方，記得有這樣的事，是盧森堡從英吉利學者惠得的書中引用下來的：

「一個男子離其住宅相當的遠處，刺殺一匹康甲爾(袋鼠)，另外兩個男子雖然同他一塊兒去，但是這時候，並沒有帮他捕殺康甲爾。因爲離住宅還有相當的遠，所以在沒有把康甲爾携到住宅以前，就已烹割了。最初的男子甲燃火，其他乙丙二人，將康甲爾的肉切開，他們三人去烹其臟腑而食。其分配是這樣的，即乙丙兩個男子，曾在那里帮助解剖了的原故，所以得着一隻腿和尾，又附有臂一部分的一隻腿。甲將剩餘的攜歸住宅，把頭部和背肉由其妻送給妻的兩親，其餘的，就獻與自己的兩親。倘是他自己沒有存過半點肉的時候，自己就可留下少許，如已有了一定發氣的時候，便完全的讓與他人。當他們母親擠着魚的時候，或有時給與他一部分，不然，其祖父母就會從自己的份內分給他，到了翌晨，舅姑也給他幾許，兒童們無論在什麼時候，都是仰給祖父母的」。在某種場合，全體的狩獵，行平等分配的方法。

如上所述，分配方法是因各種族而有不同的，然在何場合看來，都是很有組織的有計畫的，而為社會成員全體的籌畫，這是值得注意的。

（註）於此把Savagery與Barbarism譯為蒙昧和野蠻，總括這兩者，和文明時代 Civilization 對立，呼為未開時代，然也有把Savagery譯為野蠻，把Barbarism譯為未開的。本文引用恩氏的譯文，是根據後者的。

第二節　野蠻時代

莫爾根對於野蠻時代也同蒙昧時代一樣，把它分為上中下三個階段。

下段——這個時期以使用陶器而開始。當人類生產技術的發達，極為低下，對於自然還是完全無力的時代，我們簡直不必注意地方的差別，把其發達階段，大略都可看爲是一致的。但是人類的生產技術達到某種程度，對於自然的支配能力高到某種程度的時候，人類社會發達的階段，須觀察到因地理的條件，而呈現各種不同的形態。到着人們更能充分支配自然的時候，又須除去其差異的外表，把社會發達階段，再爲一致的觀察。因此，野蠻時代的開始，就因東西兩大陸的自然條件的不同，使兩大陸住民的發達階段開始現不同的形態。

中段——這個時期，在東半球是家畜的馴致，在西半球是由灌溉的食用植物的培植，及開始把鍊瓦與石應用於建築上。

上段——達到這個階段的種族，西大陸不會有過。當發見新大陸的時候，大陸的種族，都還在野蠻中段以下。因之相當於這個階段的種族，只存在於東大陸。這個階段，以人類有了溶解鐵鑛的技術開始，文字的發明，也在這個時期。既能溶解鐵礦，於是田野的耕作便爲可能，生產力也很顯明的高起來了。

相當於野蠻下段的，爲密士失必河以東的印第安人；位於野蠻中段的，則爲墨西哥人，中美人，祕魯人，至東大陸則爲往時的亞里安人和塞姆人。在羅馬建設前的意大利諸種族，大吉斯時代的德意志人等，是位於野蠻上段的。

詳悉說出這些民族的內部組織，本是極有興味的，然在此處則爲篇幅所限了。那末，於此只把代表的，相當於原始共產制最後發展階段的，如日耳曼人的瑪克組合的內部組織，作一個簡單的記述。

日耳曼人開始成爲定住民的時候，他們經濟的中心，與其說是農業，不如說是畜牧。牧地是共有的自不用說，就是畜羣的看守人，也不是各組合員隨便能充當的。一村的家畜，因其種類而分爲各種的共有羣，各羣都附着屬於村的牧人和先導獸。在各村落，分配於各組合員的田地瑪克，是等分的，同時關於那些牧地，森林地，狩獵地等「共同瑪克」的使用，各村落也是平等的，其使用方法，是爲組合員全體所决定。狩獵權也是一樣，一切的瑪克組合員，都是共同的，至如不使伴侶知道，在自己的分地上隨便架網，掘穴等事，是不能允許的。這種不分割的瑪克，最能繼續存在，直到爲近代資本主義澈底的掃蕩爲止，其痕跡還是存留着的。

農地是怎樣的，直到希札(Caesar羅馬時代的英雄)時代，包含許多近親家族的各氏族（關於氏族可閱第五節氏族制度），對於每年受分的土地，都是共同耕作的，其生產物也分配於各個家族。紀元二世紀的時候，每年分配土地於各家族，已屬一般的通行。爲使耕地公平分配起見，考慮土地的沃度與位置之後，把它分爲許多有等級的圃，對於各圃施行平等的分配。對於分配有疑問的時候，只要是組合員，任何人都可要求重行土地的丈量。受分地開始是每年分配的，然到紀元五六世紀的時候，那就成了單獨家族，世襲財產了。不過這只限於耕地，其他不分割的共有地，自然還是以共有物而存在的。不僅如此，就是成爲家族世襲的耕地，其利用法依然放在瑪克組合的監督管理之下。瑪克組合員，都居住於瑪克內，並且自己的受分地，非自己耕種不可。若自己的受分地，於幾年間都不耕種的時候，以後該受分地就爲組合所收用，再以之分給於組合其他的人。農耕法在許多場合，是行的三圃農法。即村落所屬的平原，等分爲三，各各輪流的而爲冬耕，夏耕，休閑。因之村落中每年都有春耕地，夏耕地，休閑地三種。各圃的各家族的分割所有地，是有一定的，然在休閑期中，則又爲村落所共有，而爲全組合的牧場之用。每一圃都有柵欄圍着，直從播種到收穫的期間。圃有圃頭，實行監督。至循迴田地的儀式，小孩子們也得參加，其用意是在好明瞭各家族受分地的境界。我們說耕地成了家族的世襲財產，實不如說是一定耕地之一定期間的用益權，成了世襲較爲適當。

瑪克組合內有村長，是組合員所選舉的。村長不過是瑪克全體的意志執行者，凡關於公共的事件，是以組合員全體會議決定的，裁判也是行之於全體會議中的。裁判的時候，議長就由村長充當，然而他沒有判决權。持有判决權的，實爲一般組合員。組合員又有相互爲證人，爲監督人的義務。戰爭的時候自不用說，在遭逢不測的災患中，組合員也非相互扶助不可。又組合員對於組合以外犯了罪的時候，組合全體須負連帶的責任。組合全體的會計，須受組合員總會的檢查。迨生產技術逐漸發達，手工業成爲獨立產業的時候，於是有了專門家了。尤其是農具的生產，早已成爲專門化了，這些手工業者，由瑪克組合領受生活必需品，大概以組合員的資格，而與一般農民享受同等的待遇，然而不能完全享有瑪克組合員的權利。這是因爲(一)農業爲經濟的中心(二)手工業者多爲移住民的原故。從外部新來居住於瑪克中的，非經全組合員的承認不可。組合員自己的受分地，本可以允許讓渡於組合員，然就在這個場合，也必需得經瑪克法庭的許可。

把原始共產制最後發階段的農業共產體，較之以前的共產體看來，其間實有各種的差異和變化。第一、較古的共產社會，勞動是共同的，因之共同的生產物，須應消費的必要而行分配。到了農業共產體的時候，爲共有財產的耕地，是定期分配於成員的，受土地分配的，則由各自的計算而耕種，其收穫是各自所有的。第二、以前是在共同的家中集合的居住的，現在，家與其家的附屬地，則成爲家族的私有物。第三、血緣的紐帶弛緩，並連外來的闖入者也被包容了。這在保持歷史的變遷，而至近代猶有古代共產制遺風的村落，特別是那個樣子，而到了這個場合，一村落早已不是氏族團體的結合體，而是以一個自由人的社會團體而存在了。

這許多特徵，就是明白的到次階段的私有財產制發展的暗示。然而在勞動還爲社會的編制，又以交換爲目的的分工還沒成立之先（一般如後面所述，交換是以分工和私有財產爲前提的。但從發生上說，交換先是團體與團體的物物交換，因之以團體的共有財產爲前提而出現。故在這個時候，縱是說私有財產制確立之先，有了以交換爲目的的分工，也沒有何等理論的矛盾。），原始的共產制度還不得破壞。

原始共產制究竟是怎樣崩解的，試於次節述之。

第四節　原殆共產制崩解的要因

在印度，美洲的原始共產體，因西歐資本主義的侵入，而被掃滅殆盡，赤裸裸地表現了資本主義作用的半面，實實在在的暴露了資本主義的本質，這在我們是很有興味的。不過把人類社會的經濟的發達，沿着本流而爲鳥瞰的叙述的時候，任憑他怎樣有興味，也不得不暫時割愛。因之我們於此所說的原始共產制的沒落，只是原始共產體經過最通常的發展階段而轉化爲私有財產制的場合。

如上所述，原始共產制最後的發展階段，是農業共產體。農業上生產技術的進步，使集約的耕作成爲必要了。「所謂集約的耕作，在當時農業技術的階段上，只能由更集約的小經營來達到。以同一的受分地，依各個農家，更加長期利用的這件事，是成爲細心處理分配地的前提條件。尤其是土地的施肥，成了不常改分的原因，在德俄二國，都是如出一轍的。無論在何處，都是一樣可以看出在瑪克公會的生活中，改分的期間，漸漸變爲延長的特徵，這就是到處由分配地的所有，遲早變爲世襲所有的結果。由共有向私有的移動，與勞動的集約，可以同一步調整理，我們由此可研究以下的事實。即森林與牧場經濟，無論在什麼地方，都是附帶最長期的共用地，反之集約的經營的農業，那是最初開闢了到共有地分割的路，接着就開闢了到世襲所有的路。誠然，分配地的私有，雖說已經確立，而共同經濟組織，尙未除去，仍由交义的農場，而能有很久的維持，並由林地和牧地的共有所牽制，加之經濟的及社會的均衡，也同上述的還在舊社會的胎內，而不能除去。在最初，不過僅構成了生活條件之平等的小農集團。而這個小農，一般在數百年間，是仍照舊的傳統，而爲勞動並生活的。

雖然如此，但因土地財產的世襲與長子相續權，尤其因農民所有者一般能夠買賣讓渡，於是就已開闢了對於將來的不平等的門戶。」（盧森堡經濟學入門）因此，農業共產體崩壞的第一個原因，不能不說是基於生產力發展的農業的集約化。

第二個要因，是分工的發達。分工以兩個方向表現出來。第一是特殊產業的獨立，第二是公的勞動乃至公的職務之專門化。

特殊產業的獨立，也是發生於兩個要因。其一是在共產體內部伴着生產技術的發達，主要的是爲生產着生產用具，致若干勞動部門獨立起來。其二是以交換發生的結果而發生的分工。一般，交換本可說是以私有財產和分工爲前提的。然而於此，在不認有私有財產的共產體內，而說由交換的結果現出分工的話，好像很有矛盾似的。那末，爲要解決這個矛盾，試一追溯交換的歷史。在共產體內，自然是不認有私有財產。縱然就認有某程度的私有財產，也不過是個人的勞動絕對必要的勞動器具，及經過了分配過程的消費品，乃至生活必要品罷了。並且這些東西，凡團體的成員全體，大略都是平等分配的。在這樣的共同體內不能發生交換，乃是當然的。交換最先是發達於團體與團體間。

然而那也不一定說是交換在共同中的內部，全然不發生的意義。例如：

「……特別巧於製造武器工具的，可以引起一時的分工。在許多場所，還能發見新石器時代的石器工場的遺跡，就是因爲有分工的原故。在該處磨練了自己技能的技藝家們，多半是像印第安氏族共產體內專門的職人所行的那樣，依全體的計算而從事勞動。在這一個階段中，種族內部以外的交換，决不能發生。就是這，也只是例外的事」。（恩格斯家族國家的起源）這樣，個個事實的交換，又反先起於種族內部，是不難想像的。不過這種交換，還沒有發達到稱爲商業的，正規的交換。而那種正規的交換，須由種族乃至共同體的接觸，方爲可能。「……開始在一家族，進而在種族內部發生基於男女及年齡的差異，換一句說，立在純生理的基礎上的原始的分工。這個分工的材料，因共同體的擴大，人口的增殖，尤其從異種族間的衝突，進到一種族征服他種族的時候，分工就越加增大。他方相異的家族或共同體相互接觸的時候，開始交換生產物的，有如上述一樣。因爲在文化的初期，不是私的個人，而是各家族，各種族等，個別的互相對立。各共同體各在其自然環境中，發見甚相異的生產機關和相異的生活資料，因之生產方法，生活樣式，生產物等也隨着共同體的不同而各不同。如這種原來的差異，到了各共同體接觸的時候，就各可交換其生產物，由是就可逐漸成爲商品化的原因。（資本論第一卷）「牧人種族由其他未開人羣衆分開，這是最初的社會的大分工……這樣，規則的交換，才成爲可能。這里，自牧人種族分開之後，才具有爲相異的諸種族成員間的交換，爲這正規制度的發展並確立所要的一切條件」。（恩格斯前揭書）

一個共同體，在與其他任何共同體沒有交涉的當間，共同體的範圍，就是社會的全範圍。然而一到了與其他共同體接觸的時候，那就成了搆成社會之一分子。一個共同體的游牧乃至耕作的領域，若是兩個共同體起於友誼關係的時候　那是相互尊重的。而那個共同體若是到了定住的場合，那兩者的交涉，就要特別頻繁。鄰接的共同體，使自己的指導者或最尊敬的老人，彼此會合，商籌關於共同的事件。但是只此，還沒有開始交換。交換須是生產力發展，在生產有了剩餘的時候才發生的。不過我們於此，遇着與資本主義之下不同的交換法則。即第一，交換不以私有財產爲前提，而以共同體的財產爲前提。第二，爲使交換可能，（一）兩個共同體多少要處於友誼的關係，即沒有戰爭的狀態；（二）兩共同體要有相異的產業；（三）兩共同體的生產力要發展到某種程度，要有剩餘生產的存在；這些是多少有規則的交換發達的條件。「爲人類生產和交換的條件，不僅因國而異，即屬於一國，也因時代而異。所以經濟學對於一切國家，一切時代，不能有同一的。從弓矢，石斧，野獸的交易等，以至於數千馬力的蒸汽機關，機械織機，鐵道，英格蘭銀行、其間有很大的距離。巴達可利亞人不知道大量生產，不知道世界商業，亦不知道空支票與投機恐慌。然若有人把巴達可利亞的經濟與今日英吉利的經濟置在同一法則之下，就可以知道那個人是極糊塗，極愚妄的一個人。因爲經濟學，本來是一個歷史的科學」。（恩格斯前揭書）

不過具有這種交換的條件的，在發展程度還很低的原始民族，是偶然的。因之當時的交換只是極偶然的，並且不取交換的形式，概取贈與的形式。但是這種偶然事件的屢次反復，隨同生產力的發展而成爲常規的時候，在共同體內，爲交換的勞動部門，就開始專門化。在外部所行的交換，侵入共產體內所由的途徑，就於此處打開了。「實際上，商品的交換過程，最初不是顯現於原有的共產社會的母胎內的，在原有的共產社會將盡途的那個境界，而與其他共產社會接觸的時候，才發生交換的。在這樣的場所，開始是物物交換。由是逐漸侵入共產社會的內部，而使共產社會走入崩壞之途」。（經濟學批判）由此看來，爲交換結果的分工，是由此成立的。

其次我們試一瞥公的職務之專門化，倒底是怎樣來的？

人類只要是行集團生活的時候，雖有繁簡之差，然而必有處理集團全體的公務的人。那在極單純的時候，任何人都可以勝任。然而隨着社會的發展，這種公務逐漸複雜起來，就需要專門的人材來担任。在那沒有充分發達的科學，僅恃經驗與傳統而爲執行職務之最大保証的原始社會，必然的要喚起一定家族的世襲。原始社會的公職，從選舉移到世襲，是伴着社會發展之自然的現象。尤其因戰爭發生而特別的顯著。戰爭，最初是在共產體內部爲一般大衆的職務，然因生產進步，勞動過程更爲規則的，計畫的施行以來，則爲戰爭所費的時間，勞力，尤其是那種不定期性的突發，更爲難受。然而當那共產團體，還過着移動的生活，以游牧爲主要產業的時代，戰爭也有生產的價值。但到了定住的農業生活，戰爭就只有消極的——防衛的——意義了。於是大衆即從戰爭脫離，而生出所謂武人的那種特別的身分，從此，原始社會之社會的平等，遂至大行動搖了。

以上第一個要因，卽伴着農業的集約化所起的到土地私有的傾向，及第二個要因，卽分工的發達，明白的開闢了向共產制破壞的路（前者特別通過私有財產制的成立，後者特別通過向階級分化的路），然共產體內的勞動，若還强有力的爲社會的編制的時候，那還不至於使共產體崩壞。——尤其是特種產業爲獨立而專門化的，還在極微弱的程度——對於社會的編制的勞動過程，直接與以至大衝突的，乃是第三個要因，卽奴隸制度的勃興。

「一切部門——牧畜，農業，家庭手工業——中生產的增加，對於人類的勞動力，給與了生產多於維持其勞動力所必要的生產物的能力。同時又使氏族，家族共產體，或各個家族的各成員，所做的每日的勞動量增加。新的勞動力的加入，也很期望着。恰恰戰爭滿足了這種期望。那就是把捕虜當作奴隸。最初的社會的大分工，隨着基於這分工的勞動生產力，及富的增加，又隨着基於這分工的生產領域的擴張，在一定的歷史的全條件之下，必然的要引出奴隸制度。從最初的社會的大分工，發生了到着社會兩階級的最初的大分裂。卽主人與奴隸，榨取者與被榨取者」（恩格斯前揭書）

我們剛纔舉出共產體相互友誼的關係，爲交換發達的條件。但是所謂友誼關係的，爲什麼定要認爲交換的條件呢？至少，平和的關係，——友誼的關係，不是例外的？戰時的關係，不是常規的麼？實是這個樣子。何以？因爲許多學者說，原始時代的民族，是殘忍野蠻的民族」。其實，把原始社會理想化的，固然是錯誤，而視原始社會完全是殘忍，也是錯誤。至少，在原始共產體的內部，是無上平和的，平等的社會。關於莫爾根所描寫的衣洛開人的共產體，據恩格斯說：『是很天眞爛漫的，素朴的，奇妙的制度！這個氏族制度，沒有兵士，憲兵，警察，也沒有貴族，皇帝，地方官，知事，裁判官，監獄，訴訟等等，一切事件，都能順利的推行。一切喧嘩，和爭執，都由關係者全體，卽由氏族，種族，乃至各個氏族相互來解決。至用極端的的手段，那是很稀少的，那只有用之於血緣的復讐和威嚇。我們的死刑，不過是伴着文明一切長所和短所的一個文明化了的形態。——中略——沒有貧民與窮民，——共產主義的家族和氏族，對於老者，病者，及戰爭殘廢者，都負有義務。一切人都是平等的自由的，就是女子也不能除外。奴隸還沒有存在的餘地。使他種族隸屬的餘地，亦還沒有成爲原則」。(恩格斯前揭書)

但是原始共產主義，並非以自由平等，那種抽象的原理而建立起來的。「不是意識決定存在，乃是存在決定意識」。人類文化發展的程度，極爲低下，對於自然的支配力，極爲微弱，因之這件事的自身，必然要使原始民族爲多人的團結，必然要使勞動——對自然的活動——爲計畫的，統一的施行。基於這些事情，故成就了共產體內的平等與自由。

對於自然的支配力極爲微弱的這一個事實，在他方面妨礙各個共同體的範圍擴大到某程度以上，並且限制那勞動分野於極狹小的範圍。既是生產力小，因之不能廣汎的，統制社會的勞動。既是團體不能擴大到某程度以上，這種事情，使各個團體間，發生週期的利害，衝突，而其解決的方法，卽在行使暴力。戰爭就是暴力的行使。因之戰爭實爲利害衝突的解決的方法，這種方法，實爲原始社會常則的存在。但是生產力稍爲增大，一勞動力的勞動，得能維持二個以上勞動力的時候，於是有了與生產無關係而得能生存的人類出現於社會。即社會能使不勞動的有了存在的餘裕了。這就是有了能夠榨取他人勞動的條件的意義。解決衝突的戰爭，對於戰敗者或屠殺，或驅逐。但是有了榨取的條件之後，勝利者就看到以捕虜爲奴隸役使的利益。奴隸制度的出現——於是人類經驗了最初的主人與奴隸的階級分裂。共產體內的勞動編制，因此大受打擊。原始共產主義的崩壞，迫在目前了。

我們在上面，檢討了導引原始共產主義於崩壞的，有二三重要的原因。但爲全體了解原始共產主義之崩解的過程，這還不夠。因爲從那連「我」這個名詞都還不知道的時代起，到了發生所謂「我」乃至「我的家」的觀念止，這種主觀的過程，即構成原始共產主義的意識條件及其變遷過程，我們還沒有明白。我們以上的說明，止於原始共產主義經濟的基礎之說明。但是原始共產制崩壞的過程，是要把那代替他的私有財產的主體的發達，放在一起，才可以完全了解的。因此，以先解說的什麼血族的紐滯，氏族制度等，那種斷片的言詞，多少還有說明的必要。

（註）資本主義以商品生產爲基礎，商品生產以分工爲前提。但是分工，却不一定以商品生產爲前提。分工一般，不是與共產制相矛盾的。那只有在一定的條件之下。即一方面

包含着以交換爲目的的到分工的發展性，他方面包含着到階級分化的可能性的這一點，成了共產體破壞的條件。實際，在沒有外部刺激——奴隸制度，或與較高度的文明民族的接觸——的時候，共產體內的分工，還能爲共產主義所統制。那也不僅限於產業上的分工，就是伴着公權的所謂公職的專門化，也是一樣。這種原始的貴族，雖較一般大衆有較多的財產，在公的事業方面有較大的能力，然在一般生活形式上，與大衆簡直無別，是充分的爲社會所統制的。現實的身分上的分化，要受着外的刺激才能實現。」

第五節　氏族制度

要知道氏族制度的起原，由恩格斯的敍述，把結婚制度的變遷，可概括的一述。

（一）亂婚　這是與任何人都得有性的關係，而沒有任何習慣限制的時代。這爲人類最古的婚姻形態。但是亂婚的意義，不能解爲隨時隨地性交的意義。那只是關於所謂性交的對象上沒有限制的意義，而爲一定期的一夫一婦。

（二）　血緣家族「此處的夫婦羣，是依世代而分別的」。卽屬於祖父母那一代的男女，都算是夫婦，屬於父母那一代的男女，也都算是夫婦，屬於子的那一代也是一樣。

（三）　羣婚家族（Punaluafamilie）從禁止親子間相互性交的血緣家族，進化到禁止兄弟姊妹的性交的羣婚家族。氏族制度是從羣婚家族發生的。恩格斯對於氏族的發生說明如次：

「氏族制度，幾乎全部都像直接從羣婚家族發生的。但澳洲的階級制度，也是氏族的一個出發點。澳洲人之間也有氏族，但還沒有羣婚家族，乃是較原始的羣婚的一形態。

「在任何形態的羣婚家族，都不能確實知道誰是小孩的父親，然誰是小孩的母親，是確實的。因之可以明白只能承認母系。

羣婚家族的兩個典型羣若成為一個（兩個典型羣，一是以一系列或數系列姊妹們為中心的家族共產體，一是以和她們同母的兄弟們為中心的家族共產體——筆者）即，若是把許多同胞（同母的意義。當時把那和自己同世代的男女都呼為兄弟或姊妹，故為區別現實的同母所生的兄弟姊妹起見，特別使用同胞的兄弟或姊妹這種名詞——筆者）及遠緣（即由同胞姊妹派生的第一，第二，或在此以上的等親）的姊妹，同她們的小孩，及那同胞的或遠緣的母方的兄弟（據以上的前提，這都不是她們的丈夫）共為一個組織的時候，得正確的知道後來以氏族的成員而表現於氏族制度之原始形態中的人們的範圍　他們有共同的宗母（祖妣）。由這個宗母的系統，故女子的子孫凡是同世代的，都是姊妹。但是為這些姊妹的丈夫的，已不是她們的兄弟，因其不是出於這個宗母的。因此，他們（她們的夫）不屬於血緣羣，即不是屬於後世的氏族。但是他們的小孩，是屬他羣的。因為唯一確實系統的母方的系統，正是唯一的標準。自一切兄弟姊妹——連母方最遠緣的傍系的親族都包含在內——禁止性交以來，則右所述的這些羣，直變為氏族。卽形成了不能相互結婚的女子血緣者之堅固的集團。這個集團依其他——社會的並宗教的種類——制度，而越發堅固，至與同一種族的他氏族而有區別」。（恩格斯前揭書）

（四）對偶家族「某程度的比較的短期，或長期的對偶關係，已經在羣婚之下，或於更早的時期就已存在。男子在許多妻中有本妻（或者也叫作戀妻？）一人，而這個本妻也是於許多丈夫中有本夫一人」。（恩格斯前揭書）但因婚姻上的限制一繁雜，這種傾向就越發加强，於是一個男人只選一個女人為妻，一個女人只選一個男人為夫，這就是事實上的一夫一妻了。但是這種對偶婚家族，還有不能確實知道父的，而小孩的血族關係，都為母所决定因之家族形態是母權的，以氏族為單位的共產主義的家族，也就决不能解體。

由母權的對偶婚家族，發生父權的對偶婚家族，遂成為一夫一妻制。但是從母權到父權之後的階段，是與私有財產制的確立，氏族的共產社會之崩壞有密切的關聯的。這個變遷的說明，試於後面再述。

（註）對於家族乃至氏族發生的過程，要詳悉說來，還沒有充分的資料。不僅是反馬克斯主義者，就在馬克斯主義者自身，對於部分的問題也有許多異論。因之我們要精密說來，還有待於研究。（尤其爲要明白共有財產轉化爲私有財產的過程之具體的實証，關於婚姻形態之變遷的歷史，要更爲精密的，確切的考證）。因之關於許多點上、今後或許還有許多補正。我之所以只述及恩格斯的，就是爲此。而恩格斯的見解，是以莫爾根的研究爲基礎的，這已爲恩氏自己所說及」。

我們已經知道了從羣婚家族到氏族制度是怎樣發生的，現在想一述氏族與種族的關係，試看在這個時際是怎樣的光景。

恩格斯對於衣洛開人，希臘人，羅馬人，日耳曼人的氏族制度有很詳悉的敘述；但對於日耳曼人的瑪克共產體，已在第三節裏略有述及。又對於羅馬希臘，雖只是部分的記述，以後也還有觸及的機會，於此只把衣洛開人的氏族，作一個代表的敘述。

莫爾根，恩格斯所處理的，雖爲衣洛開人，就中還屬塞列加族的氏族制度。塞列加種族分爲八個各帶着動物徽號的氏族。

各氏族有酋長與軍司令官。前者是常住的常任，後者也有虛設的。兩者都是選舉任命的，選舉權是男女平等。

氏族內的最高决議機關，爲氏族評議會。評議會不問男女，是一切成年者的集會；凡酋長，軍司令官的免職和選舉，都由這個機關來行使。

氏族內的公務機關，只有以上三種，然而血緣相近的氏族，還集合而成部族，部族中有部族評議會。部族評議會認可氏族選舉的酋長。若不認可的時候，則選舉無效。

好些個部族形成一個種族。種族評議會對於氏族選舉的酋長和軍司令官，行儀式的任命。又可不顧氏族意志而免酋長和軍司令官之職。屬於種族的機關，是種族評議會。種族評議會的構成分子，爲各氏族的酋長和軍司令官。評議會是公開的舉行的。其决議非滿場一致不可。所評議的事項，是關於種族全體共通的事件，並宣戰，媾和等等。種族又於氏族酋長中選出一人爲高級酋長，但其權限是極仄狹的。

有時，在種族之上，更有種族同盟。

由此看來，氏族是種族之一分枝，其占有的土地，是種族全領域的一部分。此外，種族還以森林，荒蕪地等爲種族全體的共有地。

但是這個場合，氏族不是爲對抗種族的要素，因爲生活的重心·社會的及政治的重心，在於氏族，而種族沒有束縛氏族的力。氏族自身，享有完全的自治，並以共產制爲基礎的完全的民主主義。這就是所謂「主權在民」之不可輕視的一點，也就是與文明時代的資產階級的民主主義決定的不同點。

尤其我們不可把氏族共產主義，僅認作那私有權的所在，從種族到氏族，從氏族到個人乃至家族漸次縮小的一個中間過程來理解。雖然，在此際，量的變化達到某限度的時候，也轉化爲質的變化，那末，氏族共產主義自是中間過程。但是從種族到氏族的轉移，與從氏族到個人的轉移，並不是同樣的。前者是以共同體內的分化而顯現，後者只有破壞共同體而始得完成。在私有財產制之下。社會的政治的重心，不像氏族制度之下其重心在於氏族一樣，轉移個人乃至家族，乃是完全移向於另外的一個組織，卽移向於國家了。

第六節　氏族制度的崩解與原始共產制的閉幕

『對偶婚在野蠻和未開的境界（主要的是野蠻的上段和一部未開的下段）上發生了。那以未開爲特徵的家族形態，恰如在野蠻時期的羣婚，在文明時期的一夫一婦制的地位。爲要使一夫一婦制更確實的發達起見，以後還得要有別的活動的原因。（迄今婚姻形態的變遷，大略是由近親間的婚姻，給與子孫不良影響的由所謂種族維持上的原因所促進的（與生產關係沒有關係），然從對偶婚到一夫一婦制的進展，還得要有別個原因的意義）。集團因爲有了對偶關係，其最終的單位，必將分解爲二原子的分子（一男一女）。自然淘汰，愈益在流行很廣的近親婚姻的排除上，完成了它的職務。在這一方面，自然淘汰所應爲的事體，早已沒有什麽存在了。因之，若是沒有新的社會的原動力活動，則從對偶關係到新的家族形態，沒有何等可發生的理由。但是這個原動力已開始活動了』。（恩格斯前揭書）

『女人大部分或全部屬於同一氏族，但男人分屬於許多氏族的這種共產主義的家族，是在古代一般普及了的女子支配之物的基礎』（恩格斯前揭書），不過這個母權的共產主義家族，已逐漸爲父權的家族所代替了，從父權家族到一夫一婦制，早已成爲平坦大道。究竟母權是怎樣的爲父權所代替的？試於下面述之。

（註）漢尼錫，庫羅的見解，則完全與此不同。他說：「婦人在許多原始民族中占着很受尊敬的地位的，不是如恩格斯的主張，所謂基於母與小孩之肉體的結合，或父性不明白的原故，乃是完全由於另一個理由。那是基於在家族團體或定住生活中的婦人的勞動力，即基於爲生計的調理者而對於原始共產體的價值」。這是他證明共產體內的婦人勞動力的優越。但無論如何，總之庫羅與恩格斯，都是承認母權家族的存在的。

那末，我們對於以下的事件，不可不記着。

第一，很早就有了的男女間的分工，是向着什麽方向發展的？在以狩獵與漁撈，爲獲得生活資料的主要方法的社會，幹這些事的專屬於男子，女子差不多在家內專司直接消費方面的事務。最初期的農業，是由婦人的勞動來擔任的，然到了農業成爲主要生產方法的時候，就已轉移於男子之手了。家畜，雖是成爲財產的對象而有大大地增加，然牧畜也是男子的專責。這樣男女間的分工，使男子愈益與生產上的活動相結合，因而與勞動手段相結合，使女子愈益從生產活動中，因而從勞動手段中遠離。

第二，生產技術的進步，在生產上逐漸增加了勞動手段對於勞動對象（自然）之相對的重要。這從一方說來，就是私有財產向共有財產對抗的端緒，他方也就是男子對於女子之優越的曙光。因爲勞動手段的所有者是男子。尤其不可忘記的，屬於氏族的家畜及奴隸，移到私有的這件事（我們於此，從共有移到私有，究竟是經過怎樣的過程，還不明白，）其所有者就是男子。（尤其奴隸當作新的勞動手段的私有，具有決定的重要的意義。因爲私有財產制縱使發達到某程度，若是直接生產者的勞動，還統制於社會的時候，自治的共同團體還不得破壞。這種實例，我們在許多村落共同體中還可看得出。但是奴隸的私有，就使這種統制不可能了。生產的管理權，逐漸移向於個人之手。個人成了對抗氏族的要素，於是氏族不得不破壞）。

第三，對偶婚使『一般被認爲肉身的父』底存在，因而使『一般被認爲父子的關係』事件成爲可能了。

據從來的習慣，承受父之遺產——現在以私有財產而獲得重要性的——的，不是屬於父之子（屬於與母同一氏族的），而是父所屬的氏族。但男子在家族內的地位，逐漸對於女子占着優越的時候，於是父卽要求讓遺產於其子了。而男子的優越地位，也就無事的解决了。男子氏族員的子孫，仍殘留於氏族內，女子氏族員的子孫，則入於父方的氏族中；父系氏族於是完成。

從父系氏族到一夫一婦制，那只是一步。因爲要使肉身的相續人明確起見，女子的貞操，便非特別保證不可。尤其不可不保證的，只是女子的貞操，而男子則無關。因之在富裕的家族中，還有一夫多妻的。

男女的分工；由生產活動的婦人的脫離；對於私有財產的對象物的男子的支配權的確立；基於父系的私有財產繼承的保障——這樣，爲私有財產的主體的父系家族，便由婦人的

隸屬而被完成；立於生理基礎上的男女的分工，使婦人變化爲社會的隸屬的，是私有財產制發達而且完成的條件。(註)

私有財產與後起的耕地世襲，一同出現於家族之前。伴着財產相續的父權之存在，使家族有利於富之蓄積，於是生出貧富的差別來。尤其是奴隸制度，使比較多有奴隸的所謂氏族的貴族與一般人之間的貧富的懸殊，更爲加速度的擴大。

氏族的影兒，不得不消散於家族之前。開首本只有捕虜爲奴隸，現在氏族內的貧人，也不得不以奴隸而出賣自己了。由氏族的統制成爲不可能，而共產體也沒落了。爲要確保新的生產形態與新的生產關係——基於榨取的生產關係，新的組織實有必要，這樣，國家就應運而生了。

(註)拉波特Philipp Rappaport 在其「社會進化與婦人的地位」上，說父把遺產讓於其子的，不是父的要求，而是經濟的原因，這一點與恩格斯稍有不同。

第二章　古代社會

第一節　古代國家的發生(附秘魯印加帝國)

古代社會，是次於原始共產制的發展階段，是以奴隸制度爲基礎的社會。埃及，腓尼基，希伯來，巴比倫，亞述，波斯，希臘，羅馬等皆屬之。這些國家，因地理的事情，存立的時期而各有不同，但由根本的，經濟的發展階段這一點看來，都是立於同一地位的。我們最先試把最能影響於後世，且一般最爲人們所研究的，希臘，羅馬那種典型的，古代國家，一一述其成立過程。

(甲)　希臘

希臘在國家成立之前，氏族制度就已瀕於崩壞。

第一，一夫一婦制，已開始確立了。父權已完全的壓倒母權了。私有財產制的結果，相續人如爲女子，例外的氏族內的結婚也被允許，以後且成爲通則。這本是爲結婚之後，防備妻的財產轉移於夫之氏族的一個設施，但同時又因破壞了爲氏族結合的重大要素的氏族內的結婚禁止，故導引氏族制度於破滅之途了。

氏族之上有部族，部族之上有種族，這與衣洛開人的場合是同樣的；其政治的組織，大約如次。

評議會 最初是爲氏族長所構成的。然後來因爲人數過多，故成了選任。這就促進了貴族的形成與强大化。國家建立後的元老院，就是由這個評議會發達來的。

民會 這與評議會有别，這是民衆自己直接表示意志的機關；如在衣洛開人的場合一樣，由到評議會旁聽的形式，逐漸發達而爲獨立的集會。

軍司令官 是選任的，但由一定的家族，或其血緣中選舉出來的。握有軍事的，裁判的職能。

荷馬時代的希臘，農業與畜牧還爲經濟生活的中心。氏族，部族，種族還各保持其獨立。但因農業技術，手工業的發達，都市也跟着發達，在氏族內則很明顯的現出了貴族和平民的差異。由使用奴隸所得的收穫，非得於任何方面求販賣的出口不可。貴族逐爭與外國開始交易了。希臘的地理，尤其有利於交易。最初是用牛作貨幣，向後則代以金屬，時在紀元前七世紀頃。貨幣的發達，使交易更爲繁盛。於是所謂希臘人的大植民時代來到。交易，貨幣經濟發達，私有財產的成立，奴隸制度的發達等等，便毁壞了舊的氏族制度，數促了新的公的權力發生。那就是國家。爲希臘民族之一派的杜尼亞族，據斯巴達而建立斯巴達國家。衣沃尼亞族則據雅典而建立雅典國家，雅典較之斯巴達之所以稱爲更屬非共產的，且是好戰的，就是因爲雅典很早的就在植民營商，農業色彩極爲稀落的原故。我們試一追溯雅典國家發生的過程。

英雄時代，在亞迪迦的雅典人的四種族，還住在各別的領域。就是組成這些種族的十二個部族，也像在革庫羅埠的十二個都市中，有各別的住居。其制度在英雄時代有民會，人民評議會，軍司令官。在有歷史可以追溯的當中，土地已被分割，而移向於私有財產了。這在未開上段的末期，就已比較的發達了商品生產並適合於商品生產的商品交易。除穀物之外，也還能製造葡萄酒與油。愛琴海的海上貿易，逐漸由腓尼基人的手中奪過來，大部分已屬於亞迪迦人了。由土地的買賣，農業與手工業，商業與航海等分工的進步，而各氏族，各部族，各種族的成員，就不得不雜居，部族與種族的領域，不能不容納那雖爲同一民族，但沒有屬於這些團體的，因之在現有的住所爲異族的住民。各部族與各種族，在平時由自己管理其事務，不再送往雅典的人民評議會或軍司令官了。但不屬於部族或種族的那些領域內的住戶，當然是不能參加這個管理的」。

「因爲這個原故，於是氏族制度諸機關之規律的活動，就混亂起來，而英雄時代，就有改革的必要了。因此，就施行「狄休士」所創設的制度。這一個改革，第一是在雅典設中央政廳，即把從來各種族獨立管理的一部事務，宣告為共同事務，而移管於雅典的共同評議會。由是，雅典人即踏進了亞美利加任何土着民族未曾踏過的第一步。他們把諸民族融合為唯一民族，以代替並行的各種族的同盟。由是雅典發生了較優越於種族或氏族的法律慣習之一般的民族法。雅典的市民，他自身雖是立在自己種族的領域之外，也能享受一定的權利及新法律的保護。然因此，也就踏出了氏族制度破壞的第一步。何以？因為往後居於全亞迪迦的，都是異種族者，通雅典一切的來住者，都是雅典氏族制度之外的市民。「狄休士」所創設的第二個制度，就是把全民族不問氏族，部族，或種族，一律分為貴族，農民，職人三個階級，至對於官職，則以獨占權而給與貴族。但是這個區別，除掉貴族的就任官職之外，效果是沒有的。何以？因為除那以外，各階級間還未有何等權利差異的原故。雖是這樣說，畢竟那是重要的，因為在這個中間指示了我們暗自發達的新的社會的要素。即這是表示氏族的諸職務，由一定的家族，習慣的來任命這事件，已經成了這些家族對於這些職務，幾乎公認的要求權；這些家族，因為富裕了而特別有力，遂在氏族的外面，開始結成了特殊的特權階級；以及這個時候，剛剛發芽的國家，把這個越權神聖化了。這又表示因農民與職人的分工，業已十分堅固，依據氏族或種族的舊組織，已沒有多大社會的意義。最後，則宣告了氏族社會與國家的不能兩立。國家形成之第一步的試驗，卽把一切氏族的成員，分爲特權者與被輕視者，再把後者分爲兩個職業階級，而使之相互對立，因此，遂將氏族寸斷了」。（恩格斯前揭書）

吾人於此，看到了複雜的階級關係。第一就是奴隸與自由民的關係。但是奴隸在政治的勢力中，還沒有成長到結成階級。在完全的國家形成以前的階級鬥爭，是貴族與平民及新興商工階級間的衝突和鬥爭。那時期的鬥爭，主要的顯現於貴族和平民之間，新興階級則貿兩者的鬥爭之間而成長，在國家完成的拂曉，新成長的階級乃與舊貴族合體，而構成一個有產特權階級，氏族的貴族遂被壓倒。

關於貴族和平民的鬥爭，亞里斯多德著作的「雅典人的國家」一書中，有這樣的一段話：「自此以後，在貴族與大衆之間，顯現了長期間的鬥爭。這因爲當時的憲法，不僅完全是寡頭的政治，並且貧民中的男子，小孩，婦女（一切），對於富家都成了奴隸。他們被稱呼爲附庸，或六分之一（由勞動所得的六分之一而生活——譯者），就是由於以那種契約的規定額耕種富豪土地的原故。土地完全在少數者的手中，耕種土地的貧民，若不按照契約額支付的時候，則本人和小孩，都要作奴隸。對於借金，至梭倫時代止，是以身體作抵押的。梭倫，是開始以民衆的代表者而出現的。在多數人看來，這個社會狀態中最痛苦的一點，就是做奴隸的這件事。無論何人，可說在當時都沒有可參加的權利，故在其他點上，他們也是不滿的」。

（註）此書已爲日本原隨園氏譯出，據譯本的附註看來，所謂附庸的，本來是鄰人或自由民的意義，正同荷馬（詩人）的帖帖斯一樣，是指的那爲貧而欲借錢，便爲他人服役的人們。又所謂六分之一的，是享受收穫的六分之一而耕種土地的意義，然據蒲爾達爾科斯的梭倫傳看來，則是支付生產額六分之一的意義。原氏認後者一說似爲正當；而恩格斯則似取前者一說。據恩氏說；「農夫以佃戶而居住彼處，允許他以其勞動所得的六分之一生活的時候，他還十分高興，其六分之五，則必須作爲田租繳納於新主人」。（恩格斯前揭書）

促進貴族與一般大衆鬥爭的，就是貨幣經濟。貨幣經濟斬斷了氏族的紐帶，使各個人類爲獨立的存在。於是一面激發貴族與大衆的鬥爭，同時自身却立於鬥爭的圈外的新興商工階級，漫漫的抬起頭來了，梭倫的改革，就是顯現於這種鬥爭的絕頂期中的。

梭倫改革的特徵：

(一)「梭倫就任之後，宣布永久解放民衆、禁止以身體作抵押而借款的事情。又公布法律，取消公私的負債。……這被稱爲豁免債務」。(前揭雅典人的國家)

(二)爲使難於出賣土地起見，故對於出賣土地者剝奪其市民權。

(三)由私有財產的多寡，而規定權利義務。

以上的三者，爲改革的最特徵的要素，梭倫的立場，可以說是代表新興階級的。因爲他的改革，恰使新興階級乘貴族與大衆激烈的鬥爭的力的均衡之中而前進了一步。

(一)由於禁止以身體作抵押而借款的事情，發生了什麼結果？據康林干Gunnighanm在其所著古代西洋文明史說：「他救濟農民沒有成功。何以？因爲他想保護的階級，不在奴隸的痛苦，乃在破產的自由人從其所有地被驅逐出來的。零落的農民，爲家計而尋覓職業，有的跑到雅典，致膨脹了工銀勞動民的數目。離開了農民手中的土地，則由能夠使用奴隸軍的雅典企業家，當作大農場耕作起來」。

(二)妨止土地出賣，這可說是爲着確保雅典國家的自給自足的(實在當時要完全禁止出賣土地，已屬不可能了)。但由此因而致利的，究竟是什麼人。貨幣經濟業已動搖了農村，「農民非獲得金錢不行，因此，他們就必須賣掉自己的生產品以換金錢。這在許多點上是不便利的，當價廉的時候，他們不能貯蓄剩餘物以爲凶年之用，因爲他們手中非有金錢不可。若在凶年的時候，他們早已沒有什麼貯蓄了。縱然有些須可賣的穀物，然因外國品的輸入，也就毫無利益之可言」。（康林干前揭書）一般農民，不過陷於窮境罷了。

（三）由財產的多寡，而規定權利和義務。「於此，把新的要素，完全採納於制度中了，什麼私有財產，………有產階級有了怎樣的勢方，就怎樣的把舊的血族團體排除，氏族制度於是失敗了」。（恩格斯前揭書）梭倫把人民分爲四個階級，第一個階級，是有五〇〇緬帖姆魯斯以上的收入的人，那可以就最高的官職。第二個階級，則須有三〇〇緬帖姆魯斯以上，第三個階級，則須有一五〇緬帖姆魯斯以上。第二第三兩個階級，都可以爲官吏，第四個階級則屬等而下之的，那就只有在民會發言和表決的權利。

但是此際，民衆尙沒有決定的失掉勢力。無論如何，沒有禁止不可能的事件，如禁止就任官吏的事情，那就是證明有了就任官吏的可能性。第四階級決定的失掉勢力的時候，卻是官職已向一般市民開放的時候，何以？因爲那時禁止的理由早已不存在了。

亞典到了苦吶斯帖列士的時代，已明確的具備了國家的形態，苦吶斯帖列士不顧從來的氏族和部族，採用了以居住地的市民的區分爲基礎的新組織，氏族制度於是決定被葬送了。

氏族的貴族，與新興階級合爲一體而構成一個新的階級，同時，失掉了從來氏族的特權。

構成國家的要素，爲領土與支配者及被支配者。而使被支配者隸屬於支配者的東西，就是公的權力。「雅典當時，漸漸有了民軍及直接由人民所出的艦隊。這些東西，是對外保護國家，對內制服奴隸的（奴隸在當時已占人口的大多數）。對待市民的公的權力，那時只有警察存在，這種警察，是與國家同時發生的。……因之雅典人隨着他的國家的成立，就組織了由警察，步兵及騎馬弓手而成立的眞正的憲兵隊。…………」

「那末，具有這樣輪廓的國家，是如何適應於雅典的新社會狀態呢？這由富及商工業之急速的繁榮可以表示出來。成爲社會的並政治的諸制度之基礎的階級對立，早已不是貴族與平民，而是奴隸與自由人，無權被護民與市民。在最盛時期的雅典的全自由民，連婦女，小孩在內，都只有九萬人，此外則有三十六萬人的男女奴隸，並四萬五千人的無權被護民（外國人與被解放者）因之，成年的男市民中，每一人至少應有奴隸十八人與無權保護民二人以上。奴隸數之所以多的，因爲他們多在手工業場的寬闊的處所，受監督指揮而一致動作。但隨着商工業的發達，財富集中於少數者之手，自由民的大衆遂貧窮化了。他們此時或是以自己的手工業勞動而與奴隸勞動競爭呢？（他們認爲這是可恥的事情下賤的事情，並且是不能期望多大效果的事情）抑或任其零落呢？他們在這種事情之下，必然的選擇了後者。因爲這種零落的人們構成了廣大的羣衆，於是雅典國家就亡在他們手中了。滅亡雅典的，並不同那些歐洲的御用教授們所說的一樣，是亡於德謨克拉西，乃是亡於驅逐自由民的勞動的奴隸制度」。（恩格斯前揭書）

（乙）羅　馬

羅馬國家是怎樣建立的，在傳說的疑雲中，不能十分明白。羅馬的明確歷史，是與紀元前七百五十三年的羅馬建國同時開始的。

據羅馬建立的傳說，羅馬的住民，是叫做吶穆列斯、迪第斯、魯塞爾斯三個種族的種族聯合體。各種族都包含百個氏族，那百個氏族中又分爲十個部族，卽每十氏族形成一部族，這部族稱爲鳩尼亞。

羅馬民族最初的公務機關是元老院。構成元老院的分子，就是各氏族的首長三百人。隨着氏族的首長之世襲，那充任元老院之一員的權利，也就成了世襲，於是發生氏族的貴族。這些貴族們，後來自稱爲貴族，要求對於元老院及其他的職務，有獨占權。元老院，好像是一種常任的執行機關。最重要的事項，例如新法律等等，雖是先在元老院商議的，而其決定則須由民會。民會呼爲鳩尼耶會議，是以部族爲單位的集會。凡宣戰，重罪裁判，高級官吏的選舉，法律的採用與否，都爲這個會議所決定。除開以上的兩機關之外，還有與希臘的軍司令官相當的「列克斯」，這也爲「鳩尼耶」會議所選舉的。

具有這樣組織的羅馬，是經由何種途徑發展國家的？我們現在不能十分明白。但同希臘一樣，由於移住民的增加，被征服民的加多，而氏族制度就自然被廢棄，國家機關遂起而代之的事情，大概可以推測出來。

鳩尼耶會議的權能，後被稱爲「更芝列」會議的奪去。所謂更芝列會議的，是彷照梭倫改革的所謂新民會，沒有婆普斯（從前的氏族民）與普列布斯（移住民，及被征服民等之不屬於奴隸的）的區別。由財產的多寡，把有武裝義務的人民分爲六個階級，各階級都予以表決權。不過這種會議，差不多是第一階級占過半數的會議。其後，遂消滅了三個血族種族的形態，而代以四個地域種族。

「如是，羅馬也是在王政廢止以前。基於個人的血族紐帶的舊社會秩序已被破壞，代之而起的，是基於地域的區分和財產的差別之新的眞正的國家制度。於是公的權力，在於有兵役義務的市民階級之手，不單對於奴隸去行使，就是對於解除了由兵役義務和武裝的所謂無

產者，也是一樣的行使」。（恩格斯前揭書）

我們於此看到與希臘有不同的階級關係，這個不同是基於什麼？

雅典國家，主要的是發生於氏族社會自身中所發達的階級對立。但是羅馬的氏族，在自身表現出階級分化之先，就已有多數環繞普列布斯的排他的貴族。這種貴族與普列布斯中的有產者相融合而構成一個階級的時候，遂成就了完全的羅馬國家，迴憶這種普列布斯的存在，是使羅馬的階級關係趨於複雜，在奴隸階級以外，又另發生了屬於公的權力支配的被支配者。

（丙）　秘魯—印加帝國

希臘，羅馬，就中希臘是古典的古代國家。但是我們在南美，更發見了在較低的經濟發展階段上發生國家，而且是大規模的存續的特殊實例，那就是古代印加帝國。

印加帝國包含現在秘魯，玻利維亞，智利三共和國的廣大的領域。其基礎的經濟組織，爲氏族共產主義。各氏族團體占有一定的地域，每年施行分地，再把耕地分配於各家族之間，分地的標準，由家族的人口之多寡而定（北秘魯是施行共同耕作的）。各家族則得着自己受分地上所有的收穫。並且氏族員必須自己耕作自己的分地，若是幾年不施耕作的時候，則喪失對於分地的權利。各村落中　還有所謂「貧者的田地」，由氏族員全體耕作，將其收穫分配於老衰者和寡婦等。在分割了的耕地之外的土地，一切都是共有。村落的首長，起初是選擧的，但到後來則成爲世襲了。首長的主要任務，就是農耕的監督，至關於村內重大的事項，則爲成年者談話會所決定。

在以上說明的限度內，這個社會與其他的氏族共產主義社會，沒有什麼不同的性質。不過古代印加帝國的特徵，就是被外人的支配布滿着的被征服國這一點。

在印加帝國地域之先的先住者爲維基亞種族，然至紀元十世紀頃，印加人侵入，遂征服了維基亞族。但是征服後之政治的支配，經濟的榨取，那就與所謂古代國家採取了不同的形態。被征服氏族，各以若干地段作爲「印加田」和「太陽田」，把前者的收益，捧獻於治者階級的印加人；把後者的收益，捧獻於僧侶。這些田地的耕作，自然是氏族全員的義務，耕作的次序，普通都是按照「太陽田」，「貧者田」，「自家用田」，「印加田」來的。

但是治者階級的印加人，是怎樣的生活着的。說起來，印加人自身，也是過的氏族團體和馬克組合的共產主義的生活，其對於維基亞族之政治的支配，也是以印加氏族共同的職分編制的。

以上我們以盧森堡（經濟學入門）的記述為主，略悉印加帝國的內部組織的大概。但元來這樣的組織——兩個共產社會複合於一個國家內這種奇異的組織，是從那里發生的？為什麽這個場合，被征服民沒有成為奴隸的呢？

解決這一問題，是極簡單的。那就是因為生產力還沒發展到那個程度（到奴隸制有存在的餘地）。「假若兩個流浪的（畜牧）民族，為牧場而起爭鬥的時候，誰留在這里當主人，誰被驅逐到荒涼廢地去，乃至被掃蕩滅亡，那是可以只靠粗野的强力來作判斷的。可是到了農耕已經發達，不必費全體人類的勞動力，與生活時間的全部，就可以安然的養活衆人這種程度的時候，則外部征服者把農耕民族作為組織的榨取的基礎，而農耕民族也可同時存在於那里」。（盧森堡前揭書）所以征服者經濟的文化的發展階段，還沒有發展到能夠把多數被征服民作為奴隸而收容的程度，上述的被征服民沒有成為奴隸的那種事實，是可能的。我們把同樣的實例，也可以在希臘歷史的發端中看出來。例如當時的克列得島與斯巴達就是的。不過在克列得島的場合，被征服民的生產力，較秘魯的維基亞族更為發展些。因為一方被征服民，連自已度日必需的生活品都要拿出來，他方征服民，則由此與生產沒有何等關係而能到得生活。在斯巴達，土地早已不是被征服民的共有，而是支配民的共有。支配民自身間則行土地的分配或交換，把受分的土地，委之於供給勞動力的各個馬克的織合員。即，此際被征服民的全體，早已成爲征服民全體的奴隸了。

（註）我們在那些比秘魯的經濟發展階段更低的地方，也發見奴隸的存在。不過此際奴隸的數目（主要的是戰爭的捕虜）極少，僅僅用爲一種勞動的補充。奴隸以一個生產手段而被採用的，須有更高的生產力的發展。

第二節　古代社會的經濟組織

我們把原始共產社會到古代社會的發展過程，可概括如次。

從成爲羣團的共產社會到氏族共產主義，在這個氏族共產體的胎內，私有財產制就開始發芽；他方因奴隸的使用和氏族的貴族成立，階級分化的萌芽也發生了。私有財產制的發芽，影響於氏族制度，就顚覆了從來的母權而確立父權。隨着父權之確立，又生出對抗氏族的家族。有了家族發生，却又轉而影響於私有財產制的萌芽而鞏固其基礎，於是富的蓄積就容易了。因此，除原來的階級對立之外，又由貧富的懸殊而發生了階級對立。這個新的對立，與從來的對立（奴隸與氏族員，氏族的貴族與一般平民）相結合，遂又分化爲富有的氏族的貴族階級，並貧乏沒落的一般自由民階級。這樣，非富有的氏族的貴族遂完全消滅，新出現了因富而貴的貴族。國家開始形成。貴族依賴奴隸勞動，把一般自由民驅逐於生產的圈外。隨着國家的確立，貴族就開始崩壞了。

我們約略看了以上的過程，指出其間由富集中於個人之手，對外貿易就非常繁盛，這促進了新興商工階級的發展。這個新興階級與從來的氏族的貴族相結合，致成爲因富而貴的貴族，於是自由民的沒落，就愈加如水之就下了。

以上我們雖關聯經濟基礎的變遷，把到國家發生後的社會階級間的關係的變遷，略述了一下，然我們對於那樣建立的古代國家之經濟基礎的內容必須加以深入的研究。古代社會經濟組織的核心，究竟是什麼？何者是其支配的生產形態？明白地說來，那就是農業與奴隸勞動。我們若丟開了農業，就完全不能理解古代社會的經濟組織；若丟開了奴隸勞動，也就不能理解古代社會的農業。奴隸勞動，實爲古代國家農業的基礎，而這個奴隸制的農業，又是決定其他一切種類的產業的條件。我們若不能了解這一點，就不能了解純商業民族的腓尼基人，迦太基人的經濟。（註）於此，我們試先說明奴隸制度。

（註）「在一切的社會形態中，顯現着某特定的生產，它是優越於一切生產形態的，因之它那些關係，對於其餘的一切關係又是指示其等級與勢力的。那是一個普遍之光，一切

色彩都爲那個光所浸染，因而各個的特性爲之變色。那是一個特殊的「以太」，爲規定表現於其中的一切物之比重。

「……如在古代社會與封建社會，農業占優勢的那種定住農業的民族——定住於土地而已有了大進步的——中，無論其爲帶有工業的形態，或爲適應於工業的所有權的形態，總之都是帶着土地所有權的性質的。社會，是像在古代羅馬，完全依賴於農業，或像在中世紀，都市，都市諸關係，都模倣着農村的組織。……」

腓尼基人，迦太基人等的商業民族，在古代世界，雖是純粹以商業民族而表現的，然這種純粹性（抽象的規定性），正由農業民族占優勢的那件事所給與的。（經濟學批判序說）

甲　奴隸制度

（A）　初期的奴隸

奴隸，是連自己的身體都不許所有的完全的無所有者，又是徹底的被榨取者。區別奴隸與其他被榨取者（農奴，近代無產階級）的事情，就是奴隸是連自己的肉體，卽連自己的勞動力都不能所有的一個完全的無所有者這一點。另一面，奴隸可以看作物件，卽可以認爲一個生產手段。但奴隸之所以被認爲一個生產手段的，就是因爲他們是完全的無所有者，是徹底的被榨取者。古代許多學者，曾把奴隸規定爲生產手段。像這種片面的規定，是爲把奴隸制度用作正當化，永久化的。

奴隸最初是表現爲種族的奴隸的。卽，奴隸不是爲一個人或一家族所私有，乃是爲一種族所共有的。戰爭勝利的種族，以戰敗種族的捕虜爲奴隸。自然，戰爭的事件，不就是直接發生奴隸制度的，其中還有一定經濟條件的必要。「一切部門——牧畜，農業，家內工業——中的生產的增加，較對於人類勞動力的維持上所必要的生活品，給與了生產更多的能力；同時，牠又使……增加了日常的勞動量。於是希望加入新的勞動力」。（恩格斯前揭書）要使奴隸制度成爲可能，就不可不具備這樣的經濟條件。要不然，那把他人的勞動力爲自己所有的這件事，就算毫沒有意義，反而是負擔了。

從集團的奴隸制度變遷到個人的家族的奴隸制度，究竟經過了若干時日，這完全不能明白。不過那至少是與從旁方面發達了的私有財產制相連結之後，才變爲個人的所有，必是一定的事實。總之、如成了個人的所有，則曾是共有的東西入於個人之手的時候，除了分配於一切的人們，或爲某特定的人所私有之外，沒有別的途徑。在共產體內分工的結果，我們知道發生了氏族的貴族，尤其顯著的是武人的貴族。供給奴隸的是戰爭。所以，奴隸首先爲這些貴族所私有，那怕是無容疑惑的事情。奴隸從別方面，也特別成了貴族的私有物。「在交換幼稚的初期，爲共同利益而行共同買賣（雖實際當這個衝的是酋長）的奴隸和婦女的買賣，現在成了酋長個人的買賣的一部，於是種族全體共有的奴隸，專成了酋長一個人私有的奴隸」（漢特曼階級鬥爭之史的發展）。並且漢特曼此際雖採用了女子與奴隸買賣的這句話，或許在這個階段，還不能嚴密的說有買賣的意義，寧可說是與贈與的形態相近的。當時在經濟學者是所謂自然經濟時代，以自給自足爲原則的，迨生產物有剩餘的時候，才開始表現物物交換。因之奴隸在當時，與其說是生產手段，不如說是勞動補充者。奴隸能完全被認作生產手段的，乃是由奴隸勞動發展的結果，奴隸所有者完全從生產勞動分離以後的事。奴隸固然是買賣的對象，而由嚴密的意義說來，怕還是達到這個階段之後的事。奴隸還沒有由奴隸所有者明白的意識着是一個生產手段的時候，其待遇也必不殘刻。何以？在當時以自給自足爲原則的社會，強使奴隸的過度勞動的經濟基礎，還不存在的原故。

其次，我們試檢討希臘，羅馬入於所謂文明期的古代國家的奴隸制度的狀態。

(B)　希臘的奴隸制度

「戰爭的技術，從某種意義說來，必然是企圖致富的技術。狩獵也是這個技術的一部分。我們對於野獸和不肯生而爲隸屬的人類，非勵行這種技術不可。那末，這樣的戰爭，自然是正當的」。（亞里斯多德政治學）。

戰爭，主要是爲供給奴隸的事情，由此就明白了。但除戰爭之外，還有供給奴隸的方法，那就是借欵。在借欵的時候，不僅是借欵者的自身，連他的妻子都要當作抵押品，這照例也是爲借欵者的家長所允許的。（不過在亞典，梭倫爲防備自由民的奴隸化，曾禁止以人身作抵押，已如上述）。

奴隸所有者對於奴隸有生殺予奪之權，買賣的權利，更不消說。然也有特別的例外，例如布耶沃加人，爲鐵沙尼亞人的奴隸的時候，還有這種條件，卽（一）不能出賣於亞爾列國以外，（二）保留生殺與奪權。不過這只限於某一種族的被征服者，以媾和條件而成爲「種族的奴隸」時候，至於個人的奴隸，這樣的例外是不存在的。那種例外的奴隸，雖說是奴隸，也可說類似中世紀的農奴。在斯巴達也是一樣，奴隸是種族的奴隸。卽，稱爲「黑羅特」的一個階級，是斯巴達人全體共有的奴隸，它的主要任務是從事農耕，以其收穫之半奉與斯巴達人。但是斯巴達人與「黑羅特」的人數的比率，爲五對一乃至六對一，故「黑羅特」人的生活資料，也只相當於斯巴達人的五分之一乃至六分之一。

希臘奴隸的數目，以後漸漸多起來了。卽，五千人的科林人，有了四十六萬人的奴隸，恰是每一個雅典人，平均有五十人的奴隸，在亞吉比德斯時代，亞迪迦只有兩萬人的市民，就有四十萬人的奴隸。

希臘的奴隸待遇，沒有羅馬那麼殘酷，唯斯巴達是一個例外。在斯巴達，奴隸對於總人口，是占最多成分的。受了絕大訓練的氏族的貴族，爲數非常之少，所以他們時常害怕奴隸反抗。如果奴隸暴動有了兆端，屠殺是不用說，但僅是貴族自己那樣揣測的時候，也就不容赦的屠殺。某時候，曾有一時屠殺奴隸二千人的事件。其最受虐待的爲鑛山奴隸，因貨幣經濟的侵入，貴族對於貨幣的慾望增加，故對鑛山的奴隸，最爲虐待。

奴隸是完全能自由賣買的「物品」。由掠奪而供給奴隸的事情也盛行，掠奪各處的野蠻人，來賣爲奴隸的事情是很多的。奴隸的價格，普通在三百乃至六百杜拉孔上下，奴隸賣買，成了重要的商業部門。

這些奴隸，大部分是被驅使從事於農業的。雅典人耕地的大部分，都是由奴隸勞動開發的。土地被剝奪了的自由民，就出現於都市而爲工銀勞動者。雅典市的勞動人口之相當的部分，是獲得了經濟自由的工銀勞動者。這種工銀勞動者，乃至手工業者，當然也有形似基爾特的組織。但其組織的力量到什麼程度，却不明白。在狄伯地方，縱然是自由民，只要是一度從事過手工業的，以後十年間，就不能充任公職。

（C）　羅馬的奴隸制度

奴隸勞動，在羅馬發達到極頂了。供給奴隸的源泉，希臘，羅馬。都是同樣的。

羅馬的奴隸勞動成爲優勢的時期，是在意大利征服的前後。從科林市征服以至於塞布帖姆士•塞維爾斯時代，每自由民一人約對奴隸三人的比例。但自沙爾吉尼亞征服之後，奴隸就急激的增加了。馬流士把九萬條頓人與六萬金布匿人都作了奴隸。因爲盧穀士輸入了許多奴隸到彭得士，奴隸的價格，低落到四杜拉孔。又希札在高盧地方，捕獲了百萬捕虜作奴隸。奴隸市場，是由拉丁人與塞種人的掠奪團，定期的供給的。推羅斯島，就是奴隸賣買的中心地。每日由此島輸出入的奴隸，達於數千之多。（據尼多尼亞 Letounearu; "Property itsorigin and development"）

奴隸不僅使用於農地，並且使用於公務方面。如稱爲康特拉克撻，（一種包攬人）的奴隸使用人，包攬收稅並其他的事件，就是使用奴隸於公務方面的。

逐次的戰爭，就中戰勝的時候，得着很多的奴隸，使小農，小市民的沒落，愈加激急。

「成爲羅馬軍隊的脊髓的東西，是居住於羅馬市周圍的小地主和小農民。羅馬一切的內憂外患，都被這精銳無比的軍隊所擊破。但是他們這種勇猛從軍的結果，不單是擊破了敵人，馬上連自己的伴侶，並自己的子孫也招致了破滅。這因戰爭死傷的結果，小地主階級的人員減少，由是減殺了對於國內敵人的威力。但最給與他們以不利的影響的，尤其是戰勝。戰勝的事情對於都市貴族，並那些以龐貝 Pompey（按龐貝在羅馬稱爲平民的將軍）爲典型而昇進的富裕的平民，供給了廉價而優秀的奴隸。這些奴隸，被用作很銳利的經濟的並社會的武器，來壓倒那許多世代爲羅馬而戰勝的自由的小農民並有爲的職人。因爲把奴隸役使於大規模的農場，自由農民則被逐驅於農業之外了。這種事在意大利本土，固然特別顯著，但其他任何區處，也能看出同樣的現象。凡事只要具備了一定的條件，則其結果必然達到那個定點。由許多條件的結合，使那靠着公有地的分配而爲生活的人們，也到了滅亡的樣子。由奴隸所有權，高利業，貴族的獨占權，厚顏無恥的不正行爲與賄賂公行等等的結合，竟使自由民丟開他辛苦置來的土地，而至於希望當一個領餉的兵士。那使用奴隸勞動於大莊園，並爲防備內憂外患而使用傭兵的一些方法，也是使自由農民離開農村的重要原因」。（漢特曼前揭書）

與小農同時，基於奴隸勞動之貴族的大農經營——所謂納地份迪亞(Latifundia)，表現着很有組織的樣子。（在當時的生產技術的發展階段上，只有奴隸勞動是唯一大農經營的手段）。

羅馬的勢力，從意大利全土達於地中海沿岸，更伸展到北方之後，就發生了別種形態的大農經營。所謂科羅利（Colony）者就是的。羅馬征服了其他諸國之後，就從那裏獲得了很多的奴隸。固然也有在被征服國內征收年貢的例子，但各衝要的區處都設立了科羅利。科羅利當然是羅馬人所有的，但在科羅利上面使用奴隸勞動，那就感受極大的困難。何以？因爲地段距離羅馬太遠，不能充分去監視它。「給他一點土地呵！要是那樣做忠實的奴僕，自當和你的土地更密切」。支配階級爲要獲得大的利益，就不惜犧牲小的利益，因此，奴隸於某種條件之下，也被允許有着些須土地。於是大地主似乎知道把這種所有權給奴隸的子孫世襲，是一件有利的事了（科羅利的上面不僅派遣得有奴隸，並派遣得有貧民）。最後對於奴隸，則製定了他們不能離開土地，出買土地的法律。其後，奴隸自己也有了小屋和家族，而成爲有利的職業了（據尼多尼亞前揭書的引用語）。除這種奴隸之外「（這呼爲科倫士(Colonus)」，普通的奴隸，不用說，還是很受虐待的。梅年江一世，曾禁止奴隸離開耕耘的土地，並禁止出賣奴隸。所以，我們在這裏開始看出了中世紀農奴的模樣。科倫士是怎樣轉化爲農奴的，據尼多尼亞說明於次。

「他（科倫士）不一定是奴隸的子孫，在某種場合，他的祖先是受暴力捉起來的，或是被掠賣的野蠻人；在某種場合，是小農或破產的地主。但是法律却不注意他們的出身是什麼。法律只把科倫士，看做是由於繳納一定的地租，或由於幾日的義務勞動，被認爲有着耕作與自己的身體相粘連的土地之自由的人類。由是乃逐漸有以自由民而自然變爲科倫士的發生出來。科倫士雖說卑賤些，但它的地位却有幾分便利之點。地主不能驅逐科倫士，也不能變更契約的條件。法律懲罰一切想承受他人的科維利的地主。然主人不能增加科倫士的那種慣例的義務負擔，因之土地的剩餘價值，只得仰給於科倫士。科倫士若不固守着土地，當然不能出賣土地，也不能買入新的土地。科倫士的小孩們，可以繼承家產，因之他也可以成爲地主。主人於起初議定的條件之外，不能再向科倫士要求什麼。總之科倫士是不可動搖的農民了。

「於是我們在大體上，認爲我們在封建時代看見的那種農奴，他至少是與野蠻人同樣的程度，在羅馬人中間，已經具有根基。日耳曼的侵略者，並使羅馬帝國解體的一切其他的人們，看到涵羅馬帝國全體，在隸屬佃農的外裝之下，確立了弛緩的奴隸制度。如果他們要使

這種弛緩的奴隸制度轉化爲封建的農奴，只須把對科羅利的抑壓，提高到某程度就夠了」。(同前書)

除科倫士之外，還有在邊境佃戶的名稱之下，被許土地所有的兵士。他們比科倫士更有幾分的自由，他們於支付地租之後，只要履行了某種條件，就能夠出賣自己的土地。這就是說他們雖沒有土地占有權，却近於有着完全的所有權。

乙　財產制度

經濟史中心的任務，就在闡明各歷史時代的生產組織與其變化，因爲分配和消費，也是爲它所決定的。爲生產組織的中心的東西，是所有關係，即是生產手段的分配。生產手段歸什麽人所有？對於人類勞動力——直接生產者——與物的生產手段的關係上，人們是怎樣的結合？闡明這些事，是經濟史最重要的任務。

古代社會的特徵，已是勞動的人類，和物的生產手段一樣，他自身以生產手段的資格而成爲不勞動的人類的所有物這件事情。在這樣關係的範圍中，他們(勞動的人類)是一個被所有物，是一個財產。關於奴隸（勞動的人類）方面，已如上述。這裏的問題，單是物的生產手段了。

在古代社會(就在中世封建時代也是一樣)，農業生產，是支配的生產方法，所以從物的生產手段說來，主要的當然就是以土地財產爲意義的事情。

以下試略述希臘羅馬財產制度的內容。

(A) 希臘的財產制度

原始人關於財產的觀念，是與處理生計的事情密結着的。所有的對象，隨着生計手段以它(所有的對象——譯者)爲基礎而建立的技術之複雜化，是必然增加的。財產是與發明和發見同時成長的。財產形態的複雜化，是隨着占有，並關於繼承各種的規定而來的。約束占有與繼承的規定或習慣，爲社會組織的條件與進化所決定、所變化。因此，財產的進化，勢必與發見和發明的增大，並社會組織的進化，有密切的關係。

到了蒙昧上段的末期，土地的所有遂起了重大的變化，就是發生了個人的所有和國家的所有的這兩個形態。恰如我們在前面看見的：希臘人的中間，起初把土地分爲種族共有地，氏族共有地，宗教用的共有地。後來這些土地，即逐漸移於個人的所有了。在梭倫時代，雅典社會雖還殘留着氏族制度的影兒，然而土地大概已爲個人所有，並且把土地用作抵押品的事情也盛行。只有那種不能使用的所謂不毛之地，才以氏族，種族，或國民的共有地而被保存。牧場，也是在比較的長期間，帶着有共有地的色彩的。斯巴達，雖是在比較的長期間，保留了共產主義的形相的國家，然那時若是生了小孩，他的父親還要把他抱到他的哥哥或姊姊之前，驗明他是沒有什麼畸形，是值得生存的小孩，就指定他應該受分的土地；假若他是軟弱的，或畸形的小孩，就很平常的把他投入於所謂「亞剎跌踏(Apothetae)的岩穴中。又在斯巴達，嚴禁把自己的土地讓渡於他人，關於共同食事，若有不拿出作爲伙食的裸麥與油的人，則失掉市民權，其他在斯巴達盛行的許多慣習，都是明白的帶着共產色彩的。不過這種共產主義制度的殘餘物，除苦列特島之外，希臘的其他場所，大部都已消失了。那怕就是斯巴達，一方關於嚴禁把自己的土地讓渡於他人的，固然可說是保存共產的遺風，然而他方從不得不禁止的事實看來，這當然就是與私有財產的傾向相激戰的証據。

雅典老早就是私有財產制度很顯著的。這已在上面說過了。但特別使舊的制度動搖的，還是土地抵押的事情。土地抵押的結果，使土地集中於某個人之手，許多自由民都失掉生產手段，梭倫的改革，曾禁止自由民的奴隸化(人身抵押)，然而已經不能禁止賣買土地，至多也不過加上一個市民權剝奪的罰則罷了。然梭倫的改革堪以注意之點，自然還有其他的存在，就那是繼承制度的完成。梭倫時代的雅典，父親死了的時候，兄弟們平等的分配他的遺產，不過負有扶養姊妹的義務(主要的遺產，就是土地，對於父的住宅，長兄有優先權)。若是沒有兒子，就歸女兒們分配遺產。在這種場合，女子的財產，勢必因結婚而從其出生的氏族移向於所嫁之夫的氏族(梭倫時代，還有氏族制度的殘喘)。梭倫爲要妨止因結婚的關係，致財產由甲氏族而移向乙氏族，就製定了一種法律，規定繼承遺產的女子，不可不與同一氏族內的男系最近親者結婚。於是發生這種事情：其最近親者已經結婚的時候，就離開前妻，再與這個女子繼承人結婚，以便取得財產。在死者沒有兒女的時候，財產則由男系近親者繼承，如沒有男系近親者，則由死者的氏族員繼承，梭倫把這樣的慣習，確定爲法律了。關於財產觀念的進步，就由梭倫制定的遺言法，也可以看得出來。「在以前是不承認牠(遺言)的。死者的財產及家宅，非交給於血族者之手不可。但因他(梭倫)允許死者沒有兒女的時候，可以將財產讓給於死者所希望的繼承人，由是友情的結合，較血族的結合還占了上位。……而且使有財產的人完全領有這宗財產。(據普爾達吉Plutarch "vita Solon")但就是這種場合，凡是有兒女的，其氏族的權利依然是最上的。遺言法之爲希臘所承認，雅典是在最先，如斯巴達，則在比羅崩離蘇戰役之後，纔採用這個遺言制度。

那種個人對於財產的支配力，雖是一步步地擴大，然到了與其他新的要素，即氏族的貴族結合之後，就攪亂了社會已存的均衡。公職由於選舉．這是原始人一般的通則。然而一方，公務複雜化之後，就愈加需要專門知識，同時他方，則當時的文化階段上，經驗的蓄積，是唯一智識的源泉，可稱爲科學的東西，還不存在。因此，公職就逐漸採取了世襲形態。無論是希臘，或羅馬，這種經過都是同一的，上面已經說過。然而就任這種世襲公職的人，雖然抱着貴族的感情，强迫種族員捧獻幾分的尊敬，那却把種族社會的民主的性質，還不至於根本的破壞。迨財富集中到個人之後（氏族的貴族，在這一點是最有利的地位），才使貴族以貴族而成爲一階級，卽是單以身分的差異，而成爲階級的對立了。至於財富集中於個人的事情．以私有財產制的發達爲前提，那是勿庸說的。由於私有財產制度的發達，與氏族的貴族抬頭的交流，遂湧現了奴隸制度，及以前所不知道的新的對立。好幾萬年間在共產主義制度之下，發明並發見可以成爲人類進化的基礎條件，而前進的原始人，若是把私有財產制的歷程和他們那樣悠久的歲月相比較，雖是很短的幾千年，然而却已踏進了不得不經驗的這種社會生活的軋轢與不調和的階段。

（A）羅馬的財產制度

羅馬私有財產制的發達，與希臘也是一致的。不過羅馬的家長的權力非常强大，絕對的支配着家族員的時期很長，這一點是比希臘稍微不同的。羅馬最初的成文法——所謂十二銅表法，固然是仿照雅典梭倫的成例，然而這個法律，是很明白的重視父權的，例如析分家族財產的事，是嚴重的被禁止的。不過到了個人的權利伸張以後，也就逐漸的在破壞這種父權；尤其每每以單純的法律不能解决的那種特殊的事件發生的時候，迫於現實的必要所公布的法令，就遺棄這十二銅表法於不顧了。父權漸被削弱，首先就是那由軍務得來的財富之保持權利，被給與於兒子了。在揭齊利安的時代，由公務所得的財富也是準此。於是對於那不因父親的財產關係而得來的兒子的財產，父親除了用益權以外，不得再有何種權利的事情，已被確認了。這一個傾向更向前進的時候，似乎對於婦人也給與了所有權。本來在古代羅馬，妻和女兒，都是父親的財產。到了奧古斯都時代，富裕的父親，對於結婚的女兒，須給與嫁資的事情，已爲法律所規定了。

像那樣所有權的主體，從家族移向個人的時候，羅馬社會的形態也就隨之一變了。於是或覬覦遺言贈與而諂事他人，或以粧奩費爲目標而行結婚的一類事情也發生。這眞是狡猾的代替了叡智。

他方，奴隸所有者的生產，壓倒了非奴隸所有者的生產。遂致小農的沒落，日益盛行，土地集中於少數大地主之手。於是形成了利用奴隸勞動的大規模農場的「納地紛丟姆(Latifundium)。牧場，國有地等的使用，開始本是附隨於市民權的特權，然貴族把這也沒收於自己的手中了。富者逐漸把公有地當作自己的使用物，使貧乏的市民無由過問。任憑怎樣地努力，總不能阻止這個潮流。爲這樣空努力的模範的人，就是郭納克兄弟智比流士。郭納克，開始提議有償的收回富者的土地，次則提議把不法占有的土地，仍行恢復原狀，而他的努力，終於遭逢元老院的反對而不能實行，並且爲他們所刺殺了。

大地主的大部分又是貪慾的資本家，他們以借欵政策，逐漸使小地主沒落。有時並使他們低落到奴隸的地位。據當時羅馬的法律，債務者若沒有保釋金，則不能離開自己的土地，因此，必然有許多債務者因債務的原故，致爲土地所束縛，已而則不得不作奴隸而耕耘地主的土地了(註)。由是，自由農民的勞動，就逐漸爲奴隸勞動所代替，而貴族與平民之間，勢必不斷的有激烈的階級鬥爭。

他方因商業的繁榮，發生了富裕的商人。商人階級利用自己的富力，逐漸侵入了貴族的地盤，而小農從這一方面，也感受着很大的壓迫。貴族爲抬頭的商人階級所排擠，逐漸失却氏族的權威，現在則是因富而貴的貴族，與一般無產市民對立起來了。身分的差異，遂逐漸被因富而起的階級對立所代替。

（註）羅馬同希臘一樣，也是施行露骨的農業保護政策，那主要的就是爲的要與迦太基的農業相競爭。把負債的農民束縛於土地這件事，也是其政策之一。更於君士但丁時代，規定凡把土地出賣於公社以外的，須經公社成員的許諾纔行。

丙 商業的發達

（A） 初期的交換

上面曾經說過，在一種族或一共同體的內部所行的交換，本來老早就有了。然由這種交換，還不至於直接發達商業。並且這種交換中，不惟沒有具着分解種族社會的力，連什麼大的影響都沒有給與。

種族與種族間的交換的開始，怕是在野蠻時代的中期。在亞美利加諸種族之間，則是有了家畜的飼養，玉蜀黍的栽培，並使用金屬器具之後；在舊大陸，則是飼養家畜的種族與其他種族間的分業開始之後。種族與種族間的交換，最初多爲偶發的，或贈與的形態。這種交換中，常是一定的種族代理人，主要的是酋長擔負這個責任。這種形態的交換，是表現得很早的，例如澳洲土人，雖屬發展階段極低的民族，也看得出這些現象。這樣種族間的交換，最初不過是以直接消費爲目的的過剩生產物，偶然交換的，但隨着生產技術的進步，種族間的分業也發達起來，生產物的種類也豐富起來，且因生產力的增大，而過剩的生產物成了利益，因之交換就逐漸從例外的，乃至偶發的狀態，發達到正規的狀態，因之就逐漸帶了商業的性質。

這樣種族內的交換與種族外的交換，最初本都是從這種同一的出發點——以直接消費爲目的而生產的東西，偶然行着交換的事情出發的，但其間却有大大地不同。這不僅在經濟的基礎上不同，意識的也不一致。「翁特曼的馬克斯經濟學」說：「在同一種族內部的同血間的交換，與種族外的異邦人的交換，那是兩件事。由血族團體的同胞中，獲得不正當的利益，那是反乎血族的道德的。但若從異邦人獲得了最大的利益，那却是另一問題，按照與異種族間所表現的軋轢的程度看來，異邦人總是被看做敵人的。因此，無論是平和或戰爭，凡欺騙敵人，或掠奪敵人的事件，不僅被允許，並且是『名譽』的行爲」。種族社會的道德，就是反映的種族社會存在的條件的東西，那是無用說的。這樣，在種族社會中，沒有發達商業的餘地，種族內的交換不能直接發達商業的事情，一點都不奇怪。

種族間的交換，成爲常規之後，交換多是規定得有一定的時間和場所的。行這種交換的場所，常是鄰接於種族的領土與領土之間的中立地帶。「昂格魯沙克遜語的馬克(Mark)(現在還殘留着的馬克特(Market)——市場——的話)，是狩獵地，卽是由野獸棲息場所的那個語根派生的。那就是交易者等，各自離開自己小村落的開墾地，而集合於中立地帶的荒野，都聚精會神的在這個野獸的園地舉行交易。他們對於人類同夥的顧慮，比對野獸羣的侵襲還要顧慮些，當希臘人與希臘人會合於市場的時候，也是這樣，他們在交易到了露骨的榨欺的競爭的時候，或雙方都各逞頑强，致價格不能合式的時候，平和的市場，忽然變爲很騷擾的閭巷，直如野獸爭取食物一樣，人們各自爭執其生產物的所有，而爲猛烈的鬥爭。……這樣，商業的前提條件，從最初的第一步，就在人心的琴弦中，奏了不調和的音調。原始的馬克，是近世國際市場的原型，商業現在依然是扮着戰爭狀態……。(翁特曼前提書)

(B) 貨幣

交換成爲常規的之後，因之最能時常用作交換，而且在任何人都有使用價值的東西，就成了交換的媒介物。這一個東西最初是家畜，特別是牝牛或牡牛。金屬驅逐家畜而爲交換的媒介物，那要很長的期間。黃金開始不過對那爲主要交換媒介物的家畜，盡了補充的職務。因此，黃金的交換價值，最初還是由家畜表象出來的。至於黃金以獨立的交換媒介物，由它自身的價值，而爲其他生產物的交換價值的表象的時候，那還要經歷很長的過程。尤其是黃金以鑄貨的形式而顯現的時候，那是屬於比較的後世。總之不問東西洋，無論什麼民族，只要是入了文明期的民族，這都是共通的事實。但是金屬爲什麼在任何民族中，都能獲得交換媒介物的資格？馬克斯對於這個疑問解答如次。

「金與銀，在其單純的實體上（猶云金銀內部的構成與外部的形狀，都沒有質的差異—譯者），常是相等的，因之其相等的分量，常是表示其相等的大小的價值的。可用爲一般等價的商品的其他條件（由表示純粹分量的差異的這一個機能直接發生的），是要具有分割爲任意的部分，並再接合的可能，而且把牠作計算貨幣，也能以感覺的表示出來的幾點。金與銀就最具備這種性質」。

「……金銀的比重大，牠能相對的把大的重量，以小的體積表示出來，因之其經濟的比重也隨着大，能相對的把大的勞動時間，卽大的交換價值，包含於小的體積中，……而搬運的便易……由是能以保証……

「……耐久性，相對的不破壞性，在空中的不酸化性……凡此一切自然的性質，都是使貴金屬成爲貨幣退藏的自然的材料的。……

「金銀的柔軟性，不便用作生產工具，因之金銀很缺少爲金屬一般使用價值的基礎的特質。金銀在直接的生產過程內固缺少利用，而於生存資料消費對象等也不濟事。因此，金銀沒有害及直接的生產和消費過程的事情，得以任意的分量，而跑入社會的流通過程。

「……金銀在不被束縛於一定的使用形態一點上，（因其能分合）優於其他商品」。（經濟學批判）（以上是譯者參照了猪俣譯本譯的）

金屬在單以交換媒介物而被使用的時候，倒沒有什麽壞處，但是把金屬成爲一般的等價物（卽交換的媒介物）的那種金屬的自然性質，一切的富都爲貨幣所估定，貨幣就不僅是便利的交換媒介物，反之却變爲對於社會的，人的支配的魔物了。自貨幣出現之後，交換越發成爲常規的制度而發達起來了。在另一方面，却使富的蓄積很容易。

（C）　商業的發達與高利業

基於種族間的分業而發達了的種族間的交換，最初是以種族的代表而執行種族共同的業務來表現的，逐漸則變爲一個私人的業務了。在能左右許多生產手段，對於直接消費的必要品，擁有過剩生產物的有力的少數者，勢必把這些過剩的生產物，與其他種族的他種生產物，尤其是貴重品和奢侈品相交換，使自己的生活更爲豐富。因此，古代社會的商業，就在貴重品和奴隸的交易，止發達了。因爲奴隸是使這樣的過剩生產物的生產與交換，成爲可能的最主要的生產手段。

像這樣種族間的交換發達，也影響於種族的內部，由是促進了以血緣爲紐帶的種族社會的崩解，而爲走向私有財產的有力的衝動。基於分業而發生的交換，無論是在種族間，或種族內，越發促進分業的發達，尤其在種族的內部，隨着分業之發達，而種族內的交換，也逐漸成爲常規的商業化，把社會共同的業務，移爲私人的業務，萎縮原始共產制的遺制，而擴大私有財產的領分。

在古代社會，那怕對內交換已帶有常規的商業的性質，而爲商業的主要發達的，還是對外商業。使古代社會得以盛行對外商業的主要條件，就是大土地所有。因在當時土地還是主要的生產源泉。但使這些大規模的農業經營成爲可能的，實是奴隸制度。所以，這種古代社會的商業，主要的就是以奴隸制度爲基礎而發達的。到了以常規的對外商業爲目的，而大規模的使用奴隸的時候，奴隸的榨取就越加酷烈，於是纔有殘忍苛刻的奴隸制度。

但是爲大土地所有所促進，所發達的古代商業，反而又成爲促進大土地所有的原因。尤其是商人資本以金貸資本而出現的時候，直接的壓迫小農而促其沒落，因之促進了大土地所有的傾向。

這樣由分業的發達而起的生產物的變化，並包含各種各樣的生產力之增大，以及貨幣的出現，使交換變爲常規的商業，使生產物變爲商品，同時又生出與生產全無關係而專從事交換的階級，那就是商人階級。

「貨幣經由商人之手很快的蓄積起來，且由於不斷的循環反復着購入與賣出的過程，爲更多獲利益的那種特殊的目的而使用貨幣，因之那些把海賊，奴隸獵取，奴隸賣買，貴金屬之獲得等項，都當做事業之一部的商業與商人階級的勢力，比例於那對日用品的需要之增大，市場之擴張的事情，隨着交換的增加而增大起來了。商人對於自已想賣買的貨物的生產完全無關係。但是他們却能把那些打算出賣自已的生產物，或打算先得一點定款的一切生產者，都握住於掌中。他們除了害怕顧客爲其他商人所兜攬的一個恐懼之外，實在沒有什麽東西可以制止他們的貪婪。(翁特曼馬克斯主義經濟學)

同時，蓄積於商人之手的貨幣，馬上以高利貸的資本而出現。

「商業資本的活動，並以商業範圍擴大爲目的的黃金的貯蓄，馬上就成爲金錢的貸付與高利。高利貸在古代和中世，是蓄積富的第二個重要的方法。富豪階級由其兩翼的商人和高利貸（其中以一人而兼二者的，也不少）所得的勢力，是很大的。他們對於債務者和被保護者，爲擁護自己的利益起見，就不惜於一切法典中，制定前所未聞的兇暴的法律。自私有財產制發達以來，在製成了人類社會和文明的歷史之一切的階級鬥爭與經濟的軋轢之中，尤爲激烈的，就是債務者與債權者的鬥爭。在氏族制度爲奴隸制度，私有財產，交換與高利所蹂躪了的社會，任何區處，這種內的分裂，是無可避免的」。（同上）

希臘，推羅，迦太基，到處都是高利貸大逞淫威，但是達到了絕頂的，還是在羅馬。大小的「人肉裁判」，簡直巡迴着全羅馬。爲金錢所疲困的小農與職人，容易受高利貸的餌食，迨吞進了高利的鈎餌之後，馬上就失掉土地，並有無數的連自己和妻子都要抵押爲奴隸。羅馬的貴族，並富裕的平民，都熱中賺錢，那種賺錢方法的惡辣程度，簡直如競賽一般。龐培(Pompey)是大規模的高利貸者，他徵取月息四分，年息四分八厘的利息。就是大希札(Cae-sar)，他也與大高利貸保持密切的關係，對於賺錢的事是毫不疎忽的。郭拉克，魯克拿，加多等這些人們，總之都是大小的夏羅克(Shylock)。

商業資本與高利資本（馬克斯把包含這兩者的，呼爲商人資本），是我們最初遭逢的資本。商人資本的元來的特徵，不是直接支配生產界的，因而也不是在生產行程上榨取勞動的，它乃是一方榨取在其支配領域外的生活者，他方則搾取那些商品的消費者的。……「生產的形式，不管是家長的，種族的，或世襲的族籍，或奴隷制度，只要有了物品的剩餘，以商品而出現於市場的時候，倒不拘生產形式如何，商人總發見了他成爲市場主人的途徑。……商人資本開始只是站在不屬於自己支配的生產領域與生產領域之間，單盡介紹者的職務的。在古代發達了巨大的商業都市，或商業國民的時候，這個商業，尙不過站在環繞那些都市或國民的野蠻種族的生產者之間，促進其交換。但商業一經發達，其領域與利得也跟着擴大，因之受其掠奪的生產界就逐漸感覺到商業的腐蝕作用………農業與都會手工業之間的社會的分業，所以使國民內部的商業更爲增進的，是因爲商業不僅是在生產不同的國民間盡了媒介的任務，並於生產的活動上也有限大影響。不過在任何場合，這個影響，主要的常是消極的，腐蝕的，破壞的……商人資本由其原始的起源，以至於十六世紀，的爲獨立存在的末期，通過很長的歲月，及於民衆生產的活動上的，主要的就只是分解的影響」。（翁特曼前揭書）

「在將要進入資本制社會的當時，商業支配了產業。到了近世社會，則成爲反對的了。自然，商業在相互通商的各共同體上，多少是有反應作用的，這是一個事實。商業不是爲享樂和生活之生產物的直接使用，乃是懸繫於販賣的，由是，越發使生產隸屬於交換價值之下，因而分解舊來的種種關係。商業使貨幣的流通增大。商業早已不單是把握生產的過剩，並逐漸蠶食生產，使生產全領域都在其隸屬之下。但是這個分解作用，更依生產共同體的性質如何以爲斷。

一在未發達狀態的，某共同體間的生產物的交換，只爲商業資本所媒介的時候，不僅商業上小部分的利潤，是以欺瞞和騙取的形式而實現的，並且商業上大部分的利潤都由於此。我們暫且不述及商業資本搾取相異諸國的生產價格的威數，（所謂生產價格的，照馬克斯說來，是生產費加上平均利潤的意義），總之上述的生產方法，是給商人資本占有剩餘生產物大部分的一個結果。其中一部是：商人資本，不過在那本質的還以使用價值爲目的而行生產的各共同體間，作了媒介者的這個機能的結果，即商人資本不過在那把生產物的一部分放入流通場中販賣，或者把各種生產物照價值販賣，於經濟的體制上都無關重要的各共同體間，作了媒介者的這個機能的結果；其他一部是：這種初期的生產方法之下，商人的交易對手之剩餘生產物的主要的所有者爲奴隸所有者，封建領主，國家（如東洋的專制君主）等代表着享樂的富的人們，商人乘機網羅這些富的情形，亞丹斯密曾於其封建時代的文章中已正確的探明出來。由是，占絕對支配位置的商業資本，到處都是代表掠奪制度的，通新舊兩時代的各商業民族，這種資本的發達，都是直接與暴力的盜掠(海上盜掠)，奴隸的狩獲，植民地征服等相結合的，試一看迦太基，羅馬，並後年的威尼士人，葡萄牙人，荷蘭人」。(資本論第三卷)

第三節　奴隸制度的衰退

無論是羅馬或希臘，在奴隸制度確立的初期，支配者常是不斷的警戒着奴隸的反抗，事實上，奴隸的反抗雖曾有過幾次，而每次都失敗了。本來在都市上，要乘主人之不意而從事團結，至爲困難，在農村又因武器不足，而且不能有充分的組織，故凡奴隸的暴動，多是在事前發覺而被鎭壓住了。

「奴隸一人刺殺了主人的時候，有對該主人的全部奴隸處死刑的法律或習慣，又由對於奴隸和自由民都不得不有戒心的那許多法律看來，當時的支配階級，似已感覺得奴隸因無差別的虐殺，必然要勃發暴動的。因此他們很注意於奴隸的配置，同一地方出身的奴隸，不使集合於同一場所，並在奴隸的內面配布許多間諜。通例是禁止奴隸携帶武器，若是在奴隸中表示有優秀才能和勇氣的，則直加以虐殺，投獄，以便防止以叛逆爲目的的奴隸的一致團結

」。(漢特曼前揭書)

此外縱有違犯這些警戒而仍圖暴動的，則設立許多毒計，使奴隸羣中的奸細，處處破壞他們的團結。

奴隸最大的一次暴動，就是斯巴達卡斯指導之下的奴隸的大叛變。這一個叛變，正是當羅馬威勢達到絕頂的前後，當時羅馬的軍隊，自西至東，都是忙於對外的戰爭，而羅馬的市內，也是貴族與平民間階級鬥爭白熱化的時候，故斯巴達卡斯一團，得能乘間而起，最初不過是剛剛二百人的團結，而轉瞬間，就集合了十萬餘同志，訓練成强大的軍隊。斯巴達卡斯是世界無產者最初的第一流的將軍兼政治家，他在意大利本土繼續着四年間的戰爭，軍到之處，卽給奴隸的自由，並釋放囚人，援救債務者。「爲無產者空前大指導的斯巴達卡斯，自始至終，都是保持很漂亮的態度，他不像以前的奴隸暴動的首領們擺着國王的架子，他也不怠慢他部下軍隊的訓練，他不僅對於自巳軍隊駐屯區處的都市的市民，是一往情深，就是對攻打自巳的敵軍(俘虜)也是仁慈的」。(漢特曼前揭書)

斯巴達卡斯的叛亂，只是最大規模的，代表的奴隸暴動，其實還有許多奴隸的叛度(參照C. Osforne Ward;"Ancient Lowly") 但是奴隸暴動並沒有滅亡羅馬，也沒有解放奴隸。

在斯巴達卡斯的叛亂之後奴隸暴動也息影不現了，爾來奴隸制度直到羅馬帝國的滅亡，仍是古代社會存續的基礎。

解放奴隸的，不是奴隸暴動，而是在奴隸制度自身之內的崩潰。使奴隸制度衰亡的要因，有左列二種。

（一）奴隸勞動的生產技術的發達，已到盡途。

（二）奴隸的數量減少，其價值騰貴。

生產力的發展，是一切社會的進步基礎，促進生產力的發展的，就是生產技術的發達。但自有了奴隸勞動，奴隸所有者遂在生產上，完全放棄其組織的機能，到了專爲消費而度其生活的時候，生產技術的進步，就逐漸開始停滯了。爲生產手段的奴隸，完全是被放在一個物的狀態之下的，那末，對於奴隸而期待着生產技術的發達的，這由其生活條件說來，也是完全的無理。因之爲奴隸所負担的勞動，簡直沒有引起何種技術的進步。奴隸所有者爲要滿足他增大的慾望，那不外是虐待奴隸，或是增加奴隸的數目，而擴大生產。

因此，奴隸越發被虐待起來了，然而過度的榨取之後，則將同過度的使用生產用具一樣，奴隸也成爲廢物了。奴隸的死亡率，非常的高．奴隸的出生率，非常的少，那只有買入新的奴隸，然而奴隸的供給，已顯著的減少了。第一，能夠征服的地方，是有限制的，第二，羅馬軍隊的自身，也疲敝起來了，故在征服的途上自然缺少勇氣。第三，如上所說的，奴隸的生殖率既已低下，故奴隸的供給少，因之其價格也隨之騰貴。由是，奴隸的源泉一涸竭，而農業亦隨着荒廢，農產物的價格也開始騰貴，奴隸的給養當然也不大容易了。

基於這種情勢，奴隸勞動就愈加不利益，不合算了。

奴隸制度的衰微，因之在其基礎上的大農經營也告衰歇，當然發榮滋長於其上的商業，其勢亦不得不萎縮。

第四節　羅馬帝國的沒落

古代國家最終的存在，就是羅馬帝國，在羅馬以前的國家，都已併吞於羅馬帝國之中，故羅馬帝國的沒落，就是古代國家沒落的意義。

如科祖基所說的，古代的被榨取者，是以奴隸而表現，至於沒有以自由勞動者而表現的，完全是家計與事務一致的原故（K. Kautsky, "Der ursprungdeschristentums" S. 30）。但自奴隸制度確立，奴隸所有者就脫離了生產範圍，因之家計與事務分離，家計財產與私有財產分離。由是，奴隸所有者卽認爲有了無上的權利，卽奴隸勞動的利用與濫費的權利（Leto urneau,Qbid.P.276)。由奴隸勞動而推積的生產物，因對外貿易而能交換高價的與無益的奢侈品。爲交換媒介物的貨幣，早經存在。奴隸所有者的慾望，簡直對於貨幣是無上的希求。戰爭在羅馬人，是一個產業的，羅馬因奴隸勞動，而征服了近鄰繁榮的國家，奪取其金銀財寶。但是羅馬依然不斷的奢侈，那些金銀又復歸到元來的舊巢了。在一切能夠征服的國家中，是有一定的，因此，就感覺到貨幣的缺乏，既沒有買入奴隸的金銀，就越發把奴隸的價格提高了。

一方，社會上失業的無產自由民，簡直是滿街滿巷，這些小自由民，早已失了對於貴族鬥爭的氣魄，只能爲政黨所收買，供政爭利用的工具。由是，許多無產的下層民，不僅感染了從來自由民的惡風，殆將更有甚焉。

奴隸制度在絕頂期以後的上層階級的狀態，其腐敗紊亂，已達極點，爲其基礎的奴隸制一凋落，則早經腐朽的上層建築，當然由日耳曼，革脫的未開人等輕輕一敲，就已坍毀盡淨了。

羅馬帝國沒落的情勢，已由恩格斯最簡單明瞭地描寫出來。

「……羅馬國家，專成爲以榨取臣民爲目的的一個極偉大的複雜機關。租稅，賦役，並一切種類的徵發，壓迫大衆住民，使之愈陷於貧窮。又由地方官，徵稅吏，兵士等强奪的壓迫，被加到難堪的負擔。羅馬國家於此，建立了世界的支配。羅馬國家存在權的基礎，放在內而維持秩序外而防禦未開人兩事上面。但是那個秩序，較極惡的無秩序還要壞，因此羅馬國家所稱爲防害市民的那敵方的未開人，反被市民仰爲救濟者了。

「社會狀態，其絕望也不下於此，在羅馬共和制末期以來，羅馬的支配，是以毫不留情的榨取被征服的屬領爲目的的。至帝政時代，不僅沒有撤廢這個搾取，反使之成爲制度化。帝國越腐敗，其租稅與徵發就越酷，而官吏也就越發爲無恥的榨取與誅求。商工業，决非各民族的支配者羅馬人所能勝任的，他們只是在高利貸上，表示空前的優勢。在商業中曾經得以存在和維持的，也滅亡於官吏的誅求之下了。勉强能夠存續的，只是屬於帝國東方希臘的部分，然而那是在我們的觀察之外的（恩格斯於此考察的，是羅馬國家滅亡，日耳曼人的國家已經存立的事情——譯者）。一般的窮乏，交通，手工業，藝術的退步，人口的減少，都市的衰微，農業到低階段的逆轉——這是羅馬的世界支配之最後的歸結。

通古代社會的决定的生產部門的農業，實爲未曾有的重要。意大利於共和制的末葉，簡直占全領域的大私有地，是以兩個方法而利用的。其一是牧場，住民則爲羊與牛所驅逐，而這等事件，由極少的奴隸就可管理。其二是莊園，那裏是許多奴隸從事大規模的園藝，而爲到市場販買的經營。大牧場須得維持，而且還要更加擴充，至莊園所有地與園藝，則因所有者的窮乏並都市的衰微，而連帶衰微了。以奴隸勞動爲基礎的大私有地，早已沒有什麼利益，但這却是當時大規模農業之唯一可能的形態。小規模的栽培，又成了當時唯一有利的形態。莊園陸續被區分爲小的地面，貸給於支付一定租額的永租人，或貸給於「巴達萊」(Partiarii)。後者與其稱爲佃戶，可說就是管理人，因爲對於他們的勞動，只年取生產物六分之一乃至九分之一。不過這種小分割的耕地的大部分，是貸給科倫士了，科倫士繳納一定的年額，爲土地所拘束，得與其小分割地同被拍賣。……他們是中世農奴的先驅者。

「古代奴隸制度的隆盛期，已經過去，無論是在田舍的大規模農業，或在都市的工場手工業，早已不能因勢力而獲着利益，因爲其生產物的市場，已經衰微了的原故。這樣，在帝國最盛期中巨大的生產，就萎縮起來，而成爲小規模的農業與小手工業，然這當然沒有容納多數奴隸的餘地。那就只有供富人家內與奢侈用的奴隸，是其存在於社會的餘地。不過縱是瀕於滅亡的奴隸制度，實際上一切生產勞動，都認爲是奴隸的職責，故在自由的羅馬人看來，實是極卑污的勾當，結果，一方成爲過剩的累贅物的奴隸解放數就越發增加，他方則這里增加了科倫士，那里增加了零落的自由人。……奴隸制度早已不能合算，於是滅亡了。但是奴隸制度雖云滅亡，却還殘留着所謂驅逐自由人的生產勞動的一個毒針，因此，羅馬社會，遂陷於進退兩難的出口。奴隸制度，經濟的已不可能，而自由人的勞動，則爲道德的所驅逐。在社會生產的基本形態，早已一無所存了，唯一挽救的方法，只有徹底的革命」。（恩格斯前揭書）

但是發生徹底革命的，倒底是那一階級。貴族當然不是的，而奴隸却還不能意識着他自身的政治階級。那末，負革命責任的，那就只有自由民了。他們應當認奴隸勞動爲不利，應當樹起解放被虐待的奴隸的旗幟來，把奴隸引入自已的陣營中，幹一個有光榮的革命。但是羅馬的自由民，已爲長期間的階級鬥爭所疲困，已成爲流氓無產者而彷徨於羅馬的街頭巷尾了。若是羅馬的情勢，就這樣的推演下去，那或是羅馬的自滅，或是自由民擺脫他們傳統的道德的羈絆，而再勇於生產勞動，以待羅馬的甦生。但是羅馬帝國甚爲廣大，階級關係至爲複雜，榮光已由東而西落了，羅馬帝國因由外的勢力所滅亡，故羅馬人的社會，才避免了完全的自滅。

第三章　封建社會

第一節　封建制度成立之經濟的基礎

歷史的一切發展階段，不是一個直線前進的，也沒有一個直線前進過。我們兩步前進的追踪了羅馬希臘經濟發展的痕跡，現在為探索封建社會的源起，非退一步不可。

共產體內發生了土地私有，由是氏族(特別是軍事貴族)也同時發生了，他們之利用自己的特權，而擴張私有財產的情形，這在上面已反復申述過。在希臘羅馬的場合，它是伴着奴隸制度之急激的發展，而產生了所謂古代國家。但是奴隸制度，一般是純粹的農業與牧畜同時盛行的區處，比較的能夠發展，在羅馬和希臘，尤其是在與地理的有利的對外貿易相結合，並基於未曾有的奴隸制度而產生文化，遂成立了一般所謂古代國家的國家。但是奴隸制度發達的可能性之不充分的場合，它的國家的發生，是循着很緩漫的途徑的，因為共同體那樣深的根柢，不容易破壞的原故。

我們試看日耳曼人的實例。

「種族同盟，在凱撒時代以來就已成立，其中有些就已經是王了。最高軍司令官，恰如希臘羅馬一樣，已經努力在實現僭主政治，並且時常有成功的。這種幸運的篡奪者，在當時決不是絕對的支配者，不過他們已開始打破拘束的氏族制度了。又被解放的奴隸，因爲不能屬於任何氏族，他們應該是屬於下級地位的，然在新主之上的寵人，却屢屢以職位，並富與榮譽賞賜他們。又由軍司令官們成了國王的，也在征服羅馬帝國之後起來了。在佛蘭克人中，王的奴隸和被解放者，最初在宮庭，其次在國家，盡了很大的任務，大部分的新貴族，是由他們來的。

「便於王權勃興的，還有一個制度，那就是扈從。我們在亞美利加的銅色人中，已經看見他們是怎樣的在氏族制度的傍面，以自已的力量而形成一個戰爭的私的團體。這個私的團體，在德意志人，已經就成爲常設的同盟了。得了名譽的軍司令官，他曾糾合了他周圍的一羣深喜掠奪的青年，軍司令官之對於他們、與他們之對於軍司令官，都是負着相互的忠實的義務的。軍司令官扶養他們；並贈給他們的物品．把他們編成爲一個階級。近衛隊及戰鬥準備的隊伍，則任比較的小出征，熟練的將校團，則任比較的大出征。這些扈從是脆弱的東西，後來在意大利的俄陶開的部下曾經顯示出來，總之他們畢竟成了舊的民族自由的崩壞的萌芽，且是在民族遷徙的當中與民族遷徙以後，証明了那種萌芽的事情。因爲：第一，那是便於王權勃與的，第二，則如大吉士所說，那是純由不斷的行軍與掠奪戰爭所維持的。這時候，掠奪竟成了目的，若是扈從的首領，覺得近邊沒有甚麼可以希圖，則必統率他的隊伍，另尋可作戰爭和掠奪目標的其他民族的隔處。在羅馬旗幟之下，以大羣的德意志人編成，而向德意志施行攻擊的援軍，一部分就是由這種扈從成立的。那爲德意志人所恥辱，所咀咒的傭兵制度，於此已成了最初的萌芽。在征服羅馬帝國之後，這些王的扈從，隨着非自由人的羅馬的宮廷從僕，是構成了後來的貴族的第二主要分子。在那種大體上結合於民族的德意志人之中，表現的制度與在英雄時代的希臘人及王政時代的羅馬人之間發達了的制度一樣，卽爲民會，氏族長評議會，並正想獲得眞正王權的軍司令官。那是氏族制度發達後最成熟了的制度，那是末開上段的典型的制度。若是社會踏出了這個制度中的滿足的境界，則氏族制度就要永眠了，就要破壞了，於是國家代之而起。(恩格斯前揭書)

我們在其他場所，看到有較這更進一段的形態。

「我們在秘魯印加帝國，已看到它(封建組織)的初期，該地在被西班牙侵掠以前，大體上對於土地，還能維特古代共產制度，並且印加人對於那些隸從種族之富裕的被征服的首長，爲要買得他們的服從和好意，卽以准其再收回的約定而分給他們尨大的土地；更進而對於派往征服地充任管理者和地方官的印加人，也允許他們在其職務上利用一定的采邑。

「在古代墨西哥，也實現了封建制度，它對於那種屈服的種族的首長，定住於墨西哥的時候，也把他們原來的土地之一部，作爲領邑分給他們。對於那些以地方官的名義而被派遣於屈服種族之處的貴族，也允許他們利用該處的土地。但是由鐵諾苦吉特蘭，鐵芝苦果，妥拉科龐這三個國家所成立的國家聯合，雖然還是施行共產制度，而貴族（首長階級）的特別財產却很發達，其所有的土地，叫作帖苦比拉利（簡單呼作比拉利），就是「優等土地」的意義。又這個私有地之外，還有一種采邑，那是王者對於優越的將軍，扈從者並自已家屬的成員，作爲俸祿，或保留收回權的一種繼承的采邑而給與他們的，就是所謂王家的領地（帖庫捧杜拉利），或王家的所有地（帖庫捧杜拉加）。這些土地，並地主貴族的私有地，或僧侶的寺領，以及稱爲國有地的杜拉杜加米利（國家的耕地）和杜拉杜加利（國土），一概都是由那些不給何等貢稅於國家的自由的土著農民（帖苦加列苦），隸屬的農民（馬夜穀），奴隸（許多合爲債務奴隸）等耕作的。（庫諾Heinrich Cunow馬克斯歷史，社會，國家學說）

但是一方也有這種學者，把封建制度與這種事實切開，而只認封建制度是純西歐的存在，如爲庫諾批判的對象的保羅巴特教授，就是這樣一個。他以爲封建制度，是由適合於國家的組織（羅馬的），經濟的方法（德意志諸民族的）而發生的，自然，巴特的主張，限於西歐是極眞確的。恩格斯也說：「曾爲羅馬屬領支配的德意志諸民族，他們對於被征服後的羅馬人，自非加以組織不可。然而把羅馬人大衆，加入於氏族團體，或以氏族團體而來支配，都是不可能的，因此遂在殘存的羅馬地方的行政機關的尖端上，附上了羅馬國家的代用物」。（恩格斯前揭書）然而因此就把封建制度認爲是純西歐的，那是錯誤。在西歐方面誠然是經由了這樣階段，而成功了封建制度的。但是經由這樣階段而成功的東西，何以只是封建制度，而不是其他的制度？並且何以沒有其他的制度？問題的核心，就在這里。那末，我們於該處，就不可不探出決定政治的上層建築的經濟的條件。實際上，封建制度在羅馬國家，乃至類似羅馬國家的形態上，都是可以發生的。

「那（封建制度）雖不是必要的階段，然而那却是在社會進化上共通踏進的階段。那主要的，就是在已經被王權的，或貴族的種族所組織了的氏族內部，那末，該首長於自己的指揮之下，要使鄰近他自己的集團之若干種族的小集團屈服於他的時候；或是征服者要使一國順從，且覺得拉攏被征服種族的小王或首長，於自己更有利的時候，始發生封建制度。（尼多尼亞前揭書）

爲什麼封建社會是不必要的階段？並且爲什麼在任何社會的發達上是共通的現象。我們沒有從尼多尼亞得着充分的說明，固然是遺憾，然他所說的封建制度的成立，大體可說是正當的。庫諾也說：「到了很大的土地所有的區別發生，以前的種族的首長，發展而爲種族的諸侯，或種族的王之後：更到了特殊的所有愈見其重要性，連帶發生了大的地主階級並小的隸屬的農民階級之後；則一方以侵略的結果，一方以新的地主貴族而抑制土着的農民階級的結果，封建組織遂到處發生了」。這樣，「完成封建制度的基礎的，就是共產體的範圍內之農業的並手工業的生產了」。（科祖基著，「脫馬士摩亞與其烏托邦」(Thomas More und seine Utopie)

一般把封建制度認爲是歐洲特有的那種誤謬，是由於認蠻人侵入，有過大的重要性之一點。例如嘉米特(Calmette)在其所著的「封建社會」La Societe Teodale)上說·「一切考慮這個問題的人們，先就遇着一宗極顯著的事實，那就是我們在中世紀的基礎上，看到了有蠻人侵入的這回事」。

「實際，封建制度正是西歐的，且是中紀的」。

但是關於這一點，嘉米特還得對於他同國的前輩多學一學。基佐(Cuizst)在其「法蘭西史論」(Essai sur lhutoire de France)上說：「制度在成爲原因之先，就已經是結果。社會在被制度變革之先，已經造成制度。不能把人民的狀態如何，求之於統治的制度或形態中，反之，爲要明瞭怎樣必需有這個統治，怎麼會有這個統治，那非先檢討人民的狀態不可」。

西歐的封建制度，的確因羅馬帝國的存在，並蠻人侵入等政治的事實，在其成立上給了重大影響的，但是決定封建制度的東西，不是這些政治的事實，乃是經濟的條件。實際，就是所謂侵入和征服的國民經濟，不是有某程度的堅實，即沒有那樣經濟的條件，封建制度還是不會有的。

(註)沃邊海馬(Oppenheimer)把從村落共產體發生的封建制度，叫作前期封建社會，像在歐洲那種封建制度的形態，叫作後期封建社會。但是兩者之間，沒有原則的差別，沃邊海馬自己也像承認過了的。

以上所述，提供最有研究的，材料最多的，都只限於歐洲，這在現時研究的範圍上，原是不得已的，但因此，就不可把歐洲的特殊事件，混同爲一般經濟史上普遍的條件。

以上試先叙述歐洲封建社會成立的過程，然後把一般的封建制度的過程，作一個概括的叙述。

封建時代經濟的基礎，是在共同體內的農業的生產及手工業的生產。此際，純粹的農業，是最主要的產業，畜牧不過立在從屬的地位。住民早已在一定的地域內，營定住的生活了，不過生產物的種類還少，剩餘勞動，占着生產的較大的部分。

因勞動生產的發展，共同體就逐漸擴張，至於包含好幾千住民。

在共同體內對抗氏族的家族，已成爲一個經濟單位，農業即由這些家族，而爲個別的，集約的農耕。

不過結合共同體內家族全體的紐帶，還殘留着——共同牧場，共有森林等。就是空地使用權，在某程度上，都還在共同體管轄之下，這樣，「封建的財產，並與封建財產相適應的社會組織，是爲家族集產主義，更正確的說來，乃是從血族集產主義到資產階級個人主義的一個橋梁」。(拉法格Lafargue財產進化史 L'Evolutun de la Propriete)

共同體內的手工業，也以獨立的產業而存在了。最初是把應共同體的必要的生產，按照共同體的命令而施行的，但後來，則成爲由各個家族的定貨而生產的樣子了。

共同體內的選舉公職，逐漸成爲世襲，因之發生了氏族的貴族(尤其軍事貴族)。這種家族在經濟上也是占了優越地位的。他們利用自已優越的地位與權力，成爲雪達磨式（肥胖擁腫)的富裕，與一般民之間有很大的懸隔。

富裕的家族，馬上把軍隊的組織者專由自已家族派出的事件，也成功了。定住農民，當然要受他們的保護，倒不論是戰爭的時間，或饑饉的年頭。

自由農民，爲要受着完全的保護起見，自己就將自己的所有地，讓渡於那些有力的家族，回頭又附以條件而承領這塊土地，土地至成爲那些有力的家族所有地。氏族的貴族，已是土地全體的所有者，已是領主了。農民對於他的保護，則給以勞動的報酬。

這種關係，並擴大至於外面，弱小的封建領主，則靠強大領主的保護，而臣服他，由是，就有了國王和諸侯的區別。

第二節　西歐的封建制度之成立

羅馬帝國，在政治上，經濟上是怎樣走盡途的。於前章羅馬帝國沒落節上，引用恩格斯的一段，已經如實的描寫出來了，究竟屬領在羅馬本土沒落的時候，是怎樣的形態?

「在屬領，也是同樣的不堪，我們所得的報告，大部分是從高盧的地方得來的。這里除科倫士之外，還有自由的小農，小農爲防備官吏，裁判官，高利貸的壓迫，曾屢屢仰賴有力者保護，這種事不僅是各個人，簡直一切農村都是一樣。其結果，皇帝於四世紀，對於這件事發布許多禁令。但是這個禁令，在希求保護者看來，又有什麼？巴特倫（保護者）對於他們（小農）提出這個條件——他們交出土地所有權於他（巴特倫）之後，他即確保他們一生涯的用益權。這件事爲神聖的教會所仿效，他們於九，十世紀爲要增加神的香火地和教會自身的土地，也曾有這樣隨心想出的詭計。馬賽地方的塞維怒士僧正，當時（四七五年頃）對於這種竊盜，曾激怒的說着；「羅馬的官吏與大地主的壓迫，極爲殘酷，許多羅馬人，逃亡到爲未開人早經占領的地方，在該處住定了的羅馬市民，覺得沒有比再受羅馬的支配還要害怕些」。就在當時頒的法律看來，即禁止親因貧而賣子爲奴隸的這件事，也可以証明。（恩格斯前揭書）

我們於上面，看到了爲中世農奴先驅者的科倫士了，而在此處，我們可以隨時看到封建制度的萌芽。但是爲要揭破羅馬帝國腐朽的天蓋，而於羅馬國土上要一齊甦生完全的新的社會形態，白非借助於「蠻人侵」入和「混亂時」代的那個「產婆」的力量不可。

當時的蠻人，即日耳曼族，究竟有怎樣的勢力？有某種程度的社會組織？對於第二點，在前節業已略爲述及了。

「德意志人據大吉士說來，是人口很多的民族，德意志諸民族的人口大體的概念，我們在凱撒的記述中可以看得出來。他說住在萊因左岸的韋旣配得人與田庫帖爾人，連婦女小孩約有十八萬，即每一民族約有十萬的光景，然只此，就已經比全盛時代的伊洛開人多得多。全盛時代的伊洛開人，以不滿二萬的人口，而沿大湖地方以至於沃亥沃河及頗特麻革河等處的全地域，猶能稱雄。現在若把定住於萊因附近，比較能夠知道的諸民族，據各種報告而排列一看，則右述的各個民族，大概平均要占相當於普魯士一縣的面積，即是一萬平方啓羅米突，或是地理學的一八二平方哩。但是達到維斯杜拉的羅馬人的大日耳曼尼亞，約略包括得有五十萬平方啓羅米突。把每一民族的平均人口若作爲十萬，則大日耳曼尼亞的總數，當可達五百萬。在未開諸民族羣中，這算是很大的數了，然在今日看來……是極少的。不過這還沒有包括當時的全德意志人，即沿客爾巴阡山脈而至多腦河一帶居住的，有屬於哥德種而爲德意志民族的巴斯塔列爾人，貝基列爾人，其他，數目是很多的，布流士認爲他們是德意志人的第五個主要的種族，他們曾於紀元前一八〇年，爲馬基頓王卑爾卓士的傭兵，又於奧古斯都的初期，似曾出進於亞得利亞諾堡的地方，就把他們只算做百萬，然到紀元初葉的時候，德意志人的概算，至少當有六百萬。

「定住於日耳曼尼亞之後，人口加速度的增加，是不錯的，由前述的產業發達一事，都可以証明。由宿列斯維錫的沼地上所發見的羅馬鑄貨看來，無疑的，是第三世紀的東西，因之當時已經在東海沿岸發達的金屬業及纖維工業，羅馬帝國頻繁的交通，並富裕的人們中顯現某程度的奢侈，這一切點上，都是人口稠密的証據。當時德意志人在爲羅馬國境壁壘的萊因河及多腦河的全線上，由北海直達黑海，開始了一般的攻擊——都是民族人口日益增加的証據。這一個戰爭直繼續了三百年，其間哥德諸民族的全主要種族（斯堪的拿維亞的哥德人及布爾貢脫人除外），向東南方面，成大攻擊的左翼線，其中央是高地德意志人沿多腦河上流，其右翼是衣斯克維利亞人，（現在叫作佛蘭克人）沿萊因河而進軍，又，在丕列顛征服之後，已爲衣斯克維利亞人所有了，在五世紀的末葉，羅馬帝國已經無力，失掉活氣，孤立無援，一任德意志人的侵入了。（恩格斯前揭書）

崩潰中的羅馬帝國，卽直接只爲榨取人民機關的羅馬帝國，不久卽爲日耳曼人所占領了。

「德意志的未開人，把羅馬人由其故國解放出來，把羅馬全領域的三分之二分配於自己了。分配是依照氏族制度而行的，因爲征服者的人數比較的少，故有很廣的地域未曾分配，有的仍爲全民族的所有，有的則爲各個種族與氏族的所有了，各氏族內，耕地與刈草場，是以抽籤的形式，平分於各個家族的。在當時的土地分配，是否當行修改，現在還不明白，不過分配在羅馬屬領，沒好久就已廢弛，而各個的分配地，已成爲能讓渡的私有財產，卽所謂自由保有的不動產。森林與牧場是不能分配的，依然爲共同的所利用。這個利用與分配地的耕作方法，是爲舊的慣習和全體的決議所規定的。氏族在那個村中越是永久的定住，又德意志人與羅馬人越是逐漸融洽，則親族性質的紐帶中，其背後就要越發映着地域的面影。氏族已融化於馬克共同體中，但其中由成員的親族關係發生的痕跡，還屢屢看得出來。不過氏族制度，至少在馬克共產體確立的地方（北法蘭西，英吉利，德意志，斯干的那維亞），是於不知不覺間要變爲地域的制度的，那樣，就獲得了適應於國家的能力。但是爲全氏族特徵的自然發生的民主主義還沒有消失，其後氏族制度雖已頹廢殆盡，而所殘留的一點一滴，且猶爲被壓迫者手中的一個武器，而活活地保持到最近」。

「像這樣氏族內的血緣紐帶，不久所以消失的，因其諸機關無論在種族與全民族上，都以征服的結果，而致頹廢了。對於被征服者的支配，與氏族制度之不能相容，已爲我們所知道，我們並可於此處看到一個大概。爲羅馬屬領支配者德意志民族，對於羅馬屬領不可不有一種組織的，但是把羅馬人加入於氏族團體，或當作氏族團體來支配，都是不可能的。那就只有於當前大部分還存續的羅馬地方行政機關的尖端上，而設立羅馬國家的代替物，並且爲適應緊迫的事情，須是極迅速的。但是征服民族唯一的代表者，是軍司令官，他爲對於內外，並確能保持被征服地起見，他的權力實有增大的必要，於是將軍的地位變化到王權的地位來了，且已實現了」。（前揭書）

成了國王的軍司令官，爲要完成自己的保護，則把人民的財產，變爲王室領有了，由是把從國民所奪的財產，以恩賞，或采邑而給與他自己的扈從了。元來，當時的主要財產，除了土地以外沒有別的東西，由是遂作成了新貴族的基礎。

侵入的蠻族，不僅與羅馬人戰，他們自己相互間，也是不斷的戰爭。「土地所有的農民，因不斷的內亂和征服戰（後者是在嘉洛大帝之下），差不多要與以前共和制末期的羅馬農民相同，簡直疲敝了，零落了」。自由的農民，則已陷入了與爲其先驅的羅馬科倫士的狀態相同，爲戰爭和掠奪所迫脅的他們，不可不要求新興貴族或教會的保護，因爲國王的權力，在維持大的地域的秩序上，至爲微弱的原故。但是沒有報酬是不與保護的，因此，土地的所有權，則轉移於保護主，農民則以勞役和租稅奉獻於保護主的條件，而再以稞田的名義領下。現在外觀上，這些自由的農民，簡直與羅馬的科倫士沒有什麼不同了。不過古「代的奴隸制度，業已消失，同時，鄙視勞動爲奴隸的，零落了的貧乏的自由民，也已過去了，現在在羅馬的科倫士與新的隸屬民當中，建立了自由的佛蘭克農民。頹廢的羅馬文化之「無益的回想與濫爭」，已經死滅，已被葬送，第九世紀的社會階級．不是放在行將滅亡的文明的泥沼中，而是形成於新的文明之誕生的陣痛中」。……「強有力的地主與隸屬農民的關係，若在羅馬人，本是古代社會一個必然沒落的形態，然而現在的佛蘭克人，則成了他們新發展的出發點。是則這一個四百年間，縱然怎樣認爲是不生產的，却算是存留了一個大產物。它展開了近代的國民性並近代的歷史，使西歐有了新的組織和新的構成。德意志人，實際是使歐洲再生了，因此，日耳曼時代的國家的解體，不是終於諸曼人與薩拉森人的壓制，而是終於在求恩惠與保護的歸服、發展而爲封建制度的事件，並其後不出二世紀的所謂十字軍的大流血，而仍能維持人口大增加的事件」。(恩格斯前揭書)

那末，我們分析西歐封建制度成立的過程，則如下所述。這可分爲三大類別，即(一)立脚於奴隸制度的羅馬帝國，(二)還沒有突破氏族制度限界的羅馬的屬領，(三)在氏族制度最高階段的侵入蠻族。上面已說過，羅馬帝國到了奴隸制度衰微的時候，也漫漫地走進了崩壞的過程。羅馬屬領，因羅馬的苛斂誅求而極度的疲敝，而且榨取機關的羅馬國家機關的存在，使屬領的社會制度，也變更到某程度。自蠻人侵入以來，就把這些屬領從羅馬的壓制中解放出來，但是那里又已存在了以國家的支配為必要的條件，何以？因征服民之支配被征服民，不可不有統御的原故。由是，在羅馬國家的廢墟上又組織了國家，不過這個國家，是經了幾多波瀾曲折，才產出的封建國家，也只有封建國家，才是適應於羅馬屬領的社會生活的國家組織。强有力的羅馬帝國衰微以來，在羅馬屬領上，各處都現出這種封建制度，但它是怎樣為適應於該地方的制度呢？這是要從兩方面証明的，卽一方，它是歷史一階段終結的結果，他方又是為新歷史的出發點。

第三節　封建社會的經濟組織

(甲)概觀——階級組織

為封建社會主要的，支配的產業，就是農業。田園勞動，為封建社會衣食住的主要的泉源，這一點，與古代社會沒有不同的。只是，一方是奴隸制度為社會勞動的中樞，反之他方則以農奴制度來代替。但是奴隸與農奴，究竟是怎樣的不同？

奴隸，由其所有者方面看來，是一個非人格的，是一個生產手段，他的存在，與牛馬沒有何等的不同，他完全為一個財產。因之為奴隸勞動的結果的生產物，當然都為奴隸所有者所有。蓄養奴隸，與飼育牛馬是同一意義，完全是為奴隸所有者的利益而加以蓄養的。奴隸的(最低水準的)生活，縱然得被保証，而那與家畜之被保証飼料，是同樣的意義和動機。奴隸所有者，可以自由處分奴隸，猶之他自己使用他的家畜和器物一樣。但是任何人，也不能將其所有的器物，胡亂的破壞，同樣，主人對於奴隸，也不能有胡亂待遇的理由。

農奴與奴隸不同，不是非人格的。農奴不是一個物件，當然更不是領主所有的物件。農奴不過於一定期間，在爲主人的領主直屬的土地上，爲領主負勞動的義務。因之，領主是與奴隸所有者收得奴隸勞動的全部生產物不同，農奴的勞動生產物的某部分，則爲農奴當然的權利，而歸於農奴所有。卽農奴除在領主直屬的土地上提供勞動力以外，還得在從領主領來的自已占有的土地上，爲自已的計算而從事勞動，那末，這個勞動成果，算完全是農奴自己所有了。我們把同是被榨取者的奴隸和農奴而一加比較，縱然在榨取率上都是同一的情形，而農奴較之奴隸，可說是較好的隸屬形態。何以，因爲農奴是以一個人格而存在的，是「給隸屬者階級逐漸解放的手段」的一個隸屬形態。反之，在奴隸制度，「不是過渡的形態，只有卽時的個別的解放的可能(古代不知道以勝利的反抗而廢止奴隸制度的事件)。不過這一個事實，與對農奴的榨取或是與奴隸同樣，或有時受着奴隸以上的苛酷的事實，那又是另外一個問題。實際，農奴也受着更苛酷的榨取，第一，不管農奴願意與否，於一定期間，不可不爲領主勞動。第二，貢物，臨時的賦役，各種捐稅等，蒙着二重三重的榨取。第三，若是農奴苦於這些苛斂誅求，而想從領主手中脫逃的時候，就是處死。

農奴的隸屬狀態，因地方而有不同，然在大體上，他們只是半解放的奴隸。他們雖然已從主人的所有解放出來，却仍完全被束縛於土地。奴隸雖沒有被認為有人格的，而生活却被保障的，奴隸的酷使虐待，主要的是大規模的奴隸役使的場合。若在奴隸的生活，與主人的家族生活保持密切關係的時候，則奴隸被視為與家畜，器物等同樣的要緊，在許多場合，還可說是愛護。然而農奴由其半自由民的這個半面的事實看來，也是顯現着榨取自由的意義，至少，較之主人對於奴隸，領主對農奴是不保証其生活的。

但是封建社會的農奴，當然也不是如在資本主義社會之下的「自由的」勞動者，為自由的榨取的對象的。「在封建制度之下的地主，要負着各種義務，不能如資本家享有自由利用——或濫用的權利。地主對於土地不能賣買。那負有各種條件，是為傳統的習慣所轉移的，縱然說是所有者，也不敢違犯這個習慣。他對於階級上比自已或尊或卑的，不能不盡一定的義務。這個制度，在本質上，是互盡義務的結合物。封建領主只有在對於優越者並從屬者的相互扶助的條件之下，才能對於其土地的收獲，並佃戶，家臣的勞動有要求權。領主受忠義與服從的宣誓，而擔任力之所能及的，盡一切手段保護其家臣，家臣們對於這個維持的報酧，則以軍事的奉公與人身的奉公，而對領主負着一定的義務。又小的領主爲要求保護，則對更有力的封建領主表示敬意。更有力的封建領主又對於宗主(卽王)乃至皇帝，而立於臣下的關係。從農奴到王或皇帝，封建的階級制度之一切成員，都爲相互的義務紐帶所束縛。義務的觀念，就是封建社會的精神，恰與金錢的慾望，爲現代的靈魂一樣」。(拉法格私有財產的進化)

中世除農奴之外，還有稱爲賤奴的，這是較農奴更近於奴隸的東西，他被使用於家計上的勞動，較被使用於生產勞動爲多。

農奴乃至賤奴的生活狀態，因時與地而各有不同，那在上面已經述及。然而只要是盡了某種的義務，而容許占有土地的那個根本原則，在任何場合都沒有什麼變異，不過義務有輕重的不同是了。

就是封建時代，也不是完全沒有自由農民，依然有與農奴相並的自由農民的存在。但其生活狀態，是極不安定的，那個不安定的狀況，直使弱小生產者無獨立存在的可能。領主又設定一切奸策，壓迫自由農民，以政治支配者的領主，他課取各種重稅，當然不會忽略自由農民的搾取。

在小領主之上有大領主存在，大領主與小領主之間，由主從的關係而連接。並且大領主之上還有王，這爲普通的封建社會形態。這些特權階級內的主從關係，各以貢物賦課的形式，現實的表現出來。

封建時代的大土地所有者，還不僅這些特權階級，在以神的名義而榨取民衆的教會，也是廣大的土地所有者。

『僧侶是那從古相傳的蓄積的，社會經驗底保存者。這種經驗被認爲那些奉如神明的祖宗底戒律或啓示，以宗教的形式傳遺下來，故僧侶就被看做神靈底代表者，聯繫神與人的連鎖』。（波格達諾夫）『經濟科學大綱』施復亮譯，大江書舖版）七八頁）

在農業上最必要的天文歷學等的知識，並其他一切的知識所有者，實爲僧侶。中世的僧侶，不單是宗教家，且是科學者，立法者，醫者，教師。此外，教會的勢力，還有被擴大的其他的理由，「封建社會，全體是自足制度，教會的收入，主要的就是農產物。……單是僧侶，是消費不盡這大量的生產物的。並且交換也不很發達，所以只能出賣一小部分，教會最喜廣爲施捨的原因，卽在於此。在技術的發達程度很低的中世歐洲，屢屢有饑饉來光顧，敎於饑饉的時候，僧院每發起救濟事業，而保護貧民和有殘疾的人。他們因爲不斷的戰爭，在封建社會內這種救濟的次數是很多的。總之這些事件，不外都是增大僧侶勢力的原因」。（仝上）

敎會利用自已的勢力，對信徒們頻爲佈施，一方從許多農民收納土地，他方，則領主們在許多事件上，又不得不利用僧侶的知識，與其精神上的勢力，遂以報酬的性質，而給予他們種種的特權和土地，由是，寺院逐漸成爲大土地所有者了。

但是無論是封建領主和僧侶，同是立在農民的剩餘勞動之上，瓜分剩餘勞動而生存的。因爲這一個瓜分，就於兩者間種下了構釁的種子。到僧侶有了對抗封建領主的勢力之後，這一個衝突更其激烈。一般的說來，在常是受着外敵攻擊的時候，爲軍事能力者的領主的勢力，常是壓倒僧侶的勢力，在比較平和的時代，僧侶的方面，常是壓倒領主的勢力。

中世封建社會的主要產業，實爲農業，已如上述。然與農業相並存在的商業及手工業，還有其獨特的組織。

在古代社會的商業之唯一的活舞台，是對外貿易。中世紀的商業，不是向外發展，而是向內發展的，選擇一定的場所和日期而開市的事件，已逐漸地行開了，這是與宗敎的理由，政治的理由相結合，而發生所謂中世都市的。至古代社會的都市，是基於當時商業以對外貿易爲主要的理由，故是海岸都市。中世的都市，不一定有沿海岸發達的必要，凡是得爲交通便利，經濟中心的區處，都建立了都市。這些都市，在最初本是受着王乃至領主的統制的。然因貨幣經濟的發達，其勢力亦跟着增大，約略類似今日國家的獨立自治體。德意志的紐崙堡市，沃格斯堡市，牛伯克市，漢堡市，普列門市，意大利的威尼士，佛洛稜斯等，都是著名的。都市的商人和手工業者，組織各種同業組合——所謂基爾特的組織，在享有各種的獨占和特權中，而成爲一個自治的團體。這些基爾特的內部，有徒弟制度的組織，店東使用若干的店夥和徒弟，並施以職業的教育。有基爾特組合員的資格的，就只有店東。

以上是把構成中世封建社會的各階級，加了一個簡單的說明，以下試以圖表示出來。

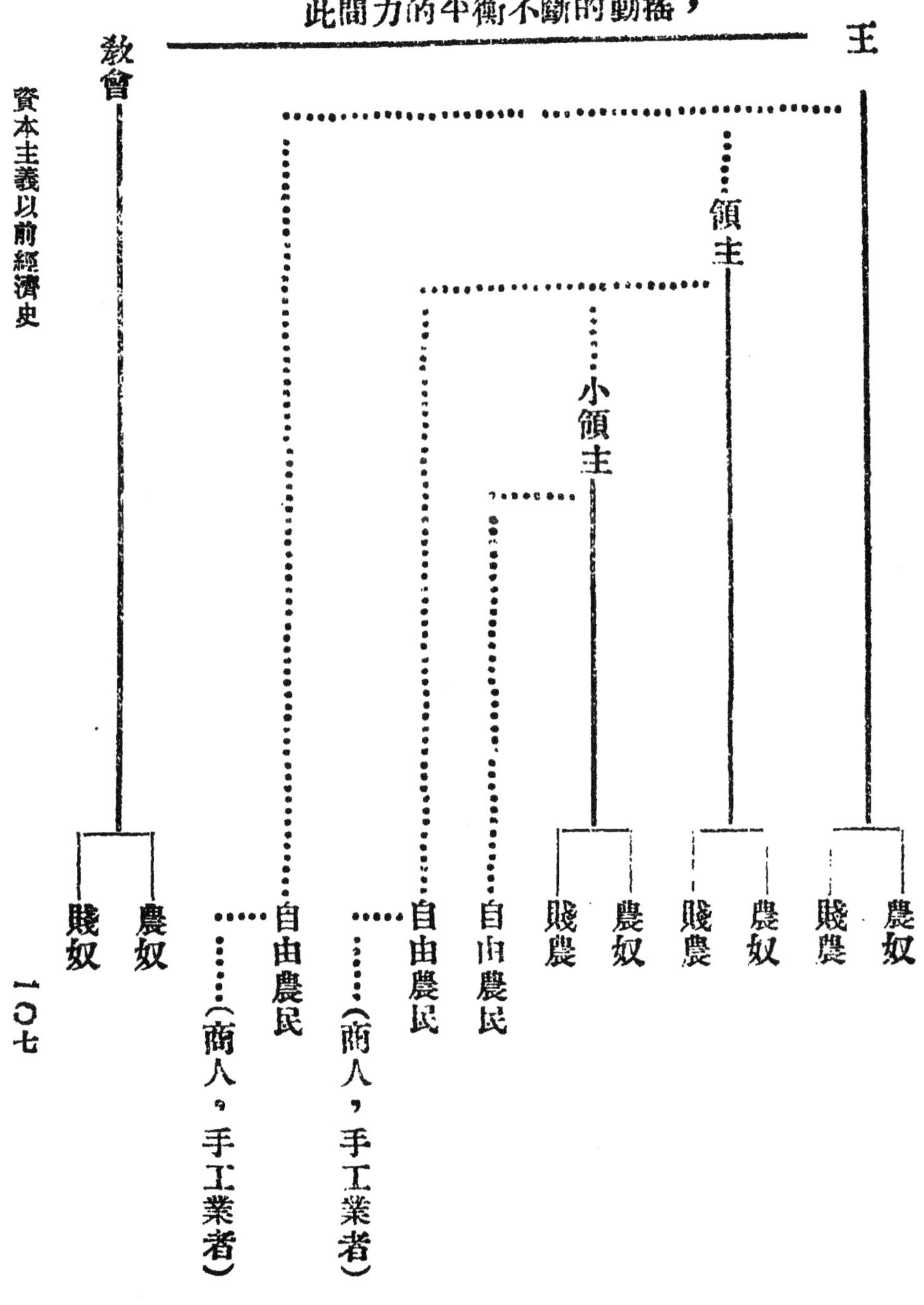
教會
此間力的平衡不斷的動搖，
王
領主
小領主
自由農民
(商人，手工業者)
自由農民
(商人，手工業者)
自由農民
賤奴
農奴
賤農
農奴
賤農
農奴
賤農
農奴

（乙）莊園制度

（A）起原

封建時代的大土地所有，是怎樣發生的？那都已經斷片的說過了，現在把它統一的整理起來，大約如次，

王的大土地所有——莊園制度——成立的原因：

（一）血族團體的代表者或軍司令官，利用世襲的自已的特權，而使領民負納貢物的義務，又因掠奪而把土地移爲自已所有，且至占有那土地上的住民。

（2）征服敵對種族，把被征服地移爲自已所有，並隸屬其住民。

領主的大土地所有成立的原因：

（1）王的扈從有功者，以恩賞而從王得着采邑和封地。

（2）被征服者的場合，被征服的首長或王，在統治的必要上，不奪其特權，却給與他們以采邑或封地。或不奪其所有的大土地，而使仍舊保持。

其他的大土地所有的原因：

（1）不是征服的結果，乃是沒有武備的，向着有武備的求保護而服從其支配，而且將其

所有地讓渡於保護主，自己單是一個土地的占有者，對於保護者負納貢物賦役的義務。

（2）已成了大土地所有者的，不僅有土地，並有許多勞動力，因之這些大土地所有者，都紛紛開墾荒地，而占爲已有。

（3）大土地所有者因造成了許多債務奴隸，即沒收其土地，而擴張爲自己的所有地，自由民的沒落，都是由於這個形式。

以上試列舉了大土地所有的原因，但由嚴密的意義說來，與其說是原因，不如說是機緣。大土地所有的原因，其答案；不是在怎樣發生這種所有，應該是爲什麼生出這種所有，爲什麼這有可能。然則爲什麼發生大土地所有？爲什麼那有可能？由這樣意義的大土地所有的原因是什麼？

封建的大土地所有之究極的原因，是由原始共同體的生產力發展的結果。生產勞動之較大的部分，成爲剩餘勞動，共同體內顯現了階級分化的事實。那就共同體的本身說來，必使共同體內的富之分配不公平，進而在共同體內樹立了支配和被支配的關係。（自然，在這個場合，是以私有財產制某程度的發達爲前提的）他方在對外方面，這種剩餘勞動的存在，就引起了征服的可能性。有了這樣的社會的條件存在，上述的各大土地所有的機緣，才得作爲機緣而活動。

但是我們在以先曾說過：同樣基於大土地所有的奴隸制國家，也是從原始共同體發生的。然則爲什麼一方的奴隸制國家與他方的農奴制國家，都是從原始共同體發生的呢？這是基於各個共同體的社會的存在條件與生產條件的。有了如何的社會的存在條件與生產條件的共同體，才發展爲奴隸制國家？又有了如何的社會的存在條件與生產條件的共同體，才發展爲封建制的國家？在這一點上，還沒有充分說明的資料。但是至少下述的事實可以指摘出來，卽，奴隸制度多是在牧畜對於純農業，比較的占着優勢，且是於對外貿易占着有利的地位的那些區處發達的。因之在這種地方，奴隸勞動爲支配的生產形態，奴隸制國家遂由此發達，大概這怕沒有錯誤罷。

（註）波格達諾夫對於封建制的語義，多少有不同的解釋，但是他一方對於奴隸勞動的發達，他方對於農奴勞動的發達，說：「這（農奴制度）是發生於這種地域比較不進步的種族之軍事的搾取，在歷史的發展過程上沒有甚什麼的職務，也沒有給予很深的映象」。那末，奴隸制度不是「軍事的榨取，在歷史的發展過程上」，是盡了大的職務，並給予了很深的映象的麼？然波格達諾夫只是這種主張，而對於這種主張並沒加以何等滿足的說

明。又沃邊海馬把古代國家（奴隸制國家）特稱爲海國，想以海來說明奴隸制度發達的理由。

（B） 德意志的莊園制度

領主單是名義上的所領的占有者，他臣屬於王，以「仍得奉還的土地」，破許爲所領的占有，土地的名義上的所有者還是王。但因莊園制度成熟，領主權力增大的時候，名義的所有權則喪失其價值，對於土地的實權，已爲領主所享有了。於是領主的所領，成爲「應當奉還的土地，却已是不得奉還的土地」了。

領主爲要耕作廣大的自已占有的土地，即使用農奴。農奴於地主的土地上，一方爲地主耕作，一方把地主土地的一部分，由地主的允許，爲自己的利益，而占有利用。一般課於農奴的義務，如前所述的，是爲地主耕作土地，即賦役勞動，並把爲自己，利用的土地上所生的成果中一定的部分，以自然物的形態，作爲貢物而奉獻於地主。對於賦役勞動說來，是一週間有幾日爲地主而勞動的日數，是由契約和習慣預定了的。但是這兩個義務，是常則的義務，此外尙有各種義務，是臨時課於農奴的。例如地主家庭中有什麽事須人幫助的時候，如把地主的農產物搬運於市場的時候等等。

爲地主而耕作的土地，卽所謂地主直屬的土地，與農奴爲家計而耕作的土地（此際，農奴的人數自然是很多的，故各個農奴，得被允許各有某一段的土地的利用），這兩者形成莊園制度。普通，地主直屬的土地，位於莊園的中央，那里有領主的邸宅，領主使用人的住居，倉庫，並有屬於領主的手工業的職場。莊園的經營，也有領主自任的，也有任命職員，使之料理的。環繞領主直屬的土地的（這在以後周圍置有牆壁，稱其內部爲堡）就是隸屬農民的耕地。隸屬農民的耕地的監督，則有稱爲邁耶爾（Meier）的職員，承領主之命而當此任。邁耶爾主要的任務，就是使農民對於領主的義務，忠實地履行，此外則爲領主徵集貢物，保管貢物。

一切領主的所領（其中也包含寺院的所領），名義上屬王所有，已如上述。至在王和領主之下的，還有所謂家臣，家臣是由扈從的發達而來，由其功勞和門閥，從領主得着大小的封地，而成爲一個小莊園的小領主的形勢。這個家臣，形成所謂中世紀的騎士，自有了騎士們以來，故其所領特稱爲騎士領。騎士領開始本不是世襲的，然而實際上，後事也帶了世襲的性質。以上，王，領主（敎會在內），騎士等三個階級，可視爲中世紀的支配階級，而支配階級的使用人，則有莊園的職員，邁耶爾等等。爲被支配階級的主要分子，不用說，就是農奴。自由農民雖然直接的，經濟的沒有隸屬於領主而受其榨取，然而政治上是隸屬於被支配階級，間接的也受要着領主的經濟的壓迫和榨取。這不是安定的，或發展着的階級，而是一步步地進到沒落道程的階級。以上除兩個被支配階級之外，莊園中還有爲領主所役使的家計上的勞動，而稱爲賤奴的，還有住居於領主直屬的土地之上，專爲領主服務的手工業者，他們於農業上，製作必要的鋤，鍬，鐮，這些莊園手工業者，到了莊園崩壞　都市勃興的時候，就成爲都市手工業者了。

(C)　英國的莊園制度

英國的莊園，呼爲馬納亞(manor)。

馬納亞的組織——在領主中，有的只是一個廣大的馬納亞的領有者，有的是這里那里，散在各處的好幾個馬納亞的領有者。在散在的許多馬納亞的當中，領主經常居住的馬納亞，稱爲赫德馬納亞 (HeadManor)。領主的邸宅，建立於馬納亞稍高的區處，戰時則以之作城砦(在法國呼爲霞德)。各處馬納亞的這種邸宅，領主則於數週間或數個月間巡幸一次。

耕作馬納亞的領民，在領主邸宅的附近，一團團地住着，這就叫作村落。領民的小屋旁面，立有狹小的路經，於各個小屋中，附以很小的庭園。住宅小屋之外，還製有水車（後爲風車）小屋，而爲領民所公用。至成了較大的村落時，並還有鍜冶屋，但是大概的場合，凡馬的蹄鐵更換，製靴，編織等，都是在各領民的家中舉行的。

屬於馬納亞的土地，大概可分耕作地與未耕作地兩大數。

屬於未耕作地的，爲森林，牧場，荒蕪地等。領主得能隨意探伐森林中的樹木，至領民則準其占有土地大小的程度，以各種比例，而被允許採伐。森林的中間，於一個監視人的監視之下，而爲豚羣探取飼料，監視人的報酬，則由領主或領民支付。牧場，荒蕪地等，是隨意爲領主和領民共同使用的。至住於村落中沒有土地的，若是要使用共有地，則非付以穀物領料，或其他的代償物不可。

耕作地分爲三圃（這不僅是英國，到處皆然），第一圃是種植冬麥，第二圃是種植春麥和裸麥，第三圃是休耕。這三個圃都是輪流的，卽所謂三圃農法。休耕地，是當作牧場而被使用的。

各圃都分爲許多細長的隴，卽分爲司托立普（Strtps），這些司托立普的寬度，沒有出於一哀加（英畝）以上的，司托立普之間，由狹長的生長着蓬蒿的畦道區劃着，這就是一個界段。領主直屬的土地，稱爲帝眠（Demesne），約占全耕地三分之一，領民於每一圃中，都各有其司托立普。(只是休耕的土地沒有司托立普，而成爲共同牧場)。

領主於馬納亞的行政吏員，則置地方官，農地管理人，或律師等，又爲實地監督農民起見，則任命一個稱爲巴立夫(Baliff)的職官。

馬納亞裁判所——馬納亞設有裁判所，這於馬納亞盡有極重要的任務，實際上支配馬納亞的，就是這個裁判所。凡是爲要住在馬納亞以外的土地，或是爲小孩入學，或是爲增加馬納亞的領民，或是爲使兒子從事公職，或是爲使姑娘結婚，舉凡一切事件，都得納手續料於裁判所。又對於沒有行檢的，裁判所亦課以罰金，總之所有罪犯，都是在裁判所處辦的。馬納亞裁判所的裁判長，是領主或其代理人，裁判官則爲領民。但是實際上判決的時候，則由領主所指名的幾個委員，或陪審官辦理的。不用說，領民對於領主的橫暴，沒有起訴的權利，因此，裁判所對於領主是無力的，完全可說是領主支配機關。

馬納亞的領民——簡直在任何馬納亞，都有若干自已有土地的自由農民，這些人們爲要得着領主的保護，對於領主，多少是要納貢的。

除極少的自由農民之外，其餘的大多數，都是所謂農奴——不自由的農民。不自由的農民中有兩種：即維兼斯(villeins)與荀達斯(Cotters)，前者是約有三十哀加土地的農民，後者是約有五哀加士地的農民。這些不自由的農民，倒底有怎樣的義務與權利，試舉於次。

先從權利方面說起：

（一）通末園耕地（分配於領民而使之使用的耕作地——著者）的各部分（各圃），得有平均三十哀加士地的分配，在這個土地上面，自種作以至於收獲，有爲自己的收入而自由使用的權利，到了收獲之後，則此地已不能爲私的占有，而又成爲馬納亞共有地了。

（二）所有一切在馬納亞的自由農民和農奴的權利，都是基於古代的慣習，年年由抽籤施行的。在由抽籤輪換刈草埸（耕作地之外，還分爲許多永久的或一時的司托立普，使領民由抽籤而於一定期間得保有各個司托立普，得在其上面採集乾草）的一個並以上的司托立普，有收獲乾草的權利。

（三）在共有地，森林及荒蕪地乾草收穫後之抽籤輪換的刈草埸，收穫終了後之末園耕地等處，有飼養家畜，牛，馬，羊，豚，家禽的權利。

（四）從森林及荒蕪地上，有採伐木材用作建築，燃料，藩籬，工具等的權利，有採取芝草，土砂，並其他鑛物類的權利。

（五）在森林在荒蕪地上有捕獲野獸的權利，這個權利起初本爲領主反對過，結局仍然享有這個權利了，在冬季食料缺乏的時候，這個權利實是必需。

（六）爲飼養小家畜，有極小的私有園地的權利，但是這個權利好像還不是一般的，這在某莊園若享有這個權利，算是極幸福了。

其次說及義務方面：

（一）於一週間的一定日期，在領主的土地上有勞動的義務，這爲week－work。

（二）有爲領主負特別勞役的義務，例如把領主的穀物搬運於市場，就是這個例子，這爲Boon-work。

（三）革浮(Gafol)，或以貨幣，或是年年繳納爐稅(DearthPenny)或是於復活祭中以十二個雞卵穀物，或是以蜂密小家畜，魚類，家禽等，總之負有奉納這些貢物的義務。

此外，一般領民的義務和權利，有左列二種。

（一）有出席於馬律爾裁判所(Halimoot anwanorial Gonrt)的權利，馬律爾（馬納亞）本是共產體沒落後發生的經濟狀態，然大半還保留着前期經濟階級的特色。階級的馬律爾的內部中，遐殘着留共有地，強制耕作，抽籤地等等的制度，就是一個佐證。於此所述的馬律爾的裁判所，一方還帶有限多共產體時代的裁判的色彩，同時他方又是具有中世紀的特色的。

馬律爾的裁判所，大抵三週間開庭一次，在初期的時候，就是行之於野外的，後來才在馬律爾內部的住宅舉行。而這個裁判，凡是在馬律爾內部有土地的，都有出席的權利和義務。裁判所處理的事務，如耕作不良；破壞垣籬；領民由馬律爾的逃亡；竊盜的處罰；領民死亡時的後繼領民的選定；寡婦對於財產的權利；土地的移移轉課租；領民義務之關於馬律爾的習慣和規約的問題，凡此一切，都是爲裁判所處理的事務。「馬律爾的領主與其代理人爲裁判長領民爲裁判官。但是實際上，判決是委之於六人或十二人指名的委員，並陪審官等。這一個法庭上，判決固然是歸之於領民，然因爲對於領主專斷的行爲，沒有起訴的權利，故領主凡關於他的一切權利和義務，都具有優越的勢力」。因之領民對於裁判的權利，在事實上是依類領主，而爲領主所利用。

(二)有利用馬律爾敎會的權利、馬律爾中除裁判所之外，還有馬律爾教會。敎會不單是宗敎上的中心地，舉凡集會，演劇，開市等也是在那里。管理教會的牧師，就利用這個教會而得着葬儀，並其他的手續費，十分之一稅，信徒的佈施等，因之教會這個東西，也有許多小莊園了。

以上爲一般領民的義務和權利，但自由農民較一般領民負的義務少，苛達斯(Cotters按即使有一哀加或二哀加地土地，而住一間小屋的——譯者）較領民的保有地還少，故有利用共有地的權利。牧牛者與其他附屬於馬律爾的勞動者，管理家畜，耕作土地，並做其他一定的雜務。手工業者將其製品捧獻於領主，因爲他專是爲領主而勞動的，故被免除一般的義務。

爲農奴的農民，被賦與了如上所述的權利，彷彿推測得到是可以度安靜生活的，然在實際上，尤其是馬律爾發達以來，所有權利則逐漸消失，義務則逐漸加重。玆試舉出領民義務的一個例子，牛津地方的某馬律爾於第十三世紀，領主對於一個保有三十哀加土地的領民所課的義務如次：

(一)每週的定期勞動(Week-work)。

一週間二日乃至三日的勞動，一年爲一百二十二日與二分之一的勞動。

(二)特別不定期勞動(Boou Work)。

(子)一人六日間的特別勞動。

(丑)以二人而爲一日收獲。

(寅)麥及乾草的運搬。

(卯)一哀加的鋤及耙勞動。

(辰)稱爲格勒塞的鋤勞動。

(己)一日間、燕麥田的耙勞動。

(午)一觚得的麥芽製造。

(未)一日間的洗濯和羊毛洗濯。

(申)三日間的鋤草。

(酉)一日間的除草。

(戌)一日間的果實蒐集。

(亥)一日間草的堆積勞動。

(三)(Gafol)

材木一馱

(四)稅

一年一次，由領主的意思課稅。

除了以上的勞動和榨取之外，領民又由裁判所而被徵集許多手數料，因此，領民則日益窮困，而領主則日益富裕。

馬律爾內除農奴之外，也還有純粹的奴隸。奴隸有爲領民使用的奴隸，和領主身邊的奴隸。（註）

（註）一般，人類社會從古代共同體發展到封建社會的時候，多少以不改變生產關係的程度之共同體內的奴隸制，在任何區處，都像表現得有。（如在古代國家，奴隸制度異常遂其發展的，那是另一問題）。就在封建社會，像這種奴隸制的殘片，簡直無例外的到處都像存在着。卽於生產勞動的農奴制度，於家計勞動的奴隸制度，在封建社會任何區處，都像是通用的形式。封建社會的奴隸（賤奴），或只可看爲是前時代的遺物？或是農奴制度必然的副產物？那是另一問題。

（丙）　封建時代初期的商業及手工業

爲封建社會的商業和工業特色的，就是基爾特組織。但是基爾特組織，其成立與消滅的時期，不一定是與封建社會共同的。爲封建社會基礎的，是農奴制度。基爾特，是封建社會的生產力到了某程度發達的時候，爲支配的生產形態——農奴制度——所規定的獨立手工業和商業之一定的組織。（參照第五節，都市經濟的發達）。基爾特的目的，對外是獨占，對內是抑制同業間的競爭。蓋在幼年期的小手工業生產者，一方對於封建貴族，他方對於逐漸腐蝕生產界的商業資本，爲擁護自已的階級利益起見，緊密的相互扶助，實有必要，又在他們沒有資本的不可思議的力的時候，若是同業間有自由競爭，結果，都得使自已的地位陷於不安。這里，封建社會，是最停滯的，固定的社會，基爾特的制度，恰是與這個社會的物質相應照的東西。

我們現在於此，將基爾特團體未發生之前的商業並手工業的狀態，作一個簡單的敍述。基於農奴制度的莊園經濟，自然是以自給自足爲原則的，因之那里沒有發展商業的餘地。爲要使商業發展，產業的分化實有必要。在當時，各個手工業，是從屬於爲主要產業的農業，是被統制的存在。因之這些手工業，若不到與農業相對抗，而以特殊產業占獨立地步的時候，商業發達的可能性，是無由存在的。如果專從西歐看來，中世封建社會比之於大規模的海上貿易的古代社會，的確是一個逆轉，的確是社會進化的後退。（不過實際上，西歐封建社會，不是由羅馬文明後退時出現的社會制度，而是由日耳曼氏族社會的發展——自然，是受了羅馬文明大的影響的——所生出的社會制度）。

在封建時代初期的手工業中，成爲獨立生產部門的，爲數極少，農民多是乘農隙的時候，生產自家用的家庭工業。因之縱屬獨立的手工業，而在莊園內，也只是以從屬於農業而存在。支配手工業者的，是領主，手工業者就專門爲領主而生產。但是經過了一定的時間，應領民需要的定貨生產，也成了逐漸盛行的樣子。莊園村落發展到了都市的時候，就完全從農業獨立，得與農業相對立的產業的園地，也就漫漫地築成功了。

丁　財產制度

封建時代的土地所有權，名義上單屬於君主的，這已如前所述。但是封建時代的初期，這個名義的所有權，怕也不只是名義的。君主可由自已的意志，把領主的土地，自由收回於自已的掌中。縱然是領主的繼承人在繼承其前代，其領土也是爲君主所賦與的。並且在那個時候，也非徼納采地繼承稅不可。爲領主自已家臣的小領主，對於領主的關係也是一樣，但到了後來，君主所有權，則逐漸失掉實質，而領主對於領土的所有權就確立起來了，最後，君主也不過是領主中的霸者是了。

封建時代的土地財產，其性質上，當然是不許有遺囑贈與的（君主允許的場合，那又是另一事）。不過長子繼承制，那於比較的早期已被確立了，蓋因主君參加戰爭，代理主君而行使職權的，固然是宰執的義務，同時這個期間，長子也能先於他的兄弟們，而完成這個義務，所以長子自然比較他的弟弟，獲有優越的地位，至能有繼承權的，也是勢所必至。（在氏族制度的痕跡還深的區處，領主死後的繼承者，不是長子，而是領主的次弟，這一個風習，流行的時期很長）。

在封建時代的土地概念中，不只是目然的土地，並包含着勞動於土地上的農民。即被繼承、被贈與的土地財產，不單是自然的土地，而固着於土地的農奴，也不管他自已的意志如何，反正他們非歡迎新所有者不可，爲半自由民的農奴，與其說是人類，不如說是還近於家畜。

但是生產力發展的結果，勞動地租則轉化爲物納地租，因領主同實際的生產行程日益疎遠，故爲直接生產者的農奴，則由自已的計算，而把生產的分野擴大，由是，他們就開始由農奴轉向於佃農了。自貨幣經濟侵入農村以來，物納地租即轉化爲金納地租，迨這個勢力更爲增大的時候，於是就作成了允許一般農民的土地所有的素地。雖有支配者的禁制，而這種頻繁的，佃租權的賣買，實質上不啻就是土地所有權的讓渡。

第四節　莊園制度的衰微

『許多歷史家說；直接的生產者，不是所有者，而只是占有者，實際上他的剩餘勞動的全部，是要歸之於權利上土地所有者，故在這種事情之下，若說在徭役義務者的農奴們的旁邊，那財產和相對的叫作富的東西，可以獨立發展的話，實在是奇怪的事體。然在這社會的生產關係，並與之相適應的生產方法所由成立的，原生的發達幼稚的諸狀態上，傳統的勢力必演過很大的職務，這是明白的事情。並且就在這一個場合，把照例的現有事物，作爲法律而使之神聖化，把那由習慣和傳統的一切現有的限制，作爲法律的限制而使之固定，當做社會一部分支配者的利益，這也是明白的事情。其他一切事項，暫且不提，總之現有狀態之不斷的再生產，(卽)橫在現有狀態的根抵上的關係的基礎上之不斷的再生產，經過一定的時間，而採取了規定的秩序化的形式之後，就會自然有這個結果。而規定和秩序化，它自身乃是必然獲得社會的鞏固，並離開單純的偶然乃至專擅而獨立的各生產方法之一個不可缺的要素。那就是生產方法獲得社會的鞏固，而從單純的專擅與偶然相對的解放了出來的一個形態。在生產行程並與之相適應的社會的事情，立於停滯狀態的時候，生產方法則由其自身單純反復的再生產，而達到這個形態。這個形態繼續到某期間的時候，則確立爲習慣和傳統，馬上就以明文規定爲法律而神聖化了。

「却說這個成爲剩餘勞動形態的徭役勞動，是立在勞動的一切社會生產力還未發達、並勞動樣式的自身還未純熟之上的東西，故若把它比之於發達的生產方法，尤其是資本制生產的場合，則在直接生產者的總勞動中，它只是占了很小的一部分，這是自然的順序。例如爲地主的徭役勞動，假定元來一週中是占二日分的，一週中占二日分的所謂徭役勞動，由是成爲固定的東西，成爲以習慣法或成文法而爲法律所製定的一個不變量。然而屬於直接生產者自身的一週中殘餘數日的生產力，伴着他的經驗的進步，而他的心中生出許多新的慾望，他的生產物的市場擴大，給他保證勞動力部分的也大，這許多事情，都是加高他的勞動力的緊張並刺激的，一個不得不發展的可變的量。於此，這種勞動力的利用，决不是單爲農業所局限的，須注意到且還包含着農村的家內工業。由是，某一定的經濟發達——這自然是依據於周圍諸事情的恩惠，並固有的人種特徵與其他諸條件的——的可能，此際則被給與了。

「物納地租，是以直接生產者的一個較高的文化狀態，同時並是以他們的勞動與社會一般的一個較高的發達階段爲前提。那在下述的這一點上，是與勞動地租有區別的，即在這個地租上，剩餘勞動在由地主或其代理者的直接的監督與強制之下，早已不以現物的形態給付了，直接的生產者，與其在威脅上依着直接的強制，在被鞭撻的法律的規定上受其驅策，不如在自身的責任之下，給付剩餘勞動。

「……在這個關係上，直接的生產者，多少把自巳的全勞動時間的利用，得爲任意處理……爲生產者自身的勞動，與爲土地所有者的勞動，時間的和空間的，早已不能劃然區分了。這種純粹形勢的物納地租，就在較發達的生產方法與生產事情之下，仍得保持其殘喘，然而那必是現物經濟，換一句說，那必是經濟諸條件的全部或大部分，能由該經濟自身的內部的製造，而從總生產物中，所謂直接能代替，能再生產的那一個制度爲前提，才不會有變更，尤其那是以農村的家內工業與農業的合一（合而爲一）爲前提的。成爲地租的剩餘生產物，實是這個合一的農工的家族勞動的生產物。在這個地租形態上，代表剩餘勞動之地租形式的生產物，決沒有吸收農家的超過勞動的全部，並且比之勞動地租的場合，還使生產者爲自身的超過勞動——那個生產物，是與滿足他們必需慾望的生產物部分，同樣屬之於他們自已所有的——的時間，更獲得了一個較大的餘地。同樣，這一個地租形態，使各個直接生產者們的經濟位置上，生出更大的區別來，至少，也有可能了。同時、這個直接生產者，又使他自身獲有直接榨取他人勞動的手段可能了。……

「基於地租密接於生產物並生產的一定種類的所謂物納地租的形態；基於爲地租不可缺的條件之農業與家庭工業的結合；基於一切農民家族簡直完全的自足；基於農民家族離開市場，離開顯現於自已外部的社會部分的生產上並歷史上的運動而獨立的那種事實，簡單的說來，是基於現物經濟一般的特徵，這種地租形態，例如亞洲所見的，是完全適於爲靜止的社會狀態的基礎的。……這種地租，也可達到這一個範圍——即於勞動諸條件的再生產、生產機關的再生產上，給與很大的危險；使生產的擴大，多少成爲不可能；並且把直接生產者的生活資料，連肉體上必要的最抵限度，都無從維持。……

「……物納地租之金納地租的轉化，開始是漫漫的表現於這里那里，其次則多少表現爲國民的規模，然而其中必是商業，都市工業，商品生產一般，同時貨幣流通等等，先有顯著發達的必要。並且各生產物的市場價格，必須成立，而各生產物，多少須以其價值相近的價格才可販賣的。……

「爲物納地租所轉化的形態，且是與之相對立的金納地租，爲往時考察過的地租種類——即爲剩餘價值與生產諸條件所有者的之不拂剩餘勞動的一般形態的地租——之最終形態，同時也是它行將解體的形態。（把超過勞動全作爲地租而爲土地所有者所榨取，基於這個原則的封建地租的最終形態，是爲金納地租，同時又是把出乎社會的平均利潤以上的超過分作爲地租，而以之爲原則的之資本制地租的出發點——譯者）……

「金納地租成立以來，占有土地一部而從事耕作的農民，與土地所有者間的傳統的習慣法的關係，則轉化而爲依於成法的不動的規定所締定的一個契約的純粹的貨幣關係，這樣，從事耕作的土地占有者，本質上不過是一個佃農罷了。這一個轉化，一方只要爲其他一般的生產事情所允許，則從原來農民的土地占有者們，逐漸收奪土地，而以一個資本家的佃農業者利用起來，同時，他方又使原來的占有者，以代償的而解放支付地租的義務，因之他們遂完全所有了他們自身的耕作地，而轉化爲一個獨立的農民。物納地租之轉化爲金納地租，不僅是因有了貨幣而必然的成立那以自身雇傭於他人的無產日傭勞動者一個階級，且是在那個轉化的瞬間就已發生了的。因此，這個新的階級不過尙在這里那里開始發生的時候，在那些比較優良地位的負有支付地租義務的農民們當中，依着自已的打算，榨取農村工銀勞動者的習慣，必然的發展起來。

「更自地租採取金納地租形式以來，同時支付地租的農民與土地所有者的關係，也採取了契約關係的形式——這個轉化，要一切的世界市場，商業，製造業已達到了相對發達的程度，才是可能的——馬上就由那個結果，必然又現出從來立於農村的限制之外的資本家們的土地的賃貸(出租)。他們現在把從都市所獲得的資本，並已經在都市上發達的資本制之經營形式，即把生產物單作爲商品，又單以製造剩餘價值占有的手段爲目的經營形式，來移轉於農村和農業之上。這個形態，只是在從封建的生產方法推移到資本制生產方法而支配了世界市場的各國中，得爲一般的定則。（資本論三卷下）

以上的引用，是馬克斯關於封建的地租之形態變遷的考察，同時又是闡明封建時代的農業發展的過程的。

那末，我們把封建的農業，即把莊園農業的發達，能爲下述的該括。

封建的農業（結合了家內工業的）生產力，是在社會制度和榨取形態都已固定，而若干剩餘勞動，又可歸於農民手中的那個當間，漫漫的發展來的。這樣，遂使勞動地租轉化而爲物納地租了。爲什麼農業的生產力一發展，勞動地租就轉化而爲物納地租呢？這在一方，從來與勞動地租相並成了農奴義務負担的貢物，到着農業生產力的發展，則較之成了固定的勞動地租，差不多還帶有相對的重要的意義。以本來只是從屬意義的東西，却成了榨取的支配形態，同時在他方，把具有比較發展的生產力的農民的勞動，若由強制勞役而加以中斷或攪亂，就在榨取的支配階級，也是不利的。以生產物的形態榨取，比較的有利，比較的重要，而且便於融通，凡由這等事情，而勞動地租遂逐漸轉化爲物納地租了。

物納地租，使農業的發展更加容易了，其中同農業結合了的家庭工業，眞實的成了一種獨立的產業，即家庭副業發展爲獨立的手工業了。而農業同手工業這一段的發展，必然有喚起交易的必要。何以？因在生產物形態上的富之蓄積，到了一定限度以上，就已不可能，而那些以上的東西，無論如何，就得要與其他的生產物相交換，而用爲滿足人們新發生的慾望，使生活更加豐富。商業使都市發生了，又商業的發展，使手工業由預定了的需要者爲標準的定貨生產，促進到以市場爲標準的商品生產。手工業與商業相伴，而形成了都市經濟（參照次節）。商業的發展，即貨幣經濟的發展，使領主對貨幣的需要激烈，於是物納地租，就漫漫表示到金納地租的轉向。到了這一個時候，曾經維持社會秩序，從事產業的保護作用的封建制度，逐漸則變成了阻止社會經濟的發展，並社會的全發展的障碍物。並且在一方，貨幣經濟也在漫漫的破壞封建社會的秩序，農奴爲佃農所代替，封建領主的勢力，則爲資本的勢力所代替。資本的所有者將其資本並資本制的經營形式，浸入到農村，於是變易了莊園制度。但是我們不可不注意的事件，封建的農業這個最後的發展階段（到資本制的經營的轉化），只是在西歐的所謂先進資本主義中才出現，至其他由外來的資本，仍舊以未發達的狀態而被蠶食的（例如印度），榨取的主體縱有變遷，而在農村中封建制度的外形，依然照樣維持，封建地租，竟成了貪慾的資本之榨取的香餌，那怕向後已經入於世界資本主義之羣的各國（

例如日本），封建的地租雖然移植到資本主義了，却是照樣存在，那實是能用爲資本之原始蓄積的泉源的。

從封建時代到資本主義的移轉，不用說，決不是圓滑進行的。實際，新興資產階級，是爲對封建制度鬥爭的主體，在資產階級沒有斷然行革命之前，被榨取階級的農民，對於難堪的壓制，曾有過幾次的反抗與暴動。那末，稱爲封建制度的社會形態的外殼，既已達到了這個程度，其不適於社會的進化，由這種事實看來，就是很眞實的確證。實際從都市經濟的勃興，貨幣經濟的發展以來，支配階級的窮乏，就一天厲害一天，故按照他們窮之的比例，而對農民的榨取也就不得不加重。農民一方在以生產者而爲商人所榨取，他方在以農奴而受封建領主極端的榨取，結果，無論是法國，德國，英國，到處都表現農民的叛變。

法國農民暴動最著名的，是一三五八年加苦栗的叛變(La Jacbuerie)。叛變的直接動機，就是因當時法王約翰爲英軍所敗，那些逃敗的軍隊，簡直在農村和小都市大逞暴行，恣意掠奪。於是憤不可遏的農民，就馬上對掠奪者開始復讐戰了，那怕他們只是不充分的武裝，而復讐的熱血，燃燒起大衆的奮勇之後，偏還特別的有力。這一個暴動，約略支持到一個月以外，其中支配階級則用盡所有殘暴的手段與詭計，而使農民軍瓦解了。例如吉洛姆，加爾

Guillaume Calle 所謂農民軍的一個指揮者，竟爲欺詐的媾和所騙，而遭毒殺。農民軍敗退以後，殘忍的支配階級的報復，簡直是農民都是暴徒，剛是某一個地方，屠殺農民直到二萬人以上。

在法國與加苦栗的叛變同時的，還有一個叛變，那不是農民的叛變，而是稱爲巴黎叛變的小市民的叛變。這一個叛變，到某程度是與加苦栗的叛變相策應而發生的，指導者爲葉吉彥、馬塞爾。馬塞爾統率巴黎市民與其他的都市，强迫皇太子查理士，促其承認下述的要求，第一「做佛郎德士諸都市的例，要承認巴黎並法國諸地方的自治體有自治權；對於國王，只可保障他單是一個國家元首的地位，要如此，才可企圖掃除國王專制權力的濫用。貴族們私的戰爭要禁止；凡軍隊的給養，軍需品的供給，並宣戰媾和的權利，都須取決於各州的仲裁裁判。從菲利普、路、卑爾時代以來的法國領土的割讓，要取消；王室的裁判委員所濫用的審問權，要取締；要保障一切國民的安全；要抑制地方長官干涉商賣的事件；要削除不公平的商業有害的競爭；供給品的輸入額，由王室會計吏的祕密監督的，應委之於諸州任命的公吏管理，而且還須由諸州挑選的代表者施以會計檢查，國王應禁止濫鑄貨幣，在國會閉會的期間，政府的權力應委之於國王，而由三十四名的全國評議員會的議員，加以輔佐。其三十四名中的十七名，是出自第三階級，十一名是出自僧侶階級，六名是出自貴族階級」。（漢特曼前揭書）馬塞爾這樣的改革案，一時雖勉强得着貴族的承認，然因爲資產階級還沒有成熟，政權遂又移轉於封建貴族之手，馬塞爾則爲最殘酷的方法所屠殺了。這一個叛變之後，直到第三階級的權力確定，貴族階級們直是拚命地高壓，而且因戰爭和內亂的財政壓迫，把法國國民直迫到不能以言語形容的苦況。

這樣叛亂的事，就在英國德國，也是反復的蹶起，在英國最有名的；是瓦特、泰訥所統率的農民的叛變，在德國，恩格斯所著的「德意志農民戰爭」中有詳細的叙述。

如是，反復幾次的農民的叛變，不是直接對於封建制度的叛逆，而是對於領主殘酷的反射的作用，因之在毀壞封建制度的後面，究竟應該建立怎樣的社會，不用說，還完全沒有意識着。要封建制的崩潰，要資產階級之能遂其充分的發展，不能不延展到成了一個革命勢力的期間，不過封建制度這個東西，是怎樣成爲社會發展的障碍物，或桎梏的，由許多農民暴動的事實，就可表示出來。

第五節　都市經濟的勃興

（甲）中世都市的發生

在古代社會，也有大都市存在過。但是那些都市，是立足於古代商業的海岸都市（參照次章第一節與第二節）。這些沿海都市，伴着古代社會的滅亡，而成爲廢墟了。但是中世的都市，與古代都市是具有不同的意義而發生的。

在莊園的內部，家庭工業獨立起來，逐漸成爲特別的產業部門的，已如上述，手工業的發達，促進了交易的必要與可能。一般生產力(不論是農業或手工業)發展的時候，人類對於同一生產物的消費力，是有限度的，故必然感覺得有交易的必要。但是最感交易的必要的，自然不是從生產物中所得的份子，剛剛是維持自已的生產力的；也不是爲很小的發展的限度內所限制的，被榨取的農民階級；乃是從農民榨取的生產物消費不盡的領主。領主對於奢侈品的需要，對於他地方的生產物的慾望，都爲促進交易發達的主要的動機。最初在西歐從事交易的，以猶太人爲最多，猶太人是由故國追逐出來的放浪民，不僅沒受過土地的束縛，而且猶太的地形、也缺少了發達生產國民的條件。

最初的交易方法，主要的就是行商，行商在海上，陸上開闢了新的交通。這種行商交易，逐漸成爲規則之後，就自然發生了商人集合的場所。開始的時候，常規的是一商人以媒介的資格，而存在於生產品的生產者和消費者之間的，然以後商人與商人之間，也逐漸盛行起交易來了，因爲這個方法，較前者更容易使商品流通的原故。這樣，就規定了一定的場所，與一定的日期，而商人逐便於集合了，那就是市場發生。市場，主要是在交通便利的地點（交易路的交叉點等），卽在王和諸侯的居住地，敎會的所在地等處發達起來了。市場的成立，最初是不定期的，單限於爲商人同志們商談的地點，逐漸則固定爲一定的日期與一定的場所了。市場固定到一定的場所以上，當然非受土地領主的支配與保護不可，領主也限願意給他們以保護。因自市場存在以來，不僅在自已便利，並可徵收市場稅，許可料等，而招徠了新的收入方法的原故。定期的設立的市場，馬上成了經常的設立的市場，如此，則早已是一個商品都市的萌芽了。伴着這種常設的市場之設立，而在莊園村落的手工業者，差不多都逐漸流入於都市來了。手工業者流徙於都市的事件，領主對於他們也沒有特別的留難，因手工業者與農奴不同，他們沒有受土地束縛的必要，他們雖然住在都市，但仍能對封建領主負勞動的義務故。中世都市，就於這種狀況之上成立起來了。雖然這樣說，在開始的時候，那怕就是住在都市的手工業者，也不完全都是離開了農業的。手工業雖說是從農業獨立了，而那僅僅只是發生了以手工業爲主要職業的一團，在當時的發達階段，尤其是莊園經濟中，要包容並養活着專以手工業爲生活的一團，怕還沒有這個力量。故在當時雖是完整的大都市，其在開始的當間，依然有田園和牧場包圍着，工匠們於其工餘的時候，通常都是從事耕作的。但是手工業發達以來，爲副業的農業，則逐漸失其重要性。都市工匠的專門化，使生產技術也更加發達，因之領主們差不多都歡喜買工匠的製品，同時依賴領內農民之家庭工業的製造，也就沒有什麼必要了。由是農村遂專事農業，都市遂專事手工業，都市與農村的分業和對立，就顯著起來，都市遂至逐漸從農村獨立了。

（乙）基爾特制度

發達了的都市，其在開始的時期，當然要受領主的保護，然到了成長的時候，就感覺得領主的干涉，反是無用的干涉了。猶其因貨幣經濟發達的結果，領主對於貨幣的需要增大，因之以貨幣的形式而握有財富的商人階級，則加强了對於領主的反抗力。開始先組織基爾特的，是商人，商人基爾特則或由買收，或由威嚇，而逐漸縮減了領主的權力。

遲於商人基爾特而成立的，是爲手工業者團體的手工業者基爾特。商人基爾特，主要的是爲對抗領主的商人的團結，至手工業者基爾特，它是持有兩重目的的，即在對外的一方面，是對抗領主的權力，並對於商人階級而擁護自已的利益的；其在對內的一方面，是期待着生產獨占，並防止同業者間無益的競爭。實際，在小手工業的生產上，生產者間勵行相互扶助，於鞏固他們的地位上，無論如何，是必要的。在經濟上薄弱的他們，若是沒有這個相互扶助，則將因不時的天災，盜刼，一時的物價下落等等，必有瀕於滅亡的危險。又他們同志間，若是施行自由競爭，則經濟的薄弱的他們，結局只有同歸於盡，而爲商人階級所乘。組合員，卽從事同一職業的，在許多場合都是居住在同一區域，其理由是：因爲有販賣上的便宜，相互扶助上的便宜，並爲保證批發，販賣上機會均等的便宜。

組合由從事同一職業的店東所構成，各組合中有組合長，而司組合規約的勵行，並組合事務的執行。

在爲基爾特員的店東之下，有帮夥與徒弟，所謂徒弟的，是爲學習某一種職業，而在店東之下無償的奉公的，奉公年限因時間與場所而各有不同，如英國約爲七年，法國約爲六個月乃至十年(因職業而有不同)。徒弟的奉公完了之後，他才能受職人的技術試驗。通過這個試驗，才被允許爲一人份的帮夥。所謂帮夥的，是一定的期間，在店東方面勞動的工銀勞動者，這個帮夥修業終了之後，他才可以爲獨立的店東。所以發生這樣制度的，一是由於當時的生產技術，多是依據經驗的知識的；一是爲同業者急激的增加而防止過度的競爭的，其主要的目的在此。

爲要減少競爭，此外還有種種方法，最初就是限制店東所使用的帮夥和徒弟的數目。那大概只限定二人，三人，超過五人是稀有的事。因爲生產的規模小，故由他們的勞動所生的利益也少，由是店東就不得不與雇人一致勞動。關於勞動時間，組合規約上也有嚴重的規定，這本由時間和場所而各有不同，然普通都是規定一週爲五十時間乃至六十時間。凡支付勞動者的工銀，商品的最低價格，商品的品質等等，都是爲基爾特的規約所規定了的。

關於生產，基爾特尤其有詳細的規約，凡是超過了他人商品的品質或數量，都是不能允許的。在原料多的場合，則爲組合的名義所購入，爲組合員平等的所分配。爲要施行生產品的檢查，還有特別設置檢查官的。

元來在以經濟團體的基爾特，以後差不多也有了政治的意義，基爾特員集合於同一地域而居住的，特別是那件事的作用。在中世都市，組合是一個選舉區，「若是某一個基爾特較其他任何基爾特都強大的時候(例如在佛蘭德士的布魯穀的棉布業基爾特)，大概就可由那個基爾特選出市長．或其他的職員與市會的議員。在許多自治市中，同業組合及商人基爾特的聯合體，握有統治市的全權」，(亞休列Ashley中世的文明Medieval (ivilizution)。又，各組合各自有組合裁判所，組合也有一定的軍事組織，一朝有事的時候，都集合於都市的廣場，而負防衛的義務。

組合也還有宗敎的友愛團體，各組合以組合費而建立一個敎堂，組合員死亡的時候，則營組合葬，若是貧乏的，則其費用由組合負担。又組合的共同資金，則爲扶助貧窮者，病人，寡婦，老幼等而使用。如結婚，也是在組合本部舉行的，其告白，也是在都市的中央，很漂亮的顯現出來的。

基爾特制度在種種名種之下，有多少不同的形式，它是屬於經濟史的發達階段，而在一切社會中發達了的，「它的名稱有基爾特 Gaild，有布納扎夫多 Brdherhood 有佛令德西普 Friendship，又在俄國有脫哲士德哇 Druzhestva 有民列 minne 有愛迪爾 Artels，在塞爾維亞與士耳其，有耶士來福 Esnaifs，在喬治亞有安家尼 Amkari，其他種種名稱，在中世紀都有可驚的發達，於都市的解放上有重大的影響」。(克魯巴特金，相互扶助) 克魯巴特金並想把立於基爾特制度之上的中世都市使之理想化，曾大加歎賞過，然這個制度在事實上，無論如何，它必然是該時代的經濟狀態所發生的制度，迨基爾特制度到了一定的時代，則爲妨碍生產力發展的桎梏，它的破壞，正是爲資本主義經濟確立的必需條件。然基爾特在當時，對於社會生產力的發展上，負有重任的支配階級，己爲代表生產力的階級之不可缺乏的組織。其有助於都市的發達與解放，也是很明白的。

(丙) 都市的獨立與發展

都市最初受領主庇護，後來爲要排斥領主而把市民團結起來，這已如上述。他們第一要求把各個人對於領主所應盡的封建的義務，作爲都市全體概括的負担，其次他們要求把這個義務定爲條文，年年不得變更。自然，這個目的，其前者是在鞏固都市住民的團結，後者是在防止義務的增大。

自然，領主對於這個要求，也是不容易讓步的，但因領主對於貨幣的渴望，遂至爲都市商人巧於利用了，十字軍以後，此事特別如斯。都市從領主收買許多特權，又獲得免除負担。又都市因其巧於利用支配階級間的對立，也使自己的權力伸張了許多，在意大利，則有敎皇藉着都市的援助，而與皇帝戰，故那些都市，馬上就獲得了實際獨立的地步。在德意志，皇帝爲要獲得與某一部都市戰的軍費，則把特權賣給於他一部都市。在法蘭西，則國王爲要與有力的領主戰鬥，而求援於都市，又都市當叛亂的時候，也有了援助弱小領主的機會。那時候，法蘭西的都市，想獲得北部意大利與德意志都市的那樣獨立的地位，是極感困難的。英國的都市，沒有大陸的那種大規模的都市，不過它常是幫助國王而與領主戰的，由是，他們得着自由的特許狀(Charters)，並有參加議會(Parliament)的權利。

都市持有怎樣的權利？什麼時候納稅？在領主戰爭的時候，應該出多少軍隊？凡此，都要求給與由明文規定的特許狀。領主本也屢屢給與他們一些，但是領主們總不忘記於一切機會上，縮小都市從來所有的權力。都市爲擴大特權起見，故在領主與都市間，會有反復的長期鬥爭。大概爲鬥爭的主要的題目的；就在排斥都市監督官(卽領主的代表者)，要得着都市會議常開的權利，要減低納稅額，要增加選舉官吏的數目等等。

都市究竟到怎樣程度從領主獨立的？那因都市的勢力與周圍的狀況而各有不同，大概在中世都市，可區分爲三個階級；(一)全然沒有得着特許狀的都市；(二)是一定的金額，作爲封建的義務繳納於領主，而已得着特許狀的都市；(三)不僅經濟的政治的權利，並獲得了自治權的都市。(以上是據亞休列的「中世的文明」)

中世的都市，對於領主的鬥爭力最强的，是商人階級特別占優勝的都市，因之由領主的支配上完全獲得獨立的、多係這種都市。獨立了的都市，在完全的自治之下，差不多有如國家鞏固的組織，那就是所謂都市國家。

都市國家最早成立的，是在意大利，那是因十字軍的結果，意大利的都市(威尼士，琴諾亞）的商業，特有顯著的發達的原故。其次在德意志，也成立了稱爲漢薩同盟的獨立都市的聯合。中世紀的商業，主要的就是以那些都市爲中心的。（參照次章第二節）

日本的封建都市，主要的就是城下都市，又因爲沒有海外貿易，故沒有完成像西歐那樣的發達。要在日本找出如西歐的中世都市的例子，或者如德川時代以前的泉州界，是最相近的。俄羅斯的「諾維科羅特」自由市，也許是類似西歐中世都市的東西。

第四章　資本主義社會的端緒

第一節　商業資本的發達

（甲）　商業資本

「各種產業資本，當放在再生產行程的流通部門時，它用商品資本和貨幣資本的資格所盡的各種機能，是和那成爲商人資本的兩形態（商品交易資本和貨幣交易資本）的專有機能而表現出來的，完全相同。我們就是用這樣單純的考察，也會知道上述粗雜的見解（即認商人資本是產業資本的一個特殊種類，也和那由社會的分業而決定了的部門因而成爲特殊投資部門的採鑛業、農業、飼畜業、製造業、運輸業、及其他方面所投的資本相同的——見解），是不可能的罷。在商品交易資本和貨幣交易資本，則與此相反，那成爲生產資本的產業資本，和流通部門中的產業資本兩者的區別，依着下述的事實而獨立化了。即是資本在這時候暫時採取的一定的各種形態和各種機能，表現爲資本被分離了的一部獨立的各種形態和各種機能，使其專隸屬於這個。在產業資本轉變了的形態，和那由各種不同的產業部門的性質而來的，種種生產部門的生產資本間之原料的區別之間，實有天淵之別。（資本論第三卷上改造社版二八二頁）

「產業資本所實現的利潤。單是那成爲剩餘價値而預先包含於商品價値中的利潤，同樣，商業資本所實現的利潤，就是全體剩餘價値即全體利潤在那由產業資本實現出來的商品價格上面，還沒有實現出來的一部分的利潤」（同上二四七頁）

由商人媒介而交換的各種商品之所從出的各種生產部門，不管那社會的體制如何，商人的財產，總是成爲貨幣財產而存在，商人的貨幣，總是成爲資本而盡機能。那個形態，常爲G——W——G'（貨幣——商品——貨幣大）；而以交換價格獨立了的形態——貨幣爲起點，以交換價格的增殖爲獨立的目的。商品交換的自身，及媒介商品交換的各種工作（從生產分離，由非生產者所從事的各種工作），不單是增殖富的一種手斷，且是增殖一般的社會形態上的富，以及成爲交換價値的富的手段。成爲這個手段的發動機並其決定目的的東西，就是把G轉化爲G+G'的事情。媒介G——G'的交易的那種G——W，並W——G'的交易，不過是使G表現爲G+G的這種轉變的一個經過階段。成爲商人資本的特徵運動的這個G——W——G'，正是從那以各種使用價値間的交換爲最後目的，而於生產者間所顯現的商品交易W——G——W的中間，把商人資本區別出來的東西。

「因此，生產資本越在未發達的狀態之中，則貨幣財產就越發集積於各商人之手，呈現爲商人財產的那種特殊形態」，（同前二八五頁）「商人資本越是比產業資本大，則產業的利潤率就越發小（和這成爲反比例的，商業的利潤率就越發大），在與此相反對的場合，就成爲反對的結果）同上二四七頁）

據以上看來，雖然簡單，然而對於商業資本的性質，以及古代社會和封建社會的富，爲什麼特別的集中於商人之手的問題，可說是得了一個理解的關鍵（詳見資本論第三卷第四篇）

但是經濟的發達狀態還很幼稚的時候，商業不僅獲得剩餘價值的所謂正當的一分兒，並且還靠商略，欺詐等事而獲得不正當的利益。

「在未發達狀態的某共同體間的生產物交換，只爲商業資本所媒介的時候，商業上利潤，不僅小部分是以欺詐和騙取的形式而表現的。並且大部分都是由那樣來的。我們暫且不述及商業資本搾取相異諸國的生產價格的成數（所謂生產價格的，照馬克斯說來，是生產費加平均利潤潤的意義），總之上述的生產方法，是給商人資本占有剩餘生產物大部分的一個上結果。其中一部是：商人資本不過在那本質的還以使用價值爲目的而行生產的各共同體之間，作了媒介者這個機能的結果，卽商人資本不過在那把生產物的一部分放入流通場中販賣，或者把各種生產物照價值販賣，於經濟的體制上都無關重要的各共同體間，作了媒介者的這個機能的結果。其他一部是：這種初期的生產方法之下，商人的交易對手之剩餘生產物的主要的所有者，爲奴隸所有者，封建領主，國家（如東洋的專制君主）等，代表着享樂的富的人們，商人乘機網羅這些富的情形，亞丹斯密曾於其封建時代的文章中，已正確的探明出來。由此，占絕對支配位置的商業資本，到處都是代表掠奪制度的。通新舊兩時代的各商業民族，這種資本的發達，都是直接與暴力的盜掠（海上盜掠），奴隸的狩獵，植民地征服等相結合的。試一看迦太基，羅馬，並後年的威尼士人，葡萄牙人，荷蘭人」。（資本論第三卷）

（註）商業諸都市的住民，從富裕的各國輸入精製品與花費很多的奢侈品，而用以刺激大地主們的虛榮心。這些大地主們，渴望着購買這些商品，而以自國產的多量的原料支付於商人。由是，在這個時代歐洲一大部分的商業，是以一國的原料交換他國工業發達的製造品而存在的。……這種旨趣到了普遍化，而成爲一個明白需要的時候，各商人則以運費節省的目的，在自己國內，也開始設立同樣的製造業了」。（亞丹斯密「原富第三部第三章）

商業利潤，原則上是從何處發生的？又資本主義以前的商業除原則的利潤之外，是怎樣獲得很大的利益的？據以上看來，大約可以了解了。

近代資本主義的母體，就是封建時代的商業資本，這在歷史上，是任何人都明白的事實。那末，我們不管古代商業，是奴隸制度的結果（迦太基腓尼基等），或是自己崩潰（羅馬）了的。總之中世的商業，爲什麽發生了近代的資本主義？這不能不是一個疑問。

「商業及商業資本的發達，使到處發達了以交換價値爲目標的生產，其範圍擴大，其種類繁多，普及於各地，而使貨幣發達爲世界貨幣。卽，商業這東西不問其形態怎樣，無論何處，對於凡是以使用價値爲目標的既存的生產諸體制上，多少都給了一點分解的影響。但是商業究竟使舊的生產方法分解到如何程度。那是先視舊的生產方法之堅固的程度與內部的組織如何以爲斷。不過這個分解行程，究竟歸着到怎樣的結果？換一句說，代替舊的生產方法而出現的，是什麽新的生產方法？那件事，不是懸之於商業，而是懸之於舊的生產方法之性質的如何。在古代世界，商業的作用與商人資本的發達，常是結果於奴隸經濟之上的。並且看它的起點如何，也有只把那用直接的生活資料的生產爲目標的一個家長的隸奴制度，轉變爲用剩餘價値的生產爲目標的家長的奴隸制度的事情。在近代世界，那是結果於資本制生產方法之上的。於是這些結果與商品資本的發達，完全成爲別種事情所規定的東西。」（同前二九〇頁那末，我們可以理解資本主義的生產，既以（一）貨幣財產的集積；（二）商品生產和那不以少數的各個顧客爲目的的大規模販賣，因而也不是以滿足自己本身的慾望爲目的而購賣，乃是把許多人的購買行爲集積於自己的購買行爲之中的商人爲前提，那末，商人資本的發達，實爲資本主義生產的豫備條件。固然實際上，「商人資本的一切發達，對於生產越發給與了以交換價值爲目標的性質，遂有使各生產物越發轉變爲商品的作用」（同前二八五——二八六頁），但是只此，還不是資本主義生產所由發生的，B以A爲前提，不一定就是A以B爲結果的意義，那與定理之逆不一定是眞者相同。因之我們必須理解那轉變爲近代工業資本的，雖是前代的商業資本，然而使之轉變的，却是別的力量，卽是生產方法的事情。

「古代的商業諸民族，宛然如伊璧鳩魯的神一樣，或如散在波蘭社會的各處的猶太人一樣，存在於世界各處。最初獨立的，發達豪壯的商業諸都市及商業諸民族的商業，是純粹居於介紹地位的商業，他們最是以其相互間的介紹，立足於勤勉的生產諸民族的野蠻狀態之上的」。（前同二八八——二八九頁）

所謂立足於野蠻狀態的介紹的商業，更詳細說來，究竟是什麼的商業意義？

「成爲資本的支配的形態而獨立了的商人財產，是流通行程對立於那兩極而獨立化了的事情。成爲這兩極的東西，卽爲相互交換的那些的生產者自身。這個兩極對立於流通行程的上面而獨立着，流通行程又對立於這個兩極上面而獨立着。生產物於此際，因商業而成爲商品。此際使生產物發展而爲商品化的，是商業，而商業不是因生產的商品運動而成立的。所以，此際成爲資本的資本，先出現於流通行程之內，貨幣在流通行程內，發展爲資本。生產物在流通行程內，首先成爲交換價值，成爲商品及貨幣而發展。資本在支配那成爲兩極的不同的各種生產部門（流通在當間作介紹）之前；就已成立於流通行程內，且是非成立不可的。貨幣流通與商品流通，其媒介是在體制極不相同的生產部門之間，卽在其內部的構造上，主要的還在以使用價值的生產爲目標的。把相異的各種生產部門，使依據於第三的一個因素，而爲相互聯絡的流通行程的那種獨立化，表現出兩重事體來。其一，是流通尚不能統制生產行程，尚以一定的前提而與生產相對立的事情，其他，是生產行程尚不能把流通行程作爲單純的階段而包含於其中的事情。但是在資本制生產上，就無論那一件都表現出可能了。生產行程完全立足於流通之上，而流通不過生產的單一的階段，不過生產的一個經過階段。換一句說，流通只是實現了那成爲商品而製造的生產物，使它代替了成爲商品而製造的那些生產要素。直接從流通而來的那種資本形態的商業資本，現在表現的，不過是資本在再生產運動中採取的各種形態之一。

「商人資本之獨立了的發達，與資本制生產的發達程度成爲反比例的那一個法則，這在威尼士人，琴諾牙人，荷蘭人等的介紹的商業歷史上，有很明白的表現。這個商業，不僅單靠輸出自國的生產物，還可說是在那商業上經濟上都落後的各共同體之間，替他們媒介着生產物的交換，靠搾取生產國的雙方，而獲得主要的利益。

「此際，商人資本主義是純粹的東西，是從那兩極的生產部門中分離，就是從該資本所媒介於相互間的各生產部門中分離出來的，這爲商人資本成立的一個主要的源泉。但是爲這種媒介的商業所搾取的各民族之經濟的發達若有進展，則商業的獨占並其自身的存在，即與那個進展爲比例而日漸滅亡」。（同前二八六——二八七〇）

「實際，迦太基，腓尼基等的古代商業，是依據於周圍各民族的野蠻狀態的。但是這里所謂野蠻狀態，不是指的在生產力上全然沒有餘裕的階段，乃是相對的意義上的野蠻狀態。「腓尼基，迦太基等商業民族，是在古代世界以純粹的商業民族而出現的，但是這種純粹性，正是由農業民族之優勢的情形所給與的。（經濟學批判，宮川實譯五二〇）。即一方有優勢的農業民族存在，就是促使腓尼基等的商業發展的理由，以當時的發展階段，所謂優勢的農業民族，多少是行奴隸生產的民族，若不然，就不會有那種優勢。腓尼基，迦太基等的商業，使那種以直接獲得生活資料爲目的的奴隸生產，發展爲以取得剩餘價值爲目的的奴隸經濟，並擴大了奴隸制度而使之發展了。但是這些商業，因羅馬其他的發達，必然歸於衰亡。羅馬的商業，本是立在本國的奴隸生產與他國的那種相對的未發達的狀態之上的，然因奴隸制度的沒落，商業也跟着沒落了。

怎樣的條件生出封建制度？怎樣的條件生出所謂古代社會？關於這些事，固然不能十分確切的說明。然而至少可以指出在奴隸制度發達的區處必爲：（一）是畜牧對於純粹的農業，帶有比較重要性；（二）貿易建立在有利的（以當時的發達階段）海岸地方，這兩件事實，已在上面敍述過。現在於此處，對於希臘，羅馬的奴隸制度，爲什麼能有那樣的發展的，可說是解决疑問之一部了。

那末，再說中世的商業罷。爲中世商業的特徵的，是商業資本統制着生產的這回事。元來商業從其發生的當時，不是能夠支配生產的。在初期的商業，多少對於交換的兩極，即對於生產者和消費是獨立的。但是中世的商業，成爲我們特別研究的對象之特質的，就在統制生產的那個事實。

以下我們試看中世的商業資本，是怎樣的支配生產？又是怎樣轉化爲近代工業資本的？

（乙）　商業資本對於生產的支配力之擴大並强大化

從純封建的生產，推移到爲商業資本主義所支配的生產，是採取的三個形態。「第一，是商人直接成爲產業資本家的，這是在那以商業爲基礎的各種產業，就中如在奢侈品製造業上所見的。這些產業，是由商人把原料和勞動者們從外國輸入的，如十五世紀從君士但丁堡輸入於意大利者是。第二，是商人或使小店東等爲媒介者，或是直接從家庭生產者購買，而使家庭生產者名義上依然獨立，生產方法也不變更。第三的場合，是產業經營者爲商人，直接爲商業而從事大規模的生產」。（前同，二九四頁）

這三個推移形態中，最爲標準的是第二個形態。

都市與農村間顯現着社會的分業，並因市場的範圍擴大，商業的重要性，而格外加重，這是不消說的事情。如上所述，在商業占優勢的時代，富的大部分都集積於商人之手。因爲生產者一則不明瞭各地方的市況，二則本錢又小，商人即乘着生產者急於要出賣的機會，以欺詐和機謀，而獲得額外的利益。但是商人的相互間亦有競爭，商人縱有那堪稱必然的罪惡的條件存在，而商人也不能十分無理的不讓生產者顧着他生產物的價值。所謂商人的必然的罪惡，就是以苛刻的條件壓迫，使生產者完全破產的事情。生產者若是完全破產了，商人自已也非毀滅不可。卽榨取的對象毀滅了，决不是榨取者有利的事件。那同於不供給勞動者的衣食住，則勞動力不能維持的事實，確是今日的資本家之必然的罪惡。

所以，商人不能不以某種手段，緩和這種不利的條件。於是發見了這樣手段，卽商人利用生產者不安定的經濟狀態，豫先貸以欵項，做出一種權力所及的範圍來。爲這權力範圍所固閉的生產者，早已不能利用商人的競爭，而提高自已生產物的價格了。他們只有儘商人的任意的價格，而販賣其生產品。這樣，商人縱然不是形式上，至少實際上已是一個小產業的組織者了。何以？因爲無論生產的擴大或縮小，都爲他的意志所左右。發貨店的濫觴，卽在於此。

商業資本的發展，開始的期間，於小企業是有利的。何以？因爲商人間的競爭，可提供有利的價格於生產者，就中並可以替窎遠地方的商人製造大批的定貨。但是一度生產者作了商人的從屬之後，事情就完全變了。小企業的利得，竟被逼到僅於維持生產力的必要的程度。就是那爲對抗商業資本而組織的同業者基爾特，其力量也早已不能對峙，遂在日益增大的商業資本的壓力之下，破壞無餘了。縱然還沒有被商業完全破壞的基爾特，它組織的內部已因商業資本侵入而被攪亂了。即，比較富裕的店東，在基爾特規約的可能範圍內，也可成爲商人，對於小企業家也成爲一個放欵者了。於是小企業家就不得不服從商人與大店東的統制了。小店東爲維持他那不安定的地位，不僅很厲害的榨取幫夥和徒弟的勞力，以及過度的使用他自身的勞力，並不得不榨取他家族的勞動力。於是近於師弟關係的古時代店東對幫夥的關係，遂完全一變而爲互相對立的利害相反的關係。

基爾特的組織雖是微弱些；究竟都市的工匠之對於商業資本的支配，在某程度上還能了解生產者利害的擁護。其最無抵抗力，而一任商人榨取的，乃是農村家庭工業。這些農民，由地主和商人兩重的榨取，已陷於難堪的地位。

商業資本的發展，更在地球各處開闢了市場。從來爲歐洲人所不知道的未開地，也陸續地被發見了。爲要適應這新的市場的需要，就達到了不可不變更生產方法的那個境界線。因爲從來的生產方法，到底不能適應被擴張了的大的市場的原故。

社會的分業，發展到了技術的分業。商業資本家，成爲現實的生產組織者，開始把小規模的小企業統一於大工場之中了。

「普佩很明切的說過，在中世紀，商人不過是個「轉移」入，他是轉移基爾特組合員或農民所生產的商品的。商人成爲產業經營者。他有時簡直趨使手工業的猶其農村的小產業，爲他自己的利益而經營。他方，生產者也有成爲商人的，例如機織店東，他把從向來由商人供給羊毛，督同自已的帮夥而爲商人加工的這件事，停止不做，而自已直接購買羊毛或絲，把製造成功的織物販賣於商人者是。生產上的諸要素，成爲他自身購買的商品而入於生產行程。於是他現在已經不是爲各個商人或一定的顧客而生產，乃是爲商業世界而生產。生產者他自已也成了商人，商人資本遂只於是流通行程的東西了。本來，商業只是把基爾特的，並農村家庭的產業及封建的農業，使轉化爲資本制經營的一個前提條件。其中，一部是由於爲生產物的銷路而作出市場的事情，一部是由於它造出了新的商品等價，供給了新的原料及輔助原料於生產的事情，遂使生產物發展而爲商品了。這樣，無論是由那以市場及世界市場的目的生產這一點看來，或是由那從世界市場發生的諸生產條件一點看來，總之以商業爲基礎的各種生產部門已開端了。

「馬奴法革巧」(Manufacture工塲手工業)更顯著的大工業，鞏固到某種程度了，勢必馬上造出市場，並以其商品征服市場。商業現在成了產業生產的使用人。在這個生產上，市場之不斷的擴大，是必要的條件。不斷擴大的大量生產，使其生產物充滿於現有的市場，由是不斷地把市場擴大，遂至於突破這個限制。對這重大量生產加以限制的，不是商業（只是表明現在需要的意義的），寧可說是在機能中的資本的量與勞動生產力的發展。產業資本家，不斷地注意於世界市場上，他不僅把他自身的費用價格，單同國內的市場價格比較，並同全世界的市場價格相比較，而且非時時有這樣的比較不可。這個比較，在資本制以前的時代，簡直是專屬於商人的，因此，遂使對產業資本的支配，確保於商業資本之手了』。同前，二九四—二九五頁）

據馬克斯所引用的看來，明明白白從社會的分業，到技術分業——工場手工業制度——的進化，一面是爲市場的開拓所促進的，固是事實，然基於大量生產的力的發展，更有了開拓新市場的要求，這樣，交相作用的生產力的發展與市場的關係，就交互的把雙方的速度更加速度的前進了，新大陸的發見，就是促進這種作用的最大的要素。

（丙）　大陸發見與資本主義

新大陸發見的意義並其影響，可由兩重見地考察。第一。新大陸發見之及於西歐先進資本主義的影響；第二，西歐的資本主義之及於新大陸的經濟組織的影響。

促進新大陸發見之決定的要素，如上所述。是商業資本開拓新市場的必要與希求。古代社會的商業，只是媒介後進野蠻國間的交換之居間的商業，這已如上述。然在中世紀的商業，由這種居間的商業發達起來，進而把產業的統制力握之於自己手中，因之自己手中所有的大量商品，必然是非找銷路不可。中世商業之地理的發展，就是基於這種要求而來的東西，即，它的使命，是把發達諸國的生產品，以高價的出賣，而榨取後進各國的。並且這種地理的發展，又以反作用使西歐的生產擴大，把它促進到進步的資本主義，據從來錯誤的見解，是由新大陸的發見，發生了西歐的資本主義，然而這不過是重商主義的理論的殘滓。據馬克斯說：這個見解，是「從那在商業資本的運動上，獨立化了的流通行程的各種膚淺現象出發的，因之只是把握了外觀。」

隨着這種地理上的發見，急速的促進了商人資本發達的商業上幾個大革命，在十六七世紀，是促進那從封建的生產方法推移到資本生產方法的一個主要的要素，這是不用有什麼疑惑的。然而正因爲這個事實，遂致發生了完全錯誤的見解。世界市場突然的擴大，流通的各種商品之加倍的增大，希圖掌握亞洲各種生產物並美洲資源的歐洲諸國民的競爭熱，殖民制度等——這些東西，在粉碎生產所受的封建的限制這一點上，却盡了實質的貢獻。但是近世的生產方法，在其第一期間的工場手工業時代，是在中世紀間已經造成那個條件的區處才發達的，試拿荷蘭與葡萄牙一比較。

商業之突然的擴大與一個新的世界市場之發生，對於舊生產方法的滅亡與資本制生產方法的興隆上，給予了重大的影響，這固然在十六世紀中，並且一部分在十七世紀都是這樣，然而寧說那是顯現於已成的資本制生產方法的基礎上的東西。世界市場的自身，一方雖成爲資本制生產方法的基礎，然在他方，則資本制生產方法的內部，必然要以不斷擴大的規模來生產，這是刺戟世界市場而使不斷的擴大的一個東西。此際，不是商業使產業革命，却是產業使商業不斷的革命了。商業的支配，現在則隨大產業的各種條件，多少成爲優勢的事情而變動。試一比較英吉利與荷蘭，荷蘭以支配的商業國民而至有滅亡的歷史，就是商業資本從屬於產業資本之下的歷史。（同前，二九一——二九二頁）

西歐的資本主義、及於新大陸經濟組織的影響更大。那固然因各地方的經濟發達狀態之不同，生出了各種不同的結果，然而那在把全世界都放在資本主義的影響之上的這一點上，倒沒有什麼不同。「前資本制的國民生產方法之內部堅固的程度與其組織，對於商業的分解作用，是怎樣的現出一種障礙？這在英國對印度和中國的通商上，已確切的顯示出來了。在印度和中國的生產方法之廣大的基礎，是由小農業與家庭工業的合一所形成，而印度則更加上基於土地共有的那種村落共同體的形態。但這個形態，在中國也是固有的形態。在印度，英吉利人爲要破壞那些小經濟的各共同體，遂以支配者和土地所有者的兩重資格，同時直接利用他們政治的權力和經濟的權力。他們的商業，雖使印度的生產方法，受了革命的影響，然那只在這一點上可以那麼說，即是他們以廉價的諸商品，破壞那農工業生產合而爲一的原始的必需成分的紡績業與機織業，而使那些共同體分解的事情。並且就是這個分解作用，也是很緩漫的達到的，在中國尤其是如此。因爲不能在中國直接利用政治權力的原故。由於農工業直接結合而生的許多經費節省和時間節省，此時對於大工業的各種生產物，給了一個頑強的抵抗。因爲由大工業供給的各種生產物，其價格中，還含有爲打通銷路的那種流通行程上的浪費」。(同前二九二頁)

實際，歐洲資本主義之與未發達的經濟組織體的鬥爭，是很激烈的，同時也是殘暴無比的。到處都活動他們的暴力。這種典型的例子，我們可於西班牙人征服秘魯時看出。

在美洲的西班牙人的支配，開始就是把被征服的住民，無猶豫的勦滅，刼奪他們的財貨。據一個目擊者的記錄：「因食物的缺乏與親子訣別的悲傷，所以被囚的大部分的土人，都在克馬利港的途中死亡了。奴隸中因疲勞的關係，有不能與同伴一樣的速度前行者，西班牙人以爲彼等留後，有向前攻擊他們的憂慮，於是以匕首刺其背，而將他們很慘酷的虐殺了。如此不幸的生物，全身赤裸裸的，既疲且傷，又因飢餓，幾不能起立，目睹這種慘狀，誠有心胸欲裂的光景。更用鐵鎖，縛着他們的頭和手足。少女中，無一人不遭這般強盜（西班牙人）們的暴行，而供其荒淫的犧牲，所以多數的少女，皆已染上梅毒，而成爲永久的痼疾。……一旦作了奴隸的土人，都被他們以赤熱的鐵印，在身上烙上記號。有時奴隸之一部，被隊長所掠去後，分配於兵卒間。兵卒以他們充作賭博品，或賣與西班牙的移民。商人以他們作商品，與葡萄酒，麵粉，砂糖以及其他日用品相交換，而送到西班牙的殖民地中之最需奴隸的部分去。可憐這命運惡劣的一部分，在輸送中，因水的缺乏，船室空氣的不良，遂至於斃命。這因商人將所有的奴隸，幽閉於船底，不給與座位，更不給與新鮮空氣的原故」，（盧森堡經濟學入門）。但只此還不足以滿足西班牙人的殘暴，西班牙人爲要免除銅色人狩的麻煩，和購求奴隸的費用，而採用了新的方法，那就是國土區分制度。這個制度，是由總省區分爲多少的園地，各園地的村長，負有供給許多土人恰合西班牙人需要奴隸數目的義務。各西班牙移民，由總督定期給與某一定人數的奴隸，但是附有「須使奴隸改信基督教」的條件。使奴隸改信基督教的這個條件，不用說，實際就是需要一種以勞動之無厭的榨取與卑遜的從順爲標語的奴隸的道德。最後，西班牙的移民，則由加爾五世，宣布總括印第安人爲西班牙移民的世襲奴隸的勅令。

然而印第安人，無論是生理的，精神的，絕對不適於苛刻的奴隸勞動。把印第安人從奴隸狀態解放出來的，不是由於宣布了神聖的人類愛，而是由於比較有能力，有體魄的非洲黑人。實際，印第安人因西班牙人之過度勞動的強迫，有的喪失生命，有的逃向他方，這也是由於西班牙人沒有得到比較好的强壯的勞動支出機的原故。迨有了比較强壯的好的勞動支出機之後，印第安人的奴隸才被廢止。

但是被解放的印第安人的運命，也沒有毫加改善。不錯，印第安人在形式上，是被認爲有了人身的自由與土地所有的，但是西班牙的移民，使他們受行政的支配，而且把印第安人都作爲未成年看，非要他們請自己作監護人不可。這種所謂親切的監護人，則由土人奉以親切的報酬——「相當的金納稅與現物稅」，這是法律規定了的權利。所謂「相當的」這個標準，自然是由所謂親切的並貪慾的西班牙人，得以自由伸縮的。西班牙人，更把各村落的不分配的共有地，休耕中的農圃，都作爲「荒蕪地」而強行占領。除土地強奪，課稅之外，更有强制勞動。强制勞動的結果，印第安人往往陷入無暇耕作自己田地的機會，由是所生的「不毛地」

，都由西班牙人以「荒蕪地」而强行占領了。印第安農業的衰滅，自然把豐饒的土地轉移於高利貸之手，於是，土地遂集積於西班牙的移民或西班牙的資本家的手中去了。由是，印第安傳統的社會組織，則爲西班牙人之暴虐的横占與掠奪所打毁了。

但是歐洲人之侵略未開地所用的方法，不一定都是這樣粗暴的，蠻悍的方法，西班牙人的殖民政策，可說是很蠢笨的極不巧妙的方法。

頂巧妙的，是不僅帶着重砲，並還帶着鴉片，最能巧妙使用這硬軟兩方法的，只有英吉利。英國人對於印度並中國的侵略，是最成功的一件事。像資本主義這種狩掠的足跡，就是所謂民族發展的時期，成功了西洋史有光輝的數頁。

第二節　工業資本的發生

（甲）　資本之原始的蓄積

商業資本主義時代，可說是前期資本主義時代，在嚴密的意義上，還不能說是資本主義時代。換一句說，只能說是資本之「原始的蓄積」時代。資本主義，須是在生產過程上驅逐封建的生產方法，而行資本制生產方法之後，才說是現實的被完成了。商業資本的時代，商業資本縱然打算怎樣支配生產，而對於生產者的榨取，常是以欺瞞和商略而表現的。至生產者，多少還是自己擁有生產手段的獨立的自由人。但是資本自到了被應用於資本主義的生產方法之下的時候，資本的榨取，在極合理的假面具之下，遂轉變成爲一個完全以榨取爲目的的手段了。在嚴格的意義上，所謂近代意義的資本，實在就是一個榨取機關。

「貨幣和商品，最初本不是資本，這猶之生產機關和生活資料，最初本不是資本一樣。貨幣及商品得能轉變爲資本，並且這一個轉變，只在以下述一點爲中心而聚集的，那種被限定的事情之下才行。卽一方是由購買他人的勞動力，而圖增殖自身所有的價値量的貨幣，生產機關，生產資料等的所有者；他方自身是勞動力的販賣者，因而是勞動的販賣者的自由勞動者——這極不相同的兩種商品所有者，不得不相互對立而按觸的事實。後者叫作自由勞動者的，有兩樣的意義，他不是同奴隸和農奴一樣，直接的成爲生產機關之一部的；也不是同自耕農民一樣，所有着生產機關的。他可以說，是從生產機關上成爲自由，並被分離出來的。商品市場有了這種兩極的分化，就確定了資本制生產的基礎的條件。成爲資本關係的，是以勞動者被分離於勞動實現上之物的條件所有爲前提，資本制生產一旦立足於這個前提之上的時候，就不僅是維持這個分離，還越發以很大的規模而再生產這個東西。要之造出資本關係的那種行程，就是使勞動者從勞動條件分離的行程，換一句說，不外就是一方把社會的生活資料與生產機關轉變爲資本，他方則使直接生產者變爲工銀勞動者。是則所謂本來的蓄積的，不外就是使生產者從生產機關分離出來的那個歷史的行程。那個「本來的」由來，是存在於資本與適應於資本的生產方法之有史的前期這一點」。（資本論第一卷第七篇第二十四章，改造社版第二冊七〇九頁）

靠着基爾特手工業生產並封建的農業生產，以阻止工業資本前進的商業資本、轉變到上述的那種意義的資本，在經濟的發展上是一個飛躍。在這個飛躍發展的陣痛期中，粗暴的强力，成爲一個經濟力，成爲產婆而活動了。這個强力，卽所謂原始蓄積的秘密。

都市手工業者不得不脫離基爾特的支配，農民不得不脫離土地。成爲這個行程——造出現實的資本關係的行程——的基礎的，就是從農業生產者的農民手中，收奪他們的土地這回事。離開了土地的農民，則成爲無產者而拋棄於勞動市場。曾受商業資本的支配到某程度的基爾特手工業，則由新的無產者羣的工銀勞動，而漫漫的被驅逐，終至於生產手段亦被剝奪。

所以，原始蓄積的祕密，第一就是藏在收奪農民的土地的事情之中的。

那種典型的收奪農民的土地，馬克斯對於英吉利方面有詳細的記述。（資本第一卷，第七篇第二十四章）

「直接成爲英國土地收奪的刺激的東西，就是佛蘭得羊毛工場手工業趨於隆盛，羊毛價格因而昂貴的事實。舊的封建貴族，則爲大的封建戰爭瓦解殆盡，而新的貴族，就是他們的時代的兒子。在他們看來，貨幣就是一切權力中的權力。這樣，所謂耕地的羊牧場化，就成了他們的祕訣」。（同前，七一三頁）農民被暴力從耕地驅逐，廣大的土地，只要有二三人的監視，就能轉變爲牧場。貴族們利用機謀，連共有地都收爲自己的私有地了。

就在歐洲大陸，也同樣的有這類事件，貴族與投機者們，乘農民的渾樸無智，而沒收農民所有的土地，至如共有地，則更以殘暴的方法而施行奪取。由是，縱在沒有明白的施行土地收奪的時候，而農民的疲弊，竟使到處發生農民之集團的脫離村莊。

這樣，離開土地的農民，及不能忍受基爾特的支配的無產者羣，遂供給於都市的工業了。

他方，這種大土地私有，使在農業的生產方法中，携來了一個革命，這就是發生了資本家的佃農業者。就中，這個資本家的佃農業者，在英吉利完成了典型的發達。

佃農業者發生的當時，是從地主領受種子，家畜，農具等的。但是不好久，就轉變成了這樣的佃農業者，即是自己提供農業資本之一部，地主也提供其他的部分，把總生產物依照契約的比率而行分配的佃農業者。隨後，則使用工銀勞動者而增殖自己的資本，把剩餘生產物的一部，以貨幣或現物繳納於地主，遂成爲資本家的佃農業者了。但在法國，現在資本家的佃農業者還沒有那樣發達，這由於那些大土地的私有，爲法國大革命所廢止了的原故。

（註）另細地所有制度，是法國大革命後的產物。小佃農地雖在革命以前就已存在，而簡直沒有農民的自由農場。但有了粉碎舊封建社會的革命，遂使小佃農變爲小地主，叛逆的貴族及僧侶之廣大的所有地，則宣布爲國有而細加分配，於此就發生了自由的小農民階級，因而創造了經濟的與政治的生存之緊接着新的秩序，而不能不與革命同其命運的國民的一階級。（里布克拉西土地問題論）

「近世土地私有制度的本質，在英吉利的土地狀態，是最模範的表現。……法蘭西的另細地私有制度，在經濟上是失敗的，小農生產不堪大農生產的競爭。……小農之漸次增加的過剩債務與不生產的結果，另細地制度之爲英國式的土地制度所驅逐，不過只是時間問題了。（同上）

土地所有的這個革命，是伴着耕作方法的改善，協業的增進，生產手段的集積，而農業工銀勞動者也以較大的能率而從事勞動。因之耕作者的數目縱然減少，土地亦可產出與從前等量的，或以上的產物。這樣，農民從土地脫離之後，同時他們也從那保持自身的生命所必要的營養資料脫離了。這個營養資料，現在則轉變爲可變資本之原料的要素，無產者化的農民，則非從那成爲新主人的工業資本家購買這個營養資料不可。國內農業產物之爲工業原料的，也被轉變爲不變資本之一部了。

(乙)工業資本家之發生

一方是生產手段所有者，他方是從生產手段遊離了的無產者，這一個兩極的對立，就是資本主義生產之根本的前提條件。因之誰是所有生產手段的人，就可決定誰是資本家。

在資本制生產幼稚期的時候，就是基爾特的店東與小手工業者，也能夠爲小資本家。但是那些不斷被擴大的生產，並新發生的世界市場之商業的要求，這種小規模的「蝸牛的進行」，是不能滿足的。自然，法律也不曾禁止過某人不能當資本家，但是實際得成爲資本家的，是由詐取和高利，已經蓄積了很大的富的商業資本家。

「爲高利貸業和商業所形成的貨幣資本，在農村因着封建制度，在都市因着基爾特制度，致妨礙了轉化爲工業資本的事情。但是這些限制，自封建的家臣團解體以來，自農民因土地的收奪而被驅逐以來，就業已消滅了。新的工場手工業，已設立於海港，並舊有的都市與基爾特制度不能達到的平和區處。由是，在英國就釀成了舊有特權的諸都市，對於新工業的育種場之激烈的抗爭」。(資本論同前，七四五頁)

商人階級利用農民的愚魯與領主的浪費，是如何的肥殖了他的貪囊，並且由於那種富力是如何的使手工業者屈服，榨取了手工業者的剩餘勞動，已如上面所述。但是此外還有成爲商人階級致富的源泉的，那就是海外貿易，貿易是露骨的採取了掠奪形式的。以掠奪美洲和東洋的未開民爲目的的商業公司，設立於西歐諸國，從殖民地掠奪來的富，則送回歐洲，而於工業資本的發展上給與了必要的條件。

爲這種商業公司的典型的，就是常舉爲實例的英國東印度公司。這種公司的利益，每航海一次，竟有達到三四〇%，不達到一五〇%的，可說是很稀少的事。投下的資本，每一次增大一次，且有於一日中獲着巨萬之富的。從一七六九年到一七七〇年，這個公司因米的買占，使全印度發生饑饉，隨後又以可驚的價格賣出，他竟使用那種極惡辣的手段。

「美洲金銀產地的發見，土著民的勦滅，(土著民的)奴隸化並到鑛山內的埋沒，對於東印度的征服並刼掠的開始，把非洲轉化爲商業的黑人狩獵場的事實——舉凡這些事實，正是表示出資本制生產時代的曙光的。這些牧歌的行程，正是本來蓄積的主要的要素。次於這些行程而發生的，是歐洲諸國民以地球爲舞台的商業戰。這是開始於尼德蘭對西班牙的反叛，而英吉利在反雅各賓黨的戰爭上，也占很大的範圍，尤其是對中國的鴉片戰爭等，現在還在續演哩」。

「本來的蓄積之種種的要素，此時依時間的順序，分配於各國之間，特別是分配於西班牙，葡萄牙，荷蘭，法蘭西，英吉利等國之間。英吉利的這些要素，於十七世紀的終葉，由殖民制度，國債制度，近世租稅制度，保護制度等綜合爲一個體系了。這些方法中，一部分是用極兇暴的強力，例如殖民制度是，總之把封建制生產方法走向資本制生產方法的轉化行程，在溫室中助長起來，而爲促進這個推移，則利用社會所集積的組織的國家權力，這一點都是共通的。强力這個東西，是對一切舊社會孕育新社會的一個產婆，那就是一個經濟力」。（同前，七四六頁）

資本之原始的蓄積，如馬克斯所指示的有各種的要素。但是爲其基礎的，是收奪農民的土地，掠奪殖民地．也是主要的要素。國債制度，人民對於國家是債權者，這是通過國家權力而使增殖利息的間接的榨取。

因爲與世界資本主義合流太遲，沒有參加世界商業戰的我國（日本），特以租稅制度爲資本蓄積的主要的手段。我國(日本)的農村，把全剩餘勞動作爲地租而榨取的封建的地租，依然還存在着，這是吸收資本的主要的源泉，也是供給廉價的勞動力的源泉。(明治維新雖然沒改變封建的地租，然已破棄了農民對於土地的封建束縛)

(丙)生產力之飛躍的發展

「使小農民轉化爲工銀勞動者，使他們的生活資料與生產機關轉化爲資本之物的要素的這個行程，同時又是爲資本造出國內市場的東西。農民家族，從前大部分是生產並加工於自己消費的生活資料和原料的，但這些東西現已成爲商品了。那些東西則爲大佃農所販賣。他們在工場手工業中，尋到了市場。絲，亞痲布，粗製毛織物等，總括說來，凡農家以自己的原料，爲自己使用紡織的各種物品，現在則轉化爲以農村地方爲販路的工場手工業的製品了。從前有許多個別分散的顧客，出入於那爲自身計算而從事勞動的多數小生產者之間，現在那些分散的顧客，都集積於從工業資本受着供給的一大市場了。卽是與從來的自耕農之受土地收奪而從生產機關分離的事實是相伴的，前曾流行的農村副業，刻已走進農工業間的分離行程來了。要有這種農村家庭工業的破壞，才得給與國內市場的資本制生產方法之必要的範圍與鞏固。

「但是在嚴密意義的工場手工業的時代，這種變化，還不能根本的實現。因這個時代，還只是極斷片的征服國民的生產，都市的手工業並農村的家庭副工業，常爲其廣大的背景的基礎，這是我們所知道的。若是這一個背景的某形態，於特殊的營業部門的內部，在一定的點上被破壞了，則其他的某處，必然又生出同一的背景。因爲在嚴密意義的工場手工業時代，對於原料加工的生產上這一個背景，在某種程度上，實係必要。於是在工場手工業時代，遂造出了——以土地的耕作爲副業，以工業上的勞動爲主業，隨將勞動生產物直接，或間接經商人之手而販賣於工場手工業的——所謂小農的這一個新階級。這個事實，縱然不是使英國史的研究者最初即感着昏迷的主要原因，至少也是原因之一。試閱英國歷史，在十五世紀七十年代之後，農村中發出來的資本經營的增大與小農階級之破壞增進的呼聲，總是常常聽到，他方則同一的小農階級，其成員有的是銳減，其形態並日益惡化，但也有不斷地出現於新的場面的。其主要的理由如次：元來英國這一個國家，也有因時代的關係，以穀物栽培爲主的，也有以飼養家畜爲主的，每一次都變動了農民經營的範圍。到了大工業成立的時候，才因機械的使用而確定資本制農業之鞏固的基礎，於是農民的可驚的多數，受着土地的收奪，完成了農業與農村的家庭工業的分離。爲家庭工業根柢的紡績業與機織業，因大工業的原

故，就連根帶蒂的被破壞了。於此，大工業才爲工業資本征服了國內市場」。同前，七四二—七四三頁)

就是說在封建的農村的胎內，開始分化的農業與家庭工業，那到了一定程度的時候，才發生都市經濟，到了工塲手工業時代，更促進其(農業與家庭工業的分化)發展，入大工業時代就被完成了。我們爲知道大工業時代是怎樣出現起見，那就必須把基於機械的生產力之非常的發展，卽把所謂產業革命這件事，豫先放在心中。

商業資本家，開始由放欵並其他的手段、而支配小企業家，但是那些小企業家，還不失爲自已所有生產手段的獨立自由人。他們關於生產物的處分，雖是受着商人的干涉，但干涉自干涉，而生產物的處分權，依然握於他們的手中。但自新市場的開拓，使企業資本家有了增加生產的希求，而企業之小規模的基爾特的性質，特別是其表面的獨立，决不能適合商人的如意算盤。於是資本家遂起而把服從自己支配的生產者，統一於自已所有的工塲中了。自然，手工業基爾特的特權，也是對於這件事的一個大障碍。但在一方，新發生的無產者羣，完全爲供給自由的勞動力的貯水池，而流溢於都市了，資本家則因利用這種勞動力，而與基爾特的特權相抗爭，終至於把基爾特克服了。工場開始是選擇基爾特不存在的地點而設立的，迨基爾特完全無力，而屈服於資本之前的時候，遂到處設立了工場。

隨着工場手工業之發展，同時在基爾特組合員中，也有打算將其職場改變爲工場的。於是基爾特不僅受着商業資本家開始經營的工場手工業的壓迫，就連自己的內部，也走到崩壞的途徑來了。

工場手工業的初步的形態，那怕只是單純的協業，都已明白的促進了生產的發展。但是那個發展，决不是永遠停在同一階段的，故馬上又生出技術的分業。

技術的分業，是以兩個方向表現的。第一，原來本是單一的事件，却又做到再分的形式；第二，把從來獨立的手工業，統一於整個工作中的形式（例如爲製造馬車，而將木匠，雕刻匠，鐵匠等統一於一個工場是）。技術的分業，使生產力有更大的發展。

伴着分業的進展，各個勞動者的勞動，遂極單純化，而成爲機械的東西了。卽從人類的勞動力上，逐漸奪去經驗的要素，越發走進那赤裸裸地以單純的人類勞動力而表現出來的方向。由是，工場手工業，遂準備了使機械的應用成爲可能的路程。何以？因爲單純化了的機械的人類勞動，更容易爲機械作業所代替。

在資本主義以前，因爲缺少技術的知識，故機械的應用須受限制，並且縱然能夠應用機械，事實上是極不完全的，而且不過是少數的。但是阻止機械應用的，還有更重要的社會條件，卽人類的勞動還不能單純化的事情。紡績工場的勞動者，馬上就能變爲馬車製造工場的勞動者的事情，是因人類的勞動，充分的單純化了的原故。在封建時代的生產勞動，要有幾年年期奉公的經過，才可成爲有經驗的勞動者，故於單純的勞動力之外，多半還要包含着所謂熟練的要素。並且這個熟練的要素，就是所謂職業上的秘密要素。那末，若是一個新機械應用於生產行程了，則從事於那被機械所代替的勞動的勞動者，遂失了投下勞動力的場所了。因之基爾特在生產範圍內尙能維持其支配權力的時候，機械的應用，是完全被阻止的。十一世紀發明的那比得上十四人的勞動的羅紗機，在英吉利，佛蘭得士，法蘭西等處，在十五世紀以前被禁止使用了。爲紡績和織物機的先驅者紐扣製造機，是於十六世紀後半，在坦吉西地方發明的，但是預防失業發生的都市，則禁止使用，竟將發明者淹埋於河中了。像這種實例，是舉之不勝其舉的。

但是資本主義的發展，終於掘毀了基爾特舊的組織權力。最要緊的，第一就是把生產的勞動單純化了。單純化了的人類勞動，就越發容易爲機械所代替，同時爲機械所驅逐的勞動者，也有馬上爲其他工場的勞動者的可能性。自然，所謂這種的可能性，並不是說勞動者無失業之虞的意義，反之却是資本家在任何區處，都能找着勞動力的意義。那正是巨大的產業預備軍之常常存在的預備條件。在人類的勞動極爲複雜的時候，資本家把自己所必要的那種具有技能與熟練的勞動者．要於頃刻中得着一定的數目，無論在何處都很困難。但是現在，勞動已成爲單統化的時候．勞動者單被認爲一個勞動力的保持者，至於勞動之質的差異，那簡直不必注意了。

機械的應用，現在對於生產組織上携來了重大的變更，那就越發使人類的勞動單純化了。從紡績工場，製靴工場，或製材工場中，被機械驅逐的勞動者，現在以一個渾一的產業豫備軍，形成那隨着資本的呼喚，任何時間，任何場所，都能從事勞動的無產者羣。

小企業因機械使用於大工場，而被無情的驅逐，農村的副工業，自也逐漸爲其所破壞。少數的大資本，消滅許多小的資本，微弱的店東自不用說，就是雄糾糾的自己想做產業資本家的店東，在這一個競爭上，原來也不是擁有巨大資本的商人的敵手。現實的成了大工業資本家的人們，是以前的商人階級。支配了生產的商業資本，却立在產業資本的從屬的地位，由工業資本的勝利，而闢出了近代的資本主義時代。(第一編完)